曹操大传

【上】

子金山 著

国际文化出版公司
·北京·

图书在版编目（CIP）数据

曹操大传 / 子金山著．-- 北京 ：国际文化出版公司，2019.1

ISBN 978-7-5125-1113-2

Ⅰ．①曹… Ⅱ．①子… Ⅲ．①曹操（155-220）-传记 Ⅳ．① K827=342

中国版本图书馆 CIP 数据核字 (2018) 第 299374 号

曹操大传

作　　者　子金山
责任编辑　李　璞
策划编辑　廖　莹
装帧设计　丁鉷煜　书情文化
出版发行　国际文化出版公司
经　　销　国文润华文化传媒（北京）有限责任公司
印　　刷　三河市华晨印务有限公司
开　　本　710 毫米 ×1000 毫米　16 开
　　　　　42 印张　680 千字
版　　次　2019 年 1 月第 1 版
　　　　　2022 年 1 月第 3 次印刷
书　　号　ISBN 978-7-5125-1113-2
定　　价　69.00 元

国际文化出版公司
北京朝阳区东土城路乙 9 号　邮编：100013
总编室：（010）64271551　传真：（010）64271578
销售热线：（010）64271187
传真：（010）64271187-800
E-mail：icpc@95777.sina.net
http://www.sinoread.com

目录
Contents

前言

小时候，我们当地过这么一个节：五月十三，对了，是农历的，节名实在是记不起来了，节的来由记得十分清楚，与曹操和关羽有关，说是每年的这一天，关老爷都会扛着他那柄青龙偃月刀去杀白脸曹操，所以人民当然要助点威了，助不上威跟着庆祝一下还不行吗？于是就有了这个节日。

至于为什么神通广大的关老爷每年都杀曹操，但很显明的并没有杀死曹操，大家是不会追究的，反正能解气就行。

在五月十三那天，孩子们通常会蹦跳着唱这样一首儿歌：五月十三，不用看天，关老爷磨刀，要杀曹操，曹操变鬼，要喝凉水……

五月十三，不用看天，就是说每年这一天都会下雨的，那是老天爷在给关老爷的磨刀石添水。

嘿嘿，曹丞相真是惹的天怒人怨！一个人能混到这份儿，还有何求？连玉皇大帝每年不辞辛苦当劳役都对曹操无可奈何，曹丞相又怎一个“牛”字了得？

可也怪了，在笔者的记忆中还当真大多数是在雨中唱这首儿歌的，也可能那些没下雨的年份根本就没注意。

这也是常情，连雨都不下的日子通常是不会存入记忆的。

你假如请大师们测算过十次吉凶，其中九次都被大师们蒙错了，你大概只对测准的那次印象深刻，至今尚叹：言出必中，高人！

曹丞相被污蔑，引多少史林文士义愤填膺？几百年来，为此冤案无偿奔走呼喊的大有人在！

一位文坛泰斗也有过此类不忿：“现在我们再看历史，在历史上的记载和论断有时也是极靠不住的，不能相信的地方很多，因为通常我们晓得，某朝的年代长一点，其中必定好人多；某朝的年代短一点，其中差不多没有好人。

“为什么呢？因为年代长了，做史的是本朝人，当然恭维本朝的人物了，年代短了，做史的是别朝的人，便很自由地贬斥异朝人物，所以在秦朝，差不多在史的记载上半个好人也没有。

“曹操在史上的年代也是颇短的，自然也逃不了被后一朝人说坏话的公例。”他进一步指出：“其实，曹操是一个很有本事的人，至少是一个英雄，我虽不是曹操一党，但无论如何，总是非常佩服他。”

这位就是以我们民族的灵魂医生著称的鲁迅先生。

可是，中国的老百姓就是这么“愚昧”加“顽固”，曹操的群众关系还是不见改善，周围的人群中如哪位同学过于奸诈、狠毒，经常会被人在背后起个“曹操”的绰号，注意，这可不是在夸你，是在居心叵测地损你哪！

曹操到底怎么了？

声明：本人绝没有替曹操翻案的意思，只是想公正地送给大家一个真实的曹操、一个鲜活的曹操，是非曲直诸位耐心读完本书再做结论。

闲话少说，待咱撕着香烂的狗肉，挂起羊头的招牌，把曹丞相风流韵事细细道来，寻求人民诋毁曹操的个中因由，各位权把拙文当酒肴，慢慢地品来。

有道是：

千古风流诗一首，
黄沙淹尽王侯。
万家灯火却依旧。
残阳铺绿野，
愁月照荒丘。

南来北飞沧桑雁，
只见白云悠悠。
日出日落信天游。
长歌荡今古，
爱恨一曲收。

—— 子金山侃史寄调《临江仙》

写在图书再版之前

接到出版社打算再版《曹操大传》的通知后，就有了搭“顺风车”对我的读者聊几句的欲望，但是，当编辑一本正经地要求我给再版《曹操大传》写个序言的时候，我却一时“蒙圈”——跟读者说些啥?

在自己的书里序言中显摆文笔?笔者还有点自知之明——首版《曹操大传》的几位大家所写的序文，那文笔不是子金山能够望其项背的——当年明月、董路、网友东胖，哪一个排列汉字的技艺都能让本人汗颜!不信?抄上三人文章各自的末句:

当年明月:“历史是严肃的，但并非要用严肃的方式来表达，把深刻的东西用深刻的方式解说出来，是远远不足够的，唯有将阅读的快感与历史的感悟结合起来，才是理解历史的正途，而在我看来，子金山做到了。”

董路:“幽默诙谐，活灵活现，写人如是，写场面亦如是，子金山的特色正在于此。其实写史不过是其披上的一件赶时髦的外衣，其骨子里的造化写什么都当有能力写得好看。”

东胖:“很多时候，道在民间。”

网友东胖的最让人服气——言简意赅，寓味十足!

五年前，《曹操大传》首版面世后，承诸多铁杆“曹粉”捧场，书店很快断货，网上书店几度脱销，出版社被迫加印，有几家网店还趁机做起了“黄牛”勾当，把定价五十多元的《曹操大传》，在网上抄到一百多，淘宝有个某某店铺，把定价标到了229.60元……至于有没有“傻瓜”接盘?肯定有，本人就是其中一个:为了一探究竟，笔者以读者的身份邮购了一本，“被宰”后心里却乐滋滋的。

写曹操的人很多，其中不乏大师、名家，但是，如本人所侃的曹操，这般受读者青眼有加，在当今实体书备受冷落、每况愈下的图书市场，也算是开了一朵奇葩吧。

也细究过原因，绝不是笔者有能耐超人般白话，而是写作时所扮演的角色不同缘故，本人没有站在什么历史、人文的角度、裁判的身份来刻画书中的主角，而是干脆钻进了历史，搬到了东汉年代，坐在电脑前敲字时，笔者就是亦正亦邪的曹阿瞒，一转眼又成了刘备、诸葛亮……不瞒诸位，写曹操五千铁骑下颍川时，本人还扮演过一名黄巾军小伙。

撰写历史知名人物，最忌讳的就是挣断史书这根缰绳，最可贵的恰恰也是这点：细说决不戏说，既不当白话史书的搬运工，把有趣的中国历史讲述成一碗白开水，也决不做变相小说家，整些跨越、架空之类。

历史读物作家的任务是再现、还原和丰满历史，绝不是杜撰历史。

至于字里行间夹带点“个人私货”？这是免不了的，作家撰写古代历史的内在动力就是这点，别让历史人物说出自己想说的话就成，可以在书中暂时跳出来，你插播一段议论文就是了，记住：千万别让读者误会，尤其是冠以专家身份的读者，不然……嘿嘿，你懂得。

至于历史中的曹操这个人，是好是坏，是奸雄还是英雄，是枭雄还是狗熊，对我们今人来说，全不相干，每个人都有自己眼中的历史，都有自己心中历史人物形象，就像萝卜青菜各有所爱，这一点没人能够一统天下。

同理，就像再高明的大厨，也无法满足所有食客口味一样，历史写手也没能耐写出人人满意的历史书，众口难调么。

追求完美等于追求完蛋！

所以，笔者决不奢望拥有多数读者，能在茫茫人海中遇到那么一两个知音，那就等于买彩票中了大彩，于愿足矣！

最后一句：愿老孙笔下的曹操走近你、我、他！

谢谢，喜欢《曹操大传》的诸位读者“上帝”，你们才是本人的衣食父母，真正的上帝！

子金山

2018年7月14日于山东家中

第一章

少年曹操：从吉利到阿瞒

1

二十岁前的曹操，史载简略到了不能再简略。

《三国志·魏书》里对自己的太祖的少年时代记载寥寥几笔："太祖少机警，有权术，而任侠放荡，不治行业，故世人未之奇也。"

注意：小孩子"机警"是好事，但要是有人夸你的孩子"有权术"就不一定是好话了。

这里的"任侠"也未必是褒奖，"放荡"倒是写得明明白白；至于"不治行业"，说穿了就是不务正业，所以"世人"——也就是老百姓，也就没把这孩子看成什么天生神童。

说太祖少年时代好话的倒是有两三个人：

南阳名士何颙这样评价当时名阿瞒的曹操："汉室将亡，安天下者，必此人也。"

还有一个叫许劭（字子将）的名士，他这样对曹操说："你这个人呀，如果在太平时代，可能成为能臣；要是在乱世，你就是奸雄。"

小曹听了这褒贬难分的话哈哈大笑起来。

至于这大笑是得意还是不屑？曹操至死没有曝光心里的真话，所以谁也不好替老曹妄定。要是有人这么评价今人，不管哪位，我想应该都与太祖的反应差不了多少，有人夸咱有本事，咱可能不至于大笑，心里还不格外得意？

另一个地位显赫，是当时的太尉桥玄（字公祖），他说：“天下就要乱了，没有上承天命下安黎民的天才出世汉朝可就要玩完了！那个天才就是你曹操呀！”鉴于桥太尉响当当的名头和地位，咱就从桥玄细细说起。

桥玄是睢阳(今河南商丘南)人，生于汉安帝永初三年(公元109年)，任太尉之前便以清明知人闻于朝野，还有一点最重要的：那就是清廉。

看一个干部是廉是贪，最简单的莫过于清查他的家产：你的固定资产加上手中存款多得吓人，总数甚至超过了你工资的总和，就算是你全家都在喝西北风延命也攒不了这么多，这时候你把廉政喊得再响也没意思。

东汉的官员风气就不用多说了：俗话说，上梁不正下梁歪，灵帝这个上梁可谓歪的“前无古人、后无来者”！但桥玄这个下梁却是全然没学会灵帝上梁的歪门邪道，的确做到了“出淤泥而不染”，甭说别的，单说一点：当了一辈子高干(司徒、司空、太尉都干过)，最后竟然是穷死的！

据历史记载，桥太尉咽气后家里连棺材都买不起。

2

群鸦鼓噪，残阳如血。

桥玄三骑两从，悠行于江淮古道。

此刻桥玄的心里既沉重又轻松，轻松：刚卸去了太尉重担，确有一种无官一身轻的惬意，哪怕这惬意只是在内心一闪而过；沉重：被皇恩浩荡从高位上赶下来也算是轻车熟路，但这一次不同，这一次是真正的心已灰、血已冷！

桥玄心中在呼喊：“这翻来覆去的朝局！十朝天子即位，没有一个满十五岁的，都是由太后秉政，外戚专权于外，宦官主政于内，四百年大汉危矣！”

桥玄宦海沉浮多年，对这大厦将倾之朝局了然于胸，俗话说，人一走茶就凉，落魄的凤凰不如鸡。现今人过老耄，妻儿家人即将卷入战乱，不托付一铁腕之人又怎能放心西行？

桥玄就是为找寻一位他心目中的英雄安排后事而来，不用说大家也已经明白了，本书的主人公就要出场了：乳名吉利，绰号阿瞒，姓曹名操字孟德。

沛国谯县（今安徽省亳州市），一对忘年交坐到了一起。

刚因堂妹夫强侯宋奇被诛而免官的曹操对这位老爸曾经的同事是敬畏的，感激更是不消说，自己少时鲜有享受赞美，这老头却是为数不多的几人中的首位。

千里马如有情感，内心最感激的就应该是伯乐。

曹操内心最感激的应该是桥玄。

两人按父执之礼寒暄已毕，桥原太尉直截了当地说明了来意："老夫不会看走眼，以后天下有可能是你的，望你珍重自己；我这个太阳快要落山了，长话短说，就一件事：看在你我的情分上，待老夫死后，照顾我的妻子儿女。"

史载原话极简单："……吾老矣！愿以妻子为托。"

为什么以太尉之尊的桥玄会如此看重名不见经传的曹操呢？据说桥玄会相面，能够看破天机。

就现今有据可查之寥寥的曹丞相童年故事中，还是能看出一些阿瞒日后必成为名人之前兆的。

每个人都有自己难忘的童年。日后贵为魏王，礼加九锡，死谥太祖的曹操也不会例外，不过那个时候大家是称太祖阿瞒，吉利是乳名，大概用的人不多，只限于阿瞒的老爸、老妈。

曹操对大家送给自己的绰号并不反感，虽然从字面看这个"瞒"字略带贬义。多年以后，一些铁杆发小还是有意无意地当众这么称呼曹丞相，也没见丞相有什么明显的不乐——至于心里怎么感觉就不好说了。

小时候的铁哥们当众称呼丞相的绰号，绝不是胆敢戏谑丞相，估计也就是为了显摆给众人看："瞧！咱跟曹哥的关系！？"

不过还是要提醒各位，尽量少做这种人家心里不乐意的事，前车之鉴：后文要提到的许攸，就栽在了这点小节上了，当然，这肯定是次要因素。

建宁元年之前的阿瞒肯定喜欢这个绰号，毕竟是自己一拳一脚的辛苦挣来的亲切称呼，在曹操少时胡作非为的小圈子里，获得这些哥们儿的亲切可不大容易，这是帮什么人？地道的高干子弟！堪比后世太子党。这里面就有将来与曹操理不清恩怨的袁绍、张邈、许攸等人。

曹操的爷爷曹腾，从小就"舍身为家"进宫当了宦官，历经四代小皇帝，终于爬到了中常侍高位。

阿瞒的老爸曹嵩，原来是一方望族夏侯氏家的宝贝疙瘩，夏侯家为了巴结中常侍曹腾，不惜让儿子弃祖卖身，于是曹腾便有了一个养子。宦官有了儿子，仿佛也给仕途带来了运气，曹腾坐上了宦官这个辉煌事业的最高位：大长秋！即皇后的近侍，专门代表皇后管理宫中事务。

皇帝年幼，少不更事，其实是皇后执政，曹腾当然也就在朝中炙手可热。

自古有句：一人得道，鸡犬升天！老爸得宠儿子当然升官。曹嵩也就凭着德才兼备成了朝廷大员。

后来随着东汉进入开放的官位市场化时代，曹嵩也就顺应时代潮流，在西园的售官拍卖会上，以一亿铜钱（按汉制等于一万斤黄金）的超低价，拍下了大汉太尉的高官。

袁绍（字本初）不同，根子红，苗子正，家族四世三公，也就是说往上溯四代中，每代人里都有在朝廷里做三公（相当于现在的国务委员）！厉害不？比起阿瞒的爷爷舍根求贵，何止光彩万倍？

不过，小孩们的心理与成人士大夫不同，顽劣不问出身，小袁倒是从没鄙视过阿瞒，反曾被阿瞒结结实实地涮过一把。

据史载，这一帮公子哥没做过多少行侠仗义的壮举，没听说有谁得过“见义勇为”奖，倒是有过这么几档子给太祖纯真童年脸上抹黑的事儿：

某年某月某日，哥几个鹰狗玩腻了，阿瞒出了个新鲜点子：“看见没？这家娶新媳妇呢，有胆量随我把新娘子偷出来爽一把？告诉你们，我可是听说了，这新娘子可是个没开苞的靓女！”

美女当前，几个公子哥当然色胆包天，于是周密计划，详细分工，当夜付诸实施。

阿瞒自告奋勇，亲临洞房偷美女，哥几个把风的把风，装贼的装贼，一声“有贼”齐行动，阿瞒当真不负众望，趁乱把新娘背了出来。

可惜，袁绍没有曹操的胆子，也可能是见到曹操已捷足先登，近得芳泽，一时心不在焉，竟然失足跌倒在荆棘丛里，短袍后襟又被荆棘钩住，做贼心虚，越着急越挣扎不起，眼看就要偷香不成反挨一顿扁。

新娘子蒙头红遮面，耳只听得众人乱喊“有贼啊……抓贼啊！”阿瞒可急眼了：身上还背着一个活人呢！真沉啊，也不在娘家彻底减减肥再出嫁，看来这回窃玉不成反要赔上几两肉了。

阿瞒心中暗恨袁绍：“什么本初？分明是笨雏！”

贼有贼智，阿瞒急中更智：“先拉个垫背的再说，兴许祸水东引，能独享美色呢。瞧咱爹妈给起的名：操、吉利、孟德，无不暗合今日情景，不就是猛得吗？”

阿瞒当机立断，把手往袁绍藏身处一指，口中大喊：“贼在那荆棘丛里藏着呢！”

趁众人全力围捕袁绍之际，阿瞒小朋友竟然载美扬长而去，下面就不必细说了……

被出卖的袁绍呢？听得阿瞒如此见色忘友，胸中怒极！生气事小，挨揍事大，情急之下竟然挣脱了荆棘，顾不得手脚被扎，奋起直窜。俗话说，一人拼命，万夫莫挡！袁绍顺利突围成功。

这还能饶得了曹操？

好个曹操！面对袁绍的铁拳面不改色心不跳，一派大义凛然：“本初，我救了你半条性命，你准备怎么谢我？”

见过脸皮厚的，没见过脸皮这么厚的！

袁绍做梦也没料到自己的铁哥们儿会这样说，一时气噎。

“逃脱才是硬道理，自己拍拍胸口说，你现在是不是全身而退逃脱了出来？”

“这……听到你小子出言卖我，情急拼命，才得以全身，逃脱与你何干？”

“哦，情急？是谁让你情急如此？”

“是你这个坏小子！”

“让你情急得以逃脱的是阿瞒，那阿瞒坏从何来？”

“这……”

“没有阿瞒救你心切，大喊使你情急逃命，你现在又能在何处？”

“这……”

“是不是我阿瞒救的你呀？”

“……”

五内仇消成雨露，一腔怒散化甘霖。

袁绍被阿瞒一通忽悠，细想也不无道理，此事理所当然不了了之。

3

阿瞒、袁绍这帮纨绔公子哥的家庭背景有一点是极相似的，都是属于先富起来的那批人。

自古就有物以类聚、人以群分之说，穷哥们儿是进不了他们这个富人圈子的。

他们玩鹰遛狗、偷香窃玉、胡作非为，却也有一个光荣传统：从不祸害穷苦百姓，更不恃强凌弱。

这些少爷们似乎专门和那些风光人物过不去，谁在洛阳这块地界太风光了，那你就要小心了，这几位太岁通常会给你找点小麻烦的，为啥？不需要理由，大爷想散心，行了吧？

这帮人谁是头？不一定，那要看干什么事。

从古至今，这个世界上大多数人还都是乐意出风头的，东汉末年那年头，还没有报刊、广播、电视之类的传统媒介，更不用说网络互动这种高级玩意儿了。想当个“超女”“超男”怎么办？那就全靠你自己弄出点动静了，这点上哥几个是“杀猪捅屁股，各有各的门道”。

袁绍，是个聪明小子，仅露了一手“以静止动”便轰动京师，名扬四方。

某年某月某日，几个哥们儿碰面了：

“哎，这几天没见袁哥呀，这小子是出家当了和尚？还是钻地洞了？”

“吆嗬？你啥时成了月宫人了？这么大新闻都不知道？袁绍最近可了不得了，在家闭关修炼呢！说了，三年！到时弄出套白猿神剑也说不定。”

“哦……怪不得袁绍最近神龙见首不见尾，原来神功将成啊……”

“瞎猜！告诉你们，袁哥金盆洗手弃武从文了！大门口贴着告示呢：‘非鸿儒之士博学之才，概不接见。’”

“被蒙了不是？那告示也就忽悠你这样的傻帽，袁绍现在是啥人都揽，我亲眼看见前天接进去了几个跑江湖的剑客，他现在是三教九流无所不招揽，家里都养了千把人了！为这老爸都揍了他几顿，儿大不由爷，管不住了，袁哥要学战国四公子呢！”

“原来如此啊。”

“了不起……”

“真是钱多得找不到地方烧了。”

……

这些对话当然都是瞎传的，不能全信，可袁绍刻意作秀确凿无疑，也确实达到了名噪一时的轰动效应。

曹阿瞒呢？也没闲着，天生一个好惹事的主。

那几个哥们儿继续聊天："听说阿瞒了吗？昨晚捅老虎屁股了！"

"当然知道，昨晚阿瞒手持双戟独闯中常侍张让府，张府十几个侍卫硬是没沾上边！牛！"

这张让是何许人也？

张让！可是个在洛阳提起来连小孩都不敢哭的人物，还没听说文武百官之中有哪个敢不买账的，时下掌管朝廷文书和传达诏令！权力能大到啥程度？举一例你就明白了：汉灵帝常挂嘴边的一句话就是："张常侍就是我的亲爸！"能让皇帝喊亲爹的人肯定本事不小！

可阿瞒偏是个天不怕地不怕的人物，经常领几个哥们儿去他家中骚扰一番，自己的爷爷也算是这个能让天子喊爹的人的前辈同僚，谅张让也抹不开脸当真拾掇自己。当然是连吃带拿不说谢，临走还要学孙悟空告别老龙王："聒噪，聒噪！"

这天，阿瞒二两酒进肚，胆气陡升，竟然独自一人持械拜访张府，忘了看时辰，深夜去的；也忘了走大门，翻墙去做客了。这下张家不买账了，看见也装着不认识了：想趁黑装糊涂宰了这个祸害。

十几个家丁侍卫长枪短刀一起招呼上了，口里还大喊："宰了他……宰了他！"

真有本事的人啥时候能看出来？出事的时候。

未来的太祖武皇帝提前用上了这个"武"字，酒壮英雄胆，恶向胆边生！双戟在手，大喝一声："谁敢近我？"

阿瞒一边吆喝一边把双戟舞成个 UFO（不明飞行物）向外杀去。

张府护院的哪里犯得上跟玩命的人玩命？轰走了也一样是尽职尽责，再说了，谁也不愿意挑明得罪势大得吓人、钱多得没边的曹家，所以个个勇往直前大喊："关了大门！别放跑了贼人！"

曹阿瞒一听就明白了：哦——这是让我从哪里进来还从哪里出去啊。那还不容易？原样翻墙出去就是了。

就这样，一个真逃，一群假追，曹阿瞒一路拼杀，威风凛凛地逃出了张让府宅。

回去后趁酒性与哥们儿大大忽悠了一番，曹阿瞒只身独闯龙潭虎穴的英雄壮举就此流传开来，要不是后来出了个关公云长，今天的武圣肯定姓曹了。

由此推论：现在小商铺里供着的财神兴许就是曹操的光辉形象。

4

阿瞒小时候家教严吗?

答案是否定的，已自封魏王的曹操自己，就不无遗憾地这样行文明示天下：“既无三徙教，不闻过庭语。”

“三徙”就是说孟子的母亲为了让儿子不受坏环境的影响，竟三次搬家。“过庭”则是说孔圣人的儿子两次从庭院中走过，都受到了老爸的教训。

看到了么?魏王曹操在找老爸老妈的算后账呢：优点和成绩那是我个人后期自学成才；某些不足那都是爹妈早期疏于管教阿瞒造成的。

这点上太祖有点不厚道，有点贪功诿过的味道，不如后代们高明，人为的失误尽可以推给老天爷，一句“自然灾害”，万事大吉!

其实，做老爸的曹嵩也没少管过阿瞒，只不过老子不如儿子慧根修为，经常被阿瞒给忽悠过去。

阿瞒的叔父看着亲侄子游荡无度，自认没有管教恶侄的能耐，便向哥哥曹嵩告了一刁状：“管管咱小子吧，不能光顾着升官发财，养下个败家子你攒再多的铜钱有啥用?十年栽树，百年育人啊!”

曹嵩受到弟弟一番数落，此时的心情大概与刚接待完老师的差生家长差不多，要跟阿瞒动真格的了。

阿瞒今个儿一回家就感到气氛不对，老爸脸铁青，盯着自己的目光有点像大灰狼打量无辜羊羔一般……

阿瞒随机应变的本领那是犹如天授，不慌不忙地走到父亲面前，双膝跪倒，从怀里摸出一捆写满字的竹简。

“儿子近日承父亲教诲，把父亲平日的叮嘱一句当成一万句，活学活用，立竿见影，经呕心沥血，终于不负父亲厚望，新注《孙子十三篇》已毕，还请父亲百忙中给予指正。”

父亲愣住了，儿子求自己批改作业，你总得先看完了再动手吧?

父亲一边接过竹简，一边厉声训斥：“近日做的好事!”

阿瞒刚大闹过中常侍张让府没几天，自然是哑巴吃饺子心里有数，伏在地下作声不得。

“你叔父总不会冤枉你吧？你这让人恨铁不成钢的逆子！”

当老爸的也不大地道，先把告状的亲兄弟给卖了。

阿瞒心中大怒：“是你这个吃饱了没事干的老小子啊，点我的眼药？等着瞧，有仇不报非丈夫也！”

阿瞒慢慢抬起头来，一脸的天真，满面的无辜：“父亲，孩儿……”竟然呜咽难语，“孩儿委屈啊……”

阿瞒话未吐尽，双手掩面，跌撞而奔乎门外，溜之大吉。

曹嵩手拿着阿瞒批注的《孙子十三篇》还没回过神来，儿子早已没影，只得先看看儿子的作业再说了，反正跑了和尚跑不了庙，想揍你这小子，还不是分分钟的事？

跑到洛阳街头的曹阿瞒，远远瞅见了叔父，眉头绝对没皱，突然目光呆滞，四肢战抖，仰天狂喷一口鲜血（狠心咬破的舌尖）一头栽到地上（那时还不时兴水泥马路，没大碍）不省人事，眼看出气多，进气少，人快不顶事了。

当叔父的大为恐怖，忙不迭以百米冲刺的速度喊来了兄长曹嵩。

曹嵩气急败坏地随兄弟赶到儿子中风昏倒之处，两人顿时愣住。

但见阿瞒正襟危坐于路边青石，满脸无辜依然，委屈依旧。

“你这是……”老兄弟俩满腹狐疑。

“二老慌张所为何事？”阿瞒两眼童真，一时不解。

明白了，叔父心中顿时雪亮，万念俱灰，一声长叹，尴尬而去。

“你叔父说你命在旦夕，昏倒于此，这是为何？”

“叔父自小就不待见我，背后说我什么也在情理之中，儿子何曾有恙？正苦思最近做了何等惹父亲生气之事，青天昭昭，路有神灵，孩儿可是撒谎之徒？”

“这……”

知子莫若父，儿子撒谎的本事绝对是一流高手，可是眼前的事实却又证实了儿子无辜，谁是谁非？难煞人也。

此事不了了之以后，做叔父的再也没厚着脸皮多管过闲事，因为他知道了两点：

一、说了哥哥也不会信。

二、自己确不是阿瞒那小子的对手。

第二章

青年曹操：从“愤青”到公务员

5

曹阿瞒告别了值得回首、自由快乐、不堪怀念的少年时代！

就这么一个歪瓜裂枣！偏有人当成宝贝，不用说大家也知道了是谁：也就是前文说过的当世高人桥玄。

高人就是高人，看问题和我们这些凡夫俗子是不一样的。

人家从棋盘摆开心里就有数了，你这个小边卒刚拱了第一步，桥玄心说：“九十九步以后，就是这个不起眼的边兵盘踞九宫中央，灭老帅者必此卒也！”

我们读了魏太祖童年二三事以后，领教的是阿瞒的顽劣狡诈，人家高人桥玄不这么看，人家会透过表象看本质。

从巧偷新娘，桥太尉看到的是一个“狠”字，紧要关头不惜舍友救己，曰“狠”。

从勇闯张府，桥太尉看到的是一个“勇”字，关键时刻豁得上泼皮命，曰“勇”。

从离间叔父，桥太尉看到的是一个“智”字，诈病装疯做得天衣无缝，曰“智”。

从首注兵书，桥太尉看到的是一个“才”字，注释兵书的确见解独到，曰“才”。

这样一个狠才兼备、智勇双全之人，将来能不成气候么？

还不行，还有一个更重要的条件，那就是要包装，要有媒介帮你包装，要有一个平台让你表演，要有一批机构替你吹嘘，最后还有最重要的，那就是运气。想想看，这事难不难？

阿瞒现在需要的是一个包装公司。

桥玄既然打定主意把妻女相托，也就索性帮人帮到底，送佛送到西，先帮阿瞒解决舆论传播难事。

为什么是难事呢？那时候和现在不同，电视上一露脸，千家万户当夜知。东汉末年唯一的传播媒介就是人的两片嘴皮子，所有的新闻政要、闲情韵事，都靠口口相传，朝廷的公告那是给当官的看的，官员发布的告示也要雇个识字的人给念出来，老百姓会有几个识字的？

大柱子听人念了，回去再学给二狗子，二狗子再吹给三秃子，大概如此吧。

不过也要看谁说，就像现在大家都相信权威媒体一样，汉灵帝时代也有那么一位权威人士，虽没什么国家权威机构予以认可，但也非同小可，别说是普通山野村民，就是朝堂官府、士子公卿，也都把他发布的消息作为非官办新闻联播。

这个新闻中心的主持人就是前文提到的汝南平舆（今河南平舆）名士许劭许子将。

许劭这个新闻中心好像称作人物论坛更合适些，这个论坛还真有名号，叫“月旦评”，又叫“汝南月旦评”。因为许劭爱在每个月的初一，对当时人物品头论足，所以许劭的“粉丝团”就给他的论坛送了这么个字号。

关键在于，这许劭评论当代人物的权威性是不容置疑的，只要有幸从他口里吐出的名字，立时身价倍增！

太尉桥玄一简荐书把阿瞒送到了高人许劭面前，许劭是何等人物，本来不屑理睬这位宦官的干孙子，可怎奈推荐人的分量太重，这面子是万万要给的。

再说许劭素来消息灵通，要不然有啥资格评张三论李四？对阿瞒的劣迹他非常了解，所以才有了令阿瞒大笑的那句名评：“子治世之能臣，乱世之奸雄。”

阿瞒也因此声名远播，桥太尉的“包装”策划大获成功。

一锤敲定千古音，

数语挑得半生雄。
可怜阿瞒当世醉，
后人恶骂源此评。

6

古人定下的规矩："男子二十冠而字。"意思就是说男子二十岁了，可以举行冠礼，并赐予字。从这时候开始你就是成人了，该就业了，再啃爹妈就说不过去了。

现在阿瞒也到了就业的年龄，老爸曹嵩准备给刚取字孟德的曹操找个官来做，跻身于汉朝的管理体制内，做一名旱涝保收、外快肥丰的朝廷命官，这是曹操的老爸早就替他想好了。

这与儿子曹操填的志愿正好吻合，曹操那时候绝没有将来进入汉朝中央做官的想法，能混上个市长便心满意足了。他后来在带上魏王王冠后颁发的十二月己亥令中说："孤始举孝廉，年少，自以本非岩穴知名之士，恐为海内人之所见凡愚，欲为一郡守，好作政教，以建立名誉，使世士明知之。"

也就是说，阿瞒最大的理想就是做一个好郡守，相当于现在一个合格的市长吧。

东汉时做官也必须拿到一张文凭，叫"孝廉"，那时候还没发明科举制度，更没有什么本科、硕士、博士之类，连国家公务员考试也没举办过。

怎么办呢？推荐与选拔相结合，由各州郡的一把手负责向中央推荐，要求的条件很简单：孝敬父母，廉洁奉公。

这有点儿小问题："孝"字还好考察点，父母证明，如有舞弊嫌疑，那还有四邻八舍的数不清的活口呢，"廉"字怎么界定？官还没影儿呢，难道还有傻瓜自己提前声明："本预备官员，上任之后，贪是免不了的！"

虽然大家都明白这个傻瓜说的是实话，但总不会因为哥们儿实在就让他做官吧？

所以，现任官员们也只好举行考试，考什么？看谁"孝敬"本官员的铜钱多呀！至于"廉"么，你要先廉自己，把兜里的金银广施，那就自然孝廉俱全了。

所以，东汉末年到处传唱这样几首歌谣：“举秀才，不知书；举孝廉，父别居”；“直如弦，死道边，曲如钩，反封侯”。

对于“孝敬”钱这样的小事，势大财粗的曹家是没有什么问题的。朝里有人好做官，“孝廉”身份对于曹操来说，连个三寸高的门槛也算不上。

一切都那么顺利、那么合情合理又合法地一路平趟过来。

汉灵帝熹平三年（公元 174 年），曹操二十岁，被荣举“孝廉”，接着便凭资历参加了工作，暂屈就洛阳北部尉。

洛阳为东汉都城，是皇亲贵势聚居之地，地面不大好管，但洛阳北部都尉级别相当高，相当于一个副县级别的首都公安局长吧。

啥时能熬成个市长？别急，初入仕途，来日方长，都是圈内人，进步有何难？前程辉煌看得见！

成了“孝廉”就意味着具备了当官的资格，当官就意味着权力，权力就意味着荣华富贵，事情就这么明白，这么简单，这么顺理成章。

可你如果真的认为升官发财就这么简单，那就只能说明你自己的头脑简单。

就算你拿到了“孝廉”文凭，那也不是随便什么人都能做官的。

首先你要上边有人，其次你还要准备好成堆的铜钱，反正空手套不来白狼。

现在大家已经知道了，这两点曹操都具备，所以，二十岁的年轻副县级干部横空出世不足为奇！

前面说过，二十岁时曹操的远大理想是当一个人民的好市长，现在万里长征开始了第一步，任重道远！

估计那时的曹操是不服气任何人的，至于后来他遇到了皇叔刘备，一时兴起，对刘备说：“今天下英雄，唯使君与操耳。本初之徒，不足数也。”那也就是往刘备嘴里塞一颗蜜枣，说说而已，已经把当时的皇帝攥在了手里，而且兵多将广的曹丞相，难道还当真瞧得起这织席贩夫的不成？

曹操没打算指望老爸的提携，他对自己的能力有相当的自信。

曹操要是安心指着老爸的提携来升官，那也就不是曹操了。

遥遥仕途，曹操要靠自己的才智打拼前进，漫漫风雨，曹操要凭个人身手一洗晴空。

7

让别人听自己训话的感觉永远是良好的。

曹操对自己的下属马步差役首次训话："有谁愿意随我取富贵吗？"

一语惊人，差役们第一次见识说话这么直白的官长，立时百众一心，群情激昂："愿意！"

"钱从哪里来？就在诸位的手中，自现在起，我负责动口，你们负责动手，咱们干出个样子让百姓们瞧瞧，曹某愿与尔等同甘苦，共富贵！"

掌声如雷。

"看看你们以前过的啥日子？破墙烂院，锈刀裂棍，就不怕百姓笑话？怪不得那些衙内、地痞敢骑在百姓头上拉屎，就是因为你们的威风没了，猫懈了老鼠还不欢？"

差役们无语，心里说："哪个孙子不愿意抖抖威风！可得有个人给发话呀，真惹了事得有个人给撑腰啊。"

"张三。"

"在！"

"带你那帮弟兄弄些红白涂料，三日内我要看到署衙里外一新。"

"得令！"

"李四。"

"有！"

"你这帮负责整修席塌台案，先从本尉处支取银钱。"

"好嘞！"一听银钱，大伙全兴奋了。

"王五。"

"小的侍候！"

"给本尉准备七尺木棍百根，漆成五色，署衙两旁各列五十根侍候。"

"是！"

"贴出告示，自今日始，子时宵禁，有胆敢犯禁者，不论何人，重责五十大棍！"

“遵命！”

没出三日，署衙内外，一片肃然，辖区上下，气象蔚然一新。

尤其是那一百根五色棍，森森然犹如寻食的饿狼，令人一见便毛骨悚然！

一日，子时早过，曹操勤政爱民，亲带差役街头巡夜。一帮人手执五色棍精神抖擞地在洛阳的大街上晃荡，心里真盼望着能出来个不怕死的，好让哥们儿施展一下手脚，彰显一下威风。

正当大家心里这样盼望，好事真的来了。

只见迎面撞来几骑烈马，深夜中的醉吟狂喊分外刺耳。

“站住！”曹操大怒。

“是谁吃了豹子胆，敢拦老夫的马头？”声音慢条斯理，可绝对透着傲慢与威严。

差役们顿时傻了，犯禁的是谁？了不得！宫里现今最红的宦官、灵帝最爱幸的小黄门蹇硕的叔父！那谁能惹得起？哥们儿，瞧好戏吧，这位前天还铁口钢牙的北部尉大人今儿个要吃瘪。

俗话说，初生牛犊不怕虎，打小曹阿瞒怕过谁？正想杀鸡给猴看呢！

差役们心说：这只鸡可非同小可啊，弄不好能把咱这帮小警察全给啄了！

“给我拖下马来！”

“是！”

闯夜的老爷子酗酒狎妓而归，做梦也不会想到在这洛阳地面上竟有人敢捋虎须。不过，他被扯下马来还虎威不倒。

“何人大胆？敢欺老夫？”

曹操气急反笑：咱这是谁审谁呀？

“违禁者何人？”

有个老差役一听，坏了，咱这位爷是一个刚出道的嫩雏！问他是谁干啥？要是装着不认识还兴许能稀里糊涂地拾掇他两下，你这一问，麻烦了，得反过来跟他磕头见礼。

“我是何人？”对方一听就知道遇上了个没当过官的毛头小子：“天子驾前蹇硕公公是老夫嫡亲子侄，老夫的名讳也是尔等能问的，说出来你不怕被吓煞？”

“知道宵禁令吗？”

“当然知道。”

“这么说你是明知故犯？”

“那又如何？”

“违禁者须身受五十刑棍！汝可晓得？”

“哈哈！老夫晓得，只怕能杖责老夫之人还未出世！”

“你错了，此人已虚待你二十载矣，给我架起来，重责五十大棍！以儆效尤！”

“尔等大胆！啊……啊？谁敢打我？啊！真打呀……哎哟！疼煞我也……”

差役们早就手痒了，大棍抡起来更是拼上了十二分蛮力，有便宜大家沾，五棍一换人，噼里啪啦，劈柴一般，三十棍不到，棍底人已没了气息，打死老虎更显英雄胆量，不一时五十棍执行完毕。

“啊？死挺了？”差役们有点慌乱。

曹操倒是毫不在乎：“给我拖在告示旁边，号令三日！”

就这样，整个京师无不凛然，只苦了曹操的老爸曹嵩，吓得心惊肉跳，忙不迭上下打点，铜钱流水似的泼将出去。

那蹇硕却怎肯甘休？只是一个小小北部尉与自己的地位相差太过悬殊，一时反而无法下口。

再说还有曹嵩这个硬茬挡在那儿，那可是九卿之一，硬扳谈何容易？

最主要的是叔父犯法在先，曹操执法有据，明面上拾掇这小子还真有点费难。

不要紧，明的不行咱就玩阴的，宦官报仇，十年不晚。

有这么个愤青在洛阳城中，像被窝里塞了一只活刺猬，难以睡得舒服，不定哪天有个不长眼的再撞在那五色棍头上，岂不冤哉？——这是朝廷所有权贵们难得统一的认识。

怎么办？先把他从眼皮子底下赶走再说，对，升他的官，给他个穷县的县令，培养接班人么，先下去锻炼锻炼吧，曹司农那里还送了个空头情，朝廷明诏嘉奖，提拔重用，您老还能有啥话说？心里不满意也得打掉牙往肚里吞吧？

还有更漂亮的词：“令郎才高九斗，年少英侠，后生可畏呀。圣人云：故天将降大任于斯人也，必先苦其心志，劳其筋骨，饿其体肤，空乏其身，行拂乱其所为，所以动心忍性，增益其所不能。”

你还能挑肥拣瘦？最好能超越孟圣人要求：苦晕心志，劳断筋骨，掏空其身，一命呜呼！

汉灵帝熹平六年（公元 177 年），在朝野众多官员的推荐与赞扬声中，曹操被任命为顿丘县令。

8

曹操三年不到，副县转正，尤其值得注意的是：这由副转正的一大步完全是凭自己的血气拼上来的，而且附带着名声大振，官声远播。

仕途顺利，旗开得胜！

百里小县，对大才来说，根本就谈不上用心治理之说。这一点可以从以后的凤雏先生庞统就任耒阳县令后的表现及语言中得到证实。本书以后自会细述。

曹操的天分及才学又岂是庞统所能够比及的？当然也不会拿这个正县级干部当回事。所以，他上任后权当进入了做官学校的初中部学习了，小时候缺的文化课也能趁机补一补。

这段时间曹操主要以修文为己任，习武当然也是必修课程，不过这时的曹操在武学方面早已不屑于“哼哼哈哈”的小儿科阶段了，他要研究的比楚霸王准备学的“万人敌”还要厉害百倍——完善自己的《孙子十三篇注释》。

后来文学方面，曹操的成就是非凡的，不但一扫前人辞赋中的脂粉气息，而且以磅礴之势横开建安文坛一代先河！所留诗赋至今读来仍觉豪情如在，荡气回肠！

至于武学领域的成就，下面会细细地描述给诸位，唯求大家拿出在“仕途”求进步的耐心来，陪咱慢慢聊下去。

时光如梭，转眼秋去冬来。

曹操在顿丘任上晃悠几个月了，这次他没再启动什么面子工程，也没有遇到什么不长眼的豪强前来送死，所以也没有什么明显的政绩。反而倒是有关曹操武功深湛、力敌万人的传说越播越远，越传越邪乎。

据说人一旦倒了运，喝口凉水也会塞牙；走了大运呢，出门绊倒也会拾个金元宝。曹操眼下就是如此，至少从表面看来是像走了红花运。

忽一日，曹操接到朝廷明发公文：因曹公孟德勤政爱民，政绩卓著，特予表彰，并同时因公能明古学，征拜议郎。

升官了！而且这官升得稀里糊涂，莫名其妙。

能明古学？这是哪跟哪呀！

这次升迁绝对与老爸曹嵩没有任何关联，如是他老人家使的暗劲，家书早该到了，不管怎样，升官总是好事吧？反正比降职强得多，先上任再说吧。

这笔功劳应该记在曹操大大得罪过的小黄门蹇硕身上。

汉灵帝一日忽然心血来潮，想加强一下精神文明建设，以便与当前的物质文明相适应，亲自下诏，让在朝官员们推荐几名精通古文的人，给予议郎的高官待遇，帮皇帝教化天下子民。

《后汉书》：诏公卿举能通《古文尚书》《毛诗》《左氏》《谷梁春秋》各一人，悉除议郎。

这蹇硕一看，机会来了。

这议郎是个什么官呢？郎有四种：议郎、中郎、侍郎、郎中。郎官负责给皇宫掌守门户，出充车骑。议郎却是文职，在郎官中级别最高，属于朝廷的言官，掌顾问应对，能参与朝政议事，由于接近朝廷中枢，虽品级与县令相当，但对将来的仕途发展、也就是我们现在所说的“进步”却是大大有利，前途远非一个地方县令所能比拟。

那小黄门蹇硕难道如此大度，对棒杀自己亲叔父的曹操竟然仇将恩报？这里面大有奥妙。

百里县令，虽不起眼，却是身兼县长、法院院长、检察院长于一身，要不，为啥有一方父母之称谓？史上“灭门县令”一说自古就有。手下虽无正规部队，马、步、刑三班衙役还是齐全的，在一方混久了，拉起自己的一帮人马来并非难事。

而蹇硕素闻曹操勇武过人，是不能容忍曹操在这个用得上武略的位置上长待的。你的特长不是会功夫吗？好，咱家就荐你个文得不能再文的官做，有武功你就在竹简上施展吧——他把曹操看成个半文盲的大老粗了。

再一说：议郎是独自一人办公，连随从也没有资格配备，拾掇个孤家单人总比干掉一帮人的头要容易得多吧？

在其位就要谋其政，咱就等着瞧你曹某人妙笔生花的文章；你就算是文武全才，能蒙出篇奏章来，那更好，只要鸡蛋攥在咱手里，何愁挑不出骨头？

就这样，公元 177 年，在县令这个位置上还没坐热屁股的曹操离开了顿丘，重回京师，前边等待的是福是祸，不得而知，但对于年方二十三岁的曹操来说，只不过是在做官的初中学校里又升了一个年级，不管是朋友还是敌手，他们都是自己的任课教师。

有时候，反倒是高明点的敌人上课更认真些，教的课程更为实用，学到的东西更能让学生一生不忘。

没用蹇硕费多少心思，机会就像金元宝从天上掉下来一样，砸在了曹操的头上，这回可不是上天送给曹操的礼物，是送给蹇硕的，只不过擦过了曹操的头皮，砸落了曹操的乌纱帽。

9

光和元年（公元 178 年），曹操二十四岁，因堂妹夫强侯宋奇被诛，曹操从坐免官。

也难怪，摊上了一个被政府镇压的亲戚，开除公职那是顺理成章的事，这回老爸曹嵩也没帮上忙。

塞翁失马，焉知非福！离开了议郎这个言官的岗位，实际上等于远离了一颗定时炸弹！

言官的工作就是专门给政府提意见，上边说不定哪天一翻脸。到时候，七大姑八大姨都要被你连累，运气好的话，兴许碰上个明主，给你摘帽平反，你还要千恩万谢皇恩浩荡，打心窝里赞叹朝廷英明伟大。

真正的无官一身轻。曹操算是从做官学校辍学回家，进入了自学阶段，学习时间与学习内容是受自己控制的。这一阶段，他学了很多很多，也想了很多很多，现在，曹操已不满足于做一个好市长了，而是把人生目标一下放在了更遥远的地方。

随便说一句：还没娶大老婆的曹操趁这时空闲娶了一个小老婆，光和二年（公元 179 年），曹操二十五岁，在谯县纳卞氏为妾。这卞氏我们在以后还要与她打交道，就是她，八年后给曹操生下了一个儿子，就是未来的魏文帝曹丕。

而此时的京城里，还有两个人没有忘记曹操，一个是他的老爸曹嵩，另一个就是权势愈重的小黄门蹇硕。

曹操本人又何尝是甘居田园的陶渊明？英雄也好，奸雄也罢，反正前面等着曹操的是无限的精彩——或者说是无限的未知，祸福难料！

实际上，人生的精彩恰恰在于未知两字！设想下：假若一个人出生就明确了一生，哪怕是铁定吃喝玩乐一生不愁，那活得还有什么精彩可言？

小黄门蹇硕肯定是要报仇的！大家会问了："这宦官蹇硕就那么孝顺他叔叔？"

非也，亲叔是死是活，蹇硕还真没觉得有什么了不得，蹇硕自小被割了宝贝，送进皇宫，对这位极少见面的叔父也没那份深厚感情。再说他也清楚这位叔父在外面的德行，一贯依仗着自己在宫里的势力，飞扬跋扈，逞强凌弱。

对狐假虎威的人谁不讨厌？

关键是这个脸面蹇硕丢不起！

古人云："饿死事小，失节事大。"为啥失节事大？还不是要那点脸面吗！堂堂皇帝身边的近侍，栽在了一个小小北部尉手里，那还像话？

他爹是大司农又怎么啦？你给皇帝行礼的时候咱还不是高高地站立在上面？你磕几个头咱还不是随着皇帝受你几个头？这脸要是丢在你曹操手里，咱还怎么在洛阳混？朝臣们又怎会拿我蹇硕当根葱？

你以为这就算完了？想仗着家里有几个臭钱，躲在老家享清福？没那么美，还得把你揪回咱家够得着你的地方，曹操，你死定了！

光和三年（公元180年）六月，曹操接到诏令，官复原职，还是那个理由：能明古学。还是那个级别：征拜议郎。还是那种工作：专给政府提意见。

曹操现在是何等人？才不会傻帽到往枪口上撞呢。哪些意见该提哪些意见不该提，心里跟明镜似的。

汉灵帝发明了一项专利，让我们后来的一些人学会了——建立个人"小金库"，专门用来存放卖官得来的钱：天下虽是朕的，但管家太多，爹有娘有不如自己有！

皇帝想攒点私房钱也是可以理解的。这样的意见就提不得——妒忌之心害人害己。

后来把铜钱放在西园的小金库里也难让皇帝放心，在老家河间专门建了一个堆铜钱的地窖。再后来皇帝还是不放心，干脆把体己钱分散寄存在信得过的宦官家里，皇帝认为身边的这些宦官就是一个大保险柜，比放在国库里保险多了，且不说这种方法是否保险，意见却提不得——除非你嫌自己的脑袋长在脖子上碍事。

那总不能做一个哑巴言官吧？

为啥不能？这年头当和尚不撞钟的官多的是。

不过，曹议郎却并非不撞钟的和尚，满腹锦绣文章还是有机会显摆的。

据史载："朝廷诏公卿以民谣检举害民之州刺史与两千石官吏。曹操上书言所举不当。汉灵帝以灾异询问群臣得失，曹操复上书切谏。"

咦？这曹操还有这两下子！几道奏章滴水不漏，居然把标准的官样文章做得四平八稳。

蹇硕晕了：还能就这样让你舒舒服服地把这议郎议下去？

刚瞌睡就有人送来了枕头，除掉曹操的大好机会来了。

这枕头是哪位送的？此人在中国历史中大大有名：天公将军张角是也！

第三章

战长社：曹操初露锋芒

10

干柴燃起的烈焰，能焚毁一个旧世界，也能锻造出一个新世界！这就是凤凰涅槃神话传说的意义所在！

对统治者不满意的人民就是干柴。

冰冻三尺非一日之寒，想生产出遍地干柴来，也绝非一朝一夕之功，经过东汉皇朝几代政府的不懈努力，终于积攒够了足够焚烧自己的干柴。

在这种持之以恒的生产过程中，居功至伟的当属桓、灵二帝，而灵帝更是二人中的佼佼者，这位天子的干柴生产工艺简直称得上“炉火纯青”：皇宫里面玩得不过瘾了，一心想到洛阳郊区去返璞归真，圈上几万亩好地，修几个皇家园林，在这自然保护区内保护些濒临灭绝的珍稀动植物，岂不是大大的功德？天子么，不玩得空前绝后还能算上天之子？

司徒杨赐和侍中任芝、乐松为此事掐了起来：

杨赐：“周围的百姓都已经饿得相互交换孩子吃了，哪能再赶走他们去养些野生畜类？城外光园林都建了四五座了，还玩不开吗？”

任芝、乐松：“最贤明的周文王的园子方圆百里，老百姓还都嫌小；恶名昭著的齐宣王的园子才五里，老百姓还都说大，主上是愿意做周文王还是学齐宣王？”

皇帝绝对圣明，当然要做周文王，你杨赐是教唆朕做齐宣王啊！

于是毕圭、灵昆二苑当即动工。

出去游玩很重要的一项就是可以呼吸新鲜空气，可那时候到处都是黄土路面，逢晴天就起“沙尘暴”，的确危害身体健康，上哪儿去找承建柏油马路的路桥公司？连水泥路也修不起来，怎么办？

世界上怕就怕认真二字，汉灵帝在玩乐方面就最讲认真。

干脆挖条御用河吧，直接引水入宫，多安几部水车，路面时刻洒水，瞧，多高明的防尘压沙措施！这也是间接为民服务，减轻了百姓运水洒道的力气呀？

官员贪污最普遍的套路就是设法上马几个大型基建项目，没名目咋捞钱。

灵帝也挖空心思出了个捞钱的巧招：宫殿需要修缮，为避免重复建设，一并铸就四个铜人，再捎带着铸就四口大钟，以鸣皇威。

铜哪里来？不要紧，众人拾柴火焰高，天下的田亩每亩捐助十文，一切搞定。

就这样，灵帝不光备足了干柴，连火种都准备妥当，万事俱备，只欠东风。

深藏于内被拯救的原始意识，人人都有，只是自己平时不一定觉察到。

东汉中平元年（公元 184 年），冀州钜鹿（今河北平乡西南）人张角瞅准了在中国历史上留下自己名字的机会。

张角把骗子工夫与陈胜、吴广的英雄举动集于一身，在中国的中原大地上掀起了狂飙，点燃了东汉桓、灵二帝堆积在全国的干柴，大河上下，顿时风起云涌，火趁风势，风助火威，烈焰霎时席卷华夏。

先抛开武功、军事、扯旗造反不说，就骗术来说，后世的“大师”们估计跟着张角提鞋都未必及格。

张角以自创太平教起家，自称“大贤良师”，广招信徒，潜心经营十余年，到了灵帝中平元年，已发展成一个庞大的政治及军事组织，青、徐、幽、冀、荆、扬、兖、豫八州的地面上，分布着武装信徒数十万，并严密地组织为三十六个方，大方万余人，小方也六七千之多，每方各立渠帅，从者早逾百万之众。

张大师以给人看病做幌子起家，不过，估计张角所施予患者的符水极有可能是用中草药煎制的，不会全是空口说白话忽悠人。

关键是由桓、灵二帝所创造的客观条件已成熟，老百姓已经到了实在没法活下去的地步了。

人们如果到了与邻居交换孩子杀了充饥的绝境，还有啥不敢干的？总不能把自己的儿女送进肚皮之后，去心安理得地睡太平觉去吧？第二天睡足又饿了，再去找个同样嘴馋的：

“兄弟，换条胳膊啃啃怎么样？自己啃自己的下不去嘴呀”！

那位一估量：“你那胳膊比我的瘦，想占俺的便宜啊？这样吧，搭给半拉屁股，干不干？”

这位一狠心：“你也送我两只耳朵，就依你。”

“这……成交！”

……

张角的黄巾军起事之后，一呼百应，随者如流，旌旗指处，无不望风披靡，所经州县，皆如摧枯拉朽，一时天下震动，朝廷震动，唯有灵帝逍遥如旧，安然玩乐。

此时皇宫内盛传：天公将军法术天授，撒豆成兵，并有天赐神言：“苍天已死，黄天当立，岁在甲子，天下大吉。”两个主要宦官封胥、徐奉早已暗中备下退路，要与张角里应外合，宰杀灵帝，再奉新主。

蹇硕心中大喜：你曹操不是会两下子吗？咱家就助你一臂之力，让你与那天公将军去拼上一拼，到时候张角一把黄豆就替咱家报仇了！

三月，曹操被夺笔从戎，任命为骑都尉，率兵与皇甫嵩、朱儁一起抵抗颍川的黄巾军。当然，工资也提了，由现在的年俸六百石火线提为两千石。

从现在起，曹操将会逐渐懂得“刀把子里面出政权”的绝对真理，就此开始了他戎马一世的厮杀生涯。

11

张角和他的黄巾军受历史的局限，只是停留在“吃大户”的初级阶段，虽然用一些鬼话神功骗得“从者如云”，但鬼话只能骗一时，却经不得实践的检验，要完成摧毁一个旧政权，建立一个新政权的革命壮举，实是力不从心，失败是必然的。

然而，黄巾军吃大户的行动却是了不起的，他们吃的是所能遇到的一切州府郡县。这是一支世所罕见的部队，携家带口，老幼随军，攻下城市的唯一目的就是为了吃一顿饱饭。

也难怪，当时赤地千里，遍地白骨，哪来的后方安顿家小？丢下了父母妻儿，作战便失去了目的，总不能革命的目标是为了一人吃饱全家饿死吧？所以，部队的累赘也正是它的士气之所在，士兵们的背后就是自己的家小，拼命是不用做政治动员的。

所以，这支百万大军更像漫山遍野的蝗虫，吞噬着他所能接触到的一切，所过之处，寸草不留，未经洗涤之州县，惶惶不可终日。

东汉的国家政权慌了神，开动了支撑这个政权的军事机器，哪里有反抗，哪里就会有镇压。

久经训练的边防军被紧急调往内地，天下所有地方政权管理下的顺民被紧急动员，无数支新组建的救火大军启动了事先没有预定的灭火程序，武装到牙齿的官军再加上民团——地主豪强组建的城管执法队——与渴望混个肚子圆的奴隶，展开了你死我活的拼杀！

保皇派：刚被封为慎侯的河南尹何进晋升为大将军，率左右羽林军及京师五营卫戍部队拱卫洛阳。

外围防线由函谷、太谷、广成、伊阙、轘辕、旋门、孟津、小平津八关都尉构成。

另组编了三支机动部队，分别由左中郎将皇甫嵩、右中郎将朱儁、北中郎将卢植率领，实施机动围剿作战。至于各地郡守各守本土那自然是分内职责。

另外他又大发慈悲，对之前所拘押政治犯、刑事犯一律赦免，一概允许戴罪立功。

造反派：张角称天公将军；其弟张宝称地公将军；张梁称人公将军。主力很快形成了三大军事中心：

人公将军张梁活动于冀州（州治邺城，今河北省临漳县西南邺镇南）的广大地区；地公将军张宝屯兵下曲阳（今河北晋州市西北）；天公将军张角驻广宗（今河北威县东南），成为领导起义的中枢。

其部将张曼成自称“神卜使”，率南阳黄巾军屯兵宛城，成为南方的黄巾主力；波才、彭脱领导的黄巾军，控制颍川（郡治阳翟，今河南禹县）、汝南、陈国（治所今河南淮阳市）一线，成为东方的黄巾主力。此外，还有卜已等领导的黄巾起义队伍，分别活动于东郡苍亭（今山东阳谷东北）。

各方黄巾军从北、东、南三个方向对京师洛阳形成合围之势。

其中对京师洛阳威胁最为严重的是颍川方向的二十余万黄巾军，由波才、彭脱率领，剽悍异常，已进军至洛阳不足三百里。

右中郎将朱儁的三万铁骑没把这支乌合之众放在眼里，贸然进剿，结果铁骑难挡亡命徒，竟被一帮泥腿子杀得丢盔弃甲，以致后勤供应基地长社（今河南长葛东北）暴露敌前，城中仅有左中郎将皇甫嵩率领的步骑兵三千余人，眼看不免城陷人亡，军需资敌。

波才乃张角麾下一员悍将，当然趁大胜余威不失时机地倾巢出动，十万余人将一个仅有三千守军的长社城围了个铁桶一般，并承诺部众：破城之后，开戒三天，劫掠归己。将士们无不雀跃，攻城时人人前仆后继，个个舍命求财。

而左中郎将皇甫嵩却是个极会带兵之帅才，平日对部属恩威有加，虽然兵少，却镇静如常，依仗着长社城高墙厚，将士一心，堪称强据守得住。

只是不知援军何日来到，满城军民寄希望于一人：指挥着五千羽林军的骑都尉曹操。

那初涉军旅的曹操曹孟德现在何处？

12

曹操率领着五千羽林军踏上了征途！

二十九岁的曹操踏入仕途不足十年，已登上骑都尉——相当于现代一个旅长的高位，这时候的曹操是否应该在暗自庆幸生逢乱世？

至于他在自己的诗歌《蒿里行》中所流露出的悲天悯民的句子，那绝对是蒙人的。诗人这样感叹：

……

白骨露于野，
千里无鸡鸣。
生民百遗一，
念之断人肠。

别被曹操给忽悠了，曹操从没因百姓的白骨露野断肠过，也就是想感动一下读诗的傻瓜。上了战场，哪怕是对待俘虏，曹将军砍别人的头从没犹豫过。

现在曹操的部队已悄悄地靠近长社，离波才的黄巾军最外围的包围圈已不足十里。曹操命令士兵停止前进，借着一大片树林，傍着穿林而过的小河立下了临时应急营寨。

通过斥侯骑不断的回报，曹操早已清楚了自己将要面对的是什么：长社被围攻已半月之久，敌人达十万之众，又持击溃右中郎将朱儁三万铁骑余威，士气正盛；自己如想以区区五千骑兵解长社之围无疑白日做梦，贸然进攻等于飞蛾扑火。

况且自己部队属长途奔袭，临近敌人时已人困马乏；人是铁，饭是钢，不光士兵需要进食，战马更需要喂饮，傍河结寨便是为了解战马之渴。

《孙子兵法》曹操早已背得滚瓜烂熟，岂能不知“知己知彼，百战不殆”的基本常识？可现在呢？长社城中主帅皇甫嵩的情况不明、敌方波才的具体部署不明、就连自己率领的这五千人马的战斗力也是不明！刚接手的部队，士兵对自己的主将也毫无了解的可能。这仗怎么打？

最要命的是自己部队官兵的士气，士兵紧张的下马动作及略带慌乱的眼神使曹操感到不容乐观，曹操需要等待战机，尤其是需要解决士兵的怯敌心理。孙子曰：攻城为下，攻心为上。先需要解决的是自己部队的军心！

唯有两点令曹操心里稍安：

一、对左中郎将皇甫嵩的作战指挥能力早有耳闻，提起皇甫嵩大名，人们都是用崇敬口气的。

二、已与敌人接近到了可以用骑兵冲锋的距离，可还未曾见到过黄巾军的哪怕一个探马，这只有两种可能：要么敌人极度傲慢大意；要么波才根本就不懂最起码的作战常识，不管是哪一种，都是好事。

曹操沉思片刻，叫过两个副手，如此这般交代一番。二人各率五百骑向东西不同方向疾驰而去。

长社的黄巾军包围圈外围，东西两个方向同时出现了官军的小股骑兵。

波才分析：这一定是被击溃的朱儁残余部队，因战败后无法向朝廷交差，而赖在这里进行的骚扰行动。

“把他们诱近些，多预备些绳索、陷阱，人要死的，马要活的，老子正想弄些新鲜马肉补充军粮呢。”

战鼓声声，呐喊阵阵。不一时部下来报：“禀将军，来骑只接近到我军一箭之地，放了阵骑弩便溃散退去，我军追之不及，伏军伤亡十余人。”

波才更加相信了自己的判断：“多置藤牌防护，不要再理睬他们，留五千军士保护各营妇孺，其余全力攻城！”

长社城头。皇甫嵩被城外的几阵战鼓催上了城头，开始以为是曹操的羽林军到了，哪知远处上空轰隆了一阵雷，没见下雨，城头守军有些沮丧。

远方又是几通战鼓声，皇甫嵩现在有些明白了：这是援军在向自己通风报信呢：我们已经到了，你们一定要坚持下去，如果突围，我们会策应的。

突围？皇甫嵩看着城外密密麻麻的草舍木寨，苦笑着摇了摇头，自己的这三千来人，如离开了坚城的依托，将如同大海里撒进了一把沙子，连浪花都不会泛起的！万幸敌方没有登城的器具，光靠一些绑扎在一起的云梯暂时还奈何不了长社城。

“传令下去，擂鼓三通，严密监视，不得妄动。”

城外骚扰的小股骑兵，听到城内的战鼓，像得到了军令一样扬长而去，停止了骚扰。

未损一人一骑的千名羽林军绕道回来了。

进入隐藏在树林中的营寨时大家异常兴奋，出发时的恐惧心理一扫而光：第一次打这么轻松的仗，像去做了一场射击表演，就差唱着“打靶归来”回营了，也没见天公将军撒豆来拾掇我们呀。

看来出发时这位“草草”主将并非草草传令，交代说我们不准近敌百步以内，只准呐喊，不准厮杀，听到城内的战鼓响起便可急退，如折损一骑定要拿将领说事儿。

这回呀，国军碰上了好运气，像一趟赶集似的跑了回来，还超额完成了任务：回营时碰上了一个黄巾军的探马，顺手给俘虏过来，带到了曹操大帐。

13

阳春四月，天尚微寒。被俘虏的黄巾军探马还赤着脚，身上破衣烂衫，除了包头的一方黄布外，怎么看也不像个当兵的，小伙子憨厚可掬，做了俘虏也没见十分害怕。

曹操大喜，赶紧吩咐手下拿一块马肉来，给他松绑并赏浑白酒一碗。

等小伙子恢复了精神头，曹操开始了拉家常：“小伙子，有二十了吧？娶媳妇了没有？”

探马十分不解：怎么这官军里还有好人？这个当官的面虽不善，看样子心还挺好的。吃人家的东西嘴短，总得陪人家聊几句吧？于是有点害羞地回答：“您眼力不错，俺今年刚二十，媳妇在那边老营里呢。”

“看你身上穿的，咋不让媳妇给做身像样的呢？”

“俺将军说了，打开城就给俺发新军装。”

“在这儿待了多久了？”

“半个多月了，那城太高，难爬得很。”

“哦——这些天晚上够冷的吧？”

“不冷，俺将军说了，要长住，困死守城的，让俺们都搭了避风的草庵屋，再说，还有俺媳妇每晚陪着俺……”小伙子脸有些微红，看样子新婚不久。

“草屋？”曹操心里微微一动，继续和俘虏扯皮，“听说你们都被天公将军施了符咒，上阵刀枪不入，你有这功夫吗？”

“当然，俺曾在天公将军面前演示过，天公将军还赏过俺五斗米呢！”小伙子有些自豪。

“出去给我们这帮弟兄露一手怎么样？不看看谁能信啊。”

“不行，师傅说了，随便施法要遭天谴的，我给你们逮住了，也没打算活着回去，只是俺媳妇……”探马显得既坚决又沮丧。

“嗯……你犯的是造反的大罪，论罪该灭九族，我今天判你身受一刀之刑，如果真的一刀砍你不死，就放你回去与媳妇团聚，你服气吗？”

“说话算数？”

“吾乃大汉朝廷命官，岂能失信于你一介草民？”

“那俺先给您磕个头，挨完这一刀俺就走，到时候省得告辞了。”小伙子扑通跪下，给曹操磕了个响头，站起身向外就走。

当下曹操心里有点打鼓：难道真的一刀砍他不死？看他心中有数的样子，还真说不定。

来到帐外，几千人除了警戒哨全都把目光集中在了这小伙子身上。

只见这敌军探马甩去上身破衣，扎了个马步，双手按住自己小腹，口中念念有词，登时面色涨红，前胸后背鼓起了数个大包。

军营里的专职刽子手得到曹操的示意，提着行刑的专用鬼头大刀，走到小伙子面前，口里说起了杀人前必说的套话：“冤有头，债有主，丧命莫怪刀斧手，魂别散，往西走，家人等你去喝酒……挺住了！”

只听一声暴喝，如同“刮喇喇”半空中响了一声霹雳，寒光一闪而过！大伙儿全愣住了！

那小伙子不失时机地将身一长，让过脖项，一刀砍在后背之上，啊？竟将锋利无比的鬼头大刀“砰”的一声弹了出去，再看小伙子身上，隐隐只见得一道红印，眼见是分毫未损。

树林内一下子鸦雀无声，空气仿佛凝固。

只听得曹操一声朗朗大笑：“雕虫小技，何足挂齿？歪门邪道，斩你易耳！”

亲自走到行刑之处，对呆若木鸡的刽子手说道：“借你刀一用。”接过鬼头刀，对刽子手说：“还要借你一物。”

“向标下借……？”刽子手一时不解。

“把裤子解开，向这刀上撒上一泡热尿。”

“啊？”刽子手从没在这么多人面前暴露过那玩意儿，一时扭捏。

四周的士兵却没有一人有取笑之意，还没从刚才的震惊中恢复过来。

“邪不侵正，自古有闻，污秽之物，可破百邪，撒尿上去，待我斩他！”

“你……你说话不算数！”小伙子气急败坏，张嘴欲骂，旁边几个机灵的亲兵伸手把不知什么东西塞进了他的口里，小伙子不断挣扎，却动弹不得。

这边刽子手也顾不得害羞，当即在众目睽睽之下掏出自家小兄弟，把一股热尿直射到鬼头刀之上。

刽子手正尿之间，忽然刀身不见，却见一颗血淋淋的人头滚在了脚下，原来那小伙子已经身首异处！曹操这时已将鬼头刀扔在地上，向大帐走去。

不用多做动员，士兵们一片欢呼，树林里响起了暴雨般的“哗哗”撒尿声。

14

入夜，东南风大作，曹操听着风声，忽然记起傍晚被斩的小伙子说过的草屋一词，若有所思：初次领军，最应谨慎，不怕一万，就怕万一，左中郎将皇甫嵩是个善用兵之将，现在已经知道外面有援军接应，怎会没有任何动作？

敌营全是草木结营，而上风头正是长社城，一旦皇甫嵩有行动，最大的可能便是以火代兵，而自己部队所藏身宿营的树林则正处于下风位置……不好，这个险冒不得！

当即传令：紧急集合，全体拔营，绕过长社城，直扑城南方向的黄巾军后方。

白天的杀俘行为，羽林军全体没有一个人认为有什么不对，反而对主将能破解黄巾军的邪术感到由衷的佩服，现在接到移营的命令自然是理解的要执行，不理解的也执行，没用一个时辰，部队顺利出发。

两个时辰的急行军，天未明已集结至预计位置，长社城南二十余里的要道。

突然，正北方向一片通明，曹操心中暗呼一声："好险！"

曹操随即吩咐部属全体下马，休息马力，士卒分别以携带的干粮进食，做好行动的一切准备。

回头说长社城中。皇甫嵩白日知道了援军已至，心中稍安，虽不能完全断定是曹操的羽林军，但援军主将是个会用兵之人是无疑的，此人用骚扰之计通知了守城部队，暂时稳定了城中军心，同时又告诉自己：兵力不多，暂无力解围。

长社城的防守是没问题的，但有一条战争铁律皇甫嵩是明白的：战争的目的是消灭敌人，从没有靠一味防守能赢得战争的。面对拥有十万之众的一只疯牛，从哪儿下刀宰杀呢？

呼啸的东南风惊醒了皇甫嵩的沉思，他马上想起白天在城楼之上看到的情形：一眼看不到边的是黄巾军连绵不绝的草舍营寨，眼前突然出现了一幅遍地火海的图画，皇甫嵩甚至听到了敌人的营寨在烈焰中噼噼啪啪的燃烧声，哼！敌人毕竟是一群乌合之众，大概连《孙子兵法》是何物都未知也！

在军事行动上，皇甫嵩历来是雷厉风行，从不拖泥带水，时已三更，再不行动，更待何时？当即传令：所有部队，全部集中北城待命突击，紧急悬赏敢死队员三百名，各带火种，用长绳缒城而下，秘密接近敌营，同时举火，火光就是城里突击部队的命令，到时城门大开，趁风跟在大火后面，扫荡残敌。

风火席卷之处，人海又有何用？至于外围的援军，想来也绝不会隔岸观火，一场大胜，就在今日。

一切正如皇甫嵩预料，城外的黄巾军自恃人多势众，根本就没料到敌人会骤然而至，但只见瞬间火起，周围已是满目通红，风借火势，呜呜怪响，火光之中，敌军呐喊如潮，谁能知索命者有多少？

波才从睡梦中惊醒，不及披挂，火龙已卷到眼前，此时欲拼命却不知去找何人，自古水火不容情，天公将军并未教自己避火仙诀，只能飞身上马，要以马力对决风速火势，试看逃命谁能追？

常言道，兵怂怂一个，将怂怂一窝。主帅带头当起了运动员，开始了与火头子赛跑的运动，当兵的还能落后？于是大家争先恐后抢上逃命之路，一时人践马踏，争路不惜拼命。

这时候谁是我们的朋友？谁是我们的敌人？就一条标准：让我者友，挡我者敌。刚砍翻一个前面碍路的，转眼自己又被不知哪来的一枪捅了个透心凉；左边刚抢过不知谁家的包袱，右边自己美貌的妻子不知被谁拎上了战马；回头刚张望七十岁的老母亲，低头一瞅自己的左腿不见了踪影；黑暗之中，满眼见到的唯有遍地烟火，纷乱声里，耳听到的俱是哭爹叫娘！又怎是一个“乱”字所能形容？

皇甫嵩身先士卒，放马屠杀。这时候，已经不用发布任何命令，原始的野性已挣破了任何约束，战场的局面已经成为一群杀人的疯子到处追逐更多逃命的疯子。

人什么情况下跑得最快？绝对不是短跑运动员的百米冲刺时，肯定是在夺路而逃时，这时候人的内在能量才能得到最大限度的释放。

由于这种原因，波才及所部高级将领这次与死神赛跑的速度得到了超常发挥，气得皇甫嵩心中暗怨朝廷没给自己配备一架直升机，现在唯一指望的就是那还没参战的援军了，这时候皇甫嵩还不知道其指挥员是名不见经传的曹操。

曹操已经及时地把自己率领的五千骑兵织成了一张大网，牢牢地罩住了黄巾军的南逃之路，根本不用做什么战前动员，羽林军人人憋足了劲，要凭此一战而封侯。要痛打落水狗的套路，人人都有此兴趣。

仓皇逃命的波才像一只慌不择路的兔子，一头撞进了曹操支好的大网里，只可惜连困兽犹斗的勇气也没有了，只是被漫山遍野的黄巾部众裹挟着东一头西一头地乱撞，骑在马上目标太大，舍弃战马又有可能被乱军践踏丧命，真有点骑虎难下的感觉。

一阵乱箭射来，替波才解决了抛弃战马与否的难题，坐骑中箭，波才翻身落马。身边的贴身护卫早不知贴向何方，混乱之中又有谁认得什么将军，什么神仙？几骑战马袭来，一群头顶黄巾的士兵将他连踏带挤，波才无奈英雄落水，滚到了河中。

哪知竟然因祸得福，波才幼时在河边长大，简单的狗刨自然不在话下，当下只觉心头一片空明，计上心头，又上眉头。双眼微闭，屏住呼吸钻在两具浮尸之下，扯过死人头上的黄巾，盖在自己英俊的面庞之上，脚丫暗踩绿水，顺流而下，竟然逃得一条性命。

据说，三三制战术原则的原始发明人应该是曹操的羽林军，有下面的文字记载为证：

羽林军的杀戮行动没有经过战前训练，他们本能地分为三人一组，分工合作，配合娴熟。锥子型的杀人小组，首骑专管放血，左后骑负责割头，右后骑承担收集脑袋。这样的杀人程序使工作效率得到了成倍的提高——摘自长社战役的战后总结报告。

曹操持戟立马于高坡，平静得如同一潭静水，他的目光扫视着目所能及的屠宰场，心里不时也涌起一丝微澜。

第四章

战颍川：从骑都尉到济南相

15

右中郎将朱儁的三万铁骑被打了个稀里哗啦，当了半个多月的落水狗，万幸波才不是个善打落水狗之人，才得以残喘，收集残部。

朱儁只是对黄巾军的拼命战法心有余悸，不敢靠近，所以只好带着剩下的一万多人骑在长社周围打圈子，其实他现在的兵力要超过皇甫嵩、曹操的一倍尚多，只是士气没了，无胆再战。

现在机会来了，长社的火光也像提醒曹操一样提醒了朱儁，他也明白了发生了什么。

朱儁也不是个泛泛之辈，因为自己的右中郎将官职不是花铜钱买来的，有些骄傲自大，自恃是正规军看不起农民，才吃了大亏。现在落水狗的角色换了位置，他立时由落水狗变成了一只饿虎，恶狠狠地扑向了已成为落水狗的起义军。

被波才丢下的黄巾军先遇火灾，后遭皇甫嵩的趁火打劫，紧接着再受曹操骑兵三三制杀人小组的猎杀，现在又经朱儁不失时机地打扫战场，十万将士，灰飞烟灭，老弱眷属，皆尽无头——被杀红了眼的官军抢去作了报功凭证。

战事已息，三路人马胜利大会师。皇甫嵩格外看重这位新部下曹操，破格请他进帐商议下一步行动方略。其实，论级别及资格现在根本轮不到曹操发言：位已四品的左右中郎将议事，哪有你这个六品骑都尉说话的份儿？

朱儁乃败军之将，还沉浸在对皇甫嵩的感激之中：由于皇甫嵩的这场胜利，自己的这颗脑袋不至于被朝廷砍去了，皇甫嵩刚才还表示："朱将军，前次的小挫，先不要急于奏报朝廷，待我统计完战果，由我上奏就是了，我们先败而骄敌，后用计围歼，朱将军此役也斩敌首甚多，朝廷不会怪罪朱将军的。"

朱儁明白了：皇甫嵩是打算把两战合为一役。这样，自己非但能躲过朝廷惩罚，立功升职也成了顺理成章的事，不由感动得热泪盈眶。现在皇甫嵩征求下一步行动意见，反而不好意思开口了，虽然他心里清楚自己的部队此时最需要的就是休整：伤亡过半，建制已全部混乱，有的部队竟然只有干部，没有战士，而有的营却是有兵无官，长官已阵亡，还没来得及任命新的。

曹操就不同了，五千铁骑，未损一人一马，实在是从未有过的罕见战例，要说他们根本就没参战吧，入长社城时每骑挂的都是葡萄串似的人脑袋，两万多人头列成大片，也是蔚为壮观的。

曹操初涉军旅，还没学会官场上虚三假四的那一套谦让，见长官问计于己，便毫不客气地侃侃而谈："现在的军事态势还容不得我们摆庆功宴，贼首波才漏网，必投其老巢颍川，颍川尚有他的近十万贼众，其同伙彭脱也带十万余人于西华(今河南西华南)出动，向颍川靠拢，据探马报，汝南陈国黄巾军已经全军出动，增援波才，现已达阳翟(今河南禹县)，一旦贼众合流，其势必难挡也！"

皇甫嵩、朱儁对曹操不由肃然起敬：这小子不是个凡夫俗子，占着旅长的位子，想着兵团司令的路数，日后不可限量。他们俩同时点头认可，示意他继续分析。

"此役赖天子洪福，将军雄才，贼波才惨遭重创，但百足之虫，死而不僵，我军决不能静待他恢复元气，现在饥民遍地，敌军之兵员补充非我军能所及，如不立即进剿，患莫大焉！"

皇甫嵩、朱儁内心不由一阵苦涩："是啊，我们如随便招兵，饷从何出？朝廷有定制，谁敢多编一兵一卒？一旦自己拥有了与黄巾军若等的军力，也就是自己被灭九族之时，在这一点上，朝廷会比对付黄巾军还要果断。"

"眼下漏网贼众不下万余，皆奔向颍川，实是在帮我军大忙，他们带给颍川贼众的必是惊恐无疑，我不趁此时进军，更待何时？"

响鼓不用重槌，皇甫嵩略一沉思，当机立断："孟德高见，言之有理，就烦孟德率本部羽林军为前部先锋，立即进军颍川；朱将军领本部建制尚齐之五千铁骑为接应，嵩驱我军剩余全部主力为后援，连夜起兵，我等建功立业当在今日！”

“遵将令！”

曹操、朱儁领命而去，皇甫嵩心中暗叹前太尉桥玄大才：“早闻桥太尉断言，安天下者必此人也，今信之哉！”

16

古代升官定律：文官是撒着金子银子开道，踩着同僚的肩膀攀登；武将则趟着敌人鲜血前进，提着自己的脑袋飞升。

曹操最高明，文武之道各用一半，既仗着老爸替自己撒银子开道，又用敌人的鲜血给自己洗尘，里面搀点部属的血那也是免不了的，自己的脑袋是提不得的，提别人的脑袋曹某向来乐意，升官只是时间问题。

波才也算是提着自己的脑袋逃回了颍川。波才既恨敌人狡诈，又怨老天不公，唯独没责备自己大意，记点颍川部众，尚有十万出头，狂妄之心又起，复仇！胜败乃兵家常事，血债要用血来偿！

于是，妇孺老弱暂留颍川，尽起全部精壮，漫山遍野，杀奔长社而去。

曹操率五千羽林军连夜袭向颍川，行至四更，斥候骑飞马来报：前方不足十里，望不到边的火炬，数不清的人马，遮天盖地迎面而来。

曹操顿时明白了是怎么回事，一面命斥候骑飞马通知后面接应的朱儁部队，一面盘算自己的五千骑现在能干些什么。

迎面冲锋？敌军势众，五千骑也不过阻挡敌军一时，而自己难免死伤惨重，把自己的性命丢在这儿？不干！可敌我双方眼看就要迎头相撞，回头远遁就能避开这汹涌而来的洪流么？就算自己的部队躲开了，后面的朱儁、皇甫嵩岂不是难免全军覆没的命运？立即进攻颍川的建议，是我建议错了么？

进攻颍川？曹操心头一亮，知道了自己该做些什么了。

曹操当即唤过身边一名亲兵，取出一方绢布，用一只熄灭的火把炭棍写下了十二个大字：让开敌锋，焚其辎重，吾袭颍川。

亲兵接过绢布，策马向朱儁的接应部队疾奔而去。

羽林军中，一道骑都尉的军令传下来，也是十二个字：横向迂回，绕开贼军，直击颍川！

皇甫嵩接到前方朱儁、曹操的飞骑战报，欣慰自己没看走眼，立即命令本部主力骑兵，下马休息马力，做好出击准备，所有弓箭手、掷弹兵顶到最前面，在一条不宽的小河岸边，据河死守，有后退一步者，力斩无赦。

曹操的羽林军接近颍川时简直不敢相信自己的眼睛：由于持续不断接受昨天从长社逃脱的残伤士兵，颍川城竟然连城门也没关！

机不可失，曹操一马当先直冲进城去。

没发生多少像样的战斗，羽林军便控制了全城，十余万黄巾军的眷属、伤兵做了曹操的俘虏。这一次曹操没有再让士兵们过一把杀人瘾，命令士兵释放所有战俘，全体赶往长社的方向，于是一支更大的人流泻向昨夜黄巾军出征的路途。

只不过，这是一群十余万只毫无抵抗能力的绵羊，被五千只饿狼驱赶着，走向自己的亲人，哭喊之声震天动地，声闻数里，中间却没有一个人意识到，他们将给前方自己的子弟兵带去灭顶之灾！

汹涌如潮的黄巾军在一条河边遭到了坚决的抵抗，河虽不宽，却也无法涉水而过，对岸箭石如雨，架桥的士兵死伤惨重，河边的尸体已堆成了又一道河堤。

波才气得暴跳如雷，严令士卒不计伤亡冲过河去，怎奈火无情水也无情，利箭飞石更无情，抢渡的士兵面对激流箭石前进不得，后退亦无活路，波才用鬼头大刀组成了督战队，大多刀口已砍得卷刃，上面滴流的全是自家弟兄的鲜血，此境地便真正是：进是死，退也是死。

朱儁的五千骑兵在接到曹操已在颍川得手的消息后出动了，士兵们一改初战黄巾军时的怯懦，不计伤亡地扑向黄巾军后方的辎重车辆，仅一个冲锋便在黄巾军辎重车队放起了大火，虽然无风助势，但冲天的烈焰浓烟使前面却步不前的黄巾军更加混乱起来。

波才看到后方辎重被毁，反而更激起了野性，命令全军弓箭手分为前后两个方向，不救辎重部队，防住后方偷袭，全力渡河。

“就是用尸体填平这小河沟，也要冲过河去！成败在此一举，全军压上，停步不前者斩！”

应该说，波才的这个命令是对的，事实也是如此，皇甫嵩已经快坚持不住了，自己的弓弩手、掷弹手已在敌军箭雨中伤亡过半，步兵已与少数抢过河来的黄巾军展开了贴身肉搏，尤其是敌军真的用不着架桥了，河中已填满了死的、活的黄巾军士兵，河水将近断流，对方已杀红了眼。

自己的骑兵已全部上了马，准备进行最后自杀式的一拼。皇甫嵩几次欲挥手骑兵出击，都停住了举在空中的手，不行，这是最后的本钱，是扫荡残敌用的，我还有一丝胜利的希望，那就是曹操能在颍川带来奇迹，胜败系此一线！

朱儁用火把点着黄巾军的辎重后就对波才的后队进行了突击，一轮又一轮，一波又一波，眼见自己的五千骑兵已倒下了三分之一，可还是冲不过敌军的箭雨。

而皇甫嵩方向越来越密的战鼓，沉雷轰鸣般的呐喊，使他意识到：最后的时刻到了！现在朱儁甚至有些恨自己，为什么不在半月前的初战中战死？也省得再经此一败之辱！他提起了长刀，准备带全部剩余的骑兵进行最后的冲锋。

快成功了！波才跨上了战马，他也要亲率部众进行最后的冲锋！

突然！世上很多即将成功的事都坏在“突然”这两个字上；很多眼睁睁要失败的结局也因这两个字变成了成功。

突然！看不到边的黄巾军的老弱妇孺越过了还在燃烧着的辎重火线，蔓延而来，伴随着她们的是撕心裂肺、惊天动地的哭喊。

远方，曹操的五千羽林军列开望不到两头的横队，看不尽纵深，有点庄重地，慢慢地，挤压了过来。

没有一声呐喊，听不到一声马蹄，像在行进中的阅兵式，傲然肃穆。

从隐约的哭喊声传到波才的耳朵那一刻起，从高坐在战马上回头望见那滚滚而至的黑线那一刻起，波才就明白，完了，这一仗到此结束了，自己的生命也即将结束。

颍川的十余万家小赶到了战场，是被敌人驱赶着来的，这仗还有办法打下去么？她们的丈夫、儿子、兄弟、父亲还有力量向前冲杀么？再庞大的一支军队，只要被抽走了脊梁，吸走了灵魂，就成了任人剥皮剔骨的躯壳。而那哭喊而至的人们，就是这支起义军的脊梁，就是包括他波才自己在内的这支军队的灵魂。

波才悲愤地长啸一声，纵马向对岸冲去，后面没跟来一人一骑，大家都转身奔向了自己的亲人……

波才不是去冲锋，是去自杀，他对这个世界产生了巨大的恐惧，他不想睁眼看到最后的结局。

终于，波才最后的目的达到了，坐骑趁着惯性踏着尸体冲上了小河对岸，连人带马也同时成了一只刺猬，据后来割他的头颅的几个官军说：箭杆、箭头密得无法下刀。

17

皇甫嵩、朱儁、曹操的官军按部就班地进行了余下的工作，那就是对这么一大群放弃抵抗的羔羊进行了耐心而细致地宰杀。

放不得，造反理应是死罪，释放造反的人？谁吃了熊心豹子胆吗？

就算朝廷不追究，谁又能担保被释放的造反者不再去造反？不造反，他们吃什么？靠什么活下去？

不放又不杀就得养着他们，谁给养他们粮食？饿极了肯定还是要出事，出了事不是还要杀吗？早晚都免不了杀，不如现在就杀？

最重要的是，现在割下他们的头是能向朝廷报功的，人头也代表着官位，代表着银子，能铺平自己的仕途。

小河的水又哗啦啦地流了，不过那里面搀了半河的人血，小山又多了几座，不过那是由人头堆成的。

有人得到就有人失去，造反的农民军失去的是生命，皇甫嵩得到的是都乡侯的爵位及左车骑将军的高职；朱儁经皇甫嵩力保被封西乡侯并晋职镇贼中郎将；曹操在又经历了几战后被保举为济南相（相当于太守），达到了他人生的第一个目标。

其实出力的啥时候也不如看戏的，这几个在前线拼杀的功劳怎么也比不过天子跟前的宦官，黄巾起义的大火刚被扑灭一半的时候，汉灵帝就根据脑力劳动也是生产力的科学论断，将除了因暗通黄巾被圣裁的封胥、徐奉之外的张让等十二名宦官皆封为侯，理由是：平黄巾有功！

附东汉中平元年（公元 184 年）黄巾起义大事记：

二月，巨鹿人张角自称“大贤良师”“天公将军”，领导的黄巾大起义爆发。三十六方义军同时举事，天下响应。

四月，张角部属波才率部击败朱儁，进而包围皇甫嵩于长社。后因缺乏作战经验，依草结营，被皇甫嵩乘夜顺风纵火，义军溃败。皇甫嵩又会合朱儁、曹操三军合击，义军数万人被杀。波才战死。后又败彭脱部于西华。

与此同时，北中郎将卢植率军全力围攻广宗的黄巾军，苦战了三个月也没有摆平，灵帝改派东中郎将董卓接替卢植，也为张角大败于下曲阳。

六月，朱儁部在剿灭颍川黄巾军后，转攻南阳黄巾军，与荆州刺史徐谬、南阳太守秦颉合兵一万八千余人围攻宛城。黄巾军奋死坚守，两个月也没有攻下。

朱儁见城坚难攻，退兵诱敌，暗中设伏。黄巾军不明虚实，出城追击，遭官军伏击，损失惨重，被迫退守宛城。终因主力被歼，危城不守，余部在孙夏率领下于十一月向西鄂附近的精山（今河南南阳市西北）转移，朱儁率部追击，孙夏等万余人战死，南阳地区黄巾主力被歼灭。

八月，再败东郡（郡治濮阳，今河南濮阳市西南）黄巾军卜已部于苍亭，斩首七千余级，卜已被俘杀。东郡、汝南、颍川三郡黄巾主力覆灭。

十月，东汉王朝再调皇甫嵩为帅，进攻广宗。适值张角病死，黄巾军失去了主帅，士气大挫。皇甫嵩乘势突然发动夜袭，义军仓促应战，张梁等以下三万余人战死。

十一月，皇甫嵩挥师转攻下曲阳，张宝战死，全城十余万人被屠。

至此，黄河南北的几支黄巾军主力先后被东汉野战军、地方部队及私人武装各个击破。

注意了吗？扑灭这么场大火，政府军仅用了不足十个月。

最具有讽刺意味的就是，自称“大贤良师”“天公将军”的张角竟然是病死的，而且是在起事后的第九个月。

这可以推理出如下结论：随着半仙之体的张角病死，他的追随者心中的信仰必然轰然倒塌，一支失去了信仰的军队是没有战斗力的。

当然，黄巾军失败的原因绝不会是由于仅此一点，与当时的既得利益获得者的联合镇压有直接关系，但靠装神弄鬼、欺骗人民绝对不能长久是无疑的。

18

黄巾起义这场大火的余炽断续地燃烧了八年之久，是东汉政府没有料到的。

这个政府也没有吸取“水能覆舟”的教训，反而变本加厉地对身上仅剩下骨头的农民进行更加彻底地榨油，这也就同时生产了更多用于自焚的干柴，不彻底焚烧自己这个腐朽的王朝，汉灵帝是不会罢休的。

有了剿灭黄巾贼寇这个伟大的理由，中国各地的州牧、郡守开始冠冕堂皇地武装自己，华夏大地上已开始出现了军阀割据的雏形，中央政府的实际管辖范围已仅限于京城周围，朝廷开始向“橡皮图章”的功能过渡。

而这时的汉灵帝，已经聪明到了把自己攒下的铜钱藏到宦官家里的地步，与宦官的亲密程度已经远远超过与亲爹娘的亲密度。

大将军何进也借着自己皇帝大舅子的身份分了一杯羹，由于内有枕头（何皇后）外有拳头（军权），这个昔日的杀猪匠的权势，已隐隐能与宦官集团分庭抗礼。

在对黄巾军作战中屡战屡败的董卓反而渐成气候，他凭着屡败屡战的耐心反而从中郎将升为破虏将军，这董卓也算是个奇人，奇在什么地方？他指挥的国军是地道的内战外行、外战内行，与造反的农民军作战全败；跑到凉州打戎狄，羌人却是全胜。

当时朝廷也是苦于无人可用，所以竟然让他在凉州发展了近二十万骄兵悍将，没奈何只好委任了他个并州牧，算是割给了他一方地盘，盼着他能放弃西凉兵的军权，谁知董卓明白“枪杆子里面出政权”的道理，要带他的凉州部队去接并州牧的大印，这下朝廷没招了，只好默认。

在与黄巾的作战中屡建奇功的皇甫嵩做了左车骑将军，领冀州牧，封槐里侯，声望已经达到了巅峰。民间的歌谣这样颂扬他：“天下大乱兮市为墟，母不保子兮妻失夫，赖得皇甫兮复安居。”

就这等人物也免不了遭受宦官的敲诈，宦官张让路过冀州，就干脆明打明地跟老皇甫要五千万铜钱，皇甫嵩没理这个茬，张让回京就让皇帝收了皇甫嵩的左车骑将军印绶，并削了他的封户六千，怪不得这张让能让皇帝喊亲爹，的确是“牛”得一塌糊涂。

长沙有个造反的叫区星，自称将军，聚了万把人。后来他被议郎孙坚给灭了，孙坚也走运做了长沙太守，被封为乌程侯。以后东吴的老班底就是从这时候积攒的。

涿郡涿县人刘备刘玄德这时候也因剿黄巾的军功当了个小官：安喜县尉，也就是个县公安局长的角色，就这也没当长，因为揍了上边来敲诈勒索的巡视员督邮二百柳木棍子，挂印潜逃，被全国通缉，后来凑巧在何进招兵遇袭时帮了何进一把，才将功折罪混了个下密县丞（副县长）。后来分天下的三家中就数这刘备的起点最低。

插一句闲话：这件事儿上，撰文《三国演义》的罗贯中老兄有点偏心眼，把这酷毙了的壮举转借给了张飞，这多少遮掩了刘先主英雄形象之光芒。

曹操小时候的朋友袁绍现在已经在中央任职，司隶校尉，仕途前景最为看好。

之所以简单介绍一下国家形势及前边几个人的现状，是因为这几个人很快就要被牵扯进曹操的故事，现在集中介绍一下以后就省事了，怕到那时闲扯影响大家的阅读情绪。

随便提一句，曹操老爸的太尉高官就是这期间花了一亿铜钱买来的，看似不贵，却让汉灵帝给忽悠了——正应了那句俗话：南京到北京，买的没有卖的精——太尉这官只让他干了五个月。中平四年十一月卖给的官，第二年四月就给免了，曹嵩的这一亿投资肯定没收回来。

生意场上，有赚有赔正常，官场也没有啥不同，实质都是一样的。

曹操本人的济南相可是凭自己的军功挣来的，没用花铜钱，支付是农民军的脑袋。只是这即将就任的济南国可不是一个易混的地方，这是河间王刘利之子刘康的封地，济南国内所有的赋税归济南王刘康享用，中央政府派的国相则负责一切行政管理，虽然品级相当于太守，实际上是个两头受气的差事。前几任国相都是敷衍了事，得过且过，安稳地熬过任期走人。

现在轮到曹操了，济南的一帮地头蛇也对马上到任的新国相早有耳闻，一直摩拳擦掌，就等曹操到来！

给他个下马威，让他领教一下孔圣人老乡、山东糙哥的厉害！

第五章

斗县令：从济南相到平民

19

一方水土养一方人，山东这一方水土养了什么人？

古代山东人竟然集中了国人的所有的优缺点：儒学圣地，民风尚武；礼仪之乡，强盗巢穴；遵纪守法，打家劫舍；耐劳直爽，懒散爱吹；善于冒险，保守顽固；历代英雄辈出，汉奸奴才不断；既忠君爱国，又偏爱造反；养育过万世师表，产生过一代妖后。

曹操来就任的济南国，就位于现在山东省的中部。

当时的济南国下辖十县，整个侯国的官场情况大概是这种情况：如果把大小官员全部推出去砍头，兴许有个把冤鬼；要是隔一个杀一个的话，那肯定漏网一大批。尤其是十个县的县令、县长（东汉时万户大县为令，小县为长），无一不是捞钱大师，并且个个与中央权贵、宫内宦官有着千丝万缕的瓜葛。

在对待东汉朝廷的态度上，济南人充分体现了山东人的上述特点，黎民“拥汉安刘”；百姓造反踊跃。

西汉时的城阳景王刘章对汉朝有功，济南人就建祀纪念，一个小济南国竟达六百多处，百姓借祠前阔地成集设会，祠内常年香火不断，人民对大汉朝的忠心可见一斑；黄巾军举事，济南人积极响应，踊跃参加，而且作战剽悍异常，对大贤良师张角的忠诚度像对大汉功臣磕头一样虔诚。

曹操上任前对这个即将由自己治理的侯国调查研究了一番，对官风民俗已了解了八分，剩下的两分他要靠自己的眼睛实地观察，做到十分有数。

一天，曹操轻骑简从，进入了济南国境。

前方正逢庙会，城阳景王祠内香烟缭绕，祠外人头涌动热闹非凡。曹操作为一方国相，当然想去亲身体验一番百姓苦乐。尤其现在黄巾起义之大火虽灭，余烬未断，人群聚集之处，最是反政府分子活跃的地方，不可不防。

到庙会需经过一座小桥，曹操把马交给两名亲随牵在后面，走上了小桥。

“站住！”

两杆长矛十字交叉，拦住了下桥的路。

曹操举目看去，两个差役模样的小伙子表情严肃认真，大声喝问：“干什么的？有暂住证吗？”

曹操暗暗点头，看来此县的县令还不错，尚尽职守，也就老实回答：“过路的，去庙会逛逛，请二位行个方便。”

曹操态度甚为谦和，两名亲随牵马跟在曹操身后，因早有吩咐，只是静看着差役对主人盘查。

“赶庙会？交过路费，每人五个铜子。”这差役并不盘查什么，是设卡收费的。

什么暂住证不暂住证的，也就是随口问问而已，目的是要钱。

“哦？这过路也要交钱？可有收费凭据？”

两个差役对望了一眼，那神情好似遇上了火星人，心想：还没碰上过有敢问收费依据的。

于是其中一个大声骂道：眼长到腚上去了？没看见旁边的官文吗？

曹操顺着一个差役的手指看去，桥边果然竖着一方木牌，上写几个大字：自觉交费，闯关可耻。下面还有历城县令的手署落款。

曹操自然心里清楚，这济南国唯有济南王有权收一切费税，不用问，这是乱收费行为。而且还打着政府招牌，可恶！

“这收费令不是明明写着每人两文么？怎么二位念出来就成了每人五文？”

曹操也不生气，仍然和颜悦色。

“让俺这帮弟兄白忙呀？谁是喝西北风活着的？”

差役的解释的确有理，曹操一时无话可答。

“如此，这庙会就不赶也罢，走，我们回去。”曹操示意自己的随从往回走。

“回去？你们三马三人已经上了桥，就是往回走也要交压桥费，每人两文，马每匹三文，交了钱再走，还没见过有能逃费的。”差役心里暗气：真是个小气鬼，要钱不要脸啊。

曹操明白了：前行后退都免不了这十五文铜钱，这两个差役也不愧挤钱的好手。本来就没打算往回走，不过想看看对方的反应而已，于是示意亲信交钱。

谁知两个收费员看见过路的犹豫，自己先沉不住气了：“看你们这个小气样，一辈子也发不了财，不要凭据的话让你们三个五文，交十个铜子滚吧，再出门甭骑着马充大爷，想省钱在自家炕头上趴着去，别出来丢人现眼！”

曹操却不省那五文钱，规规矩矩地让亲随交了十五个铜钱，并索要了收钱的凭据：十五根竹筹。

一路转悠到国都东平陵（今山东章丘龙山镇城子崖东）的国相府衙，竟然积攒了半马褡竹筹，这山东公路上的“三乱”名不虚传，收费站平均不到二十里一家，逢庙会两头都有，来去双交。

曹操现在已经确定自己新上任的三把火该先点哪一把了，就从这六百座城阳景王祠烧起！

20

由于对曹操仗杀宦官蹇硕叔父的英雄事迹早有耳闻，十位县太爷人人都胸有成竹，各自有一套对付这新来上司的手段。

准备攀上一起吃过糠的有之；设计扯上一起同过窗的有之；编好一起扛过枪的有之；打算尽快一起嫖娼的有之。

还有两位在朝里的根子硬点，根本就瞧不起这位战壕里爬出来的丘八，不就是杀了几个老农民吗？这祖上缺男根的老兄还能有几把刷子？先给他个下马威再说，掐瘪了你再塞点铜钱撑圆你，不信小羊不吃麦苗！

首次国相召集的联席办公会就在这种各怀鬼胎的气氛中开幕了。

必不可少的官场寒暄已毕，十位县太爷静等国相发表就职演说。

曹操面色凝重，双手捧过国相大印，供在公案正中，趋步案前，正冠舒袖，跪了下来。

不用人教，十县令忙不迭地跟随着跪在曹操身后，个个心中暗骂：啥年代了？还捣鼓这一套!

心里的话谁也不敢说出口，头还是要跟着磕的，国相即一郡太守，对治下官吏具有奖罚罢黜的大权，也就是说自己的饭碗端在人家曹操手里，人在屋檐下，怎会不低头？三拜九叩之时，心里尚念：中午的常规公款招待会议大宴，不知何等规模？

曹操没用语言就告诉了十位县令：现在我是上司，你们只有服从领导的义务。

“赖天子洪福，将士用命，黄巾贼酋授首，余孽雀散，全国的形势一片大好，不是小好，而且越来越好！”这开场白大家颇觉新鲜，怎么先给开了政治形势课？

“但树欲静而风不止，黄巾余孽亡我之心不死，吾等蒙圣上重托，倚为干城，当为朝廷分忧，解民倒悬，是应警钟长鸣于耳，社稷常挂于心。”县太爷们有点懵了，怎么这办公会喊起了政治口号？这位国相到底想说些啥？甭费那脑筋，先跟着大家喊吧：

“吾皇万岁万岁万万岁！”

“据密报，济南国内，黄巾余党猖獗，借城阳景王祠百姓集会之际，蛊惑人心，意图不轨，实乃朝廷心腹大患！”曹操话锋一转，直奔自己的主题，“本相现严喻，立即拆除所有城阳景王祠庙，禁止私成庙会，撤除济南国境内所有收钱路卡，以免激起民怨，之前所搜刮的所有不当之铜银阿物，以今日之前一年为界，造册补实解入国库，违令者本相必当以黄巾同谋论处，先斩后奏，力斩不赦！”

县太爷们这下才真傻眼了，敢情这位新国相是专来拆庙的呀！撤除关卡，禁止庙会，这是要断爷们的财路啊，那还不如先刨了俺们祖坟，宰了俺们爹娘呢!

他们一个个大眼瞪小眼，正襟危坐，就是没有一人说出“遵命”二字。

俗话说“客大欺店，店大欺客”，就看双方谁摆的谱大；两军对阵，先比气势；两个泼皮动老拳，就看谁豁得上拼命。

曹操先声夺人，一句“先斩后奏，力斩不赦”镇住了形势，连原先想给曹操下马威的那两位也瘪了，忘了事先对同僚吹下的牛皮，低头不敢吭声，正应了那句老话：官大一级压死人!

曹操严词已毕，立时和颜悦色：“诸位大人有甚难为之处，不妨当堂明言，本相不怪罪直言相谏之人，实是贼情严重，万望诸位大人体谅本相难处。”

见事情有转机，一位白须县令率先壮胆发难：“大人初到任上，大概尚未明了济南民俗：此方百姓皆我大汉良民，百姓报国之心拳拳未可相欺也，城阳景王祠，香火相传数百载，所燎皆尽民意，聚敛无不民心，况且所供乃我大汉先王，毁之关乎民望，损之断乎圣德，万望大人三思而后颁相令，则先王幸甚，百姓幸甚！”

曹操微微一笑：“本相承教，诸位可还有异议？尽管道来，容本相斟酌。”

见有人带了头，其他县太爷们立时胆壮，各自义愤填膺、深情无限、凄惶可怜、老谋深算、虔诚恳切、亲密无间、惶恐万分、胸有成竹、慷慨激昂、推心置腹、意味深长、声泪俱下、深谋远虑、巧舌如簧、口吐莲花、一脸无辜、满面真诚、唾沫四溅、语重心长……限于笔者才疏学浅，不再罗列了。

“先王圣庙，关乎国本啊！”

“失民心者失天下也！”

“民心未可欺也！”

“呜呼！悲哉！”

“有关圣体，有关大人前程啊！”

……

曹国相极有耐心，谦虚恭敬地等待大家各抒己见。看看县太爷们口干舌燥，火候差不多了，起身咳嗽一声，大堂登时鸦雀无声。

“天色不早，时已近午，各位大人远来是客，曹某当尽地主之谊，就在这堂上便餐可好？”

国相英明啊！

21

大堂上下，一片欢腾雀跃。曹操两手稍按，止住大家激动的情绪，继续陈述午餐方略：

“吾等既食君禄，当忠君之事，既为百姓父母，当与百姓同乐，今天本相购得府衙四周百姓之家常所食，与诸位大人共享。”

县太爷们一时还没回过味来，心说反正是吃的国家的，不吃白不吃，吃了也白吃，白吃谁不吃？管他啥饭呢，先不掏腰包混个肚圆再说。

曹操两掌相击，堂下相府差役闻声送上饭来，十几个差役每人一方木托盘，上面大概为了讲究卫生，盖了与黄巾军头顶的一样的黄巾，令人不禁怀疑这每个托盘上面摆放的莫不是一颗血淋淋的人头？十位县官中的聪明之人隐隐感到事情有些不妙。

曹操热情如故：“本相初来乍到，当算新人，所以应开新蔚先河，咱们今天就摆一个新型的接风宴，今天的午饭济南国百姓想进而无钱购得，有此物充饥也不至于饿殍遍地，与之相比，吾等幸甚！”

挥手之间，差役扯去蒙遮食物的防尘黄巾，一股酸馊之气立时溢满大堂，众县令屏住呼吸往托盘之上看去，一个个不禁几欲作呕：每个托盘之上，放一个人头大小的黑绿菜团，也不知是什么野菜或树叶做的，又难猜用何物把它们粘在了一块，只是隐隐嗅到一股酸苦之气。这怎能是人吃的东西？

曹操却有一股狠劲，率先取过自己面前的菜团，说罢即把手里的菜团向口内送去，大嘴小口，眼见菜团变小，竟然吃得津津有味！县太爷们目瞪口呆，犯了大难：不吃吧，曹国相以身作则，带头进餐，那可是自己的顶头上司，我能吃你不能吃？学着曹操的样子吃吧，这东西闻着就想吐，入口怎下咽？

曹操已经把这菜团吃到了政治的高度，还有谁敢不吃？性命要紧，狠心吃吧！哇呀！比受刑灌辣椒水还要难受万分，是苦？是咸？是涩？是馊？是酸？抑或是五味俱全！咽喉不由己，偏不往下咽，胃里一阵痉挛，酸水直欲向外翻！真想哭出来：“苦啊……”

问题是脸上还不能显出一丝痛苦状，还要像曹国相一样，进得那么香，吃得那么甜！难煞俺也！

就在县太爷们五脏翻滚，满面虔诚，喉如过刀，品咂香甜之即，曹操面前的馊菜团已被他狼吞虎咽、风扫残云般吃得一干二净，口内还咂咂直响，好似意犹未尽。

由此看来，这吃忆苦饭的历史，可算得上源远流长了。

好不容易，真正的好不容易，众官员进餐完毕，一个个抢着去洗手间方便，至于是不是去吐了，没亲眼目睹，不好胡猜，曹操也显示了宰相肚里能撑船，没有过于追究。

拾掇了餐具，接着开会。曹国相发了令，差役们捂着鼻子清理满地的菜团渣，将托盘撤下，一个好奇的差役在拿走曹国相的托盘时看见托盘上沾了颗豆粒大的菜团渣，悄悄地放在了舌尖，想体验一下大人是如何受得了这份罪的，突然愣住了：甜哪！哦——曹国相的菜团是蜂蜜做的？噤声！烂在肚里，打死也不能说出去的。

下午的会议上，大家实在没力气发言了，曹操做总结报告，大意是：今天的会议开得很成功，大家做到了知无不言，言无不尽，希望同志们今后继续发扬这种优良作风，民主完了，还是要集中的么，本着下级服从上级的民主精神，现在决议如下，注意，决议形成以后，理解的要执行，不理解的也要执行，如有违反，执行纪律！

不用解释，大家都是官场老油条，都明白执行纪律就是砍头的意思。

决议早就写好在丝绢上了，县太爷们打开一看，全晕了！

还是曹操在上午开场白时说的那几句话："本相严喻，立即拆除所有城阳景王祠庙，禁止私成庙会，撤除济南国境内所有收钱路卡，之前所搜刮的不当之铜银财物，以今日之前一年为界，造册补实解入国库，违令者本相必当以黄巾同谋论处，先斩后奏，立斩不赦！"

22

人为刀俎，我为鱼肉。这是指普通百姓面对强权恶势时的无奈情形，例如，这十位县令治下的小民便是如此。现在这些县令也在扮演鱼肉的角色，那刀俎的扮演者便是新任济南国相曹操、曹孟德、曹阿瞒。

国相衙门大堂上，十位县太爷接过曹操的书面命令，心头那个苦啊，没想到堂堂国相竟然无赖到这种地步，真是横可忍竖不可忍，但横竖还得忍。

有两位体力、精力实在难以坚持，向曹操惶恐告辞："属下身体略感不适，恐恙发相府，有失官体，乞国相恩准归县，国相严命，自当谨遵。"

曹国相当然是最为体谅部属之上司，一副关怀之殷切地送出府外，并严命相府二主簿各带二差役，随二位县令归任，暂时不用回来，一来监督诊病郎中尽心给父母官治病，二来协助县令落实拆祠撤卡的重任，感动得两位县令热泪盈眶，心里直后悔贸然请病假，以至连累国相如此费心，出得东平陵城后，看着解差般的相府主簿，心中才不禁大呼：苦也！

剩下的八位县太爷可不是那么好相处的，暗自相互递了个眼色，俱都坚定了同一个信念：兔子急了都会咬人，况我八大县令乎？

还是那个白须县令首先亲切陈词："曹国相年轻气盛，老朽自愧不如，国相大有乃祖英风，长江后浪推前浪，今日见也！"

这老狗够损的，先把曹操那最不愿意提及的宦官祖父拉出来示众，曹操心火欲炸，不动声色。

"非是老夫托大，昔日吾与令祖曹长侍曾有数面之缘，曹公公是老夫的恩师，如此算来，国相与老朽应是世侄叔之分也，且容老夫向国相略进忠言，苦口良药，未知国相大人见容否？"老家伙这就开始占曹操的便宜了。

曹操立时肃然起敬，起身让座："惭愧，未知堂中有前辈在座，原谅晚辈失礼，请上座，待晚辈见家礼。"

其余七个县令心里酸溜溜的："这老棺材瓤子！一眨眼成了曹操的长辈了，这下岂不是把我等也贬了一辈？"

"不敢，公堂之上，岂可续私谊？国相言重了。"此公老而不糊涂，明白明镜匾下，大公无私。

曹操也不再谦让，忽然像记起了什么，询问众县令："各县现在册二十至六十男丁能聚多少？可逐一报来。"

县太爷们见国相突然转移话题，一时难明用意，说不定国相意欲从本县无偿征夫，一个个聪明地自行打折报数。

还是白胡子先报："尚能集八百之数，上月给前任呈报过的。"

曹操翻看着自己案上的竹简，微微颔首。其余县令也先后报讫。

"哦？贵县乃万户大县，看，中平元年之前尚能集壮丁五千之多，为何现在精壮如此之少？"

白胡子立时义愤填膺："皆是黄巾贼害民也！"

"怎么？全被黄巾贼残害了么？"

"大部分被黄巾裹胁从贼矣。"

"当时贵县怎生应付？"

"这——惭愧，老朽年迈无用，避祸北海，战祸过后方回。"

"哦，其余各位呢？"

众官隐隐感到不妙，纷纷指天发誓，各表苦衷。

曹操这时脸色渐暗，冷冷一笑，正言斥责："本相颍川剿贼之时，授首者济南贼众尤多，尔等坐食君禄，竟以丁资贼，焉得无罪？就算如尔等所述，畏贼远遁，一方长官，又怎逃失土弃民之责？况且贼伏之后，尔等变本加厉，设卡敛财，欲逼民再反，谁信尔等不通反贼？刚才诸位所食之物，尚且难咽，但诸位治下黎民却欲寻此果腹而不可得，你们花天酒地之时可曾记起下有饥民上有君父乎？你们只知城阳景王祠之神道能为你敛财，不见离地三尺，神灵比比，天日昭昭，民心难欺，今昨壮丁之册，较之惊心，竹墨铁证，还有何辩？曹某既蒙君恩，掌此一国，当不负己任，解民倒悬，今日誓以此身报国也！”

众县太爷目瞪口呆，脑袋里一盆糨糊，唯不断跳动两字：“休矣！”

“左右！”

“在！”

“好生侍候诸位县尊，莫要断了今天中午的饮食。”

随着曹操的手势，一名随从提进来一个马褡，曹操伸手接过，往地上一倾，半马褡路卡收钱用的竹筹散在案前：“给他们每餐一个菜团，收他们铜钱一文，这竹筹即是铜钱的收据，每一根竹筹配发给白水一碗，无竹筹者先让他忍着点口渴。”

白胡子毕竟年老胃浅，一听要以刚才已吐尽的菜团为今后的主食，“哇”的一声一股酸水冲口而出。

23

八大县令被关了起来，国相大堂成了反省室，曹操连夜愤书奏章，飞骑上奏朝廷，罪名除贪污公款，勒索百姓外还注明一条：以精壮之丁助贼，暗通黄巾余党！

这下连最牛的后台都怯于出头讲情了，不一日，朝廷批复公文已到，九成九同意曹操所奏，只附加了一句：解一干罪臣至京，由朝廷依法严惩！

就此，济南举国震动，贪官污吏，无不逃亡，城阳景王祠拆除一尽，关卡尽撤，百姓从茫茫乌云中似乎看到了一丝阳光，曹操也随之官声远播。

曹操没用三把火，一把火便烧得自己踌躇满志，内心深处对自己暗暗佩服，小小的太守已经远远不能满足自己对权利的欲望了。

但是——人往往在太顺利时容易遇到这个词——京城的确实消息传到了济南国：被他弹劾押解进京的八位县令得到了比宽大还宽大的处理，六名平调仍任正县职，而且就职的地方比济南国富饶得多；还有两位得到了提升，理由是腹中才学超人，没得重用，大司空之过也；至于曹操弹劾的罪名呢？缺乏直接证据。就此小事化无，下不为例了。

曹操当时刚过而立之年，血气方刚，怎忍得这口窝囊气？你不炒贪官的鱿鱼，我就炒你的鱿鱼！那个“你”是谁？大汉天子汉灵帝是也！老子不侍候了——这个未来的曹丞相真是大牛！

中平二年（公元185年），曹操三十一岁，愤而辞去济南相职务，回到洛阳老爸曹嵩的身边。

一个三十多岁的小伙子，还是朝廷高官的公子，哪能待在城里当“啃老族”？老爸早已完成了抚养儿子的法律义务，再这样接着啃下去，曹嵩也不干呀。没多久，也不知道老爸使没使暗劲，曹操又被朝廷明诏录用为官员。

还是那个理由：能明古学。还是那个级别：征拜议郎。还是那种工作：专给政府提意见。

看来，曹操和议郎大有缘分，转了一圈，又回到了原地，算是与议郎这个官耗上了。

且慢，此议郎虽是彼议郎，此曹操已非彼曹操，现在的曹操已经过了血与火的洗礼，且战功在身，老爸曹嵩的仕途也股票看涨，曹操自己这只绩优股也飙升在即，想购买这支行情看好的原始股票的大有人在，在曹操的家乡沛国谯县，指望老乡曹操发财的更是遍及桑梓。

曹操也的确不负众望，当年即被提拔为东郡太守，家乡的父老乡亲闻此大喜，一个个相互商议着去投奔这个当了一市之长的曹阿瞒，也好跟着混个一官半职，保不齐能连带着封妻荫子，让曹家的祖坟也多冒起几股青烟！

正当乡亲们摩拳擦掌，准备投奔阿瞒大干一番的时候，一个令众人大跌眼镜的消息传来：曹阿瞒竟然不识朝廷抬举，坚决辞官不做，就要回到老家来了。

曹操济南辞官，孤身回京，就连上任时带去的两名亲随都没同进退。

也难怪，汉朝末年就业形势这么严重，有谁愿意主动砸掉已经到手的铁饭碗？

这使曹操在感叹世态炎凉的同时，也意识到了建立一支自己的队伍的必要性。

曹操此前做了几天丘八，上瘾了，那多痛快！一呼千喏，人头可以当球踢，相较之下，那几个月的济南国相就显得窝囊了点，与其就任东郡太守，还不如在济南凑合下去呢。

最关键的一点就是：现在曹操得罪的已经不单是一个宦官蹇硕了，拾掇济南国八大县令，实质上是与整个宦官群体较上了劲儿，现在已封侯的宦官们已经公开说他们就是济南国所有县令的后台，与这群心理变态的阴阳人为敌，是十分可怕的，因为他们的背后是皇帝，就算大司农老爸也保不了自己。

除非像大将军何进一样，枪杆子在手，否则只要身在官场，就永远不会有安全感。

就算是一条龙也要等到二月二才能抬头，避小祸下乡，避大祸进城，蛰伏几年未必不是取胜之道。

兵法云：为将者当静若处子，动若脱兔，一动如雷霆，不动如山岳！将军决战岂止在战场？

后来的魏王曹操这样为自己的辞官归田行文解释：

故在济南，始除残去秽，平心选举，违迕诸常侍。以为强豪所忿，恐致家祸，故以病还。去官之后，年纪尚少，顾视同岁中，年有五十，未名为老，内自图之，从此却去二十年，待天下清，乃与同岁中始举者等耳。

是啊，东汉朝廷明文规定：年未满四十，不得举孝廉。曹操二十岁得举孝廉，本来就赚了二十年的时间，怕尔阉竖何来？——反正祖父曹腾早已归天，骂几句阉竖也不相干——走，回老家，暂时惹不起就先躲着，咱与你们比寿命，谁活得长久谁才是最后的赢家！

第六章

升高官：从平民到典军校尉

24

中平二年（公元 185 年），曹操离开了朝局的旋涡，反而让他站到了时局的制高点，使曹操能够平心静气地俯瞰东汉时的中国。

这个腐朽的王朝已无可救药，曹操需要迎接即将到来的乱世。

准备好了吗？时刻准备着！

曹操替自己惋惜，黄巾军中不乏英雄豪杰，为什么不能为我曹操所用？

曹操替自己庆幸，这个世界只信快刀利剑，我明白得并不算太晚。

曹操一只眼盯住朝廷：汉灵帝像有预感似的，怕自己命不长久，开始了最后的疯狂敛钱：下令天下的州郡一律向朝廷上缴适合建宫殿的巨材大木、奇石花草，按分配数量解送京师，当地不产这些东西怎么办？以铜钱顶呀。巨鹿太守司马直实在缴不上了，请求减免三百万，竟被诏令来京治罪，司马直走到孟津时，对东汉社会实在失去了信心和希望，怅然吞药自杀。

曹操另一只眼盯住大将军何进与宦官们即将发生的火并，中央高层的全武行大戏眼看就要开锣，鹿死谁手，尚未可知。

行动上曹操也没有闲着，他细心考察了自己的本家曹家及另一个本家夏侯家子弟中的可造之才，发现了几个值得培养的好苗子：善于组织的堂弟曹仁，忠勇远播的堂弟曹洪，以及曹休、曹尚、曹真，皆是可用之才；夏侯家的夏侯惇、夏侯渊更有大将的发展潜力，于是便着意结交，以备后用。

明末时的落第秀才牛金星在投靠闯王李自成时大大地拍了闯王一马屁，亲书了一副对联作为晋见之礼：

大泽龙方蛰，

中原鹿正肥。

用这副对联注释目前的曹操再合适不过，这只潜龙正蛰伏在沛国谯县，窥视着中原这头肥鹿。

邀请猎鹿的人找上门来了，冀州刺史王芬、南阳许攸、沛国周旌等人组织了个猎鹿公司，来拉曹操入伙，准备趁汉灵帝去老家河间点查隐藏的财宝时逮住这个荒唐天子，宰尽宦官，股东们分块鹿肉是免不了的。

曹操心里雪亮，就凭你们几个刚长齐毛的兔子就想驾辕拉车？做梦吧！于是，他毫不犹豫地拒绝了他们的入股邀请，不做这风险投资，想忽悠曹阿瞒是不容易的。

果然，汉灵帝正想离京的时候，一个《周易》高手出现了，提醒皇帝不能去河间，此行有危险。

《三国志》：太史上言："北方有阴谋，不宜北行。"帝乃止。敕芬罢兵，俄而征之。芬惧，解印绶亡走，至平原，自杀。

现在的曹操早已不是年轻时偷人家新媳妇时的曹阿瞒了，政治上逐渐成熟，文学上已臻化境，军事上不亚孙吴！

人都常说，福无双至，祸不单行。这句俗语在曹操的中平四年（公元 187 年）正好给弄反了，这一年曹操家三喜临门：

一、老爸曹嵩竞买太尉成功，进入东汉权利中枢三公行列。

二、曹操借此东风重返军界，仍任都尉，重掌羽林军。

三、借前两股东风，曹操迎来了最大的一喜，未来的皇帝曹丕出世了——正是这个将来的魏文皇帝让曹操做上了武皇帝——这应该是曹操三年蛰伏中最得意的作品。

荒唐天子汉灵帝三十四岁就走到了他的人生尽头，中平六年（公元 189 年）

他幸运地告别了他可怜的臣民，驾崩了。

25

更幸运的是，皇帝临终把曹操从骑都尉提到了西园八校尉之一典军校尉的职位上，使曹操从此进入了东汉朝廷的军事指挥中心，这对东汉来说是好事还是坏事不大好说，但对曹操来说无疑是个好得不能再好的事，在朝廷高层曹操终于有了说话的份儿。

汉灵帝驾崩，最高权力机构面临重新洗牌，谁来继承皇位？

何进准备带兵入宫扶太子继位，曹操毛遂自荐：“我等带兵护卫大将军入宫，有谁能阻？”

何进没有理睬曹操，还是由司隶校尉袁绍率精兵五千，护卫大将军入宫夺权。曹操被命令率大将军府家丁逮捕骠骑将军董重，结果人家骠骑将军自家上了吊，倒是没让曹操费劲。

党人逼何进除尽宦官，曹操初近政要，暂时沉默；但曹操私下嘴没闲着：“尽除宦官？根本就不可能，尤其是指望何太后出手，更是一厢情愿，你们也不想想，宦官这种近似女人的男人，放在皇宫内是干吗用的？是给谁准备的？”

大将军何进在尽除宦官与否这个重大问题上，与妹妹何太后发生了点矛盾：何太后坚决死保这些身边说不清啥关系的宦官们：何进则不愿因为宦官得罪他依赖为执政中坚的士子党人，但也不愿对宦官们当真下死手。

何太后示意宦官首领中常侍张让、段珪等人化解与大将军的矛盾，张让、段珪趁机宰了与大将军争夺军权的小黄门蹇硕以示态度。

一个黄门令带着俩宦官，捧着不知谁写的几句皇后谕旨，就让蹇硕乖乖地就擒了，黄门令是小黄门的家长，收拾个小黄门就像老猫捉一只小老鼠那么容易，那么天经地义，上军校尉的军职，在宫墙内管不了多大用。

但党人不依不饶，太后妹妹却再也不肯让一小步，何进就像热鏊子上的大饼，两面受煎熬，一时进退两难，醉乡一夜头白。

袁绍向何进献一高明无比之良策：“征召四方猛将进京，从而胁迫太后让步，诛除宦官！”

曹操笑了："诛除权宦，一狱吏足矣！何必劳师动众求助于外？"

何进还是不理睬曹操，果断"矫诏"，让下列国家栋梁带兵进京：

一、原前将军、当时还在赴任途中的并州牧董卓。

二、原并州刺史、时任武猛都尉丁原。

三、东郡太守桥瑁。

四、大将军掾王匡。

五、西园军假司马张杨。

六、原并州从事张辽。

七、骑都尉鲍信。

八、都尉毋丘毅。

曹操私下摇头："欲将宦官斩尽杀绝，行事难密，大事一旦外泄，必败也！"

曹操对何进下了这样的定语："乱天下者，必此人也！"显出了他的高瞻远瞩。

曹操的预言变成了现实：用于进京吓唬太后妹妹的主力，董卓的西凉部队还在路途，大将军本人便被张让、段珪等宦官骗进了宫内，加工成了肉馅。

而袁绍、袁术兄弟则趁机指挥部队火烧宫门，那意思很明显：血洗宫禁！

张让、段珪及几个宦官头头觉察出了大事不妙，来了个豁上鱼死网破，玉石俱焚，干脆劫掠了人质连夜出宫逃命。

谁是人质？——小皇帝，陈留王，外加太后老婆娘。不能走门就翻墙，凄凄惶惶走北芒。

大家莫要笑话笔者说开了数来宝，当时的确有童谣到处传唱："帝非帝，王非王，千乘万骑走北芒。"——这是罗贯中大师考证出来的。

《后汉书·五行志》上记载的原句是："侯非侯，王非王，千乘万骑上北芒。"

提前走了的仅是几个头头，大部分宦官怎么办？几百名武装起来的宦官放下了武器，静等羽林军、虎贲军优待俘虏。

袁绍、袁术哥俩儿按各人的职务负责范围略微分了一下工：

袁绍时任京师司隶校尉，专管洛阳治安，所以承担起肃清宫外城中的宦官余孽及家眷的重任，原则是宁可错杀一千，不准放走一个，但凡下巴没胡子的男人，无须验证，格杀勿论。

袁术时任虎贲中郎将，专门负责宫内卫戍任务，所以理应负责血洗宫闱、剿灭宦官主力。

少数聪明点的宦官及时溜出宫墙，向袁绍的部队投诚报到；大多数的宦官在等待着虎贲军的优待，很快他们看到了一个宏大的景观：无数排雪亮的军刀耀日夺目，煞是好看，重甲长戟，威严雄壮，一道又一道靓丽的风景线盘绕而来。

没有呐喊，没有恐吓，及到身前，宦官们已彻底明白这不是移动的靓丽风景，而是一片淹没所有生命的钢铁洪水，波涛汹涌，无缝不钻。没有求饶，没有哭喊，谁都明白这是没有任何用处的，眼前只有一条路，那就是当一只温顺的羔羊，引颈就戮，唯求刽子手刀锋利些，减轻一点死亡前的痛苦。

霎时间，红雨四溅，腥溢皇宫，一片錾骨剁肉之声充满宫墙内各个角落，人死亡时痛苦的呻吟激起了士兵们的兴奋，他们开怀大笑了，雄狮般咆哮了。

绝无侥幸的可能，像开来了挖掘机，入地三尺也会被翻出，真正聪明的人及时地一头扎进深井，躲过了不必要的痛苦和临死前的恐怖。

青石板本是青的，现在红了，那是人血染的；红宫墙本是红的，现在紫了，那是人血凝的。皇宫内本是肃穆的，现在嘈杂了，那是屠宰声乱的；朝阙中本是纷嚷的，现在寂静了，那是无人可杀矣。

多数宫女们逃过了厄运，士兵们毕竟不乏怜香惜玉之心，借机蹂躏一把梨花也是顺理成章，满宫的尸体不足以破坏军人的雅趣——当过三年兵看一头老母猪都是双眼皮，更何况貌美如花的御用靓女？咱也做一回皇上！

只是缴获之中没找到袁术的心仪之物，那传国玉玺莫非小皇帝带在了身上？

洛阳城内，还没长胡子的小伙倒了大霉，羽林军闯进来，看见下巴无毛的就是一刀，根本不问情由，等当兵的发觉被杀的不是宦官，该帅哥早已身首异处。

终于有个“神童”悟到了蹊跷，原来是咱们掏身份证动作太慢了，亡羊补牢，犹未晚也！于是乎羽林军尚在百米之外，便急速脱下裤子，主动请军警验明正身，小兄弟关键时刻救哥哥，竟然逃得一刀之厄。

不用专门交流经验，此“神童”之慧根迅速传遍洛阳，男孩半月余不敢着裤，据说，天体运动就是从那时候发展起来的。

被劫持出洛阳的皇帝、太后、陈留王现在可成了宝贝，那可是张让等唯一的保命稻草，管不管用还不好说，总是聊胜于无。

好东西理应和哥们儿分享，段珪中常侍分得了何太后，谁知太后这种人质还不足以阻止追捕者动手，尚书卢植率部追上，一阵乱刀段珪殒命，何太后竟被救。

张让等裹挟天子和陈留王逃离洛阳城，直奔北邙山，但被河南尹王允派出的中部掾闵贡迎头截住，张让此时上天无路，入地无门，回头欲寻小皇帝和陈留王共赴国难，谁知乱军之中两个保命人质竟不知钻在何处，真的是天杀我也！罢了，投河死了吧！

但愿下世托生为真男人，让这个世界再没有宦官！

自此，宦官集团被彻底肃清。

何进之弟车骑将军何苗趁乱逃出皇宫，溜回家中，随即组织本府家将，亲自带领杀向皇宫，哪知路遇何进之家将吴匡及兵丁，他们与何苗的车骑将军府家将向来不和，再加上已认定是何苗导致了何进之死，并且有保全宦官的嫌疑，两部遂发生火并，何苗被杀。

何进、何苗兄弟先后丧命，就算日后何太后归政，也无何氏外戚可以凭借，自此断绝了外戚专权的可能。

四天不间断屠杀，换来的是宦官集团与外戚集团的同归于尽，现在朝中只剩下士大夫集团一支业已武装起来的政治力量了。

曹操在这场腥风血雨中学到了他这一生里最重要的东西，那就是：

小民百姓的生命是铺垫英雄成功的基石，权力的鲜花唯有用鲜血来浇灌。

26

洛阳城一时陷入无政府状态。

前将军、鳌乡侯、并州牧董卓及时拥兵入京，竟然机缘巧合堵住了正从北邙逃命回京的少帝与陈留王小哥俩。

原来，小哥俩儿挺机灵，前边大兵一堵路，两个小孩就趴到了草丛里了，他们也明白，杀人最容易引起人激动，尤其是手里拿着刀的人，杀红了眼的大兵哪会管你什么皇帝、亲王？说不准知道了有个皇帝、亲王之类的让他们反而更加兴奋呢。

终于躲到了天黑，救驾的部队收兵回营了，十四岁的少帝领着九岁的弟弟钻出了草丛，借着萤火虫的光亮找到一个农家的草堆，权当龙床凑合了一夜。第二天一大早急着来救驾的河南中部掾闵贡才算找到了哥俩儿，三人两匹马，经北邙返京归位。

时任太尉的崔烈闻知真龙天子起驾回宫，立刻带领文武百官不辞劳苦、无限忠心地从洛阳赶到北邙迎接圣驾，未及举办盛大的欢迎仪式，西北方向人喊马嘶，尘埃蔽日，无数铁甲骑兵席卷而至。

前将军、鰲乡侯、并州牧董卓的西凉铁骑到了。

太尉崔烈护主心切，迎头拦住一马当先的前将军："天子在此，闲杂人员回避！没接到圣旨吗？谁准你们凉州部队来的洛阳？"

太尉者，大汉朝最高军事统帅也，难道还镇不住你个小小的前将军？

董卓将眼一瞪，怒火盈胸：太尉？还真拿自己当干部啊？

卓骂烈曰："昼夜三百里来，何云避，我不能断卿头邪？"——《三国志·英雄记》

《汉典略》中记载的董卓稍客气点，卓曰："公诸人为国大臣，不能匡正王室，致使国家动荡，何却兵之有？"

反正不管怎么说吧，官大不如刀快，太尉顿时蔫了，保持沉默吧，大官不与小官一般见识，惹不起还躲不起么？

少帝一见来了救国之忠臣，一时激动得心血沸滚，眼含热泪，无法言语；那陈留王人小鬼大，心智乖巧，眼见这位连太尉都敢骂的人，气势非凡，绝对英雄，便坐在董卓怀里，小嘴不亚于秦时甘罗，把这次宫廷政变描绘得有声有色，条理分明。董卓心中一动：让陈留王与皇帝换换岗位吧。

这皇帝要是换了可是大有好处：

一、九岁的小孩兴许还尿床呢，还不是我说天黑了他就乖得像猫似的闭眼呀。

二、这刘协是董皇后一手带大的，咱老董也姓董，管他陇西董氏和河间董氏是否亲族，这皇戚咱当定了。

三、一旦有了外戚的身份，那现在残存的外戚势力不靠咱靠谁？

四、关键是这少帝如果继续当皇帝，那个长寿的何太后就可以依法临朝听政，何家没死的家将、兵丁、旧部就没法子挖过来。光凭带来的三千人哪能在这大都市里长混下去？

可这皇帝也不是说换就能换的，得先比比哪家的拳头硬气。

己方：就这三千敢死队；

敌方：袁绍：五千号全国之精锐的西园部队，据密报他还私招了两千黑兵；

袁术：两千虎贲军，据说也不是善茬；

曹操：一千羽林军更小视不得，那可是刀头子舔过血的王牌军；

还有原属大将军何进和车骑将军何苗的家兵有接近一万人，都个顶个上阵敢拼命的那种；

执金吾丁原所部并州军：两千人，战力强悍，领军大将吕布吕奉先素闻天下无敌；

鲍信、张辽募集的兵卒虽战斗力不强，但人数不少，有近一万士卒……

别再算了，就这三万多也够我董卓喝一壶的，敌我力量对比，十比一略强。

董卓押着皇帝、陈留王、文武百官进了京城，先哄骗着皇帝封了自己一个大司空。

然后把他那三千西凉兵拉到大街上搞检阅，白天折腾一天，晚上悄悄地拉出城去，隔三差五再威风凛凛地大白天开进城来，再搞阅兵式，晚上再调出去，两天后再调进来，没事，权当行军演练，反正都骑在马上，又累不着士兵。

就这一手，把洛阳城里诸位领兵大员给吓蒙了，更不用说那些文官朝臣了，这家伙从凉州带来多少人马呀？咱别拿鸡蛋往石头上撞了，自古枪打出头鸟，能缩头就缩头吧，当乌龟也不能当傻鸟！

就没有一个人看出来点蹊跷吗？有，此人就是原并州将领骑都尉鲍信。

有一天他找到了现在手中兵力最强的袁绍，商议灭董："这个董卓现在拥有强兵，看样子不怀好心，现在趁着行军没缓过劲来，不如趁早灭了他。"

但是，袁绍没有采纳。凡是记录了此事的史书都采用了一个共同的口吻，说："绍畏卓，不敢发。"

也怪不得袁绍，大家都给董卓吓唬住了，一个个全想着保存手中那点实力，谁愿意替他人火中取栗，当这个冤大头？没奈何，看透了形势的鲍信干脆辞官回了老家。

曹操这时候也见风稳住了舵，手下就千多人，还轮不到咱出头打擂。

人们被凉州军的"强大"折服了：群龙无首的何进、何苗家兵归顺了董卓；吕布杀了丁原，率并州军投入到凉州军营中；在此带动下，张辽也没了选择，所部近万人步了同乡的后尘……

董卓心里得意了，对自己简直佩服得五体投地！天下精锐尽在自己掌控之中，还有谁会在董卓面前说个不字？换皇帝的客观条件已经成熟，老董要甩开膀子大干了。

对于换皇帝这种大事，其重要性不亚于对伊朗动武，那是需要召开联合国大会的，自古弱国无外交，已经成为饿狮口中餐的士大夫集团又能怎么办？谁敢不投赞成票？

就连袁绍的叔叔太傅袁隗都亲自“解帝玺绶”，尚书丁宫套用《春秋》大义来印证废少立献的合理性。

投反对票的也有，尚书卢植就表示反对，董卓当场就想拿卢植开刀，杀鸡吓唬群猴，被侍中蔡邕给劝住了，卢植才算保住了一命。

第二个反对的就是袁绍，袁绍一反董卓刚进洛阳时的懦弱常态，表现得强硬起来。

董卓手按佩剑，大声呵斥袁绍：“小子！天下事在我不在你，我想做的事情，谁敢说个不字？你以为我的剑还不够锋利吗？”

袁绍这时表现得也同样强硬：“你以为天下有利剑的就你一人？”随即把佩剑一横，拱手而出。

袁绍为什么突然由弱牛变成了雄狮？他经过这段时间，看准了董卓这个庞然大物的软肋：董卓进京之后，凭借武力的威慑，将皇权视为股掌上的玩物，然而要自行其政，要让身边的凉州将士、羌胡兵脱下甲衣，穿上朝服，去整治朝纲，怕是他们没有这个本事，在公文案卷面前要败下阵来的。

给猪八戒戴上副眼镜他也当不了大学教授，做点整容手术也炒不成“超女”。

袁绍明白董卓现在还不敢把自己怎么样，所以才斗胆“亮剑”做了一回爷们儿，董卓深明利害，虽嘴狠却没敢“该出手时就出手”，事实上这两人属于“麻秆打狼，两头害怕”那种状态。

袁绍也是个聪明人，知道长留在洛阳没有好下场，在人家的势力范围内早晚免不了被宰，于是当天挂印于东门，溜之大吉了。

27

废帝后，董卓也把自己升了一级，封自己为相国，郿侯。并且赞拜不名，剑履上殿。

当官不忘孝顺，又封自己的老娘为池阳君，以嘉奖老娘的教子有方。

对朝臣？董相国是萝卜大棒一起上了！

大棒：派自己的西凉铁骑，搜捕恐怖分子，遇到百姓们集会，那就算民主联军走了大运，马上包围，彻底剿灭，人头一律割下，挂在洛阳城头震慑无赖。

萝卜：一、委托尚书周毖和城门校尉伍琼负责组织新一届民主政府——这两个人可是士大夫的代表，看，咱说话算数，还政你们自己的民选政府了吧？

二、亲自带领司徒黄琬、司空杨彪“俱带锁诣阙上书”，要求给窦武、陈蕃和党人们平反。

三、征辟名士：此次受到征辟的名士应为数不少，像郑玄、荀爽、申屠璠、蔡邕、陈纪、韩融、郑泰、何颙等人都名列其中。

四、京官外任：任命尚书韩馥为冀州刺史，侍中刘岱为兖州刺史，骑都尉张邈为陈留太守，孔伷为豫州刺史，张咨为南阳太守……

五、升曹操为骁骑校尉：这可是一个掌握京师军权的实缺，充分表明了董卓对曹操的无比信任。

这两手令洛阳所有的官员都服软了吗？

骁骑校尉曹操不买董核心的账，对董相国的刻意栽培毫不领情，对紧跟董卓的辉煌前途不抱希望，也步了袁绍的后尘，挂冠而去，临行前还散布对政府的不满言论，叫嚣要回到老家发动群众武装闹革命，推翻新一届领导班子。

针对曹操的追捕行动立即展开，通缉令紧急发往全国，哪怕你躲在巴基斯坦边境山区部落，也要坚决搜出来。

董卓主政，朝中的士子豪强逃亡的不仅是袁绍、曹操二人，袁绍的兄弟袁术也趁机溜走，文武百官炒董相国鱿鱼的有三成左右。

大批员工纷纷跳槽只有一个原因：那就是这个老板不怎么样。

董卓这个老板的工作作风都在那儿明摆着呢，上欺天子，下残百姓，给这样的老板打工，将来还能跟着发财？小老鼠给猫当保安——搭进自己是早晚的事！

袁术去了南阳，去策反做了太守的张咨，两人是曾经同过窗；袁绍去的是冀州，韩馥在那里做刺史，曾经一块儿扛过枪；曹操也没回老家谯县，而是准备去投奔在陈留做太守的张邈，两人原本发小，也算是老乡。

三个人把社会上的四大铁哥们儿占了三项，就剩下一起分过赃的没找到。

注意，三个人三个方向：袁绍去的是北方，冀州是当时有中国的粮仓之称；袁术下的是南方，南阳是控制京师洛阳与江南稻米运输的水陆命脉；曹操奔的是东方，兖州、陈留一带人口密集而贫困。

这三大州三面包围洛阳是明显的，奸诈而富有作战经验的董卓当然不会注意不到这种战略态势。

董卓现在有点顾不上这三个方向，他的眼盯的是身边京城内现仍在坚守工作岗位的文武大员，人心隔肚皮，虎心隔毛衣，身边的敌人更加危险，是谁不好说，但有一点董卓是肯定的：脑后长有反骨的官员仍存在于宫廷内！

领袖高瞻远瞩，事实也是如此，那主动投靠的尚书周毖和城门校尉伍琼还真是和董卓玩无间道，采取的是“曲线救国”的老套路。

在对袁绍明目张胆对抗中央问题的处理上，他们这样给董卓建议：“袁氏是政治世家，在东汉政坛上有影响，您要是把袁绍逼急了，他起兵造反，那可是一呼百应。不如既往不咎，让他在外面做个官，安抚为上。”

董相国虚怀若谷，纳谏如流，接受了这个正确建议：不仅让袁绍在冀州境内有了身份，做了渤海太守不算，还封了邟乡侯！

但对于已经没有了后台的曹操来说，董卓就没有这么大肚量了。现在曹操的老爸曹嵩已经退休了，退休门前车马稀，连开茶馆的老板娘阿庆嫂都懂得人走茶凉，董卓及朝臣们焉能不知道这点基本常识，谁会理睬失权失势的人？

现在的曹操已具备了一切从重从严的标准和条件，通缉令已经发到了中牟县，而中牟县又是曹操逃亡的必由之道，大网早已架好，曹操你插翅难飞了！

第七章

逃亡路：曹操做下灭门血案

28

曹操这次逃亡事先并无准备，一接到董卓所发的骁骑校尉任命，丝毫没有犹豫便仓皇而逃。他清楚，董卓的官做不得，只要一上任，自己这半世清白就算完了，染缸里啥时也倒不出白布来，将来自己会百口莫辩，如果自己被天下人当成了欺君贼董卓的铁杆，就等于政治生命到此结束。

朝局还会进一步恶化，这一点曹操看得一清二楚，此时不走，更待何时？去陈留，密友张邈现为陈留太守，定会助我募兵起事，到那时曹某振臂一呼，天下响应，举国讨贼，靖难有日，天下英雄虽众，独占鳌头者非操又谁？建功立业，扬名立万，当在今日也！

曹操当下仅带了两名贴己亲随，飞马出南门，绕道东行而去。

时重阳已过，秋风乍冷，满目稼禾零落，路少行人。曹操悲愤难舒，盲目疾奔于前，惊恐犹追于后，夕阳似染，却羞枯叶遍赤；逝水如泣，更碎残云乱纷。几声孤雁凄淚，尤增路人苍凉。

暮色渐浓，曲径无尽。座下战马蹄声渐稀，饥渴已不仅于人，马儿也盼主人能体贴驮载之苦：我要吃饭，我要喝水，我要休息。

遥望远方，稀疏的枣林遮不住隐约的灯光，显是有人家晚炊。曹操细察四周景物，猛地想起一事，转身招呼随从，一声长笑：

“天不灭曹！吾等有救也！”

原来，曹操忽然想起父亲有一个挚友家居此地，自己曾随老爸来过数次，此人姓吕名伯奢，为人忠实仗义。

那微露灯光之处，不正是这位仁伯之居所么？曹操当下心中大喜，招呼两个亲随照顾坐骑，自己上前叫门。

圣人云：“有朋自远方来，不亦乐乎？”吕伯奢一家具有农村人特有的诚厚淳朴，一见故交之子不期而至，喜出望外，忙杀鸡宰猪，殷勤招待。

笔者现在正赶写一个电影文学剧本，以下的故事干脆用电影文学剧本的形式讲给大家。

一

乡村农舍，曹操与陈宫正在敲门，曹操、陈宫疲乏的身躯后面跟着他们的坐骑。

曹操：这位吕伯伯是我父亲的老朋友了，从小把我当他的亲儿子看待，绝对是安全的。

陈宫：明公真是名不虚传，走到哪里都有熟人啊。

开门声，吕伯奢的儿子吕五憨厚略带迫切。

吕五：谁呀？是后庄的小凤吧？哥正想妹子呢。

吕五的面孔由乐转惊继而转惊而喜。

吕五：是曹哥呀，哪阵风把您给吹来啦！爹——娘——俺那当官的曹哥来了。

二

吕伯奢家客厅。吕伯奢居下作陪（古时候主位在八仙桌下首，与今人正相反），曹操、陈宫端坐于八仙桌上首，吕伯奢的儿子吕大、吕二、吕三、吕四、吕五两边作陪。

八张人脸，表情不一。

吕伯奢：听说大侄子最近进步挺快呀，升了骁骑校尉了？赶明儿让你这几个不争气的兄弟都和你干去，看看能混上个首都户籍不？大侄子放心，别怕花钱，你大爷我是个明白人，现在办事哪有不花俩钱的？

曹操欲言，陈宫摇摇头不让他说出逃亡实情。

吕大媳妇拿酒葫芦进来。

吕大媳妇：爹，咱家的酒没了。

吕伯奢：大侄子你先喝着，我去镇上打葫芦酒就回来，今天你大爷我舍命陪君子，咱们不喝趴下不算完。

曹操：都不是外人，伯父自便。

吕大：曹哥，咱俩划两拳。

三

吕伯奢骑驴远去的背影。

四

客厅继续喝酒；曹操与吕大划拳行令，热闹非凡；陈宫逐渐不安；吕家其余四兄弟起哄；女仆进来。

女仆：大哥，你出来一会儿，有点儿事。

吕大：真扫兴！你们先陪曹哥喝着，我去去就来。

女仆、吕大先后出客厅。曹操与吕家其余四兄弟继续相互劝酒；曹操看来有些不安；陈宫向四兄弟敬酒。

曹操：你们先玩着，我去下洗手间。

吕二：我带哥哥去。

曹操：不用客气，我和在自已家一样，知道地方。

曹操出门，其余人继续。

五

以下为蒙太奇画面：曹操警惕的脸。吕大色迷迷的脸。女仆微嗔的脸。客厅陈宫不安的脸。曹操在侧耳倾听。

六

近景：曹操在后院厨房外。厨房内传出男女声。

女仆：大哥咋像个馋猫呀，先别猴急，快说说怎么拾掇它。

吕大：我不猴急你又该生气了，那还不容易办它？按住它，捆起来，一刀宰了不就妥了。

曹操大惊，踮脚回客厅。

七

曹操向陈宫耳语。吕家四兄弟已醉得东倒西歪。

曹操：先下手为强，动手吧。

陈宫：咱们是不是谨慎一点？等吕老伯回来。

曹操：还什么老伯？等那老狗领人回来逮住咱们领赏？待会儿我装醉舞刀，咱们一起动手。

八

曹操正舞刀。陈宫紧握剑的手略微颤抖。客厅里只有吕五看曹操舞刀。曹操便舞刀靠近吕五。其余三吕已醉；曹操突然砍翻吕五，陈宫拔剑刺死吕二。二人刀砍剑刺，客厅内血肉翻飞。

刀剑撞击声、桌椅翻倒声、人临死呻吟声交杂在一起。

九

曹操、陈宫追杀全院妇人，踢开后院厨房门，砍死正搂抱在一起的吕大、女仆。搜索全院，院内已无活口。

十

厨房后一只捆好的猪。曹操与陈宫面面相觑。

陈宫：孟德，误会他们了，错杀好人了！

曹操：唉，怨我莽撞，还不快走，等着人来抓我们吗？

十一

曹操、陈宫骑马正奔。吕伯奢骑毛驴，背酒葫芦迎面走来。

吕伯奢：大侄子怎么走了？离镇上太远，怪老汉来迟了。

曹操：这位陈县令有了点急事，不走不行了。

吕伯奢：你看看，这是怎么说？哪能这么急着就走呀，我让家里人把猪都给杀了呀。

曹操：实在对不住了，下次来了保证住上几天，拜拜。

吕伯奢手提酒葫芦愣在驴上。曹操策马走了几步，突然想起了什么，勒马而回。

吕伯奢：（大喜）大侄子，你不走了？

曹操：小侄我想起了一点要紧的事（靠近吕伯奢）。

曹操的面部表情显得很神秘。

吕伯奢：大侄子你就说吧，这几里路都没人，你喊也不会有人听见。

曹操：哎？那边不是有人来了吗？（吕伯奢转头看时，曹操挥刀砍死吕伯奢）

曹操狰狞的脸。吕伯奢流血的脖子。陈宫惊讶的面孔。

陈宫：真没想到，你曹操是这么个人啊！

曹操：宁我负天下人，休叫天下人负我曹操！

陈宫惊愕、若思。曹操毫无愧疚。

暮色苍茫，秋叶纷乱，残月初上，薄雾渐浓。

曹操、陈宫各骑一马，分别于一岔路，没有告别，没有叹息。

——本集剧终

30

曹操血洗了吕伯奢全家，仓皇逃出血案现场，前面路有千条，只不知哪条是生路，夜色浓郁，南北不辨，再加上愧疚形于面，悔恨藏于心，危险追于后，希望在何方？

胡奔一宿，天已微亮，回头忽然觉得哪儿不对？两个贴心随从竟然不见了！估计是趁曹校尉心慌意乱之即，拐马携财不辞而别。两个贴心随从心里明镜似的：刚做下天大血案，莫非你曹校尉还有胆量报案不成？

也可能是对曹校尉之所为而不屑，明主看来不明，不如另换个老板打工去。

曹操现在是屋漏偏逢连阴雨，一时心灰。

天已大亮，前面已隐隐约约见一城墙。还是那句老话："天不灭曹！"胡走乱撞，竟然也走到了正路。一夜狂奔，昨天的酒食早消化尽了，现在忽然又饥又渴，有城必有酒饭，走，先去喂喂脑袋再说。

此城便是已经接到通缉曹操之令的中牟县城，大网早已支好，就等曹操一头钻进来了。

而曹操却毫不知情，当下牵马大摇大摆地走进了中牟县城门。

何用香饵钓巨鳌，
却有机关捉肥鹿。
莫叹阿瞒穷末路，
常思吕家冤申否？

天未到卯时，本应城门禁闭，不知为什么竟有人这么早就出城。曹操孤人单马，见城门已开，便不及多想，牵马就要进城。谁知来得早不如来得巧，那早起出城的恰是专门出城去捉拿曹操的。

因为前天县令接到上边转来的通缉文书，要各郡县全力擒拿朝廷要犯曹操，官捉住了升官，民捉住了赏文凭——孝廉，当兵的捉住了可以不让你当兵。

从昨天起，县衙的班头便在全县张挂海捕榜文，一个亭长早起就带了差役下乡巡捕，顺便也能让乡民孝敬点外快。

该哥们儿走运，开城门就碰上个疑犯，看年龄特征差不多，只不过情报上说，那曹操同行数人，这是个单身，有点对不上。也怪上边不传真张照片来，光附来一个包袱皮，画了个人头，画得还不错，看着男女老少都像这布上的人，活该咱发财。

先唬唬他："姓曹的！哪里走！"

"哪位姓曹呀？"曹操何等人？还能让几个小衙役唬住。

"不姓曹你姓什么？我说你姓曹你就得姓曹！先把他收容了再说。"亭长一声令下，差役们不由分说给曹操上了绳。

中牟县大堂。

"堂下何人？"是县令在给嫌疑犯验明正身。

"小民复姓夏侯，单名一个瞒字。"曹操不慌不忙答道。

堂上的县令仔细端详着曹操，对比着公案上通缉榜文里的人头画像，有些拿不准。

旁边站立的一个功曹走上前来与县令耳语了几句，县令点了点头。

“你姓曹名操字孟德，小字阿瞒，沛国谯县人氏，现任京师骠骑校尉，用不着狡辩了，本县这儿有人认识你。”

得，连老根都让人给刨出来了，就差说出乳名吉利了，还有啥话可说。曹操干脆来了个死猪不怕开水烫，就此闭口一言不发。心想，没有口供，看你怎么定我的罪？

曹操你错了，此时治罪，重证据不重口供，只要证据链形成，没有口供一样定罪判刑的。

但县令并没有匆忙地认定人犯，只是吩咐把曹操临时拘留，退堂时曹操狠狠盯了那功曹一眼：“这小子，啥时认识我的？”

深夜，曹操被提到后堂夜审。

这下弄得曹操狐疑不定，莫不是遇上了仇人？想趁夜害我？

进得后堂，却见那功曹也在，曹操还是用上了白天在大堂上的老办法，紧闭双唇装哑巴，也只能如此了，坦白莫非还真能从宽？

却没想那功曹走上前来先把曹操的刑具给卸了，然后和县令一起向曹操深深做了一揖。

莫不是诈口供的伎俩？曹阿瞒生性多疑，装着不知所措，急忙还礼。

“明公勿疑，适才听得功曹讲起曹明公破黄巾、诛劣强、贬贪吏、逆奸雄之故事，好生仰慕，某虽百里小令，却也知功曹苦心，天下方乱，正须英雄救民，岂能让栋梁折于中牟？”

原来如此，吉人自有天相，又是一个天不灭曹！

曹操死里逃生，如同上了一遭阎王殿又被赶了出来。中牟县之旅，当真是进了一回鬼门关，当夜告别了深明大义的中牟县令与功曹，直奔陈留而去，但愿这次奔的是生门。

只是吕伯奢一家男女的身影在心中挥之不去，真是想起来就脑仁疼！

莫非曹操的头疼病根就是在那时落下的？

那一年，是中平六年（公元 189 年）。

第八章

拉班底：揭竿起义时的曹操

31

政府的有效管理能力看来有限，中央的政策传达到地方没有不走样的，曹操一路绿灯到了陈留。

现在曹操命运中唯一的贵人就指望幼时的玩伴、陈留太守张邈了，要是这张邈原则胜过私人感情，那曹操算是自投罗网彻底玩完了。

张邈字孟卓，东平寿张人。小时候便以侠名著称，经常做些慈善事业，名声甚佳，独辖陈留郡山头以后，远近的文武人才无不前来投效。这是曹操前来求助的另一个主要原因。

还不错，一进陈留县境，曹操的心情就变得格外的好，比希望的还要好几分。

张邈一见曹操到来，喜出望外，毕竟光屁股长大的发小与他人不同，见面就又找回了儿时的感觉。至于朝廷的通缉令，在咱陈留郡境内只配用来擦屁股！

但是，当曹操在为他接风的宴席上谈到举义兵讨董贼的打算时，张邈却打断了他的话题："席间莫论其他，吾等今天只管饮酒，不谈国事。"

曹操一时迷惘，心中忐忑。只好客随主便，今日有酒今朝醉也。

谁知没过今朝，配客的闲杂人等刚一散去，张邈便屏退左右，二人进入了深谈。

“孟德欲起兵讨国贼，邈理当全力相助，刚才席间人杂，机密大事，法不传六耳，孟德自当理会。但此等大事，应以何策为先，孟德曾细思否？”张邈和曹操一样，都是从骑都尉任上转做的太守，为官数年，称得上经验老到。

军政两栖人才的曹操岂会连这都不熟虑？当下便侃侃而谈：“董贼欺君篡国，凌辱百官，屠戮黎民，天怒人怨！当前首竖义旗，以聚民心，人心在我，何愁大事不成？”曹操明白得很，先政治挂帅。

张邈却不以为然地摇摇头：“一旦众归僻郡，千军日费何止万钱？况且兵械甲胄，车仗马匹，营帐炊灶，无一不须置办，巨资从何而来？兵马未动，粮草先行，此乃首中之首也。”

是啊，人是铁饭是钢，一顿不吃饿得慌，经济是基础，人家张邈那时候就懂得。

自古有句话，当兵吃粮，你把人家忽悠来了，最起码得先管大家饭吧？在地贫人穷的地方征兵，大伙不就是为了先混个肚圆再说嘛。

曹操对此倒是早有打算：“家中尚有薄资，吾意倾家举义，誓讨国贼！”

“一家之财力安能养千军万马？孟德不能想当然也。”

“这……邈兄身为一郡太守，尚无良策乎？”

“陈留贫瘠，人民不堪黄巾兵祸，近岁又逢旱涝不均，稼禾歉收，官府赈济尚且无力，何来余钱兴雄师、装军备也？”

“这……这倒如何是好？”曹操皱起了眉头。

巧妇难为无米之炊，一文钱难倒英雄汉，何况这动辄千万的巨资？都怪老爸冤大头，你花那一个亿买甚太尉做呢？生生让那个死鬼皇帝给坑了个血本无归，唉！骗人家钱的不得好死！

曹操心里倒不真慌，以他对张邈的了解，既然他点透此事，那就说明这家伙心里早就有谱了，我不如先端正态度，虚心求教吧，人在钞票前，不得不低头啊！

果然不出所料，张邈见不得铁哥们儿为难，微微一笑，向曹操说出了一个空手套白狼的妙计：“我治下有一孝廉，姓卫名兹字子许，陈留襄邑（今河南睢县）人，祖上经营有道，又惯会敛聚钱财，为本郡第一巨富，然卫兹生性豁达，为人仗义，平日志向高远，忧国悯民，以孟德之风采、口才，若对其晓以大义，陈明国破家何在之利害，约卫兹一起举事，彼若心动，则大事济矣！”

曹操闻听大喜，如同叫花子捡到金元宝一般，那卫兹之家财，便好似已入己囊。对自己的三寸不烂之舌，曹操一向是充满自信的，连老爸曹嵩都不在话下，更何况一个本来就满腔忠义的孝廉？

小人施于利，君子欺以方，无往不利，战无不胜。

正如太守张邈所料：经曹操慷慨陈词，描绘了合作经营的美好前景，又诱以万古留名的实在利润，再拍以千秋忠义的舒服马屁，曹操得到了卫兹慷慨解囊的实惠。

钱壮英雄胆，有钱万事通。曹操的征兵工作进行得十分顺利，一杆“忠义”大旗在陈留城头高高立起，想吃顿饱饭的四方饥民八方云集，没几日便已考核录取三千余人。

别小看这一帮地道的泥腿子，他们可是太祖将来起义的拉起来的第一支农民军，经不经打另说，起码是自己的队伍，给以前替政府带兵有了性质的不同，意义的确非凡。

十年前播下的种子发了芽，堂弟曹仁（字子孝）带领谯县家乡的一千余子弟兵闻讯来到了陈留城，人民军队实现了胜利大会师。

未来的曹家、夏侯家之帅才勇将也陆续赶到了陈留，这其中有（不以姓氏笔画为序）：

曹洪（字子廉），曹操堂弟。

夏侯惇（字元让），曾手刃一个骂自己老师的家伙而闻名乡里。

夏侯渊（字妙才），夏侯惇的族弟，曾经在老家谯县替曹操顶罪蹲过监狱。

曹真（字子丹），曹操的同族子侄，实际上已经过继给了曹操，与曹操的亲儿子没有什么区别。

……

开张的势头不错，基本队伍组织起来已足额五千，信得过的本家将领也聚集了十几人，新兵营已经开练，兵械也凑合着人手一件，粮饷暂时还能对付，声讨董贼的檄文已发往全国，现在就等各地响应了。

不等也没有办法，曹操心里清楚得很：就凭自己手头这些乌合之众，还不够给董卓的西凉骑兵垫马蹄子的，现在还是炒作阶段，先做做舆论攻势，反正这个首倡义兵我曹操已经抢注成功，靓域名是谁也抢不走了。

套一句老话：开弓没有回头箭，曹操现在已经没有退路了！

32

中平六年（公元189年），军政大权已集于一身的董卓，眼里已经看不到敌人和潜在敌人了，董卓的雄才伟略再往哪儿施展呢？这是个革命上了瘾的家伙，于是各种巩固政权的措施相继出台并实施，只可惜玩的套路几乎全是拆自己台的下作招数。

人啊，一旦登上了无人制约的极位，那点创业时的智慧就容易变成往自己脑袋里掺的糨糊，立时进入妄想型精神病状态。

请看董卓以下的行径：

董卓进京五个月后，新君献帝改元，年号初平（公元190年～193年），董卓首先给自己军职再升上一级，兼领太尉，这下名至实归。还觉得意犹未尽，文职再升一级，封自己个丞相吧。这下得意了，谁是大英雄？中国只有一个人能称得上大英雄！最尊贵的人唯有我董卓一人！

没法再升了，再升只有自己做皇帝了，不过当时的董卓压根没这个念头，他自己也从没把自己当条龙。

接下来就是奖励自己的西凉士兵：那“剿匪”剿来的人头不是都挂到了洛阳城头上了吗？他们的妻子女儿呢？就赏给你们这些功臣吧，有福大家享。

再接下来就是自己了。老子现在是全国的一把手，也该自己享受一番了吧？不过那些从新兵连里分配来的保健护士、陪舞少女老董是看不上的，靓女哪里有？皇宫里呀，河里没鱼市上看，皇宫那可是全中国“超女”的集中地。于是董相国夜夜宿龙床、睡嫔妃、玩宫女、日夜夜日悠哉乐哉。

既然已经成了核心中的核心，儿女、亲戚总是要照顾点的，那就都封个官吧，年龄太小不能主持工作的就先封个爵位，拿份国家工资再说。于是董卓除了封老娘为池阳君，置家令、丞外，又经过基层民主选举了自己吃奶的儿子为侯，金带紫袍，一样不缺；孙女也有份，别看还不到十四岁，敬老、爱幼一般重要，封了个跟老娘一样大的官，民主选举为渭阳君。

对敌人的仁慈就是对董氏革命的犯罪！要杀一批、关一批、管一批！秦始皇算什么？不过就坑杀了四百六十个儒生吗？跟我能比吗？

杀猪匠何进的一家老小是不能放过的，先拾掇活着的何太后，一报还一报，你不是鸩杀了现任皇帝的亲娘王美人吗？咱就以其道还其人之身，请你也饮鸩一杯吧。

死了的也要追究，先把何进的弟弟何苗来个挖坟鞭尸。

何苗的老娘还活着？那怎么行？于是，判决死刑，还不准收尸。

既然杀鸡吓猴，那就索性多杀几个，鸡从哪里来？不是有北方边境抓来的战俘吗？于是，在董丞相举办的宴会上，经常表演现场杀人的节目，助酒兴么，多玩点花样，活人挖眼、慢锯手脚、大锅煮活人，董丞相耳听眼看被宰者的临死惨状，谈笑自若，饮酒甚欢，文武百官却是被吓得魂飞魄散，真表现得无比驯服了。

高压加腐败，这个政府还能不垮台？终于有一天，消息传来，二十拨军马，结成了关东联盟，兵分八路，杀向洛阳，盟主就是刚被朝廷任命为渤海太守、封为虆乡侯的袁绍。而传檄组织关东联盟的，正是那个最不识抬举的曹操！唉，放虎归山终为患啊！

对于关东联军，与枪杆子打了一辈子交道的董卓还真没放在眼里，在他看来，这不过是一帮乌合之众，成不了多大气候。

真正的威胁不在东方，而是在与其相反的方向，自己的大本营：西方。

那里是自己的老家，十余万西凉铁骑是当时中国最精锐的部队，但现在却掌握在自己最忌讳的皇甫嵩手里。攘外必先安内，只要解决掉皇甫嵩这个后顾之忧，什么关东联军？一群地方保安团、游击队而已。

就在董卓置东方的联军而不顾，全部注意力集中到凉州方面时，一个令所有人都难于预料的事件在西方突然爆发了！

33

董卓的西路大本营突发了董卓最担心的情形。

黄巾军的余火在河东（洛阳西北）复燃起来。开始的火苗是在中平五年（公元189年）冒出来的，其领袖人物叫郭太，因为起事于西河白波谷（今山西省襄汾县西南）而得名白波军。

这白波军义旗扯起便不同凡响，不足一年就聚众十余万，而且组建的军队并不是乌合之众，上了战场极有战斗力，军旗指处，拔河东、围太原，破城陷地，所向披靡。

当董卓控制洛阳时，白波军已严重威胁到了洛阳，竟打到了河南的河内郡（今河南省孟津一带）。事实上已经兵临洛阳城下。可那时候竟然是天不灭董，白波军为了达到与同时起事于东郡的青州黄巾军会合的战略目标，没有乘胜进击东汉的心脏洛阳，而是转头东下进攻东郡，董卓不由长松了一口气。

现在白波军突然回师围攻河内，而且还联结了外援：南匈奴单于于夫罗。南匈奴见东汉中央政府混乱，也想趁机捞一把，与白波军遥相呼应，也突入河东郡境内，直逼河内。

董卓此前被诏任并州牧，就有剿灭白波军的使命。现在的白波军如果全面控制了河东，就会使董卓与他的战略大后方凉州失去联系，而确保洛阳与西部交通的顺畅，对于稳定凉州军的军心至关重要。

凉州军中的精锐是由秦胡兵和湟中勇士组成，有着浓重的恋乡情结，是董卓的命根子，战斗力必须得到保障，不容出一点闪失。

董卓曾经派自己的女婿牛辅为主将，率部进入河东，试图控制局势，结果就连西凉铁骑也不是白波军的对手，牛辅大败，闹了个灰头土脸，铩羽而归。

就在董卓对白波军一筹莫展之际，一个更加要命的情报又传到了董卓耳中：西部有人在鼓动皇甫嵩为正义一战，一个叫盖勋的人在联络皇甫嵩东征！

董卓在洛阳龙床上再也无法废寝忘食了！莫非现在到了墙倒众人推的地步？你们也太小看我董卓了吧？且看老董怎样施展雄才逐一搞定你们！

面对要发动东征的盖勋和皇甫嵩，董卓出动的却不是武力，而是皇权。董卓先是在皇甫嵩的驻地扶风设了一个汉安都护，总统西部军事，明摆着就是要剥夺皇甫嵩的军权。

天子诏书发出，征皇甫嵩入京任城门校尉。胸怀忠义的皇甫嵩匆匆踏上了进京的道路，最头疼的一个就这样被简单搞定。

皇甫嵩军事上是个帅才，外战固然颇具威名，内战更是功高盖世，等于凭一人之力替东汉打下了半拉江山；但在政治上却是个在校初中差生的水平，哪里是独夫民贼董卓的对手？圣旨一到，便乖乖赴京任职，当时中国最精锐部队西凉军的指挥权也就此旁落。

董卓这一招还起了另一个重要作用：利用皇甫嵩的威名对围攻河内的白波军

进行统战工作，结果竟大获成功！白波军主要将领韩暹、胡才、李乐，接受了朝廷——实际上是董卓的招安。分别被授予征东、征西、征北将军的荣衔。

董卓的另一过人之处就是敢用人，韩暹、胡才、李乐这种“解放”将军，他照样给予实际兵权，白波军的高级将领在一段时期承担了东汉军事指挥中枢的重任。董卓有效地把西方原来砍向自己的钢刀，用乾坤大挪移神功转向了东方的敌人头上。

后方搞定，现在到收拾关东联军的时候了，体验一下与我董卓作对的滋味会使你们清醒的！

最先领教到西凉铁骑威力的却不是关东联军中力量最弱小的曹操。

对董卓暴政的声讨始于曹操，但此时的曹操位卑势弱，五千新兵比不得董卓当初三千西凉铁骑的威名，而这个世界向来是凭实力说话的，大家服从的都是比自己拳头硬的人，所以曹操也就只能做些前期的反政府舆论鼓动工作，到了真正组织起反董的关东联盟，起草了“三公移书”檄文的曹操连在上署名的资格也没有了。

这篇诈用现任朝廷三公名义的檄文发遍了全国的各州郡，檄文讨伐的目标很明确，就是号召大家武装起来，反抗暴虐的董氏统治。

檄文的影响力巨大，一下子得到了大批武装割据的州郡首脑的响应，浑水摸鱼的事情大家向来都愿意干。于是，庞大的关东联盟军很快组建了起来，他们是：

（以下按照起兵的地域划分）

1. 冀州——渤海太守袁绍、冀州刺史韩馥。

2. 兖州——兖州刺史刘岱、陈留太守张邈、山阳太守袁遗、东郡太守桥瑁、济北相鲍信、行奋武将军曹操。

3. 豫州——豫州刺史孔伷、颍川太守李旻、陈国相许玚。

4. 徐州——广陵太守张超。

5. 青州——青州刺史焦和。

6. 荆州——后将军袁术、荆州刺史王睿、南阳太守张咨、长沙太守孙坚。

7. 并州——西河太守崔钧。

8. 司隶——河内太守王匡。

另外还有：刘备——汉景帝子中山靖王刘胜之后，汉室宗亲——他参与了毋丘毅在丹杨的募兵活动，大概是随毋丘毅返京后，被授官下密丞，未就职，因此得以会盟。

从兵力在洛阳外围分布的情况来看，主要有四大兵团：

1. 西北兵团——进驻河内（治在怀县，今河南省武陟县南）的袁绍、王匡部。冀州刺史韩馥驻邺城（今河北省临漳县），作为后勤保障。张杨、于扶罗则屯于漳水一带。

2. 中部兵团——进驻酸枣（今河南省延津县）的刘岱、张邈、张超、桥瑁、袁遗、鲍信、曹操等部。

3. 西南兵团——进驻颍川（治在阳翟，今河南省禹州市）的孔伷、李旻。

4. 南部兵团——进驻鲁阳（今河南省鲁山县）的袁术、孙坚部。

西北兵团的主力是王匡的泰山兵，前锋已经布防于河阳津，隔河与洛阳相望，最早进入临战状态。

中部兵团除张超（张邈弟）的广陵兵外，其他是清一色的兖州子弟兵。

西南兵团以豫州兵为主，后孔伷部融入中部兵团，李旻部并入南部兵团。

南部兵团的主力是孙坚的长沙兵，战斗力极强。

这里要说一说渤海太守袁绍：袁绍是个在性格上集强弱于一身的家伙，他弱的一面大家已经领教了：手握五千西园军精锐部队，竟然被仅有三千多客军的董卓给忽悠住了，以致抛弃部队逃之夭夭。但袁绍内心还是渴望做一个强者，只是不能在洛阳城中做罢了，他离开洛阳，便立即通过武装起义，向世界证明自己才是最后的强者。

新年伊始，关东联盟宣告成立，袁绍被推为盟主。

第九章

战汴水：曹操当头挨了一棒

34

关东联军于酸枣会盟。

坛场已经设好，刺史、郡守却互相谦让，谁也不愿意登坛主盟，好像谁登坛场就像登上断头台似的。但总得有一个人主盟吧？没办法，最后主盟者由广陵郡功曹臧洪来担当了。

盟词倒是创作得大义凛然，大意是：汉室不幸，皇纲失统，贼臣董卓，祸害无穷，毒杀弘农，荼毒百姓，如此以往，社稷覆倾……

盟词写得的确慷慨激昂，闻之倒也令人振奋，但盟词发自一个功曹之口，能代表哪一方的意愿？

袁绍、袁术、韩馥、王匡等尚在各自营盘中，对此表现淡然，诸军悠闲地屯扎在营地中，诸将们则日日在高歌纵酒。

洪洞县里没好人了吗？也非如此，跟董卓动真格的也有那么三位，这就是联盟中战力最强的与战力最弱的两支部队：孙坚的长沙部队和曹操在陈留拉起的乌合之众，还有战斗力不算弱也算不上强的河内太守王匡的泰山兵。

洛阳南部方向，豫州鲁阳城，孙坚率领身经百战的长沙精锐，与董卓的西凉铁骑即将展开一场硬碰硬的厮杀；东面汴水，曹操的陈留新军，向董卓发起了鸡蛋碰石头的攻击，还能再出现一个颍川大捷吗？

谁也没有料到，率先尝到西凉铁骑践踏滋味的是河内太守王匡。

一个政治上的浑蛋并不妨碍他成为一个军事上的高手；在敌人打上门时政治上的糊涂虫也会突然清醒；暴君一样可以是一个智慧的军事统帅。

无间道高手周毖、伍琼这次没有能再忽悠下去，全力推荐的四世三公的革命后代打上门来了，这才让董卓恍然大悟。

先宰了你们这两个内奸再说，于是，继前一刀皇帝少帝刘辩丢命后，周毖、伍琼挨了董卓摧毁关东集团的第二刀。

应该承认，董卓的这两刀砍得相当高明：第一刀砍断了关东军主力——各州郡大员的希望之所在，给这些士大夫们在政治上来了个釜底抽薪；第二刀铲除了敌人在自己阵营中的卧底。现在第三刀也举起来了，挥向的是与自己在河阳津正面相持的王匡。

董卓先是派兵在盟军控守的河阳津正面摆出进攻姿态，暗自却将主力渡河绕到王匡泰山军的背后，趁其不备，发动了进攻。

这次，以步兵为主的泰山军领教了西凉铁骑的厉害，睡梦中刚听到马蹄声，敌人的骑兵已到营前，还没来得及抄家伙，敌人的马刀已劈在了脖子上，根本没组织起有效的抵抗便溃散了。

逃命也不容易呀，两条腿的怎么能跑得过四条腿的？一夜之间，泰山军主力大部分喂了董卓西凉军的马刀，王匡仅带少数部队侥幸逃脱，洛阳西北的军事压力不复存在。

在政治上董卓又做了个大动作，同时又具有特别重要的军事意义，这就是：迁都。

你们不就是想来抢这小皇帝吗？我把这小儿藏到大后方去，咱老董留下来，甩掉包袱，轻装上阵，陪你们这帮上马都得别人扶着的书生玩玩。

袁绍你不是不知道好歹吗？那也就别怪我董卓心狠手辣了，俺老董给你委官封侯，你给老子来个恩将仇报，领头起兵反我，我董某人也不是什么儒家贤孙，不懂得“以直报怨”那一套圣人说教，我给你来个一报还一报，早时不是不报，是时候没到，现在是时候已到，一切都报。

你叔父袁隗不是还在朝中做着什么太傅吗？先用他一家老小祭刀，挫挫你锐气！

于是，在滚滚的洛阳大火中，董卓露出狰狞的面目，全然不讲过去的情谊，一不做二不休，杀了袁氏宗族自太傅袁隗以下男女五十余口，灭了袁家的三族。

还有另一个大大的好处：打仗不是耗费银钱吗？咱来个城外损失城内补，老子早看着你们洛阳这些富得流油的地主、富户不顺眼了，那钱放在你们家里留着当反政府经费呀？一律充董，不乐意？犯了法的人还能有啥政治权利呀？没收你们的所有资产是挽救你们，让你们为国家做做贡献，光荣光荣。

算了吧，还是给你们一刀省事，镇压了你这个现行，财产自然归国家了。战士们注意，活做得利索点、干净点，祖坟也给我刨开。好玩意儿拿去陪葬未免太可惜了，暴殄天物呀。给我来个三光政策，迁不走的人杀光！财物给我抢光！搬不动的烧光！给反政府分子们来个坚壁清野。西北的方向的毛猴子拾掇了，现在轮到东边的了。

洛阳东部，是关东军的主力所在（论数量），也就是我们前边所说过的中部兵团，驻军酸枣（今河南省延津县），有刘岱、张邈、张超、桥瑁、袁遗、鲍信、曹操等部，总兵力十万有余，超过与之对抗的董卓军徐荣部两倍还多。

可是这一方面军却没有个正经头儿，谁家的羊谁赶着，谁家的孩子谁抱着，谁家的部队谁护着，生怕自己的战士受了风寒，一个个都关在军营里养精蓄锐，就是不让上战场。

秦末诸侯讨伐秦国政府军的一幕在东汉又重演了：当时诸侯到了巨鹿，面对秦朝大将章邯率领的四十万大军，都藏在寨墙后面瞧热闹，就看着项羽率领的西楚军一家在前面拼命。现在关东军的几位诸侯也是这种让“别人死了我活着”的心理，可是，能不能再出现个西楚霸王呢？

35

曹操想扮演项羽这个角色。

一是在剿灭黄巾军时，曹操也曾数历恶战，未尝败绩；而董卓却连战皆墨，未见胜果，自度董卓也不过如此。二是看着几位统军老大，畏敌如虎，怯战糜粮，心中实在看不起这些革命口号喊得震天响，上了战场尿裤裆的软蛋。

曹操挺身而出：“我们以义除暴，盟誓都成立了，还婆婆妈妈的干啥……董贼把洛阳宫殿都烧了，还把皇帝这么小的孩子给绑架了，可怜不可怜？现在天下都不知道该听谁的了，你们也不借这个机会炒作一下自己，你们这些人哪，多好的机会呀！”

来，看我曹操的！

于是，曹操便带着自己的五千新兵投入了正面战场。

张邈是曹操的铁哥们儿，不能无动于衷吧？要说这张邈也够仗义的，不但派招兵买马时投过资的卫兹带两千人马助阵，还让自己的亲弟弟张超率三千精兵接应，帮人帮到底吧。

固然，董卓的一个区区校尉徐荣不是秦国的大将章邯，问题是现在的曹操远比不得力拔山兮的楚霸王，指挥的部队更比不得群狼般的西楚勇士，就是与在颍川剿杀黄巾军所率的羽林铁骑也根本不是一个档次。况且，闻名全国的西凉精锐又哪里是黄巾的乌合之众所能相比的？这像是带着一群刚长出嫩角的绵羊往狼嘴里送一样，行动虽然伟大，下场必然很惨。

曹操部队到了荥阳汴水，与徐荣的骑兵部队遭遇了。

曹操立即挥旗布阵，曹洪、夏侯惇等也马上按照在陈留演练的对敌阵型，指挥部队迅速变化队列。初生牛犊不怕虎，这五千新兵与卫兹所率的两千地方部队倒是没有一个怕的。

谁知那徐荣打仗不讲究章法，也不等你列好什么阵势，只听一声长长的号角，数不清的铁甲骑兵如同山崩地裂般压了上来！

呐喊呼哨震耳欲聋，马蹄声震得大地微微颤抖，只听得敌方战鼓隆隆，号角呼应，夺人魂魄，曹操的战阵还来不及列队。

原指望弓弩兵能慑住阵脚，哪知道两轮箭矢放过，就如同海潮前扬了把沙子，竟连稍滞敌骑的速度都没能做到，敌军的钢铁洪峰瞬间已卷到眼前，顿时，雪亮的是刀，鲜红的是血，白红交加，上下翻飞；惨呼的是自己的战士，狂笑的是敌军的士兵，自己的部队已经崩溃。

刚穿上新军装的农民们哪儿见过这个阵势？什么为国为民的政治动员，什么军令如山的战场纪律，头没了，那玩意有啥用？保命要紧，跑吧，可跑得了吗？人家那大个长腿的西凉马跳的可不是盛装舞步，拼吧！逃也是个死。

可惜明白这一点的只是少数士兵，大部分兵败随山倒了。曹操傻了。也学那少部分战士，亲自出马拼杀，我曹操岂是临阵脱逃之怕死之人？谁想念头刚起，一支不知何处射来的骑弩钉在了胯下战马的脑门上，这下完了，铁蹄之下，安有完卵？

正躺在地上闭目待死之际，一骑飞到身前，睁眼看时，正是堂弟曹洪，曹洪没有片刻犹豫，飞身下马，将曹操一把拉起，托上了自己的坐骑。

这时候，战马就是战将的性命啊，曹操怎肯牺牲兄弟？当即挣扎着下马。

曹洪怎容曹操下马？在他心目中曹操早就不是什么堂兄了，是自己的主人，愿意为之效忠一生的主人："主公速走，天下可无曹洪，不可无主公！曹洪步战也要保得主公脱此危难！"

还能有啥说的？话说到这份上了，为了天下百姓就领了堂弟的深情厚谊吧。

这曹洪步战的工夫还是相当了得，一把大砍刀舞得水泼不进，远拨箭矢，近挡刀矛，上斩人头，下砍马腿，西凉士兵竟近不得曹操一丈以内，这绝对是一人玩命，万夫莫挡。

终于且战且退，杀出重围，回头看，七千人马残存寥寥，最痛心的是，那个初任都尉带兵的孝廉卫兹竟也伤命于乱军之中，不由令曹操痛彻心扉，悔恨交加。

以后怎么办？呕心沥血聚拢的一点家底转眼化为乌有，还把投资者给搭进去了，血的教训啊！万幸兄弟子侄诸将性命尚在。从头来过吧，权当交学费，只有信心存，前途未可测，回老家，再招兵去。

不过走之前不能便宜了那几个拥兵观望的大佬，先回酸枣，骂他们个狗血喷头再说！

36

曹操属于撞了南墙不回头的人。只要看准的事就坚决走到底，不就是损失了五千新兵吗？权当是给兄弟们作陪练牺牲了，铁打的营盘流水的兵，身边的亲信没丢命，只要营盘还在，兵就会流进来的。

曹操回老家招兵之前，去了一趟酸枣，那些养兵观战的诸关东军大员在干什么呢？正忙于相互请客。

刚从血与火中挣扎得性命的曹操见此情景痛心疾首，当即慷慨陈词：各位领导，听我一句话行吗？我们如果万众一心，分兵占据洛阳四周有利地势，以深壕高墙围困洛阳，摆出随时进攻的架势，就是不与他们作战（现在曹操终于领教了西凉铁骑的厉害，再不提与之野战了），然后将此形势通报全国，以顺诛逆，天下可凭此一战而立定。现在大家打着兴义兵讨伐逆贼的旗号，却相互猜疑，不思进取，只知道泡妞请客，桑拿按摩，这让天下人会怎样看你们？我曹操真为你们感到羞耻啊！

俗话说赖狗扶不上墙，曹操苦心献计也好，语言相激也好，破口大骂也好，也就是痛快痛快自己的嘴皮子，没人会理睬一个刚打过大败仗的将军，就是铁哥们儿张邈也不例外，明确拒绝了曹操的提议。

说话的分量与实力是成正比的，你曹操现在还有啥资格说东道西？

无奈之下，曹操只好收拾残部回了老家樵县，向反动派打响的第一枪就这样哑火了，再从头开始吧。曹操的计划是在自己的老家拉起一支子弟兵来，以此作为骨干，然后进军扬州，招兵买马，先保存、壮大自己，再进攻、消灭敌人，这路子算是走对了。

有一件事要专门提一下，就是这次的故乡之行，使曹操首次结识了将来要与他在政治、军事上对付一生的冤家对手，这个人就是在后世中知名度丝毫不亚于曹操的刘备刘玄德，此时卖草席的刘掌柜也在沛国一带做发动群众积极入伍的工作，未来的魏王与将来的蜀国先主在樵县进行了亲切友好的会晤。

当然，现在的两个人都不可能认识到这一点，但初次的会面使两人都有一种英雄相惜的感觉是无疑的，不然二人之间以后也不会发生诸多的恩怨瓜葛了。

前文说过，曹操砍任何人的脑袋从没有犹豫过，唯有对刘备是个例外，有大师说这是曹操一生中所犯的最大的错误，笔者对此结论持怀疑态度，观点容以后再细讲，就连刘备我们也先放一放，还是先关心前方的战事要紧。

国贼未除，前方将士正拼杀于刀光血雨之中，双方统帅部有的连出奇招，有的开始把暗箭瞄准自己的战友，有的继续抓紧享受靓女美酒，笔者实在无闲心关注后方的这两位相互吹捧的英雄。

南线战事：孙坚所带是一支铁打的部队，其战斗力举国闻名，就是手握西凉铁骑的董卓对孙坚也向为忌惮。

但这时的孙坚也有说不出的苦衷：趁征讨董卓之际，孙坚率先干掉了两个不顺眼的政敌：关东集团的荆州刺史王叡，南阳太守张咨。这下得罪了关东联盟的大佬们，没人愿意为这位率先窝里斗的猛男提供后勤保障了！

古时候和现代的战争行为没有啥不同，也是打的经济仗，兵马未动，粮草先行，后勤工作跟不上，部队不用打也会自行完蛋。

关键时刻，继任南阳太守袁术及时地向孙坚伸出了橄榄枝，经过慎重考虑，进退两难的孙坚终于投靠了袁术，袁术也很爽快，立马提名孙坚担任豫州刺史，只是现在豫州的大部分还不是袁术的控制区，说穿了孙坚担任的是袁术的“征豫将军”。

接连两件错事，使孙坚从勇武的长沙太守身份沦落到南阳太守袁术的家臣！对金玉其外，败絮其内的袁术来说，却是做了他一生中为数不多的一件英明决策：前期的袁术军事上很横，那还不是靠着孙坚父子？

得到了后勤保障的孙坚北上第一站是豫州的颍川，受到了太守李旻的积极响应，李太守加盟了孙坚的部队，孙坚现在才真正地把他的长沙精锐指向了董卓，西凉铁骑这回才算遇上了对头。

鲁阳城门外，孙坚奉袁术命令正举办盛大的欢送仪式，欢送谁呢？在袁术手下任长史的公仇，这公仇官儿虽不大，但此行承担的任务却是孙坚最关心的，干吗去？是受孙坚所托找调军粮去。

马上就要打大仗了，袁术承诺的粮草却迟迟未能运到，前敌主将孙坚心里有点发毛，所以对公仇之行格外重视，召集鲁阳的所有官员属吏，专门在城外搭了营帐，举行宴会给公仇送行，给足了公仇面子。

其实这面子是给袁术的，大家谁都明白，这是在变相向袁术宣誓效忠呢。不过那董卓的部队也太不给面子了，酒未过一巡，欢送词还没宣读，那徐荣的先头部队竟然到了。

西凉骑兵！众官像是羊羔见了狼群，一下乱了，都想抢先跑进城去，积极守城么，没啥值得责怪的。

孙坚就是孙坚，半世英名岂能丢在这鲁阳城门口？大喝一声：“哪个乱动立斩！继续饮酒，仪仗队的表演别停顿！”

徐荣的先头部队看到敌人在自己的马前宴会，旁若无人地饮酒作乐，一时懵了，勒住了马，等大部队到齐再说吧，看你这露天酒宴散不散场！

骑兵部队行动就是迅速，一会儿工夫竟然万余骑集到了城下。孙坚呢？谈笑自若，犹如没看见西凉兵的到来；号称中国第一精锐的西凉铁骑更傻眼了：这孙坚真是见面胜似闻名啊，这是没把我们西凉兵放在眼里呀，冲上去，剁了他！

别，肯定是人家有备无患，人家明支了一张网，咱别主动去钻了。于是后队变成前队，徐徐而退，部队不慌不乱，井然有序，不愧是闻名全国的西凉铁骑，未损一骑，安全撤退了。

在面无人色的众官退进城内之后，孙坚才向惊魂未定的下属说：

“刚才假如争抢着进城，官员怎会抢得过士兵？我们又如何快得过西凉骑兵？”

由此看，第一个把空城计用于实战的应该是孙坚才对，不是后来的诸葛亮，更不是曹操。

那曾全歼过曹操部队的徐荣如果知道了今天的一幕，肯定会先扇自己一个耳光，再宰了今天带队的先锋官，不过良机既然已错过，后悔后面历来跟随着“莫及”二字，鲁阳的机会没抓住，看你孙坚还能躲得过梁东城？正是：

说不清的理，道不完的由，诉不及的旧怨添新愁；
胜了的是王，败了的是寇，话不完的龌龊与风流。
别提什么该不该，莫问什么咎不咎；
何论什么敌不敌，少信什么友不友。
有道是种瓜的得瓜，种豆的得豆；
无非是有冤的报冤，有仇的报仇。
自古英雄出乱世，
从来胜者书春秋。
何如田园话桑麻，
却向幽溪甩钓钩。

第十章

战关中：前线拼命后方招兵

37

三面狂飙卷洛阳，
八方风雨会中州，
焉以强弱论侠士，
岂用胜败分匪侯？

东汉初平二年(公元191年)二月，孙坚率十万大军直击洛阳。

豫州梁东城下，恰碰上的就是全歼曹操陈留军的西凉军徐荣。

这时的南阳太守袁术对孙坚是大胆使用的，自己的全部家当几乎全部交给了孙坚，南阳、鲁阳二郡的全部军马的指挥权交到了孙坚手上，使孙坚的长沙军一下膨胀到了十万之众；以两郡之所有财力物力供应孙坚部队的军需，又请示东汉中央政府落实了孙坚豫州刺史、破虏将军的官位，使孙坚名至实归。

诸位注意到了吗？向被讨伐的敌人请示封官！当时的所谓朝廷其实就是董卓，这也算是东汉末年的一道独特的官场风景。以后的曹操也是照此方抓的药，直到汉献帝免了自己的皇帝头衔，才不得不暂停了这套虚礼。

董卓呢？还真就颁发了委任状。给自己的敌人封官是啥心情？大概有人认为肯定是极不乐意——不然，笔者认为老董当时的感觉绝对极舒心：小样儿，还造我的反？连官位不都得由本太师批示。

根本原因：你董卓封不封的人家这官都是要做的，空头人情，不送白不送。

对了，这里补充一句：这时的董卓又挖空心思给自己提了一级，当了太师了，一般这个尊位是专给皇帝老丈人留的，董卓给自己戴这顶帽子无非是强调比皇帝高一辈罢了。

还是说孙坚，虽然成了别人的家奴，但实际上是当了大官，指挥着十万大军，部队番号也随他的职务改称为豫州军。真估摸不透现在的孙坚内心情感，是乐？是羞？是苦？是酸？抑或兼而有之？

孙坚大军到了梁东，西凉军的徐荣也到了梁东，一方是兵精粮足的十万大军；一方是狂傲无比的两万西凉铁骑；按孙子兵法上的提示："十则围之，五则攻之，倍则分之"，现在应该是孙坚攻必胜了，谁知偏遇上了个不按孙子兵法出牌的徐荣，这胜负就难说了。

那徐荣大概没用心钻研过《孙子兵法》，一到梁东，竟然不管三七二十一，置城外的数万敌军而不顾，散开一万骑兵包围了梁东！摆出了一副马上用骑兵攻城的架势。

孙坚大怒："匹夫安敢欺我！"

这事是明摆着的，徐荣就压根儿没把勇冠天下的孙坚和他率领的十万大军放在眼里，你以为孙坚是浪得虚名？那十万豫州军都是来观摩学习的？徐荣是狂妄轻敌吗？非也。

徐荣是把孙坚琢磨透了才来的这一手不讲理的战法。

就孙坚目前的心理来说：这是归顺袁术后的第一仗，人家可是把看家的老本都托付给了你，此战只许胜不许败，于公、于私、于理、于情都败不得。再说孙坚身经百战，其中大多都是以少胜多，像今天打这么阔气的仗真还从没有过。

问题是孙坚是个闻名全国的英雄啊，英雄哪里会用这种无赖的战法？犯得上这么火急火燎地拼命？那他要是按部就班地给我玩阵地战怎么办？

徐荣怕的就是这个，他要先激怒孙坚，人只要怒火满腔，智慧就靠边站了。

在孙坚眼皮子底下围他的城就是激怒孙坚的最好的办法，不亚于抢他的老婆，只要你出击与我野战，我就能充分发挥西凉骑兵的长处，机动自如，进退由我，别急——孙坚不是自持英雄，兵多骄横吗？再给他设个小圈套，你以为西凉人不懂得战略战术？走着瞧吧，马上就见分晓。

在指挥作战方面，孙坚从来是冷静的。

面对徐荣把本已有限的兵力分出去近一半围城，孙坚岂能看不明白？他哪里有攻城的实力？修城墙就是专门用来克制骑兵的，用骑兵打攻坚战，那还不是以己之短，攻敌之长？作为一军主帅，徐荣就是再怎么名不见经传，也不会这么愚蠢。这是虚张声势，目的很简单，就是诱我出兵救城，他好借机袭我营寨，我何不将计就计？

两军对垒就是双方的司令员在斗心眼，等到了交手的一刻，也就基本到了战役的尾声了。现在两个主帅看来都把对方估计得过高了，也都估计得过低了，矛盾吗？不矛盾，作战如下棋，本来就是竭尽心智来制造矛盾和解决矛盾，其运子过程就是在制造和化解矛盾中消耗对方，壮大自己，把对方的招法预期得过高或过低其实都是致命的。

现在就比运气了，有时候运气决定一切。

徐荣的西凉铁骑列队来往驰骋于孙坚大军与自己的围城部队之间。

孙坚身先士卒慢慢地向看来是阻援部队的敌人接近。

两翼的重甲步兵竟好像比中间的步骑混合部队行进得还要快点，怎么了？莫非是孙坚初次指挥各方军马，有些调动不灵？

不是的，这是孙坚有意为之，目的很明确：趁敌人注意力在孙坚带领的中军推进时，两翼尽快与城中接应的部队合拢，到那时，十万大军所张开的虎口就等于合上了嘴，而徐荣的主力也就成了虎口里的食，孙坚要一举围歼徐荣骑兵主力。

徐荣的注意力还当真就在孙坚身上，好像对两翼的战场态势视而不见，擂起战鼓，骑兵警戒两侧，徐荣本人跃阵而出，手持长杆大刀，竟然指名索战孙坚。

可能有的古代战史专家要出来指责了，古时候作战也不是士兵观战，将军拼命呀，那都是小说中虚构的，真实打仗哪有用这么愚笨形式的？专家们错了，经本人考证，古时候有相当长的一段时期还就是这样打仗的。

是古人愚蠢？非也，是古人哪比得今人的道德观念？具体理由与证据以后会提供给大家，现在孙坚与那徐荣就要单挑了，暂时没那个工夫争论这些纯学术问题。

孙坚就是从血水里长大的，何曾怕过这个？能阵前一刀宰了你，那就省事多了，当即提刀出战，双方的士兵都暂时做起了拉拉队，只听得呐喊如狮吼，战鼓似滚雷，一场马上的白刃战拉开了大战的序幕。

38

喜欢中国古典战争小说的人大概挺熟悉一个词“回合”。

这个词最早就出于单独的马战，后来被下棋的人借用了去，很形象的解释每人各出一招的规矩。

步战能不能用回合来计量呢？实际上是不可能的，贴身肉搏之时，你出了十拳，我兴许一招致命，这个账不大好算。

一对一的马战不同，双方都要借助战马的速度来增加自己的打击力度，所以就远远地撤开了，同时加速，两马交错时，马背上的人便抓紧时间给对方一下，手快的说不准能捞上两下——当然要以牺牲力度为代价的——两骑对冲过去了，这一回合就算是结束了，如果双方都还不服气，那就各自圈回马来，原样再来一次，第二回合就开始了。

现在孙坚与徐荣已经较量好几个回合了，那时候的人放个暗箭、打个群架什么的虽然也免不了，但大面上还是讲点约定俗成的潜规则，所以主将单挑大部分士兵还是安分做观众的。不过旁观也未必轻松，你看看现在足球场上观众的忘我劲头，就能想象到看人拼刀子的投入程度了。

孙坚与徐荣二马交错之际，人借马力，马仗人势，兵器相同，分量相当，两杆大刀咔嚓一响，交会于双马之间，首个回合就平淡地结束了。

一个西凉骁骑，一个中原勇将，谁服气谁呀？所以两人都不约而同地勒马而回，继续来战。双方的将士呐喊震天，为自己的主帅助威，实际上与足球场上的观众一样，都是希望自己一方的球员拼命。

徐荣首回合较量之后，略感两臂发麻，心中暗叹孙坚猛力，不过，俺徐荣的绝招还在后面呢，今天有你孙坚好看的；孙坚现在的感觉相当良好，估计着自己在力量上稍胜对方半筹，五十回合之内，击败敌人有望。

实际上二人各怀鬼胎：徐荣心里的小九九咱们一会儿就能亲眼见到，就不用提前说了；孙坚一直用眼角扫视着两翼自己的重甲步兵，两翼的部队并没有停顿下来等着二人的胜负，只不过速度略缓，距离更远，但包抄向梁东城墙的目标没变。

纠缠的时间越久，对孙坚部队的战场态势就越有利。

第二回合开始后，马上人在厮杀，座下的战马也没闲着，相交之时，也把对方的坐骑当成了争春的儿马，抽空啃上对方一口、撂上对方一蹄子，这也是早调教出来的本领。

十来回合刚过，徐荣刀法已见略散，现在认输败下阵去？必将大大地影响己方部队的士气，再硬撑下去？大刀无情，说不准自己的脑袋就丢在这儿了。

徐荣像是突然觉察到了两翼的危险，趁回合之间与孙坚离得最远之时，催马便向战阵西侧驰去，随着他口中的一声呼哨，西凉军中号角扬起，西凉军一部随徐荣开始西逃，一部退往围城的西凉骑兵。

围城的部队也肯定发觉了战局对己不利，开始分往两翼集结；梁东城的城门已开始打开，护城河上的吊桥已开始缓落，那是在按孙坚约好的信号准备出城接应两翼步兵，围歼西凉主力。

孙坚感觉煮熟的鸭子要飞走了，自己一举围歼西凉铁骑主力的计划可能要落空，两翼的部队还没合拢，那西凉马要是撒起欢来可不是那么容易追的。

战机瞬息万变，哪容有细思的工夫？孙坚当即扬刀向自己的亲信副将祖茂发出了出击的信号，本人也纵马向徐荣追去。

祖茂跟随孙坚征战多年，深领孙坚的指挥意图，把大军分为两部，步兵杀向围城的西凉军，自己率数千轻骑兵紧随孙坚追向徐荣。

西凉马跑得不慢，紧追之下，虽然离豫州兵的大部队越来越远，但孙坚、祖茂的轻骑兵还是与敌人逐渐接近，看来威震天下的西凉铁骑也不过如此。

前面徐荣带着他的西凉溃兵穿过了一片树林，孙坚略微放慢了追击的速度，待祖茂所率的骑兵基本会合后，直向树林杀去。

林内并无什么伏兵，也没有所担心的绊马索之类的东西，看样子徐荣的西凉军已穿过了林子，眼看自己的部队也要追出树林了。

突然，孙坚心里隐隐地感到有些不安，刚要下令停止追敌时，林外长长的几声号角响起，东南西北号角悠然响应，此起彼伏，不绝于耳。孙坚心中暗暗叫苦，中了敌人的调虎离山之计，西凉兵也会巧用兵法，自己的半世英名，没料到折在这徐荣手里！

是真英雄岂能受欺于宵小？孙坚率部回军向来路杀去，要拼出一条血路来，与自己的大部队会合。哪知来路的西凉铁骑层层叠叠，箭弩如雨，刚试冲击了一下，还没怎么厮杀，自己的骑兵已损伤一半有余，这下孙坚对西凉军的战斗力有了切身体会。

退回树林后，西凉骑兵并没有迫近追来，看来是素闻孙坚勇名，倒也不敢过分用强。可是孙坚心里明白，敌人真正的主力还不在这儿，在梁东城下，那支没有主帅指挥的豫州大军完了，一大群长着坚角的牛，是对付不了一小群生着利爪獠牙的野狼的。

一阵阵呐喊传进了树林："孙坚早降！投降不杀！"

孙坚绝望了，自己难道连曹操也不如？曹操还能落个损兵未折将，性命得以保全，孙坚却要丧师殒命于此？

拼命吧，将军只能阵前死，自古壮士裹尸还！孙坚环视了一下自己的士兵，这都是随自己刀山剑阵里滚出来的老兵，没有一个人有怯阵的表情，视死如归的人们聚在一起，铸成了一片庄严的悲壮。

不用动员，不用说什么废话，孙坚知道，他们都能够跟随自己慷慨赴难，战斗到最后一息。

正欲身先士卒做最后的自杀性一搏，身边的祖茂突然伸手抢过了孙坚头上鲜艳的铜盔，戴在了自己的头上：

"麾将先行，将军随后杀出，保重！"

不待孙坚表示什么，祖茂已率残部杀出了林外；孙坚差点热泪涌出：这是祖茂在以自己的性命吸引强敌啊，还用再说些什么？杀出去吧！

孙坚铜盔上鲜红的盔缨吸引了西凉重兵的注意，一层层地围向了祖茂，那祖茂早已把生死置之度外，此时勇猛非凡，西凉兵但凡照面，不出三合即滚落一颗人头，一时无人敢于近前。只是密排骑兵战阵，牢牢地困住祖茂，祖茂干脆回身杀向树林，他已注意到孙坚此时已经冲出了西凉铁骑的包围。

跑了十余骑披头散发的豫州兵，徐荣根本不大在意，眼前的孙坚才是条大鱼，对孙坚拼死杀回树林，西凉兵也没有认真地阻挡，这片树林早已被围得铁桶一般，不怕你能上天入地。

树林内隐约可见孙坚头顶的红缨，对于肯定要拼命的孙坚，徐荣更犯不上上前拼命，手下的西凉将士也没有必要作无谓牺牲，徐荣自料难以活捉孙坚，退而求其次，死的也凑合吧。给我用弓箭招呼伺候！

箭若流星，密如急雨。

其实孙坚的头盔只是戴在了半截树桩之上，树桩有一人多高。祖茂在孙坚脱险后，内心安定，急中生智，让这顶惹眼的铜盔戴在半截树桩上威风吧。自己则藏身在不远处，冲出去是不可能的，祖茂也愿拖延更长时间：孙将军还没有走远，要尽量给他留更多的远遁时间。

眼看天色将晚，徐荣担心夜长梦多再有变故，冒险率铁骑慢慢靠近树林，及近目标，才发觉上当，心中大悔。正待传令搜索树林，不远处已传来厮杀声，原来是士兵已发觉祖茂，展开了围杀。

不一时战斗声息，徐荣走上前细看，才发觉一直被围的并不是孙坚，无可奈何之下只好割下了祖茂的脑袋，再套上孙坚的战盔，向上司胡轸报功吧，虽没斩敌主帅，却歼敌全军，无疑也是大功一件。

徐荣心里想的是实际情况：他的主力的确由自己的副将李蒙率领在梁东城下。指挥系统突然混乱的豫州军被李蒙的西凉铁骑杀得七零八落，步兵逃命又比不得骑兵，说全歼了豫州军基本上接近事实。

孙坚逃进了梁东城内，心里既恨自己轻敌致败，又为损失爱将祖茂而痛心，还有个更大的难题在等着他去解：怎么向袁术交代呀？

他恨死了西凉兵，恨不得马上出兵报仇雪耻，可是本钱呢？他现在是个几乎输光了的赌徒啊。想与董卓军拼命还不容易，人家现在马上就找上门来了。紧急军情来报：董卓派东郡太守胡轸为主帅，悍将华雄为前敌都督，起西凉铁骑三万，现已杀奔豫州而来。

还有一个雪上加霜的坏消息：董卓在派出胡轸、华雄大军的同时，又命令勇冠天下的吕布吕奉先为协助胡轸的副帅，率并州大军三万,一起压向豫州。

山雨欲来风满楼！孙坚现在有一种薄皮鸡蛋面临泰山压顶的感觉。

39

沛国樵县。

曹操的扩军工作进行得出乎意料的顺利，毕竟是“美不美故乡水，亲不亲故乡人”，家乡的父老乡亲对曹操不久之前的失利是不在意的，估计根本就不知道自己的队伍还打过败仗，阿瞒这细伢子这么英明，还能犯错误？

曹操的宣传教育工作也做得相当到位，招兵告示贴遍大街小巷：

“董卓逆贼，谋杀天子，欺凌百官，残害黎民，倒行逆施，天怒人怨；曹某不才，不甘尸位素餐，更羞为虎作伥；与其引颈待枭，何如奋而揭竿？前于陈留举义，天下无不响应；传檄到时，烽烟顿起，旌旗指处，鼠辈披靡；今董贼劫百官而西窜，窃神器于私囊，天下英雄会盟于孟津，百万雄师集结与河洛，上承天命而讨贼，下救百姓于水火，我沛樵赤子，素以忠义闻名海内，在此国家存亡关头，焉能滞后于他郡？当随操赴义，挥戈斩贼，奸邪荡平之日，富贵与之共之！”

看：形势一片大好，敌人仅剩残渣余孽，再不踊跃报名参军入伍，落水狗可没得打了。胜利之后，分给你们土地，大家都做大官，到时候可是大鱼大肉，杜康美酒，吃面条子滴香油，娶十个八个的媳妇也不用愁。

这样的诱惑还有哪个不动心？

还有一项奖励政策，那就是自行封官，收编民间武装。你只要肯把绺子并过来，管你青红帮、大刀会，一样给你个忠义救国军番号；只要服从调动，土匪也能混个独立大队长干干。

山阳巨野人李典（字曼成）带过来几千人，曹操立马就委任了个陈留都尉；阳平卫国人乐进（字文谦），个头矮小，其貌不扬，以前不过是个在曹操帐外站岗的列兵，这次回老家招兵，一下子就忽悠来了一千多人，曹操当场破格提拔，被颁发了前军代理司马的委任状。

具有讽刺意味的是：目前曹操本人还是东汉政府的通缉犯呢，现在的奋武将军的头衔是袁绍给的，政府没承认，算不得数，也就只能用来唬唬没见过官的平头百姓。

袁绍现在已经公开不承认汉献帝这孩子的合法性了，想换个听话的皇帝，候选人相中了幽州刺史刘虞，不过，不管咋做动员工作，这刘虞就是不敢挑大梁。在这点上曹操坚决反对，声明只认可现在的汉献帝是唯一的合法皇帝。

怪不怪？你既然拥护现在的皇帝，那就得承认那以皇帝名义颁发的通缉令的有效性，那就得认可自己流窜犯的身份，一个在逃的政府通缉犯竟以政府的名义封别人的官，全乱套了。

这样说来，曹操还不如支持袁绍的政变呢。不过这时的曹操眼光远得很，宁可与小时的伙伴袁绍决裂，也要坚决当保皇派，其中大有深意，容以后再细讲。

这不是，眼下的现实利益就来了，扬州刺史陈温、丹杨太守周昕知道了曹操“反贪官不反皇帝”的政治纲领后，同时表态：白送给曹操四千人马，连装备都免费赠送。

现在洛阳前线的十几路诸侯呢？他们更像缺钙的软皮鸡蛋，一听西凉兵的名字就恨不得闭眼塞耳朵，更别说与勇冠天下的吕布对阵了，再加上一个威震西凉的狠人华雄，还是躲着他们安全点。

就凭这兔子胆儿，当初怎么也敢造反？

就没有人敢捋西凉铁骑的虎须了吗？有人！有人偏就不信这个邪，何人？不是别人，就是刚刚将十万大军葬送在西凉铁骑之下的孙坚！孙坚现在正在收拢被徐荣打散的散兵游勇，开向南部的阳人城，要凭手中不足一万的残兵败将，对抗胡轸、吕布率领的六万铁骑。

据阳人军情急报，西凉军前锋都督华雄，已率万余原装西凉铁骑围了阳人，城中豫州军数次出战皆损兵折将，无人是那华雄的对手，现阳人城中仅有不足五千步骑固守待援，而华雄军已经舍马就步，遍造云梯石车，看来不日便要攻城，阳人危机！

阳人丢不得，此城虽不大，却是豫荆二郡水陆交通咽喉，一旦阳人易手，豫州军粮草供应则全部被切断，那时全军将成饿殍，荆州也势必难保，关东军众人本来就在等、观、望中，此消彼长，那时所谓战场起义、军前投诚者肯定争先恐后，如此则华北告急！中原告急！中国告急！天下将永姓董矣！

眼见得华夏安危集于孙坚一身，而孙坚呢，现在的实力与樵县的曹操强不了多少，也是一帮以原长沙军的残兵败将为中坚，再加上数千中看不中用的豫州杂牌部队，还有千余新兵蛋子。

还是那句说过的话，孙坚就是孙坚，沧海横流，方显出英雄本色，且看那孙坚怎能独撑这大厦将倾之危局？

第十一章

战阳人：明枪难敌暗箭

40

读史书有一种数字最信不得，那就是开仗双方所报的兵员数字，商周时代所记录的当兵吃粮的人兴许超过当时的人口总和，至于公布的战果就更匪夷所思了。

来攻打阳人的董卓军的那六万铁骑就是吹出来的，至于是不是吃老董的空饷那就不好说了，反正董卓现在也不在乎这点小钱，只要能打胜仗就行，撒点小谎，吹点小牛，胜利者是不应该受到谴责的。

不过就实打实说，西凉军也要比孙坚强盛得多，先锋华雄的五千骑兵就实实在在的足额够数；外围吕布也是这么个数字吧；安全地待在中间的中军主帅胡轸把精锐中的五千精锐留在了帅帐周围，保卫领导安全当然是革命工作中的重中之重。

那六万铁骑的主力现在哪儿呢？在酸枣前线呀，那里不是还有正在"马其诺防线"后面执行"静坐战"方针的众诸侯吗？

就现在的作战方略，主帅胡轸与副帅吕布也是有严重分歧的，依吕布之见，是要把自己指挥的原并州军与华雄的西凉军合兵一处，全力拿下阳人，胡轸就带预备队等着分功就行了；但主帅胡轸心里不那么想：你不就是仗着是董太师的干儿子来抢功的吗？一个小小的阳人城，连我的一个先锋的马蹄子也绊不住，你给我担任外围警戒对付那狠人孙坚吧。

孙坚虽兵败梁东，但情报工作做得还是不错的，这种情况以及胡轸、吕布的部队位置、用兵方向基本一清二楚。

不过豫州军新败，士气低沉，自己的援军与阳人城中的守备部队加起来也未必是那华雄五千铁骑的敌手，更别说还有个号称天下第一勇将的吕布，这仗如不动点心思是没有获胜可能的。

对谁动心思？当然是胡轸，那徐荣就是他的直接部属，报仇雪耻也要找到根上。可胡轸身边的五千西凉铁骑也不是吃玉米面窝头的呀，就凭自己手头这不足一万的残兵能不能相持都难说得很，再说，那胡轸身处二线，万一前边的华雄回军，自己的部队可就被包饺子了。

为将之道，在乎一心。哪里是敌人最薄弱的软肋呢？

孙坚是个政治上蛮干，不计后果；军事上细心，极重得失的将才，梁东偶然的轻敌已经使他品尝了苦果，他现在要用阳人之役来证明自己，自梁东率部出发那一刻，他就盘算好了自己这柄刚折了尖的钝剑该砍向哪里。

凌晨，华雄暂存养战马的营地又到了每日必需的遛马时刻，自从华雄的大军准备攻城以来，这战马就算闲在了这儿，西凉马再好也不能驮着士兵们爬城墙，战马的主人这两天一直在前方准备登城器具，五里之外的战马集养地便成了后方。

看守并饲养这近五千匹军马的不到五百人，好钢要用在攻城第一线的刀刃上，担任华雄军临时马夫的都是些相比之下的病弱士卒。病弱也不允许懒惰，喂战马不是育肥猪，每晚夜草不断，清晨撒欢遛腿热蹄是必做的功课，哨兵按时搬开了营门木马。

没听到一点异样的声音，十几名警惕的哨兵像听到了卧倒的口令一样，齐刷刷地扑倒在地上，待听到箭矢与弓弦声时已没有一个人能喊出声了，每个西凉兵不知被多少支利箭洞穿。

四面同时响起了一阵战鼓，寨门突然被强力推倒，本来就不坚固的寨墙几乎同时被掀翻，呐喊四起，马夫们只听到天塌地陷般的一片轰鸣，大批豫州军仿佛从天而降，一拥而入。

憋了几天火的孙坚骑在马上进了华雄的马营，不过他没有动手，连嘴唇都懒得动一下，只是冷冷地看着自己的战士如同砍瓜切菜般宰杀零星抵抗的西凉士兵。

势如风卷残云，顷刻间敌方活着的只剩下了战马，豫州军一片欢腾雀跃，纷纷去抢那些早就心仪的西凉战马，大个长腿的家伙，好玩意儿啊。

“都赶出去，每匹马赏它一刀！”孙坚一直紧闭的嘴巴这时说话了，而且还下了一道不可思议的命令。

士兵们以为听错了，一时愣在那儿没动，身后的校尉韩当兴奋了：一直手痒呢，没杀到人，宰马过过瘾也行啊，提刀纵马就要动手。

新任的副将程普忙挥手拦住，同时示意韩当让孙坚把话说完。

果然，孙坚向程普递了个赞赏的或许是会意的眼色，接着传令：

“赶往那胡轸的二线方向，刀要砍在马屁股上，骑兵随我驱马杀敌，步卒由程将军率领，对阳人方向的敌军实施警戒，无令不准主动出击迎敌。”

这下连小兵们也明白怎么回事了，韩当一马当先，率部向做了战俘的马群扑去，一时间战马惨嘶，惊骑纷纷，五千惊马立时变成了无边狂飙，直向胡轸的中军卷去。

41

前敌都督华雄是个威震西凉的名将，那绝对是有真本事的，在数以百计的征伐戎狄、羌人的战争中华雄还从未有过败绩，这次提兵镇压造反的关东军，历经数战，皆有阵斩敌将的记录，还没碰上过势均力敌的对手。

放眼四海，天涯何处觅对手？唯有吕布，偏又太狠惹不得。再说，自己阵营的哥们儿，不算。

今天从听到战马营地战鼓声起，华雄就已经把自己的祖宗八代不知骂了多少遍，抽自己嘴巴的同时，嘴里还喊着“活该”！打了一辈子雁，今天怎么让只小家雀给啄了眼？粗心大意害死人啊。

关键是现在应该采取何种应急措施，这才是考验一个将军是否优秀的试金石，越是战局到了紧急状态，越是赌气莽撞不得，吃了亏就怕不接受教训，现在最需要的是冷静，冷静，再冷静！

发兵去救？下策也，让在马背上玩了一辈子的西凉骑兵改为步兵冲锋，只会让孙坚笑话西凉人的罗圈腿，战力连普通步兵的一半也达不到，又肯定没有人家的人多，几乎等于自杀。

继续攻城？更无可能了，别说现在作战已经没有了实际意义，士气也没了呀，失去了战马的西凉士兵是比死了娘老子都痛心的，离了坐骑，能不能干得过城内的守军还要打个问号。

率部暂避？也行不通，刚改行的步兵怎么避得开新装备了西凉军马的骑兵？

不好！华雄突然意识到自己的处境已经万分危机，那孙坚的肯定马上就会向自己杀来，城内的豫州军也不会只看热闹，弄不好今天就会全军覆没于此地。

部队紧急集结，把所有的攻城器械改为防守工事，今天要在这阳人城下血战强敌，固守待援。只盼胡轸能速调大军给敌来个反包围，大功成就当在今日也。

先不忙叹息华雄最后的结局，叙述一下现在的西凉军主帅胡轸。

胡轸志大才疏，且贪功无厌，也是有点运气不佳，早三更便传令三军造饭饱餐，四更起寨拔营，五更动身开向阳人前线，准备会合华雄部队，齐攻阳人，灭此午食，今晚当设行辕于城中也。

至于那副帅吕布？先让他在一边当我的警卫部队吧，阳人城破时，看他羞惭与否？

军令如山，五更已到，众军已集合待命，胡轸正欲下令举号开拔，忽见远方的阳人方向隐隐尘埃扬起，仔细看时，那烟尘竟越来越大，越来越近。

突然感觉有点不对头，万马奔腾之声已渐入耳中，马嘶凄厉，尘埃已蔽半空，几淹没旭日，铁蹄震如雷鸣，直夺人魂魄！

忙传令列阵准备迎敌，大将军应不动如山岳。

仓促间阵形尚未调动之际，来敌已席卷至军前，只见无边的光身烈马，凶猛如狂狮，漫卷如洪涌，却看不见有任何敌人骑在马上，只听得烟尘后面，呐喊震天，鼓角相闻，最难猜是何方神圣，驱使这些畜生来犯。

这是啥新式战法？

眼见得部队已被冲散，狂飙将到眼前，自己的西凉精锐人仰马翻，坠马的士卒惨呼，避让的兵将惊恐，手中的刀枪不知招呼向何处，歪斜的旌旗难分横竖之东西，又听得：“活捉胡轸！早降免死！”喊声此起彼伏，胡轸心胆欲裂，此时不逃，更待何时？

一见主帅以身作则，仓皇逃命，三军将士争先恐后，谁不效仿？什么叫兵败如山倒？现在的西凉铁骑就是典范，只可怜背井离乡的西凉士卒，自相践踏，死伤无数，哀嚎遍地，多少人糊里糊涂地做了鬼。

吕布听得探马来报，胡轸的中军方向厮杀声不绝，必有大战，遂集结本部军马赶来增援，谁料行至半途，前方已败，才想止住溃军重整再战，哪知急于逃命的溃兵冲击力如同决口的狂澜一般，势不可挡，再加上紧随而至的无数惊马犹如泄洪一般横冲直撞而来，竟然连自己的部队也被冲得七零八落。

吕布本人也被裹挟着掉转了马头，不由自主地随溃军而狂奔，此时的军令只能传达给自己听了，却无奈眼看着溃军的人数陡然增加了一倍，那是吕布的并州军也加入了溃败的行列。

最可气的是，好不容易于乱军中找到了主帅胡轸，却只见他惊恐万状，语无伦次，索问敌情，竟然丝毫不知！

窝囊啊，这是吕布有生以来打的第一场窝囊无比的糊涂败仗，而且是如假包换的一败涂地，实在是冤枉。

还有更冤枉的人呢，阳人城下的华雄。

华雄信心十足地等待着孙坚的攻击与胡轸、吕布的救援围歼，时到中午，士兵们米水未进，却没见到孙坚的一人一骑，派探马查时，却回报说前方有豫州军重兵把守的防卫阵地，这是打的什么糊涂仗？

终于明白过来了，孙坚的“西凉铁骑”是先去对付精锐中军主帅胡轸了。不能待在这阳人城下等死呀，步兵也要去帮点忙，有总比没有强。

饿得眼晕的士兵被赶起来向中军方向靠拢，前方与程普的步兵交上了火。饿兵打不过饱兵，冲不过程普的步兵防线，华雄大怒。

提刀上马，亲自冲锋，幸亏华都督的坐骑尚在身边。

华雄就是华雄，他一杆大刀竟杀出了一条血路，只是身后的“骑改步”兵实在不是程普的豫州步兵的对手，尤其是在肚里没食，身上无力的情况下。

直杀得人困马乏方摆脱了程普的纠缠，回头看，只剩下自己单刀独骑，心里那个苦啊！不幸中万幸，自己的命还在。

正在暗自庆幸之际，忽听呐喊声四起，周围敌骑云集，不好！迎面横刀立马，正是孙大将军！

没奈何，拼命吧，硬着头皮上前接招，狠人拼命靠的也是一股霸气，现在除了丧气啥气都在孙坚这边，交马只一合，威震西凉的都督华雄就被孙坚砍掉了脑袋。

阳人之战就这样以孙坚的大获全胜而告终。

孙坚要借大胜之余威，提军进洛阳，指渑池，直逼董卓之老巢长安，这时有两人同时害怕了，哪两个人？一个不用问是国贼董卓，另一人却是孙坚的老板袁术。

正是，当面之强敌易克，背后之暗箭难防！

42

现在关东军盟主袁绍的背后就被一支暗箭瞄着。

论说是袁绍先把暗箭射向陈留太守张邈的。这时的袁绍似乎已经是暴戾无比，张邈因为好意劝说他几句，他就不顾多年朋友的情谊，暗中写信指使曹操去杀掉张邈。

此时的曹操绝对够哥们儿义气，明确拒绝了袁绍的指令。

对别人放暗箭的人通常背后也被别人的暗箭瞄着。

对袁绍放暗箭的人可不是一两个，其中就有他的顶头上司冀州刺史韩馥，韩馥现在感到了盟主袁绍对自己冀州刺史地位的威胁，正在逐渐地控制并减少对袁绍部队的军粮供应。

再有一个人是鲍信，鲍信认为袁绍实际上又是一个董卓，他与曹操商议要“规大河之南，以待其变”，曹操嘴上应付着，实际上也没参与行动。

还有两个对袁绍放暗箭的也值得一提：那就是他同父异母的兄弟袁术和公开的敌人董卓。兄弟袁术对哥哥施暗箭是心理的原因：袁术虽是弟弟，但是嫡出，是明媒正娶的大太太生的，袁绍这个哥哥却是庶出，也就是小老婆或者说二奶生的，袁术当然压根儿看不起这个“野小子”了。

关键是他已经觉察到，袁绍不仅要做盟主，心里还想着做皇帝，只是现在还是个不好公开的秘密；而袁术更想做皇帝，几近痴迷，后来，他也果真给自己加冕了——此是后话。

对袁绍想换皇帝，袁术冠冕堂皇地宣布了自己的看法：有人说当今皇帝没有皇室血统，简直是无稽之谈。袁氏一门践履忠义，为天下人所共晓，群情激越，要讨伐国贼，洗刷耻辱，袁某义无反顾；拥立新帝，不是我想听到的事。——这叫明忠君。

他同时又在私下里给袁绍的信中写道：现在的局势已经是疲惫不堪，而天意则对于咱们袁氏家族情有独钟，并且降下符应。——这叫暗劝进。

其实都不外乎一个目的，拆自己的哥哥的台。

董卓的暗箭手段更高明：在与袁绍为首的关东军进入对峙状态后，他向袁绍派出了五名招安大使，他们是：大鸿胪韩融、少府阴循、执金吾胡母班、将作大匠吴循、越骑校尉王环。

五人皆为名士，至于招安成功与否对于董卓来说那都是一样的。

若招安成功，那你袁绍从今后就要听政府的了，我董卓则无忧矣。

倘招安失败，有两种可能：一是招安者为盟军接纳，等于仍旧承认现在朝中的大臣，此前的按兵不动，就是明显的见死不救；二是招安者被关东联盟干掉了，则关东军等于斩断了与洛阳旧臣的感情纽带，洛阳旧臣遂成为孤单无助的群体，以后不靠我这棵大树乘凉再找谁去？

董卓这手明似招安、实是暗箭招法大获成功！

除去韩融以外，其余四人皆命丧黄泉，死于袁绍之手。

自此之后的一段时间里，关东联盟就与洛阳旧臣分隔东西，正式成了敌人。

而董卓的背后也有人用暗箭瞄着：朝廷的旧臣中，如荀攸、郑泰、何颙等人秘密结社，密谋诛杀董卓。

荀攸等人要刺杀董卓，得到了老臣们的赞同，司空荀爽、司徒王允、司隶校尉黄琬等也参与其中。

王允，当年何进幕府中的打工仔，在董卓面前，很懂得隐藏自己的信念，董卓也就把他当成自己人看待，这王允则表现得比董卓所希望的更像自己人，甚至连自己的干女儿啦、小蜜啦也干脆送给董卓共同享用。

而董卓却不惜血本向死敌孙坚献媚：送上自己的女儿，知道孙坚好这一口，孙坚十七岁便霸王硬上弓，武略夺美人的英雄事迹早已传遍大江南北，董卓当然听说过。

其原因也很简单：被孙坚的威名吓破了胆的西凉军再也没有了铁骑的威风，闻听孙坚的豫州军到，莫不退避三舍，孙坚的部队也随之膨胀迅速，兵不招自来，平民百姓更懂得跟风趋势。

董卓吓傻了，战场上打不过，那就和谈吧，能落个划江而治也不错么。

董卓美色开路，后面跟上的是官位，干脆你自己把家人、亲戚开列个名单吧，政府让步上不封顶，下无底线，最低也任命他个刺史郡守的干干。

不料孙坚却是个义勇双绝的人物、软硬不吃的家伙，对董卓的献媚毫不动心，董卓派来的政府和谈代表团的首席代表李傕带回了孙坚的义正词严："卓逆天无道，

荡覆王室。今不夷汝三族，悬示四海，则吾死不瞑目。岂将与乃和亲邪？”（《三国志·孙破虏传》）

紧接着便以实际行动断绝了董卓一厢情愿的和谈梦想，亲自提大军攻克了洛阳的南部门户大榖城，现在豫州军兵锋离洛阳仅九十里，京师克复指日可待。

瞄着孙坚的暗箭就在这时候离弦了，拉弓的是袁术的左右亲信，他们对领导人袁术是相当负责的，不避嫌疑向袁术敲响了警钟：袁哥，孙坚这小子如果占据洛阳，弄个黑社会啥的，怕你以后不好收拾呀，这小子可不是善茬，咱得防着点。

袁术一寻思，同志们说得有道理呀，立即对孙坚采取了有效的经济制裁措施。

目标是孙坚的软肋，你孙坚再怎么英雄无敌，部队总要吃饭吧？我断绝了你的军粮供应，看你这仗怎么打？

老板就是老板，这一招还真卡住了孙坚的咽喉，孙坚不得不连夜乘马，直奔鲁阳，拜见袁术。

见了袁术，孙坚激动异常。他在地上画来画去，分析形势和各方面的利害关系。最后干脆向袁术挑明了：“所以出身不顾，上为国家讨贼，下慰将军家门之私仇。坚与卓非有骨肉之怨也，而将军受谮润之言，还相嫌疑？”（《三国志·孙破虏传》）

袁术心中有鬼，理屈词穷，不由怀愧。

孙坚接着说：现在大功即将告成，然而军粮却供应不上。这形势，与吴起洒泪西河，乐毅功败垂成，完全一样！请将军明察、深思，早做决断！

袁术又一次从善如流，马上下令给孙坚调拨军粮，支持孙坚宜将剩勇追穷寇，誓将洛阳天翻地覆慨而慷。

射向孙坚背后的暗箭被孙坚暂时躲过，而这时的曹操却差点被自己部下的暗箭要了命。

扬州刺史陈温、丹杨太守周昕不是白送给了曹操四千装备齐整的部队吗？乱子就出在这部分白得来的部队中：好好的国军干着，突然变成了杂牌军，而且这支部队既不关饷，纪律又严，既不让抢老百姓，又不让抢大闺女，那当兵还有啥味道？干他一票，走人！

入夜，这帮骨子里是土匪的国军开始行动了，一声呼啸，直扑曹操的中军大帐，射人先射马，擒敌先擒王，叛军最懂得暗箭该首先射向哪里。

只是没料到这将来的曹丞相是个文武双全的角色，对中国功夫也相当有研究，曹操年轻时双戟独闯张让府的英雄事迹大概没传到扬州，知己不知彼的叛乱部队这下吃到了苦头。

曹操事逢突变，却临危不惧，单剑平叛，只身迎敌，冒自己中军帐中大火而不顾，杀贼十余人叛军溃散，镇压行动结束，计点兵额，开小差跑了三千多，陈温、周昕给的扬州兵仅剩下了五百来人。

幸亏没来得及真上战场，带着这样一支爱对自己人开火的部队打仗，不丢命才真是不合天理。

曹操现在深深体会到了建立一支嫡系部队的重要性、紧迫性。

曹操也不是什么省油的灯，也是大师级的暗箭高手，在此后不久，他的首支暗箭即照样射向不久前的战友，司隶河内太守王匡中箭丧命。

看来，曹阿瞒这哥们儿自己也是躲在背后射暗箭队伍中的一员，干掉王匡的理由看似很充分：你王匡听从袁绍的，杀掉了董卓议和使者胡母班，这是为了给胡母班报仇。

其实，曹操是犯不上为他人做嫁衣的，大概目的是为了王匡手中那点残存的泰山兵，真要报仇的话，也该找杀人命令的发布者袁绍去呀，不过袁绍目前风头正盛，一时还没有人敢惹。

陈留太守张邈，由于曹操的义气尚存，幸免于难，不过也隐隐觉察到了危险，率部回到自己的老窝陈留，还是在家里少出门安全系数大些。

就此，关东军阵营内部暗箭乱发，基本处于土崩瓦解状态。

先后丧命的其他几人：荆州刺史王叡、南阳太守张咨，丧命于孙坚；东郡太守桥瑁，丧命于兖州刺史刘岱；冀州刺史韩馥，被幽州刺史公孙瓒的白马军打了一下，被迫逃亡陈留太守张邈处，岂知占了他冀州老窝的袁绍还是不放过他，无奈自杀。

43

豫州刺史孙坚，第一次的暗箭没能使他接受教训，与董卓的政府军作战更玩命了，董卓见这小子不识抬举，只得亲自引兵与孙坚交战，也不是孙坚的对手，他留下吕布掩护，自己转守渑池和陕城。

孙坚挥兵，进攻洛阳，与吕布接战，吕布败走，孙坚进入洛阳。当时洛阳空虚，数百里内没有烟火。孙坚入城，见此惨状，无限惆怅，潸然泪下。他命令清扫汉室宗庙，用太牢之礼祭祀。

对孙坚来说一个说不清是好事还是坏事的巧事发生了，据《三国志》注引《吴书》记载：一天早晨，孙坚当时驻军洛阳城南，附近的甄官井上有五彩云气浮动，众军惊怪，没人敢去汲水。孙坚命人下到井内，打捞出了传国玉玺，玺方圆四寸，上纽交五龙，缺一角，文字是“受命于天，既寿永昌”。

人们说，这是当年张让等作乱，劫持天子出奔，左右分散，掌玺人投到井中的。孙坚得到了汉王朝的传国玉玺。那可真是个好玩意儿，有了这玩意儿是等于拿到了做皇帝资格的实物凭据。

不过从后来发生的实际情况来看，这东西也顶不了多大用处，现在的人们都聪明多了，没人真信这个，兴许还能惹祸上身呢，古时候就有“匹夫无罪，怀璧其罪”的说法。

为防孙坚再来找麻烦，董卓分兵驻守各处险要，自己则先回长安享受去了。孙坚一边修复被董卓挖掘的汉室陵墓，一边整饬部队，准备兵出新安、渑池，进击董卓，谁料想一支暗箭又从背后射来。

不客气说，整个关东联军与董卓西凉军加并州军的战争，除了曹操一次鸡蛋碰石头外，实际上都是孙坚一支部队打的。

这当然证明了他的英雄气概，但也替自己凭空造出了许多心生嫉恨的敌人——一个人太有能耐了未必是什么好事，必然会成为众矢之的。

当时，关东联盟的州郡长官，为了扩大势力地盘，纷纷兼并割据。袁绍、袁术虽为兄弟，却更加尔虞我诈，勾心斗角。

袁术派孙坚去攻打董卓，作战在外，袁绍却改派周昂（一说为周禺）为豫州刺史，率兵袭取作为孙坚豫州刺史治所的阳城。

孙坚得此消息，十分感慨：“我们同举义兵，目的是为了挽救江山社稷。如今逆贼将被扫灭，内部却如此争斗起来，我与谁戮力同心，回天转日呢？”说完，仰天长叹，泪如雨下。

事到如此，孙坚只好挥师攻打周昂，周昂溃败遁逃。

初平二年（公元 191 年），袁术派孙坚征讨荆州，攻打刘表。刘表派黄祖在樊城、邓县之间迎战。孙坚击败黄祖，乘胜追击，渡过汉水，包围襄阳。

刘表闭门不战，派黄祖乘夜出城调集兵士。黄祖带兵归来，孙坚复与大战。黄祖败走，逃到岘山之中，孙坚追击。黄祖部将从竹林间发射暗箭，孙坚中箭身死。

一代英杰，就此早殇，暗箭的杀伤力永远胜过明枪！

命运有时也是公平的，貌似胜利了的关东联盟内部暗箭横溢，董卓集团的内部也毫不逊色，而且张弓搭箭的人手段更加高明，目标就是董卓，伪装得更加彻底，瞄得更加准确。

东汉初平二年(公元191年)四月，董卓入关回到长安，关东联盟则自行解体，讨董的战争当然也就不了了之，函谷关便成为了双方默认的“三八线”，谁也不愿有意招惹对方，战鼓声息，硝烟渐淡。

似乎国家政局的天平找到了正中的支点，董卓现在开始集中精力开展内部整顿工作，要挖出隐藏在身边的内奸，清理脚踏两只船或多只船者，纯洁董家执政队伍。

这一点也算基本做到了，很快朝廷上下便都换成了董家的子弟、亲戚及董卓所认为的亲信。

子弟里面当然少不了干儿子吕布，亲信里面包括由他自己提拔的大司徒王允。他自己对太师的尊号又感觉不过瘾了，就让小皇帝尊自己为尚父——干脆让皇帝喊爹算了。

当然，必要的基本建设投资也是少不了的，个人的安乐窝还是要打着国家需要的招牌营建更合法理点，董太师兼皇帝尚父在长安城以西的郿县（今陕西省眉县东）建了一个高大的“万岁坞”，在里面囤积了足够消费三十年的谷物、金银珠宝、美女娇娃，用他自己的话说：“在这里，我足可以好好地过一辈子了。”

看来董卓倒没糊涂到认为自己能活万岁，连外面盛传能活一百五十岁他也认为那是瞎掰。

函谷关以东的中原大地，就是表面上也没那么安稳了，正所谓关内小打，关外大打，各地牧守们正在为一城一地的得失开始了拼杀乱打，忙得不亦乐乎。

44

中国的文化博大精深，先人们传下来的至理名言让我们这些后辈一生受用不尽，固然，传统文化有精华亦有糟粕，但有这么一句话却可以作为我们每一个人的行为准则，那就是先贤孟子教给我们的：富贵不能淫，贫贱不能移，威武不能屈。

长安的董卓就没这么古板，玩弄少女理直气壮，照顾亲戚光明正大，杀人更是家常便饭。有一次就连干儿子吕布也差一点儿被他一戟给宰了，当然，那也是赶在气头上，过后还是真诚地向吕布表示了歉意的。

人显赫了不能过于张扬，这点上董卓做得有点儿过分了，半拉国家局势表面安稳以后，他把向来忌惮的皇甫嵩调离了军职，改任御史中丞，就这样还觉得不放心，还要在面子上、心理上都占上风才罢休。

有一天路遇皇甫嵩，作为御史中丞的皇甫嵩当然要向身居太师极位的董卓磕头见礼，董卓竟然在众目睽睽之下羞辱这位前上级：

“你现在是不是真服我呢？以前你对我可没今天这样恭敬啊。”

“谁想到明公能坐上今天这样的高位呢？”皇甫嵩也是人在屋檐下，不得不低头，太师没说让站起来，还得就这么跪着。

“我乃鸿鹄，早有远大志向，哪里是你这个小燕雀能知道的？”董卓是尽羞辱之能事。

“那时候咱们不都是小燕雀吗？”皇甫嵩倒也回答得不卑不亢。

“你要是说句早就服我了，我就让你站起来。”董卓占了上风还不算完，觉得还没爽透，竟伸手摸着皇甫嵩的头说，“你真不怕我董某吗？”

皇甫嵩实在忍不住了，也只好豁出去了：“明公如果能以德治国，那便是举国大庆，我怕从何来？若以淫威逞强，那全天下的人都会恐惧，害怕的又哪里会是我一个皇甫嵩？”

噎得董卓无话可答，只好走人，从那以后倒也没再找过皇甫嵩的麻烦。皇甫嵩是个战场上的帅才，官场上却是个标准的低能儿，绝不会主动去找董卓的麻烦的，从此两人基本上是井水不犯河水。

吕布可就没这么大的度量了，被董卓气头上顺手一戟差点伤命以后，一直耿耿于怀，怎么报复这个老家伙呢？他采取的是一个绝妙的方式：让这个老家伙做绿头乌龟！管他干爸不干爸，先给他戴上一顶绿帽子再说。

现在的吕布兼着董卓的内卫队长，出入董卓的内宅是属于正常的工作范围，且又正值壮年，人长得对少女旷妇来说，极具杀伤力的，天下人几乎都知道这样一句话：马中赤兔，人中吕布。

赤兔就是吕布的坐骑，是一匹据说能日行千里的良驹；吕布在战场上的勇猛、长得帅呆，那是举国人都公认的，这样一个绝对的“超男”现在有心采花，可以想见，保证是有心采花花准发，无意插柳柳成淫。

再说了，董卓年近天命，行伍出身使他练就了一副硬身板，是个眼不花心花的主，挑明了做皇帝他暂时还没那兴致，但在收罗美女方面却愿意与皇帝比个质量高下、数量多寡。

自古以来，吃肉都有贪多嚼不烂之说，更何况连董卓自己都数不清自己身边有多少妙龄妙女，大部分闲置不用是当然的事情，照顾一下干儿子也没有什么不妥。

董卓帽子颜色开始变化，旷女遇到吕布这样的酷男，发生点情况应该是顺理成章的事。

大司徒王允注意到了这点，董卓理所当然地还蒙在鼓里，这类事情一般都是戴绿帽子的人最后一个知道。

王允并不单单是看到了董、吕之间这层微妙的关系，还洞察出并州与凉州武人之间难以避免的矛盾，退入关内的并州军处境逐渐不妙，处于随时都可能被凉州军吞并的态势中，而失去了武装，吕布也就失去了立身之本，也就永远成了董卓的家奴，勇冠天下的吕布会甘心吗？为谋求自身及其集团的发展空间，吕布应该也会反戈向董的。

再说，王允还与吕布有同乡之谊（王允系太原郡祁人，吕布系五原郡九原人，二人同为并州人士），无形当中拉近了王、吕之间的距离；董卓进驻长安前，把凉州军的主力布防于长安以东的陕县（今河南省陕县）一线，用来阻挡关东士大夫武装可能的西进。这就为吕布敢于同董卓兵戎相见提供了可能。

一番背后的小动作，王允的策反成功了，吕布听大司徒深入浅出讲解道理之后，觉悟了，为了自己并州军的长远利益，他决定支持王允的西安事变，投奔革命阵营。

当然，担心与董卓侍妾的风流事败露也是一定的因素。

根据史书的这两点记载，经罗贯中大师一番妙笔生花，才衍生出王允的“连环计”和美女貂蝉来。要不然中国古代的四大美人还真成了麻将桌上的三缺一，就算凑上一个替补，那句脍炙人口的成语估计也不会有了：闭月羞花之貌，沉鱼落雁之容。少了貂蝉拜月，也是免不了遗憾的。

初平三年夏四月辛巳（公元 192 年 5 月 22 日），董卓在重兵护卫之下，前往未央殿赴朝会。当行至掖门的时候，宫门卫士突然手持长戟向他刺来，猝不及防的董卓慌忙大呼："奉先吾儿何在？"

"奉诏讨贼！"

未承想吕布却从怀中摸出一纸诏书，向他宣布了死刑，董卓体会到了义子的"义"字之所在，乃大义灭亲也！一矛殒命，董卓恶贯就此满盈。

董卓死了的消息传开，长安百姓顿时喜笑颜开，载歌载舞走上街头，喝酒吃肉，把这一天当做了节日，他们想当然地认为：董卓的死标志着苦难生活的结束。

殊不知这只是理想与梦想，快乐的心情像阴天里露出的太阳一样，只闪出了一时片刻，就马上被淹没在西方滚滚而来的乌云中。

谁又能想到这片更加血腥的乌云，竟是那位在诛杀董卓中有着首建之功，又在董卓死后成为朝堂领袖，被当时人视为"王佐才"(郭泰对王允的评语)的王允一手招来的呢?

45

初平三年（公元192年）的王允在除掉董卓以后，坐到了当时中国统治者的"置顶"位置上，随着头脑发热，逐渐晕了。

董卓死了，可他的西凉军还在，如何处理董卓的原部下成了政策和策略这种关系个人的生命朝廷安危的大问题。但恰恰就是在这个要命问题上，王允犯了大错。

就董卓死后的形势而言，一度是向着有利于吕布的并州军及王允为首的士人政府的方向发展的。驻扎在长安以东陕县一线的凉州军主力，在得知董卓死讯后，理所当然地乱了营。

凉州军统帅是董卓的女婿牛辅，岳父横死使他变得极度多疑起来，以后西凉军的出路在哪里？这时候一个贴心的"大师"及时地指点了他，牛辅也就按这个高人的指点采取了预防性措施，杀了自己的大将董越。

没想到这次"大师"没蒙准，预防性措施反而导致了自己大营的骚乱，牛辅索性带巨额金银与亲信胡车儿等几人一走了之，谁知应了那句老话：人为财死，鸟为食亡，牛辅竟被这几名亲信砍下了脑袋，劫走了金银。

这时的西凉军群龙无首，在一群中下级军官的会商下，提出了向长安中央政府讨要一张大赦令的主张，也就是说在投降之后，要保证西凉军人的安全。这个要求并不过分，仅是求王允给留条命而已。

可惜王允的答复太草率了，说什么凉州军本来就没有什么罪过，何赦之有？这种貌似大度的回答是聪明的表现，还是愚蠢的做法，另当别论。但凉州军没有吃到定心丸（大赦令没拿在手里），却又听到了风言风语：王允、吕布要杀尽我们凉州人！

凉州军现在感觉走投无路了，干脆，三十六计，走为上计，部队化整为零，自逃生路吧。

第十二章

战东郡：天上掉下来了软柿子

46

在袁绍戏剧性地驱韩馥、胜公孙瓒之前，兖州刺史刘岱杀掉了关东联盟的发起人桥瑁，任命亲信王肱代理东郡太守，那王肱却有负刘岱重托，上任不久便将东郡送给人了，送给谁了？黑山贼白绕。

称黑山军为贼那是政府的权力，凡是与政府作对的都会被扣上这顶帽子。

黑山军的前身就是黄巾军，黄巾军被剿灭之后，黑山军的首领张燕便机灵地采取了“七月大分兵”的措施，化整为零发动群众，几年的农村基层工作，成效显著。

到了刘岱火并桥瑁、韩馥礼让袁绍、袁韶驱走公孙瓒的时候，黑山军已在常山、赵郡、中山、上党、河内各郡之间暗暗发展了近百万之众，仅活动在冀州西部山区的黑山军就有十万有余。

现在，他们由白绕、眭固、于毒等率领出动到了东郡，趁新太守王肱民心未附之时，突然发动了声势浩大的攻城夺地行动。

王肱与白绕的黑山军试了几阵，结果是损兵折将，弃寨丢城，东郡的国军根本不是这些泥腿子的对手，只有向刘岱紧急求援，刘岱生的是个兔子胆儿，整自己的同事挺有能耐，上战场真刀真枪地与外敌拼命，不是他的长项。

情急之下，他想起了正暂驻军濮阳的曹操，这曹操经过大阵仗，五千弱旅都敢招惹西凉铁骑，应该不会怕那黑山贼军，就用这个借兵平贼之计吧。

曹操现在又聚集了七八千杂牌部队，正发愁找一块根据地养兵呢，七八千人白啃一个曹家，那还不是明摆着坐吃山空吗？一接到刘岱的求援，立即义不容辞地把部队开到了东郡。

最起码从表面看对曹操是件绝大好事：等于天上掉下来一个香甜的软柿子。

其实，这个柿子并不软，更谈不上香甜，甚至可以定性为苦涩！

曹操心中有数：白绕的黑山军虽是一帮临时聚在一起的民兵、游击队，可那也是十万之众啊。再说，自己带的兵也好不到哪儿去，没经过战阵的新兵蛋子居多，一比二十的仗如果不使点巧劲，无异于把小羊羔往狼群里赶。

假如现在曹操所率的是颍川战场上那支五千羽林军的话，曹操还是能有点办法的：分出几股百人队，吸引散敌军主力，自己率铁骑瞅准战机直捣黑山军的中军大帐就是了，虎入狼群还是能拼他一气的，最起码也有个五五开的胜负。

可现在手底下这帮人连只虎崽子也算不上，最多算群小牛犊，那样干是行不通的——对！初生牛犊不怕虎，无知才能无畏，没见过真人血有弊也有利，怎样避己所短，扬己所长呢？

还有，要避敌所长，击敌所短。

先分析敌人的长处：人多势众，群胆少畏，善于使用群狼猎牛战术，白绕、眭固都是见血不要命的家伙，战场上的凶悍早有耳闻，尤其是听说那白绕还极精兵法，是个文武双全的主，这点最为可怕。

敌军的短处在哪里呢？

部属多头，号令难以统一，配合必不默契，遇袭容易混乱，逢战最易抢功，日久容易离间，粮草最易短缺。

可想得到的这一切敌军弱项现在与曹操都不相干，实力过于悬殊，全没有可利用之处，早就侦察过了，黑山军粮草囤积分散，连毁敌锱重的手段都用不上。

难道敌军就没有一击致命的软肋吗？

曹操是个善于接受教训的人，经历过汴水惨败的曹操变得乖巧多了，军事上善谋多疑，政治上逐渐成熟，待人接物时的演技遂臻化境。

自己这六千弱旅先指向哪里呢？

弱旅？曹操突然眼前一亮：那就只有找比自己更弱的开刀呀，黑山军也有软肋？那就是他们的家眷妻儿老小了。颍川大捷的一幕浮现在曹操的脑海，黑山军与黄巾军的部队构成是一样的，家眷营便是对方的七寸所在！

战场兵贵神速，大军动若脱兔，曹操立即率军连夜转向，扑向了黑山军的后院：家属后勤营地。

夜行军半途，方过一宽河木桥，却无黑山军一丁驻守，曹操在马上忽有所思：自己部队倾巢出动，濮阳城中留守部队不足千人，我如果是那黑山军的白绕会如何作为？他以强兵袭我后据濮阳怎么办？此木桥是唯一要道，一旦被焚，我主力欲回救也不可能，岂不是要前后方俱失，首尾难顾？

曹操激灵灵打了一个寒战，如梦突醒，忙传令部队原地待命暂歇，胜利不能凭侥幸，料敌于先机方是为将之道。

唤过夏侯惇，交与他两千轻骑，如此这般的交代一番，夏侯惇领命疾驰而去；又把剩下的部队分给了曹仁两千，也是耳边锦囊，只见曹仁面露重色，率军转投他方；命令尚待命的两千余骑兵从对岸退回，隐藏与木桥两侧的树林中。

那黑山军的主将白绕会按自己的设计行动吗？

47

白绕是个在战场上滚打了多年的“老油条”，是一员从实战中磨炼出来的惯打巧仗的将才，曹操的部队从濮阳一出动，他便得到了内线报来的消息，他心中不禁暗暗冷笑：在西边蚀了老本的败军之将，又想从俺这里捞回本？我让你连老窝也保不住！

吩咐部众遇到曹操的部队，放过他的前部，全力围住他的中军与后勤辎重，死困住他，尽量不与他列阵野战，平原作战，敌军是打不过就跑的机动骑兵，少马的黑山军步兵可没办法打追击战。

部属们大乐，没有人愿意与强悍的敌军前锋拼命，灭不灭敌人另说，能抢到敌军辎重财物比杀人更提精神；白绕本人呢？更狠，亲带仅有的六千骑兵直袭濮阳，掏曹操的老窝去了。

正是，各人有各人的软肋，各家有各家的绝活，打仗这个活路，有时就有点博彩的味道，除了谋略、勇气，还需要那么一点点运气，现在的濮阳战场，运气的天平会偏向哪一方呢?

曹仁所带的两千骑兵行军极为顺利，兵锋所指，乃是白绕的中军大营，黑山军的营寨依水傍林，密密麻麻，但却灯黯声寂，连一个点起火把出来看看是哪支部队的兵都没有，也有点过于轻敌大意了吧?

曹仁心中有些发毛，他不知道暗中有多少双眼睛在盯着他这位不速之客，曹操交给他的任务是后方战事一起，用这两千人搅乱黑山军的营盘，吸引黑山军的注意力，禁止攻打敌军的营寨，掩护夏侯惇所部偷袭敌军家眷营的行动，夏侯惇部打响后伺机支援一下。

曹仁不那么想，他现在最担心的是后面的曹操，刚才他躲在一片小树林里，亲眼见到黑山军的大队骑兵开向了濮阳方向，那也是曹操所在的方向，一旦曹操有失，那这场战争就算是彻底结束了。

他早已暗自决定了：只要发觉情况不对，我才不管什么三七而十一呢，豁上这两千人，也要踹了白绕的老营，不信濮阳方向的敌骑不回救。

夏侯惇所率的轻骑中当地人也不少，所以轻松地找到了黑山军家属营的驻地，看来敌军也不是一点防备也没有，家属营的前后左右都有敌军的驻军营帐，不时有小队士兵出来巡逻。

现在还是不要靠近，曹操临行前专门嘱咐：天不放亮不要动手，骑兵部队的战斗力在夜里是要大打折扣的，任务是武力劫持敌军家眷，而不是消灭他们的妻儿老小。

白绕所率的黑山军骑兵部队一行甚速，没有派什么斥侯骑，奇袭的特征就是一个“快”字，越早扑到濮阳城下，成功的系数就越大，只要濮阳城一拿下，那曹操也就算完了，失去了后勤供应的骑兵就只能先放马去，除了逃跑还能做什么?

过曹操埋伏的木桥时白绕灵机一动，又想到了一个妙招，他吩咐自己的亲信卫队：部队通过后，把这座桥给我烧掉，咱们也好安心专注地清理曹操的老窝。

这个过河拆桥的命令得到了执行。

不幸的是这个过河拆桥的命令是提前执行的，命令的执行人也并非白绕的卫队，而是突然出现的曹操的部队，因为几乎是在同时，曹操也下了一道同样的命令：烧掉这座桥，让咱们安静专注地接待这些送上门的贼寇，等他们过桥的愈千骑就动手，曹洪等随我歼击过河之敌，夏侯渊负责堵住未过河的敌骑，这河水势湍急，宽深都不能泅渡，只要毁掉木桥，我们必胜无疑！

白绕作战向来是身先士卒，这次也不例外，一马当先地驰过了木桥，贴身卫队则留在了对岸，他们要等六千骑全部通过后再执行白绕的烧桥命令。

骑兵部队行军就是格外迅速，不一时木桥上已踏过将近千骑。突然，又是这个词，对所有感觉到“突然”这个词实际意义的战士来说，几乎都不是什么吉祥字眼，白绕卫队的勇士们现在就突然领悟到了。

对岸突然杀声四起，不知多少铁骑横插过来冲断了正在过河的黑山军行军纵队，一下绞成了一个蠕动的大“十”字，几乎是在同时，流星般的火箭如同急雨泻到桥头、桥身，桥上的群马惊了，一起向前撞来，马上的骑士们无发控制自己的坐骑，纷纷落马，随即便被后面的铁骑践踏而过。

后面的战马惧火不敢上桥，木桥面上一时只剩下了火苗，桥着火了。

白绕卫队是由千军万马中优中选优挑选出来的忠贞之士所组成，为了白绕每个人都能舍得自己的性命。在经历了最初的突然之后，很快明白了正在发生什么，百余骑齐向桥上扑来。

战马遇火，站立不前，卫队勇士们毫不迟疑地下马步行拥上了桥面，谁想全体救主心切，欲速反而不达，多年的木桥本不甚坚固，又被烈焰燃烤，哪里经得住众人一起拥上？只听得噼噼啪啪、吱吱呀呀一阵乱响，竟然轰的一声断塌河中，桥上的勇士当然随之一齐落水，对岸仅剩下燃烧着的桥头，恰似一只巨大的火把，照亮了一个血腥的屠场。

未能过河的黑山军士兵一时目瞪口呆。

48

黑山军的大后方，家眷营地。

眼见得天已微亮，夏侯惇吩咐士兵扣紧战马肚带，做好冲锋的准备。忽听得家眷营地寨门吱呀作响，凝目分开树丛向营门望去，一时竟怀疑自己眼花？

只见寨门大开，一些黑山军的士兵衣冠不整，连武器也没带，三三两两地从营内鱼贯而出，有人还好似依依不舍地转身挥手，咦？竟然还有几个女子送出营门，趁夜色执手交颈地在作吻别。

正是时机，夏侯惇挥手示意自己的士兵上马，随着一声长长的呼哨，一千骑兵同时杀向了家眷营地四周的驻军营帐，夏侯惇自己则率领其余的千骑直接冲进了家眷营门。

奇怪的是四周的军营竟然只有寥寥几个长胡子的老兵，根本没怎么抵抗就放下了兵器，追问军营中士兵的去向，老兵们齐把手臂指向了家眷营，原来，那些士兵都搂着老婆睡觉去了。

夏侯惇的士兵们没有对可怜的鳏夫开杀戒，转身策马举矛冲向了家眷营。进得营寨，却见夏侯惇正指挥士兵把蚁群般的男女们赶出帐篷，被驱赶者大多衣着零乱，又是没遇到抵抗。

回过头来，再说白绕的中军大帐。

曹仁自看到远方的火亮，便驱军直冲白绕的中军大帐。随着曹军的呐喊，所有的营帐都乱了起来，中军营里只有不足百名黑山军士兵，在极仓促的抵抗中很快被杀戮殆尽。中军营四周登时人声沸扬，哨声迭起，号角连绵起伏。

曹仁的部队早就有了打恶仗的心理准备，集结部队冲向旷野，骑兵最得意的是在流动中厮杀，曹仁懂得如何最大限度地发挥自己部队的长处。

谁知众多敌军竟似无王的乱蜂，根本就无心与曹仁的骑兵作战，而是慌乱地拥向两个方向，大部分拥向家眷营方向，一部分奔向自己的来路，曹仁知道夏侯惇得手了，曹操那边既然起了越来越大的火光，战局看来也没问题了。

还是执行曹操原来的将令吧，去协助夏侯惇押解黑山军的家眷妻儿们去濮阳的大路。曹操用这一手曾在颍川尝到了甜头，回去后没少向手下将领们显摆自己这极得意的一笔，曹操的部下们也早就深谙了这一抽脊梁的人质战术。

曹操这边也没用亲自出马参战，白绕在曹军冲断木桥时便已意识到了事情不妙，如果他率领现有的骑兵扬长而去，曹操也是毫无办法的，但是后队被人咬住了，哪有不回身反咬的道理？什么兵法妙策这会儿都用不上了，拼命成了硬道理。

部队马头刚转，已有半数人落马，眼见得箭如飞蝗，耳听得惨呼不断，一瞬间自己的部队还剩不足三五百骑，而敌人的骑兵已完成了对自己的合围。

第一次冲锋，要杀出一条血路！

也是最后一次冲锋，英雄碧血染黄沙。

白绕的头颅被曹洪砍去了。不公平啊，在十余支长矛的乱刺干扰下，曹洪凭偷袭占了便宜，白绕脑袋落地也未能合眼，他到死也没弄明白自己错在何处，是在哪个紧要关节上出了重大失误？

对岸的黑山军惊心动魄地旁观了自己主将的殒命及这场可怕的屠杀，顿时心胆俱裂，斗志全无，谁还在这儿等死？

无头的苍蝇只能无奈地乱飞，正在不知去留之间，后方又传来消息：所有的家眷被掳，放下刀枪者允其团聚。那还等什么？隔河武器丢了一片，愿降的呼声竟然压过了曹军的呐喊。

濮阳一役，黑山军土崩瓦解，作鸟兽散，曹操威名大震，尤其是释放全部战俘及他们的妻儿老小这一义举，赢得了四周州郡喝彩声一片，不消说兖州刺史刘岱一时对曹操感恩戴德，兖州治下的官员将领无不对曹操满怀仰慕，就是那冀州牧袁绍也不得不有所表示，就坡下驴地向董卓的中央政府推荐曹操为东郡太守。

多年前曹操就坚辞过这个朝廷正式委任的东郡太守，怎么混了十多年一级没升，还要你袁绍向敌人推荐？曹操不禁觉得好笑，但还是高兴地做上了这个官，为什么？此一时，彼一时也。

现在东郡这块地盘是我曹操自己打下来的，你不封难道我还能拱手让给他人？在东郡我现在就是一方小皇帝，有小不愁大，没有指望啥？这个世界上，谁的拳头硬谁就是老大，周围州郡的鼠辈们，你们小心了，等着我曹操吧！

49

东汉初平三年（公元 192 年），曹操开始有了自己的一小块根据地——东郡，地盘虽小，却也不用仰人鼻息，强敌环绕，曹操反更游刃自如。

这就叫强人、牛人！四周的几支政府军怕他，黑山的土匪也被他打裂了胆，甚至还有些暗存感激，毕竟曹操这次没有像以往那样大开杀戒，俘虏的黑山军都释放了，而且是不打不骂不搜腰包，愿意留下来的欢迎，愿意回家的欢送，虽没发给路费，但的确也称得上是一支纪律严明的模范军队。

栽下了梧桐树，自有凤凰来。曹操总参部在东郡得到了大大的充实，值得一提的就是荀彧（字文若，颍川颍阴人），这荀彧乃曹操的前辈同僚济南相荀绲之子，年少时也曾经让南阳名士何颙相过面，被赞曰：“王佐才也。”

一开始这荀彧是跟着袁绍求发展的，袁绍待荀彧也非常够哥们儿，虚心得像学生见到了老师，敬为上宾不说，就连荀彧带去混饭吃的兄弟荀谌、乡亲辛评、郭图也一并封了官，但人都是这贱脾气，你对他越好他就越看不起你，荀彧反而觉得袁绍难成大事，主动跳槽到了曹操这里。

曹操安抚荀彧花费的最少，只用了一顶高帽："吾之子房也！"荀彧便心花怒放地对曹操肝脑涂地了，可见，人多么需要夸奖这种精神食粮啊！

曹操说这句话时是把自己比作汉高祖的，将来想夺天下的野心昭然若揭，而荀彧为了这一句话便付出了自己的一生，不知有的大师断言荀彧高风亮节，无限忠于汉室，是凭什么说的？

初平二年时，年二十九岁的荀彧仅露了一手，便让曹奋勇将军佩服得五体投地：当时董卓威震天下，曹操曾被其一个小小的副将打了个撇盔潦甲，就问荀彧怎样才能对付这样一个超级大国呢？荀彧回答得胸有成竹："卓暴虐已甚，必以乱终，无能为也"。(《三国志·荀彧传》)

结果证实了荀彧预见的准确性，几个月后，董卓便在长安被扒光了身体，肚脐上被人插了个棉捻，成了点燃了三天没熄灭的大蜡烛，曹操还能不服？当即便任命荀彧为司马——高级参谋。

荀彧受到鼓励，索性再立新功，又引荐了自己的同乡郭嘉。

郭嘉（字奉孝），颍川阳翟人，也是感觉跟着袁绍干屈才辞职不干回乡务农的，曹操初次召见，郭嘉便从战略高度分析了天下大势，曹操听后高兴地说："使孤成大业者，必此人也。"郭嘉也觉得自己这匹千里马遇到了伯乐，出去高兴地对人说："真吾主也。"

文事方修，武事更备，曹操军队的顶尖勇将典韦（陈留己吾人）就是这时候从夏侯惇军中发现的。

养兵就是用来打仗的，曹操在将近半年的时间里一直没让部队闲着，他先屯军顿丘，准备彻底解决黑山军的余部，以战养战，且名利双收，权当实战练兵吧，不就是一年扔他十几个师嘛，小意思，大人物的胸怀一般都是广阔的。

初平三年春，黑山军于毒、眭固部围攻武阳，形势急迫，曹操这时灵活运用了"围魏救赵"之计，他置众将建议直击武阳敌军侧后的建议而不顾，率全军径直进山扑向了黑山军的老巢本屯，结果于毒的黑山军被迫撤军回救，武阳之围自解。

谁知曹操在本屯虚晃一枪，便转军避开战力强劲的于毒部，长途奔袭，扑向了毫无防备的黑山军眭固部，眭固仓促力战，最终溃败。

正当于毒的黑山军在本屯严密布防，待着曹军来攻时，曹操突然又把兵锋转向了内黄，占据内黄的是匈奴人于夫罗，于夫罗在中平年间便联络了白波军为内应，叛汉入侵，与西河的白波军会合后，声势大震，破太原，摧河内，将诸多州郡强掠一空。

曹操早就对外族人的入侵愤怒于心，这次趁剿灭眭固黑山军的余威，名讨于毒，暗袭匈奴，一举攻克于夫罗盘居的内黄城，猎杀匈奴兵无数，匈奴人溃不成军，远遁漠北，自此多年不敢入侵。族中少年割草时从此不敢吐汉语，怕一旦结巴，说出“草草”二字，吓坏了破胆的族人。

曹操北逐匈奴之时，青州的黄巾军又重振雄风，一时聚众百万，杀向了兖州，兖州刘岱在曹操大破黑山军的精神鼓舞下，豪气顿生，凭什么你小小的曹操能做到的，我刘岱做不到？

刘岱的政府军雄赳赳气昂昂杀向已失陷于黄巾军的东平，此行要反攻山东，聚歼匪军于齐鲁，且看国军威风！

50

兖州牧刘岱现在就有些闹不清自己吃几碗干饭了，他似乎介于穷极与胜利者之间，自青州黄巾军犯境以来，他已经丢掉了任城、东平，并阵亡了东平相郑遂，确有被逼急了的感觉。

但他作为胜利者的感觉则更强些，没费多少事就杀掉原东郡太守桥瑁，并且成功地换上了自己的亲信王肱，虽然最后便宜了曹操，可那曹操也是他刘岱请来的呀，曹操击溃了白波的黑山军，刘岱感觉自己的本事也了不得了，如果本牧出马，兴许胜得更利索。

他要主动出击东平，于百万军中取那青州黄巾首领的脑袋！风头焉能让你曹操一人出尽？

时任济北相的鲍信看出了不对头，对这位极为自信的上司苦口婆心：“现在青州的黄巾军已达百万之众，老百姓都已被吓破了胆，我们的部队现在没有斗志，怎么能打得过他们？我看青州的黄巾贼携家带口，部队却没有辎重，看来只能以抢掠养兵，不如先把我们出击的部队用来分城固守，让敌军无处求战，攻又难克，敌军唯有哄散退兵，到时我们再以精锐的生力军在地形险要之处设伏，必然可胜。”

刘岱此时已经感觉自己具有纵横天下的勇气和智慧，哪里听得进去这种建议？自然意气风发地率领兖州大军直捣东平，也自然地率羊群进入了群虎口中，被青州黄巾军轻松地砍掉了脑袋。

兖州主官殉职，残兵势危，鲍信与州吏万潜等一时胆裂，难道只有坐以待毙不成？正在山穷水尽疑无路之时，来了个指点柳暗花明的人，此人就是东郡名士陈宫（字公台）。

陈宫自幼性情刚直烈壮，平日与海内知名之士多有交往。现在曹操于乱世之中安东郡一方，陈宫自然感激这东郡的大救星，所以义不容辞地投效了他早已仰慕的英雄曹操。见面礼便是自告奋勇去说服兖州官吏迎曹操接管兖州。

曹操经过近期的南征北战，纳降扩军，正在为地盘小而部队多而发愁，陈宫的到来正是雪里送炭。

陈宫向曹操建议：“兖州现在已经成了无主之地，而目前朝廷已经无法任命新州牧，我马上去兖州替明公做工作，让他们来请你就任州牧，凭这块根据地便有了称霸天下的资本。”

他来到兖州一番忽悠，使鲍信、万潜等如同在黑暗中见到了一丝光明，漫天的乌云中透出了一线晴天，陈宫所言大意是：现在天下乱成一锅粥了，就如同骨灰级粉丝见到明星的场面，在这个时候你们的领导又牺牲了，这样下去离玩完可就不远了。现在天下谁是最牛的人，我们的老总曹孟德嘛，这老曹可不是凡人，那是相当的厉害，知道包黄头巾的那帮乡下农民吧，是不是厉害？我们曹总裁还不是照样把他们给灭了。哥几个想想吧，凡事别走了眼。

鲍信、万潜一想，对头呀，老陈讲得确实在理，包黄头巾那些个乡巴佬够牛的，大家都没辙，可人家老曹没费什么事，就把他们收拾了，不服不行，现在大家的本事都是半斤八两，心里又都互不服气，不如把曹总裁空降过来，最起码大家也能落个心理平衡。

引进人才乃地方要务，谁如反对那当然是嫉贤妒能，要不然就肯定是有个人野心，曹操义救东郡时大家哪个不是口赞心服？就这样，决定了，外聘总经理！大伙兴许日后跟着封侯拜相呢。

只是谁也没有意识到，这借虎驱狼之计终有一天会危及自身，现在名义上是暂聘了一位有才华的总经理，其实是请了一个贪得无厌的董事长。一个州的国有资产就这样变相地送给了私人，给后世做了个坏榜样。

曹操接此恳请，表面上还显出有些勉为其难，心中自然欢喜万分，暗暗感激陈宫，自我发誓：君子报恩不在一时，将来你会享受到我曹操的报答的。

眼前最迫切的事情是要解决兖州军事方面的威胁，黄巾军那可是百万之众啊。东郡新聘的谋士们，现在看你们的了！

第十三章

战兖州：曹操苦拼到了根据地

51

兖州！无异于天上掉下来一个大馅饼！

大州之牧，非同小可，其地位已经超出了曹操少年时的最高理想，可是，天上难道真的会掉馅饼吗？

先不说东部徐州陶谦不太安分，南方袁术蠢蠢欲动，北方袁绍虎视眈眈，就是现在从青州杀来的黄巾军也是个大难题，兖州的官员们可不是请曹操来做祖宗的，说穿了是牵一只狗来替他们赶狼的。

明白请来的曹操是一只饿虎，那是后来的事，现在众人的心理往好处估摸也就是请神驱鬼的意思。

仅有一人是真心诚意地欢迎曹操，就是早与曹操有过交往的鲍信。他一经陈宫提醒，便没有丝毫犹豫，当即同州吏万潜等官员来到东郡，代表全州军民诚请曹操做老大，大家可谓苦口婆心，终于请到了曹操这尊真神，驱邪教总算看见了希望，灭黄巾指日可待。

鲍信本人有了曹军壮胆，信心陡然倍增，再加上也欲替兖州军挣点面子，便自告奋勇率本部军马为前锋，出击寿张，谁知青州黄巾军却不管什么曹操不曹操，毫不留情面地出动大军围了鲍信，人海战术一经祭出，无不灵验，鲍信出师未捷身先死，曹操闻听噩耗泪满襟。

现在的黄巾军已不再是包黄头巾的乡巴佬了，久经战火考验，作战技巧相当纯熟，根本不计较一城一地的得失，以歼灭敌人有生力量作为第一作战目标，寿张城根本就没有设防，趁鲍信以为胜利攻克寿张之时，黄巾军于寿张东突然以十倍兵力包围了包括主将鲍信在内的兖州军，在迅速攻杀鲍信之后便主动舍弃寿张，在济北将主力缩成一团，静待曹操送上门来。

曹操自接任州牧，首战即损兖州大将鲍信，而且尸骨无归，怎么向对自己充满希望的兖州军民交代？自己威信何立？信由何来？当务之急，不是驱赶外敌，而是怎样表现自己，以慰众望。

曹操不愧是曹操，不用别人指点便排演了一出借鬼作秀的好戏，延请巧匠，按鲍信模样刻香木为遗体，自己亲自扶灵发丧，拜祭如葬父母，痛哭似殇妻儿，一时感天动地，闻者为之动容，观者无不流涕，曹州牧多情重义之名声遐迩，兖州官员百姓无不叹服。

可惜作秀感动不了青州贼，眼泪哭不退黄巾军，要想让新子民心悦诚服，还要到战场上见真章，曹操于鲍信灵前刺指滴血立誓，要以敌血祭烈士，歼贼寇慰英灵。

接下来就是如何重振部队士气了，兖州兵已谈黄巾而色变，不免也感染了曹操的东郡部队，所有能拿起刀枪的兖州军总数不满五万，分散在未失陷的十余座城池里（加东郡），每城不足三五千人，用于剿贼的机动部队也只有指望自己从东郡带来的一万多骑兵。

所幸自己和黄巾军打了数年的交道，可谓知彼知己，对方的弱点，自己的长处皆了如指掌，打心眼里就看不上这些乌合之众，且看我曹操的，打出个样来让你们瞧瞧！

曹操不是那种上了战场就在后面高喊“弟兄们，给我上”的人，而是属于跨出战壕高喊“同志们，跟我冲啊”的那种类型。现在的曹操就精选了一千敢死队，准备给大伙打一场样板仗。

还是走的老套路，大军负责接应，他亲率精骑捣敌后勤老弱军营，看准敌人七寸，一击丧敌斗志，毕其功于一役！

放出风去，说曹州牧亲自视察前沿阵地，只要敌军出动，则必然疏于后方，战机就在于你打你的，我打我的，看谁的腿快了。那还用比较吗？两条腿的步卒怎么能奈何得了俺老曹四条腿的快马？

曹操率部到了前沿，士兵们一见主帅亲临，不禁欢呼雀跃，跟这样的将军打仗，死了都值！曹操的心思其实都在敌营方向，就等青州贼寇倾巢出动了。

派出去的探马果然疾驰而来。

“黄巾军大队已离我不足五里。”

听了探马的急报，曹操暗喜，当即吩咐前沿部队保持现在的受阅状态，悄悄做好迎敌准备，不准与敌短兵相搏，只准以箭弩阻敌，只要能纠缠住敌军就是胜利。

曹操本人带了一千骑精锐，迂回向黄巾军的后方。眼看离敌营不远，曹操命令部队快速冲过黄巾军两营寨之间，不准恋战，直捣敌军中枢。

前敌营寨瞬间而过，曹操不由暗叹：“毕竟是乌合之众，反应竟如此之慢，真为鲍信将军惋惜。”

正有点得意之时，前面的战马突然纷纷狂嘶，不断栽倒，冲锋的队形立时大乱。

细看时，才知前面的道路田野布满了绊马的绳索，难道钻到敌人的圈套中来了？不及细想之间，两侧敌营中已随着海啸般的呐喊，冲出无数的黄巾军，前方、左右均成了人海，伴随着如雨的箭矢，淹向了曹操的千骑精锐。

战马极易中箭，一时曹军人仰马翻，惊骑乱奔，曹操临危不乱，传令速退。但是已经迟了，后方也出现了大批的黄巾军，原来之前出营的敌军大队并未进攻曹营，而是转身堵住了曹操的后路，黄巾军预谋在先，早就给曹操布好了口袋阵。

曹操立于马上，虽然面色镇静自若，内心却如浇沸汤，眼见无数敌军已经合围，入眼的是无边刀山，灌耳的是动魄呐喊，满目蠕动的黄色不由让曹操想起了颍川之战时漫天的黄巾飘落。

不过现在的曹操只能心里大呼：黄色歪风，祸害无穷！

52

济北城外，曹操的感觉是活到了生命的尽头，善于兵无常势的曹操这次遇上了青州黄巾军的水无常形，那就只有看老天照应谁了，仗打到这份上，啥兵法谋略都用不上了，保命只有先拼命，一个狠字决生死，是非功过且莫论，拼吧！

曹操于半生恶战中历练出来的胆量及战场指挥能力起了决定性作用，立即传令，部队收缩结阵，将有限的牛皮盾牌布向两翼，曹仁断后，曹洪为尖兵，自己紧随其后，杀向——没有直接杀向自己的营垒——杀向了右侧的黄巾军营寨。

千骑精锐虽瞬间已损失三成，但毕竟是曹操亲手调教出来的特种部队，军心未散，斗志尚存，在箭雨中不计伤亡地完成了攻击编队，严密地守护住了曹操的两侧——据说这就是后来魏军精锐“虎豹骑”的前身。

大网已经收拢的黄巾军的确没预料到这时的曹军尚有勇气横向进攻，尤其是守右营的黄巾军，眼看到箭头型的曹军射向自己，急忙关起了寨门，一时间散花般檑石乱飞，泼水似箭矢齐放。

而原来曹军前方的绊马索却成了黄巾自己伏军的缱绊，一时半刻大队靠近不上转向的曹军；曹营方向的黄巾军是这次围歼战的主力，此时却是鞭长莫及，有限的骑兵对曹军形成不了真正的威胁，大队步兵只能用得上弓箭，却无法缩短与曹军之间的距离。

接近敌营时，曹操突然率军转向，从敌营前加速掠过，直插向敌营与野外黄巾军之间刚闪出来的狭窄的空当，待黄巾军明白过来曹操真正的意图时已经迟了，曹军已半数突出重围，扬长而去。

曹操残军回营，计点出击士卒，折损过半，曹操那个心疼！这可是自己部队中为数不多的老兵啊，是全军的骨干，损易补难，虽然主要领军将领万幸全身而归，但要命的是自己带来的东郡部队已没了士气！

人心散了，队伍不好带啊。

兖州原来的部队更不用说了，官员失望形显于色，期望值太高往往得到的是失落，曹操这支绩优股一时沦为跌停板，莫非投资错了？

青州军则连日庆祝大捷，曹军不可战胜的神话被打破，确值得一庆。问题还不仅于此，胜利的黄巾军并未被胜利冲昏头脑，依然表现得极为清醒理智，绝不出动小股部队接近曹军，始终保持“大雪球”状态，妻儿老小固然还是黄巾的老传统随军就餐，但此时却是“大雪球”的中心，简直成了垂钓曹操这条大鱼的诱饵，曹操只能望饵兴叹，再没胆去咬钩。

最可气的是，黄巾军也玩起了政治，主动来做曹操的统战工作了。

密信寄到了曹操的中军大帐，信写得入情入理：“昔在济南，毁坏神坛，其道乃与中黄太乙同，似若知道，今更迷惑。汉行已尽，黄家当立。天之大运，非君才力所能存也。”（《三国志·魏书》）

看来一个人只要做哪怕一点点好事，人民也不会将他忘记的。曹操在济南相任上时，尽毁刘章的嗣庙，被黄巾军看在眼里，记在了心里，竟认为发现了一个志同道合的好苗子，你毁汉家的过去，咱毁汉家的今天，曲线乱国，殊途同归，还不是哥们儿吗？

这不是递过来的橄榄枝，是越海射过来的“宣传弹”，曹操对此政治攻势看得很清楚，丝毫不敢大意对待，亲自提笔回书斥责，并将敌军来檄与自己回书公示全军，以免流言伤己，又防扰乱军心。

可是，打嘴官司顶不了打胜仗，那支百万大军还是摆在那儿，啃又啃不动，赶又赶不走，一不小心还兴许把自己给吞了，对方已熟悉了曹操的战法，以往的作战经验全用不上了，现在是老干部遇到了新问题。

曹操遍翻兵书，却无从找到一比五十的苦仗制胜的答案，月夜巡营问明月；日升把寨索彩云。胜机藏在何处？

53

初战失利，曹操五内如焚，兖州官军一时士气低落，谈贼色变。大家对推举他来“代理”州牧，心里画了一个大大的问号：这曹操难道徒有虚名？

且不提兖州众人的看法，就是曹操自己从东郡带来的部队也是危机四伏，那里面有一半以上是从黑山军过来的“解放”战士，本来“战场投诚”与“被俘觉悟”就是为了保自己一条命，现在见自己的老盟军又占了上风，心里岂能不会另有想法？

荀彧、郭嘉、陈宫一干成名的“王佐”、未来的“子房”现在也没了表现的欲望，虽有道不完的运筹帷幄之雄才大略，却难拿得出来决胜咫尺之退敌妙计，劳心者谋士一时不能制人，劳力者武将只有暂时被制，真正的危急关头到了！

坐以待毙不是曹操的性格，领袖气质体现于革命低潮时刻，总得做点什么吧？曹操外表镇静如常，军令频颁：战略上暂时采取守势，严令固守未丢失之各城据点，乡民强制性撤进城内，政策很简单：坚壁清野，焦土抗战！

谋士们明白主帅的用心，贼聚百万之众于一团，总得要吃饭吧？虽已经以两城军需资敌，但毕竟人多嘴众耗费日聚，与敌人拼消耗吧，看谁能熬得过谁？只是心里谁都明白，这样一来，兖州的百姓可就倒了大霉!

再说了，现在正值秋实，田野不乏未收稼禾，乡下人蹲在城里吃闲饭，那城里人以后吃谁去？现在的形势是黄巾军以农村包围城市，打后勤仗国军未必胜得过农民军。

曹操在这非常时期以身作起了非常之则，夜不卸甲，日不安食，与兵卒同甘共苦，领将士亲抵前沿，检查军备，观察敌情，鼓舞士气，寻觅破敌良策。

一日，曹操正于帐前信步，猛然见半空中盘旋一巨大鸽群，上下翻飞，挤作一团，像是在抵御强敌来侵。果然，一只个头不大的猎隼犹如闪电般从鸽群边掠过，鸽群不惊不乱，反而更加密集，那猎隼却也不敢贸然冲入鸽群，只是趁势冲上云天，于九霄云外凝翅盘旋，似待鸽疲，再做一击。

群鸽像是有点灵性，依旧沉稳不散，阵型看似无懈可击。曹操心中微微一动，凝目远眺，欲看这鹰隼如何败群鸽?

思索间，曹操觉得眼睛一花，横刺里不知何时又掠过一只猎隼，却只见片片白羽粉落，鸽群稍乱又聚，眼见得其中一只已被偷袭的猎隼掠去，高天盘旋地那只猎隼趁机化成一道利箭，直射鸽群中心，鸽群左右避让不及，被从边沿又掠去了一个同伴。

曹操心中忽然通亮，知道自己应该如何对付那如同群鸽般的青州黄巾军了，此时，他觉得自己已化身为那高瞻张势、电掣雷击之猎隼。自己部队即将进行的袭敌计划也有了一个形象的好名字：猎隼行动!

来不及与智囊团商议，曹操便立即升帐，传众将面授机宜。

不同的将领一样的任务，将所有的机动骑兵，分为五百骑一支，两支骑兵队为一组，每组分阴阳两队，互为掩护，阴阳可随机应变，阳队诱敌则阴队闪击，反之亦然。

唯有一条：不准恋战，有斩获即回，以将敌军困在营寨内为作战目标，如遇敌军的打粮部队，当然不能放过，能歼则歼，不能歼则伤，伤不得驱回敌军也算立功。

所有参加出击的猎隼分队，又分为阴阳两大组，阳组负责日出，阴组担任夜袭，目的也唯有一个：让黄巾军昼夜不得安宁，惶惶不可终日，断敌粮草，磨敌斗志，动敌军心。觅得战机，能掳敌家眷者为大功。

战争的指导思想对路了，战局立时改观，曹操这种“零敲牛皮糖”的猎隼行动大见成效，黄巾军别说继续攻城掠地了，一时自保尚且不能，每日士卒渐损，小股不敢出营，大队出动却又寻战而不得，所携之妻儿老小日渐难以果腹，士兵初到兖州时的昂扬斗志渐损而不再。

随着这挨打不能还手的战况日久，时光飞逝，转眼秋去冬来，天气渐寒，一股绝望的情绪在全军中蔓延开来；现在是进不能克坚城，退难以回青州，原地据守则无望越冬，百万之众竟被曹操反困于兖州济北，总算领教了曹操的厉害。

曹军则相反，士气高昂，人人求战心切，连原黑山军的“解放”战士也无不庆幸自己跟对了人，走对了路，革命不分先后，一时也趾高气扬起来。原兖州的官员、将领、士民更是个个赞叹自己眼光独到，伯乐重生，发现曹操于乱世，舍我其谁？

大伙一致踊跃献策，要曹州牧洞察军心民意，及早发起最后总攻，荡贼于顷刻之间，还民于长治久安，对反抗政府之邪教，决不能心慈手软，定要斩草除根，无论老幼，杀无赦！

其实曹操对如何发起总攻心中早有定算，参谋部早就成了政策研究室，冬季攻势马上就要付诸实施，只不过改为了政治攻势，上兵伐谋，不战而屈敌之兵，方为上上策也。

于是，一封促降书送进了青州黄巾军大营。

54

曹操的促降书奏效了，一下子把百万黄巾军教育成了“俊杰”，走投无路的青州黄巾军接受了政府军的改编，刚才的生死对头转眼变成了亲密战友，番号也一下变成了正规国军地方部队：青州军。不但如此，就连奋勇将军、领兖州牧曹操也率原东郡军、兖州军一并加入进来，从此，青州军便成了曹操部队的招牌。

这一下曹操招了多少兵呢？据史载：光在编的部队就收编了三十万，曹操选其精锐编成了兖州官府的青州军。

曹操自起兵以来，一直过的是兵员缺乏的苦日子，所以估计不会舍得主动裁下去多少，被裁兵员数量绝不会超过原兖州政府军的部队，所以说，现在曹操能指挥的部队不下三十万。

剩下的六七十万老弱病残怎么办？安排不当将会直接影响到“解放”兵的军心，这可是关乎安定团结的大问题。

曹操欲待遣散，却又担心惹出难以预料之兵变，可六七十万张嘴生啃兖州更不是办法，没玩过经济的曹将军一想便觉得头大，民以食为天，天上要能下粮食就美了。

天上固然不会下粮食，可粮食能从地上生出来呀。一位在兖州避乱的高人给曹操出了一个高招。

这高人是哪位？乃陈留平丘人氏，姓毛名玠字孝先，曾经是一个以清廉著称的县吏，曹操新接掌兖州，优待原兖州故吏，这毛玠也跟着沾了些恩惠，被聘任为治中从事，毛玠一来感激曹操安排自己的就业之恩，二来也确实看出了曹操将来能成气候，所以便适时向曹操献上了一个良策：天下大势，分崩已成定局，天子流落，人民百业凋零，百姓被饥饿所迫而流离失所，州郡遭战乱之殃无度岁储粮，国不能安民，焉能持久？袁绍、刘表，虽地阔民稠，然守富家而安小康，未必有经略天下之雄心；自古倡议者战则能胜，财足者守土方固，将军只需奉天子以令不臣，重农耕而储军备，何愁不能称霸天下？

毛玠也不是纯粹讲大道理，他的修农植桑的建议就被曹操化为了首次土地改革，百姓不是大多逃亡了吗？那抛下的耕地我就可以趁机收归国有了，谁耕种？不是现正愁着六七十万青州军老弱无法安置吗？正好各得其所，我租给你们种，我出白得的土地，你出闲着的劳力，收获二一添作五，总该满意了吧？

至于眼下饥荒，那只有靠以战养战了，看看四邻哪州稍弱，对不起了，我曹操要和你开仗了，理由么？代天伐罪，替民讨逆……多了。待俺先托付好家小，先行南征。

兵者，凶器也，离乡远征，兵势虽强，却谁也难保万全，曹操的家眷托付给了哪位值托之人？曹操看人从来没有错过——老吕家那次例外——这次也是，他把一家老小托付给了他的铁哥们儿陈留太守张邈。

为什么先打南边？一是北边的袁绍暂时还惹不起，二是南边袁术正好给了曹操一个讨伐的借口：你哥哥袁绍邀我来教训你，我这是代兄讨弟，名正言顺，外人就少插嘴吧。

中原大势：战场广阔得很，阵线也莫名其妙得很，曹操与素来不大对头的袁绍结成了临时盟友；袁术、陶谦、公孙瓒、刘备结成了统一战线，一场地道的军阀混战就此拉开了序幕。

敌人的敌人未必是自己的朋友；朋友的朋友也未必是自己的朋友，同理：朋友的敌人未必是自己的敌人；敌人的朋友也未必是自己的敌人。

太绕口了，绕得写这番话的笔者也快摸不着脑袋了。

实力陡然膨胀的曹操现在手握三十万青州大军，又虎踞中原腹地的兖州大郡，手下勇将甚多，谋士成群，英雄自然要寻找用武之地。至于近期的盟友，自然要挑选与自己相匹配的豪强，要攻打的州郡当然比自己弱，吃柿子先捡软的捏，曹将军当然懂得这个顽童都明白的基本工作方法。

所以冀州的袁绍与兖州的曹操便顺理成章地一拍即合了，两大强势先对付谁？第一个被用来试刀的就是袁绍的弟弟袁术。

第十四章

吕布与皇帝：两个天下第一人都成流浪儿

55

公元 192 年的东汉，是合久必分之初期，分最为零散，乱得一塌糊涂，关外的中原开始了乱打，关内的三秦大地也开始了血战，全国山河一片红！

天下第一猛男吕布带几百并州军杀出了血火长安，一时成了丧家之犬，总要投靠个主人吧？怎奈他连杀了两任干爹，口碑实在太差，哪个不要命的敢收留这随时反咬的野狗？

吕布实在想不明白：我诛杀国贼董卓，有大功于天下，为什么大家还不以鲜花献英雄，反而见了我恨不能都想咬一口？

吕布先投袁术，认为自己替袁家报了诛三族的血海深仇，袁术还不得拿自己当做大恩人？事实上袁术一开始对吕布真不错，宾客相待，礼遇有加，可就是不给他官做，也就是表明了没有长期留用的意思。

再加上吕布带的几百并州士兵也太不给吕布长面子，初从荒凉的边地来到富饶的南阳，看见啥都觉得稀罕，大姑娘、小媳妇远比并州的耐看，在老家又都抢惯了，一时哪能收得住手？没几天就把袁术给骚扰烦了，干脆连他们的军粮都停止供应了。

吕布看出了袁术的逐客之意，只好另投奔同乡河内太守张杨。

张杨虽然十分厚道，但部下却不买吕布的账，有人想把吕布杀了，送他的头去长安，向李傕、郭汜领赏。吕布是个乖巧人，看出风头不对，早走吧，此地不留爷，自有留爷处。于是，带着他的部队就又转投了袁绍。

对袁绍来说这可是雪里送炭，袁绍正被黑山军张燕弄得头疼，几次围剿均是损兵折将，见送上门来一个咬狼的狗，当即便收留了他，并且让吕布代理自己赴前线剿匪，你们谁伤了谁俺老袁都欢喜。

至于李傕、郭汜对吕布的通缉，袁绍才不去理会呢。现在他执掌冀州，兵多将广，再说现在的李傕、郭汜自己正打得不亦乐乎，也没工夫管这等闲事。

前文说过，当时的中国盛传一句话："人中吕布，马中赤兔。"虽然人口相传之间免不了渲染夸大的成分，但却是人们从实战中认识并加以分析出来的：全国的精锐大部集中在并州、凉州，战场厮杀西凉军败少胜多，那自然是因为军中勇将众多，高手如云，而吕布却是西凉军中人人服气的第一高手，这高手中的高手自然是当之无愧的天下第一！

至于吕布屡败于孙坚之手，人们自然会主动替吕布开脱的：不就指望打群架吗，单挑试试？

其实单挑孙坚也未必弱于吕布，试想：如果孙坚没那两下子，怎敢一再兵逼吕布，而且数战都以弱旅大胜吕布的强军，以至于董卓、吕布不敢接战，远避长安。

关键是孙坚殒命太早，遂使吕布成名。大家对过世的人一般是难以有兴趣关注，为了现实需要拿过来炒作几天倒是不鲜见，但也就是临时作作秀，不久自然也就人走茶凉了。

当然，吕布也绝非浪得虚名之辈，先天条件决定了他是个名副其实的搏击高手。吕布是五原郡九原人，五原地处蒙古，吕布是否有少数民族血统已不大好考证，但吕布自小便熟悉弓马，膂力过人，应该是幼时的环境使然。

据史载，吕布曾被号称为飞将，也就是说他堪与西汉名将李广相媲美，身高史未详载，小说家说他身高九尺，汉代的一尺相当于现在二十三厘米左右，也就是说有两米还挂零，估计是根据有史载的他人身高类推出来的。

但对他的神箭绝技却是史载明证，古时候箭弩乃是战场的第一利器，箭不虚发就可杀人于无形。群殴也好，单挑也罢，要是有人能于五十米开外要你的性命，那还不够恐怖？

吕布带着他仅剩的百十名并州军现在投奔了袁绍，并且承担起了剿灭黑山军余部的重任，在吕布没来之前，袁绍的战略是拒敌于国门之外，即严守边境，敌来犯即迎敌，敌未至则防备，其实就是等着挨打，还没法子知道那一耳光啥时扇过来。

吕布替袁绍主持军事之后，一改从前的战略战术，变被动防御为主动出击，兵也不多带，就自己原来那点并州军士兵，倚仗着西凉马快，打了就走，还没等敌人回过神来，要命的飞骑又回来了，有时连吕布带来厮杀的骑兵有多少还没看清呢，一阵骑弩过后，自己死伤成片，敌人又没影了。

农民出身的黑山军啥时候见过这个？尤其是领军的吕布，只要他一出现，黑山军则必然死人，对吕布的恐惧感越来越强烈，战事的情景越传越广，越传越神乎，天天挨打还不能还手，吕布简直成了上天派下来的索命神将，这仗没法再打下去了！

56

黑山军首领张燕权衡利弊，很无奈地接受了袁绍名义上的招安，实际上是签订了一个心照不宣的互不侵犯条约，真正的招安却是在日后曹操的兵威之下完成的。

吕布的确立了大功，威名也日益见盛，带的士兵自然也随之骄横起来。在袁术处时的老毛病又发作了，打个家劫个舍成了消遣，抢个大姑娘小媳妇成了正常的娱乐活动，闹得袁绍也有点烦了。

袁绍更清楚吕布终非池中之物，与他这样的无良超人在一起总缺乏安全感，如果赶走他，后患更是无穷，不管吕布去帮谁，将来都免不了是自己的大敌，想个法子宰了他吧。

一日，袁绍向吕布前来恭喜，说接到了朝廷的制书：吕将军被朝廷委任为旧都洛阳的“领司隶校尉”，这下吕将军可以在洛阳大展宏图了，将来发达了，可别忘记袁某的推荐之功啊。

其实是纯粹在胡扯，献帝这个小孩子，当时正处于李傕、郭汜的掌握之中，哪里能够颁发任何的制书给袁绍或任何其他军阀？

为感谢吕布剿灭黑山贼的大功，袁绍还特意派了精兵三千护送吕司隶校尉去洛阳赴任，吕将军的安全就是俺袁绍最大的幸福。

吕布带了他的几十名部下，在袁绍所派遣的三千精兵的护卫下离开邺县，到洛阳就职。

吕布在董卓死后，败于李傕、郭汜，奔向南阳，在袁术之时，尚有几百名军官与士兵。其后，转往河内投张杨，又由河内转往常山投袁绍，走了许多地方，部下的军官与兵越走越少。现在又离开邺县往洛阳走，部下就只剩了几十人了。

这几十人，与其称为被保护的对象，不如称为被递解出境的罪犯，三千精兵不如称为押解吕布的狱卒。

袁绍是真的要把吕布及那点可怜的部下押解出境吗？非也，他是要吕布把命留在冀州，袁绍早已吩咐了领军的亲信：走出邺县不远便将吕布干掉！吕布可不是个白丁文盲，跟着并州刺史丁原干时曾“屯河内，以布为主簿，大见亲待”。主簿者文书也，就是后来杨修做的活路，可见吕布其实是个文武双全的角色。

吕布看出了这些精兵护卫的真实目的。

某一天的夜晚，吕布坐在帐篷里弹筝，弹了一阵，把筝交给了一位亲信继续演奏。自己却在筝声之中，悄悄地由帐篷后溜之大吉。

那三千精锐中吕布的“贴身卫队”，就藏在帐篷前门之外不远的地方，偷听吕布弹筝，一直听到了筝声停止，似乎吕布已经就寝酣睡。于是一声吆喝，刀斧齐下，把帐篷砍碎，把帐篷里面的东西也砍碎，却不曾砍到吕布，这家伙啥时溜了？

吕布脱险以后，也知道没有必要再往洛阳走了，什么就任“司隶校尉”之职？那是袁哥在忽悠吕哥呢，再说了，洛阳有什么人肯欢迎他、承认他？能保住命就不错了。

袁绍接到谋杀吕布未遂的消息，一时吓破了胆。吕布的武艺，可是非袁绍下面的任何一员大将所能匹敌。于是，赶紧下令：把邺县的城门关了，叫将士登城去防守，吕布一定会来邺县算账的。

吕布却并无找袁绍算账的勇气。他想来想去，在这世界上只有张杨真对他好，于是只好厚着老脸皮，奔往河内。张杨果然是唯一真对他好的朋友，再度收容他，不计较他上次的不辞而别。

提一句：吕布在路过陈留之时，又交到一位好朋友，即陈留太守张邈。张邈对吕布的武艺十分佩服，对他热诚招待；临别之时，还和吕布“把臂言誓”。这四个字的意思，可能是结为同盟，更可能是“结拜为异姓兄弟”。

当时有人向李傕、郭汜的中央政府告了密，说吕布就匿藏在河内的张杨处，可李傕、郭汜对张杨暂时还不想招惹，便顺坡下驴，索性再送给张杨一个大大的人情：董太师早就成旧鬼了，咱们为忠良报仇也就是说说，与吕将军一笑泯恩仇吧。

一旨诏书颁下，封吕布为颍川太守，这吕布给别人打了好几年工，总算有了个自己吃饭、喂马的小窝了。

57

实际上，能给吕布封官的李傕、郭汜自己的日子也是过得一塌糊涂！

郭汜恼怒李傕对自己的屡次“施毒”，引军要宰李傕，那李傕却是更恼郭汜：想找借口除掉我，自己掌朝政啊？也太毒了吧！那咱就比比谁的拳头硬气，俩人加起来正好是个五百整数，谁怕谁呀！

这两支西凉精锐正是兵对兵、将对将，精锐对精锐势均力敌，在长安城内外杀了个天昏地暗，血流成河，李傕、郭汜两位主帅也单挑了不止一次，都是半斤对八两，正所谓棋逢对手，将遇良才，越杀越上瘾，欲罢不能。

这时候有两个人稳不住了，其中一个相信大家能猜得出是谁，便是当时中国的名誉一把手，小皇帝汉献帝，至于那后一个是谁？大家暂时先闷一会儿，花开两朵，各表一枝。一口塞不进俩馒头，饭要一口一口吃才更香甜。

皇帝坐不住是情理之中，俗话说：“覆巢之下，安有完卵？”要是由着这两位说不清是自己下属还是上司的愣头青在长安折腾下去，日复一日，月复一月，皇帝自己这颗大卵破壳流清散黄是早晚的事，去跟他们做个和事佬吧。

去做这两家的裁判员皇帝是不敢的，裁判是一个免不了时常挨扁的角色，挺正规的足球场上尚且如此，更别说这两个自己定规矩又从不讲规矩的混球了，就是劝架，皇帝也没那个胆量亲自出头，派太尉杨彪去传达朕意吧。

谁知现在的太尉已经不值钱了，比不得曹操的老爸曹嵩花一亿铜钱买的时候，现在最值钱的是粮食，据史载：“是时谷一斛五十万，豆麦二十万，人相食啖，白骨委积，臭秽满路。”太尉这个全国最高的军事长官，连个参议院的议员都不如，在李傕、郭汜眼里还比不上一斛谷子。

郭汜拔刀就想先砍了这多事的太尉杨彪，幸亏杨彪嘴还利索点，忙申明自己是替买看吃，两军作战还不斩来使呢，哪有拿劝架的使者开刀的？

郭汜反应迟钝点，到了李傕那里便不同了，一句奉天子命提醒了李傕：对呀，得先把这小皇帝控制在手里呀，如果被那郭汜捷足先登抢了皇帝去，弄出个这诏那旨来，我岂不是要政治上处于下风？天下人还以为我李傕不忠君爱国呢。

事不迟疑，英雄做事从不婆婆妈妈，随即传达军令：给我抢了皇宫！掳了皇帝！管她什么妃子、宫女，一律给我抢到军营劳军！

西凉军执行军令从来雷厉风行，三千骠骑出动，抢了皇帝，俘虏了众嫔妃，宫女们当然也就跟着做了李傕的战利品。至于皇宫财物、大内珠宝，自然也就充了李傕的军资。

郭汜闻听李傕抢了皇宫，劫了皇帝，心中大悔：怎么俺老郭就没想起来先动手呢？没办法，比着葫芦画瓢吧，你先抢了一个皇帝，我就后抢文武百官，你掌握着天子，咱控制住朝臣，也不算落多大下风！

其实众朝臣是自己送到郭汜门上去的，文武百官闻听天子被劫，一下感觉成了没娘的孩子，聚在了一起，人多胆自壮，决定集体向二位将军请愿，呼吁放了皇帝，两家罢斗。郭汜一见满朝文武到了自己军营，心中大喜！都别离开了，啥时那李傕放了皇帝，俺郭某再放了你们，这叫曲线救主，大家先委屈几天吧。

两位国家栋梁闹得实在不像话，终于有人看不下去了。

前文说过，对李傕、郭汜二人的火并最坐不住的有两个人，其中一个是皇帝，另一个就是给李傕、郭汜二人出过决定性主意的贾诩。贾诩这个人聪明才智是不缺的，不过大都是为自己谋划，帮别人出主意其实骨子里还是为自己，看人也称得上入木三分，李傕、郭汜是块啥料他心里明镜似的。

李傕、郭汜政变成功，当然要酬谢这位帐下高参，就给了他一个尚书仆射的高官，位居九卿之首。在当时三公虚位的中央政府里，这官相当于丞相的地位。

但贾诩没敢接这顶官帽，表面的理由是谦虚：“尚书仆射，言之师长，天下所望，诩名不素重，非所以服人也。”

其实他是看透了李傕、郭汜不是什么可造之才，跟着占点小便宜还凑合，要是出头替恶人顶缸，贾诩是不干的，再说了，夹在李傕、郭汜与皇帝中间，那日子绝对不好过，所以仅接任了一个尚书的头衔，实质上做的是官员提拔任用的工作。

现在朝政眼看着被李傕、郭汜二人搅成一盆糨糊，贾诩能不急眼吗？可是他心里也清楚得很，这两位军头现在已经身居太上皇的地位，只能听赞歌，是听不得反面意见的，所幸有起事时的大功在，李傕、郭汜对自己惮忌之外还存几分亲近，暂时还不会对自己开刀，但现在朝廷中的一、二把手都发疯了，自己这实际上的三把手的日子还能好过吗？

朝廷已成了是非之地，早躲开为妙，现在机会来了，皇帝及百官已被李傕、郭汜各自劫掠在自己的军营，贾诩便趁机交印溜之大吉，投奔了自己的老乡段煨。

值得一提的是，在贾诩没辞官之前，对被扣在郭汜军营的朝廷百官，还是照应了不少的，小皇帝和百官能逃出生天，主要是由于贾诩对李傕、郭汜直言相劝的原因。

58

小皇帝和百官得以从长安脱身，还有一个原因也举足轻重：有人对局势看不下去了，站了出来要抱打不平，这个人就是李傕、郭汜二人最早的盟友、镇东将军张济。

李傕和郭汜掐架时，张济正屯兵弘农（今河南灵宝县），闻听朝廷政局有变，当即提兵前来劝架。别觉得稀罕，劝架的还要带着大军？那当然，没见太尉杨彪差点因为劝架丢了脑袋吗？

张济的军力虽不甚强，可现在来得正是时候，便如站在了一个大天平中间，压上了哪头另一头也受不了会翘起来，李傕、郭汜现在不得不卖面子了，因为张济一来就声明了：“两家罢兵，释放天子与众朝臣，哪家不从，张某即与对方并力讨之！”

李傕、郭汜这时谁不想抢先把这个潜在的盟友拉到自己这边来？于是表示接受张济的调停，暂时停战，至于放人，却都要求对方先行动，二人的理由一样：我先放了，你那边变了卦，我岂不是被忽悠成了天字一号的傻瓜了？

两边又顶上了牛，总不能请位裁判来喊个一二三吧？张济也没有好办法。偏偏皇帝又犯了思乡症，坚决闹着要回洛阳，再也不想在这个令人伤心的长安待下去了。

其实李傕也不希望皇帝回长安皇宫，那里值钱的物件都被自己抢得一干二净，要是将来有一天皇帝追查失物怎么办？可要是把皇帝放回洛阳去感觉也不大对头，一时拿不定主意。

恰逢三辅大旱，庄稼颗粒无收，又加长安战乱，百姓如汤逾煮，尸体相食已尽，活人亦难幸免，今天啃了他人的胫骨，不知明日自己的大腿又将是何人口中的美味。

朝臣也不能幸免，一个个仅能以西凉军士的残羹剩饭为食；皇帝呢？也好不到哪儿去，那李傕也不是什么舍斋的施主，尤其是那些皇帝的左右侍从，连个半饱也难混到。

皇帝实在饿得撑不住了，就找李傕想要副牛骨头啃，你们吃肉，俺们啃点剩骨头总行吧？李傕心想：活得挺滋润啊，还想熬骨头汤喝？不想闪了皇帝的面子，就派人给皇帝送去了一架臭了十几天的牛骨头，嫌臭？那还是饿得轻！

又一位出来抱打不平了，这位见义勇为的好公民是李傕的亲信部将杨奉，原牛辅部曲将董承也及时响应，郭汜的阵营也不甚稳定，曲将杨定也喊起了忠君保国的革命口号，这下两人终于受不了了。

再加上小皇帝的软磨硬泡，一个劲地夸李傕忠君爱国，说那郭汜可就差多了，最后干脆又送了李傕一顶大官帽——大司马，感动得李傕心肠一软，便将皇帝放行东归了，郭汜见状犹豫再三，也释放了众朝臣，不过也没白放，也勒索了一顶车骑将军的官帽戴到了头上。

皇帝与朝臣们总算聚到了一起，事不宜迟，快走吧，免得夜长梦多。现在大家就盼有人能施舍一顿饱饭，做官的如果断了顿，那饥饿感可能比平头百姓来得更强烈。

当回乞丐吧，可要饭也不易赶门呀？此去洛阳，千里少人烟，饥民遍地，树叶草根早已挖尽，想从人家嘴里求食吃，可也得人家嘴里有呀！没奈何，只得走到哪儿算哪儿吧，前面第一站便是段煨驻军的华阴郡。

想要着饭回洛阳也不是件容易的事，他们才从长安逃出去不久，后面就响起了震天动地的喊杀声。原来李傕、郭汜醒过神来了，俩哥们儿加仇敌一琢磨，不对呀，真让皇帝及大臣回到了洛阳，能饶得了咱们俩？别内斗了，掉转枪口一致对外吧，把皇军消灭了咱兄弟俩再较量高下也不迟，谅他们拖家带口也走不远，先追上灭了这个中央政府再说！

不过皇帝现在也有了护驾的军队，就是忠君之心突然泛起的杨奉、张济、董承、杨定，保皇派与造反派的血战又将进入高潮，只不过其结局将使皇帝与大臣们陷入比做乞丐还要凄惨的境地。

59

皇帝及文武百官逃出魔窟之后，行动非常迅速，虽然忍饥耐寒，但还是不敢有丝毫拖拉。就这样他们一行好不容易到了华阴，眼都饿绿了。

所幸华阴的宁辑将军段煨不是小气之人，大伙总算吃上了一顿饱饭。人说温饱思淫欲，大臣将军们还没来得及温饱呢，保皇派的内部就出了邪事。

后将军杨定与段煨有点旧怨，见皇帝当晚宿在了段煨的大营，自认为抓到了把柄，当夜便声称段煨扣留了皇帝，想造反，咱们要去救天子呀！他指挥本部军马开始进攻段煨营。段煨也不是个软柿子，打起仗来也有自己的一套招数。结果两部打了十余天也没有分出胜败来，这期间段煨供应御膳，招待百官，毫无造反的迹象。

就在这时，李傕、郭汜赶到了。毕竟打的旗还是来救驾，所以就先拾掇背义的杨定。杨定经不住前后夹击，全军覆没，只身逃亡荆州。

一战未平，另一战又起：张济出来抱打不平，与杨奉、董承又闹起了矛盾，张济又一次掉转了枪口，与赶来“救驾”的李傕、郭汜搞起了大联合，向杨奉、董承开了火。

为争皇帝，双方于弘农东涧展开了大战。

杨奉原来是被董卓招安的白波军将领，现在所带的都是以前的并州部队，本来战力就不如剽悍的西凉军；董承所部更属弱旅，怎么能抵抗得住联合起来的西凉铁骑？弘农东涧的一场大败当在情理之中，只是苦了军营中的皇帝与百官。

杨奉、董承二人拼全力保着献帝逃往曹阳，百官与宫女们可就遭了殃（皇帝用一顶大司马的官帽从李傕手中换回了宫女与嫔妃，至于染缸里倒出的是不是白布就不好说了）。据史载：“百官士卒死者不可胜数，于是弃妇女、辎重、御物、符策、典籍，略无所遗。”

董承、杨奉现在以残兵困守孤城曹阳，文武百官则重陷西凉军之手。曹阳城中的皇帝现在几乎是真正的孤家寡人，有了穷途末路的感觉。仗是打不下去了，那就和谈吧，可在李傕、郭汜、张济那里是不叫和谈的，叫投降，没实力了，谁和你和谈？

董承、杨奉现在顾不上这名誉上的事了，叫啥都行，不是还没有最后通牒无条件投降吗？那就先谈谈优待条件总行吧？

骄横的西凉军倒是乐意和败军之将慢慢地谈谈，对胜利者来说，那也是一种享受，没见大多数猫咪逮住了小耗子故意不吃吗？玩弄失去了抵抗能力的对手，比一口吞到肚里更加有强烈的快感。

这其实是董承、杨奉的缓兵之计，所有故意拖时间的和谈大概都是同一个目的，给时间，就有机会！董承、杨奉的机会在哪里？就在不远的河东郡。

杨奉是白波军的旧时主将，与现在河东的李乐、韩暹、胡才及南匈奴右贤王去卑关系甚好，杨奉一面差明使与李傕、郭汜、张济洽谈投降条件，一面遣密使飞骑河东求援，起义军的老哥们儿，会拉一把的。

果然，几个铁哥们儿一听老弟兄有难，无不义愤填膺，尽起河东全部骑兵（不过数千），抄了西凉军的后路。

李傕、郭汜、张济的西凉军猝不及防，再加上董承、杨奉的部队及时出击，西凉军一时不知援军的铁骑来了多少，军心大乱，保皇联军趁机掩杀，西凉铁骑竟然溃败。

等到稳住心神收集败兵之后，方才感觉解围的敌军数量并不多，回军再战曹阳，却已经是人去城空，董承、杨奉在李乐、韩暹、胡才及右贤王去卑的掩护下弃曹阳突围而去。

董承、李乐护卫车驾前行，胡才、杨奉、韩暹、去卑断后死战，这时敌我兵力已明，啥妙计都用不上了，硬磕硬又不是西凉铁骑的对手，只得以人命血拼，用尸骨作盾，且战且走，磕磕绊绊地熬到了陕郡（今河南三门峡市）。退进城后，董承、杨奉计点本部兵卒，已不满百人。

李傕、郭汜、张济现在再也不信什么和谈幌子、投降鬼话了，大军出动死死地围住了顽抗的中央军，战马绕城驰骋，军士呐喊云碎，被围之官员将士，闻之胆丧，士卒皆有怯意，谁都知道：明天的太阳不属于自己了。

早知今日，何必东来？不过现在悔也迟了，汉献帝定下了听天由命的方略，已经做好了驾崩于此地的准备，李傕、郭汜、张济西凉军的重新大联合使皇帝绝望了，也使董承、杨奉等一筹莫展，总不能等死吧？

人被逼急了就会走险路，现在的险路就剩下一条，就是偷跑。李乐的水性好，趁夜缒城泅渡黄河偷了条船，趁黎明前的一阵黑，把皇帝也缒下了城，董承、杨奉架着皇帝往河边匍匐前进，后面的随从、宫女们可就没人管了，多数从城上自己滑落，死亡伤残，不复相知！

人争攀船，董承、李乐以戈击之，不少手指坠入船中。随皇帝渡过河者，唯皇后、宋贵人、杨彪以下数十人。宫女皆为兵所掠，衣服尽失，发亦被截，冻死者不可胜数。

皇帝到了大阳（今山西平陆东北 7.5 公里），住进了李乐军营，命总算是保住了。

河内太守张杨派数千人负米来贡饷，饭总算是有得吃了。

皇帝乘牛车到安邑，河东太守王邑奉献绵帛，穿衣也有着落了。

温饱有了，那就是标准的小康了，总不能白吃白拿大家的吧？皇帝能有什么？唯有封官答谢：悉赋公卿以下，封王邑为列侯，拜胡才征东将军，张杨安国将军。

张杨派人至弘农与李傕、郭汜、张济等讲和，李傕等却很惮忌张杨，不得已放回了公卿百官及宫人妇女。

就这样，历经万难千险，终于完成了东归的壮举，回到了废都洛阳，一片废墟之中，皇帝开始了正常朝会工作。

真可谓：天当被，地当床，搭个席棚当朝堂，文武百官荒草跪，磕头倒不咯得慌。

第十五章

战匡亭：堵狼崽引来了群狼

60

袁术这一手大大出乎曹操的预料，好不容易赶上一回富裕仗，谁知堵狼崽子引来了群狼，保不齐还兴许伤了自己，怎么办？撤围匡亭？撤不得，你围城兵一转身，那刘详的五万精兵肯定会趁势杀出，这一回算是骑在了老虎的背上：前攻不下，后撤不得，拖着更不是办法，袁术的大军逐日逼近，等他赶到匡亭之日，也就是青州军的灭顶之时。

再说兖州的曹操，曹操要对袁术动手了！

其实现在的袁术也可算得一方强势，地广粮足兵多，且又贪得无厌，但总觉得这个小娘养的哥哥袁绍事事压自己一头，是自己将来身登九五的最大障碍，不除掉这个事业上的拦路虎大患永存，怎样对付这个不共戴天的兄长呢？

首先是广结盟友，与徐州牧陶谦、幽州刺史公孙瓒结成了损兄统一战线，陶谦与公孙瓒也因为感到了袁绍的威胁，积极响应了袁术的揍哥号召，摆出了出兵声援的架势。

陶谦亲率大军进驻袁绍南面的要地发干，直接威胁袁绍的南部边境；公孙瓒则派自己信得过的临时部下刘备屯兵高唐，经营平原，威胁袁绍的侧背；袁术自己则提大军扬言征讨冀州，要与哥哥争一回到底谁是老大！

袁绍还真没拿这个不争气的弟弟当回事，知弟莫若兄，大娘养的这位弟弟那两下身手当哥的最清楚，弟弟的那两位的盟友，袁绍更是有点瞧不起，公孙瓒是自己的手下败将，出头的刘备那点兵还不够老子塞牙缝，至于刘备到处标榜的帝胄出身，皇叔名分，更是笑料：连皇帝我都想废了他，何况你这个真假难辨的所谓“皇叔”？

陶谦？自守兵力尚且不足，怎有胆量捋我虎须？这些盟友只不过是做做样子给袁术看，连理都不用理睬；对袁术本人倒大意不得，毕竟人多势大，怎样对他迎头痛击？

弟兄俩打架，你竟然找帮锤的，难道我袁绍不会？当即便分别修书请领兖州牧奋勇将军曹操共争袁术地盘；又请荆州牧刘表出兵分享袁术的充足粮草，有便宜大家沾，诱饵相当有吸引力。

首先是刘表响应了袁绍的呼吁，出兵直奔袁术的粮草囤积地而去，虽未能如愿，但也切断了前方袁术大军的后勤供应。袁术尚顾不得两线作战，只得将大军屯于封丘，进击张邈主事的陈留，欲取食于彼。

曹操与张邈那是啥关系？想当初若不是铁哥们儿张邈在陈留助自己起兵，哪来曹操的今天？况且又有袁绍的恳请，于是愉快地出动了青州大军，挥兵南下，直击袁术。

那袁术这几年依仗着孙坚的威风，西征南讨，所向披靡，自我感觉已经成了中国的军事老大，现已掌豫州及两淮之地，对曹操刚招安的青州新军甚是不屑：昔日董卓的手下败将，竟敢前来招惹西凉铁骑的克星？岂不是小老鼠拉着老猫上擂台——自找挨抓送猫食来了！

哪知曹操不自量力，竟然全军出动将袁术的大将刘详围在了兵家要地匡亭，真叫人好笑又好气！既然你捋了猫须了，那我就趁势张嘴吃了你！

袁术把曹操看成了以身作食的小老鼠，焉知今日的青州军已非当年汴水的陈留弱旅；而失去了孙坚的豫州军早已淡然了当年孙坚的霸气，谁是猫谁是鼠马上就要见分晓，绝不是背地里骂人家几句鼠辈自己就会变成老猫！

更何况，现在的曹操又哪里是一只偷油的小老鼠？简直堪比一只卧踞中原的饿虎，现在这只饿虎已在匡亭张开了血盆大口，袁术却不知天高地厚地率军来到了曹操的利齿之间！

不过，现在兵力充足的曹操是在初次运用围点打援的战术，对付以兵力强盛著称的袁术，不用一点谋略胜败还真不大好说。这是曹操的参谋部集体制定出的作战方略，具体是哪一个的功劳，史未详载，笔者当然不敢刻意拍哪一个的马屁。

曹操的青州大军其实并未倾巢出动，兖州是新接掌的地盘，这个“领兖州牧”也是自己封的，并未得到当时被李傕、郭汜所控制的东汉朝廷的承认（一年后崩溃前夕的中央政府终于批准了曹操的当官申请），内部稳定问题使曹操不得不以预防为主，所以便留下了十万兵马由荀彧率领，巩固兖州的革命根据地。

对于曾用以起家的东郡，则委派了在接管兖州时立下大功的陈宫接任太守。让陈宫在他自己的家乡做父母官，大概是曹操有意的答谢行为，对地方的稳定无疑也是有益的。但本地人做本地官，也有其无法避免的弊病：那就是最容易尾大不掉，成为外人难以涉足的国中之国。这苦头曹操还当真就尝到了，而且就在不久的将来。

据守匡亭的刘详是一员被袁术充分信任的大将，指挥着足额足饷的五万正规军，论说守一个小小的匡亭应该不在话下。这匡亭，刘详也清楚它对袁术大军的重要性：这是袁术军被刘表截断粮道后唯一的后勤供应基地，一旦有失，那袁术军也就不用讨伐袁绍了，先解散了要饭吃去吧。

曹操恰也看准了这一点，这就是兵书上所说攻其不得不救的要穴，虚点此穴，袁术也会心惊。真要是强攻这粮草充足的坚城壁垒，曹操自认还没有那个实力，青州军刚整编完毕，首次实战便用来攻坚，不是用兵之道。

曹操首先把二十万大军名义“减负”，对外号称十万。

61

为什么曹操要将自己的部队隐藏起来一半？有原因三：

第一条是怕把袁术吓住不来了；第二条是怕袁术开过来的援军过多，自己啃不动，落得个被迫撤军，那样就等于把游戏给玩爆了；第三条最重要：兖州乃四战之地，周围强敌环绕，虎视眈眈，曹操现在有三十万大军早已是公开的秘密，匡亭这边少了，自然就是告诉大家后方兖州的部队多了，自然也就威慑住了那些想趁火打劫的“强盗”。

匡亭的刘详没被曹操骗过去，兖州潜伏的情报人员早已将青州军出动了二十多万的军情传到了匡亭，想示弱诱我出城迎敌？刘详认准了曹操的奸诈目的，下定决心：决不出城上当，坚守匡亭待援。

谁知这种不求有功，但求无过的战法，正对了曹操的胃口，曹操本来开到匡亭城下的不过五万士卒，每天都真真假假地攻一阵城，当然每战都是假装败下阵来。

刘祥是个战场上的行家，焉能看不出曹军假败的伎俩？还是想诱我出城追击！我偏不会上你的圈套！你退了咱就开宴喝庆功酒，当然也忘不了派人偷出城去向袁术报功催援，为了使袁术知道战事的严重性，求援报功书上这样写道：

“曹贼势众，举廿万悍匪围弱城；未将逞勇，捐数升热血报主公，五万士卒苦酣战，四城将士白刃红，狼烟蔽日月，杀声冲太空，朝夕退顽敌几次，早晚念援军数声，职部泣血顿首拜，望穿秋水盼雄兵！”

如此妙文到了袁术手上，焉能不感袁动心？没说的，“御驾”亲征吧（现在的袁术还没公然称帝，所以给这位内心深处早已认为自己是皇帝坯子的人加了个引号）！

也不仅仅是因为刘详所请“枪手”写的妙文，那匡亭袁术是非救不可的，总不能当真领着三十万大军讨饭去吧？干脆！对这小娘养的哥哥不打了，全军杀向东北，给曹操来个杀鸡也用牛刀！誓灭曹朝食！

袁术这一手大大出乎曹操的预料，好不容易赶上一回富裕仗，谁知堵狼崽子引来了群狼，保不齐还伤了自己，怎么办？撤围匡亭？撤不得，你围城兵一转身，那刘详的五万精兵肯定会趁势杀出，这一回算是骑在了老虎的背上：前攻不下，后撤不得，拖着更不是办法，袁术的大军逐日逼近，等他赶到匡亭之日，也就是青州军的灭顶之时。

再说了，这次出兵的目的就是抢地盘、打食吃，养兵需要粮饷呀，就算能全身而退回到兖州，那以后的日子怎么过？

有谋士建议：把打援改为阻援，倾全力攻下匡亭，然后携匡亭的敌军辎重逐步退回兖州。问题是攻得下匡亭吗？攻不下怎么办？历来的攻城战都是攻方倍于守方的伤亡，就算血战攻下来，合算吗？

还有，阻援阻得住吗？一旦援阻泡汤，城又不克，岂不是要全军覆没？这种一厢情愿的险冒不得！退一万步说，就算战局的发展一切如了心愿，那袁术的三十万大军又岂肯来此度个黄金周，旅游一圈回去照常上班？大军开进了兖州境内，岂不是把战火引向了自己的地盘？一句话：这是条馊主意，用不得。

饶是曹操熟读兵书，久经战阵，面对即将到来的困境危机，一时也感到进退两难，前景不妙。

现在，考验曹操的时候到了。

曹操决定再冒一次绝大的风险：以自己作为诱饵，打乱袁术三十万大军结团稳进的战场部署，阵势一乱，必然有隙可乘，至于胜负？走到哪一步说哪一步就是了，袁术难道追求的不是胜利？只要能利用上他这种心态，那最后的胜利者必将属于我曹操！

笔者发现了一个有趣的现象：曹操一生，大小数百战，绝大多数皆是险中求胜，而且胜得令后人荡气回肠，至今仍感魏武雄风扑面！唯有赤壁之战，当时的曹军属绝对的恃强凌弱，曹丞相准备周密，计划详尽，却败得那叫一个惨！不，惨字不能尽表，应该换一个字，爽！败得那叫一个爽！

62

计划永远都是制定容易实施难，曹操这次的作战方案却是连制定都不容易。

首先是两关难过：现在的曹操还没有形成"一言堂"的家长式管理作风，还是尊重自己的参谋部——谋士班子的意见的，谋士们集体反对——虽然有舍不得孩子套不着狼之说，可那也不过是说说，谁听说过有人用自己的孩子当诱饵引狼的？要有也是拿别家的孩子，用自己的孩子当诱饵套狼的绝对不是一个好父亲！

而现在曹操却欲拿自己的脑袋当诱饵去套袁术这条恶狼，不是愚蠢透顶就是疯了！谋士们表示：要去大伙都去，要自杀大家一块赴难，黄泉路上也有个伴，曹州牧想独自先行，不干！这时文士们的确真心趋义，愿相随曹知己于地下——士为知己者死么！

其次是武将关难闯：这活路委派哪位将领都行？还用得着主公亲自出马，以身犯险？莫非是俺这一帮人里挑不出一个不怕死的？士可杀不可辱，将更可杀不可辱！抗议！除非是你派我去！能替曹操涉险赴难，绝对的狭窄的空当！当然都是真心诚意。

说服文臣们曹操仅用了一句话："此计不妥？请出妙计安之！"是啊，这行不通，那不稳妥，总得拿出个走路的办法来呀，就这样坐着等死？知道坐以待毙怎么解释了吧？谋士们哑了，心里唯盼曹操带自己同行，于愿足矣！

应付武将们曹操也是只用了一句话："诸将军如哪位自认能在袁术目中代替曹某，曹某求之不得，愿让位于大才！"这句话虽然说重了，有点伤武将们的心，尤其是面子，可也是实情：你想让袁术倾全军对付你，够分量吗？肉包子打狗，人家要是领头的狗王不睬你，派个小狗崽把你给叼了去，那才是割肉饲鹰呢！

事情就这样决定了：曹操带典韦引一万铁甲重骑及防弩车仗直击袁术中军心脏，一旦占据有利地形即扎寨固守待援，战役目的为吸引敌军前来围攻，只要能达到使静止的敌军处于运动中即算成功，至于后事如何，只有等到了下回再分解了。

李典、夏侯惇各领轻骑二万从两翼远远迂回敌军后方，战役目的为切断敌军的后勤供应，佯攻袁术的辎重部队可以，真打不行，只要能调动敌军重兵救援，就算大功告成，两支轻骑的运用妙处在于：发现敌援要佯装溃退，能让敌军保持在运动中的攻击状态就是功上加功，要点是让敌军攻击的距离越长越好，前进的速度越快越好。

至于曹洪、夏侯渊、于禁、乐进等诸将，每人引兵一万，分头攻击袁术大军的两侧，战役目的为惊扰敌军，能使敌军动起来就达到了目的，这是青州军的主力，现在却被派上了疑兵用场，这时，谁能不叹服曹操对兵无常势、水无常形的理解及运用？

从围困匡亭的部队中悄悄集结三万人马，布于匡亭与主战场之间的险要之处，刘详的部队如出动，则以伏击刘详军为主要作战任务，刘详军若仍然坐城观虎斗，该军则是青州军的总预备队，由郭嘉掌握，到时候根据战场形势机动。

那置敌于死地的一刀在哪里呢？容我卖个关子，也考考看故事的诸位！

袁术的"御驾亲征"的确当得起一个"御"字，其实他比现在的皇帝威风多了，咱们的小皇帝即将要返回故乡，比丧家之犬还要寒酸几分。袁术则是比皇帝出宫还要辉煌几分：三万铁甲开道，两侧各五万步骑混合部队，再加上后卫的两万重装备战车步兵，用了一半兵力给袁术筑成了一座移动的钢铁与血肉混合方城，外围是真正的铜墙铁壁，坚不可摧！

若有恐怖分子混进了这活动城堡怎么办？那他就算是把自己的脑袋塞进铡刀

口里了，三万弓弩兵正等着他呢，后面还有随时准备出击的两万近卫部队，那可是精锐中的精锐，长枪大刀戟斧剑，杀人的家什一应俱全，你说，有多少脑袋能让他们砍得手软？

袁术的中军更如同一个巨大的钢铁保险柜，数千死士构成了袁术的最后一道血肉屏障（具体数量属于最高军事机密，无法得知），这些战士都洗过脑，个个都能用自己的生命捍卫袁术的安全，即使非战时也是发双饷的，养兵千日就等用在这一刻了。

至于袁术的贴身宿卫就更不用说了，几百人平日都是拿着蜜水当白开水喝的，干脆这么说吧，生活上和袁术简直是一样的待遇，为什么要加上“简直”二字呢？因为袁术周围的小姑娘多，这点宿卫们比不了，那活路严重影响身体健康，袁术是舍不得让他们干的。

可能有古代的战史专家要给本书挑毛病了：有这样把三十万大军列阵打仗的吗？这是标准地等着别人来打的阵式啊，别人如果不来攻击怎么办？二十万大军挤成一坨，光是开饭也是个大问题啊，大小便都能把主帅给熏死！

别急，这坨可是个大家伙，黑压压方圆百里，大军行过之后，田野只禾无存，逢山开路，遇水搭桥，沟坎崖豁但经部队踏过，便成了无边无沿的大场院，小青年上去溜旱冰都绝对没有问题，至于开饭的问题，那是袁术部队中火头军的工作，咱们不便干涉。

说到战役列阵问题，其实这正是袁术的高明之处：不求主动进攻，但求稳步推进，只要到了匡亭城下，就等于胜券在握。对曹操的战法，袁术向有所闻，曹操善于奇袭，胆大非凡，部队一旦集结稍疏，只怕将使曹军有机可乘，如此结阵，等大军抵至匡亭，两翼部队马上迂回包抄，自己正面的三万铁骑、三万强弩、加上两万内卫精锐堵住青州军的退路，就基本上将敌军三面合围，再加上匡亭城中的刘详及时出动，曹操即使插翅也绝难逃脱！

再说了，据刘详战报，青州军业已死伤惨重，精锐部队想必在攻城战中损耗甚大，再说新收编的黄巾余寇，能有什么战力可言？一经被围，后有大军欲噬，前有坚城难克，不作鸟兽散又有何为？

这一战袁术要安社稷、定乾坤：灭曹之后，回军擒兄，北征公孙瓒于幽州，东摧徐州陶谦之弱旅，荆州刘表必然望风而降，那时集中国之雄师，挥戈西向，小皇帝不让位谅也无地可残喘，九五大位，舍吾其谁？

63

袁准皇帝正于中军帐中想象着自己登基时的威风，品咂着做皇帝的幸福滋味，却有人大煞风景地前来报紧急军情，恨得袁术直想当场宰了这个不识时务的家伙，惊了当皇帝好梦的人确实够可恨的。

算了吧，宰相肚里能撑船，即将为皇帝的人腹内还不应该行驶航空母舰？天子不与庶民一般见识，战事为重吧。

“何事惊慌？讲！”

“秉主公，有万余敌军趁夜色从我前军与左军的结合部潜入了我军防区二十里，内卫军正竭力抵挡，但来敌甚是剽悍，人马俱披重甲，现已被他们占据离此十里的一座土山，前军无军令不敢回马歼敌，左军无将令不敢分兵侧向，请主公定夺。”

“嗯？何人领军？”

“月黑天暗，不能细辨。”

“命内卫弓弩将其围住即可，待天亮时再作攻杀，其余各部不得妄动。”

“得令！”

袁术犯了猜思，曹操这是干吗？送一小股人马来让我吃掉？以试探我的军情部署？还是来测探我军的战力？不会愚蠢到凭这点兵力对我实施“斩首行动”吧？

正疑惑间，部属又报：内卫军抵挡不住来敌推进，正缓缓退守中军。

这还了得？待我亲战！还未披挂，一振奋人心的绝好消息报来：借箭矢流火之光，有人认出了敌军的指挥大将，正是青州军主帅曹操本人！袁术问：不会错？谍报答：认出的人是曹操的同乡，不会错。

袁术马上来了精神：传我将令，重赏这位认出曹操的乡亲！

哈哈！曹操啊曹操！天堂有路你不走，地狱无门尔自来，没想到我竟高估你了，取尔头颅，就在今日也！

当机立断，紧急飞骑传令：右翼向中军靠拢；前军左军各留万人对敌警戒，全部主力围住深入之敌，内卫部队全部随我出动，今天本将军要亲斩曹操！

曹操，曹孟德，曹阿瞒！明年的今日即尔的周年也！

天大亮了，军情连连报到前线的袁术处：左右均未发觉敌军有大的行动；前方约有青州军步兵的万人，正与留守的我军重骑前锋在进行拉锯战，骑兵领军校尉几次请示出击——毕竟防守不是骑兵的长项——都被袁术阻止了，胜负的要点不在前方，就这样纠缠下去最好，只要攻下了被自己重兵围住的小土山，以后的仗就不用打了，那是青州军的脑袋，曹操在那儿呢。

重兵围向进攻中的曹操军时，曹操及时地撤回了小土山，并且以难以置信的速度伐树扎了简易营寨，由于占据了居高临下的地势，袁术军的骑兵派不上用场，仰射的箭弩比不得曹军俯射的射程，少许的火箭一时引不着曹操新伐的树扎的营寨，组织了几次敢死队了，都死光在曹营寨前，攻坚战一时陷入了胶着状态。

只是有一点令袁术兴奋，那就是确认了被围困的敌军中确有曹操本人，两人甚至还搭上了话，袁术劝曹操认清形势，及早投降；曹操劝袁术尽早撤围退军，以免全军覆没，嘴官司打不下去了，就在攻守上见分晓。从目前的情况来看，暂时谁也无法奈何谁，但总的形势无疑对曹操不利，毕竟被袁术围了个水泄不通。

对曹操来说，目前的战场态势正是计划中所追求的，现在就等着一样事了，等着袁术围自己的主力调动南退的时刻，袁术的主力会退吗？那就要看李典与夏侯惇了，对自己的这两位亲信将领，曹操是无比信任的，自己决定实施这个近似于疯狂自杀的作战方案时，其实就等于将自己的性命交给了这两位勇谋皆备的将领。

终于等到了，袁术的大军开始了明显的调动，不对！精锐的内卫军顶到了前面，虽然大部骑兵已南进，估计是李典与夏侯惇的战术行动有了效果，但袁术的主力很显然地没有被调动，曹操现在仍然被十余万敌军围困并攻击着。

此时的袁术，已经得到了辎重部队遭到敌军骑兵突袭的消息，他非但没有惊慌，反而觉得一块悬着的石头落了地，一直对曹操的行动不理解的迷惑现在有了答案，原来如此，不就是点辎重吗？全丢了又能如何？只要干掉你曹操，还怕抢不回来？俺现在是要命不要财，认清了你的那点蹩脚伎俩，反而更放心了，不好攻，困也要困死你，不信你的兵马不需要吃饭。

话虽这么说，辎重部队还是要去增援一下，毕竟自己的部队也要吃饭，总不能与被困住的曹操比谁耐得住饥渴吧？于是前锋的两万重骑被派向了后方，怕不保险，又从左军里面抽出了三万部队，同去增援后方。但这些都与你曹操的生死无关，你还是脱不了困，提不走脑袋。

曹操现在心慌了吗？没有，这也是他预料的几种形势之一，曹操是何等人？这种大战岂能不预备出现万一的后招？勇将曹仁的两万精骑，此时就隐藏在与袁术军前锋进行拉锯战的后面，一旦出动，将是一把利刃，直刺袁术的——不是，目标不是袁术，刺向哪里？请大家慢慢看下去，马上就要说到。

64

前面给大家出的考题马上就要揭晓了，那就是究竟青州军把自己最致敌军一命的利刃藏在哪里了？

谜底：那把利刃就是曹操自己！

肯定会有人说笔者在忽悠人，利刃怎么会是刺向了被围困在土山上的曹操自己？别急，马上大家就会明白的。

就在袁术盘算如何一举攻下曹操占据的土山时，只见匡亭方向的前线，鼓声大振，号角相闻，不多时，只见一支彪骑如同铁篙划开了水波，直冲曹操的小土山而来，自己的铁骑纷纷避让，未及避让者无不落马，领军大将，直如同恶煞现世，魔鬼再生，一柄砍刀一经挥动，马前即滚落一颗人头，己方数骑同时迎敌，竟然未能稍滞此将片刻，左右马上告诉袁术：这便是曹操手下第一勇将曹仁是也！

袁术明白了，曹操等待的就是这路最后的援兵，灭了他，或者阻住他，曹操就彻底完了，活无望矣！随即指挥强弩硬弓，如同泼雨一般射向曹仁的骑兵部队，接着令旗挥动，将自己的内卫精锐围向曹仁而去。

眼看自己的内卫精锐与那曹仁交上了手，那曹仁肯定冲不过来了，谁知被围的土山上突然木寨齐倒，如同天崩地裂般的一片呐喊，大队铁骑居高直冲下山来，啊？不好，竟然是直冲自己来的！

袁术心中不禁冷笑，黔驴技穷哉！就我这数千近卫死士护卫在前，你能奈我何？终于在高坡上待不住了？那就平地上打个歼灭战吧！所有步骑军向中军靠拢，趁敌军与近卫厮杀时，合围曹操于旷野，这场大戏也该落幕了！

眼看着曹操一马当先，勇将典韦双铁戟护卫左右，直奔袁术而去。袁术心中大喜：曹操，你再快些，快些送死来吧！

孙子兵法云：兵无常势，水无常形。

但曹操的匡亭之战却是水有常形的战术思想。

大概有朋友说笔者在擅改祖宗的兵法了，那可怨不得别人，是曹操改的，在制定这打援的作战计划的时候，水有常型就是曹操计划里的一部分，水无常形是因为少了堤坝约束它，约束不住可以开条河渠疏导它，这就是曹操这次作战的主导思想。

要是还有朋友不明白，咱就打个比方：现在袁术的三十万大军就如同没有堤坝约束的洪水，眼看就要泛滥成灾了，曹操的十五万青州军（围匡亭城的五万没算在内）就是欲圈住洪水的堤坝，如果是曹军的兵力强盛，那就是堤坝高于泛滥的洪水，现在曹操的青州军处于弱势，那就是欲用三尺高的堤去围阻七尺高的水头，是没有办法拦住的。

怎样才能使袁术的大军——这汹涌的洪水成为有规矩的常形呢？前面我们知道了，欲使水有常形除了加固堤防外还有一个办法，那就是疏导。

上古史载：大禹的老爸就是因为搬教条筑堤围阻洪水，结果越堵越泛滥，事倍了功却连半也没有，被舜砍了脑袋！

大禹接了老爸的班，使用了开河引洪的疏导法，成功了，舜给了禹所能给的最高奖赏：把自己的天子位子让给了禹。

曹操现在就是把自己所有的兵力都用来做疏导工作的，马步三军怎么疏导？看下去就是了，比疏导泛滥成灾的洪水还要容易，用不着像大禹那样苦干多年，三过家门而不入。

曹操率典韦等一万重甲骑兵冲下据守的土山，直奔袁术的中军而去，袁术急调全军主力向中军集结，欲使用狮子博兔的战术一举吞掉曹操这只肥嫩的兔子，哪知这只兔子却是肥而不笨，及到饿狮嘴边，突然转向南窜，竟是直扑袁术派出去增援后方的部队，哪里走！雄狮发怒，猛追狡兔！

就在此时，四方飞骑紧急来报：不知多少支青州军马，同时来攻，由于周边的主力被抽调，实在抵挡不住人多势众的青州军。

袁术觉得头大了，隐隐感到今天的战事有些不妙，怎么战局的每一步发展变化都出乎自己的意料呢？脑子里只剩下了一句话：我要胜！我要胜利！目光中仅剩下了一样东西：曹操及他那一万骑兵的背影。

追上去！灭了曹操！所有的战局都塌了架也没关系，只要咬住你曹操！

其实，如果现在的袁术能保持哪怕一分理智，也不会做出率全军向自己的后方追击的举动，因为只有周围的几百人知道你是在追歼敌军主帅曹操，九成九以上的士兵与将领都是本能地跟着主帅向后逃跑，而且身后还有不知多少的敌军追着自己掩杀，稍慢一步，头已丢去，大部分人心里已确认：自己的军队已经败了！

仗打败了的时候怎么办？逃命去呀，跑不动了的怎么办？投降呀，总比被人砍了脑袋强点吧！一切顺理成章，袁军降卒一眼望不到边了。

袁术假如冷静一些，重新收兵结阵固守，也就是个不胜不败的战局，就算损失了八万辎重部队，最多也就是个小败一场，重新开向匡亭，只要能与匡亭的刘详会合，也绝对掌握着战略优势与战役主动权，可惜——可惜世界上从没有卖后悔药的，战场竟成了这种局面！让我们乘架直升机往下俯瞰。

最西南方：袁术的八万辎重部队，那也是相当有战斗力的部队，虽遭到了李典与夏侯惇两支轻骑的袭击，也只是略有小损，很快就形成了大纵深的防御体系，由于在对阵器械上占便宜，局面上并不处于下风。

由于增援部队的及时到达，李典与夏侯惇很快闻风而鼠窜，袁术军十几万人集结到了一起，士气大振，自然要奋勇追击。

后面跟着的是曹操率领的万余重骑，中间的袁术部队认为是来救前面的敌军脱险的，所以仅分出一小部分兵力来阻击敌援军，追击的速度并没有缓慢多少。

再后面是袁术大军的主力，开始是追歼曹操的万多骑兵，后来就变了味道了，袁术主力仅有最前面的一部分是在追击敌人，其余的是在逃命，啥时候想杀人的也跑不过怕被杀的人呀，很快逃命的就超越了打仗的，袁术开头还很得意：看，咱的部队素质怎么样？作战时争先恐后，想是俺教育有方！

后来就看出来不对头了，怎么光跑不打呀？

最后面是青州军的主力，全是万人队，掩杀追击的速度也不算快，接受投降、安排战俘太繁重了呀。

看清楚了吗？应该能看得明白。不就是像接力赛的赛场跑道吗？你追着我，我又追着你，好一场马拉松大赛！是不是更像被疏通到河渠里的洪水？水流畅了，就停不住了！

不知道啥时候最前面李典与夏侯惇的两支轻骑跑得没影了，跑得就是迅捷；

原来排在第三序列曹操的重骑兵也趁乱退出了战场，马力有限，不能继续跟着没完没了地跑下去了，疏通引导的任务已经完成，也没有必要陪着熬到天黑。

已经争到了赛跑第一位的袁军正欲歇息马力，搜索青州部队的溃军，谁知后面拥上来了真正的溃军，无边无沿，漫若洪水，直听到处在喊：

“快跑啊，前面让个路行吗？你想死老子还不想死呢！”

溃军的洪水把前面的袁军给淹没了，大家现在身份都一样了，都成了溃军，这溃军中间也包括被几百宿卫死士保护着的袁术，袁术现在已经变成了个木头人，大脑几乎停止了运转，里面就剩下了一句话：

“咋会败了呢？”

65

逃命行动最开始袁术绝对是被迫的，后来就是充分发挥了个人的主观能动性，曹操的青州军现在已由肥兔变成了饿狼，而袁军则稀里糊涂地从雄狮变成了绵羊，不抓紧主动逃命，你说怎么办？别站着说话不腰疼，有胆量你到溃败的乱军中体验一下生活？

眼下的情景正是：

乱战一天，暮色苍茫；三餐水米未进，四面箭矢如蝗；人马奔窜之眼底，喊杀声不绝于耳旁；举首只见得人拥，低头更忧虑马殇；恨曹贼乱战抛弃道义，怨自己为何不生翅膀？真个是英雄多歧路，最痛心无处话凄凉；更无奈将找不着兵，却愁煞兵找不着将；念天地之念天地之悠悠，独怆然而涕下；一个个，泪汪汪，哭爹的哭爹，叫娘的叫娘！

袁术好不容易被残兵裹挟着逃到了封丘，一顿安稳饭没吃完，曹操的青州军又到了，眼看封丘就要被围成死地，趁还有没来得及围严的空隙，再溜吧！一口气窜到了襄邑，谁知一口气还没喘过来，那曹操竟又尾随而至，袁术的军队再也不敢与曹操打了，军中将士已谈曹色变。

惹不起还躲不起吗？去太寿！这曹操竟像苦追着一群温柔的绵羊的饿狼，也跟着扑到了太寿，怎么办？既然甩不掉，那就拼一场吧！太寿城高池深，你曹操除了生了翅膀能飞进城来！

太寿城高池深的确是真的，曹操的大军围城之后还真有点望城兴叹，城市攻坚战不是青州军的长项，骑兵用不上，步兵爬城也需要付出极大的伤亡，还不定能否登上城头。围困吧，曹操所携带的粮草又支应不了多长时间，本来是出来猎羊、夺地、打食的，假如在这里被耗尽粮草给饿回去，那前面的一串胜仗就算白打了。

曹军只能速战速决，容不得旷乎日久，可袁术现在就像老鼠进了洞，缩在城里死活不出来，你能拿他怎么办？莫非还能像灌老鼠洞一样把这只大老鼠给灌出来？

灌？对！曹操被灌老鼠洞的想法给启发了，太寿城墙虽高而厚，却是一座土城，再厚的土城墙也经不住水冲啊，你不是依仗着太寿城高池深吗？咱就用你的池深破你的城高！

翌日攻城开始，青州军三面虚攻，一面真干，大量的云梯集中在了地势最高的西城，士兵手持盾牌将登城云梯架得层层叠叠，密密麻麻。袁术亲自赶到了西城楼，开始还有些怯意，待青州军的云梯一架上了城墙，袁术不禁哑口失笑：原来曹军所有的云梯没有一架能够得上太寿的城头的，太短了，最长的云梯架好后离城头还有三尺，就算是没人守城也绝对没有人能爬上来。

至于电视剧里表演的那些飞檐走壁的侠客，连袁术都知道那是用钢丝吊着来忽悠观众的。

青州军作战也太教条主义了，竟然不顾战场的实际情况，云梯还是冒着箭雨檑石照架不误，而且是长短都架在了城墙上，短的在下，长梯在上，一层又一层，像是在借着城墙在搭一溜水的房子，士兵们也在开始顺梯爬城。

袁术暗叹曹操野战内行，攻城外行，索性传令守城将士停止射箭掷木，且看他怎的飞上城来？果然，登城的青州军士兵爬到了梯顶便立刻傻眼了，只得蹲在木梯上以盾牌护住自己，动弹不得，好似一只只傻鸟，更可笑的是，大量的傻鸟还是继续上了云梯，继续往上攀爬，爬到上面的人的脚下，又动弹不得了，可是下面的还是照爬不误。

袁术不禁心里一阵阵苦酸！自己怎么会败在这样一帮傻大兵手里？太冤枉了，没听说过曹操傻得这么可爱呀！他不禁对这些傻兵动了恻隐之心：被洗过脑的人们太可怜了！

慢慢的，袁术感到了不对劲，他发觉那些可怜的傻兵不见了，仅是把盾牌不知用什么绑在了云梯上，人看来早从云梯下面溜走了，而一层层绑了盾牌的云梯既不怕箭又不怕石，扔几根檑木下去，也就是颤几颤，连火把都奈何它不得！

袁术突然明白谁是傻鸟了！

这个世界上最傻的人，其实正是内心认为别人都是傻鸟的人！

眼看着青州军在自己的眼皮下搭了一片极大的房子，宽搭满了整个西城，长搭过了护城河，曹操想在这大房子下面干什么？不好！青州军在掏城墙！

一转念，袁术心里又乐了，掏城墙？也亏你曹操想得出！知道这城墙是用什么材料怎么做得吗？是用米汤为浆夯实的，我借给你家什，管你饭食，再提供茶水，你一个月能打个小洞吗？

看来领导闭着眼睛指挥害死人啊！

袁术一面感叹曹操的愚蠢，一面赞叹自己的聪明，吩咐左右中午在西城上摆宴，喝着小酒，欣赏着别人的愚蠢行为，应该是世上最幸福的事情！

他甚至有了把曹操请上城楼饮几盅的想法，要是你曹操敢来该多好！俺袁术保证让你胆战而来，尽兴而归，哪会舍得杀了你？

有时候，敌人也能给自己送来快乐的。

快傍晚了，袁术心里想象着两个月后的情景：太寿城墙被曹操千辛万苦地掏了几十个小洞，士兵爬进洞里企图进城。守城的士兵早就在洞口举刀等待，爬城墙士兵刚在另一面露头，就被守城的士兵挥刀砍了。露一个头，砍一个头，伸一条腿，斩一条腿，要是有先伸手的呢？

手莫伸，伸手必被捉，我和众将在监督，众目睽睽难逃脱！

算了吧，血淋淋的怪残忍的，还是用水灌吧，来个水灌老鼠洞！不行！土做的城墙，水会把城墙给泡塌了的。

想到此，袁术激灵灵打了个寒颤，袁术突然醒悟！曹操不是在掏城墙，是在挖河，在把护城河与城墙挖通！大水一旦到了城墙，此城休矣！

“水！水！”袁术大声惊呼。

好像是在响应袁术的呼唤，西城内几乎同时喧起了一片惊呼：

“水！水！大水进城了……”

袁术这次反应极敏捷：完了！曹操的引水入城工程完工了！

啥也别说了！大势已去，走为上策吧。三十六计确为高人所著啊，幸亏俺将这最后一条练习得极熟，甚至都熟能生巧了！

于是乎，袁术仅带部分亲兵，少量部队，趁夜色朦胧，窜出太寿，逃往宁陵，自己的羊群小多了，可后面的狼群却渐大了，并且扑过来的势头越来越猛，羊群刚到宁陵，狼群紧跟着就围了上来，没奈何，继续撒丫子跑吧。

残部一口气直趋九江。

这次曹操没有做赶尽杀绝的工作，离兖州老家太远了，一旦根据地有闪失，曹操大军将退无所据，只能让这位“四世三公”的后代继续招摇撞骗几天了。

又谁知就在曹操一连串的军事胜利之后，却被胜利冲昏了头脑，犯下了一个让时人绝不能原谅的大错！此一错埋下的祸根，险些将他半生的心血毁于一旦，甚至连性命都差点陪了进去！尤其是在政治上、道德上，恶劣影响竟延续到曹操身后，直到今天，肯定还会地延续下去。

这大错起因于一件意外的惨案！

第十六章

初战徐州：一场占小便宜吃大亏的战争

66

曹操的老爸曹嵩被强令从太尉的职务上退休好几年了。攒钱无非是为了享受，可是现在琅琊的消费环境实在是太差了，回京师？洛阳街面被董卓春天里的一把火给烧了个茫茫大地真干净，娱乐场所的基础建设也不是一时半刻能恢复的，已成废都。曹嵩果断地决定换地方消费钱财，找自己的儿子去！

初平三年，曹嵩和曹操的兄弟曹德带了一百多辆车的行李与金银财宝由琅琊去兖州，过于招摇了点，不过也可以理解，如今看到儿子曹操名副其实的强爷胜祖，换了谁也会这样，至于招祸？以曹操此时的军事实力与威名远播，些许毛贼，敢来招惹么？

是的，小毛贼兴许不敢，可他老人家偏忘了：中国最不缺的就是穿兵服的大毛贼，兵匪难分，古来有之。

曹嵩率领的金银财宝游行车队一路招摇，浩浩荡荡开向兖州，你别说，曹操的招牌比那绿林瓢把子的令箭还管用，只差敲着梆子喊“平安无事”了。老爷子也不当真赶路，一路携美妾游山玩水，不亦乐乎。

需要提一句的是，东汉时好像与唐代差不多，女子以肥为美，曹嵩的小妾就绝对美出了不止一个重量级，当然，也可能这仅是曹老爷子的个人爱好。

当游行到陶谦的辖地琅琊国与泰山郡的交界处华县时，陶谦的边防战士一看来了这么大的一块肥肉，哪里还顾及官军的身份，毫不犹豫地脱下了军装扮演起了强盗。

守备此地的军头是归属陶谦领导的都尉张闿，据《三国志·吴书》记载，陶谦事先已经专门作了叮嘱，要热情接待曹操的老爸。《三国志·魏书》及《世语》中则一口咬定：扮强盗围捕是陶谦一手安排的。

笔者认为还是中立的吴书可信性较大些，理由很简单，身为一州之牧的陶谦，怎么会愚蠢到为了一点私财去树曹操那么个强敌？但治下不严的领导责任是免不掉的。

那张闿起了歹念，率部越界袭击了曹嵩下榻的宾馆。曹嵩慌忙从后院挖墙洞逃跑，不想他的小妾身体太肥了，堵在洞口进退两难。官匪们冲到后院，曹嵩当场被杀。同时丧命的，还有曹嵩的小儿子、曹操的弟弟曹德。

张闿携财逃亡了，曹操却不追捕张闿，一口咬定陶谦是杀父仇人，实是孝子之意不在父，而在乎于徐州钱粮也！

那么，徐州该打吗？这次战争的得失对曹操真的有利吗？

曹操是这样考虑的：凭兖州的一州之地养不起现在的三十万大军，在天下大乱的年月来个大裁军不现实，精兵政策如果实施的不是时候就会招来大祸，在生存竞争愈加激烈的野生环境中，自己弄不好就会成为别人的点心。

挑起战端无可厚非，生存需要吗，问题在于选择猎物上，曹操圈定的目标是徐州的陶谦，也是该着陶谦及徐州的百姓有此劫难，是不是可以这样推论：一件谁也无法预料的事件，给了曹操一个发动战争的冠冕堂皇的借口。

老爸及全家在陶谦的辖区里出事了，全家被灭门，所有财物被打劫，这口气怎么说也是该出！但要说真实原因，无非三点：

一、陶谦站错了队。在二袁哥俩相斗的战争中，曹操支持的是连他自己都厌恶的哥哥，而徐州陶谦声援的是实力稍弱的弟弟，这是政治立场的大是大非问题，绝对不能原谅。

二、徐州富裕。匹夫无罪，怀璧其罪。军事实力相对稍弱的陶谦，竟然占据着这么富的一个大州，凭什么？那就像一个十来岁的孩儿看守着一份家产万贯的祖业，不抢你抢谁？

三、打仗方便。兖州徐州唇齿相挨，大军朝发夕至，谁让你给俺做邻居呢？

不拿你开刀难道还要我远征长安的西凉军去不成？

曹操唯一没理睬的就是政治上的合法，道义上的愧疚：陶谦是被朝廷任命的合理合法的州牧，而这个朝廷是一直被曹操承认的中央政府，你没有得到中央指使，擅打邻州城池，与扯旗造反有何区别？

在二袁狗咬狗的撕架中，陶谦惹不起袁术，出兵做做样子，实是无奈之举，实际上并没有与袁绍或曹操真开战，所以并无血仇；徐州富裕那是因为陶谦执政有方；而且陶谦本人向来以清廉知名当世，深得徐州百姓的爱戴。城池、粮秣与舆论、民心孰轻孰重？

至于曹操所打的为父报仇的旗号，那是根本站不住脚的，凶手还不知道是谁，你先起兵报仇，就算灭了陶谦，那真正的凶手岂不是要乐歪了嘴，就算缉拿凶手也要先找罪魁祸首吧？哪能闻凶信就想当然地认定陶谦是幕后主使？

所以说，即使没有曹嵩全家的意外事件，徐州也是免不了兵祸的，攻击徐州是曹操的既定方针，问题在于这个决策对吗？对曹操的事业发展是利大于弊，还是弊大于利？

虽然有大秦远交近攻而称霸的成功案例，但此一时，彼一时，四邻州郡并没有拿曹操当作敌人，徐州战端一开，四方无不心惊，为求日后自保，家家扩军备战，播下了迫使曹操戎马一生而难尽全力的种子。

日后的荆州刘表离心纳刘备；刘备对曹操一再示好不屑一顾；对曹操曾有大恩的发小张邈不惜与曹操反目成仇；对曹操入主兖州起过决定性作用的陈宫倒戈相向；以至后来孙权的坚决抗曹；甚至延续到今天的奸贼形象，其实都是从曹操这次轻率的决策开始的。

那曹操应该做出的正确决策是什么呢？这点是仁者见仁，智者见智，连大才如荀彧、郭嘉、程昊等都难以出谋，后人又何以敢妄言？但作为后代人，有一点敢于向曹州牧建议：首先巩固根据地，把后来的屯田政策提前付诸实施，再往后还真应该远征长安，最起码能落个得道多助。

自然是今人站着说话不腰疼，那三十万部队不用我们出粮饷养着，所以才敢隔两千年纸上谈兵，也未必就谈对了。

曹操还是出动大军杀向了徐州，揍人的理由却不仅是为父报仇，因为仅凭此借口有公报私仇之嫌，于是又加上了一条更加荒唐可笑的理由：陶谦勾结造反称帝的阙宣。

这个连用脚后跟一想都能明白的借口，竟然被堂而皇之地记入了魏书正史，实在令人们对当时的官方语言产生怀疑。

《后汉书·陶谦传》中说：陶谦与阙宣合从不久，就杀了阙宣，吞并了他的徒众。事实是，陶谦从阙宣开始造反的第一天，便开始对他讨伐，很快就击败了他，并将他杀死。阙宣从造反到战败被杀，前后不到一个月。

《后汉书·陶谦传》，大部分是从陈寿《三国志·魏书》中抄来的。《魏书》是魏朝史官留下给晋朝的官方记录，魏朝史官大概对陶谦有着不得不向坏里说的苦衷，因为陶谦是魏朝开创者曹操的敌人。

曹操的“代天讨逆”大军出动了，事情就是这么荒唐：一个自封的“领兖州牧”替不承认自己的朝廷出兵了，讨伐的是朝廷自己的州郡；事情还就是这么合理：一替国家平叛乱；二替父报仇。

其实心里的话应该是：你政府不给我发军饷，还不允许我自己筹集么?

曹操只能坚持两点：谁有粮打谁；谁实力弱打谁。

只顾得眼前利益的曹操却从此埋下了一个大祸根：原兖州的官员、部队、士民自此与他们请来的州牧离心离德了，鸿沟一旦形成，再无填平之日。

而曹操此时却想当然地认为：自己替父报仇是孝顺的最高表现形式，当然站在了道德的制高点上；劫掠徐州是替兖州的人民省军粮，兖州人民应该欢欣鼓舞地感激自己才是啊。

67

初平四年，曹操大军东犯徐州，兵锋所至，摧城如踏草芥，但凡破城，所有会喘气的一个不留！徐州相对其他州郡原是一方尚属和平的乐土，各县城挤满了躲避李、郭战乱的百姓，谁想这下等于逃进了一架巨大的绞肉机。

曹操心里有数：不杀光了你们，粮食如何省得下？财物如何抢回兖州？莫非还要留下将来找我报仇的人么?

待边境急报传到徐州时，十余座城池已尽属曹军。

此战事青州军的目标很明确：以杀人、劫财、夺粮为第一要务，所以导致大军过后，十室十空，官仓府库则更不必说，大批幸免于难的百姓拥向了彭城，那里是徐州最大的粮仓，百姓逃过来是为了求食保命。

曹操的中期战役目标也是彭城，不吞下这块肥肉曹军难饱，至于徐州境内的百姓，那不是他曹操考虑的问题，要是你陶谦把徐州牧让出来吗……那另当别论，现在还没到我曹操有这个闲心的时候。

陶谦无奈，只得尽起徐州主力，开向彭城，为救徐州百姓，只有在彭城与曹军作殊死一搏。

曹操闻听军报，不禁大喜，能在彭城解决了陶谦，一来青州军有食，二来又避免了徐州攻坚，实是送上门来的大好事，于是便尽起二十万青州大军，直趋彭城。

大战即将来临，徐州军有两个作战方案可供选择：一是凭借彭城高大坚固的城墙，充足的军粮，依城固守，曹军人多势众必乏粮，只要能顶住曹操的前几轮攻势，可以说即胜利在望，待曹军无粮被迫退军之时，徐州大军出动掩杀，必可稳操胜券；二是依托彭城为后据，大军屯于城外，以逸待劳，等曹军疲师远来立足未稳之时，及时出动对其实施打击，此方案胜负当在两可之间，好处是就算不胜还可以退守彭城，继续执行第一方案。

陶谦没来得及过多的斟酌，便采取了第二方案，理由很简单，就算彭城能守住，城外的老百姓怎么办？若全部撤进城内，万一城破，彭城便成血海，因为曹操早已颁布飞檄：凡城池被围之后而降者，破城之日，亦即屠城之时，无论老幼，格杀勿论（那意思是，就算降了的也不免被屠城）！

趁曹军未到，陶谦做了两件事情，一是紧急疏散城中及四乡百姓，大部动员逃往郯城，并且派了军队车仗沿途护送；第二件事情么，是徐州军的绝对机密，现在还不能透露，不过正是这第二事情救了徐州，也救了陶谦自己。

青州军开到彭城时，陶谦已尽率徐州军全部主力在城外列阵以待，未等青州军前锋回过神来，便全线出击，摆明了一副拼命的架势。曹操的前军猝不及防，竟被徐州大军一下冲乱，片刻间便被分割包围，围住曹军的徐州军将士，早已风闻此次来犯的曹军军纪极为败坏，抢杀奸掠，无所不为，现在到了替本州百姓报仇之时，岂不人人奋勇、个个争先！片刻间便如同砍瓜切菜一般，将曹军的前锋部队一戮而尽，领军的曹仁拼死杀出一条血路，逃往后方。

陶谦看到自己的部队初战得手，心中大喜，原来闻名天下的曹操不过如此，随即挥动令旗，出动了后续部队。徐州军士气大振，曹操的青州军毕竟长途跋涉，立足未稳，一时难以抵挡徐州军的锐气，只得且战且退，弄得主力大队的阵型也一时零乱。

曹操闻报，率中军精锐赶上前来，欲要稳住阵脚，却见曹仁单人独马，衣甲零乱，浑身是血，逃进了青州军的主力大队阵中。

而陶谦指挥着徐州军不依不饶，竟直追了上来，紧随着鼠窜的曹仁扑向了青州军的主力大队，致使青徐二军在没有任何准备的情况下陷入了混战之局。

一切都出乎了两军主帅的预料：陶谦没想到大胜敌人前军是这么干净利落；曹操没想到陶谦会来这么一手，徐州军竟然能困兽犹斗。

曹操久经战阵，看见徐州军迎面扑来的架势也不禁暗暗心惊，一个个血红着眼，不顾伤亡，直向前扑，就好像谁杀了他老子娘似的。可不是吗？参战的徐州军士兵，大多都有自己的亲属、亲戚伤亡于曹军之手。正是仇人相见，分外眼红！

战场上的曹操永远是冷静的，他一面发出一道道命令，派出陆续赶到的生力军投入混战的战场，一面估计着对方的凶猛攻势还能持续多久：看似无穷无尽，攻势如同浪潮，一波接一波，一轮比一轮汹涌！但实战中历练出来的青州军也非同凡响，虽势头不如徐州军，却也勉强稳步后退。

一场不分阵势的血腥大战，直杀得天昏地暗，日月无光，接触敌人的唯一目的就是杀死对方，至于自己是否被杀，没有人考虑这些，人们已经被血腥味给熏疯了！被砍掉一条腿的士兵倒在地上也没忘记给对方的腿上也来一刀，都躺下来拼命吧！

这时候就看双方主帅的战场临时应变能力了，这点上曹操无疑有着绝对的优势，陶谦心里想的唯有如何加强自己部队的攻势，能坚持到敌人坚持不住的时候就是胜利；曹操则不同，眼前的局面虽然对自己不利，但他并没有过于关注，他在静静地等待着自己后续部队赶来，后续部队到来后，他也不急于把他们投入到眼前的战场。

曹操吩咐于禁、夏侯渊各领步骑一万向两侧迂回，以自己中军的对空火箭为信号，同时从两翼投入战斗；吩咐飞骑，通知后面还没到的夏侯惇部重骑兵，绕开此地的主战场，直袭彭城！

等着吧，时候快到了，眼前的战场很快就会变成一个巨大的屠场，光知道拼命算不得将军，让俺曹操教教你陶谦怎样打仗！于是，他提前下一道军令：这场战役为了惩罚敌军的顽抗，不留俘虏，战士们一律以敌人的首级邀功。

不留战俘的军令一传到战场上的士兵耳中，曹军士气立时大振：这是主帅已确定青州军必胜无疑的信号，致使抵抗着徐州军疯狂进攻的士兵，有不少人拼着命还不忘收集人头，有的因此被敌军砍掉了脑袋。

一切如曹操所料，彭城遭袭的消息一传到陶谦的耳中，陶谦几乎本能地命令自己的总预备队立即驰援彭城，曹操一看敌军后方的旗号开始向彭城方向移动，便下令中军射出了对空火箭，这是聚歼敌军的信号，于禁、夏侯渊两军从左右同时扑入了混战的战场。

战场上正拼命的徐州军将士发现了自己的后军正向彭城后退，士气大挫，眼见左右又有不知多少敌军扑来，而曹操的中军精锐却突然趁机发起了反攻，瞬间斗志尽丧，战场上凭的就是一股气，气一泄就只有等着挨宰了。

以下的战事不忍细说，总之是徐州军大败，青州军歼敌已无法记数，据《三国志・陶谦传》载：死者万数，泗水为之不流。

陶谦引残部退守郯城，彭城呢？不用问丢给了曹操。

谁知曹操进了彭城才意识到，这场战争已确定无法取胜了！这陶谦太狡诈了！因此，对陶谦的怨恨不免又加重了几分。

原来这就是陶谦战前采取的第二项措施：彭城所有的军粮辎重都被陶谦趁护送难民时转移到了郯城，曹操费尽九牛二虎之力得到的却是空城一座。

二十万青州军军粮将尽，现已无法得到彭城军粮补充，曹操傻眼了！

无奈之下，只得试攻郯城，那陶谦自彭城领教了青州军的战力，接受了教训，坚决不出城作战，弄得曹操虽恨却无奈，发动了两次攻城战，落了个损兵折将毫无战果，再拖下去怕是连兖州也难回去了，咽口气，退兵吧。正是：

为免三军成饿殍，
暂忍一怒回兖州。
杀父血仇非旧怨，
夺地劫粮是新仇！

68

曹操的初战徐州致使数十万百姓命丧无辜，陶谦大忿却无奈，军事实力决定一切。挨了一巴掌，还手是不敢的，问题是第二巴掌再扇过来时，怎么避开？

陶谦采取了两个应急措施：一是向自己的同道好友紧急求援，穷不帮穷谁照应？唇亡齿寒的道理大家都明白，坐视曹操吞并徐州，成为单极超霸，你们被灭的一天也就到了，不为徐州，就为你们自己也该拉兄弟一把吧？

这项措施有了回应：青州刺史田楷起兵来援，值得关注的是田楷带着世称英雄的刘备来到了徐州。

有关刘备的事容下文细讲，大家先了解一下陶谦的第二项措施。

陶谦的第二项措施就是告状，向谁告状？朝廷呀，别看现在的朝廷是被李傕、郭汜把持着，可自己这顶徐州牧的官帽就是人家给戴上的，关键是这个中央政府现在被曹操所接受承认，并且眼下曹操还正有求于这个西凉军政府，曹操正三番五次地遣使向中央表示友好，以期获得对领兖州牧的承认。

朝廷表态了：此案不予受理。

为什么？

曹操不是朝廷任命的正式国家干部呀，没有义务对他实施管理。

其实没有力量管是真的，你想管，曹操理睬你吗？对于曹操自我封官的积极表现，朝廷更是不敢提一句的，不久还正式追加任命了曹操为兖州牧，朝廷更是欺软怕硬的。

一个军事集团发展到了一定的规模，就必然演化成为一个相关的利益集团，而作为这个集团的领袖人物，此时最需要的是站在战略全局的制高点，敲定一个适合自己集团发展的战略方向，并为实现这个目标而提出一个足以使人们相信的政治口号。

虎踞兖州的曹操一开始的战略方向是正确的：向南，向南，再向南！南方豫州连年战乱，人民流失，土地大片荒芜，对曹操已经认可的屯田养兵政策的实施大为有利，然后可挥兵西向，经掠司、并二州，尽量靠近即将重新成为全中国政治中心的洛阳，且制造了一个极具感召力的政治口号：西征长安，迎驾救国！

但曹操被初次南征的一连串的胜利给冲晕了头，转兵东向，不惜杀戮人民，劫富济已，虽有小获，但却从政治上失去了一大批士子精英的信赖，可以说是得不偿失。

例如，原九江太守边让，从九江离职回到家乡的时候，孔融还特地给曹操写了封信，让曹操重用这位有才的人。但等到边让回到家乡后，曹操一征徐州的战争已经结束，边让对曹操的看法也发生了一百八十度的大转弯，不屑与曹操为伍，更别说屈身做他的属下了。

边让，兖州名士，是一个有文才的人，蔡邕则说他是个天才，“聪明贤智”。

当初大将军何进招揽天下名士的时候，边让就是其中之一，做了大将军的令史，后来做到九江太守。

《后汉书·文苑列传》中说："恃才气，不屈曹操，多轻侮之言。"

就在边让看不起曹操的时候，曹操又犯下了第二个大错：既然你不能为我所用，我就杀了你！结果曹操不但杀了边让，连他的全家也没放过。兖州一个曾任一方太守的名士，在没有任何罪过的情况下，全家被灭了门。

要命的是：曹操有错却不自知，仍然沉醉于以往的胜利中，在作二征徐州的准备，丝毫感觉不到火山就在脚下，即将爆发！

首先是曾对曹操倍加推崇过的东郡太守陈宫突然发觉自己把曹操看错了！曹操并不是自己向兖州士子们宣传过的那样，是"命世之才也，若迎以牧州，必宁生民"。（《三国志·武帝纪》）

陈宫现在认为：血的事实证明，曹操是个草菅人命的乱世奸雄，让他来统治兖州必然会给兖州人民带来灭顶的灾难，自己是引狼入室的祸首，所以有责任驱狼出境，以抵消自己的罪过。

他找到了现在有相同看法的张邈。张邈曾是曹操生平最信任的密友，是光着屁股一块长大的发小，而且数次在曹操最困难的时候施以援手，可以说是曹操的大恩人，以至曹操在一征徐州前，将全家老小托付给了这位绝对信得过的铁哥们儿。

但现在情况变化了：哥们儿之间有了一条不能逾越的底线。这条底线的形成，很大程度上是心理在作怪，从人性的角度来讲，被助者是绝对不能超越施助者的，否则就会造成救助人心理上的极大失衡，这点大家可以自行体验一下，容易得很。

设想一下：你从每月三百元的生活费中节省出了一百元，捐助给了一个你认为急需救助的同学，而有一天你意外地发现，这位被你救助的同学每月的消费都在五百元以上！你会是怎样一种心情？

张邈现在的心情就是这样。他兢业为官，清廉一生，好不容易混到了陈留太守的位子，现在却成了曹操的下属，这就好像刚从大门口救了一个饿晕的苦孩子，这孩子刚活过来就成了你的领导，怎么会爽得起来？

再有，袁绍来信，委托曹操杀掉张邈，曹操仗义地通知了张邈。张邈当时也挺感叹曹操的情分，可是一转眼曹操便与这个欲除掉自己的人结成了同盟，怎不叫张邈疑惑？

又加上曹操在徐州连屠五城（彭城、傅阳、取虑、睢陵、夏丘），枉杀了边让一门，张邈实在忍不下去了！所以与陈宫一拍即合，做出了一个义无反顾的决定：

既然外聘的总经理已经开始败家了，那就炒了他的鱿鱼！另换新人！换哪个？此人的武力必须与曹操相抗衡，甚至要比曹操更狠。张邈的人选是：刚结拜的朋友、以勇武而闻名天下的“人中吕布”吕奉先！

第十七章

刘备与孙策：未来三国的奠基人

69

把千年往事唱一回，抚琴弄春秋。叹英雄沧桑，红尘滚滚，淹尽风流。演绎前朝善恶，指点已封侯。戏缀兴亡事，却使唏嘘。

沽酒邀来知己，话古今鬼魅，抒尽情仇。看身边狼狈，欲讽口且收。黯神伤，何消惆怅？趁醉时，垂钓戏鱼钩。观流水：一江浪醉，两岸猿吼！

曹操马上就要兵指徐州，却传来消息：陶谦的两路救兵已赶到了徐州，就那点援军的兵力来说，曹操还真没放在眼里，主要是事情的苗头不对，有人不是摆明了要与我曹操作对么？尤其是其中还有曹操最欣赏的一个人——陈留招兵时结识的刘备。

介绍一下这个曹操今后的主要对手。

刘备，是一位老百姓所认为的好人，此人在历史中的知名度不亚于曹操，在专家眼里大大不如曹操，在演义中则大大强于曹操。

中国的史书大多带点小说意味，无法让人全信，例如刘备，若是按照史书中的文字记载，便基本可以认定为一个极品怪物！

刘备，字玄德，涿郡涿县人氏，爷爷刘雄、老爸刘弘都被举过孝廉，可惜等到刘备出世时家道已败落，一个寡妇拉扯着一个孤儿靠着在家做几双鞋卖了度日，哪来的儿子进步到孝廉的妄想？别说孝廉了，娘俩混饱肚子也是刘备学会了编席以后的事。

上天格外照顾刘备，给他安排了一个回头率极高的个人形象：身高一百七十厘米稍强，关键是具有长臂猿的特征：垂手能超过自己的膝盖，除了长臂猿，哪种动物能做得到？就是在今天，也绝对是稀有人才，做个卖套袖公司的形象代言人，肯定会比卖席强多了。

再就是耳朵极大，咱暗暗地试过，用手扯着自己耳朵，都疼得龇牙咧嘴了，也做不到刘先主的那手绝活：能用眼睛看见自己的耳朵！

估计后来《西游记》中的八戒的形象就是以刘备为模特创作的：把嘴巴削短点，手臂加长点，不就是一个活脱脱的刘备形象么？

皇家帝胄的刘备估计编席、卖席的营生做得不错，居然有了余钱进了学堂，不是有句俚语么："编席打篓，一养九口，织席编笆，养活全家。"就这样，织席贩夫刘备也算一条腿迈入了知识分子行列。

像有那么两三个人欣赏曹阿瞒小时候一样，对刘备也少不了有人另眼相看，刘备的本家刘德然、同学公孙瓒、老师卢植，便相当看好刘备的将来，尤其是刘德然的父亲刘元起，确凿无疑地断定刘备以后能成大事，原话是："吾宗中有此儿，非常人也。"(《三国志·蜀书先主传》)

大概是因为刘备小时候说过一句大话，曾指着自家院子外面的一棵桑树说："吾必当乘此羽葆盖车！"啥人才有资格坐"羽葆盖车"？唯有皇帝呀，吓得本家叔叔赶紧捂住他的嘴，怕被连累灭门啊！

其实这不过是小孩子们的一句戏言，没有什么大不了的。

说过这句过头话的刘备在行为上却是朝相反方向努力的，据史载："先主不甚乐读书，喜狗马、音乐、美衣服。"看见了吗？倒像个纨绔子弟的行径，创业之主一般不这样，都是成天吟着"埋骨何须桑梓地，学不成名誓不还"过日子的。

像曹操一样，是大贤良师张角给了刘备出人头地的机会。也像陈留时的曹操一样，刘备也遇到了两个钱多、人傻的马贩子，一个叫张世平，一个叫苏双。得到了这两位中山大商的慷慨解囊捐助，刘备才得以拉起了自己的一支小队伍，跟着校尉邹靖打"黄巾军"去了，也没经过什么大战事，跟着立了点小功，好不容易才混了一个安喜县尉，也算是脱离了黄土地，干上了朝廷干部，而且是"公安局长"的职务（也与曹操相同），总算是"皇家"坟头冒青烟了。

前文说过，年轻时的刘备脾气火爆得很，揍了前来视察工作的督邮二百棍子，挂印而逃，但在被全国通缉的路上遇到了大将军何进的部属都尉毋丘毅去丹杨招兵，刘备灵机一动带着自己的弟兄们入了伙，并且替他们赶跑了一股拦路抢劫的小蟊贼，就此得以免罪复职，又干上了下密县丞，政绩不错，刘备偏又辞职跳槽了，去高唐干上了县尉，后来终于凭政绩加运气熬上了县令职务。

谁知，人不能总是吃运气饭，一帮黄巾军的余部来高唐骚扰，刘备当然要出兵“剿贼”，结果竟然被这群“蟊贼”给剿了，官又做不成了。

无奈何只得投奔少时同窗公孙瓒，老同学的确是非同寻常关系，独霸幽州的公孙瓒此时正与袁绍分庭抗礼，当即便委任了刘备一个别部司马的带兵实缺，让他代表幽州部队与青州刺史田楷去搞统一阵线，以对付势力日渐强横的冀州牧袁绍。

其实这青州刺史田楷本来就是幽州刺史公孙瓒任命的（稀奇吧？刺史能任命刺史！别急，那年头，稀奇的事儿有的是，看下去会更多），这次运气又回来了，对袁作战刘备基本上没有败过，实是仗着自己的军功登上了平原相的位子。

仕途虽然艰难，却是刘备凭着自己屡败屡战的毅力拼杀上来的，官虽不大，也算是一方太守，最主要的收获还有以下两点：

一、打出了自己的一帮铁哥们儿，这帮哥们儿对刘备绝对是忠贞不贰，这里面就包括日后成为刘先主麾下五员虎将的关羽、张飞，这二位牛人的事迹容后文专篇细讲。

二、赢得了一个好名声，这点最重要，这也是刘备唯一强于曹操的地方，据史载：“郡民刘平素轻先主，耻为之下，使客刺之。客不忍刺，语之而去。其得人心如此。”

注意：人心可不是那么容易获得的，那是需要从无数件小事一一做起的。

70

再来说一下将来的吴国：子承父业的孙策，也是位极得民心那时的“超男”！

孙坚中伏死后，十七岁的长子孙策正在舒城侍奉母亲，也就是在那个时候结交了好友周瑜。

孙策的成长经历与他老爸孙坚完全不同，孙坚小时差不多是一个社会小混混，孙策却是打小就开始接受正统的教育。孙策的母亲是个大家闺秀（孙坚抢来的吴家美人），很注意对儿子们的教育，孙策自幼习武弄文，结交的都是些江淮名士，名声甚佳。

父亲在战场上的突然殒命，使年幼的孙策担起了家庭的顶梁柱的角色，孙策的舅舅吴景，当时是丹杨郡的太守，孙策就携家投奔了他。安排好母亲、幼弟之后，孙策便去了父亲孙坚的葬地曲阿，借着父亲的威望，在曲阿招募了几百精壮，在兴平元年（公元193年）投奔了父亲的故主袁术。

孙策时年一十八岁，生得面如美玉，目若朗星，又加上练就了一副体操运动员的匀称身材，绝对是一个超级大帅哥。当时袁术见到他时，忍不住地脱口而出："使术有子如孙郎，死复何恨！"

军帐前一试身手，竟然下水如蛟龙，上马赛猛虎，不似孙坚，胜似孙坚，真个是青出于蓝而胜于蓝！袁术一高兴，当即把孙坚的旧部班底赏还给了孙策，并任命为怀义校尉。虽然很快又后悔这次封赏，但话已出口，已经无法收回了。

程普、韩当、黄盖等一见孙策，如见旧主孙坚，激动得热泪盈眶，一年来随袁术被曹操撵得四处奔逃的窝囊气也一泻而空。孙家军虽然只有千余，却是打不烂拆不散的铁班底，再加上孙策为人爽朗，谈事必痛笑，行事潇洒，做决定从不拖泥带水，所以深得将士爱戴。

孙策治军比乃父有过之而无不及，赏罚从不顾及权贵。

有一次，部下一名袁术的同乡违反了军规，论律当斩，其人为保命逃进了袁术的中军，隐藏于袁术的女眷内厩，孙策则不管什么上司忌讳，断然下令强搜内营，当场砍了那人的脑袋。事后他到袁术处谢罪，袁术虽然尴尬却不能不夸赞他："兵人好叛，当共疾之，何为谢也？"

自此整个袁术军中，闻孙策大名，无不胆寒，袁术却隐隐感到不安起来：一旦孙郎做大，我怎能管得了？

因在新败之余，正是用人之际，袁术只得暂时容忍，心想只要不让他掌握过多的军权就是了。

想让人替自已拼命，总要给人一点念想。这是主子都知道的道理。袁术也是个大方主子，一张口就许给了孙策一个九江太守，第二天心里又后悔了，就干脆装忘了，委派丹杨的陈纪去了任上，孙策无语。

后来袁术反攻徐州，欲从庐江太守陆康处求借军粮三万斛，这庐江太守陆康明白这是一笔有借无还的债，就托词没借。

朋友之间开口借钱，借不到便是仇人。袁术和陆康就是这样。陆康拒绝了袁术，袁术就与老陆做下了仇。这下用得着孙策了。

老袁吩咐孙策："以前我错用了陈纪，弄得你九江太守没干成，这样吧，你去打下庐江来，我让你做庐江太守。"

孙策又当了真，出动本部兵马攻取了庐江，袁术马上派自己的故吏刘勋当了庐江太守，孙策又被忽悠了一把，还是无语。

估计再跟着这种说话从不算数的东家手下打工，是永无出头之日的。怎么办呢？炒东家的鱿鱼？要等机会，现在还没到时候。

江东曲阿被扬州刺史刘繇给强占了，袁术派兵收复，一直损兵折将未能如愿，孙策看到了袁术的为难之处，对袁术说："派我去吧，我替你灭了他！"

袁术心想：还是孙策贤侄会体贴人啊！就允许孙策挂帅出征了。

为防备帅哥孙策人小鬼大，像鹰一样放出去回不来，他就给了孙策一个虚衔：折冲校尉、行殄寇将军。兵一个没添，将一员没给，就这样，孙策仅带着原孙坚的那一千多旧部上了战场。

袁术心里有数："这点兵你若能保命回来就不错了，想打胜？除非太阳从西边出来！"

令袁术没想到的是，孙家父子的威名是如此的深入人心，小部队出征曲阿，一路上四方的民众、勇士踊跃投军，及到了半程的历阳，部队就膨胀到五六千人，而且士气高昂，都想跟着孙少将军去拼个大好前程！

孙策先派人将尚居在曲阿的母亲及全家偷迁到了阜陵，解除了后顾之忧。之后便率部渡江，直击曲阿刘繇，一路严肃军纪，秋毫无犯，百姓无不焚香持壶迎义师，曲阿刘繇未战先自怯了。

果然，大军所到之处，所向披靡。诸城莫敢当其兵锋，刘繇率部竭力抵抗，还是被不要命的孙家精锐杀得溃不成军，情急之中，刘繇弃军遁逃，余卒皆降孙氏，江东诸郡守皆捐献城池，踊跃非常！

孙策先摧刘繇，后破会稽，遂自领会稽太守，出兵驱逐江东军阀严白虎，义收勇将太史慈，如同摧枯拉朽一般降伏了江东诸州郡，从此江东姓孙矣！

此后孙策在整肃江东的同时，目光自然投向了北部邻居徐州，却没想，曹操得到了老爸被害徐州境内的大"大好机遇"，先下手为强了！

71

山雨欲来，风满徐州，不过，徐州牧陶谦终于盼来了救兵刘备。

田楷接到陶谦的呼救，邀刘备共援徐州，刘备审时度势，决然前往。对此，大部分朋友不以为然，甚至包括收留并成全他的公孙瓒，为援助一个素不相识的陶谦，不惜与强大的青州军正面为敌，值得么？再说了，能达到救援的目的么？击败曹操的概率基本为零，这不是在申请一个殉葬者的名额么？

虽然如此，公孙瓒还是慷慨地借给了刘备几千由流浪饥民组成的部队，并派自己得力勇将赵云（字子龙）统领，开向了徐州。

但公孙瓒心里通亮，这是一笔不良信贷，十有八九会由国家给予注销负担了，但为了同窗之谊，值得。

刘备自己其时仅有步骑各半的一千多士兵，分别由他不是兄弟、胜似兄弟的铁哥们儿关羽、张飞率领，加上公孙瓒的援兵，总数不超过五千，替陶谦去阻挡曹操的数十万虎狼之师，无异于自杀，刘备就这么傻吗？

凡英雄做事，必然有与常人的不同之处，刘备究竟怎么想的？这一点，自喻英雄的曹操看得比谁都清楚。

曹操是何等人物？焉能不明白这其中花活？曹操内心深处暗暗叹息刘备玩得不值：想出名来投奔咱呀，这样以命求名绝非智者所为也！

曹操与刘备邂逅陈留，隐隐感到这织席贩夫绝非常人：自己流离失所，无家可归，却替朝廷操着如何中兴的闲心，非世间英雄谁能为之？不过英雄惜英雄那都是成了哥们儿以后的事，战场上一般是英雄宰英雄的。

既然你刘备站错了队，那就先拿你开刀吧！

刘备真是为挣这点虚名才来援陶抗曹的吗？应该说这是其中因素之一，出身寒微的刘备实在太需要出名了，那年代招兵也好，做官也罢，都是需要大家看得起的，刘备凭什么？就凭成天挂在嘴边上的皇族身份？天下姓刘的多去了。

张王李赵刘，走遍天下稠。哪个姓刘的不能引经据典地自称是皇帝的本家？更何况，单是已经割郡霸州的确凿皇族刘姓就四五个了：荆州刘表、益州刘焉、幽州刘虞……指望傍皇族身份当明星，成效不会有多大。

有侃史专家说：刘备援徐州乃醉翁之意不在酒，在乎于鸠占鹊巢也。这纯粹是以小人之心度君子之腹，谅一个不起眼的平原相怎敢对徐州牧有非分之想？论资排辈也轮不到刘备呀，手头这点兵守一城尚难，别说割据大州了。

纵观刘备一生作为，便可以得到正确答案了，说刘备一生多么忠于东汉皇朝？倒未必，老刘家的子孙们把他这个本家逼得靠编席度日，凭什么要对这个始作俑者的政权效忠呢？虽然一杆汉旗打到底，那只不过是在狗肉摊上挂只羊头罢了，为的还是忽悠全国人民。

但刘备却有个信念贯其终生：远恶趋善，坚守仁义。

就连再怎么贬刘的史家也难寻出刘备欺压良善、作恶多端的明证，最多指责几句“大耳儿”虚伪，不过笔者认为：若能将这种“虚伪”贯己一生，应该是十分难得了。

很明显，曹操在一征徐州时杀戮无辜人民的行为在刘备心里印下了一个“恶”字，而陶谦以往居官的名声及其目前弱者的地位在刘备心里留了一个“善”字，亲善驱恶，符合刘备追求的“义”字，一旦能平息战火便是实实在在地救了万千人民的生命，符合那个“仁”字，所以只能知其不可为而为之了。

孔子曰仁，孟子曰义，“仁义”二字实是孔孟之道的精华，也是中国人思想中的灵魂，中华文化能顽强地延续至今，广播全球，傲于洋人，应是“仁义”二字的功劳。

不过，仁义能当饭吃么？能顶多少部队的战力？

这一点刘备清楚得很：慈不掌兵，仁义不能却敌，战争与仁义无缘，真想击败曹操，还是要靠士兵们血腥地拼杀，更重要的是要靠主帅的智慧。换句实在的话，就是阴谋诡计。

后世南宋英雄辛弃疾有诗云：“天下英雄谁敌手？曹刘！”，可见，在辛弃疾心目中，曹操与刘备是相提并论的，现在，这两位英雄就要实际初交手了！

实际上，这是他们躲不过的宿命，有本事的“英雄们”相互厮杀何止他们二位？初平四年时，中国的大时局已经混乱到了无法再混乱的地步，但各方诸侯小地盘却经过相互血拼逐渐安稳，经过血与火的洗礼，一些具有实力与能力的豪强已经初显割据雏形。

72

群雄毕至，各逞风流，在中国广垠的大地上开始了围猎竞赛，围猎的目标当然是“天下”这头肥腴的大鹿，至于这头鹿原来的主人，现在只能无可奈何地看着它易主，不过抢鹿的人们现在还都是打着替原主家抢鹿的招牌，中国人从不缺乏助人为乐的精神，最爱标榜自己毫不利己的动机。

东汉时中国人心中的天下还狭窄得可怜：仅是指地理上的黄土高原、蒙古高原、再加上东部平原而已，天下的东部边沿至海而止；南方的云贵高原、岭南两广，那时候是被认为蛮夷荒凉之地的。虽然说是“率土之滨，莫非王土”，但被委派到那里的官员，多有流放惩罚的意思。

军阀们真正争夺的天下，范围就更小了，也就是函关内外的三秦之地，及中原的长江黄河中下游流域，政治上的暗斗与军事上的明拼也就在这一个大舞台上展开。

在这个历史舞台上，生旦净末丑轮番出场，角色们各展自己的绝活，各领一时的风骚，也合理地各自黯然或尽兴退场，给后人们留下丰富的小说创作素材及戏剧舞台形象，文人墨客无不按照自己的好恶描绘着不同的先人。

在这场猎鹿大战中，占先机的本来是西部边陲的军头董卓，可惜他宰鹿过于血腥了点，犯了众恶，丧命于家臣。

李傕、郭汜等西凉武人抢过了董卓的衣钵，只不过痛快地在肥鹿的旧主面前喝了一点鹿血，却导致了内火过盛，像服用了超量的“伟哥”，激爆了自己的兄弟，死相难看。

袁绍后来居上，雄踞冀州，先手提起了鹿腿，是否能饱餐一顿鹿肉？我们还要拭目以待。

孙策割据江东，也算是砍下了一块鹿臀，能否有福享用那就不好说了。

袁术最搞笑：刚摸到鹿尾巴就忙不迭地宣称占下了！结果自己先扮演了一回被围猎的鹿，那个仓皇可怜劲儿以后还要细讲。

至于张杨、公孙瓒、吕布、张邈、陶谦、刘表、刘焉、刘备等人，暂时还没有独享肥鹿的想法，主要是还没有那个力气。

曹操现在等于抱住了一只鹿腿，下一步他是将利刃凑向肥鹿的颈喉呢，还是捅向鹿腹？或许是指向其他的猎鹿人？这将关乎兖州军事集团以及他自己的命运！

曹操现在的目光实际上已经盯上了徐州的更远处：那就是当时天下真正的心脏——荆州！

大家注意：现在所有的猎鹿人还都表现得大义凛然：讨伐的都是朝廷的叛逆，维护的都是神圣的皇权，猎获的鹿是准备献给皇帝的。

而现在长安的皇帝却正处于血与火的煎熬和饥寒交迫之中，身边的文武大员们整天饥肠辘辘，连个半饱也混不上了。天下事与肚子圆哪个更重要？不大好说，天下大事本来就是让天下的老百姓吃饱肚子，不过，自己的肚子瘪的时候一般是顾不上芸芸众生的。

新一轮的乱战又将拉开序幕，实是因为天下这头肥鹿太诱人了。但并非所有参加猎鹿的人都被人们称为英雄，史书上承认的英雄，多是那些成功地把肥鹿据为私产的猎手，就连打手、帮闲也都能混个二流英雄；而失败的猎手只能沦为贼寇；天下的小民充其量也就是肥鹿身上的一部分，那是逃脱不了待宰的宿命的。

一曲《八声甘州》为曹操的青年时代送行：

把千年往事唱一回，抚琴弄春秋。
叹英雄沧桑，红尘滚滚，淹尽风流。
演绎前朝善恶，指点已封侯。
戏缀兴亡事，却使唏嘘。
沽酒邀来知己，话古今鬼魅，抒尽情仇。
看身边狼狈，欲讽口且收。
黯神伤，何消惆怅？趁醉时，垂钓戏鱼钩。
观流水：一江浪醉，两岸猿吼！

第十八章

再战徐州：曹操、刘备初交手

73

陶谦面临曹操大军的入侵，只有依赖仗义来援的客军刘备。

刘备现在有多少部队？前文交代过：加上公孙瓒的援兵，总数不超过五千，这实在过于寒酸了，陶谦便把自己的一只用于保命的精锐划归了刘备指挥。

这是一支威名远扬的特种部队，是陶谦从自己老家带来的子弟兵：丹扬军。

陶谦是丹扬人，家乡以盛出勇卒闻名（大家还记得当年大将军何进专门去丹扬招兵吗？）这支部队规模不大，总共才四千人，由陶谦的亲信徐州名将曹豹率领，陶谦现在毫不犹豫地把这支保命精锐拨给了刘备指挥，以增强刘备部队的实际战力。

紧接着又从政治地位上给刘备来了一次突击拔高：上表给不起作用了的朝廷，推荐刘备为豫州刺史，在东汉末年军阀们割据一方的年代，已形成了这样一种潜规则：以陶谦这样的地位与身份，只要公布一份推荐文告，被推荐人就算是到任了，根本就不用朝廷批准与否，你中央政府批不批那是你的事，反正这个官是当定了。

刘备没推辞，这就意味着从此以后刘备成了与陶谦身份地位接近的贵宾，刘备一下从幽州来援客军的身份变成了豫州友军，跟幽州的公孙瓒、青州刺史田楷脱离了隶属关系。

对刘备来说，此意义非同寻常，刘备仗还没打，便一步跨入了军阀的行列，大家现在都是刺史，接近“牧”那个级别了。

可是，恶仗还是不可避免地要打，曹州牧不会因为你刘备荣升刺史而变得态度和蔼的，反而会打得更狠一点。

现在，刘备指挥的是一支地道的杂牌军，总数不足万人，原属三家，而自己的嫡系部队反而是最弱小的一股，也就那么千把人，就算是拧成了一股绳也无法拦住曹军的万钧之力。现在的问题是，如何把这三股强弱不同的绳坯拧成一股？

可怕的是，刘备根本就没有想过要把这三股绳坯拧成一股，因为刘备做事有他的准则：政治第一，军事第二。考虑的是仁义当先，军事上的胜负是排在第二位的——真是迂腐得连笔者都替他着急！

请看刘备的仁义作战部署：现在守的是郯城，曹操上次便是未克郯城而归，此次兵锋重到，势必得之而后快；而与骑兵为主力的强敌作战，坚城是唯一的依托，集中全部兵力于城内应该是唯一的选择。

但刘备却是这么想的：赵云所率的幽州部队是借来的，一旦有什么不测，如何向老同学公孙瓒交代？再说那赵云也是他早就欣赏的将领，不能让他跟着我让曹操给一勺烩了，去守下邳吧，那儿不是主战场，相对安全些。

刘备的这种做法感动得赵云热血欲涌，泪几出眶，只恨自己福薄，未能于投效公孙瓒之前早逢刘刺史！

曹豹所率的丹扬兵，是陶谦唯一的精锐看家部队，怎能消耗损失于自己之手？危险的野外战事不能由他们作为主力，于是便令曹豹率该部据城死守，曹豹及丹扬兵人人心里明白，这是刘豫州在照顾自己，况且守的是自家的城池，有什么理由不以热血洒城头，与城共存亡？

刘备自己仅带本部千余人与关张二将，扎营城外，屏障郯城，如同把一只羔羊送到了饿虎嘴边！

曹操对刘备的郯城防守兵力是清楚的，万人而已！小菜一碟。那刘备政治眼光虽远，却又懂得什么兵法？手下的关羽、张飞二将倒是轻视不得，其勇早有所闻，但在数万铁骑面前，一两个勇将又能顶什么事？

曹操大军顺利地开到了郯城。

前锋紧急来报：“情形不对！郯城守军并未如州牧所料，固守高城，而是当道立寨，阻住了去路。”

曹操听报简直不敢相信，于是便亲临前敌看个究竟，立马远望，心中大疑：这刘备莫非暗藏后招？或者前方那小小的营寨只是一座虚营，并无大将驻守？营内分明有人把守，士兵们也是人啊，哪能这样送战士入虎口？向闻刘备仁义，不会这么不体恤士卒吧？

这刘备打大仗没听说过有什么值得炫耀的战绩，但零星小仗倒是打了不少，实战经验肯定是有的，此时的布阵难道有什么花活在等着我！必须弄清了再做举动。对，为将者应先谋而后动，万不能半世英名污在这织席贩夫手里。

于是，曹操当即吩咐曹洪出动两千轻骑，试攻敌营，发现苗头不对立即撤回，不准恋战强攻；夏侯惇率一万重步兵负责接应，另由李典、乐进指挥一万弓弩以备不测，马上开战！

74

轻骑出动，战马如风。

时正中午，烈日当头，即将沸腾的战场丝风全无，闷得披甲的战士有点喘不过气来，铁甲经骄阳直射已感发烫，人裹在里面如同钻进了一个小型烘炉，士兵们额头上的汗珠已穿眉入眼，但握刀的手又无法及时抹拭，只能摇头挥汗，聊以睁目，连战马都刨蹄昂首，显得急不可耐，急于投入能使一切生物兴奋的拼杀。

终于，曹洪挥动了冲锋的令旗，士兵们松开了马缰，战马乍脱缰绊，双肋又被士兵马靴上的铁刺磕碰得微疼，几乎同时跃向了正南方向的敌营。突然，进攻者感觉不对劲！此时他们正面对阳光，本来被汗水浸疼的双眼越发睁不开了，这对以弓弩为主要杀伤武器的轻骑兵来说是绝对不利的。

曹洪的战场经验极其丰富，马上醒悟到天时的不利因素，不过曹操的命令是试攻敌寨，真如果需要拔除敌寨是用不着轻骑兵上场的，任务是试探敌人的防守实力，利于速退；但目前部队的行进速度及战术动作却与目的不相符，如此的冲锋速度，两千战马冲起来，哪能刹得住兵锋？及至的敌方的鹿角、木马跟前，岂不是造成无谓的伤亡？先前准备的近得敌营一箭之地，给他一阵骑弩便回的作战方式看来行不通了，敌人有木寨作为防守工事，又是背对阳光，是明显占便宜的。

尤其最令人讨厌的是前面的马蹄扬起的尘土，使得除了最前列的士兵外，其他人几乎都成了瞎子，一片昏茫茫的，只听得马嘶人喊，连气都喘不过来，怎么作战？他急忙猛磕马腹，蹿到了部队的最前列，压住了冲锋的速度，同时传令：全体士兵挂弩执盾，谨慎接敌。

这是一次从未有过先例的骑兵进攻方式，曹洪心中没底了。不过他判断敌军肯定会固守寨墙，只要小心箭矢，也不会给自己部队造成多大的直接损失，便压住马速，逐渐接近了敌营。

敌寨的前面是一大块宽敞的平地，极其适应骑兵作战，曹洪吩咐散开队形，阵势向两翼张开。正在此时，突见敌营寨门大开，一支人马竟然杀出寨来！随着敌军扬起的烟尘，一时无法判断敌军的数量，只听得呐喊阵阵，好像人马也不是很多。

突然，曹洪看清了敌人领军的将领：两支敌军，左边的旗号看得清清楚楚，大书一个“张”字，首骑将领威武非常，眼见是敌方名将张飞；右边的竟然是敌军主帅刘备刘玄德！这两人早年在陈留是都见过的，曹洪大惊。

敌军主帅不在城内，竟出现在这孤寨之中，这意味着什么？曹洪一时来不及细想，脑海中首先出现的念头就是火速退兵，管他有什么诡计，一走了之，能奈我何？试攻的任务现在其实已经完成，知道了刘备本人就在营内，还犯得上冒险厮拼么？

但是，上千骑兵的行进是有惯性的，虽然速度不快，那也不是说转身就能转身的，前面的部队刚调过马头，刘备、张飞已经杀到了身后，想还手也不可能了，只得夺路而逃。

但后面的部队还在烟尘中继续前进呢，曹军自我相撞，立时大乱。而刘备、张飞却正好趁势掩杀，曹军一时人仰马翻，自相践踏，士兵落马的不计其数，试攻敌营的轻骑部队就这样糊里糊涂地溃败下来。

幸而接应的夏侯惇部及时赶到，曹军主力才算稳住了阵脚，但夏侯惇闻听曹洪说刘备军的主力在此，却不敢贸然反攻，令刚赶到的弓弩兵断后，全军缓缓退去，刘备、张飞倒也未曾相逼，胜利收兵回营。曹军回来计点曹洪的轻骑，已折损一半有余，其中大部分是伤亡于自己的铁蹄之下。

曹操听得曹洪汇报战况，也狐疑不定，刘备在此？这是摆的啥阵势？莫不成刘备准备弃郯城而逃？自己兵多，犯不上冒险，且弄清敌情再战不迟。

爱打冒险仗的曹操这次却例外地谨慎了一回。

当晚兵退五里扎营，曹操在军帐中审图分析整个战局，越审越迷惑不解：看不出刘备能耍出什么花招来呀？只是那勇将关羽现在何处？倒是个必须弄清的要紧事，明天如何部署作战？曹操犯难了。

当晚无战事，也无敌情，多路探马来报，四周均未发现有敌军的踪影，还是那座孤零零的小营寨挡在要道，远看郯城城头，火把倒是不少，估计徐州军主力还是部署在了城内，这刘备难道是生拳乱打的老把式，不懂得基本兵法？

及至天亮，曹操突然醒悟，不由得暗笑自己聪明一世，糊涂一时：敌我兵力几乎差十倍以上，还用得着管他摆哪种阵势？玩什么花活？全军出动，围了他就是，那刘备还能上天入地不成？

当即下令全军举炊造饭，人马饱食，轻重步骑混编成军，四路出动，连城带那孤营一起围了，不准放走一人一骑！刘备！你的死期到了！

75

世界上好多事都有出现阴阳差错的时候，其结果也经常让人啼笑皆非，这次的郯城保卫战就是如此。一方面是刘备的确是凭运气逃过了灭顶之灾，另一方面也可能是“好人必有好报”的古训在暗中作祟（大多时候情形是相反的），归根结底是刘备违背军事常识的战场举措帮了自己的大忙，把战场经验老到的曹操一时唬住了。

遍翻刘备在史书中的表现，发现刘备在作战能力上确有常人不及的一手：一生仗没少打，却从未困守过孤城，一般是一看苗头不对转身开溜，看来没上过军校的刘玄德其游击战本领实乃天授。

但这次刘备却是误打误撞，好心派赵云去守下邳，从而分散了曹操的兵势：曹操为防来自下邳方向的袭击，派遣了勇将曹仁带三万铁骑予以监视，没有立即进攻是因为要先克郯城，曹军需要郯城的库存军粮来支持下一步的军事行动。

留曹豹的徐州主力固守城池，曹军的确攻克不易，曹操的屠城行为把陶谦家乡的子弟兵置于了拼命求生的地步；倚仗城池地利，军民同慨，曹操一时只能望城兴叹。

而刘备自己的千余部队此时已借徐州军之力全部配备了战马，利于在城外与曹军机动周旋，千余骑兵又分给了关羽一半，令他去骚扰曹操的粮道，此举不久就会令曹操倍感头疼。

刘备昨日出战本来是想略作抵抗便趁乱杀到外线，谁知老天报答好心人，试探进攻的曹洪根本没有恶战的打算，匆忙下达的退军令的确帮了刘备的大忙，让刘备、张飞凭空捡了一场首战大胜。

捷报传到郯城，军民士气为之大振，之前的“恐曹症”一扫而空，个别曾疑虑刘备想弃郯城而远走的人在事实面前低下了头，暗怨自己不识英雄真面目，小人却疑大丈夫。

刘备本人心里极为清楚：曹操不会被自己的“兵威”吓得就此收兵，今日的初战告捷纯属侥幸，好事可一不可再，对明日的恶战——不，是被戮——刘备有充分的心理准备，现在就差应急的措施了。

天亮得真快，青州军全部出动时太阳已急不可耐地探出了头，那颜色是血红的，仿佛准备染红这早晚要变颜色的战场。

依曹操将令，青州军兵分四路，迂回向郯城四方。曹操本人则带领中军主力直扑郯城外刘备的营寨，这次曹操不那么小心进兵了，如一场狂风卷向了郯城！曹操亲自跨马持刀率军前行，刘备的营寨就在眼前。

营寨里显得死气沉沉的。

曹操是什么人？立即脱口而出：“织席小儿已退回城内，此空寨也！”

看到左右部下有些迷惑不解，曹操解释道：“卯时已到，军营不见炊烟，岂存人耶？”

众将连忙争相叹服：“主公真神人也！吾等自叹不如！”

曹操顾不上体会赞美之辞，鞭梢一指，大军冲入了敌军营寨。果然不出曹操所料，军营内空无一人，有军士送上来刘备所留绢书一封，曹操接过，懒得看上一眼，随手扯成两半，扔于马下。

千钧之力的拳头挥了出去，却打了个空，曹操哪还有兴致听敌人唠叨些什么？忍住胸中的怒气，吩咐设帐于敌寨之中，这里就是围攻郯城的前敌指挥部！接着便命部队立即组装攻城器械，争取一鼓而下郯城。

心中正恨刘备之间，右翼飞骑来报：刘玄德正在以轻骑袭击西城的攻城部队，现已稍退，请示是否予以追歼；几乎是同时，左翼的军报也到了：东城准备攻城的步兵抵不住悍将张飞的冲击，已损失将校数员，士兵们无法追击张飞的小股骑兵，现处于被动挨打的局面。

曹操急令暂停攻城的准备，各部严密防守待命。

曹操非常明白刘备骚扰的目的，还是变相守城而已，问题在于一头老虎扑食的时候，尾巴上老是吊着几只老鼠，是很不舒服的。要先解除干扰再说，否则精力难以集中于城下。现在曹操基本上可以确定守城的主将是关羽了，多少兵力暂时还难以判断。

曹操略微沉思，改变了四面同时受人围攻的方案，吩咐撤围南城，东西佯攻，集中步兵突破北城，围三缺一，迫敌弃城南逃，又命令夏侯惇率三万铁骑设伏于郯城南二十里处，伺机歼敌。

同时命令从东西调回的部队不必参与攻城，各秘密向北方前出十里，待命围歼必然会来骚扰的刘备、张飞，北城的攻城部队也暂时采取虚张声势的战术，吸引刘备来扰。

果然，郯城攻城的号角使刘备沉不住气了，他亲率不足三百名士兵袭向重兵防守的曹操中军，一经接仗，曹操的近卫中军竟然徒有虚名，队形混乱，纷纷鼠窜，刘备略占小便宜心还未满足，竟然继续向曹操的中军营寨接近，那营寨其实昨晚还是刘备的兵营。

正追溃军之时，刘备忽然醒悟：曹操是这么好打的么？必是诱自己入围也，急令退军，却已经迟了，身后无数的曹军已远远合围，眼见得让人家包了饺子，要想杀出重围，谈何容易？

刘备仰天长叹，双眼珠泪欲滚：为何天助曹贼？强行突围看来已经没有丝毫希望，环顾身边战士，都是随自己征战多年的亲兵死士，让他们随自己伤命于此又有何益？

伴着不远处“活捉刘备”的阵阵呐喊，刘备才欲下令士兵们弃械投降，自己自尽，忽见正北方如同山啸海涌，一彪军横冲直撞杀进了包围圈中！围向自己的曹军纷纷掉头堵截，队形眼见得乱了。

刘备知道那是张飞拼死救自己突围来了，可是他更清楚张飞所部仅二百余轻骑，一旦也被围了进来，那将是陪自己同归于尽，于事却是无补，所幸曹军阻击顽强，张飞穿透包围圈倒也不易，刘备不由得豪情复涌，急率战士杀向了张飞尚未突破的混乱点。

围击刘备与张飞的曹军事先接到过曹操通报：尽量活捉刘备！所以没有使用弓弩远距离杀伤刘军，又一时弄不清刘备在哪路军中，这下连张飞也跟着占了大便宜，铁石心肠的曹操为何临时佛心突起？实在令人不解。也许是曹操想收服刘备为己用，但更大的可能是曹操欲体验一下接待刘备这位战俘的甜蜜感觉。

不想这则模棱两可的通报却救了刘备的性命。

张飞骁勇，刘备拼命，二人竟然未伤毫发地杀出了重围，只是手下的部属折损了大半，令刘备悔痛交加，几欲泪下。也令魏书中添了一笔："谦将曹豹与刘备屯郯东，要太祖。太祖击破之。"

经此一战，刘备再也不敢掠虎须，但仗还是要打的，郯城还是要保的，只得采取打水漂的战术，频繁地突击上去，接触便扬长而去，并不求杀伤曹军多少。

但这不疼不痒的骚扰行动却使曹操大为头疼，刘备这个诱饵太馋人了，几次分兵围捕，都被他滑了过去，使曹操现在对捉住刘备的兴趣远远超过了攻克郯城，试攻了几次郯城，发现这郯城的防守并不亚于初春那次，甚至守城的士兵更不在乎自己的生命，有一次曹操竟亲眼看着一个守军抱住一名侥幸登上城头的曹军将领一起跳下了城头！这是啥军队？

曹操却从不想这种"人弹"精神正是自己炼成的，连续的屠城实是帮了敌军的大忙。大怒之下，曹操分兵攻克了邻城襄贲，破城之后，照样是鸡犬不留，杀戮一空！

终于有一天，一个更加不好的军报飞骑送到了中军大帐：有了关羽的消息，他带着不知多少骑兵截断了通往兖州的粮道，而曹军围城的部队军粮却即将尽了，现在急切之中得不到郯城敌粮的补充，战事再拖下去，全军将成饿殍，兴许兖州也回不去了！

曹操无奈，只得暗念着君子报仇下次不晚的宽心话含恨撤军。这下可成全了刘备的名声，徐州自陶谦以下全体军民，无不对刘刺史玄德感恩戴德，陶谦索性正式把自己的丹扬子弟兵送给了刘备，并恳请刘备驻军小沛，由徐州供应全部粮饷，以防曹操再来。

曹操何时会杀回来？回到兖州的曹操铁心已定：来年开春，带足粮草，誓踏平徐州，取那陶谦与刘备的脑袋！

在曹操现在的潜意识中，刘备已经成了他的主要敌人，只是他还尚未预料到，这个敌人将是他最难消灭的对手，将与他纠缠终生！

曹操偏偏疏忽了一点，"老将出马，一个顶俩"并不是什么高人的格言，是一顶专为老家伙们定做的高帽，仅是为了忽悠着傻老头高兴而已。

第十九章

三战徐州：曹操背后被人捅了一刀

76

曹操对两次讨伐徐州的无功而返总结了经验教训，那就是：出征时粮草要多带！

曹操就是没总结出屠城的大错，更没发现自己的战略方向有问题，对三次远征家里没出事倒是得出了结论：根据地安稳得很，官员个个效命，人民普遍拥戴，下次可以倾巢出动了。

兴平元年 (公元 194 年) 春，曹操集合了手下的精兵，备足了粮草，怀着灭此朝食的雄心，唱着不破徐州誓不还的军歌，向着徐州出征了！

曹操鉴于两征徐州，皆受困于粮草不济而退兵，此行是竭兖州仓储而动，兖州的原官员、士子看在眼里，气在心里，口里却没人敢表示什么。但表面上的顺从并不等于心里的服从，暗地里开始了反抗行动的不乏其人，东郡太守陈宫已经联络好了陈留太守张邈、颍川太守吕布，就专等曹操的大军出动了，心里盼望的是走得越远越好，能全军覆没于徐州那就更妙不过了。

徐州牧陶谦很清楚自己的实力，与曹操的青州军对抗是没有什么理想结局的，究其原罪，实是自己用人不当惹的祸端，道歉曹操又不接受，自己实在无能耐赔曹操一个亲爹，向曹操投案自首曹操也未必善罢甘休，无休止的抗战到底只能使徐州百姓多遭杀戮，历来好事再一再二不再三，这次徐州在劫难逃了！

干脆主动内退回老家丹阳吧，将徐州委托给仁义英雄的刘备代管，最起码你曹操打人的理由没了吧？陶谦产生了逃避现实的想法。

而现在的刘备呢？不比陶谦轻松多少，借来的幽州兵已经还了，虽舍不得勇将赵云，但那是帮自己忙的老同学公孙瓒的部下，本着好借好还的借贷原则，还是打发赵云领兵回了幽州。

临别执手相送，留恋之情溢于言表，弄得赵云险些辛酸泪下，内心从此有了跳槽的念头，士为知己者死么！至于恰巧途中兄长病逝，赵云借口奔丧，从此脱离了公孙瓒，后终依靠刘备，此乃后话，暂且不侃。

少了一员大将，又骤减了近一半兵力，面临的又是兵多将广粮足的青州大军压境，刘备寝食难安，不用着忙减肥了。尤其是上次郯城之战的险些自裁于战场，刘备实在没有了与曹操对阵的勇气。但陶谦的盛情又无以为报，在仁义与生命之间作选择？刘备犯了大难！

刘备也给我们留下了几句名言，其中一句就是："勿以恶小而为之，勿以善小而不为。"在他看来，抗曹贼就是大善，躲避偷生无疑就是大恶。他是这样决策的：先尽力抵抗以尽仁义，再相机逃跑保住性命。可是，这种鱼与熊掌兼得的打算能不能如愿呢？

从史书中记载的刘备的发家史来看，这哥们儿运气的确好得很，真好像冥冥之中有上天在照顾他：

穷困之时有大款相助；潦倒之时有勇士相随。

丢了个县尉又拾得一个县尉；再丢一个县令马上又得一个别部司马。

来徐州之前其实那个平原相也是个空头的，他的平原国业已被袁绍全部占去了，已经随着田楷向东撤退到了齐郡（山东益都一带），实际上是处于无家可归的状态，老天又及时帮了他一个大忙，徐州又出事了。

冒险来援徐州，偏机缘巧合地守住了郯城；这一次也不例外，正当刘备率弱旅刚接触到曹军的前锋时，老天又不失时机地来照顾他了。

正当曹操指挥大军对刘备准备围歼的紧要关头，一骑加急军报给曹操送来了一声晴空霹雳！兖州全境武装暴动了！国郡八十城仅剩三城未陷，老窝被吕布给抄了。

陶谦、刘备是打不成了，只好紧急回师，先救根据地要紧，更令曹操肝胆欲裂的是心理上的打击：叛乱的首要分子竟是自己从小便肝胆相照的张邈！主谋竟是自己委以重任、将发家之地相托的陈宫！而他们请来的新主子竟然是以不讲信义闻名天下的吕布！要命的是这吕布的勇武甚至还超过了他寡信的知名度！

到底是天助刘备还是天欲灭曹？曹操现在已经顾不上多想了，那吕布岂是容易对付的？一旦出动大军占据泰山险道，我青州军后路被断，粮草尽时，即是全军崩溃之日，万事休矣！

还有那留守兖州的荀彧、程昱、夏侯惇、曹洪，眼下困守三城，能坚持到几时？若回救不及，从此天下虽大也难有我曹某的立锥之地也！

其实现在兖州鄄城（今山东省鄄城县北）、范县（今山东省梁山县西南）、东阿（今山东省阳谷县东北）三座县城的形势要比曹操所能想象到的还要恶劣！他们面对的不仅是天下无敌的吕布及其暴动的兖州军，又有更为凶狠的一刀从背后砍来！

俗话说得好，墙倒众人推，鼓破万人捶。兖州大乱，曹军势危，青州军的主力远在徐州，急切不能赶回，这一切都被现任实缺的豫州刺史郭贡（刘备的豫州刺史是个虚的，从未到过任）看在眼里，有此便宜不占，岂不与傻瓜同罪？于是便尽起豫州的数万大军杀到了曹操暂安家小的鄄城，目的很明确：联合吕布，趁火打劫，劫了曹操的家眷，看你曹操出多少黄货赎回人质？

一州的现任刺史竟想兼营绑匪的职业，虽然可恶，却也会凑时机，曹军真正的危急时刻到了。

77

天上忽然掉下来一个好大的馅饼，一下子掉到了坐在家里的吕布的嘴里。

吕布现还在施主张扬那里蹭饭，不是中央政府给了他一顶颍川太守的官帽了吗？其实那是送空头情，就像承认刘备的豫州刺史一样，就是个名誉职务，人家现在的豫州刺史、颍川太守的官都没免掉，还在那儿好好地干着，吕布不脸皮厚点也没办法。

现在突然有人上门相请去就任一个大州的州牧，实在是等于捡了一张彩票中了千万元的大奖，至于到了兖州需要先跟曹操过招，吕布没拿这个当多大事儿，就像中了大奖要缴点所得税一样，打几仗是咱的老本行，小意思。

兖州的政权交接极为顺利，兖州共辖郡、国八个，县城八十座，经张邈、陈宫振臂一呼，几乎全部响应，旬日之内，未改旗易帜者仅剩了三城，看来曹州牧还没精通“攘外必先安内”的大道理，落了个出师未捷身没死，却使英雄退无根。

剩下的三座孤城也不稳定，陈宫亲提大军去攻取东阿；吕布则派特使氾嶷去说降范县，吕布手里有张王牌：县令勒允的老母、兄弟、妻子都被吕布扣作了人质，不怕你不降！固守鄄城的荀彧、程昱坐不住了。

荀彧对程昱说：“现在整个兖州就剩下这三城未降了，一旦陈宫等兵临城下，三城的军心必动，民心也未必向着我们。你在兖州素有民望，老家又是东阿人，现在唯有指望你了！”

程昱哪里用得着荀彧拍着马屁作动员？当即动身回乡安定东阿，路经河北范县，却听说吕布的招降大使氾嶷已经进了范县城内，程昱立即先去见了勒允，对一个妻儿老小业已落入敌手的人做政治稳定工作不那么容易，唯一的方式就是以诚相待，理解现状，点明结局，能否成功就只有等待了。程昱是这样说的：

听说吕布这小子把您的老母、兄弟、妻子都逮去了，作为一个孝子的心情是任何人都能理解的！

可是现在天下大乱，群雄并起，一定会有命世英雄出现，平息天下之乱，聪明才智之士应该能分辨出谁是英雄来的。跟对人了将来前途不可限量，跟错人了将来会死无葬身之地。

现在陈宫突然叛变，奉迎吕布来夺兖州，虽然百城响应叛军，好像能成什么事儿，但是你自己看看吕布是啥样的人？吕布，粗野而导致众叛亲离，性刚偏又不懂得任何礼节，不就是个仅有匹夫之勇的莽汉吗？陈宫等人能对他真心实意？兵现在虽然不少，却绝无任何成事的苗头。

曹使君智冠天下是大家都承认的，这是上天在照应他呀！你只要能守住范县，我去守住东阿，则田单之功就是你的了。如果做人丢掉了忠义二字去助纣为虐，最后的结局必然是连自己带家人都保不住！何去何从您自己决定吧！

程昱一通忽悠，真就把勒允给忽悠住了。勒允流着眼泪杀了吕布的特使氾嶷，范县算是稳住了。程昱在紧急布防要道仓亭津渡的同时，马不停蹄到了东阿，东阿令枣祗与留守勇将曹洪已率全城军民修城疏池，做好了据城坚守的准备，程昱是当地人，地理熟悉得非同一般，知道一旦陈宫大军兵临城下，东阿必然难保，唯一的幸存之机便是拒敌于国门之外，最有效的拒敌点在哪里？仓亭津渡口！

仓亭津是陈宫大军袭击东阿之必经渡口，只要把守城主力部署在这里，阻渡陈宫，方有可能保住东阿。果然不出程昱所料，陈宫率军到达仓亭津渡口，面对程昱、曹洪指挥的河防军拼死阻渡，竟无良策，东阿也就一直坚持到了曹操大军归来。

鄄城就不同了，不但要面对吕布大军的直接攻击，背后又杀来了号称十万的豫州大军，一旦两军会师于鄄城，就算曹操亲率大军据城固守，也必不能万全，荀彧非常明白即将面临的危局，但使他更为担心的恰恰是吕布不来进攻鄄城。

若吕布不理睬被困一隅的范、东、鄄三城，径直提军于泰山，截断曹操征伐大军的归路，那才是万事俱废，那就不是能否收复兖州的问题了，而是即将面临全部青州军土崩瓦解的必然结局！

但事情的决定权在吕布手里，荀彧虽有“王佐之才”也指挥不了敌人，还是先顾目前吧。郭贡号称十万的豫州军如何应付？硬打是不行的，由夏侯惇率领的留守青州军数量虽不少，却是些被曹操出征前筛选下来的“菜鸟”部队，先别说什么战斗力，就是现在还没接仗军心却早已乱了，逃兵每日渐增，小规模叛乱不断，成建制的曲部相互抢掠也出现了。

前些时主帅夏侯惇便被吕布派来诈降的部队给绑了票，幸好吕布派的绑匪干公务的同时产生了一点私念，想趁机勒索些金银，没舍得撕票；又凑巧夏侯惇的副将韩浩是个为公能舍得主帅的立场坚定的愣种，声言豁上不要主帅了，坚决打击恐怖活动，才算唬住了贪财更要命的绑匪，成功地镇压了这一绑架恐怖事件，后来被曹操选为案例，列入军规：再逢此事件，依此办理，为杜绝此风蔓延，坚决不管人质生命，镇压决不犹豫！

荀彧只能豁出去了，决定只身去见郭贡，陈明利害关系，趁火打劫你也要看劫的是谁呀？吕布不好惹，曹操就好惹了？别趟这浑水了，哪有来虎窝里偷鸡的？就不怕将来反咬你一口？你受得了吗？

郭贡见实质上现在是一州之镇的荀彧毫不畏惧地找上门来，心虚了，一是这老哥说得有道理，二是估计鄄城做好了迎战的准备，干脆暂收贪婪之心，撤军吧。

就这样，凭三寸不烂之舌，退去十万雄兵，能最后保住三城未陷，荀彧、程昱确实立下了不世之功，总算给曹操保住了这么一点立足之地，不至于浪迹天涯了。

78

两军主帅的单挑实际上一般发生在战前，而且是各自待在自己的军营里，即所谓运筹帷幄是也。

荀彧担心的是对的，现在的兖州军中也有人看透了这一点，这个人就是陈宫。

军事会议上，陈宫力主将主力部署在泰山险道，趁曹操的青州军被地形所迫拉长队列时给予痛击，泰山道窄而多曲，长达数十里，只要趁曹军半途，将彼军最多能容两骑的单薄队列以巨石滚木予以切断，青州军首尾不能相顾，将领无力指挥士兵，则必败无疑！

就算不能尽歼曹军，扼住山道，曹军所带粮草又能撑几日？至于未攻下的三座城池，不足为虑，曹军主力溃散，三城不攻自破，此乃一战定乾坤之良机也！

吕布对此建议不以为然：那曹操兵法纯熟，历经恶战，怎会想不到这些明摆着的不利因素？若其有意拖延过山之日，我伏军岂不要在荒山空等？

守株待兔这个典故说的就是这样的事吧？兖州这盘棋的眼位在哪里？吕布将手指向了军事略图上的一个位置——濮阳！

应该说吕布所讲的也有其道理：濮阳曾是曹操的主要驻军之地，粮食生产相对其他各郡较为丰足，本身又是连接曹操唯一的盟友冀州袁绍的交通要道，欲霸兖州，濮阳实是必控之地，失去了濮阳的曹操，在兖州也就算是被彻底孤立了。

而控制濮阳也是初进兖州的吕布的现实需要，攻守有据不说，吕布还不想割断与好友张扬的联系，所以在刚进兖州之时，便不惜小败于夏侯惇，而趁机抢占濮阳，实是看准了这个兖州战局中的要点。

再就是吕布对自己的武力指数是相当有自信的，平原作战，除了那个愣种孙坚外，吕布确实还未遇到过对手，面对部队主力成分构成与吕布的手下败将黑山军相似的青州军，吕布无论如何也难以看得起这些还顶着一头高粱花子的农民军。

曹操那两把刷子，也就是能欺负一下黄巾军的散兵游勇，与我吕布过招，还不等于北约的联合空军对付南联盟，有你还手的份儿吗？地面上不见兵也就把你给赢了。

毕竟是请过来做领导的，其意见无论如何是要被尊重的，也就只能任由吕布在濮阳排兵布口袋阵了，可曹操就那么听话到濮阳来吗？

曹操的远征军还未走到泰山。

时任曹军司空军祭酒的郭嘉对将要经过的泰山险道极为担心，未来的太祖看出了他的忧虑，对他说："忧心无用也，我军不过泰山，则必全军尽殇于此，唯有尽快通过，尚有一线生机，无须他疑，只管催军速行便是。"

吕布是否在险道设伏？

天要下雨，娘要嫁人，随他去吧！是如获重释？是表示无奈？还是早已谋定的必然结局？那只有早死了的太祖知道了，历史上故意不解的谜团多去了！

还是天不灭曹！部队顺利通过泰山，未见到吕布的一兵一卒，曹操内心如获重释，脸上却不动声色，只是以确凿的语气对郭嘉说："吕布无能，已占一州之地，却不懂得屯兵于山东东平，切断亢父、泰山之险道截击我军，而屯主力于濮阳，其拘泥于书简之兵法，必败于吾矣！"

现在大军向何处去？大多数人的意见是速救鄄城及东、范二县，一旦有失，千里回师岂不是功亏一篑？那里还有曹操的妻妾家小呀！能与留守部队合兵一处，然后徐图进取，当然是最稳妥的方略。

曹操的看法不同：旷乎时日，让吕布在濮阳站稳了脚跟，胜负的天平就会向敌人倾斜了，为了全州的作战大局，进军的目标只有一个，那就是濮阳！

一切都在吕布的算计当中，濮阳城内外，吕布岂止布的是一个口袋，作战方案有正有奇，连聚歼青州军的主战场都设计得天衣无缝，捕捉曹操的陷阱早已挖好，现在就等着曹操送上门来了！

曹操大军竟听从了吕布的指挥，一路浩荡，杀向濮阳，还未曾接敌，前方探马来报：濮阳城西四十余里，有一座吕布军的营寨，只是不知驻军数量多少与领军何人。

曹操心里明白，这是吕布的分散军势之计，如不首先清除，又不免成为吊在虎尾上的老鼠，还想学刘备守郯城时一手，也过于小看我曹操了吧？吃一堑，安能不长一智，我先提大军毁了他，灭掉吕布的锐气，长一下我军的威风！攻城必先清扫外围，这点兵家常识曹某还是有的。

可是具体行动起来却不是像发狠时那么容易，濮阳城中的吕布又岂会坐观青州军的"灭鼠行动"？那边战斗还没打响，说不定青州军已先陷于两面作战的境地，到时首尾不能相顾，战场态势到底有利于谁？可是难说得很。这一定是陈宫的唆使，谅吕布不会玩这么细的花活！

解决这个难题曹操没费多少心思，你这不是为明天的大战盘预伏的一只搅局的孤马吗？那你一定想不到我会今夜就出车杀马，等明天你弄清战况再动出车马炮时，这棋局上已经没有你这只马了，谁去消灭这只边马？曹操的决定更出乎所有人的意料，曹某亲自去！不是有句“老将出马，一个顶俩”的格言吗？

谁劝都没有用，怎么？大家想与我曹某争功？小伙子，仗有你们打的，都给我养精蓄锐吧，明天有力气对着那吕布耍去。现在的曹操偏偏疏忽了一点，“老将出马，一个顶俩”并不是什么高人的格言，是一顶专为老家伙们定做的高帽，仅是为了忽悠着傻老头高兴而已。

79

现在有一句大概被大家听腻了的真言：“21 世纪最大的竞争是什么？是人才！”其实这句所谓真言只不过是一句废话而已，何止 21 世纪？哪个世纪不是如此？问题在于什么是人才？戴上一顶博士帽，通过了“托福”考试，吃了几天洋面包就是人才了？

曹操的身边就有一个没有任何文凭的人才：有点傻乎乎的大个子人才典韦。

据史载，此人是陈留郡己吾人，“形貌魁梧，膂力过人，有志节任侠”，侠气与傻气本来就难辨别得很，没见过现在多少见义勇为的好汉被一些聪明人称作大傻帽吗？而典韦的傻气比侠气却又多了几分，称他一声“傻哥”一点也不为过。

年轻时就要过一回二愣子：他与襄邑一个姓刘的关系很不错，而那个刘某人与睢阳一个叫李永的结了仇，这个李永是个现任富春县长，手下养着会打架的几百人。典韦这哥们就揣着刀子找李县长去了，一见面二话没说便来了个白刀子进去红刀子出来，那还没算完，又趁狂劲把县长太太一刀给捅了，你说你杀人家漂亮媳妇干吗？

陈留太守张邈招兵，本地人典韦应征入了伍，没等出新兵训练营就以蛮力露了一手绝活：营地的大旗杆被大风刮倒了，一帮人立不起来，典韦傻劲上来了，都走开，看俺的吧！一只手提起来，迎风而立，任由狂风裹得大旗山响，旗杆纹丝不动，所有的人都傻了眼。

带兵的就喜欢这样的人才，司马赵宠发话了：以后扛旗的活路就归你了。

傻人有傻福，都军校尉夏侯惇听说了这事，联系人事部门给傻哥办理了调动手续，典韦就成了夏侯惇前敌司马，你还别说，这下的确发挥出了典韦的特长，每次上阵就数这不怕死的傻哥杀人最多，夏侯惇向曹操推荐了这个难得的人才，从此典韦就编入了曹操的警卫队，不久被荣升为队长。

对于典韦来说，现在是爹亲娘亲不如曹操亲，典韦能干也能吃能喝，一个人能顶得上几个人的饭量酒量，没当兵时娘老子啥时管过酒足饭饱？而曹操却是酒管够、肉管饱，不为他拼命为谁拼命？曹操当然也没拿典韦当外人，这次曹操兼职去夜袭队长，也照例把典韦带在了身边。

与曹操身边的武人才典韦相比来说，吕布现在身边的文人才则更重要得多，这就是兖州军叛乱的主谋陈宫，陈宫我们前面简单介绍过，其人嫉恶如仇，又多谋善断，尤其是极为熟悉曹操的作战习惯，对曹操本人以及青州军更是了如指掌，现在与勇冠天下的吕布合作共事，可以说是珠联璧合，相得益彰，可惜现在的吕布还未能充分地认识到这一点。

濮阳城里，陈宫对曹操亲率大军来攻濮阳甚为忧虑，他对吕布说："曹操为人奸诈无比，作战经验极为丰富，将军万不可大意，尤其是曹操行事，为达目的向来不择手段，从不知道义为何物，偏又极会收买军心民心，现在凭借人多势众，来犯濮阳，势必不达目的不罢休，如被其他大军围困了濮阳，我军兵力无法展开，局面将大为不利，将军还是及早出城，以将军擅长的机动作战与之角逐于旷野，方是取胜之道。"

吕布不以为然："舍坚城不守，而与敌较脚力，岂非痴呆？待曹操攻城之时，我西部偏师动出击其侧背，我提大军迎头痛击其主力，曹操就是天神临凡，又能何为？"

"我担心的正是西部偏师落单，曹操如先以主力围攻，其势必危，一旦将军救之不及，该军休矣！"陈宫还是极力动员吕布出援该部。吕布倒也对陈宫言听计从，答应明天便亲率大军接应该部靠拢濮阳。那曹操远师疲乏，总要略微休息人力马力吧？

谁知一夜未过，天未放亮，西营的少许残兵已飞骑逃回濮阳：该部皆尽毁于曹贼也！

陈宫马上意识到：这是曹操本人所为，符合他惯于亲自冒险的性格，但长途奔袭，兵力决不会多，只不过打了西部驻军一个措手不及而已。便力主吕布立即出动，围截曹操的袭击部队，击败曹军，在此一举！

吕布大怒！这曹操也太过目中无人？随即亲率濮阳全部主力，舟马并举，杀向曹军。

而曹操在偷袭吕布的偏师得手后却是大意了，全歼敌军后并没有及时退军，被缴获的敌军辎重耽误了时间，毕竟那也是曹军最为迫切需要的东西，等发觉吕布大军已截断归路时一切都已经迟了。

无可奈何，只得以敌之残寨为工事，组织士兵尽力防守待援。谁知陈宫早已将重兵部署于曹操大营方向，当地又水网密布，绝不利于曹军的救援突击，一上午的恶战竟然使曹操与主力越离越远，曹操快绝望了。

那吕布偏又发起了狠，亲自跃马持戟，疯狂冲锋，曹军的确无一人是其对手，眼看便要被吕布冲破竭力组织的防线，曹操只得避入来时乘坐的小舟之中，只是两岸箭弩如雨，船上的士兵瞬间死伤过半，小舟却是寸尺难移。

水路是冲不出去了，曹操只得舍舟上岸拼命，自己亲自出马带队冲杀，眼见的敌军越杀越多，自己的残部竟然被敌人围了个水泄不通，那吕布反而更加耀武扬威，胯下的赤兔马竟如血染，来往驰骋，自己的将士遇之无不一合毙命，士兵们越来越少，难道今日的曹操反成了被猎杀的懦鹿？

坐以待毙绝不是曹操的性格！紧急组织敢死队，典韦第一个站了出来，但此时仅能集起十余人而已。

十几名勇士扔掉了盾牌，身披两层重甲，双手舞动长枪，典韦双铁戟开路，全然不顾势若飞蝗的箭矢，径直向前冲杀，挡者无不披靡，有时敌人七八杆长矛一起捅来，典韦情急拼命，一戟扫过，竟然立断群矛，敌军大骇，纷纷避让。

十几人舍命护住曹操且战且走，吕布亲自督军从背后围了上来，众人大为恐怖，急忙招呼典韦回身应付吕布，那典韦正舍生忘死地于前面开路，怎能回过身来？就是连回头看一眼也没有瞬隙！

只听得典韦大喊：“敌人到十步距离的时候告诉我……”

话刚落音，众人已经齐声高呼：“已经十步了！”

“五步时再告诉我！”

左右大喊：“已经到了背后了！”

典韦忽得猛冲几步，前敌避退不及，被戮数人，突然转身，手中却多了十数支几寸小戟（袖珍型的）随手而发，一戟一命，所追之敌无不应手而倒，别说一般追兵，就是那吕布也不免心惊，不敢近前了。

主帅却步，吕布军士气大为低落，真豁去与不要命的人去拼命毕竟没有几人，曹操万幸随典韦冲出了重围，再加上天色已暗，总算又一次天不灭曹，被曹操逃出生天，陈宫之灭曹大计竟被典韦毁之于一旦，谁说傻哥不是金贵人才?

首战吕布就这样以惨败收场了。当晚就有濮阳的田姓大户派人给曹操送来降书一封，申明在濮阳城中尽受吕贼淫威，征粮索财实难聊生，素来仰慕孟德公已久，愿以献城作为进见之礼，举族投效义师！并约定时间，定好暗号，接青州军入城。

这田氏乃濮阳之大族富户，名声甚佳，不会以全族性命当作儿戏，应该可以信得过。这实是如同吕布凭空得州牧一样，是个天上掉下来的馅饼，曹操当即决心孤注一掷，以迅雷不及掩耳之势袭破濮阳，速战克敌，夺回这个战略要地！

这其实是吕布给曹操挖好的一个大陷阱，当然还是陈宫的建议：对田家施以淫威是真，却不是征粮索财，而是以田家全族性命为质，迫使田氏送上诈降书信，要诱骗曹操入城，让曹操自己送上门来，完成不用巡航导弹的“斩首行动”！

曹操的确是配合了吕布的工作，坚决拒绝了众谋士及所有将领的劝阻，一定要再次去兼任突击队长，连别人替换他都不干，理由是：

“既然有风险，那就该派别人去冒吗？胜败在此一举，我身为主帅惜命不肯冒险，谁人愿意出死力向前？”

第二十章

血战兖州：曹操对决第一悍将吕布

80

濮阳城外的曹操却没意识到吕布这次“无间道”的意图之所在，依旧兴奋地按约定时间率军进了濮阳城。

濮阳城内吕布的大军早已做好了关门打狗的准备，专门指派见过曹操的士兵盯住了城门，眼见得曹操一马当先率部进了濮阳城东门，万事大吉！开始捕杀行动吧！

曹操刚进濮阳东门便发觉情况不对，空荡荡的大街上人影也没一个，就算是三更天也应该有守军吧？不好！上当了！亟待掉转马头退出东门，却已迟了，东城门瞬间火起，烈焰顷刻冲天，退路已经不存在了。

耳听得城内呐喊四起，千言万语汇成了一句话：“捉曹操啊……”

凶险万分，来时瞬间，来得那么合理，来得那么突然，似春天一声惊雷，唤醒了万虫踊动出土，只不过那是吕布的万千军丁；又如春天里的一把火，火光熊熊照亮了我，只不过此时的曹操最恨的就是东城门的那把火。

关键时刻，方显出英雄本色，危机之时，才考验将军风范。现在最需要什么？是将军的镇静，对生死的无畏！陷入死地的士兵们在看着自己的将军，心胆俱裂的左右在盯着主帅的举止，围捕的吕布大军已经逼近了！现在，曹操你还能做些什么？

别慌乱，要镇静，将士们，濮阳城我们地理透熟，随我杀遍四城，搅他个地覆天翻！两军相逢勇者胜，将生死置之度外才会更安全，举起你的刀吧，那就是我们的路引，催动我们的战马，让我们共同迎接明天！——还能看见天明吗？

这时候口号喊得再响亮也没用了，树倒猢狲散的普遍现象在此时最易重复续集，士兵们几乎一哄而散，左右的将领瞬间仅剩了几员，曹操心里那个苦啊！

举城喊杀烽火路，满目刀光映天明。

这一刻，曹操看到了什么？是娇柔慈爱的妻子？还是秀色可餐的美妾？或许是年仅七岁的幼子？也可能看到的是徐州十余万百姓的冤魂，更应该看到的是那塞断泗水的浮尸！这一切，都不得而知，只记得：往事越千年，魏武挥鞭，东临碣石有遗篇。萧瑟秋风今又是，换了人间。

好一个将来的魏武，心中只存一念：冲出去！

曹操现在思路极为清楚，什么杀遍四门？待在濮阳城内，自己就是待宰的兔子，连拼命的资格也没有，唯一的生机就是从哪里进来从哪里冲出去，越是烟火弥漫之处，自己趁乱逃生的机会也就越大，不过，如果没有将士们往四门乱突，那也是没有成功的可能的，只要自己这个目标一旦被吕布军盯上，那就只有等死了。

身边还有数名亲信将领，这样更好，人少目标小，便于趁乱接近燃烧的城门。谁知刚掉转过马头，一大批吕布的铁骑便将他们包围了。

“放下武器！缴枪不杀！”——不对，那时候没那玩意儿，是写书的小时看战斗片过多的原因，应该是——“早降免死！曹操在何处？”

随着曹操眼色暗递，几个人抛弃了手中的刀枪，大家都很明白，只要扔得慢一点，就会瞬间变为肉泥，首先要活着才有机会，没有人愿意马上变为养狗的饲料。

天色昏暗，吕布的骑兵们没有像曹操在徐州时那样以杀俘泄愤，这时候中国历史轨迹的改变其实就在这几个士兵的一念之间，万幸，大家的关注点都在还不认识的曹操身上，来了个战地突审：“曹操现在哪里？”

曹操抢先招供：“刚离开，那不？前面骑黄马的不就是曹操吗？”

随着曹操手指的方向往西一指，大家全体兴奋了，捉住曹操？那是多大的功劳啊？砍下一条腿来也会奖励个将军吧？随着几个性急的骑兵催马而去，没有人能沉得住气，抢功就是抢官抢钱，谁不争先恐后？必要时连自相残杀也是顺理成章的。

还是天不灭曹那句老话，不但想捉住曹操他们几个的骑兵一哄而去追赶那骑黄马的曹操，连在东门放火的士兵也猜到了大家向西追赶的是一条大鱼，不约而同地脱离了自己的工作岗位，一起追向曹操——捞外快去了。

大好时机，此时不走，更待何时？曹操催马直奔着火的城门，急磕战马穿火而过城门之时，一根被大火烧断了的横梁从城上呼啸而下，恰好横在曹操的战马胸前，又过不去了！

曹操情急之下，还顾得什么烧伤，什么手疼？以手托住火梁方使战马得过：一种说法是一个叫司马楼异的部将把跌下马的曹操扶上了战马，并且地点也挪到了白天的战场之上，此说可信性不大，战场旷地，怎么来得专烧曹军的大火？战场经验丰富的曹操岂能连一点防卫纵深不留？任由吕布军这么轻易地突入中军？

还是采用《献帝春秋》的记载：曹操就此突出了濮阳东门，回到军中，才痛心将士尽折，再战吕布就这样以完败收场。

这仗还能继续打下去吗？一因吕布的旧日威名，二因曹军的昨夜新败，众将士惧意无不显示在了脸上，大家现在考虑的是：能全师而退吗？那勇冠天下的吕布怎会就此罢休？欲轻松地脱离战场？估计只能是曹军的一厢情愿了。

81

人逢逆境时都会做出本能的反应，至于所采取措施的对错却就要另当别论了，大败后的曹操会作何选择呢？

面对将士们对吕布的恐惧心理，曹操忍住被烧伤手臂的剧痛，巡查各营，振作士气，回到军帐，召集谋士、众将宣布了他明天的行动计划。

将军们实在对吕布有着不好意思说出口的畏惧，谋士们对新败之战局也着实无什么取胜良策，不过大家有一点能够确定：尽快与敌脱离接触，以便整军再战。

用不着与部属们商量，曹操直接宣布了作战命令：全军马上行动，备好攻城器具，连夜出发，包围濮阳，再战吕布！将士们听后几乎晕倒了。

没有人表示反对，军人以服从命令为天职，在没有人能提出更有效的取胜方略的时候，绝对信任自己的领袖就是胜利的保证，有时候人也是需要一点盲从精神的。

濮阳城内，吕布摆开了庆功宴。虽然没有达到初战的最终目的，但一场大胜还是极大地振奋了全军的士气，之前对曹操的迷信立马转到吕布身上来了，吕将军的确名不虚传！大家觉得这次的老板可算选对人了。

吕布准备接受陈宫的建议，不给青州军以充分的休整时间，明天便亲率主力出城，迂回向青州军的背后，待曹操不接受教训再来犯城时从背后给曹军一击，彻底打掉曹操再战的勇气！这个计划是根据吕布的猜测做出的：估计曹军经此大败，非休整三至五天不能再战。

陈宫曾作为曹操充分信任的部属，对曹操的性格、心理及作战方式极为熟悉，他告诉吕布：曹操是不会善罢甘休的，很可能现在就在做再战濮阳的战前动员，不会给濮阳三五天的备战时间的，必须尽早出动，以免陷于不利的被围态势。吕布深以为然，决定遵照兵贵神速的战术原则：天亮就出发！

明天出发，今天总得喝个痛快吧？打了胜仗，怎能不犒赏三军？初次指挥兖州部队，总不能给将士们一个铁公鸡的印象吧？吃粮当兵，过的就是过了今天就没明天的日子，酒宴一开，谁不想今天有酒今朝醉？一时间，除了暗叹着倒霉的守城轮值士兵，全濮阳城如同过新年一样。

一场联欢，一场痛饮，一觉天亮，一个急报传来，城外曹操的大军已将濮阳围得铁桶一般，敌军啥时到的？谁也说不清楚。吕布的酒意全消。

大军马上出城作战，奈何酒澜气力未复，胃内如烧，只欲痛饮凉水，手脚俱软，此时上阵厮拼，的确不是时候，先守城再说吧。

所幸青州军不是擅长攻坚的部队，而兖州军却知一旦城破，人人必死，城头上作战都还尽力，曹军忙活一天却未能登上城头，但吕布的部队如再想出城也是不易了，这濮阳保卫战看样子要打成持久战了。

一点也不错，这是真正的围城，里面的想出出不来，外面的想进进不去，恰如两只劲头相当的犟牛，在濮阳城抵上了！这两只犟牛这一架抵了多长时间？时间不长，一百多天！

濮阳城内快受不住了，城内的存粮不算少，可是也经不起只出不进呀！城外的曹军也好不到哪儿去，现在的曹军也算是在敌占区作战，当地政府肯定不太合作，老百姓更是不予配合，也无力配合，给曹操大军供应粮秣。八月大秋，原本是收获的季节，可是今年大旱无雨，庄稼地里禾苗稀疏，老百姓盼天盼地盼神仙，盼来的却是见粮食就抢的青州军，更要命的事又雪上加霜地如期而至，那就是遮天盖地的蝗虫！一场蝗灾过后，庄稼地里连秸秆都未曾留下，年轻的还能逃荒求命，走不了的妇孺老幼看来只能等待两种命运了：吃人或被吃！

青州军的粮草断了。士兵们开始杀马而食，马没了，开始以树皮草根度日，本来大部分士兵就是为了吃口饭而参加黄巾军的农民，后来为了活命才被“招安”成了政府军，现在眼看士兵们饿得性命难保，还等什么？于是，士兵大批的逃亡开始了。

这时候的吕布要是能及时地出城一击的话，肯定会毫不费力地大获全胜，可惜自己的部队也没有余力出城作战了，战马也吃光了，吕布也没有胆量开城门，出了城，士兵们一哄而散了，怎么办？

曹操看出来了：再不撤军的话，饥饿的士兵大概能跑光，趁着还能保留点兵力，走了吧。

九月，曹操被迫撤军回到了鄄城，他现在开始感觉到了：养一支庞大的军队并不等于战力就强，打仗首先打的是经济仗，养多少兵要量体裁衣，看能储存多少粮食才能招多少兵，精兵的思路开始在曹操的脑海里露出了萌芽。

十月，曹操将主力撤回东阿，部队急速地大幅度自然减员，令曹操无可奈何，而兖州全境现在又成了他的敌人，三座城池的小地面像群山中的一颗小石子，看不到什么发展前景，尤其是败于吕布之手让曹操最为窝火。曹操的事业到了最低潮的时期。

另一种趁火打劫的方式降临到了祸不单行的曹操头上，远在邺城的临时盟友袁绍看到曹操面临的窘境，决定该出手时就出手，做一回见义勇为的好汉，一封措辞热烈的聘请函发到了曹操手里：要“礼聘”曹操到邺城，共举大业——标准的落井下石！

曹操现在正是根据地丢光，军粮告尽的时候，人穷志短，马瘦毛长，说不起硬气话，有些犹豫了，先跟袁哥干？此想法羞涩地向谋士们漏了一点口风。程昱慷慨进言：

“将军因时局危难而有惧意？此欠深虑也！袁绍虽有并天下之志，然以彼之才智，弗能为之？将军欲甘做庸才之下属？即幸有成，则韩（信）彭（越）之狗烹弓藏必见也！现兖州虽失，尚存三县于我手；精兵良将仍不下万余。以将军神武，当仍可成霸业！望慎思之！”

曹操毕竟胸怀鸿鹄之志，醒酒不用山西老陈醋，当即打消了投靠袁绍的念头，决心以仅存之三县争霸天下。

冬天虽然到了，春天还会远吗？

82

兴平二年（公元195年）的春天到了，对于苦挨了四个多月的曹操来说，这是一个没了诗意的春天，自己的“领兖州牧”成了一块只有他自己才承认的空牌子（这时的朝廷还没有予以承认，中央政府更势利眼）；地盘被挤得仅剩了三县之地，连当初刘备的平原相也不如了（平原国有十个城，其中八个是县，两个是侯国）。

自去年十月带全军回东阿休整，军粮的极度缺乏造成了部队的急速缩水，曹操也只能睁一只眼闭一只眼，也难怪，你不管人家饭吃，还不允许人家跑吗？不久前的三十万大军仅剩了不足一成，而面对的却是吕布指挥的十余万兖州军；元月，一个更气得牙根疼的消息传来：刘备接手了徐州牧的实职！怎不令人气煞？

关于陶谦病故，遗嘱刘备接管徐州的事，子金山以后细讲，此时的曹操即使气炸了肺也无可奈何，因为他首先要面对的是强敌吕布及其兖州的叛臣，兖州的局面打不开，其他的都只能看着，声言必杀之而后快之的仇人的自然死亡，使一家的血仇永远难报是肯定了，徐州这块再大的蛋糕也只能让刘备不劳而获，权当你暂时替我代管吧。

不能等吕布找上门来，越是势弱越是要摆出进攻的姿态，再不打仗，剩下的这点兵也保不住了，曹操集结了所有的能机动作战的兵力指向了定陶。为什么曹操对定陶产生了兴趣呢？大家都认为曹操要以战养战，其实曹操另有他意，只是此时为保军事机密，不宜宣布过早。

吕布去年秋天虽然借“蝗军”打赢了濮阳保卫战，但胜得却极为凄惨，遭曹操三个多月的围困，濮阳全境已是十室九空，官府、百姓、部队已俱无存粮，可漫长的冬春总得度过呀，固守濮阳从各方面来说都失去了之前的战略意义，也不可能了，吕布与陈宫便把全军移到了山阳就食，这里与定陶近在咫尺。

以定陶目前的防守兵力来说，是难以抵挡曹操大军的围攻的，不足万人，而且都是曹操以前的老部下，部队重归旧主也是顺理成章的事，但曹操率军向定陶进发的行军速度也实在太慢了，百里之地，竟拖拉了三日路程，这哪里是曹操的作战风格？

将领们最为担心的就是山阳城的吕布，他会无动于衷地看着定陶失陷么？一旦提大军来救，这次征伐岂不又成了偷鸡不成反蚀一把米的差事？曹“州牧”究竟想干什么？

曹操等的就是吕布，围攻濮阳失败，使他认识到了自己部队的短处，硬攻一座防守顽强的城池永远是在做一笔不划算的买卖，与去年的攻伐徐州不同，那时是以压倒优势的兵力围而攻之，威慑大于强攻的成分居多，现在与吕布的兵力相比已经称不上强势了，只有打巧仗方能有一线胜机。

吕布擅长的是指挥骑兵野战，但从去冬到今春，由于军粮奇缺，双方的战马都被吃得差不多了，大家现在都是在拼步兵的战力，这点上曹操有不可否认的指挥优势。

从兵员作战素质上来讲，曹军更不弱于吕布军，曹操现在的部队是沙里淘金般保存下来的忠贞之士，而吕布的部队就不免有些鱼龙混杂了，曹操要利用这一点，把吕布诱出坚城，在旷野进行吕布并不擅长的步兵作战，曹操对取得胜利是有信心的。

如果两军阵前单挑厮杀，我曹操可能不是你吕布的对手，斗心眼么？你吕布又哪里及得我曹某万一？比如现在，我如果是你吕布，决不会增援定陶，径直带兵袭取鄄城就是了，不过我也给你在鄄城设了一个更大的陷阱，那是给狡猾的陈宫准备的，就看你是否听他的了。

曹操的目的还是声东击西，围点打援现在没那么多兵力，全军的目标只有一个：那就是吕布！

吕布得到了定陶的告急军报，关于作战方案又与陈宫产生了分歧。

吕布：趁曹操围攻定陶之时，出动大军包围曹操的攻城部队，与定陶守军里应外合，一举全歼曹军主力于定陶城下。

陈宫：趁曹军主力离开鄄城，明增援定陶，暗袭鄄城，一举掏了曹操的老窝！曹军失心，必自溃。

吕布：曹操奸诈，其老家岂能无备？一旦攻袭鄄城而不克，定陶岂不白丢于曹操之手？

陈宫：主力援定陶，一旦曹操的目标是将军所部怎么办？那曹操指挥作战，向来飘忽不定，又极善冒险，我军无骑兵机动，胜算何在？

吕布：曹操如与我对阵，正是求之不得，公只要替我守住山阳即可，莫要疏忽，成败在吾之一举！

没办法，领兖州牧的毕竟是吕布，兖州军的兵权在他手里握着，陈宫只能把妙计高束，尽心守山阳了。再说，吕布的分析也确实不无道理，后方确实疏忽不得。

其实吕、陈二人所谋都没出乎曹操所料，依了陈宫的方案曹操也几乎是胜券在握，曹操一直在瞄着山阳，一旦吕布军向鄄城出动，曹操将立即转军直扑山阳，先掏了吕布的老窝再说。

现在吕布的大军扑向定陶来了，兵分三路，手下的名将张辽、高顺各领一军包抄向曹军的两翼，吕布自率中军主力直扑向曹操青州军的背后！

一时间，战云密布，风声乍紧，一场血战已迫在眉睫！

正是：你玩你的鬼画符，俺拨俺的算盘珠。坏心眼对付的别人，妙主意留在了俺腹。

没看见？酒桌上行的是将军令，反倒是：杀人时念的是圣贤书。

也别管他姓孙，且莫论他姓吴。兵书要看谁读，计谋要分谁出。

谨慎的胆小似鼠，势壮的气吞如虎。歪打兴许正撞，清醒可能迷糊。

曾多见，郊原万里黎民血，谁看过，离地三尺有神佛？

都羡慕，历代英雄书青史，须知道，一将功成万骨枯。

士兵该的是拼命，将军管的是打鼓。谁数过？将星闪耀处，撇下或许孤儿？留下多少寡妇？

83

这次曹操不是简单地准备围城打援，甚至连击溃吕布军主力都是准备虚晃一枪，当然更不是准备强攻定陶。真实的目的何在？其实还是谋士与将领们先前猜测的：以战养战，为军求食。

不过欲摘的桃子却不是定陶，现在不需要保密了，因为连敌人吕布都已经知道了：挥军扑向曹操的吕布刚接到紧急军报，句阳危机！曹操大将曹仁已经率重兵包围了句阳，攻打甚急，那句阳是定陶的门户，句阳一失，定陶不攻自危。那曹操现在定陶呢？还是在句阳？

说是重兵，不过是句阳守军为了求援的夸大其词，袭击句阳的只不过是曹仁本部仅存的五千余人，不过那曹仁勇猛无比，所指挥的士兵俱都极其骁勇善战，句阳守军难以抵挡倒是事实。

还是抽出点空先说明一下句阳、定陶、山阳三城的地理位置，这样大家将更容易明白曹操、吕布定陶之战的大略战场态势及详细的战局发展态势。

三城大约如同一个各相距百余里的等边三角形，最北面的句阳，西南方向是定陶，东南方向是距离稍远的山阳。

北面的句阳紧邻曹操青州军占据的鄄城，曹操如从东平出兵直击定陶，则部队左翼必受山阳吕布大军的威胁；绕鄄城犯定陶则必经句阳，曹军走的就是这条相对安全的进兵路线。

原来曹操率部绕过句阳攻击定陶时暗暗留下了大将曹仁，待吕布大军从山阳出动的消息一传出，曹仁便开始了攻击句阳的行动，以曹仁部队的战斗力与句阳的防守力量相较，曹仁攻克句阳不会费多少时间，但不知是由于曹军忍饥数月的原因，还是因为句阳守军的拼命抵抗，曹军的攻城行动进行得并不顺利，两天了，还未能登城头半步。

这恰让运动中的吕布感到了为难：该先救哪边呢？论说句阳、定陶唇齿相依，哪边都丢不得，但现在曹军主力集中于哪边尚不明，如贸然分兵去救更是不妥，不管哪边遇上了曹军主力都有吃败仗的危险，另一边却是要空扑一回，劳师糜粮而坐等另一边失败，这仗还打它作甚？怎么还没开战就好像确定已经败北了？

陈宫紧急来书建议：现在袭向鄄城也还不迟，我军袭鄄城，曹操只有两条路可走：一是全军回救鄄城，将军可对鄄城虚张兵势，主力布于句阳与鄄城之间，伺机伏击曹操回救鄄城之军；二是曹操孤注一掷，施围魏救赵之计，全军犯我山阳，如此宫于山阳坚守，将军回马枪痛击曹军背后，破曹必也！

应该说陈宫给曹操布了个非跳不可的陷阱，是真正的用兵大手笔，可惜吕布有吕布的看法：冒险行兵岂是用兵正道？应该首先集结三路兵勇，救定陶或句阳一处，即使一处城破，另一处也可以围歼曹军一部相抵，总之，即使吃亏也不大，一旦围住了曹军主力，那就是中彩了，两座城池兴许都不会丢，还能一举大胜曹操—现在吕布真的是在赌博了。

先救哪座城呢？吕布暗暗转了一枚铜钱，大喝一声："天佑我也！"仔细看时，向上的一面是字，才想起来：忘了先暗自确定花、字各代表哪座城了——两个代表落了空。那就让字面代表句阳一次，又试，竟是花面，没确定花面向上代表定陶呀？算了，军机大事，怎能如此儿戏？都让它是空吧。

还是实事实求地分析一下是正理：击定陶则句阳必丢，但将来有反攻收复的可能；击句阳就算定陶丢了，却堵住了曹军回鄄城的归路——能使敌人踏上不归路，当然不能说是坏方略。就这样吧，全军转向句阳。

句阳城在望，却不见有任何战事，急传县长问时，才知曹仁大军畏将军虎威，一天前已鼠窜退去，莫非退回鄄城去了？

正疑惑之间，定陶的加急军报到了：原来曹操、曹仁都聚在了定陶城下，已经开始攻城，定陶城破在即，盼吕将军火速驰援，共歼曹军于定陶城下。

这下不用犹豫了，全军向定陶急赶吧，历来古人有句：好事多磨。这次出兵磨了许多天，看来将要碰上的肯定应该是好事了。

曹操也不是不想一举攻克定陶，但他深知眼下是不可能的，为诱吕布来救，他也真真假假地攻了一天城，发现那守定陶的济阴太守吴资（定陶乃济阴郡治）却不是个好对付的角色，在定陶城内政治动员工作做得非常到位："曹军在攻掠徐州时已有明文成例：但凡围城，献城投降也定屠全城！我等弃守则必死，死守尚能求一生，大家跟我死战求生吧！"

不用再多做动员了，曹操将他们置之死地而后生，自然是同仇敌忾，徐州的杀戮暴行在这里得到了报应。

84

应该说，部队的战力是随着战斗行动的进行而发生变化的，能付出极小的代价，大幅度地消耗敌方力量的就可以称为战术大师，反之则是不折不扣的匹夫之勇了。

曹操在这方面也堪称大师，遛吕布这头野牛他甚至连牵牛的农夫都不用派。

但在定陶城下，面对定陶城中的军民一心，据守城头，死战不退，他却是有些迷惑：软柿子怎么也能变成硬核桃？幸而曹操志不在取城，也没有尽力强攻，饶是如此，造成的伤亡也不算小，佯攻的部队已折损过半——打得不真实点，那吕布能调得动么?

吕布的五万步兵，从山阳强行军至定陶半途，急匆匆地赶向句阳城下，未曾休息又转身跋涉往定陶，恰如同转了一个大大的S圈，那长途可是用士兵的两条腿一步步量出来的，未曾见到曹军的影子，部队士气却已极其低落了，看来，带出一支能打硬仗的部队虽不易，但如果与培养出一支能吃苦耐劳的部队相比，前者却容易得多了。

士兵人困，将军马乏，前面离定陶还有不足十里，吕布全军想的却是：一头钻进定陶城里好好地睡上一天，这种愿望连吕布本人都在心里挥之不去，将军也不是铁打的，再说了，前出的探马早已从定陶城下折回，一路并无曹军，估计又是被吕将军的声威给吓得抱头鼠窜了。

至于曹军现在的动向与准确位置，吕布实在懒得去想，一切都要等大军吃顿热饭再说了，天已过晌午，士兵们早饭还没混到肚子里，现在宿营举炊却万万不是时候，不管敌军在哪个方向，反正离此已经不远，最好那曹操能发一次善心，容俺们先进了定陶城饱餐一顿再说。

战场上的曹操偏是个最爱落井下石之人，现在就不失时机地趁饿打劫来了，后军急报：大批的曹军从后方袭来，后卫部队请示吕将军：是回师与之厮杀呢?还是保持防守姿态，且战且退?

这正是吕布犯难的地方，两天的艰苦转圈行军，还不就是为了捕捉曹军主力?现在曹军露面了，却来得不是时候，部队极度疲劳，士兵腹内无食，怎能厮杀?

就此避让，就等于被曹操赶进了定陶城，大损部队士气不说，弄不好又是一个濮阳保卫战的定陶版，那句阳却是必丢无疑了，这是下下策，行不得。

以疲师饿兵去战以逸待劳的曹军饱汉？胜算不大，可也是无奈之举，两害相较选其轻，全军转身向来路攻击吧。士兵们哪个会乐意呀！没奈何，主帅只能以身作则了，吕布打起精神，催马奔向后卫部队，但愿能尽快扫荡来犯之敌，让部队赶到定陶城下去休息。

吕布就是吕布！仅有的骑兵就是自己的侍卫队，一经出动，敌军被迫纷纷避退，等自己的步兵赶上来了，曹军偏又保持在一箭之地，不离不弃；自己稍退他们却又粘了上来，吕布大怒：这是啥无赖战法？

战地紧急动员，号召战士们宁可累死，不能被气死，宁愿走着死，不愿躺着生，围上去，追上去，灭此朝食！下午了？夕食倒是真的。

军中战鼓齐擂，号角都吹，却也有部分傻大兵被忽悠起了最后一点气力，迂回的迂回，冲锋的冲锋，毕竟人多势众，曹军终于支撑不住了，开始败退了，围上去，全灭了他们！他们身上都带着干粮呢！搜他们，保证收获颇丰！面包会有的，牛奶也会有的！

自古道，皇帝也差不动饿兵，美好的前景填不饱眼下的肚皮，将来的牛奶面包与现在前心贴后心的小卒们有啥相干？士兵们实在走不动了，忽悠得过了也就没人信了！白丁们也不都是傻子。

吕布的动员令没起多大作用，曹操的动员令却对吕布军展示了巨大威力！用什么动员？亮剑吧！

吕布大军现在的后方，也就是定陶城方向，鼓角争鸣，八音齐奏（不是管弦乐队奏的那种八音），轰鸣起了令人心胆俱裂的声音，夹杂着海涛般的人喊马嘶，就好像忽然从地平线上冒出来无数的人头，比人头更引人注目的是高粱秸般的长矛，雪亮的军刀！

曹操真正的主力出动了，不用做过多的描述了，吕布大军水到渠成地败了，五万大军瞬间崩溃，没有人作真正的抵抗，所幸人到了生命危机时能爆发出难以置信的超常体力，众军逃命的速度还不算慢，加上曹操的部队也大多是步兵，无能力实施长距离追歼行动，吕布才带着他的半数残兵逃回了山阳。

出乎曹操预料的是定陶守军的顽强，他们并没有因为吕布大军的溃败而减弱抵抗意志，反而更加坚决了，试探攻城无效，苦心诱降也无效，曹操破城的意志反而动摇了，再拖时日，军粮又将耗尽了，还是抱憾退兵吧。

一场大胜，却无收获，曹操此时品味着苦涩的滋味，是否悟出个中因由？不得而知。此战事唯一的收获便是回师时攻克了孤单无援的句阳，竭全军之力猎鹿，也算收获了一只瘦兔子。

85

特定的时期米比钱还金贵，曹操现在就深刻地认识到了这一点，三伐徐州的无功而返都是因为这个“米”字；濮阳之战、定陶之役又是因为乏粮退兵，看来将来的战略部署、战役设计都要在这个“粮”字上动点心思了。

夏天将到，小麦将熟，谁能把老百姓田里的小麦抢到手里，谁就立于了不败之地，抢粮工作是一切工作中心的中心，一切要围着这个中心开展工作，下一仗就是要围着粮食打！可吕布也肯定是清楚这一点的，他也会积极参与抢粮行动的，对！这正是双方的软肋，谁先认识到了这一点，谁就会是下一场战争的赢家。

现在知道兵锋该指向何处了：巨野！

巨野由于辖地有大野泽而得名，正因水源充足，小麦才能得以大面积种植，素有兖州的“小粮仓”之称。抢粮食当然要到粮仓去抢才能使效益最大化。关键在于吕布决不会任由自己的粮仓被抢，更不会旁观粮仓被占，这就是战机，就是歼灭吕布之有生力量的可乘良机。

趁麦未熟，先攻巨野，这就是攻吕布之必救，能在吕布来救之前攻占巨野最好，即使不能如愿，也必能形成反客为主的有利态势，处于以逸待劳的有利地位。原样“克隆”定陶战役就是了，至于具体战斗，那就需要临机应变了，看一个将军是否称职，看的就是这点能力。

吕布与陈宫是怎么盘算的呢？巧了，跟曹操想到一块儿去了，想一劳永逸地击败曹操，不付出点代价是肯定做不到的，但主动进攻曹操，吕布经定陶惨败，已经没有了那个胆量，陈宫也认为胜机渺茫，欲胜智者，必与其斗智，智者千虑，总有一失，解决问题的关键，在于制造那个让智者一失的机会。

想钓大鱼，诱饵必重。吕布为曹操准备的诱饵就是巨野。

对巨野即将丰收的小麦，吕布都几欲嗅到香味，曹操又岂能闻不到？按陈宫对曹操的判断，曹操必攻巨野，让鱼咬钩容易，问题在于怎样将过大的鱼拖上岸来，凡是嗜好垂钓的人大概都经历过让大鱼连饵带钩给拖走的尴尬，但被鱼吞掉钓鱼人的事情却是闻所未闻，所以吕布与陈宫大胆地给曹操放出了诱饵。

被吕布认可的陈宫之巨野战役计划如下：

副将薛兰、李封分一半兵力屯于巨野，以吸引曹操的主力，吕布则率剩余部队随时准备接应；等曹操上钩来攻巨野之时，吕布从侧翼给予痛击，在曹军全力应付吕布大军之时，薛兰、李封全军出动，置巨野城而不顾，包抄曹军后方，两军首尾呼应，一举击溃曹军。

曹操按陈宫的计划来了。不过曹操本人可没认为自己是一条来咬钩的大鱼，他是以钓鱼人的身份来的，他也放出了自己的诱饵：由曹仁指挥的万人攻城部队。所钓的目标就是大鱼吕布。

两个渔翁、两条大鱼就要对决于巨野了，谁会成为渔翁？谁会沦为大鱼？现在还不得而知，反正都认为对方上钩了，一切还都要看战局的发展，胜败决定于两个渔翁或者说两条大鱼的临敌应变，说谁即将成为胜利者都为时尚早。

薛兰、李封乃吕布手下大将，是被吕布的战场风采所迷住的铁杆“粉丝”，当然也极得吕布信任，吕布军经定陶大败，全军能机动的兵力仅剩三万有余，这次一下分出一万五千来交给了二人，激动得薛兰、李封誓灭曹贼！“不成功，便成仁”！

对于上次在定陶的惨败，二人有着共同的认识：这是偶尔失手，谅曹操如何是威震天下的吕将军的敌手？不说别的，就那赤兔名驹，你曹操有么？二人决心替自己的偶像找回这个“场子”，只要你曹操敢来，就让你理解那句古话是怎么传下来的，哪句？——强将手下无弱兵！

二人刚发了狠，曹操的大军就开到了巨野城下，领军大将正是从不离曹操左右的曹仁，二位将军心里打鼓了：难道曹操亲自来了？将军斗智不斗气，别贸然出城驱敌了，一旦有失，岂不有负吕将军重托？还是先遵照约定，给城外潜伏的探马发信号吧。请吕将军前来共同解决曹操。

吕布其实早已等得不耐烦了，闻听探马报告曹仁正在巨野，立即做出了曹操也在巨野攻城部队中的判断，此时不予奔袭，更待何时？一切都在预料中！就你曹操敢冒险么？今天也让你领教一次吕布的豹胆虎威。全军出动，奔袭曹军！

现在吕布能出动的部队是多少人呢？陈宫已带领五千人马去守东缗，山阳总不能人去城空吧？所以总兵力不过万余而已；曹操这次来攻巨野出动了多少兵力呢？吕布还是按照春天定陶之战的估计替曹操算的账：除去他留守三县的必要兵力，最多能出动两万人马，自己与巨野的守军配合作战，战力强于曹军，包他的饺子没问题。

其实别说隔年的皇历看不得，今年的皇历也看不得，从春到夏，曹操的部队已翻了两番，势强者人附，这就是定陶大胜后的最大收获；还不仅于此，与吕布兵力的此长彼消，使其他观望中的兖州诸城看出了门道，还是老州牧厉害呀！纷纷与曹操联系再反正的事宜。

吕布的兖州军虽号称十万有余，实际上现在的吕州牧能指挥动的不多，仅他手头掌握的这三万多人而已，而曹操这次带来的机动部队就倍于吕布的全军还多。所以说，仗虽未开打，其实胜负已定，今天的曹操才是真正的渔翁，吕布这条鱼现在已经来咬钩了。

86

兵贵神速，长途奔袭打的就是这个突然味道，几个月的休整，吕布也总算给自己的部队半数配上了马匹，但这种运动战却使步兵们跟不上战争的脚步了，吕布一狠心带着五千多骑兵先开拔了，让步兵在后面慢慢地磨吧，要紧的是迅速咬住曹操，别放跑了他，击垮他！看来后面的五千步兵只能来打扫战场了。

由于是连夜进军，前锋行至半途天才微亮。

夏夜薄雾马蹄碎，
三更露水湿征衣。
莫道天明君嫌晚，
应因树暗鸟鸣迟。

吕布于赤兔马上尽力远望：怎么前面影影绰绰？正疑前方的斥候兵为何不来禀报，却听后面忽然杀声迭起，两边树林里箭石如同蝗群般向自己的骑兵队列飞来！

稳神看时，前面的道路早已被巨石乱木堵死了，此路不通！而且更密的乱箭让自己的前部人仰马翻，士兵们乱了，吕布明白了：中埋伏了，这仗又败了，现在最紧要的是决定怎样脱身，稍有迟疑，今日必丧命于此！

丰富的战场经验使吕布对四周的敌军有了准确的判断：仅左右前方的敌军

就不少于三万，自己是钻到人家口袋里来了，往回冲吧，最起码后面还有自己的五千步兵能接应一下。

马上他就推翻了自己的决定，后面远远的呐喊声使吕布更准确地判断出了战场形势：步兵完了，一人也不会留下的，敌人对付自己步兵的是骑兵部队，在没有固定阵地做倚仗的情况下，步兵只能是待宰的羔羊。

只能拼命了，吕布舞动画戟，远拨箭矢，近退强敌，直向左后方冲去，至于身后能跟上来多少战士，已经顾不上留意了，心中唯有一个念头：冲出去！冲出去才有继续活着的可能。

不愧是天下第一名将，真敢与之过招的敌人少之又少，吕布手快马疾，长戟扫时，伏军纷纷落马，铁蹄踏处，敌人所向披靡，一路血飘风雷动，单骑耀武鬼神惊！抬头看敌军已寥，回眼望部下何在？他孤身一人冲出了敌人的包围圈。

真英雄大丈夫焉能苟且独活？吕布勒回赤兔马，没有丝毫犹豫地杀回了刚冲出的炼狱般战场！这下还真出乎了曹军的意料，立时伏击阵地一片混乱，被围住待戮的吕布军一见主帅回马相救，顿时勇气大增，数千骑如一人冲向了一个方向，曹军的铁桶伏圈终于被撞出了一个口子，大队人马会合了吕布，逃出鬼门关。

可惜也不是多大的大队，吕布粗略估计，最多千骑，再打下去是没资格了，无奈含恨噙泪逃向了陈宫固守的东缗，又要让这个爱多嘴的家伙在心里自嘲了。

伏击吕布得手的曹操却没就此罢手，仅留下了少量的部队打扫战场，近六万大军人不离鞍，马不停蹄地扑向了巨野。

又是一个凑巧：准备在吕布援军来时露上一手的薛兰、李封一直在盯着城外的曹仁部队，天快亮时发现曹军纷纷撤围东去，二将明白了：吕将军到了，敌军要溜！那还行？将军建功立业正在今日，哪里走！

一万五千人马早就做好了出击的准备，城门大开之后，全部争先恐后地追向了鼠窜的曹军，越追越远，眼看骑弩就能射及逃跑中的曹军的后背了，那众多曹军却四下哄散，薛兰、李封立即随敌情变化分兵，追捕逃散的曹军士卒。

看着自己饿狼般的部队猛扑羊群似的敌军，薛兰、李封感慨万千，阵阵豪情涌上心头，原来诗人是这样诞生的？大老粗逢此波澜壮阔当然也会诗意盎然，闻名于世的曹操也有遇到我们两人的一天！

正感慨间，巨野方向飞骑来报：大事不好！曹仁已趁城空之时袭占了巨野。二将顿时目瞪口呆——原来呆若木鸡的成语是这样造出来的！

就在二将一愣神的工夫，二人发现那四散的曹军竟然十分有组织地围了上来：抵抗的军令还没来得及颁发，正前方突然像从地平线上涌来了一线海潮，势若滚滚，淹没一切，那潮水是人组成的，要命的是由敌人组成的！

将军愤怒了，这莫名其妙的战局怎么了？怎么像六月的天、小孩子的脸，一会儿数变呀？为报提携拼热血，且催战马酬将军，杀呀！可惜已经没有人理睬号令了，万人齐崩溃，士气一旦消。人人都看出来了：抵抗是没用的。

喜好杀俘的曹军这次又爽了一把，放下不放下武器都是一样的结果，对叛乱者的痛恨使曹操变成了铁石心肠，薛兰、李封的脑袋献上来了，但并没有平息胜利者的怒火，后面又摆了一万五千颗！曹操气还未消：鞭梢遥指——荡平定陶！

诗曰：

三军早盼饱餐之。
五月粮熟待有日，
渔翁诱饵迷心处，
硕鼠狸猫扑朔时。
将军善谋何辛苦？
百姓多灾哪觅食？
才书太祖英雄谱，
掩卷吟出怨鬼诗。

第二十一章

再战吕布：曹操险些被“斩首行动”

87

曹操在军营里熬了一夜：做不做俘虏，心里打着鼓，不怕吕布兵法熟，就怕是个二百五，但愿心细别心粗，你要心粗俺命苦。

每个人的内心深处都有这么一个“暗结”，平常自己绝对是避而不谈的，甚至是有意无意地躲开想它，但在作决定时却又怎么也离不开它的影响。

这个“暗结”的形成随人而异，各有不同，甚至自己都不一定认识到有这个“暗结”的存在，据说大多数人只有到了临告别这个世界之回光返照时，才会突然清楚这个“暗结”是什么。

能提前意识到自己“暗结”为何物的人大概就是所谓的“高人”；能洞察别人“暗结”的人就是大师级别了；能发现所有的人心中“暗结”的人就是所谓“圣人”了。

其实所谓“暗结”无非是由下面几个字组成：恩、爱、情、仇、妒，当然，因为体验过“辱”字的也有，出于自鄙心理的也有，不过这种心结大都不能贯彻终生，自己的境遇一变，也就不自觉地淡了，至于人人都畏惧的死亡，那不能算是“暗结”，只是因为人类过于明白了，所以才畏惧它。

明白到了极处反而成了糊涂，都知道躲不过那一刻，但还是尽全力拖一会儿是一会儿，正如那句名言所说：“好死不如赖活着。”

曹操现在的“暗结”是什么？表面上看是那个“仇”字，其实应该是那个“妒”字，在与吕布决战到来的当口，曹操反而开始心不在焉，开始关注遥远的徐州！

曹操在内心深处妒忌刘备：凭什么？一个织席贩夫竟然白捡一个大州！我空费了军马钱粮，你这个大耳朵得利？

这话对部下们是不好意思说出口的，曹操说出来的话就成了深谋远虑：“欲得天下，必先据荆州！荆州虽四战之土，亦英雄用武之地，钱粮丰裕自不必说，其势乃中原之虎首也！东胁江南，西威巴渝，揽益豫而按江淮，衔越岭且踩并司，扬威则南天畏伏，收势则北地入囊，吾必得之！然徐州伏我腋肋，欲染荆州，非先收徐州不可，现被枭雄刘备窃据于此，久之必酿我大患，今吕布、陈宫势弱已成小疥，吾欲趁势席卷徐州，众以为如何？”

的确，刚刚结束的巨野之战，基本摧毁了吕布的主力，随之定陶等城指日可下，兖州全境表示归附的十有七八，曹操的青州军现在的兵力又恢复到了十万人马出头，对徐州这块肥肉不能不产生想法了。

决策拍板的关键时刻，荀彧站出来说话了，由于史载原文过于亘长，容笔者变一下文风：“汉高祖守关中，光武帝营河内，无不尽心以至蒂固，竭力乃而根深。虽进可逐鹿中原，退亦割据一方，然也曾窘迫一时，却就百世霸业。

将军依兖州为本，数次平乱，百姓无不悦服。黄河之滨乃天下要地，如今虽遭灾略显破僻，然自保尚有余也，此即将军之关中、河内，怎不先定？

今我雄师初动，斩薛兰，戮李封，克巨野，摧定陶，兵威无以复加；理应东逼陈宫，宫必胆寒，我借机收麦以充军粮，则将军出兵初衷达也，军食足则败吕布必，吕布败则兖州固，后可传檄扬州，结交江东，共讨袁术，如此两河之间，飘扬皆我旗旌；淮泗大地，驰骋尽我铁骑。

若弃吕布而东向徐州，留军多则讨伐少力，留兵少则吕布横行，留守之众保城尚难，又怎维持农桑？且民心唯三县能固，余郡谁保不异？万一徐州不克，将军安有所归？

陶谦虽新亡，徐州克未易：昔年屡败遭戮，如今必将死守，若彼坚壁清野。攻城不拔，则不出十日，我十万大军将陷于不堪。前征讨徐州，威罚并行，丧父兄之子弟未必忘恨，断难踊跃归降，即攻克城池，收人心怎易？如此难算城池属我。

事有大小，情分缓急，安危在乎将军一念也！望将军慎思。”

一席话说得有情、有义、有理、有据，曹操不得不打消再伐徐州的念头，重新关注抢粮工作，给曹军冠以“抢”字，非是贬曹，试想：老百姓辛苦一年了，全指望新麦保命，不用武力硬抢，谁会踊跃贡献“爱曹粮”？

刀把子在谁手里攥着，谁就有吃的，历朝历代皆然。

曹操做事向来狠绝，抢粮也不例外，一下子把所有当兵的全部赶向了农村广阔的天地，让大家在老百姓的麦地里大有作为去吧，大营里仅留下了千余卫队及不适应做农村粗活的病号、女眷。

有人问了：怎么打仗还让带着女的？普通人当然不行，当官的啥时候不能例外？

不好说这种军营变成温柔乡的绝对军事机密是不是被哪个眼馋的小子有意泄露了，反正吕布、陈宫的部队突然就到了！

事出突然，曹操傻眼：小蜜们上得了酒场，上不得战场，战得了床上，战不得沙场，亲兵们应付得了毛贼对付不了大军，集结抢粮的部队，远水不解近渴，晚上估计能凑上一部分人马，可是那吕布下午定至，这下午与一夜怎生熬过去？

88

故上兵伐谋，其次伐交，其次伐兵，其下攻城。——《孙子兵法·谋攻点》

吕布被曹操打败后，收拢自己的残兵，带上山阳的留守部队，逃到陈宫固守的东缗，合兵后一统计，还有万多人，还能派啥大用场？

陈宫老辣：曹操新胜，军中定然无备，将军索性倾全力连夜去掏他的老窝，强似在此坐以待毙？

这建议被吕布虚心接受了，于是一万军马——吕布的全部家当——连夜出动，对曹操实施了东汉版的“斩首行动”！

东缗位于现在的金乡，离巨野不足百里，吕布这次发了狠，连夜催军直扑曹操所在的巨野城，等曹操得到吕布大军离此不远的消息时一切都来不及了。

部队还都在不知哪家农民的麦地里，现集合都不知道到哪儿喊人去，跑吧？

巨野城丢了不说，一旦被吕布的赤兔马给追上，那就算是丢大人了！

好一个曹操！面不改色心不乱，一面安排人手分头召集部队，一面将所有妇孺留在城内，自己带着千余亲兵在城西吕布军的必经要道扎下了营寨，是不是受到在郯城时刘备的启发谁也不敢说，反正那次曹操是谨慎从事了，这次能否唬住吕布那就只有靠运气了。

吕布率军疾行，远望到曹操的孤寨时心里犯开了嘀咕：这座孤营挡在要道，南邻一长堤，堤后树林密布，是藏兵的好地方，莫不是奸诈的曹操给我设置的一个诱饵吧？等我主力到了小寨，欲退怕是都来不及了。知己知彼，方能百战百胜，先驻军做知彼工作吧。

退军五里扎营举炊，又派出侦察分队趁夜潜近探明敌情，吃一堑就要长一智，不能重蹈上次巨野之战的覆辙，再不胜一场的话，实在是没脸见那啥事儿都警告自己的陈宫了。

曹操在军营里熬了一夜：做不做俘虏，心里打着鼓，不怕吕布兵法熟，就怕是个二百五，但愿心细别心粗，你要心粗俺命苦。

天亮了，曹操的部队回来上万了，曹操提着的心随着先后赶到的士兵逐渐落到了地，分出一半去，就隐藏在昨天唬得吕布没敢靠近的堤南树林里，这一半于堤北寨前列阵，等那吕布来补吃后悔药。

天亮了，吕布的侦察兵探明了曹操的实底：满算千余兵，那曹操就在这军营里！悔得吕布恨不得抡自己两巴掌——错过了他这一生中最后一次逮住曹操的机会！亡羊补牢犹未晚，马上出兵是否迟？

吕布亲率大军出击了，顺东西大堤直扑曹操的军营，发话了：给我连人带寨，踏为齑粉！

大堤挺宽阔，车仗鼓角以外还能并行几骑，吕布挥手示意：轻骑兵随我来！摧毁曹军人数有限的战阵，其余人等包围他的营寨，万不能放跑了曹操！抓不到活的，死的也行。

士兵们紧随着吕布冲下了长堤，曹军就在眼前；长堤上随着又上满了人，那是树林里的曹军出动了，曹军就在背后！吕布差点喊出了口：又上当了！

一方胸有成竹，一方惊慌失措，人虽差不多，仗却没法打，吕布军认为自己是将身入虎口，曹操军认为又逮住了一条大鱼，根本没形成什么混战，立即变成了溃败。

一方全神贯注逃命，一方竭尽全力追赶，《奇袭巨野城》让吕布给演成了《魂断蓝桥》，终于无奈地做了《流浪者》，带着残部投奔了刘备，准备排练下一出《战徐州》去了。

吕布没戏了，曹操的戏还没唱完，怎能轻饶叛乱者？“铁哥们儿”张邈跟吕布跑了，可他的兄弟张超在雍丘呀，张邈全家老小也在张超做太守的雍丘避祸，你能避得了吗？张邈虽有大恩，今天也只能先报仇了，路线斗争历来讲究的就是残酷无情！

兴平二年（公元 195 年）八月，曹操挥师围了雍丘，谁也未曾预料，这一仗打了将近五个月！

89

曹操与张邈之间既无私怨也无公仇，实际上张邈对曹操于公于私都有大恩，从二人都声称忠于东汉朝廷这一点来说，两人还是同一阵营里的战友，所以，对二人之间的恩怨纠葛，只能称之为路线斗争。

何为路线斗争？说实话，到现在本人也不甚明白了，而且是越琢磨越糊涂：路么，不就是人踏车碾的路吗？线，就是路上区分顺逆行、标明快慢车的那些线吧？这俩字联姻之后，无非就是标明了行车线的路，怎么一跟人事掺和就变了味道，成了政治术语了呢？而且是个血淋淋的政治名词。

下面是笔者理解的关于路线的争斗：

一辆车上了路——东汉时还没有“宝马”“奔驰”之类的玩意儿，咱就用马车来比喻吧——几个心里都想做车老板的乘客斗开了心眼，谁抢得老大的位子谁掌鞭，好处是不用说的，因为按潜规则，那鞭子抽谁都是理直气壮的，多威风！而且还有大家都心知肚明的暗收入。

去哪里大家看法一致，都是去洛阳抢皇冠，老二提建议：走小路，这是胜利到洛阳的保证。

老大嘴一撇：小家子气！只有走高速公路才是百分之百的正途。

老三心里说：条条大路通洛阳，小路太难走，高速收费多，还是走国道是正路。

老四不吭声：早准备好了，你们谁力气大俺帮谁，扔人下车的事儿俺常干。

……

大家由暗斗进化为明争，心都挺狠，出手就是死穴，老大被大家扔下车碾死了，老二进位成老大掌了鞭。

关于路线的争斗还在一天天进行，老大发动剩下的大家把老三又扔下去了，老四一看事不妙，自己吓得偷偷溜下了车，算是聪明地保住了一条小命。

车到洛阳了，下面的故事也就不必讲了，反正是一部墨西哥的电视连续剧，一集接一集的总没完，因为那辆马车是永不会停的。

曹操对张邈在路线斗争的关键时刻站错队绝不能原谅，出动大军围攻张邈弟弟张超任太守的雍丘，张超倒心不太慌，因为他知道，有一个知己好友肯定会来救他，此人便是前文提到过的臧洪。

臧洪在任广陵郡功曹时曾大大露了一脸，大家还记得吗？关东联盟在讨伐董卓时有一个酸枣会盟，当时被公推出代表五大州牧宣读誓词的就是臧洪，一篇誓词朗诵得慷慨激昂，读得声泪俱下，听者热血沸腾。

臧洪现在正给袁绍打工，做的工作与陈宫相同，都是东郡太守，大家要问了，怎么一个郡还要两个太守吗？不止，同时期还有一个夏侯惇呢，那年代官帽乱飞，每个州头们打下一个地方来就赶紧封自己的官，就是没弄到手里也都是先派了干部再说，比如：刘备的豫州刺史、吕布的颍川太守、夏侯惇的东郡太守……多去了，臧洪的东郡太守也属这类的虚官，其实不过是个武阳县令的实职而已。

臧洪与张超的关系非同寻常，由神交到心交，进而生死之交，接到张超的求救信之后，果然悲愤异常，徒跣号泣——也就是光着脚大哭一整顿自己的部队，立马就要出援，但谅一个小武阳县能有多少兵马？想突入重围救出张超，无异白日做梦，没奈何，只得去向上司袁绍借兵救友。

在臧洪看来，自己与袁绍也是莫逆好友，为朋友赴汤蹈火应是在所不辞，可他偏忘了，现在袁绍与曹操是一条路线上的线友，路线斗争的铁律就是六亲不认，袁绍怎会因为朋友得罪线友？

无论臧洪怎样表现得义薄云天，说得唾沫喷天，哭得眼泪流干，袁绍都毫不动心地拒绝了臧洪的请求，使藏洪肝肠欲断地眼睁睁看着张超被困雍丘。从此臧洪对袁绍伤透了心，再也不愿与袁绍交往，但袁绍又岂肯白丢一县？于是，一场更为惨烈的围城战开始在酝酿之中。

雍丘整整被围攻了五个月，城内军民早闻曹军破城后的一贯作风，所以不抱任何幻想，齐心守城，宁可战死城头，不愿降曹偷生，马拉松式的攻坚战使曹军吃尽了苦头。

两军征战，百姓何罪？二人恩怨，连累全城。对曹操的这种为报私怨屠戮人民的行径，挂名的朝廷能装看不见吗？没有，围雍丘后的第三个月，兴平二年（公元 195 年）十月，东汉中央政府变相表态了：正式任命曹操为兖州牧——免掉了一个“领”字。

终于，在兴平二年（公元 195 年）十二月，兵乏粮尽的雍丘城被攻破，张超及在此避战祸的张邈全家被俘。

其实被俘的还有张家的全族、雍丘的全部活着的守军、全城的百姓，曹操用最简单的办法作了处理：全部杀光！张邈的家族最可恨，灭他三族吧。

张邈也没多活多久，他随吕布投奔刘备以后，因见吕布兵少，便带了几个亲信部下去向曹操的宿敌袁术求救，谁想亲信的意思就是：让你亲身体会不可信任。途中被亲信所杀时他才明白了这个道理。

对曹操、张邈两个“铁哥们儿”的恩怨情仇，侃得笔者极为心累，所幸以后的文中不会再出现张邈这个名字了。

90

围攻雍丘之时，曹操的主力部队并没有闲着，几路分兵，东进南下，收复叛乱各城，等到雍丘被破时，兖州全境业已全部光复，又姓了曹，而且现在的曹州牧非比往日：已经不再是地方聘请或自己封的官，是由朝廷正式任命的兖州牧了。

兖州经过一年的战乱，天灾加人祸，元气大伤，各郡县生意凋零，土地荒芜，加上有黄巾余部趁势重举，官难以守土，民不聊生，实是百废待举之时。

论说现在曹操应该趁名正言顺之时，尽心经营兖州，巩固住这个唯一的根据地，则进可以争天下，退也足以自保。当前最紧要的工作无疑是战后重建。

曹州牧现在只对剿匪感兴趣：这类仗打着轻松，又是名利双收的事：贼抢了百姓，我收编了贼，缴获自然要归公，既得民心，又得实惠。

很快，境内黄巾俱降，治安大见好转，曹操的青州军又眼见得胖了起来。不过现在的曹操却对治理兖州失去了兴趣，兖州的叛乱令他太寒心了，对又投降过来的兖州的官员、士子、豪强，甚至人民，曹操都信不过了，谁知道你们哪天再把刀劈向我的后背?

曹操要另找一块保险点的地方做自己的根据地，至于兖州? 虽也算是老根据地，但毕竟背叛过自己，背叛过的人还能相信吗?

他把目光瞄准了豫州陈国（治在陈县，今河南省淮阳县）。

陈国在闹黄巾时未遭兵祸，据《后汉书·陈王宠传》记载："黄巾贼起，郡县皆弃城走……国人素闻王善射，不敢反叛，故陈独得完，百姓归之者众十余万人。及献帝初时天下饥荒，邻郡人多归顺之。"

曹操看中的是陈国未遭兵燹，能为其提供给养，借以稳定军心，保存实力，建立一块替代兖州的后方基地。尤其是便于实施之前毛玠建议的"奉天子以令不臣"的政治大略，但现在的豫州境内还有袁术的势力和黄巾余部，现在去"迎天子"?《三国志·武帝纪》中说："诸将或疑。"

曹操有自己的想法：青州军将领的中坚由来自豫州谯沛的亲族构成；身边重要的谋士，被称之为"吾之子房"的荀彧来自豫州的颍川，颍川荀氏是士林名族，对于豫州士人具有极强的感召力。对于曹操来说，能通过荀彧而获得士大夫的信赖，尤为重要。

而陈国与兖州陈留郡、豫州的沛国、颍川郡接壤，曹操选择陈国作为进入豫州第一站就成为必然了。对于诸将领的疑虑，荀彧有一番说辞：

"晋文纳周襄王则诸侯景从，高祖为义帝缟素而天下归心，欲成霸业，史为今鉴。奉天子有三益：一得民心。二服俊杰。三致英俊。得民心为立足之本，服俊杰则傲视群雄，致英俊乃尽揽英才，今天子急需匡扶，社稷正盼铁柱，岂能因小利而弃大义，求暂安而失良机? 时机错过犹流水不复，欲追难返，如不决断，悔已迟矣！"

荀彧细化了毛玠的"奉天子以令不臣"政治纲领，而曹操与袁绍不同，历来对大事不含糊，荀彧所描述的"奉天子"后的美丽前景，的确令人向往，曹操当机立断：大军西进，掌控天子。

也就是说，皇帝还没回到洛阳，就已经有人在算计他了，而且算计他的还并非曹操一人，冀州的袁绍也在打他的主意。

袁绍也在密切关注着皇帝的东归，他的使者郭图已经出现在了河东。皇帝的成功东返，使袁绍与曹操不约而同地认为：控制中央政府的时机已经成熟。

袁绍开了一次以“迎驾”为论题的辩论会，辩论会出现了正反两种意见：

正方，以原来就建议过“迎大驾于西京，复宗庙于洛邑”的谋士沮授为代表，他现在发展成把天子“迎”到邺城，在这里建都，进而“挟天子而令诸侯，畜士马以讨不庭”。

反方，以郭图和淳于琼为代表，理由也挺充足：汉家王朝被取而代之是迟早的事，如果把天子迎过来，得不偿失——听他的，自己就说了不算；不听他的，就会落个骂名，这不是自找不自在吗?

评委袁绍拿不定主意了：你们辩出个输赢来呀，我咋听听着都有理呀?

沮授做了最后的努力，直接给评委袁绍递话：“如果能把朝廷置于邺城，不但能让朝廷听你的，天下人也感激您的仁义之举呀，这步棋您不早下，一定会有高手先走的。做大事万不能犹豫啊。”

袁绍琢磨来琢磨去还是难以决断，主要是他自己也有一个现在还不好意思出口的“暗结”，那就是：他自己也想当回皇帝。把皇帝的宝座安在自己的家，请他人来坐，自己还要天天给他磕头，实在是不爽啊。

熟悉袁绍的人对他有个评价：“迟重少决，失在后机。”（《三国志·荀彧传》）在他掂量来琢磨去的痛苦日子里，沮授的预言出现了：新任兖州牧曹操开始了抢皇帝的果断行动!

不过硬抢的话，曹操凭现在的实力还做不到，曹操用的是连骗带偷的歪招。

第二十二章

偷皇帝：曹操占领了政治制高点

91

杨奉没有等到朝廷的车驾，运动中的东汉朝廷在接近梁县时突然转向东行，等杨奉得到确凿消息时，朝廷已经在许县安了家，并且改名为许都。从此以后，东汉朝廷就再也没有离开过那里。

就这样，皇帝以及中央政府，就在杨奉的眼皮子底下生生地被曹操偷走了。

有一种常见现象不可思议却真实存在，那就是有一些人在一个地方净走背字，换个地方折腾却一帆风顺，大概这就是“树挪死，人挪活”之俗语的来由。

这种地方到了“大师”们嘴里就变了滋味，被称为你命中注定的“福地”，你躺在那里，天上的老鸹拉泡屎，落到你嘴里也会变成“奶酪”的。

对于曹操来说，这个可称为“福地”之处就是豫州。

自初涉军旅，便在豫州的颍川爆了头彩，讨董卓汴水全军覆没，是豫州谯国的子弟兵让他东山再起；乍肥之后，便又在豫州追得袁术闻风而逃；现在曹操又提大军进入了豫州陈国，是否运气仍然眷顾?

五行循环，生生相克。对于袁术来说，曹操就是一个标准的克星，谁也不知道二人各属哪个字的命，反正袁术在没遇到曹操之前是很牛的，纵横天下，极少败绩，自从与曹操交上了手之后，就开始走背运，尽管实力并不弱于曹操，可算兵多将广、地阔粮足，可就是不能跟曹操打照面，交手就输，恰似老鼠与猫的交情。

现在曹操又打上门来了，豫州陈国是他袁术的地盘，郡治武平，国相袁嗣，本来是能够抵挡一阵子的，可现在的袁术正在寿春大会群下商议怎样登基做皇帝呢，哪能顾得上这点边境小事？袁嗣求救无望，曹操又兵临城下，只得战场投诚了，史书上记载的是投降，笔者觉得根本就没有与曹军刀兵相见，还是用投诚这个词准确些。

占领了富饶的陈国，曹操又轻松地控制了颍川。本来颍川汝南的黄巾军何仪、刘辟、黄邵、保曼等余部已聚众数十万之多，已形成割据一方、自食其力的局面，现在面临曹操久经战阵之青州军的围攻，初战便折了黄邵。何仪没有了抵抗的勇气，被迫放下武器，接受了改编。难解的是东归途中的小皇帝因此嘉奖了曹操，加封曹操为建德将军，看来流浪中的中央政府也没停止办公。

曹操并没有对他的升官沾沾自喜，整天想的仍是要对皇帝采取行动。现在最难办的就是怎样见到皇帝，事实上曹操连皇帝掌握在谁手里都不清楚，天各一方，通讯落后，只知道皇帝已东归到了河东。看来上头没人办事是极难的。

在军事斗争与政治斗争中早已历练得炉火纯青的曹操就没有做一点准备工作吗？不是的，自打“奉天子”工程立了项，前期工作就开始了，只不过“通天”的路子历来难走，不是有钱有势就能轻易实现的，想挤进权力中枢不是那么容易。

所幸有句“天不灭曹”的老话，曹操的运气好得出奇，关键时刻总会有人帮一把。

实际上，早在曹操收复兖州之后，他便向河东派出了使者，不仅如此，在这之前的初平三年四月，也就是董卓死于吕布的长矛之下、曹操本人刚领了兖州牧的时候，为了使自己的官当得名正言顺，曹操就数次遣使向朝廷表示效忠，不过一直未能如愿，因为当时的河内太守张杨不买曹操的账，拒绝给曹操的使者王必签证过境。

后来张杨身边的一个人提前发现了曹操这支绩优股，认为趁低买进正是时机，帮了曹操的大忙，这个人就是张杨身边的幕僚董昭。

董昭是兖州人，原本是袁绍信得过的“红人”，因为董昭的弟弟董访是张邈的手下，袁绍在有了干掉张邈的想法后对董昭也有了这种想法。董昭发觉苗头不对，便离开袁绍去长安发展，中途被河内太守张杨挽留做了幕僚。

这事发生在兴平元年（公元 194 年）兖州事变爆发之前，曹操和张邈那时还是过命的交情，董昭当然对曹操也不陌生，或者说对曹操很是倾慕。董昭生逢乱世，却能审时度势，那时候讲究“变通之世，君臣相择”，董昭对曹操向长安派使者的举动，十分佩服。

董昭劝说张杨：“袁绍、曹操是暂时的联盟，蜜月期肯定长不了。别看曹操现在还很弱小，但据我看他是一位真英雄，与他多亲近没有错。现在他的使者到了这里，我觉得您不但应该放行，还应该在天子那里推荐曹操，曹操以后岂能知恩不报？”

张杨经过琢磨，认为董昭的话也有道理，放行了王必，董昭干脆好人做到底，以曹操的口气给长安城中的李傕、郭汜等人写了封信，并且自掏腰包给这两位领导送了两份大礼。

王必来到了长安，谁知李傕、郭汜认为曹操此番通使必定有诈，反而扣留了王必。

曹操的运气又一次显了灵，门侍郎钟繇不知为何做了曹操的说客，他对李傕、郭汜说：“天下大乱，谁还会想到天子？曹操能派使者来，就足以看到他的忠心，如果得不到应有的信任，天下人岂不是会对我们失望？”

经过对李傕、郭汜等人多方面做工作，朝廷终于承认了曹操通使效忠皇帝的行为。但在实际行动上却给了曹操一闷棍：不但没承认曹操的领兖州牧，反而钦命了一位兖州刺史金尚前来兖州就职，被曹操赶了回去，这时候朝廷的拳头已经没有曹操硬了，只能默认。

曹操真正从朝廷得到任命已经是兴平二年（公元 195 年）十月的事了，这时候皇帝刚离开长安踏上东归之路。

那年头又没有什么电话、电报之类的信息系统，曹操对朝廷高层的内斗乱局是不可能清楚的，所以在陈国要想打皇帝的主意还是要依靠董昭。

董昭现在已经随张杨来到天子身边援建洛阳，做这种事他可以说是驾轻就熟，他又一次帮了曹操的大忙。董昭极清楚当前朝廷的政治格局，攥刀把子的是有着“白波”背景的杨奉、韩暹等人，他就挖空心思以曹操的名义向杨奉写了一封字里行间都为杨奉打算的信。

信中对杨奉倾尽仰慕之情，并对杨将军功绩大肆赞美了一通，转而说：“现在事务那么繁重，将军一个人可忙不过来，需要帮手，现在我曹操愿意帮你一把，你有兵，我有粮，你我二人可以互通有无，相得益彰，何愁大事不成？曹操愿与将军生死与共！”

杨奉被感动了，经董昭点拨也看到了联合的实惠，终于表态：国家需要曹操这样的人！立即上表皇帝，让曹操做了镇东将军，并且继承了他父亲曹嵩的爵位——费亭侯。

而国舅董承呢？更急切地盼望着曹操到来，董承与韩暹不和，直至发展到火并，韩暹打败了董承。现在董承想假曹操之手，还韩暹以颜色，为自己出口恶气。

实际上是他们的不和，为曹操通过和平的方式来完成“奉天子”的大业提供了可能。

杨奉是个从战场上滚打出来的将才，部队很有战斗力，当时屯兵于洛阳以南的梁县（今河南省汝州市西南），现在既然把曹操当作了朋友，曹操的部队经颍川顺利地到达了洛阳；董承负责洛阳的防务，自然不会将曹操拒于城门之外。就这样，费了不少暗劲，曹操终于回到了阔别七年的洛阳。

虽然来到了洛阳，却并不等于可以立即实现“奉天子”的既定方针，其中的变数还大着呢。

92

小皇帝刘协今年正逢十六岁花季。

九岁之前的童年生活很幸福，当然是沾了会敛贪玩的老爸灵帝的光，灵帝撇下了一帮寡妇孤儿一崩了之，刘协本是交了好运的：异母哥哥封他做了陈留王，坐享一个郡的赋岁，不用工作也能玩乐一辈子，那还不美得上了天堂？可惜造化弄人，碰到了个胡管闲事的董卓，硬是赶着鸭子上架让他做了皇帝的工作，从那以后可就算倒了大霉！

再不能唱着“快乐的小儿郎，背着书包上学堂……”又难以“昨晚光顾捉迷藏，一觉睡到大天亮……”每天还要装神充仙般地端坐在那里等人拜，那难受味绝对惨于道观里的老君，人家可是泥巴做的呀，让一个活蹦乱跳的顽童正襟危坐几个时辰，你去坐两天试试？

问题是还要在那么多看不懂的竹简上签字画押，时刻要偷看着大人的脸色，他们叫封谁就得封谁，让封啥官就得封啥官，后来干脆还不管饭吃——这是李傕、郭汜他们干的损事——现在想吃饱又没多少东西可吃了。

越枯燥乏味的活越容易干成熟练工，现在都锻炼成封官专业户了，谁送点吃的来，官名顺嘴就出，现封不赊账，免得过后忘记谁是救驾忠臣。

今天要见一个从兖州来的曹操，此人带来不少兵，好吃的也不少，不光有急需的粮食，还给自己带来了私人礼物：帐篷两顶，丝线十斤，山阳郡所产的甜梨两箱，稗枣(一种青黑色的枣)两箱。饿极的时候这些东西比万两黄金都宝贵啊！看来又得大封特封一气了，没关系，光封官不发工资，赔不了什么。

曹操见皇帝极为庄重，披挂好全部行头，除了脚上——见皇帝要光脚丫的——听宣而进，趋步低首，三拜九叩，垂袖待询。

皇帝的第一感觉挺好，多懂礼貌啊！先夸句吧："闻卿竭智治理兖州，百姓安居，朕心甚慰。"

曹操脸有些微红，心里说：连年战乱，民不聊生，哪来的安居乐业？这肯定是又有人给添好话了："国逢圣主，中兴有日，臣理应尽心，以报皇恩。"

皇帝："朕年方幼冲，朝政事巨，诸事还尚劳卿勤谏，有明见但奏无妨。"

小皇帝也不过是句客气话，意思是没事咱这觐见就算结束了，你已经是大州之牧、镇东将军、费亭侯了，再往上封个啥官倒真要费点脑筋。

曹操可不是这么听话的，让说吗？那就先停建了你的安乐窝再说："陛下既有诏问臣，臣不直奏是为不忠也，容操直言：自黄巾乱世，董贼误国，朝廷仓储遗尽，日用危坚，四方州郡，截钱粮而自肥，三公居朝，欲果腹而不得，国费拘谨，人民涂炭，而洛阳遭董贼焚毁，已成断垣残壁；宫阙敝废，以至荆棘丛生，如重筑造，所费必巨，且非数载不能竣工，于此国难当头之时，大兴土木之举，臣以为不妥。"

皇帝有苦难言：第一，这不是他说了算的事；第二，总不能老借住在臣子家里呀！现在皇帝是暂借寄宿在原来的中常侍赵忠家里。再说，张杨不过建了所大房子，也就是起个扬安殿名字罢了，七月回京，八月建好了新宫殿，估计是搭了个连"豆腐渣工程"都不如的东西。

曹操继续说下去："臣蒙圣上重托，执一州军政，总须回籍以尽职守，离京之后，虽时能稍供圣需，奈沿途甲兵盘剥，恐滴水难达京师，臣实不忍旁观陛下与朝臣复蹈饥寒，是以寝食难安。"

这里曹操有点不厚道，不动声色地损了杨奉一下，但曹操却敲到点子上了，皇帝确实给饿怕了，一听说曹操要走，顿时慌了，早就听说曹操打仗是把好手，没想到还是个做经济工作的专家，又难得如此忠心耿耿，不依靠这棵大树，上哪儿再找荫凉去？

“卿忠君忧国之心可嘉，且留朝中录尚书事、假节钺，领司隶校尉。”

皇帝这次大方极了。录尚书事：即总揽朝政；假节钺：“节”即符节，是古代帝王派遣将相委以重任时用作凭证的一种信物，有了它就有了斩杀违犯军令者的权力；“钺”是古代一种像斧的兵器，这里指帝王所专有的、代表征伐之权的一种斧钺，有了它就有了总统内外诸军的大权；领司隶校尉：就是说把整个京师的防务交给了曹操，换句话说也就是把东汉的中央政府及自己的性命一起交给了曹操。

现在的洛阳内外全是曹操的驻军，韩暹见董承引来的曹操军势强壮，估计对己不利，预先溜了。

虽然现在皇帝封官不封官都是曹操说了算，但毕竟这是皇帝亲封的，名正言顺，“奉天子”的战略方针初见成效，曹操从名义上已经成了当时的中国第一人。

曹操与董昭虽然是初次见面，却没有怎么客气，连谢也没说一句，大家心里都有数，直截了当地请教下一步该怎么办：“虽然来到洛阳，但往下该如何走？先生教我。”

董昭成竹在胸，认为久留洛阳多有不利，应该移驾颍川郡的许县（今河南省许昌市东）。虽然这样做，众朝臣免不了有意见，但：“行非常之事，乃有非常之功。”

曹操同意了董昭的看法，但现在是做不到的，移驾许县，杨奉肯定不答应，如果遭到他的阻截，怎么办？难道大事还没行动，先与杨奉的精锐部队刀兵相见？

董昭似乎早就想到了这一点，马上替曹操策划了一个绝妙的计划，那就是：把皇帝偷走！

在实施董昭的计划前还有一个工作要做，需要摆平那些都自认为官不小的众朝臣，否则一旦行动起来，你插一腿我挡一杠子的，那就啥事也办不成了，曹操做了三件事：

找了个小罪名杀了侍中台崇、尚书冯硕，谓“讨有罪”，实际上是杀鸡吓猴；

封董承、伏完等十三人为列侯，谓“赏有功”，实际上是塞一颗蜜枣堵堵嘴；

追赐射声校尉沮俊，谓“矜死节”，当然是表示自己极崇忠义。

对杨奉，曹操按董昭的策划，送上一笔厚礼的同时，又亲笔写了一封态度极为诚恳的感谢信，答谢杨将军此前对自己的帮助，但现在洛阳粮食短缺，要暂且移驾鲁阳（今河南省鲁山县）就食。

奥妙之处就在于声称去鲁阳：鲁阳在荆州，去鲁阳，要经过杨奉驻屯的梁县，杨奉觉得也没什么，等你到了我的地盘再表态去留也不迟。

曹操做事向来不拖泥带水，当即通知皇帝准备移驾鲁阳，皇帝也不敢承担饿死公卿大臣的责任呀，实际上在曹操没来之前，好多公卿、大夫早就每天去田里挖野菜充饥，要么就只有等着饿死，其实饿死在破墙之间的已经不少了。所以必须支持曹操让中央政府集体去就餐的意见，于是，就在曹操进入洛阳的第九天，文武百官奉着天子，曹操大军拥护着整个朝廷，开向了鲁阳。

杨奉没有等到朝廷的车驾，运动中的东汉朝廷在接近梁县时突然转向东行，等杨奉得到确凿消息时，朝廷已经在许县安了家，并改名为许都。从此以后，东汉朝廷就再也没有离开过那里。

就这样，皇帝以及中央政府，就在杨奉的眼皮子底下生生地被曹操偷走了。

皇帝安家许都，至少引起了三四方的关注：冀州的袁绍、寿春的袁术、徐州的刘备、吕布，关注的用心各有不同：

袁绍是突然后悔莫及，这么一条大鱼自己怎么没先捞？

吕布关心的是：抓紧上表祝贺，兴许朝廷或者是曹操一高兴，正式承认自己的徐州牧身份——现在吕布已经跟刘备交换了工作岗位。

刘备呢？现在仅是被吕布委任了个豫州牧的空头职衔，能否借都城新迁朝廷大喜之时得到一个实职呢？有关刘备与吕布的故事咱下文再细讲，先了解一下袁术的态度。

袁术则不同，认为上天赐给了自己机会，东汉末年，谶语乱传，其中就有一句：“汉以许昌失天下。”袁术极信这个，尤其是后面还有一句：“代汉者，当涂高也。”

袁术字公路，他认为公路与当涂合辙，既然汉家到了许，那么天下是肯定要失了，上天又提示了由近似“公路”的“当涂”代汉，自己再不积极做皇帝，岂不有违天意？

谁说天无二日，民无二主，东汉末年的这一特定时期，中国就出现了两个皇帝，也许预示着将来还会更多。

93

袁术终于经不住诱惑，宣布自己当皇帝了！

一石激起千层浪，八方反映一锅粥。不忙叙述袁术的御前会议，先说说各方的表态，声讨最强硬的有两家：袁绍与曹操，采取行动最果断的也是两家：袁术自己的下属孙策与领豫州牧刘备。摇摆不定欲攀附的对象仅有一个人：吕布。

吕布被曹操赶到了徐州，投奔了世称仁义第一的刘备。

刘备的运气在兴平年间简直好到了极点，先是稀里糊涂地守住了郯城，继而莫名其妙地逼退了曹兵，现在一个大州又出乎意料地送上门来：陶谦死了，在临终时并没有将徐州传给自己的儿子，而是交给了刘备。

刘备差点想咬咬自己的手指头，这不是在做梦吧？

要说陶谦这个人确实了不起：在东汉末年豪强割据的年代，自己所占据的州郡实际上已被认可为个人的私产，那是可以合法继承的。朝廷大多都给予承认，不承认也得默认，不默认人家的官也照当不误。

徐州新丧主人，刘备这哥们儿觉得自己如果先取州牧，未免有乘人之危的意味，还是要推辞一下，再说，自己这点兵，如果得不到原徐州军民官吏支持的话，别说接掌一个大州，就连能否在小沛安稳地待下去，也是不好说的事。

转让也要选对人，这是一门学问，曹操不用提，那是徐州的头号仇人，另外必须要选个能讲得出口的，还要比自己实力强的，关键是还要众人都厌烦的，不能冒弄假成真的风险。

他推荐的是袁术。这家伙在任南阳太守时横征暴敛，口碑甚差，虽然也与曹操打了半年的仗，符合同一个战壕里战友的条件，但徐州人是不会接受他的。

果然，徐州的别部司马、陶谦遗嘱的执行人，东海朐人麋竺（字子仲）与典农校尉陈登首先反对。

陈登是刘备的旧友，对刘备早就暗自倾慕，曾多次私下对人说：“雄姿杰出，有王霸之略，吾敬刘玄德。”

陈登义不容辞地要替刘备竖架梯子，让刘备光彩地从推荐袁术的台阶上下来：

“袁术骄横跋扈，哪能是乱世中的好主人？现在能为你增添步骑部队十万多人，进可成霸业，退可割徐州，这件事我们不能听你的。”

当时正在徐州的北海相孔融说得更直截了当：“袁术是那忧国忧民的人吗？一架荒坟中的枯骨而已！现在是百姓请你，上天赐给你的好机会啊，不顺天道、承民意，可没地方找后悔药吃呀。”

话说到这份儿上，再推辞就显得虚伪了，刘备也就勉为其难地就任了徐州牧。当然，也要以徐州军民的名义给已经开始流浪的皇帝上道恳请表章。现在的刘备十三分天下已据其一，事业陡地升跃到了一个新高峰。

所有的人生旅途都是呈波浪状态的，有时还免不了有旋涡，刘备也躲不开这个怪圈。尤其是以仁义作为行为准则的人，更是如此。

“仁义”二字一般是用来挂在嘴上的，真依它行事，吃亏的时候居多。

天下第一名将吕布带着陈宫等人投奔刘备来了，虽素不相识，但总是杀了国贼董卓的人，现在落难了，哪能不拉一把？刘备收留了吕布一帮丧家之犬，划了一块地方供他们休养生息，并且提供军粮给养，让他们驻扎在小沛，权当养了条守门犬吧。

这时候刘备偏就忘了，那吕布在不讲信义方面一点也不亚于他武功的知名度，是只地道的喂不熟的饿狼，哪里是什么守门看户的良犬？缓过劲来先咬的就是喂它的主人。

刘备凭空得徐州，憋屈的并不仅是曹操一个人，更难受的是已经缓过劲了的袁术，曹操经荀彧规劝暂时放过了刘备，袁术就没那么好相与了。

袁术被曹操赶到了九江以后，憋了一肚子委屈，转头把气撒在了自己以前任命的扬州刺史陈温身上，杀人夺地一气呵成，自领了扬州刺史，又宣布兼任徐州伯，趁曹操无暇南顾，倒也又折腾出了一番气候，看来山中无老虎，猴子确能称大王。

自持四世三公身份的袁术怎容得刘备占这么大的便宜？论资格也排不到你这个织席小儿呀？点起十万大军，替老天去打这个抱不平，咱也见利勇为一把！

袁术大军直捣徐州南部边境盱眙、淮阴，刘备留张飞守下邳，带领全部主力上了前线，谁知道袁术还有暗的一手，背地里早就跟吕布通好了信息：说吕将军威名震天下，怎么能委屈在刘备肩下？那刘备是干吗的？我怎么从来没听说过这个人啊？将军连年攻战，军粮苦少，今送米二十万斛，这还不算什么，只要将军占了徐州，兵器战具，要多少我给多少，无不从命。

那吕布本来就是个见利忘义的大师，哪能见得袁术下这么大的本钱？当即便趁刘备大军在外、留守下邳的张飞又正好与下邳国相曹豹发生了矛盾，提兵偷袭了下邳，掳走了刘备的妻儿。

刘备正在前方打仗，听到后方老窝给人掏了，自己的老婆孩子也被吕布给抢走了，赶紧从前方回军。与吕布较量了一下，别看吕布被曹操打得那么狼狈不堪，但欺负刘备还是甚是轻松的，一仗把刘备赶到了广陵郡（广陵郡的郡治广陵县，即今日的江都），谁知袁术的大军正以逸待劳在那里等着呢，兵力差距太大，又吃了一次亏，只得撤军到海西县（东海县南）。

在海西县也活不下去了，粮食没有，军心已慌乱。思来想去，只有向吕布求和一条路，其实等于倒过来向吕布投降。吕布占了上风，大概是良心略有发现，也可能是想体验一下让刘备当看门狗的感觉，便慷慨地派车马迎刘备回到下邳，把小沛指定给刘备与他的部队驻扎，当然，刘备的妻小也完璧归刘了。

天下第一仁义对阵天下第一无信？刘备理所当然地屈居了下风。

刘备的“徐州牧”现在成了吕布的，吕布礼尚往来，也请刘备担任所谓“豫州刺史”。两个人从官衔到辖地，正好相互交换了一下，刘备找到了那个把冻僵的蛇救活了的农夫的感觉。

这时候，竟然是曹操给了刘备一个最大的精神上的支持，吕布请求朝廷承认他徐州牧的身份，没有人理睬，反而是刘备被曹操推荐为镇东将军，并封宜城亭侯，看来是不打不相识，估计是刘备在郯城保卫战中的表现留给曹操深刻的印象。

应该承认的是，曹操更显示了腹内能撑船的宰相肚量，不只是显示宰相肚量，就实际权力来说，马上就会比宰相还要宰相了。

94

任何事情出现以后都有它的两面性，曹操“奉天子”方略的实施也带来了两面性的后果。

一方面的确能以皇帝的名义向全国发号施令了，先把全国的大官们重新封一遍，你要是接受了，那就是说服从分配了，下一步自然也要服从管理了；如不接受，那你以后的官就当得不合法了，我打你时自然也就是名正言顺的“剿匪”了，这一手还真让各地豪强一下陷入了两难。

另一方面却带来了直接的军事威胁，嫉妒的、不服气的大有人在，先别说超级军阀袁绍，就连“招安”将军杨奉、韩暹之流也公开组成“救驾”联军，公开声明要讨伐许都的曹操，那可是强悍的并州军，不是那么容易对付的。

尤其是杨奉、韩暹二人，当时被封的官比曹操还要大得多，杨奉是车骑将军，韩暹是大将军，领司隶校尉，皆假节钺，在洛阳时曹操就明向献帝参奏过，指责二人持兵扰民、干预朝政，那皇帝念着二人的护驾东归之功，下诏一切勿问，可现在皇帝说了已经不算了。

杨奉是有点窝火，在眼皮子底下被曹操把皇帝给偷走了，这口气换谁也难以下咽；而韩暹好不容易趁皇帝东归，随意封官之时混到了大将军的武将最高位，可这曹操一来反而被赶得无家可归了，两人决心与曹操势不两立，见个高低上下。

等着二人打上门来？新搬家的朝廷中真心实意向着曹操的没有几个人，若等到兵临城下之时，内部说不定还会出多少个“张邈、陈宫”，曹操决定主动出击，讨伐逆臣。

大军并没有直逼杨、韩二人盘踞的梁县，杨奉、韩暹二人有些不明白曹军的意图：为什么曹操的部队放着近路不走，反而要南绕呢？两人都是战场上的悍将，但对战前驱兵取势这种高深学问却不甚明了。

不管你从哪边来，仗总得打吧？兵来将挡，水来土掩，提军出城，迎头痛击便是。只要在战场上赢了你，还怕你玩什么花活？遂留副将骑都尉、都亭侯徐晃守梁县，二人率手下精锐并州铁骑南出迎敌。

及出城南十里，杨奉突然醒悟：“韩将军，我已明曹操意也！”

韩暹驻马听杨奉继续说下去，杨奉确凿地说：“曹操定是已知我等与袁术合纵之事，欲先切断吾与扬州联系，此乃其一；我军粮草皆由荆州鲁阳而得，断我粮道，我等则无力守梁县，此其二也；向闻曹军不善攻城，实欲不战迫退我军。”

二人一商量，既然知道了曹操的意图就好办了，那我们出击迎敌就是决策对了，击垮你的断道部队，不就一切主动了么？于是二人急催兵马，直扑估计不远的曹军。

越走越远，只是不见曹操部队的踪影，二人有点沉不住气了，莫非曹军行动迟缓，还没有来到？如此正好休息马力，以逸待劳，等曹军远来疲惫之时，正好给予痛击！

部队扎营举炊，杨奉、韩暹向东、南两方向均派出了探骑，此处地势平坦，正适应骑兵作战，二人不想再动地方了，这里就是全歼曹军的好战场。

消息来了，是梁县老家络绎不绝的败兵到了，那曹操竟然以绝对优势的兵力袭破了梁县！骑都尉、都亭侯徐晃已投降曹操。

梁县怎么会这么容易就破？从梁县突围的士兵解开了谜团：原来曹军一到便向城内喊话，说杨奉、韩暹已率部逃往扬州，找袁术去了，你们被丢弃在这里，想抗拒天子之命么？

是啊，曹操确实是带着朝廷的诏命来的，那诏书绝不是假的，徐晃又偷派飞骑追赶杨奉、韩暹大军，谁知竟然回报：追不上了，杨、韩二位将军已经走远了。那还指望什么？谁不明白一个简单的道理：与政府对抗是没有出路的。

军无战心，城破当在情理之中，徐晃带大部士兵主动归降了曹操的中央军。杨奉、韩暹目瞪口呆，面面相觑，怎么办？打回去？谁也没那个胆量了，现在已经彻底明白了：曹操可不是那么容易对付的！

只好将错就错了，去扬州投奔袁术去吧，看来曹操在梁县城下没骗守军，杨、韩二位将军真的去投降袁术了。

几乎兵不血刃，曹操驱走了杨奉、韩暹，拿下了梁县，又收了一名勇将徐晃，可谓得志。但大军回到许都，一个更大的麻烦来了：那实力、兵力均远超曹操的袁绍开始闹事了，原因就一条：嫌朝廷新封的官小。

在这次普遍封官运动中封了袁绍什么官呢？其实是军职所能达到的最高位置：太尉！那袁绍为什么还嫌小呢？就因为上边还有一个曹操，曹操封了自己一个名誉职务：大将军。

这下袁绍烦了：那大将军是比太尉还要荣耀的称呼，你曹操算什么东西？要不是我多次出兵救你，哪来你的今天？不行就战场上分个高下吧！——其实袁绍仅是在曹操以压倒性优势兵力首伐徐州时，派一个叫朱灵的部将带了三营士兵象征性地为曹操壮过势，从来也没有出兵救过曹操，曹操与袁术作战的时候出兵声援了一下的事是有的，曹操兵败濮阳于吕布之手时想趁火打劫也是有的。

不过不管黑道白道，历来是谁的拳头硬谁就是老大，现在的曹操还惹不起袁绍，那时的中国军事实力最强大的“巨无霸”就是冀州的袁绍。

第二十三章

老大争夺战：谁的臂粗谁气粗

95

侃曹操不得不说说他中期的主要对手袁绍，谈袁绍的发家史就不能不先说说公孙瓒，说公孙瓒又不能不先说说幽州牧刘虞。

当时的人们都知道，刘虞是个好同志。首先是作风过硬：

1. 坚定的政治素质。特别忠于东汉皇朝，不谋私利，几次被人劝进当皇帝都不干；

2. 艰苦朴素的生活作风。身为一州之长，却整天穿得像个要饭的，破衣烂衫，连鞋都得用麻绳绑在脚上才不至于掉下来，并且是粗茶淡饭，不过节连点肉星都见不到，所以史载："敝衣绳履，食无兼肉"。

3. 机动灵活的战略战术。守边数年，邻近的几个小国没有敢犯境的，天下都闹黄巾，唯独他那个幽州闹不起来，光接收邻州的难民就达百万余口。倒不是说刘虞打仗多厉害，主要是他善于利用他人的灵活多样战术。

公孙瓒就是刘虞在朝廷派兵征伐乌桓时发现的一个将才，被刘虞留在了幽州任骑都尉，率领幽州的部队，对外族作战打出了威风。

公孙瓒的精锐部队使外敌闻风丧胆，支援内地的平黄巾战争又是所向披靡，破敌三十万，俘虏七万余，公孙瓒因此被官拜奋武将军，封蓟侯。

董卓之乱后期，公孙瓒受袁术明请，袁绍暗邀，攻入韩馥的冀州，一路凯歌，逼迫韩馥让位于袁绍，从此刘虞便渐感公孙瓒不服节制了，挑了个幽州刺史的衔，竟然委任了冀、兖、青三大州的刺史，那他这个幽州牧还算个干啥的？

公孙瓒的兵一贯喜欢抢老百姓，对此刘虞大为不满，可公孙瓒照样我行我素，刘虞也毫无办法。终于有一件事成为二人火拼的导火索：

刘虞的儿子刘和在皇帝那里为侍中，皇帝东归前暗派他回幽州带兵接驾，谁知走到南阳被袁术给扣住了，写了封信，让刘虞派几千部队来同刘和一起西去迎驾，公孙瓒了解袁术的为人，劝刘虞别上袁术的当：那家伙从来是说话不算数的！

但刘虞救子心切，没听公孙瓒的，还从公孙瓒部下硬调了几千骑兵去接刘和，公孙瓒大为不满，索性暗递话给袁术：别放那小子。结果导致骑兵让袁术给收编了，儿子还照样关在袁术那里。

万幸刘和从袁术手里逃了出来，谁知走到袁绍防地时正赶上袁绍与公孙瓒翻脸开战，刘和又被袁绍给扣起来了。公孙瓒却不管州牧的少爷在袁绍手里，对袁绍照样穷追猛打，差点没把袁绍剿灭在冀州，刘虞对公孙瓒彻底寒心了。

正好公孙瓒兵败界桥，退回幽州蓟城，重整旗鼓，欲待再战，刘虞却对战胜袁绍没有了信心，坚持不让公孙瓒私自用兵，这时候的公孙瓒又岂肯听刘虞的？照样提兵南下，与袁绍战渤海、争青州，一场马拉松战争打了二年有余。

后来双方的粮食吃完，就去抢老百姓，老百姓抢得再无东西可抢了，就只有去荒地挖野菜充饥，最后直到搜刮得田野里连青草也没一根了，这仗才实在打不下去了，双方默契退兵，青州让给了袁绍。

刘虞再也无法容忍公孙瓒的穷兵黩武了，就卡住了公孙瓒部队的军粮不予供应，公孙瓒干脆纵兵去百姓那里去抢，本国的抢干净了就出境到国外去抢，刘虞在皇帝那里告公孙瓒纵兵为匪；公孙瓒就去告刘虞有意饿死三军。

这时候的皇帝自己都饿着肚子呢，哪会管得了这种闲事？

刘虞一看中央政府指望不上了，就自己集结了十万杂牌部队，准备除掉公孙瓒，公孙瓒的兵正好都去抢粮了，老窝蓟城仅剩了亲兵卫士数百人，根本就无法守城，只好从东城挖地道准备溜出城去。

刘虞的部队趁机攻进了蓟城，哪知人虽多却不大会打仗，巷战打得甚是辛苦，有人建议顺风放火烧了公孙瓒的那点兵，刘虞一看四周全是民房，那哪儿行？要以民为本么，怎能纵火烧民房？

公孙瓒也发觉了刘虞的这一弱点，就带人偷绕到上风头，放起了大火。刘虞的十万大军被一把火烧懵了，公孙瓒趁乱率领自己的这几百精锐直捣刘虞的中军，一路杀去竟然如入无人之境，直追杀到刘虞的中军所在居庸，反而把刘虞给活捉了。

这下全幽州都降服了公孙瓒，不过因为刘虞的名声实在太好了，朝廷和邻近州郡的要人名士都来替刘虞求情，说上天有好生之德，公孙将军怎么也要留这个上天都会可怜的人一命。

公孙瓒来了个黑色幽默：时值大旱，天空万里无云，他在一个空地立了根木柱，把刘虞绑在了上面，说："这刘虞以前与袁绍合谋篡夺帝位，罪在不赦，如果他真的有天子的福分，那老天肯定会下雨救他的。"

结果老天没那么灵验，一个雨点也没掉下来，所以刘虞的脑袋也就自然掉下来了，被送到了京师，还有一句话跟着：不能怨别人，是苍天没救他。

公孙瓒在拿刘虞的生命开玩笑，但实际上他也是在拿自己的生命开着玩笑！

杀掉刘虞，使他在幽州民心尽失，部队也失去了昔日强悍的战力，偏又有邻国的桓峭王素感刘虞恩德，率鲜卑七千余骑南来迎接刘虞的儿子刘和，为刘虞报仇，袁绍也就及时地放归刘和，并遣兵十万助战，共同攻向幽州。

兴平二年，公孙瓒大败于鲍丘，自此仅困守在易水现筑的新城易京一地，实际上幽州全境已落入袁绍之手。

及至建安元年（公元 196 年）九月，曹操把汉献帝从洛阳迎到许都后，袁绍已控制了青、幽、冀、并四州之地，手下数十万强兵悍将，已不是曹操所能惹得起的了。

问题是惹不起也要惹，如果就此被袁绍吓住，不但会引起他的进一步得寸进尺，身边的朝廷重臣也不会拿曹某当回事。初掌朝政，如果连一个袁绍都对付不了，又如何威服天下呢？

曹操用的手段极简单，就是爹妈对付顽皮孩子的一手：先打一巴掌，然后赶紧往嘴里塞一块奶糖。

96

曹操对付袁绍用的是萝卜加大棒政策。先用的大棒，以皇帝的口气给袁绍来了个点名通报批评："……据四州之地，敛兆民之财，拥百万之众，营一己之私，只见擅自征伐邻州，不闻秉忠兴师勤王，结党自树，卿欲何为？"

袁绍心知肚明，这是曹操在假皇帝之口骂自己呢，这诏书皇帝就未必见过，可这嘴官司还不得不打，反驳还要称"上表"，还无法同曹操直接对骂，袁绍初次体会到了没把皇帝攥在手中的不便。

所幸手下有个文笔极佳的陈琳，辩得乱理，作得好文，替自己辩护倒不用费自己半点心思，于是，一篇洋洋千言咋说都有理的辩护词送到了许都。

可这挨了一大棒却无法还手的滋味太令人不爽了！

还没等到袁绍调兵遣将以刀枪代替语言的时候，曹操的"萝卜"送上来了：曹某自感德寡才疏，当不起大将军之荣称，坚辞不就，并推荐由德高望重的袁绍来接任，曹某愿接任袁绍所遗太尉之职……二人换了换官帽。

这下袁绍没啥说词了，接了这个大将军封号吧。可怎么也觉得味道不对，咋这大将军像是曹操高风亮节让给自己的？不管怎么说吧，最起码是证明你曹操怕了我袁绍，这口气先给你记着，总有一天要喷到你脸上！

曹操现在心里最清楚，什么大将军？什么太尉？现在最要紧的是抓紧稳定朝局，对皇帝当然要敬而恭之，礼节上万不可废，自己敬皇帝几分，大家就会敬自己几分，自己是榜样，这点上曹操是明白的。

再就是生活上对皇帝格外照顾，吃喝玩乐，都要替他想周全了，天子么，只要你不干政，咱就当天敬你，连"子"字省了也没关系。

现在的小皇帝对曹操是满意的，或者说是感激的。

七年的傀儡生活早就习惯了，长安及东归一路的九死一生给他留下了永久性的记忆，尤其是近一年的饥寒交迫，令他回想起来就不寒而栗，皇帝也明白：是曹操让他懂得了什么是幸福生活。

来到许都后，曹操对他关怀备至，经常进献四时瓜果，美酒肥羊则更不必说，连属下陆续搜寻到的一些宫中流失的器物也及时地送进宫来。其中还有一些曹操的私人物品，包括桓帝时赐给他祖父曹腾的家藏器物。

除此之外还有对曹操的佩服：谈笑间粉碎杨奉、韩暹的梁县兵祸；又主动辞去大将军，消除了袁绍的敌视；结果连太尉一职也不争，而改任司空，非清高忠贞之士谁能为之？

曹操通过皇帝封董承、伏完等十三人为列侯（无具体封地的侯爵）算是祭出了软的一招，借皇帝施了恩；硬的一招也及时出手，短期便立威朝堂：首先向最有影响力的三公发难，罢免太尉杨彪、司空张喜；其次诛杀议郎赵彦——"其余内外，多见诛戮"，其结果自然是"百官总己以听"。

皇帝闲起来了。

二十年的官场暗斗，十二年的戎马倥偬，曹操总算攀到了他仕途的制高点，更是混乱的中国政局的制高点。

人生的小船被命运的浪头卷向高处时，也就是骤落的开始，高明的弄潮儿会挥篙劈开迎面的水幕，驾舟飞上另一个浪尖，平庸之辈则不可避免地跌入旋涡，能驾驭自己命运的人才能自称为英雄，从而不被历史掂来做笑料，要想被历史这辆车上的所有乘客都仰慕为英雄，那就需要另当别论了。

这就是所有人最难做到的：战胜自我。

白天忙于处理政事，夜晚曹操不免要回思刚刚过去的一年多：这是腥风血雨的经历，告别了友情，收获了背叛，刀光剑影中不仅有激情，也有懦弱，金戈铁马上吼出的是豪情，也有沦落；权力的黑洞与人性的质朴发生了碰撞时，谁是胜利者？

三伐徐州之无功，曹操收获了一个字，那就是：粮！

一年的兖州战役，曹操又多收获了一个字：人！

曹操漏掉了一个字：义！

等他醒悟丢了一点儿什么时，离现在已经很远了。

人与粮，曹操的注意力眼下集中在这两个字上，他发现了用错人的可怕，他也感受到了用对人的庆幸，不仅觉察到了人才对于自己的可贵，也隐隐意识到了缺乏，人有的是，关键在于选拔，选拔之后的关键是什么呢？管！

他开始构思一套管人的机构：必须是有效的，大前提对自己必须是忠诚的，必须是直接对自己负责的，除自己外，权力可以无限大，手段可以不择，道义可以不顾，时效性应该重于准确性，威慑力应该大于影响力，一个类似于后世的蓝衣社的组织出现了朦胧的轮廓，后来曹操把这个付诸实施的时候，给它起的名字叫：校事。

97

人应该分为两种，一种是要尽量招揽进来；一种是尽量不要招惹；关键的学问在于区别他们。

人也可以这样分为两类：一类是可以杀的；一类是绝不能杀的；关键也是在于如何区别他们。

曹操这时是同时进行的，不招进来怎么用？如何管？更谈不上杀与不杀了。

从所有曹操经历的战役来看，该胜没胜的仗几乎都是因为军粮，该胜而败了的仗更是因为军粮，庞大的青州军迅速垮掉，也是因为粮，四周军阀虎视，理应扩军备战，没有粮，扩了军怎么养？说白了，战争一多半打的是粮食仗，谁手中握有粮食，谁就会是最后的胜利者。

早在初平三年（公元 192 年），谋士毛玠就向曹操提出了“奉天子以令不臣，修耕植，畜军资”的战略性建议，曹操深以为是。现在“奉天子以令不臣”基本上实现了，“修耕植，畜军资”也该实施了，但实施需要条件，地哪里来？农具哪里来？最必不可少的耕畜哪里来？

这时候曾因固守东阿而立下大功的枣祗给曹操上书了个建议：现在已有条件实施屯田方略，屯田所需要的一切条件已经准备就绪。

土地倒好说，战乱造成了人民流离失所，荒芜的农田有的是，以国家的名义圈占就是，连补偿费都不用付的，但农具能从地里长出来？耕牛能从天上掉下来吗？

东汉时期朝廷向百姓收粮有定例：两汉赋税制度，除恒帝、灵帝增加亩税十钱以外，一般通行“十五税一”或“三十税一”的实物地租。另外还有“算赋”，即凡年 15 岁以上至 56 岁，不分男女，每人每年征 112 钱，谓之“一算”。对于商人与奴婢则加倍征收。

这基本上称得上“轻徭薄赋”，但也不难估计出，靠这点赋税养一个庞大的军队是不可能的，就算人民都能安居乐业，也难养得起曹操的十几万大军，更何况大部农田都已弃耕。

枣祇在随曹操剿灭汝南黄巾军余部时，对起义农民亦战亦耕的做法产生了兴趣，从中受到了启发，关键是曹军夺得了一大批耕牛、农具和劳动力。枣祇的建议是利用这些农具，在许昌一带开垦土地，实行屯田，以解决粮食问题。曹操采纳了他的建议，并任命他为屯田都尉，全权负责屯田事宜。

枣祇首先将荒芜的无主农田收归国有，把招募到的大批流民，按军队的编制编成组，由国家提供土地、种子、耕牛和农具，由他们开垦耕种，获得的收成，由国家和屯田的农民按比例分成，大致是五五开，用政府提供的耕牛的话，那农民就只能得四成了。

大家注意到了吗？这个时候的农民已沦落到了国家的佃户，在租种国家从他们手中夺走的土地，而向以曹操为代表的国家上缴的田租却是今古奇高！

很明显，曹操所代表的国家是最黑心的地主，实际上是直接把农民奴隶化了，而且是用法律把农民绑在了土地上，究竟是奴隶了百姓还是解救了百姓到现在也争论不断，屯户们也未必就对政府感恩戴德，起义反抗也一直不断，当然也一直不断地被坚决镇压。

最大的害处莫过于曹操开了个最没人性的先例，创造了“屯户”——农业户口——曰：屯籍。遗害相当久远，只是名称不同而已。

不管怎么说，屯田政策的实施成功了，第一年，就“得谷百万斛”。(《三国志·魏书·武帝纪》) 于是曹操就下令，郡国都置田官，招募流亡百姓屯田。后来又接受枣祇的建议，下令军队屯田，屯田制得到广泛地推行。

屯田制的实施，不仅为曹操解决了令人头疼的军粮问题，而且还为他争取了大量的人口，从而加快了曹操称雄中国北方的进程。枣祇也因此被提升为陈留太守。但可惜的是，枣祇不久就因病去世。事隔多年，曹操对枣祇仍念念不忘，追封枣祇为列侯，并让他的儿子袭其侯位。

曹操的“农垦”“军垦”事业蒸蒸日上，而他将来的主要对手刘备却每况愈下，连暂安小沛也不可能了：袁术落井下石，非要痛打“落水狗”；吕布态度变幻莫测，亲疏莫辨，三家提前上演了“三国演义”。

第二十四章

辕门射戟：没曹操吕布也能爽一把

98

扬州袁术一方独大，徐州吕布新位未固，小沛刘备忍辱安身，两州三方的政治态度可以用三个成语来概括：刘备在仰人鼻息，吕布是朝三暮四，袁术纯粹是落井下石。

这三个成语大概不用解释，看字面大家也都明白啥意思，如想切身体会一番，前两个还好说，最后的落井下石需要说叨一番。

落井下石也就是说：你不小心掉到了一口深井里，有个人发现了，没去报110或119，而是搬了块大石头，顺着井口就扔下来了。可怕不可怕？聪明的人不会在井里等石头，多半是在井上边搬石头，因为只要脸皮厚点，过后会掩饰，说不定连个坏蛋名头都落不下。

落井下石不需要理由，因为一般后面紧跟着的是趁火打劫，那个“劫”字，就意味着利在其中。

袁术对刘备就是如此，想躲在吕布翅膀下面过幸福生活？想得美！先灭了你，那吕布也就该向我递降书了。

可是吕布会看着现在已经成为他部属的刘备挨打吗？得先解决这个问题。怎么解决？袁术用的是历史上常用的老办法：政治联姻。

不用花费多少军费，仅一个媒人，姓韩名胤，韩媒人要给吕布的女儿和袁术的儿子牵红线，让吕袁两家成为亲家——用的是萝卜蘸黄油的软手段。

吕布对袁术要求的政治联姻非常感兴趣，敢明争帝位的目前还只袁术一人，自己的女儿嫁过去弄不好就是个太子妃，保不齐将来就成了皇后，不能误了孩子的前途吧？再说了，女儿一过门两家就是亲家了，再仗着人多来打仗就总多点顾虑吧？稍一掂量，就答应了韩胤。

吕布那头搞定了，袁术便派大将纪灵率大军三万，杀向了小沛，而刘备其时仅有不足两千残兵。

吕布的第一感觉就是唇亡齿寒，他极清楚袁术是醉翁之意不在酒，那时候还没出现欧阳修的美文，不然定会喊出：袁翁之意不在刘！

不用犹豫，救刘就是救己——有时候吕布脑子也极清楚。

纪灵大军压境，刘备心如火燎，他更清楚，兵力悬殊太大，开战无胜机可寻。忽听军报，吕布率千余人马在沛西南一里扎营，刘备心内稍安，他知道，吕布为了他自己也不会坐视袁术攻占小沛。

果然，吕布请柬送到，相邀去吕军帐赴宴，刘备慨然带关、张前往；与此同时，纪灵也接到了吕布的邀请，虽然狐疑，但也不得不往，吕布与主人袁术书信交往密切，又是主公的亲家，加上天下第一名将的牌子，这个面子还是要给的。

三个心怀鬼胎的人凑到了一个酒桌上，刘备与纪灵五内坎坷不安，哪有心思品味美酒？这吕布意欲何为？

吕布却谈笑风生，只管劝酒。酒过三巡，菜已五味，吕布满酒一杯，放在桌中央，正色开言："吕布向来热爱和平，讨厌战争，对超级大国驻军全球早就看不惯了，今天来主持你们两家的和平签约仪式，希望大家不要腻歪个没完没了，谈得成就谈，谈不成就打，老浪费国家的经费算什么事？"（原句："玄德，布弟也。弟为诸君所困，故来救之。布性不喜合斗，但喜解斗耳。"）

刘备心中暗喜，纪灵大惊失色：奉命杀伐，哪能你说和就和的？——难道非要等到他造出核弹来再开火？

吕布眉头微皱：怎么？小子不给面子？突然像被什么提醒："这样吧，此离军营门口约三百步，把俺的长戟立在那里，如果我的箭能击中戟头小枝，你们就签约和平，如果射不中你们就开打，听天由命如何？"（原句："诸君观布射戟小支，一发中者诸君当解去，不中可留决斗。"）

纪灵心想：数寸小月芽枝，三百步看见都不可能，怎能射中？哦，这是向大耳儿卖空头情呢，先答应，等你射不中咱再说。

刘备心里暗怨：战和大事，岂能如此儿戏？万一失手，我军休矣！

长戟已立好，只见吕布微微一笑，离座起身，左右递上弓来，吕布轻舒猿臂，张弓满月，看似不经意，实乃靶在心，只听得口内一声“着！”弓弦一声脆响，长箭犹流星奔月，直中小枝！

众军一片欢呼：“将军天威！真神人也！”——真不是白吃干饭！吕布把精确制导武器的问世时间提前了两千年。

刘备如获重释，纪灵目瞪口呆，心里却在急速盘算：吕布这等绝技，翻脸厮杀，我肯定不是对手，不说别的，战阵之上，他专挑我瞄准，我性命怎保？再说了，一旦他出兵断我归路，这仗定败无疑！

随他去吧，总归他是主公的朋友，又是刚定了亲的儿女亲家，国人一贯的德性：孩哭抱给他娘，有问题交给领导，咱也尊重一次传统吧。

一场兵祸，消于一箭，那袁术却怎肯善罢甘休？先拾掇你这向来不讲信义的吕布！

99

袁术对与吕布的政治联姻有了失败的感觉，现在有点恼羞成怒，马上与吕布开战！不，好像还缺点什么，对，先把你的女儿弄到手再说，到时候看你还能这么不讲信义吗？还是派的韩胤一个人去徐州，这次是娶亲来了。

早订好的婚约，没有理由不嫁女儿呀，吕布其实也有以后做当朝国丈的欲望，就痛快地答应了韩胤。那韩胤却是个急性子，一听吕布应允，马上就要带人上路，吕布也怕夜长梦多，便把女儿交给了韩胤，带走吧。

看来武人做啥事都痛快得多，不像现在，恋爱啦、明确恋爱关系啦、举行订婚仪式啦、拿到了结婚登记证书还不算正式的夫妻，还要举办隆重的婚礼、豪华的婚宴。

女儿刚上了路，做媒的就上门了，来的是陈登的父亲沛国国相陈珪，老头说得挺透彻：“曹操现在恭奉着天子，决定着国策，眼见就要以朝廷的名义平定四海了，将军应该向他靠拢，徐州才会安如泰山。如今你与妄想篡位的袁术结亲，天下人必然会认为将军同他一样不义，将军今后的命运如同累卵啊。”

吕布一想，对呀，这袁术上次许给我的二十万斛米还没兑现呢，咋忘了这家伙也是个不讲信义的主了呢？把女儿送入虎口，他要再来灭刘备，我护着就害了女儿，不护就害了我自己。不行，趁生米还没做成熟饭，我得先把完整的女儿抢回来。

将军向来做事果断，亲自出马从半道上劫回了女儿，索性一不做二不休，捆了媒人韩胤，送到许都向曹操邀功去了，韩胤被拉到许都街头砍了脑袋。

曹操一看这个过去的敌人迷途知返，大为高兴，浪子回头金不换，应该鼓励一下，便以朝廷的名义拜吕布为左将军，封平陶侯——对吕布最想得到承认的徐州牧还是没理睬。

不仅如此，曹操还自己家出黄金给吕布铸制了一颗平东将军金印—小皇帝在东归途中就向吕布求过援，并封吕布为平东将军，不过因为太穷了，刻不起金印给吕布，就是现在朝廷又能去哪里弄金子？

不仅如此，曹操解下自己的紫绶赠予了吕布，仇人变朋友也就是眼睛一眨、母鸡变鸭的事。只不知那些兖州之战中牺牲的士兵们是怎么想的？可怜那些战场上的炮灰，惋惜那些被当作工具而化成的冤魂。

那“左将军”地位非同小可，位同上卿，金印紫绶，掌京师兵卫及戍守边隘，讨伐四夷。平时加诸吏，给事中等号，得以宿卫皇帝，参与朝议，决定国家大计。

不过这些现在与吕布还不相干，那也不能是个空头的吧？曹操给吕布找了个活路，交给他一张国家通缉令，让他替国家缉拿下列政治犯：公孙瓒、袁术、韩暹、杨奉。

吕布接到封号大喜，尤其是那张通缉令，这些以前他认为的大人物，现在竟然成了自己受朝廷委托擒拿的罪犯，能不得意么？于是便向朝廷写了个决心书，派陈登为使，去许都向曹操表决心，谢皇恩——其实还是惦念着朝廷承认他徐州牧的职务。

陈登回来了，自己被朝廷正式封为广陵太守，老父亲陈珪增加了秩中二千石。

吕布大恼，气得甚至挥戟砍断了自己的书案：“你老爸劝我归伏的曹操，毁了与袁家的亲事；现在我一样实职没得到，你们父子却因为卖我都当官了，你替我办的事呢？”

陈登却气定神闲，等吕布发够火了，才慢慢地开了口："我见了曹操时是这样说的：'你对待吕将军跟养老虎差不多，必须拿肉喂饱，老虎不饱就会吃人的。'曹操回答我说：'不是你说的那样，对吕布便如同养鹰，饥则能为朝廷捕杀袁术那样的狐兔，饱了就会飞走不回来了。'那曹操就是这样说的，将军你看着办吧。"

吕布一听反而高兴了，认为这是曹操看得起自己，比兔子高了一个档次，能不高兴吗？是否从那就留下了"甘为鹰犬"这个成语？

没用吕布飞出去替曹操逮兔子，那兔子自己找上门来了。

袁术是什么人？哪能容忍吕布这种无赖行为？悔婚、杀媒！不教训他个狠的，那以后还不反天了？正好韩暹、杨奉二人带了部分并州军前来投奔，袁术便派出大将张勋，率军十万，联合韩杨，兵分七路，杀向了徐州。

吕布现在有多少兵呢？三千左右，其中仅四百余骑兵，这下形势真的像陈珪所预测的那样：危如累卵。

实际上真实的要害还不在于看得见的外敌，那陈登这次的许都之行对吕布来说才是更危险的，陈登已经被曹操收为两面间谍，这次回来就是来做曹操的卧底，曹操交给他的任务就是要想方设法搞垮吕布！按曹操的话就是："这是只喂不熟的狼！"

军事上吕布毫无胜算，内心大悔：听你陈珪瞎忽悠干吗了？先找你算账去，看你能退去袁术的十万大军吗？

100

不论是古代还是现代，战争双方的主帅最怕的就是前敌指挥员临阵倒戈，要不怎么会有那句感叹：打虎还是亲兄弟，上阵还是父子兵。最起码不会出现临阵倒戈的担忧。临阵倒戈的现象一旦出现必将是致命的。

袁术的前敌统帅张勋就尝到了这种滋味。

吕布找陈珪去算账，被陈珪一番指点恍然大悟，回去后马上实施，立见成效。

他给韩暹、杨奉写了封信，大意说：我曾立铲除董卓之大功，君也有护驾东归之伟业，我等皆为国家功臣，何故相残？袁贼张狂篡国，暴虐人民，天下共愤，举国声讨，败亡明鉴，英雄岂甘为虎作伥，助纣为虐？二将军再立新功匡扶社稷，正逢其时也！

关键还是最后一句话：所有缴获我吕布不取分毫，全部归二位将军。

韩暹、杨奉更是见不得利的主，那还犹豫什么？战场上吕布的弱旅开始向张勋的大军接近。

古时候人都实在，开战前都习惯来场大辩论，大概是先文斗后武斗的意思，离得远了当然搭不上话了，倒没有史载有谁突施冷箭射杀对方的主将，估计双方也都小心提防着对方，盾牌早就预备好了，箭弩的射速又比不得子弹，安全是有点保障的。要是碰到现在的机关枪那就不成了，谁先开火，一阵突突声之后，这仗也就不用打了。

双方的部队接近到不足百步时，张勋开始清了清喉咙，准备抢先开骂，忽然自己的两翼就乱了起来，韩暹、杨奉的部队突然就动了手，刀砍的全是袁军的将领，瞬间十余人已经横尸马下，方寸间，吕布的骑兵开始了冲锋，这仗还打它作甚？

张勋掉头就跑，部队紧随，后面再紧随的就是吕布了，韩暹、杨奉也不甘落后，以后的场面就乏味了，两军开始了无休止的长跑大赛，追上也不容易，韩暹、杨奉的部队还要抢东西，过一路抢一路，克一城光一城，别说是政府的财物，就是老百姓也全是家底翻尽，寸草不留，要草干吗？还得喂马呢。

吕布率军与韩暹、杨奉所部杀向寿春，水陆并进，所过郡县无不掠空。等到达钟离时，光抢的东西就带不动了，这仗再打下去就没啥动力了，满载而归吧。

临走时也没忘了损袁术一通，吕布留书道："足下不是常炫耀军势强盛吗？一直要吞这个灭那个，可吓坏我们了！我吕布可不如你骁勇，来到淮南，不过是一时兴起，来闲玩儿一圈罢了，哥们儿却像老鼠似的缩进寿春城，不出头了。你的猛将武士呢？闲养着他们干吗？哥们儿惯于说大话骗天下人，可惜天下还有不受你忽悠的人啊！"

看来只要不跟曹操作战，吕布也能爽一把。

那袁术却是个非常之人，吹得了牛，也受得了气，手头上没你硬，嘴官司也不跟你打，只要你走了，啥俺都能受了，你回你的徐州，俺还是当俺的皇帝！此谓：大丈夫能伸能屈也。

吕布为什么不围攻袁术的寿春？一是兵力不足，二是那年代攻个坚城的确不易，比如，袁绍在幽州打公孙瓒，围攻一个小小的易京，一仗打了一年多，硬是进不了那不算太高的城墙。

公孙瓒自鲍丘兵败，困守易京一境，却也坚持得住，这主要得益于两点：一是部队劫掠中外，甚有积蓄；二是打仗没忘了生产，粮食能勉强供应全军消耗。而从兴平二年，幽州大旱，蝗灾肆虐，硬是把袁绍的大军给饿退了，但幽州全境已皆尽降袁，公孙瓒也无力收复。

不仅如此，由于杀刘虞之后的众叛亲离，他变得不能信任任何人了，包括跟随他征战多年的将领、自己的亲兵卫队，甚至侍候的男仆。

只相信谁呢？女人。

他采取了令所有人瞠目结舌的措施：在易京城中又建了座小城，名高京，以铁为门，永不开门，办公的文书一律用绳子给他提上去，城内留了哪些人呢？七岁以上的男性一个不要，全是女的，就他一个是男的。

舒服是舒服了，爽却未必，而且这样的日子焉能长久？所幸部队都是跟他多年的老兵，袁绍的口碑在公孙瓒部队里又是出奇的差，大家都能够自觉地守城，袁绍一时也无可奈何，看来不调动大军，消灭公孙瓒也不是件易事。

这直接让曹操受了大益，袁绍无暇南顾，给曹操多争取了近五年的时间，这期间曹操除了整肃内部之外，对邻近的独立势力开始了逐个定点清除工作。

第二十五章

战宛城：曹操被糖衣炮弹击中

101

整个朝廷现在已掌握在曹操手中，但曹操觉得好像比以前并没好多少，似乎更麻烦了，现在一只眼睛要盯住朝中的大臣：人们肚子吃饱了总要找点什么闲事的，端起碗来吃肉，放下碗来骂娘的人多的是；另一只眼睛却不够用的了：西面新收州郡未安，东面宿敌吕布虎视眈眈，北边是强大的袁绍，南边是时刻找麻烦的刘表，实际上是四面不安，三面临敌。

尤其是这刘表与袁绍，说他们穿一条裤子有点过，却恰如一个人的两条裤腿，北边的袁绍只要一有点动静，南边的刘表准有点动作，这许都还是一片平原，四面都无易守险地，要想安全唯有保持进攻态势，若等别人的钢刀拍到了城门上，那恐怕连打的资格也没有了。

但曹操选的就是这个不怕打仗的地方，粮食能持续地供应比什么都重要，所幸袁绍正与公孙瓒缠斗不休，无暇南顾；吕布新夺徐州民心未伏，与刘备面和心不和，暂时无力来犯；西面已派钟繇去坐镇长安；现在必须要及时解决南边的隐患。

南边的隐患是谁呢？便是现在依附于刘表的张绣，现驻军三百五十里外的南阳郡治宛城。几次出兵骚扰豫州，打了就退，严重威胁屯田各部，不彻底解决后患无穷。

而曹操心里瞄准的恰是荆州，现在荆州门户已开，出击宛城实是大势所迫，内心所愿。

张绣是张济的侄子，张济自于陕郡联合李傕、郭汜，击败杨奉、韩暹之后，部队军粮已尽，又见那李傕、郭汜，也不是什么值得长久合作之人，便率部进入荆州地界，为军求食，但在攻穰城时为流矢所中而死。

这时候被攻打的刘表表现出实在了不起的一手：当部下兴冲冲地向他报告这个喜讯并表示祝贺时，他正色而言："张济是穷极来求食的，是我这个做主人的失礼没有招待周到，至于双方交兵，本来就不是我这个做州牧的原意，我只接受吊唁不接受祝贺！"

不但如此说，做得也极漂亮，派人去协助办理丧事，送去慰问军粮，一下把张济的西凉余部给感动得投降了。那时正由张济的侄子建忠将军张绣带领着部队，刘表便划给他了宛城让他屯驻养军。不战而屈人之兵，看来刘表深得孙子兵法精髓。

之后张绣得到了一个极重要的人物：贾诩。贾诩这个人看人处事像个琉璃猴子，自投奔段煨以后，心里越来越不痛快了，为什么呢？段煨对他过于客气了，成天当贵宾的滋味告诉他：主人有意识与你保持距离，不是什么太好的事情。

适逢张绣闻名来请，贾诩转投了屯据宛城的张绣，张绣果然对贾诩的到来极为重视，因为贾诩与张济是旧交，张绣便以子侄辈自居，不仅态度恭敬，而且言听计从，贾诩这回找到了被真正尊重的感觉，相比之下，那个中央政府的尚书实在算不得什么。

人生在世，能被周围的人们认识到自己的价值，那才叫心满意足。

曹操大军压境，兵临淯水。

张绣反复掂量双方的实力，认为获胜的希望不大，决定缴械投降，也好争取个起义或投诚待遇？贾诩认为不妥：不把曹操打疼，过去之后能被重视？

投降的时机其实也是有大学问的，兵临城下的被迫起义或投诚，连敌人也会看不起你。可张绣这次没有采纳贾诩的意见，认为还是不欠曹军血债的好，免得将来逢到运动就拉清单，历史的旧账算个没完。

张绣主动向政府靠拢令曹操大为高兴，简直把张绣当成了自己的亲侄子，不是简直，是真把张绣当作亲侄子了，并且把自己当成张济了，都不是外人，合到一块过日子吧！

不是与张绣合到一块，是与张绣的小婶婶——也就是张济的媳妇合到一张床上去了。

张济是皇帝亲封的骠骑将军，媳妇长得当然错不了，有多美？就是能让曹操见了也有想法的那种程度！

张绣的寡婶儿有没有想法呢？年轻独居，又不能主动再找个男朋友，岂不空叹自身美貌？如没有想法才是不合情理呢。

102

曹操离京远征，当然不能携带娇妻美妾，正值壮年，现在又无战事，夜晚独眠，有点性要求那是正常现象，经过专爱琢磨领导心理的下级一介绍，有点那个冲动了……弄过来一看，俩人还真对上了眼，干柴遇到烈火，自然枯井累长篙！只有一点不爽：城内人多耳众，不能尽兴。

领导更要注意影响不是吗？

为避免桃色新闻外泄的尴尬，曹操便带了这个宝贝住进了城外的军营，除了典韦所率的亲兵百人，其他人等一概不准接近，有人打听？就说曹将军正在大营“日理万机”！

正如后世诗圣杜甫所吟：

舍南舍北皆春水，但见群鸥日日来。
花径不曾缘客扫，蓬门今始为君开。

一对重上岗的情人，恰如久旱遇透雨，一番胡闹，无数番折腾，那张绣岂是聋子瞎子？俗语说得好：好事不出门，恶事传千里。张绣得知曹操竟然将自己的亲婶当成了败火的小姐，不由又羞又怒，便向贾诩请教如何立报这污婶之仇？

贾诩也得了一个不准确信息和一个准确信息：前者是据说曹操已经知道了张绣不满意让自己代理他叔叔的未竟事业，欲对张绣采取措施；后者是经过调查核实的：曹操十分欣赏张绣的贴身亲兵胡车儿，暗送给了胡车儿不少金银。

曹操意图何在？

不能再犹豫了，先下手为强吧！张绣便依照贾诩的计划，第二天向曹操请示：部队最近逃兵不断，为杜绝兵员继续流失，能否移营到中军附近？曹操毫不迟疑地答应了。

第二个请示：部队的辎重挺多，大车载不下，移营时士兵的盔甲能否穿在身上？曹操又毫不犹豫地答应了。

看来《魏书·张绣传》所记载的，也就是贾诩的前一个不准确信息确属不准确：曹操何等人？若有除张绣之心，焉能不防备张绣？

次日移营，张绣的士兵铠甲整齐，全副武装开进了曹营，接近曹操中军时，突然如山洪暴发，刀枪并举杀向了曹操的中军大帐，事出突然，那守卫大帐的典韦及部下亲兵毫无防备，这怎能抵挡?

曹操现在正干吗呢？还是诗圣的描绘最形象：

好雨知时节，当春乃发生。
随风潜入夜，润物细无声。
野径云俱黑，江船火独明。
晓看红湿处，花重锦官城。

曹操正如唐人李商隐诗句“紫凤放娇衔楚珮，赤鳞狂舞拨湘弦”之时，忽听得外面突起厮杀之声，心知是张绣捉奸来了，人做亏心事，举枪也无力，只得钻出后帐，上了爱驹“绝影”，正待走时，那良马却中箭倒地。

与此同时，曹操右臂也中了一箭，危急时刻，长子曹昂将自己的战马让给了曹操，曹操单骑得脱，儿子曹昂却丧命于乱军之中！

典韦身边的亲兵死士瞬间即真成了死士，典韦力拼，张绣军无人能从帐前而入，怎奈帐后已围进来敌军，猛虎难敌群狼，典韦戟折刀卷，竟提敌军两具尸体做兵器厮杀，最后还是死在乱矛之下。

曹操的侄子安民同时遇难，次子曹丕，侥幸乘马逃脱。曹操大军乍逢事变，主帅又不知生死，难以形成有组织的抵抗，均被张绣军杀得七零八落，说全军覆没也不为过。

曹操一直逃到舞阴才停下脚来。得知典韦战死的消息，不禁为之泪流不止，更痛子侄均丧，此时悔恨自己荒唐为时已晚，那张绣追兵即将来到，还是先解此燃眉之急吧。

兵败之时，平时的严明军纪自然抛到九霄云外，尤其是那些青州老兵，竟然趁乱抢劫起自己战友来了。

各部均混乱，只有平虏校尉于禁，带着原泰山兵数百部属且战且退，虽有死伤，却始终不曾离散。张绣军攻势减弱后，于禁进一步整理了队形，然后鸣鼓而还。得知青州军抢劫之事，于禁大怒，行进间，马上围剿青州兵，逃脱的青州士兵当然要找曹操，告于禁已叛乱，正在杀戮自己的战友。

于禁退到舞阴后，并没有马上去见曹操，而是首先安营扎寨。部下建议于禁："青州兵肯定告了您，您应尽快到曹公那里分辩呀。"

于禁回答："追兵还在后面，随时都能追来，如不事先做好准备，到时怎能对敌？曹公明断，哪会轻信别人谗言呢？"

一切安顿完毕，于禁去见曹操，详细汇报了情况。曹操大为赞叹："淯水之难，被我弄得被动异常。将军在混乱之时，能保持队伍齐整，并筑坚垒应付追兵，即使古时的名将，也不过如此！"

果不出于禁所料，张绣率领骑兵追赶了上来，曹操立即命令于禁等迎击。由于预先有了准备，张绣被击退。曹军乘胜反击，攻占了章陵等地。张绣退守穰城，曹操黯然回到许都。

103

一个军事集团也好，一个国家也好，最忌讳的就是两线作战，俗话说：顾东顾不了西，就是这个意思。

曹操征张绣，就是欲彻底解决这个两线作战的问题，袁术称帝在即，吕布有奶便是娘，到时两人一联合就不是小动静了，自己作为国家的代表，不出兵讨伐是说不过去的，但大军一旦东出，咫尺之遥的张绣岂会坐视许都空城？

现在初讨张绣失败，曹操倒也不是揽功推过的主帅，诚恳向部下承认错误，只不过曹操也是避重就轻，只检讨表面过失，骨头里的错误还是难以承认的。

"接受张绣投降没错，关键在于没有及时取得张绣的人质，以致造成这种局面。这就是由于我的失误而造成失败的原因。大家看着，我曹某吃一堑长一智，这样的错不会再犯了！"

曹操的这番话与其说是检讨，还不如说是狡辩，付出了沉重的代价，不仅伤亡了无数将士，失去了长子侄儿，连自己也差点丢了性命。未能正确总结经验教训，应该是可悲的事吧？不过也可以理解，上级犯了生活作风错误，能好意思向下级承认这个么？

下属们可以装不知道，甚至从内心里原谅了自己的上司，毕竟是男人们都免不了的毛病，但有人却绝不能原谅曹操，那就是曹操的正室丁夫人。

因为此战而丧命的曹昂自小便由丁夫人抚养（生母刘夫人早逝），没有生育过的丁夫人一直视如己出。曹昂阵亡，丁夫人痛哭之余实在不能原谅曹操：等于为了一个别人的寡妇把自己的儿子杀了。这应该是任何一个做妻子的都受不了的。曹操无奈，只好把她打发回了娘家，以求家庭暂时安定。

丁夫人自此再也没有回到过曹操身边，其实也不仅是因为儿子横死，估计实在不愿意让曹操在自己的眼皮子底下左拥右抱，曹操在猎美方面与韩信点兵有得一比，原则上是多多益善吧。

不是有“自古英雄爱美人”之说吗？曹操当然也不例外，可能比一些后世的溝女“英雄”们还要英雄几分，具体数目无法详尽，但仅知道有名号的就有：丁夫人、卞夫人、尹夫人、刘夫人、秦夫人、李姬、孙姬、周姬、刘姬、赵姬、邹氏等十余人，没有留下姓氏名号的当会更多。至于他最喜爱的歌舞伎就无法估计了。

不过现在的曹操还顾不上依红拥翠，张绣的问题不解决还是不行的，就在曹操盘算着怎样解决这块难啃的骨头时，军报传来，自曹操北返许都后，已经收复的南阳、章陵等县又全部反叛，重归张绣了。

经过了兖州叛乱的曹操对翻来覆去的郡县极为痛恨，正欲亲提大军再征时，却又闻东方陈国来急报：那袁术“御驾”亲临陈国，骗杀了其王刘宠及国相骆俊，现正驻军蕲阳。陈国有失，许都与兖州的联系便被切断，而从黄巾军手里夺来的汝南也将不保。且袁术现已公开称帝，建号“仲氏”，摆明了要与曹操所保的献帝争天下。

张绣这头怎么办？曹操决定亲讨袁术，由曹洪负责率军对付张绣，收复叛乱各城，最担心的两线作战终于避不开了。

可那张绣又岂是好对付的？何况又有贾诩襄助，即算曹操亲征，也未必有把握必胜，遣曹洪前去独当一面，实是无奈之举。

果然，曹洪提军杀到南阳时，那张绣依贾诩之计早已坚壁清野，城门紧闭，曹洪无奈，只得将骑兵后撤，用步卒强攻坚城。谁知步兵攻城刚欲展开，那城内的张绣骑兵却反而杀出城来，步兵遭突袭，只得放弃攻城，结阵固守。等曹洪的骑兵扑上去之后，那张绣的部队却又撤回城内坚守不出，清点步兵伤亡已是不少。

曹洪的骑兵只得压阵掩护步兵攻城，一来二去，早已折腾得人困马乏，曹洪求战心切，却疏忽休息马力，而城内的张绣部却是西凉铁骑的老班底，战力极强，对骑兵作战经验尤其丰富，趁曹洪欲收队扎营之时却突然出击了，曹洪的部队士气已呈低落，马力亦疲，怎能抵挡张绣生力军的冲杀？

一败不可收拾，竟被张绣军趁势掩杀，住脚不得，至此曹洪已无力与张绣野战，只好节节败退到叶县，那张绣军却耀武扬威，直逼叶县城下，曹洪无力出战，只得任由张绣军四处劫掠，战局的被动局面一时难以扭转。

曹操征讨袁术的大军所遇到的恰恰相反，那袁术被吕布欺辱得不敢照面，好不容易才算熬走了吕布、韩暹、杨奉等瘟神，袁术一口恶气却要出向陈国，趁曹操战张绣无暇东顾时倒也占了些便宜，现在听说曹操亲临，袁术五内俱慌，本来就是被曹操给打怕了，不早远走高飞还待何时？

要说袁术也混，你惹不起就别再招惹曹操，既然惹了他就坚决顶一气，就算大丈夫能屈能伸，一走了之也可，那就带全军走，他还觉得不打一仗面子上过不去，自己又不敢对阵，便委托了手下大将张勋、桥蕤带李丰、梁纲、乐就等坚守蕲阳，替自己找回这个场子，自己却先溜之度淮。

曹操来到蕲阳，深知自己的部队不宜久战，尤其担心曹洪那边的战况，但要想迅速攻克一座坚城，却非易事。

104

袁术一走了之，留守的大将张勋、桥蕤实在没有与曹操作战的勇气，不过袁术说得也有几分道理：我现在是一国之君，那曹操是什么身份？交战不对等啊，有失皇帝尊严！

张勋、桥蕤觉得身份固然是高了，可怎么品尝这个味道也不对。击败曹操没敢妄想，能否把曹操熬走呢？二人决定：坚决不出战，固守蕲阳城池，等曹军粮尽退兵，这场与曹操身份平等的仗也就算胜了。

这恰好敲在了曹军的七寸上，曹操怕的就是这种局面，强攻一座城倒不在于划算不划算，问题是需要多长时间，曹操有那个时间吗？更为担心的还是曹洪那边的战况，一旦有失，许都将直接受到威胁。

第二天试探攻蕲阳城，主要目的在于摸清守军的防守薄弱点，没有达到目的：张勋、桥蕤几乎是在平均分配兵力。曹操心里明白，是没试探出来——对付坚城，曹操的办法不多。

傍晚收兵回营，一个更为严重的消息报给了曹操：军中纷纷传言，南阳曹洪已经兵败，现生死未卜。

自古无风不起浪，虽未接曹洪军报，曹操对此传言也确认十有八九，问题在于这不确实的消息是从守城的敌人那边流传过来的，这意味着敌人坚守的意志将会更加坚决。

的确，这消息也同样传到了张勋、桥蕤的耳朵里，而且还不是流言，是自己的探马从荆州的内线那里得到的确实消息，张绣在南阳大胜曹军。

张勋、桥蕤几乎不相信自己会有这么好的运气，曹操这回该走了，这保卫战胜得这么轻松！派人潜出城外，摸清曹操的动向，必要时来个趁势掩杀，痛打落水狗！没想到苍天竟给了这么一个扬名天下的好机会。

不多时出城的侦察兵来报：曹营皆是空灯高悬，早已没有人迹，连那值岗的士卒也都是草人穿着衣服。曹操跑了！

那还犹豫什么？当即由桥蕤带领全部骑兵出动追击，张勋率步卒留守城池，二人开始还为谁能出击杀敌发生了争执，谁不想为新朝立新功？最后经过猜枚决定去留，那张勋的运气不如桥蕤，被桥蕤抢得了立功的机会，所幸提前约定好了，不管是谁出击，回来缴获平分，功劳各半，干啥不是工作的需要？分工不同而已。

桥蕤率部点起火把，破夜雾勇追远遁之敌，哪管“山高路远坑深，大军任我驰骋”。不多时追出十里，前面已遥见逃敌引路之火光，桥蕤军令下颁：追上去，缴获一律各自归己，另外每个曹军的脑袋赏黄金一两。

赏虽不重，却也不乏勇夫，众军前呼后应，呐喊壮胆，铁骑无不争先，直扑曹军的后卫，哪里走！留下脑袋来！

眼看那一两两的黄金就要唾手可得，敌人的火把忽然纷乱四散，桥蕤急传令：敌军四散逃命，追上去，捉住曹操，赏万户侯！前面的士兵更加急眼，怎么？到手的金子想溜？

这时候谁甘落后于人？黑夜之中又有谁管什么攻击队形？后面的催前军让开，前军的士兵心里说：哪个傻瓜才让开，你见过赛场上的运动员有让跑道的？一时桥蕤铁骑乱成一片，吵成一片，刀枪一片，火光一片，就是不见敌人一个。

突然，曹军中的火把如同听到口令一般，瞬间全部熄灭，四周立时漆黑一团，那些活动黄金忽然看不见了，只剩下桥蕤军自己的火把照亮着自己。

其实，曹军不是好像听到口令，而是真正听到口令，目的很明确：让自己处于暗处，把光明让给敌人。

桥蕤突感不妙，怎么忘了这是跟曹操作战呀，那是个打巧仗、恶仗的祖宗啊，我真是为了立功昏了头了，这样追下去莫非不要自己的头颅了不成？正待下令停止追击，忽听得自己的部队惨呼四起，战马纷纷栽倒，却原来遍地腾起绊马绳索，四周黑影里乱箭几乎同时飞来。

与此同时，后方呐喊突起，不知多少曹军已截住了后路，自己部队的一片火光，竟是为敌人照亮了目标，一片惨呼之中，自己部队的火把渐暗，四周的敌军却突然全部亮起了火把，将一片屠宰场照耀得亮如白昼。

呐喊四起，一个声音："早降免死！"大势已去！桥蕤喝止声中，部队却刀枪扔了一片，没有人愿意做无谓的抵抗。不知哪来的一箭，也不知射中了桥蕤身体的什么部位，只看见桥蕤一头撞下马来，瞬间被自己的士兵砍成肉泥，在干什么？抢尸体呀，献给曹军，赏金绝对不止一两！

四更半，一阵暗。蕲阳的张勋听得城外得胜鼓响，城头远望，火把一眼望不到边，早有飞骑前来城下报告：桥蕤将军大胜凯旋，斩获首级无数，缴获辎重无数，现满载也不能归了。

张勋大喜之余，不禁心里酸溜溜的：怎么猜枚时自己没有这么好的运气呀？啥也别说了，天意！开城迎接，去帮着搬运东西去吧。

城门大开，张勋一马当先地带军迎出城外，只见桥蕤的乐鼓队前导，大军随后，隐隐约约只看见战士高举火把，却看不见桥蕤得意的面孔，及至走近，张勋突然感觉不对，自己是全军主将，桥蕤再无理也不会稳坐中军去让自己去见他吧？

欲待退军回城，却醒悟传令也来不及了，对面鼓乐队已经向两边让开，急速的马蹄声已传入耳中，张勋实是个乖巧之人，立即反应出：回马等于自杀！忙横转马头，狠狠地加了一鞭，斜刺里单骑飞逃。

张勋的部下却是来不及反应，只见"桥蕤"的骑兵蛮不讲理地直冲入城来，迎接的人们避让不及，被马踏无数，有些人至死还以为自己被冤丧于战友马下，大多数士兵当了明白鬼：知道被曹军算计了。

张勋漏网，李傕、梁纲、乐就等皆殒命破城之时，蕲阳城被曹操巧取，曹洪的军报恰好也到了，事情没有流传的那般严重，曹洪军现正与张绣军相持于叶县，张绣本人已率主力退守穰城，以曹洪目前兵力却不便追敌求战。

曹操早闻张绣军师贾诩的名头，知道曹洪非贾诩的对手，即回书嘱咐坚守，等大军回去再雪耻不迟。曹操自己率得胜之师，绕行淮汝，一路浩荡，实乃显示军威，震慑地方，以求长安。

而曹操得意之时，却正是他的宿敌刘备的凄惨之日，刘备现在又处于无家可归的境地了。

105

就像任何地区的人都有良莠不齐一样，任何时代的人们也是善恶共存的，即使同一个人也不例外，极难用好与坏来断言他终其一生的多种行为。比如袁术就是一个从不知仁义为何物的家伙。

但就是这种人也有表现出“仁义”的时候，袁术从蕲阳鼠窜后，势孤兵弱，大将尽折，众亲离叛，再加上天旱岁荒，江淮间人民相食殆尽。这时，袁术交给沛国国相舒仲应十万斛米军粮，舒仲应接到粮食后全部散给了饥民。袁术大怒之下要斩舒仲应，舒仲应说：“知道你必然杀我，我宁可以一人之性命，救百姓于涂炭。”

感动得袁术立即下马握住舒仲应的手：“仲应，足下想自己独享天下重名，为什么不叫上我一起来呢？”——不杀了。

而恃勇击败了袁绍的吕布却是旧习难改，这里说的是他反复无常、不讲信义的旧习。打败了袁术，解除了来自南方的军事威胁，他立马趾高气扬起来，转脸就对被他自己安排在小沛的刘备动手了，因为他听说刘备在小沛挺得民心，部队又恢复到万余人了，袁术的威胁不存在了，也该轮到烹你这条“看门犬”了。

吕布亲率大军杀向小沛，刘备当然要与吕布拼杀一场，无奈还不是吕布的对手，一场接触战便被吕布把刚整训的新兵给打散了，只得带残部退到海西。

恰好遇到杨奉、韩暹在海西率部抢掠老百姓，刘备这回来了个另类“仁义”，宴请击败了袁术大军、劳苦功高的二位将军，杨奉、韩暹也是贪吃昏了头，忘记了自己全国通缉犯的身份，在慰问宴会上被刘备砍了脑袋，此举刘备做的是为了百姓的大仁义。

不光如此，这还是为朝廷立了一功，为独掌朝政的曹操除了一害，朝廷——也就是曹操不是正通缉二人犯吗？现在可以去曹操那里暂栖残部了，虽不能说尽释前嫌，但总不能说是势不两立吧？

此举实在是因为刘备的确无处可去了，依附曹操最起码能对天下人有个冠冕堂皇的说法：我保的是大汉皇朝，依附的是天子献帝，“大丈夫能屈能伸”，此时便是“屈”的时候。

曹操胸怀的确如同海纳百川，像是忘了曾经与刘备在郯城拼过血仗，马上以朝廷的名义封刘备为豫州牧。积极为刘备的部队补充军粮，允许他带自己的部队重回小沛，收拾被打散的部卒。当然也是为了让刘备暂时拖住吕布，以便自己对张绣再次用兵。

建安二年（公元 197 年）十一月，曹操再次率兵南征张绣。值得一提的是，有一个人及时地补充了典韦的重要位置，而且勇猛不亚于典韦，忠诚不亚于典韦，战场谋略、带兵治军却是典韦远不能比拟的。这个人就是曹操在这次巡视淮汝一带时，得到的一员猛将许褚。

许褚字仲康，曹操的同乡人。据史载身长八尺余，腰大十围，（一围是多长？大概是一拃吧？那也够粗的！需要定做多少腰围的裤子呀！）相貌雄毅，勇力过人。曾拉着一条牛尾倒退过百余步，名震淮汝！

曹操一见许褚，就对其雄毅气概大为赞赏，说：“真是我的樊哙啊！”看来曹操任何时候都忘不了把自己比作汉高祖，樊哙是汉高祖刘邦手下之猛将，项羽鸿门宴上想要杀掉刘邦，樊哙当面予以斥责，保护刘邦得以安然脱险，因此名标史册。

曹操又表现了他非比常人的一面，用人不疑，不论新老。当即任命他为都尉，接替典韦做了自己的亲随侍卫。许褚带来了几百人，估计都有点中国功夫，曹操全部任为自己的警卫，并且给他们起了个“超猛”的名字：虎士！

历来好事难成双，就在曹操大军出动南征的时刻，紧急军报到了：张绣提前联系好了强援（估计又是贾诩的点子），刘表派大将邓济占据了湖阳，如对穰城的张绣用兵，湖阳的邓济必然威胁侧后，看来“临门一脚”又要被迫转向了。

第二十六章

再战宛城：曹操潇洒的失败

106

攻城已无可能，现在最危险的就是敌军趁势杀出，自己这点兵力，是没有厮杀资格的，仓皇退军，其损必大，要知道，张绣的看家部队就是那些以前张济留下的西凉铁骑，自己骑兵逃跑的速度未必快于人家追击的速度。

古今中外，大战之前是最紧张的时刻，除了集中物力、分配人力外，有一门必做的功课，那就是政治思想动员工作，这其实就是战前磨刀。

国家不同，民族风俗习惯不同，政治集团追求的利益不同，战前要的戏法自然也不同。

东汉时的曹操当然也懂战前动员这一套：大军行至淯水岸边，让将士整队肃立，曹操亲自把酒，隆重祭奠上次南征时在这里阵亡的将士，酒洒淯水，曹操不由潸然泪下……部下们看在眼里，感动在心，三军肃穆，复仇之情顿腾于胸，这时候，大家最盼闻到的就是血腥味。

曹操如此，绝不是作秀给大家看，子侄均丧于此，心爱的贴身卫士典韦也魂留宛城，无数将士的鲜血皆是因为自己的失误而轻洒，他内心深深愧疚，他需要宣泄出来，需要怀念因他而阵亡的将士。用这种方式来加以表达自己的真实情感，当然也能激起将士们的同仇敌忾之情，这就是部队的战前动员，不需要讲什么大道理。曹操在很大程度上达到了自己的目的：部队的求战情绪空前高涨。

尤其是刚投奔曹操的许褚，从周围人的嘴里，他已经知道了自己前任的伟烈事迹，今天亲眼看到曹操如此重感厚意，内心着实热血沸腾，一面暗自庆幸跟对人了，一面决心在自己新主人面前出场头彩，以报曹司空的知遇之恩。

建安二年冬十一月，曹操大军兵临湖阳。初次与荆州军交手，大家心中谁都无数，只听说那驻军湖阳的荆州军主将邓济是名深通兵法的将才，临敌厮杀甚是剽悍，而湖阳城更是地处险要，城高池深，实属易守难攻之地。

最令曹操担心的还不是讨厌的攻城战，而是湖阳城南十里的比水。比水河是淯水的一条支流，河虽不宽，但东流湍急，若邓济出动主力在此阻渡，对曹军来说可是个大麻烦！

历来兵贵神速，但曹操现在却反其道而行之，大军日行不过三十里，摆出了一副步步为营的架势，慢慢地逼向——不是湖阳，而是张绣所据守的穰城。

这是曹操的障眼法，其目的很简单，就是怕邓济于比水设防，实际上在大军明向穰城的同时，真正的主力已经夜行晓宿，暗暗地扑向了湖阳。

大军到了比水，果然并无邓济部队在此设防，曹操提着的心终于落回了胸腔。这邓济看来用兵也属平常，舍天险不用，岂非坐而不会守之辈？当然，曹操对自己明逼穰城暗击湖阳的谋略也甚是得意：这邓济毕竟被自己骗过了！

邓济是真的被曹操的假象忽悠了吗？恰恰相反，其实曹军的一举一动都没逃过邓济的眼睛，毕竟这是在荆州的地盘上打仗，荆州军的探子几乎无处不在，如此规模的大军行动，哪能瞒得住化装成百姓的探子之耳目？

邓济是故意放曹军渡过比水的，在邓济看来，那比水与湖阳之间的十里地势，恰是给曹军预设的陷阱，邓济不想被动地处于防守地位，是欲击溃甚至全歼曹操大军！

湖阳城中的邓济是第一次与曹军交手，对连偏师张绣都能轻易连胜两阵的曹军，他没怎么放在心上：兵来将挡，水来土掩，谁是被吓大的？曹军搭浮桥渡越城北比水时他没有出兵阻渡，而是故意放曹军来到了湖阳城下。

其实邓济是个战场经验丰富的将领，在他看来，这是将曹军逼上了背水结阵的不利战场态势，前有坚城，后有深河，一旦兵败，便是全军覆没的结局，不知那据说深通兵法的曹操这次为何如此大意？

对攻打湖阳，已经顺利渡过比水的曹操也没多费什么心思，至于败了将会如何，他压根就没想过这茬儿，他相信自己部队的战斗力，首战必胜！继而围城，强行突破，打出军威！他不但要攻下湖阳，还欲借此一战而立威，把刘表荆州军的胆气打掉，来保持长时期的边境安宁，那张绣自然便在劫难逃了。

曹军逼近城池结阵，邓济按常规出城迎敌，一切都符合兵法的要求，出城前邓济暗自交代：骑兵在城内做好出击准备，等将军战阵占优，果断迅速出动，撕碎曹军的阵型，下一步当然就是追歼残兵，打扫战场了，那些战术动作就是不用交代，战士们也会主动去做的。

还是依照老规矩，先要来番舌战吧？邓济早已打好了谴责曹操不顾黎民死活，擅自挑起兵祸，无故犯我荆州的腹稿。正默念间，对方阵内突然冲出一支百余人的小部队，如一团旋风一般向自己卷来。

那正是许褚及他所带的一帮“虎士”。

眼见邓济出城迎战，许褚率先向曹操请示上阵，曹操也想亲眼目睹一下许褚的战场实力，便点头允许，许褚出击的同时，曹操暗传将令：做好全军行动的准备，一旦许褚战况有什么不利，立即出动救他们回阵。

邓济准备的长篇大论看来用不上了，许褚及他的百余人根本没有缓减马速的意思，等邓济明白要先厮杀了再说的时候，许褚已经扑到了邓济马前，雪亮的大砍刀已经抡起来了，只能先招架再说了，邓济催马前冲，但马速却不是立即便能提起来的，力气头上吃点亏是肯定了。

两马交错之时，许褚的大刀已劈上了头顶，邓济忙运力用长矛挑向许褚大刀的后部，那里是不着力之处，最易化开对手借马速加刀速形成的巨力。

双方兵器即将相交之时，突然像变戏法一样，许褚的大刀竟然后退了半尺，邓济暗呼不好！这是个厮杀高手！手头已来不及反应，只听得“咔擦”一声巨响，邓济的长矛已被劈为两段，邓济大骇！

脑子里根本没有来得及做任何反应，二人战马已经并骑，更可怕的事情出现了，敌将竟于瞬间伸出一只巨掌，抓住了自己腰间铁甲的腰带，邓济大脑一片空白！

说时迟，那时快，一眨眼邓济已经被许褚单手擒过了他自己的战马，高高地举起，邓济周围的兵将呆了！这还不算，那许褚竟然举着邓济直冲湖阳守军的战阵，像有默契似的，许褚的“虎士”们刀枪并用，掩护住了许褚的两侧。更骇人的事来了，那许褚竟是冲城门而去，这下连城上的兵将也傻了！

放箭、掷石、砸滚木？都不妥，伤着的无疑先是自己的主帅邓济，从来没有人告诉过遇到这种情况该怎么办，谁能当机立断？紧急扯吊桥、关城门也不行，不要出城作战的将士了？那主帅总不能丢给敌人呀？

百余“虎士”瞬间冲入敌阵，如同沸油里突浇了一瓢凉水，遍锅开了花，荆州军大乱，转眼间百余骑已冲过乱阵，战马已踏上了城外护城壕上的吊桥，谁见过这阵势？守护城门的士兵转头就逃，许褚和他的“虎士”们竟然进城了！

一刹那，城外城里一起乱了，这是真正的炸营了，湖阳内外，俱地覆天翻；百名壮士，若虎进羊群。遇人直如砍瓜切菜，逢房便做放火煞神；骤燃的大火烧散了敌人的魂魄，人血的飞溅更引起了战士的兴奋！湖阳完了！湖阳就这样简单的完了。

城外的曹操开始也没明白过来发生了什么，直到许褚和他的“虎士”们扑进了城，曹操还好像是赛场上的观众，没反应过来该颁发什么军令？顿时醒悟：这仗快结束了！连大喜都忘了，鞭梢挥动，全军才像大梦初醒一般，扑向了湖阳城。

一战下来，生擒邓济，仅许褚和他的“虎士”们便斩首万余；一战下来，许褚令全军仰视，举国皆知；“虎士”之威名扬遍四方，许褚本人也落得了一个绰号，被人们敬畏地称为：“虎痴！”

湖阳已克，曹操又乘胜横扫舞阴，现在又该轮到穰城的张绣了！

107

连下两城，固然可喜，但曹操心里明白，这都不是此番用兵的真正目的，只不过解除了侧后威胁，曹操的目标只有一个，那就是穰城的张绣。

时已腊月岁尽，如不尽快攻下穰城，大军将被迫在战地越冬，北方的严冬可不是好玩的，不用说士卒苦堪，就是那战马的喂养就是个大问题，旷野无草，树叶落尽，只要作战无缴获，即使胜了，部队也必垮无疑。

解决问题的办法只有一个，那就是以迅雷不及掩耳之势，奇袭穰城，现在大军已拖在湖阳、武阴时间不短了，时间越拖下去，对曹军越不利，这仗是敌人熬得起，自己熬不起，只能兼程赶往穰城，力争打张绣个猝不及防。

湖阳距穰城不足二百里，轻骑一日可达，大军辎重也不会超过五日，曹操临行却犹豫了：大军出动容易退却难，一旦攻城不顺，又不能采用长期围困的战法，那就只有被迫退军，那张绣也不是个普通市民动迁户，你想怎么欺负就怎么欺负。

随即传令：部队主力虚张声势，集结推进，步步为营，日行莫过十里。自己却带五千精骑，连夜直捣穰城，许褚、曹洪、李典、乐进等俱都随自己参加奔袭。

夜半寒风起，
天高水月明。
铁甲增凉意，
轻骑恰似风。

东方欲晓，穰城已在眼前，遥望朦胧穰城，曹操心中大疑：城头怎么不见一盏巡城灯火？别说劲敌不远，就是平素安宁的日子，也不应如此大意？这哪里像号称鬼才的贾诩之用兵？

既来之，则战之，总要向城门突击一下。

曹操传令李典、乐进带一千骑准备突击城门，不过现在还要稍等，等什么？等那穰城开城的时刻。才想下令部队隐蔽，四下一看，地势平坦，哪能藏身？地形倒适应骑兵厮杀，不过曹操这次来却没打算厮杀，五千兵只能用来偷袭，战阵厮杀，分量远远不够。

再等天就大亮了，那时一切都会失去意义，还是小心接近吧。曹军现在离城门不足五百步，城上还是了无声息；二百步了，还是像座空城；快要接近百步了，曹操突然醒悟：不好！张绣有备！

急传令退军，几乎同时，城上鼓锣齐响，箭石如飞而下！饶是曹军小心，却还是无法避免伤亡，前面的士兵纷纷落马，没得到将令的士兵却不能止步，依旧放马猛扑城门，眼见死伤狼藉。

待李典、乐进收残部退回大队时，千余骑已折损大半，现在该曹操决定怎么办了。

攻城已无可能，现在最危险的就是敌军趁势杀出，自己这点兵力，是没有厮杀资格的，仓皇退军，其损必大，要知道，张绣的看家部队就是那些以前张济留下的西凉铁骑，自己骑兵逃跑的速度未必快于人家追击的速度。

曹操稍一思索，立即传令：人马散开，兵分四路，包围穰城！丝毫不能犹豫，曹操知道，对面的城头上，兴许就是张绣在盯着自己的举动，此时一步走错，将会导致灭顶之灾！

将领们疑惑地开始执行曹操的军令。曹操的第二道命令又传到了：多插旌旗，把战士们分为小队，来往驰骋起来；将军们有些明白了：这是救全军唯一的办法！第三道命令又颁发了：各营分一半军士伐木扎营，其余部队继续处于运动中。

这下不光是曹操的将领们迷惑了，真正迷惑不解的是城头上的张绣与贾诩，已经做好了出城突击曹军的准备，不过是要等再给予攻城的曹军大量杀伤之后，现在发现没有达到预期的效果，敌军估计损失不足千人，是否继续执行原定的作战方案呢？

曹军分兵围城时贾诩观察似乎敌军的兵力不算多，那他的主力现在在哪儿呢？莫不是就这点人马？虚张声势？现在发现曹军正在伐树扎营，这摆的是围城的阵势啊，贾诩思索间，张绣建议：今夜出城，烧掉他新扎的营寨！贾诩不置可否，现在最需要明了敌军的真实意图，知己不知彼，总难下决断。

张绣毕竟是穰城主帅，在城外曹军伐木扯帐干得热火朝天的时候，张绣待命出击的部队接到了军令：饱食休息，晚上行动！

月黑杀人夜，风高放火天！

现在是月虽朦胧，杀人正瞧见，风不算大，放火也冲天。张绣军于三更时分打开了城门，铁骑直扑曹军新寨，没遇到抵抗，杀到寨前，破了寨门，哪有什么曹军？四城俱是空营，曹军早已远走高飞！

听军回报，贾诩暗叹：曹操活用兵法，看来今后天下无人能阻其称雄。

曹操安全地率部与大队会合，虽然湖阳胜得漂亮，穰城败得精彩，但这次实质的战争目的却落了空，继续进军围攻穰城已不现实，大军所携粮草未必能坚持到城破，一旦退路被刘表派兵切断，后果不堪设想，还是班师回朝吧，就这样，曹操于第二年即建安三年（198年）正月回到了许都。

现在有关征伐的战况是不需要向皇帝汇报的，包括最近的这两次出兵，曹操都免除了向皇帝奏请的官样程序，不仅如此，连例行的出征前向皇帝辞行的仪式也省略了，这都是董承那帮吃饱了没事干的朝臣们逼成这样的。

汉时有个旧制古礼：凡三公带兵出征，向天子辞行必须由皇宫禁卫两人，各持戟一把，交叉在领军大将的脖子上，叉押在皇帝面前，以示天子威严，也顺便提醒带兵的三公：你永远是一名打工仔，是替我天子去干活的。

这臭规矩不知道都废除了多少代了，现在大臣们想让皇帝体会一下做皇帝的快活与尊严，把这套扔了十八辈子的老礼又翻腾了出来。

曹操第一次出征张绣时就开始了这套能使皇帝高兴的程序，可是曹操能高兴吗？你有尊严了？我的尊严呢？经实验，曹操的感觉特不好，索性再也不去见皇帝了，这个似乎是专为曹操一个人恢复的老礼也就没有用武之地了。

而且这类事还引起了曹操的警惕：有人在吃饱了找事干呀，目标还是对着我曹操来的！于是曹操便把他构思的“校事”机构尽快落实到位了，中国历史上首个为大臣服务的国家安全部门就诞生了！从以后这个机构运作的效果来看，还真的很有必要。

北方袁绍又开始了对龟缩在易京的公孙瓒的最后一次围攻；东方的吕布名义上也开始近曹抗袁；西方自派遣钟繇镇守长安之后，韩遂、马腾“各遣子入侍”表示服从朝廷。三个方向都暂时出现了安静，但曹操知道，说不定哪天就会突然闹腾起来，这是一段难得的时间，必须尽快解决近在肘腋的张绣问题，自古道：机不可失，失不再来！

建安三年（198 年）3 月，曹操开始准备第三次讨伐张绣的战争。这时候，有人站出来反对了，这个人就是荀攸，他十三岁时就因为指出过一件谋杀案的疑点而闻名乡里，后来何进征海内名士时，他又是二十余人中的一名，被拜为黄门侍郎，在朝廷素有智名。

荀攸在董卓伏诛后看见天下大乱已不可避免，便主动申请去地方工作，被朝廷任命为蜀郡太守，结果因为道路原因被滞留在了荆州，曹操听得贤名，把荀攸征调为汝南太守，并选入朝中为尚书。

几次接触谈话，曹操大为佩服，对荀彧、钟繇等人说：“公达，非常人也，吾得与之计事，天下当何忧哉！”当即聘荀攸为军师。

对三征张绣，荀攸提出了自己的看法：“张绣、刘表，俱为强豪，然张绣以客军求食荆州，刘表岂能久供军需？合作焉能长久？不如缓用军威而待，亦可利诱收服；若急攻之，刘表势必相救，于我军不利！”

荀攸发现张绣与刘表联合之后必然势大难图，所以劝阻曹操不要急于用兵，但因初次参政，没有引起曹操的重视，征伐大军还是出动了。

实际上贾诩更知道曹操不会善罢，早就做好了对付曹操的准备，壁垒坚城以外还有战略上的举措：那就是联结刘表，互为唇齿。为与刘表结成军事同盟，贾诩亲自为使者去了襄阳，回来后他对张绣说："如果是太平时，刘表倒是一个做三公的人才。但他不善审势，多疑少断，难说能有大的作为。"

曹操大军围了穰城，防守方还是以不变应万变，坚壁清野，固守高城，不与你野战比战力，专在城头拼消耗。城头攻防战永远是守方占地利，任你兵再多，实际临敌接战的还只能是少数的人，无非是你的战力能持久些，但另一方面，人多的一方必然消耗也大，胜负的关键点在于比拼双方的后勤供应能力。

这一点守方的不利因素是无法得到持续补充，有利因素是以逸待劳，储备足就能立于不败之地；攻方的有利因素就是能持续得到补充，但要命的弱点也在这里，一旦被切断后勤供应线，则必败无疑。

怕啥来啥，曹军围穰城两月却无法破城，而刘表接到张绣的告急，做出了派兵北上援救张绣的决定，已出兵准备切断曹军的粮道——曹军的后勤供应线可断不得。

老话常说：福无双至，祸不单行。临到了曹操头上也不例外，曹操又接到了许都荀彧的告急：有反叛过来的袁绍的部属，告密说："袁绍的谋士田丰劝袁绍趁机袭击许都，抢走皇帝，认为这样也就可以挟天子以令诸侯了。"

这下曹操不能等闲视之了，不想走也得走，便下令解围撤军回许都，可是想走人家反而不让走了，张绣当然出城尾击，曹军只能摆开阵势，步步为营，缓慢后撤，每天挪行几里路，简直比爬都慢。

而这时刘表派来的援军却没那么多累赘，已经在穰城东北曹操回军的必经之地安众，部署好了据险防守，曹操的退路断了，被置于腹背受敌的境地，而张绣军得知援军赶到的消息，士气大振，曹军越来越处于不利的战场态势。

现在曹操明白了荀攸劝告的正确性，他对荀攸说："我悔不听你的劝告，以致弄成这种局面啊！"但现在成了明白人还有什么用呢？

曹操自从戎以来，历经恶仗无数，胜滋味品过，败苦酸也尝过，但像这种前临强敌据险卡头，后又甩不掉追兵扯腿的险恶局势还是第一次，大军粮草供应已断，莫非要丧师丢命于此地么？

将领们心中惶恐，士兵就更不用说了，军心思归，人无战意，粮草日尽，待毙有时！

一狂旋涡谁能阻？两岸萧瑟鼓水簇。

潇洒寻常何处见，渔翁浪里钓江鲈。

荀彧在许都接到曹操来信：“贼来追吾，虽日行数里，吾策之，到安众，破绣必矣！”

曹操不是去信安慰荀彧，是经深思熟虑而有了破敌妙策。大军退到安众，果然无法冲破刘表军的凭险阻击，曹操戒备后方张绣骚扰的同时，派军对无法突破的刘表部日夜攻击，却不管收效如何，伤亡多少，这正是刘表、张绣两军所希望的。

忽然一天，攻击停止，张绣军的骚扰竟然成了长驱直入，没遇到任何抵抗的迹象，试探攻进曹军的大营，却不见有曹军的一兵一卒，莫非曹军能上天入地不成？

那时候飞机还没来得及造出来，上不得天，但确实是入地了：曹操在佯攻安众的同时，连夜在险要处开凿地下通道，将部队及辎重全部运送过了险要。刘表、张绣两军全都扑了空。

曹操逃跑了，张绣当然要全军来追，贾诩认为不妥：“不要去追赶，去一定会吃败仗的。”

张绣不愿错过这个战机，还是发兵去追了。急赶之中，进入了曹操预设的埋伏圈，原以为轻松的追击战变成了自己的突围战，落了个损兵折将，仓皇逃回。

张绣败回大营，正要对贾诩说些道歉的面子话，贾诩却对他说：“赶快再追上去，此去必胜！”

张绣晕了：“刚才我不听您的，以致吃了败仗，怎么能还要去追？”

时间不等人，战机稍瞬即过，贾诩来不及详细解释：“战场上的事情变幻无常，快去，只要追上了总会有好处。”

张绣平常就十分信任贾诩，现在心里说：你说黑了咱就闭眼吧。立即率残部再次追了上去。

打了胜仗的曹军做梦也没想到，那张绣还敢追上来，猝不及防，部队大乱，再说曹操及主要大将已轻骑赶回了许都，一时人无战心，将难控兵，只得丢弃辎重，落荒而逃，张绣没费多大的力气，取得了大胜，缴获甚丰。

彻底服气了！但也要明白一回呀！总不能输得糊里糊涂，赢得也糊里糊涂吧？

放下主帅的架子，虚心请教贾诩吧：“我先以精兵追击败军，您说肯定会败；后用败兵追击得胜之兵，而您说定胜。结果都和您说的完全一样，请先生教我。”

贾诩也没有必要故作高深：“这是明摆着的事，将军虽然善战，恕我说句实话，毕竟也不是曹操的对手。曹军撤退，曹操必然亲自断后，周密部署精锐部队等着将军；我们的追兵虽勇，也必不如对方，所以知道前往追击难免失利；曹操这次作战并无失误之处，突然退兵，肯定是后方发生了我们不知道的事情，所以在击败将军后必定会轻骑先赶回许都，即使留有勇将断后，却未必是将军的对手。之所以先败后胜，就是这些因素决定的。”

这下张绣算是五体投地了：以后一定要打听一下，这多智少德的家伙是哪所名牌大学毕业的？

曹操赶回了许都，北方的袁绍倒是没玩真格的，但东方的吕布却又玩得出格了！

第二十七章

又战徐州：曹刘联手擒吕布

109

东汉的建安三年（公元 198 年），徐州的吕布经过深思熟虑，毅然决定重新投靠快完蛋的仲氏皇朝，向被打成丧家犬的袁术称臣，向势力膨胀的曹操集团开战，这吕布莫非神经出了毛病？

非也，吕布的主要谋士陈宫是与曹操势不两立的，他的思维也不可避免地影响着吕布，曹操现在被张绣纠缠住腾不出手来吕布也是清楚的，但一旦腾出手来呢？自己这个“左将军”还能继续做下去吗？曹操将来对吕布的态度是明朗的：吕布的徐州牧一直没被承认，反而扶植被打趴的刘备重占了小沛，其用意不言而喻。

等着曹操拾掇完张绣以后再无后顾之忧地来拾掇自己？吕布当然不干，还是我先动手吧，先拿已经投靠了曹操的刘备开刀！据报，这家伙在小沛甚得军心民意，时间长了必成劲敌。不过现在吕布还没把刘备放在眼里，自己手下的一名将领拾掇这个大耳朵就足够了，所以才派出了高顺率军进攻小沛。

果然没出吕布的预料，刘备和他的亲信关羽、张飞加起来也不是高顺的对手，一战便被打得缩在小沛不敢露头，只好向曹操告急，曹操焉能坐视？遣大将夏侯惇率兵增援刘备，那夏侯将军对高顺却不放在眼里，接军令后有了杀鸡用上了牛刀的感觉。

夏侯惇驱大军杀向小沛，在他想来：咱夏侯将军一到，高顺小辈还不得鼠窜？这一趟是曹哥儿照顾的公款旅游。部队离小沛已经不远，夏侯惇觉得该派出探骑去侦察一下高顺逃跑的方向，以便自己抄近路截击，真一仗不打，没任何缴获回去，夏侯惇还确实有点不甘心。

探骑马上回来了，报告说前面五里有高顺军的步兵阻击防线。夏侯惇大喜之余又有点感叹高顺的不自量力，没说的，打吧，昔日在濮阳，吕布就曾败在我夏侯将军手下，又何况你高顺一个区区部将？

果然不出夏侯将军所料，那所谓步兵防线如同纸糊，夏侯惇的前锋一个突击便撕开了一道口子，大军跟进，才发觉不是什么步兵防线，全是些轻骑兵，放了一阵弓弩便上马四散逃去，弄得连一个俘虏都没抓到，更谈不上缴获了，夏侯惇实在不爽，没办法，谁叫敌人的腿快呢？人家一开始就做好了逃跑的准备，不与你拼命，你能怎么办？

大军继续前进，夏侯惇一马当先，决定天黑前进入小沛，前面是一溜高坡，战马跑不起来，夏侯惇干脆让步兵前顶，一名战场经验丰富的将领知道在何种地形使用什么兵种打头阵。

夏侯惇的本能救了自己，千余步兵在接近高坡顶部时遭到了伏击，无数檑木顺坡滚下，士兵们避无可避，战场一片狼藉，血肉难分，没有一个哭疼叫喊的，前锋竟全军覆没，无一人幸存！

要是夏侯惇一马当先？那这仗就提前结束了！现在大家该明白为什么长官总是让士兵打头阵了吧？聪明的当官的总是缩在后面大喊："弟兄们，给我上！"

夏侯惇可不是怕死的将军，见战不利，怒火中烧，立即组织骑兵冲锋，可遭遇的与步兵前锋一样，无非又是一阵滚木乱石，战马受地势所限，冲不起速度来，与步兵没什么区别，依旧是死伤惨重，毫无战果。

这仗不能这样打下去了，这是明摆着把士兵往鬼门关里送，大家都露出了怯意：这时候谁接到将令那就等于告诉你："去死吧！"

夏侯惇也不是蛮干的带兵将领，他决定兵分三路，左右两军分别远距离迂回，绕过前面不利于己的地势，抄了敌军的后路，谅一个小小的高顺，怎能阻挡夏侯将军的去路？

不管是古代战争还是现代战争，战场的事前侦察，战时的随机应变，都是取胜的关键因素。

夏侯惇太轻敌大意了，根本没预料可能的战场会在哪里，所以乍逢战斗，立显被动，实是必然结果。尤其是临场应变，不能客观地分析敌军的战局预期，而是主观臆断，一切军令的颁发都是“想当然尔”，更大的不幸也就自然地等着他了。

夏侯惇军三分之二的部队已经走远，忽听得高坡上鼓角齐鸣，大批的敌军骑兵趁地势冲了下来，夏侯惇现在明白了，那高顺不是那么容易对付的，敌人等的就是自己分散兵力的时候，现在自己已处于劣势，一场恶战是躲不过去了。

现在的夏侯惇脑海里还没有出现“失败”这两个字眼，不过为了避开敌军的速度优势，理应把部队后退几里，用弓弩止住敌军的势头，然后厮杀就是了，于是，他传令：弓弩兵集中于阵前，掩护主力后移。

这临场急变的命令无疑是正确的，但不幸也在高顺的预计中，冲下来的高顺军骑兵并没有直接扑向撤退中的曹军，而是驰向两翼，眼见得欲包围夏侯惇的部队，后面跟上来的步骑混合部队盾牌高竖，缓缓逼近过来。

夏侯惇开始感到不妙了，只得再传军令：全军停止后移，骑兵集中到前面来，力争冲垮前面的敌军，现在，胜是不敢奢望了，只求能解除前面的威胁，全师——不，剩下的将士能脱离与敌的接触就算万幸了。

全军开始行动了，前扑的惯性刚形成，后方突然大乱，原来是刚才四散的敌军轻骑早已集结到了自己的后方，现在扑过来了，后面的步兵既无弓弩掩护，又无骑兵反击，怎能抵挡敌人轻骑的猎杀？

而前方的敌方步骑还是老套路，两分让开，围向曹军，闪开的前方却是那几次都攻不上的高坡，这是明摆着要夏侯惇置军于绝地攻坚。夏侯惇有那么傻么？但再分兵两面驱赶敌军夏侯惇也不敢了，眼见得夏侯惇三面被围，一面绝地，大败已成定局！

幸而夏侯惇所部都是跟随多年的百战精兵，士气虽然低落，却仍能苦撑，夏侯惇知道自己左右去迂回的部队指望不得，无自己的军令绝不会自行赶回救助，只得集中所有精锐重新向来路冲杀——现在应该是夺路而逃了。

总算冲出了敌军包围，部队也没有溃散，但战损已十有七八，高顺却不依不饶地跟着追杀，夏侯惇实在是无力还击了，只得往许都方向且战且退，途中闻报：左右迂回的两军，稍迟也分别遭到了高顺副将张辽的打击，先后溃退，救援刘备的行动彻底失败了。

小沛的刘备呢？曹军来救，当然要尽力配合，出城接应是理所当然的事，刘备尽起所有主力，亲自带关、张出城接应，未接触战场，消息已经传来：夏侯惇军已被高顺大败，再赶去参战无疑等于前去送死，刘备紧急回军，还是困守孤城吧。

谁知刚下回军令，小沛的留守败军已经到了，那高顺趁城内空虚，突袭小沛，刘豫州的妻儿俱成为高顺的战利品，已经被送往吕布处邀功去了。刘备大恸，这是第二次失去家小，上次蒙吕布宽大，妻儿完璧送回，这次还能归刘否？

110

曹操闻听军报大怒！孤不亲临，鼠辈也敢披张猫皮，待我亲征！但几乎所有将领都表示反对，理由还挺充足："襄阳刘表、穰城张绣，就在我们背后，如果大军远征吕布，我们的后方怎么办？"

这时候荀攸说话了："不会出现这样的情形。刘表、张绣刚遭我军打击，一时不会有所举动。但吕布骁勇为天下所公认，现在又投靠了伪皇帝袁术，如果让他在淮河、泗水之间纵横无忌，必定有其他人起兵跟他呼应。那时麻烦就大了。现在正应该乘他刚刚叛离朝廷，人心未安之时，我们大军压境，必然可胜！"

曹操深以为然。建安三年（公元 198 年）九月末，曹操举兵东出，杀向了徐州。

还是老习惯，开仗前制定作战方案时的吵一架是免不了的。对于如何迎击曹操亲率的大军，吕布与陈宫有着不同的看法。

陈宫认为：应该集中主力于彭城以东，大军以逸待劳，趁曹军远来疲惫之时，给予迎头痛击，这样也避免了将战火烧到徐州腹地，糜烂地方。

吕布认为：应该放曹军渡过泗水，这样无疑拉长了曹军后勤供应线的距离，曹军的难度增加了，自己的部队切断曹军后勤供应线相对而言肯定容易了，而一旦曹军粮草供应不上，必将大败，那么，曹军所渡过的泗水便反而成了曹军的坟墓，这是能够全歼曹军的唯一方案。

应该说，陈宫的方案有其稳妥之处；但吕布的方案则更具有诱惑力，而且也不难实施，只要吕布亲自出马截断曹军粮道，大胜可期。

还是老规矩，谁的官大听谁的。

曹操的征东大军与刘备的残部在梁国会合了，刘备的兵虽不多，但却大部是徐州当地人，地理透熟，所以曹操将刘备留在身边赞襄军务，而勇将关羽、张飞却不免要成为曹操的先行官了，真是造化弄人，早知今日，又何必郯城的当初？

有刘备的地方部队进行引导，曹军顺利地包围了彭城。彭城守将没有据城死守。这里面与刘备的仁义名声有关，关羽、张飞的勇武传说也起了相当大的作用。可是，大家却都疏忽了曹军的残暴，以及曹操对徐州军民的积年深恨！

尤其是包括刘备都没想到的一点，曹操的那条有关屠城的军令并未废除，还在适用于徐州的郡城：但凡被围之城，降也必屠！

曹军依惯例与几年前的军令进行了鸡犬不留的屠城，谁劝都没有用的，是曹操本人要出这最后一口恶气，也好向世人证明：我曹操是个大孝之人，并没有轻易忘记杀父血仇。

曹操没想到，此举措伏下了一个大大的隐患：这是刘备亲眼看见的屠杀百姓，刘备从此信念逾坚，此生誓与曹贼势不两立！当然，现在还不是时机，还要借曹操之手除去大敌吕布，勉在虎穴暂栖身吧。

屠过彭城之后，曹操的大军向吕布据守的州治下邳扑来。现在该吕布采取行动了，陈宫催促吕布尽快出动截断曹军的粮道，吕布虽决定了亲率骑兵出击，但还需要向一个人请示一下才能走得出门，谁呢？他的夫人。

平素吕布有个花心的小毛病，也难怪，这么个勇冠天下的帅哥要没有一大批异性“粉丝”，那才不正常。问题在于吕布喜欢的都是自己下属的妻妾们，甚至包括上级的妻妾们，例如：当年董卓的婢妾，大概是由于“老婆都是人家的好”的缘故吧，成天偷嘴，就免不了被夫人抓住把柄，所以，吕布养成了个重大问题先请示“领导”的好习惯。

夫人领导发话了：“不行！你出去断曹公粮道？陈宫与高顺向来不和，将军一出，陈宫、高顺能同心守城？一旦有失，将军还有家吗？千万别被陈宫等人给忽悠了。当年在长安你已经丢了我一次了，幸亏庞舒把俺藏起来，今天还想再丢老婆呀？”

完了，再好的作战计划也跟不上变化，吕布琢磨着“领导”说的也有道理，所以自行愁闷不能决断。

问题是曹操的大军可不照顾吕布老婆的情绪，就在吕布犹豫不决之间，大军已杀到了下邳。

兵临城下，应急的作战方案应该出台了吧？陈宫建议：“曹军远来，所携带粮草必然有限，其势难以长久。若由将军带步骑出城屯扎，张势于外线，陈宫本人率剩余的将士闭城死守，曹军如攻将军，陈宫即引兵而攻其背后，曹军若来攻城，将军则在外线救援。不出半月，曹军粮食必然耗尽，到时一定会大破曹军！”吕布觉得大有道理。

有道理也没用处，经请示夫人领导，还是不同意，这次回驳得更绝，目标直指出此方案的陈宫：“能信那陈宫的？当初曹操待他如同亲儿子，他反而背叛了曹操；现在将军你待他能超过曹操吗？而且要把城池、妻子都托付给他，你孤军远出，若一旦有变，俺还能是你的老婆吗？”

这话够狠的！拿绿帽子威胁上了，吕布只好放弃出城呼应作战的方案。

那就只有硬打了。吕布只有率军出城，与曹军拼个你死我活了！不知道现在夫人怎么放心让吕布上战场了？难道是对吕布的战场武力绝对信任的缘故？自古道：将军难免阵上亡，谁敢保险厮杀中不挨上一刀、中上一箭？那时夫人会成为谁的老婆？

实际上，说这吕布娶了位曹营的女间谍也不为过，有点实施三十六计中“美人计”的味道，目的是索取吕布的性命。运筹帷幄的是巾帼不假，对曹军来说应该是英雄，为曹操建了奇功，却不知曹操将如何报答？

曹操可不是刘备，也不是夏侯惇，在兖州时就曾经以弱旅杀得吕布落荒徐州，现在明显兵力要强于吕布数倍，怎会给吕布一丝取胜的战机？大军密集结阵，稳步推进，只要是吕布的骑兵一进入箭弩射程，便如飞蝗一般伺候，吕布几次冲阵，都落了个损兵折将，大败远遁。最近的战斗竟然发现有迂回截断吕布归路的迹象，吕布终于感到恐怖了，只有退军城内，再也不敢出战。

至此，吕布全军被围困在下邳城，曹军阵如铁桶，吕布突围无望；但曹军若想攻进下邳城内却也无良策，现在又到了双方对决粮草供应能力的时刻。

111

如同当年濮阳包围战一样，现在曹操与吕布在下邳又顶上了牛，那一次曹操出动大军二十余万，无后顾之忧，一口气围城百余天，最后却被漫天遍野的蝗虫给打败了，受困于军粮不济，被迫撤围退军。

这一次，粮草是否能供应得上呢？尤其是曹操心里还挂着兵力虚弱的许都老家，北有袁绍虎视，南有张绣强敌。据校事密报：有些朝臣近来不大安分，好像要搞点小动作，在徐州也要拖上一百多天吗？问题在于：现在谁能有把握百天后下邳能破？

同曹操一样，城内的吕布也在盘算着解围的办法，在濮阳那次有“蝗军”给解了围，现在天已十一月份的初冬，哪里还有漫天的蝗虫？死守不是办法，固然曹军的粮食有吃完的时候，但城内的军粮也不能吃一辈子呀，人逢危难念朋友，现在唯一的希望就是：有外部救兵能来打破重围。

朋友的含义一般是这样的：在你得势风光的时候，他们是随手一抓一大把，你就是睡着了也不要紧，也会有人耐心地等你醒来，绝不会惊醒你的好梦，然后还会在你睁开眼睛时，第一时间向你嘘寒问暖，最常听见的话就是：“吃了吗？缺钱吗？”

到了你走背字的时候，朋友们一般都是工作极忙的，确实是抽不出时间来看你，实在抱歉啊：“吃了吗？没有？改天得空一定请你好好撮一顿，今天真对不起，正赶上老岳母生孩子，转天！拜拜……”“缺钱吗？怎么？你就是来借钱的？哎呀，你怎么不早来一个小时呢？刚让你嫂子存上了死期，哦？你是想来借存折去银行办抵押贷款？看，早来半小时就没问题了，刚让你嫂子拿走，去给她娘交购房预付款去了，现在房价像吹了气似的疯长，那些开发商可真黑呀，你听哥给你细细地摆摆龙门阵，从民国一年说起，那时候……怎么？走了？常来哥这儿坐坐啊，几天不见真想你啊，唉，谁让咱是铁哥们朋友呢！”

吕布现在唯有指望刚重新投靠的袁术了，去告急也得送人出去呀，没奈何，再拼他一阵吧！送部下许汜、王楷出城搬兵。

吕布抖擞精神，点起千余铁骑，跨下赤兔一马当先，手中方天画戟开路，杀出了城去！谁知曹军的兵将一见吕布出城，就像遇到了商场促销送现金，一窝蜂地黏了上来，层层叠叠，杀不胜杀，只好转身杀回城内，好不容易命没丢在城外，手下出城的铁骑却一半没能回来。

怎么办？好在吕布机敏，趁月黑风高，深夜把许汜、王楷缒下城去，竟然成功潜出了曹军防线。

两人找到了袁术，这下可轮着袁术说风凉话了：“布不与我女，理自当败，何为复来相闻邪？”（《后汉书·袁术传》）

许汜、王楷现在是有求于人，不得不忍气吞声，与袁术讲明国际形势：“明上（袁术做皇帝后的尊称）今天不救吕将军，是自取败亡啊。吕将军破灭之后，下一个不就轮到了明上您自己吗？”

袁术斟酌之下，觉得还是不能与这不懂事的吕布一般见识，大局为重，决定出兵声援！注意：是声援，不是真打。

下邳城中的吕布心里也有数，在自己的女儿送到袁术那儿之前，那袁术不会发兵的，只好强迫着内心再怎么不情愿的女儿，用锦缎全身包裹，缚到马上，乘夜亲自护送出城，但在突破曹军封锁线时，被曹操军发觉了，强弓利箭射得吕布无法突围，只好退回城中。

袁术那头是没指望了，现在还有最后一线缥缈的希望：那就是自己的好友河内太守张杨，这是吕布一生中唯一的真正的朋友，能在吕布的危难之际袖手旁观吗?

这一次吕布没看错人，那张杨还就是挺对得住吕布，闻听吕布被围下邳，当即尽起河内步骑，杀向曹操的大后方许都。那时的张杨驻军河内郡野王，距许都也就四百多里，也就是不出十天，许都必危，这样下邳之围不救自解。

而曹操的军粮却已见危机，再加上士兵们围城旷乎日久，士气渐惰，尤其是这期间还筑挖了一个绝大的土方工程：围着下邳城挖掘了一圈又深又宽的壕沟，城里的人是再也跑不出去了，可是士兵们也累垮了。

曹操自己也动摇了继续围城的信心，这其实是一次吕布不知道的机会，前一段时间也有过一次机会，在下邳城尚未合围时曹操来书劝降过一次，书中详尽地替吕布分析了祸福利害，吕布曾经打算投降，但被铁心的反曹分子陈宫给说犹豫了，再说那时候胜负的机会均等，就是现在，这场攻守战也不定谁能坚持到最后胜利时刻。

战争到了看谁能再坚持一刻的关头，论说现在是吕布的耐力应该更持久些，最起码城内的粮食还有盈余呢，并且有着濮阳被围百余天的经历，比较而言，要比那时的情景要好得多，而且外有袁术的声援、张杨的真救。

但曹操却不具备濮阳围城时的时间，许都不稳，外敌窥觑，尤其是军粮将尽，这才是无法解决的大难题！

112

两军作战在陷入胶着状态时，需要那股再坚持一下的韧劲儿，虽说那是极不容易的，但无数次惨胜的战例都证明了这样一点：惨胜也比屈辱的失败值得。更难以忍受的是向异族俯首称臣。人，活着不就是为了那口气吗?

曹操一时没有了再坚持一下的决心。

他的谋士荀攸、郭嘉帮他稳住了心神，他们向曹操分析："吕布虽勇猛，但少智，今接连战败，锐气尽丧。大军士气，全仗主帅。主帅已无锐气，其军必败；陈宫虽有谋略，但反应迟钝。现正应乘吕布勇气未复，陈宫谋略未定强攻，必取下邳！"

接着二人向曹操建议引导沂水、泗水（二水于下邳城西合流），淹灌下邳。曹操采纳建议，开始引水灌城，一时大水涌到城下，下邳城四周一片汪洋，仅地势稍高的北门外还有少片干地，又是月余，吕布终于坚持不住了，首先是精神垮了，他亲自登城，对曹操的围城部队喊话："不用你们这样困我了，我马上向曹公自首。"

陈宫闻听大怒，大呼："什么曹公？曹操是逆贼奸雄！现在如果投降曹操，是用鸡蛋去碰石头，全城任何人都不能保全！"

其实吕布也不是真欲投降，只是因为他最后的一线希望也破灭了，实在是没有了继续坚持下去的勇气和耐心。河内张杨的消息已经传来：张杨在来援途中，军心不稳，手下将领对援吕击曹意见不一，再加受兵力所限，部队至东市便不能继续前行了。

这下外援是没有任何指望了，四周的大水也杜绝了任何突围的可能性，吕布绝望之余，对部属越来越严厉寡恩，不断擅杀疲倦的守城士兵，对手下将领不是呵斥便是严惩，有句老话说得好：天作孽犹可恕，自作孽不可活！其实他应该想到，围城的曹操也是在咬紧牙关苦撑着呢。

终于，有部属们受不住了，开始酝酿临阵倒戈，据《三国志注·九州春秋》载：吕布的部将有个叫侯成的，追回来了被人偷走欲送给刘备的战马十五匹，大为高兴，将领们共同送了一份礼金，向侯成祝贺。侯成又自己酿了五六斛酒，猎得十余头猪设筵欢宴，并先向吕布呈献一份酒肉。吕布大怒说："我下令禁酒，你们却大喝特喝，打算借着饮酒害我，是不是？"侯成在恐惧之下决定战场起义，献下邳城给曹操。

怎么也觉得不大可能：曹操挖深壕围城三月余，他怎么能去追回被盗出城的十五匹牧马？那围城的曹军都是吃干饭的？四城大水，去哪里打野猪？城池被围那么长时间，老百姓的家养猪更不可能留到今天；再说了，下邳被围，谁胆敢用救命的粮食酿酒？假如真是侯成私藏粮食偷酿的，那砍头都是应该的，就不是训斥几句就能算完的了。

要根据《三国志注·九州春秋》里面的"初，……"字看，这应该是围城之前发生的事，可是又明载："太祖堑围之三月……"，往前推应该是九月的事，可是《武帝纪》中曾载："九月，公东征布。冬十月，屠彭城……"，十月还在彭城屠杀，怎能堑围下邳三月？如根据《三国志注·九州春秋》中说盗马客逃走的方向是小沛，那就应该是在战事未起时。可那时吕布全面禁酒干吗？十月前，吕布在军事态势上面还占着绝对优势，一偏师高顺便首败刘玄德，再摧夏侯惇，对出征获胜的将士全面禁酒？好像也不大可能。

无法考证此事的真伪，姑且算有这事吧，反正将领倒戈献城是确凿无疑的了，十二月二十四日，侯成跟其他将领宋宪、魏续等，发动兵变，逮捕了陈宫、高顺，率领部众投降曹操。下邳城破了。

吕布与一部分亲信逃上了白门楼（下邳南门城楼），曹军进攻更加猛烈，吕布命左右砍下他的人头，献给曹操，左右不忍心下手，吕布被迫下城楼投降。

据史载：吕布身材高大，但被曹兵捆得像一头小猪一样，紧勒成一团，难受得这位天下第一勇将见了曹操的第一句话就是哀求松点绳扣。

向来杀人不眨眼的曹操这次却像很抱歉似的对吕布解释："太对不住了，捆老虎哪有敢不捆紧的？"

吕布、陈宫，现在都面临一个考验：生死考验！

老子曾云："民不畏死，奈何以死惧之？"通俗话叫"除死无大灾"，成语有生死存亡、生死攸关等，都侧面说明了这样一个事实：人对生死问题看得最重。

其实世界上所有的宗教也好，邪教也罢，都是想真真假假地解决这个问题，能解决吗？自然规律可不管你是什么神，照样按它自己早就内定好的办事，所以大家实际上是在解释这个生死攸关的大问题，再说穿了就是试图躲避这个无法避免的事实。

113

白门楼上，一个考题为生死的考场，主考是曹操，列席评委是刘备，两名决赛的选手进入面试阶段。主考大人现在非常喜欢作秀，不时还得发表现场点评。

虽是必答题，却也允许自由发挥，吕布是一号选手，首先抢答：

“从今以后，天下肯定是明公的了！”

主考曹操：选手请继续，希望解释自己的结论。

吕布：“明公所担忧的，不就我吕布一人吗？现在我已经口服心服了。设想一下：您如果让我替您指挥骑兵，你率领步兵，天下还有谁能与您为敌？”

看到主考大人迟迟不给亮分，吕布有点沉不住气了，转头向老熟人、列席评委刘备求援：玄德，你现在是客座评委，我是如同阶下囚般可怜的考生。绳索绑得我太难受了，你为什么不发言解救我一下？

曹操微笑：不准暗箱操作，有问题向主考提出来。

这时，看台上的观众主簿王必发言了：“吕布，太凶恶了，他的老部队就在外面近在咫尺，不可以松绳。”

曹操显得很遗憾地对吕布说：“你听见了吧？我是愿意给你松点绳子，可是主簿不听，那有什么办法？”

吕布有点明白了，要套近乎也要跟掌握生杀大权的主考曹操套，看来是临场紧张的缘故，知错即改，犹未晚也！

吕布说：“明公可要注意身体呀，那可是您老的本钱，我怎么看着你比以前瘦了？”

曹操突然提问：“选手怎么认识我的？”——这是在测验记忆力？

吕布回答得胸有成竹：“当年在洛阳，具体地点是温氏园。”

曹操好像没记起来：“是这样，我记性太差了，我之所以瘦么，恨不能早得到你的缘故啊！”

主考一时认为吕布所答也不无道理，打分前先咨询了一下列席评委刘备的意见。

列席评委刘备谈了自己的意见，仅说了一句话：“你还记得吕布怎么对待丁原、董卓的吗？”

吕布一听，知道完了，不禁大怒：“大耳朵！还记得辕门射戟的事吗？你这小子最不讲信义！”——这会儿吕布一急眼，竟忘了夺刘备徐州的事了，更忘了自己就是不讲信义的大师。

没办法，输也要找个赖理吧。吕布慨然而叹：“我对诸将多厚待呀，没想到诸将临急竟会背叛我！”

曹操这时幽了吕布一默：“是啊，你背着自己的老婆，偏爱部下诸将领的妻妾，是这样‘厚待’吗？”

吕布没词儿了。生死关头，也要作最后一把努力：当年齐桓公被射舍钩，还照样用主凶管仲为相国，学学古人吧，今后我吕布保证使出吃奶的力气来，为明公在战场上当先锋，行不行呀？

估计吕布没学过“家中上有八十老娘，下有吃奶的婴儿”这类套词儿，要不然也会说出来的。曹操让他等待最后亮分，又接着让二号选手陈宫上了场。

这次是主考曹操先提的问题：你这个人呀，生平自以为足智多谋，用不完的妙计，今天怎么会落得这样？

陈宫指着吕布恨恨地说：“就是这个人不听我的建议，才弄到这般地步，如果他采纳我的意见，未必就能被俘！”

曹操笑着说：“今日的事按你的意见该怎么办？”

陈宫傲然回答：“作为大汉的臣子，我已经是不忠，作为母亲的儿子，我已经算是不孝，死是应当的事情。”

精神上没能使这个骄傲的对手屈服，曹操心有不甘，利语如箭，直射陈宫的软肋：先生这样没什么，可是，先生的老母亲怎么办呢？

陈宫无动于衷：“陈宫只听说‘以孝治天下者不害人之亲’，老母之生死，明公随便吧。”

看来没击中要害，曹操继续进攻：“那卿之妻子儿女又将怎么办？”

陈宫凛然而答：“据我所知，用仁政治天下的，没有灭绝别人后嗣的，妻子儿女的存亡，在你不在我。”

就此曹操不再说话了，因为他明白了：一个不畏惧死亡的人，是永远不会被击败的，从这个意义上说，自己并不是一个胜利者，陈宫也并没有失败。

这作秀的比赛曹操没有兴致再继续下去了，事实上也不可能再接着进行了，陈宫已经主动地走上了刑场，下楼时连头都懒得回，这时，铁石心肠的曹操竟然心中战栗，潸然泪下！

吕布、陈宫、高顺都被执行了绞刑，人头被传送到许都示众，但曹操却怎么也高兴不起来，一场大胜，竟然被一个陈宫弄得带着失败者的感觉回到了许都。

这次曹操没有按旧例灭陈宫的三族，而是派人找到了陈宫的老母及女儿，将老的奉养终生，而且以后还以娘家人的身份自居，替陈宫的女儿择了个好人家，风光嫁出。

这次最大收获是收服了吕布部下一大批降将，有些还成了他日后军政中的骨干力量，如：陈登（字元龙）、张辽、臧霸等。

对刘备曹操更是优待，不但替他追寻到了被吕布俘虏的妻儿，使刘备举家团圆，而且又引见给献帝，被封左将军，在许都从军衔上竟然成了仅次于董承的第二号人物，曹操本人现在的大将军已经让给了袁绍，车骑将军让给了董承，自己仅是以建德将军行车骑将军事，反而位居刘备之下了。不过那些虚衔是管不了多大用的，大家谁都明白核心中的核心是谁。

刘备突然火了起来，与曹操出则同一辆车，坐则同一张席，俨然成为许都事实上的二把手，尤其是在觐见皇帝时又被皇帝承认为皇帝的本家，这下该满意了吧？

此时唯有曹操与刘备两个人心里有数，刘备现在实际上是被当成一只花瓶给供养起来了，而他的徐州牧是永远做不成了，连豫州牧也给免掉了，现在是大权小权全空，成了一名提前退居二线的老干部，级别定得再高，谁又能高兴得起来？

第二十八章

青梅煮酒：一种另类战场

114

曹操在建安四年（公元199年）和平度过了整一个春天。

相对其他军阀来说，曹操的这一年算是一个和平的年份，虽然这一年的夏天是以战争开始的。

去年的十一月，在东市声援吕布的张杨被他的部将杨丑给杀了，杨丑准备率部投向以曹操为代表的中央政府，但兵变并不能算是成功，忠于张杨的另一名部将眭固，又干掉了杨丑，自衬没有单干的实力，便率领部众，投奔了北方的袁绍（时在邺城）。

这给了曹操一个借口，当然要趁机出兵替心向中央的杨丑讨回公道。如果事情成功后，许都以北、黄河以南便会成为许都安全的大后方，再回头兵向南方的张绣便无后顾之忧了。不仅因为这是难得的政治借口，关键在于袁绍一时无暇照顾这眭固。

袁绍现在正集中了大部兵力，拔除困守易京的公孙瓒，不安定自己的后方，袁绍也不能安心南下收拾曹操。

曹操看准了时机，打了个时间差，弄到手后对自己许都最有威胁的袁绍地盘：河内郡。

出击河内的前提是必须短平快，一记重扣拿过这一分，若拖到袁绍腾出手来还击，就得不偿失了，将会陷入南有张绣威胁许都、北临袁绍大军压境的险峻态势。

河内郡现在是由袁绍的亲信大将眭固占据，曹操大军对其当然具有压倒性优势，但曹操却不敢等闲视之，因为此战必须一鼓聚歼，若是打成了马拉松式的攻守仗，那就等于失败了，所以，既怕眭固据城死守，又怕眭固避战逃跑，也就是必须让他先决心固守，真开战又必须让他主动弃守，这压倒性优势的仗其实并不好打。

四月，曹操大军开到了黄河南岸，眭固现在就驻军北岸不远的射犬，但曹操却不敢贸然率大军渡河进击，为什么？是怕眭固弃城北走。眭固字白兔，若是真如兔般机警，闻听曹操亲自过河，还不立即远扬？日后你退他进，你追他跑，打成了游击战才成了大麻烦。

唤过将领史涣、曹仁，命他们率轻骑渡河，直接穿插向射犬城北，只要能切断通往邺城的去路，即为成功。而曹操本人却率大军停留在黄河南岸，摆出一付与敌隔河对峙的架势。

射犬的眭固近日心烦意乱，有个自称会巫术的人对他说：将军表字白兔，而此城名中有犬，与将军的名字相克，兔遇犬，不快溜焉有命在？眭固当场斥退此人，但内心总觉忐忑不安，别真犯了什么忌讳。

曹操大军来犯，人虽众多但无法持久，对这点眭固是清楚的，所以只要备足粮草，就应该固守射犬，只要袁绍及时来援，胜利是没有问题的。久闻曹操指挥作战变幻莫测，只要他亲自渡河来攻，当然还是早走为上。但现在据报，曹操并未有渡河迹象，自己现在就溜之乎也未免太说不过去了，初附袁绍，会给新主子落个啥印象？

思来想去，留走两难。犹豫了两天，接探马来报：有少量曹军已经渡过黄河开向这里来了，眭固决定还是趁曹操本人没到，先打上一仗为好，于是便命令全城进入战争状态，利用坚城，与曹军见个高低。

天亮时分，忽然又想起那巫者所说，自己表字与此城名相克之语，立时又觉得自己留此城死守不妥，来个万全之策吧，遂命长史薛洪、河内太守缪尚坚守犬城，自己率部分部卒北上求援于袁绍，这样岂不两面皆顾？

谁知这次让那巫者给蒙准了，早走还真是上策；如干脆不理睬那巫者的瞎忽悠，决心死守，也不失为中策。偏拖了这两天北上，那等于恰抽了一支下下签：正好跟已经越过射犬的史涣、曹仁走了个碰头。

本来准备打阻截恶战的史涣、曹仁突然遭遇眭固，实是走了大运，立即出动全部轻骑对眭固进行截杀，而那眭固本来就是去求援兵，当然不会带多少部队，又事逢突然，猝不及防，一时乱了阵脚，乱战之中，竟被史涣、曹仁的轻骑砍走了脑袋。

阵斩眭固的消息上报给了曹操，曹操立即指挥大军渡过了黄河，围了射犬，射犬城主将已殇，留守的薛洪、缪尚失去了坚守的信心，率守军向曹操缴械投降，曹操兵不血刃地取得了射犬，当然也没有亏待识时务的薛洪、缪尚，二人均被封为列侯，曹军胜利还军河南的敖仓。

整个河内郡现在纳入了曹操的掌握之中，在任命河内郡太守的人选上，曹操又玩了一手漂亮的：任命射犬城中的一名俘虏做了河内太守。此人还曾是兖州的一名叛臣，名叫魏种。

当初兖州全境叛乱时，曹操曾自信地对左右说："别人会背叛我，但我相信唯独魏种不会。"后来证明曹操看走眼了，魏种也参与了叛乱，曹操大怒发誓："魏种除非南走越岭、北走羌胡，否则他逃脱不了惩罚！"

现在射犬城抓住了魏种，曹操却一反在徐州屠城的狠心，说："算了吧，这是个有才的人。"不但没治魏种的罪，反而破格提拔了他做河内太守的要职。

曹操的唯才是用政策已经开始露出了苗头。

看来曹操的擅杀是有选择性的，对有些人，即使大大地得罪了他，曹操也会好像忘得极快，似是欲加其恩，何患无辞。刘备是一个例子，另一个就是现在独霸江东的孙策。

人们心目中的英雄是惩强扶弱，人们喜欢的是杀富济贫。人们最讨厌的人是媚上凌下。

如果袁术做皇帝，有一个人获益最大，就是被他派出去征服江东地区的孙策。

孙策凭父亲孙坚的老班底与个人魅力相结合，横扫江东如卷席，平定江东。这中间的关键因素应该还是与战略选择上坚持了"欺软怕硬"有关：当时江东地区基本上就是一些土豪列强，并且分散占据各城，没有一家能与孙策实力相抗衡的军事集团，实在是极聪明地选择了战略发展方向。

如果向西对付兵多将广的刘表，或者北上招惹战争潜力巨大的徐州，就绝不会那么轻松了。至于淮扬的袁术，那是自己的上司，就连刚征服的江东，名义上也属于袁术的地盘，但若要公开宣布脱离与袁术的隶属关系，在那个年代是为世人所不齿的，除非这个上司做了十恶不赦的事情。

袁术宣布做皇帝，及时地给了孙策独立的借口，从准备称帝那天开始，孙策就苦口婆心地上书劝过袁术，可还是没能强过“皇帝”这个称呼的诱惑力，孙策正好趁机宣布：为国断私谊！正式与袁术绝交了。曹操及时地给予了鼓励：代表皇帝任命孙策为讨逆将军，并封为吴侯。

其实孙策在给袁术公开上书中对曹操也是连损带挖苦了的：“……河北通谋黑山，曹操放毒东徐，刘表称乱南荆……是以未获承命櫜弓戢戈也。”

但曹操装着没看见，依旧对孙策表示了贴近与善意。所以，对谁严厉，对谁宽大，是要一看对象，二看时机的。

甚至后来孙策伸手抡了曹操一巴掌，曹操都笑眯眯地用脸接了过去：陈登因破吕布大功，被曹操任命为广陵太守，那孙策竟然拿陈登开了刀，挥师进攻陈登控制的匡琦城。谁知陈登不光谋略深远，指挥作战也不含糊，百战百胜的孙策却栽在了陈登手里。

而后来曹操竟然借口陈登有功，把陈登调离了与孙策对峙的前线，安排陈登做了一个新划割的东城郡太守，致使孙策无克星，越做越大。

对此，曹操有句不大讲理的说法：“儿难与争锋也！”等于公开承认怕孙策。至于曹操后来每临大江望东吴悔而叹道“恨不早用陈元龙计”时，一切都已迟了。

曹操的目的其实很简单，就是借孙策之手打击袁术与刘表，应该说目的也算达到了：袁术没用孙策打击便逐渐势微，以往富饶的淮扬，硬是被这位仲氏皇帝挥霍一空，不用外人打自己就快灭国了；而刘表的主力黄祖军却是被孙策给摧毁的。

这年的十二月十一日，孙策率江夏太守行建威中郎将周瑜、领桂阳太守行征虏中郎将吕范、领零陵太守行荡寇中郎将程普、行奉业校尉孙权、行先登校尉韩当、行武锋校尉黄盖等部将，进军刘表部将黄祖据守的江夏。为什么众人的官衔前面都有不是“领”就是“行”那么一个字？因为这些官都是孙策自己任命的，还没有得到献帝的承认，只能如此先凑合着当官呗。

孙策与兵力倍于自己的黄祖军在长江展开了规模空前的水上大战，孙策军顺风放火，兵趁火势，水陆并进，厮杀竟日，除黄祖只身逃走之外，全歼荆州军。俘获了包括黄祖妻子在内的全家男女七人，砍下了二万多颗脑袋，荆州军仅被江水淹死的便达万人以上，缴获战船六千余艘，财物更是堆积如山，数不胜数。

正因为有了孙策的牵扯，刘表一直不能全力动员北上与曹操为敌，使曹操能集中精力对付势力强大的袁绍。曹操忍耐孙策所获得的利益也是无法估量的。

对于已经控制在手中的刘备，曹操用的是笼络加防备的手段，但还是没有用处，那刘备在谋略上的工夫丝毫不亚于曹操。

115

皇帝这个称呼不知害了多少人身败名裂，家破人亡。

对于嬴政创造的这种公然宣布天下可以为一人所有的极端专制体制，我们自小被灌输的是：这是一种历史的进步，是社会发展的必然规律，是从落后的奴隶社会进入到先进的封建社会的一个标志。

说实话，从懂事之后本人反正没发现有了皇帝的中国究竟进步在何处？这种集天下于一人的专制国体，扼杀了战国时期昙花一现的思想曙光，尤其是“天下非一人之天下”的学说出现，能比有了皇帝落后到哪儿？至于“民为重，君为轻”的说法，难道真是大逆不道？

这是明说老百姓比皇帝重要！两千多年前的中国，伟大！

但嬴政皇帝不但把后世无数聪明人变成了傻瓜，还给东汉的汉献帝留下了天下是属于我一个人的胎记，从而把这位小皇帝给害苦了！

本来刘协是个挺聪明的孩子，事业上也有进取心，也不乏爱护百姓的善良：在长安当傀儡的时候，年景大饥荒，一斛谷居然卖到五十万钱，百姓中出现了人吃人的事。年仅十四岁的献帝刘协下令开仓赈济，并委任侍御史侯汶负责处理。但灾情并没有得到丝毫改善，刘协怀疑侯汶贪污，于是亲自于御前尝试做糜，并证实发放中的确存在克扣现象，于是下诏杖责侯汶五十，重新派人进行赈灾工作，终于缓解了灾情。

那时候他没有对身为傀儡的丝毫抱怨，东归前后甚至唯一的希望就是一日三餐能吃饱肚子，在洛阳时曹操的几箱梨枣就让他认定这次终于遇到了好人。

随着到许都后衣食的无忧，皇帝的想法也随着年龄的增长逐渐多了起来，天下是我家的，凭什么是你曹操一人说了算？生活的改善必然会带来精神的进一步需求，他现在想体验一下自己说了算的感觉。这种思想延伸出了一个很可怕的想法：干掉四年前让自己吃饱肚子的好人曹操。

刘备的觐见给他带来了一丝缥缈的希望，见曹操对他那么推崇，据说还跟曹操拼过血仗，自己翻身当家做主人的希望说不定可以寄托在此人身上。于是当朝官拜刘备左将军，态度极为殷勤。晚上又通过自己的大舅哥骠骑将军董承给他递话：希望他能看在本家的份儿上，帮自己除掉曹操。并秘密写下诏书藏在衣带里赐给董承，作为让刘备信任的凭据。

刘备看到诏书吓了一大跳，除掉曹操？那是自己内心最深处的念头，是连密如关羽、张飞这样的兄弟也不能透露的，但皇帝却给挑明了，那就等于将自己绑上了一艘必沉的船，因为刘备最清楚：欲在曹操的眼皮子底下行暗事，是没有任何成功希望的。

这种事也能干，也必须干，但前提是必须先将自己处于一个安全的位置，否则那不是在搞暗杀，是绝对的自杀。

心中有鬼，表面必难如常，刘备总感觉见了曹操说话都难以自然了，索性闭门不出，谢绝外客，专心致志地拾掇起自己府后的小菜园来了，历来与植物打交道都是缓解精神紧张的最有效的办法之一。

那么，曹操到底对刘备有没有戒心呢？应该说肯定有，但只是宏观上的敌意，内心深处的敬意。具体到刘备参与了现在董承他们的密谋，曹操不可能知道。

如果知道了曹操会如何对待刘备呢？不好说，曹操的处事，常出人意料，不该杀的杀了不少，从各方面来看都该杀的，他反而重用。对于刘备，他是仔细做了分析的，史书记载的原句是："刘备，人杰也，将生忧寡人！"

曹操是轻易不服气别人的，唯独对刘备评价甚高，甚至已经觉察到此人将是自己一生的大敌，那么，为什么不趁早除掉刘备呢？有人就建议过：刘备刚来投奔曹操时，谋士程昱就对曹操说："观刘备有雄才而甚得觽心，终不为人下，不如早图之。"这意思就是建议曹操及早除掉刘备。

但曹操却舍不得，表面上的理由是："方今收英雄时也，杀一人而失天下之心，不可。"其实还是英雄相惜在起决定性的因素，再者，刘备既然已来投降，也就不是自己的威胁了，没有擅杀的必要。

其实这时的曹操也走错了一步，既然想利用刘备，就干脆推心置腹地大胆使用，以刘备为人的性格来看，还真难做出对曹操有什么不利的举动来，像这样既养着又防着，实是向对方心里慢堆怨恨，还不如一狠心宰了省事呢。

今天又来试探了，当然，也有交心抒情的成分。

《三国演义》是用青梅煮酒布置了这么个二人斗智的舞台，有点戏剧化了，大家可以自行去原作品里欣赏，这里不妨也引用一段文字，罗大师让曹操这样说："适见枝头梅子青青，忽感去年征伐张绣时，道上缺水，将士皆渴；吾心生一计，以鞭虚指曰前面有梅林。军士闻之，口皆生唾，由是不渴。今见此梅，不可不赏。又值煮酒当熟，故邀使君小亭一会。"

罗老先生关于青梅的出现应该是演义：因为青梅又称果梅、酸梅，属于蔷薇科果树之一，原产于我国，是我国亚热带特产水果，散布于中国西南部山脉。而许都位于我国现在的河南许昌一带，是不会有大片梅林的，即使个人花园里移栽那么一两株，也难以越过北方寒冷的冬天。

至于是否指未熟的杨梅？不是，那尚青的杨梅又苦又涩，是不能用来煮酒的，甚至那个"望梅止渴"的成语也是杜撰出来的：曹操征张绣，也就是出击到今天的河南南阳地区，曹操怎么会欺骗士兵说前面有河南省不存在的梅林？

就算骗士兵说前面有梅林没什么，但关键是：在那个交通不方便的战乱年代，一群生活在中原的士兵是怎么知道梅子这种东西是什么味道？从而一听到梅林就会口舌生津？还不如称前面有一片青杏林呢——现在口里已经发水灾了……

116

二人酒酣时，曹操好像一副很随意的样子问刘备，能说出几个当世英雄吗？这也没什么，我们今天几个好友如到了一起，灌上二两小酒，不也是经常评论古人论今人吗？

刘备却是心知肚明：这是曹操在找话题让自己拍马屁呢，这可不是刘备乐意做的事情。

人喝点酒偏有一股犟劲，便东扯葫芦西扯瓢，坚决不给曹操戴这顶"英雄"帽子，实在躲闪不过去了，就干脆把曹操最大的敌人袁绍的名字作为英雄点了出来，这下不是在装傻了，有点与曹操斗气的味道了！

曹操于酒酣之际却没有意识到刘备的敌意，反而向刘备说了这么一句肺腑之言："今天下英雄，唯使君与操耳。本初之徒，不足数也。"

刘备本来心里就怀着鬼胎，闻听之下，大惊失色，手中竹筷落地而不觉，实是惊疑曹操觉察到了自己哪儿反常？

也难怪刘备魂魄欲散，这简直就是在与刘备挑明：将来与我曹操争天下的就是老兄你呀！

被领导恭维可不是什么好事情，尤其是夸你与他的水平相当的时候，通常意味着你快要倒霉了！

就是接近也是绝对不行的，你就是事后补救说领导您是中国唯一的大英雄！也一切都已迟了，那免不了的结局肯定是免不了的。

据裴松之注引《华阳国志》说：于时正当雷震，备因谓操曰："圣人云'迅雷风烈必变'，良有以也。一震之威，乃可至于此也！"

也就是说，当时老天爷帮了刘备大忙，及时地降了一个霹雳，刘备才得以掩饰了自己的失常行为，此事在没发明成功"时间机器"之前看来是无法考证其真伪了，姑且算有此事吧。

偏曹操并未对刘备失惊落箸的反常表现引起注意，由此看，此时的曹操对刘备还是深为信任的。而刘备却更加不能心安，急于离开许都脱离曹操的愿望更加迫切了。

插点并非题外的话：现在有些专家竟然把罗老先生的艺术大作当成正史品论了起来，再抄段书："《三国演义》搞错了的一点，是陈迩冬先生发现的。……孔融说：'袁公路岂忧国忘家者耶？冢中枯骨，何足介意！'也就是说，你不必担心，老袁家那"四世五公"早就在坟墓里了，怕他做甚！刘备这才代理了徐州牧。《三国演义》移花接木，把袁术本人说成"冢中枯骨"，是不确的。如果袁术已是"冢中枯骨"，又何必说"吾早晚必擒之"？"

抄这么长的书有凑字数之嫌！实在是欲让大家明白现在想说什么：

一、说袁术已是"冢中枯骨"只不过是句形容而已，是不妨碍继续说"吾早晚必擒之"的；

二、这里主要欲说明的是：陈迩冬先生发现的错误本身就是他自己的错误。——"……他说的也不是袁术，而是袁术的先人。"这个论断明显是错误的。

上文中："孔融说：'袁公路岂忧国忘家者耶？冢中枯骨，何足介意！'也就是说，你不必担心，老袁家那"四世五公"早就在坟墓里了，怕他做甚！"——

这样解释孔融的话明显错了。这里很清楚：孔融明明是在说“袁公路”本人，与老袁家那“四世五公”何干？哪能跟着陈先生继续错下去？

还是继续我们不会有什么“青梅”的青梅煮酒论英雄，正好有军情来报：淮南的袁术皇帝做不下去了，欲将皇位让给他一直不屑的庶兄袁绍，并献上从孙坚遗孀那儿勒索来的皇家御印，那袁绍竟然默认，派儿子袁谭从青州迎接。

淮南去青州必经徐州，刘备趁机表态，要督军去徐州截击袁术。曹操未经细虑，便应允了刘备协同大将朱灵一起带兵前往。刘备生怕曹操变卦，借口战机稍瞬即逝，点兵匆匆而别许都。

程昱、郭嘉闻曹操派刘备出征，一起放起了马后炮：“刘备不可纵！”曹操虽然醒悟，但后悔莫及。

那刘备如同鸟出牢笼，鱼归大海，从此再也不会回来了。

117

喜爱下棋的人都知道这么句话：当局者迷，旁观者清。

其实不然，实际上旁观者的清都不是清在对局的当口，而是局后经过分析才变得“清”的，也就是说，我们看历史问题能头头是道，只是因为我们是后代人，离得越远，看得越清楚。

问题是历史上所有的政权都是按自己的政治需要来解释历史的，那就离得再远也不会清楚了，一般都会是气愤填膺地指责古人一番的。

对于曹操一时疏忽放走了刘备，史学专家们目前争议都不大：都认为这是曹操的一次大失误，有争论也是失误的程度不同而已。

对此笔者不敢苟同：我认为曹操没做错什么，站在曹操当时的角度上看，放一个并没有发觉叛变的左将军出去督军作战，应该是合情合理的事情。

大师们肯定会说了：问题在于派谁去，正是大意派出了刘备，才为以后的赤壁大败伏下了隐患。

实际上问题不在于派出不派出刘备，以刘备当时的弱势，把他放到哪里也没什么大不了的，这不是什么失误。换个角度考虑问题，还兴许是做对了：让一个身边的定时炸弹自己引爆了总不是什么坏事，留在身边，杀又杀不得，用又用不得，那才是将来的大麻烦。

有人会说：等政变的密谋暴露时，不就一并解决了吗？这不是我们替曹操一厢情愿吗？如果在刘备的参与下，曹操依旧被蒙在鼓里呢？万一密谋成功了呢？

关键问题不在这里，也不是派谁出征，而是这次截击袁术的行动有必要吗？要让我说，曹操应该给袁术派上保镖暗中保护袁术安全过境才对，袁术送国玺对袁绍究竟是好事还是坏事？曹操欲消灭这个难得的宝贝才是最大的失误！

须知，曹操现在最主要的敌人是袁绍，能把袁绍从政治上搞臭、内部搞乱、神志搞晕才是最紧迫的事情，欲做到这些，舍袁术其谁？

让我们做个假设：袁术顺利通过了徐州，到达了袁绍身边，献上了那块能使人疯狂的国玺，袁绍大喜，后面呢？对他这位一直看不起他的兄弟怎么安排呢？这恐怕是袁绍面临的第一个难题。

袁术的工作情绪特高涨：哥啊，以前都是兄弟我吃多猪油糊住心眼了，你当哥的大人大量，别跟我这个不争气的兄弟一般见识，谁叫你是哥呢？兄弟我以后只能跟着哥讨碗饭吃了，先给安排个工作吧，工资多少的兄弟我不争，只要能供养得起我那些娘娘妃子就行，那可都是你弟妹呀？

袁绍的头有点大了：这……远来辛苦，先休息，革命不分先后，工作不在一时，咱明天再谈这事？

袁绍晚上盘算开了：不管怎么说，人家也是做过一届皇帝的人啊，收编为部下？不妥，大义灭亲宰了他？好像也不妥，倒不是说袁绍多看重亲情，主要是落个杀弟的名声受不了，这可是一个挂明牌的朝廷钦犯，隐藏起来？不行，送交朝廷？也不行，那不成了我向曹操邀功请赏？

以前有过这么个先例：袁绍的主簿耿包看出了袁绍的美好理想，想提前拍个响马屁，便私下里对袁绍劝进："赤德衰尽，袁为黄胤，宜顺天意，以从民心。"（《后汉书·袁绍传》）袁绍觉得应该把耿包的建议让将军、幕僚们讨论一下，集思广益么，谁知遭到大家的一致反对，倒是商议出了一个必须立斩耿包的结论：妖妄宜诛！袁绍不敢犯众怒，不得已杀了耿包，按史书说：以弭其迹。

可现在是自己的亲兄弟呀，能说宰就宰么？就算不管后人咋说，杀了这个罪该灭九族的兄弟，那国玺怎么处理？上缴给曹操？呸！那叫下发给曹操，坚决不干！还有，这献玺大功该怎么奖赏这位该杀的兄弟？

难煞人也！怎么一眨眼天亮了？唉，一夜无眠呀，看来以后别想睡安生觉了。

容再假设：袁绍自有了国玺，更加利欲熏心，骄心膨胀，立时称帝于邺城，当然，那个什么“仲氏”国号是绝对不能用的，另起个什么国号呢？对，先占了那个大清的国号吧，于是不顾文武部属的反对，宣布大清国成立了！

没想到袁绍身登九五的举动却带来了众叛亲离的后果，与“仲氏”帝国一样，招致了举国讨伐，当然也不会再有什么官渡大战了，应该是邺城保卫战才合理，结局就不用再假设下去了吧？大清国民心丧尽，国破人亡，历史一下少了二百多年！

还用假设袁氏兄弟别的可能吗？暂时同心协力，黄土也变成了金，那也免不了兄弟俩为争金再次反目成仇呀，还是会把袁绍的小独立王国搅成一锅烂粥的。

所以，袁术去了冀州，其实是给袁绍送去了一个大祸害，现在是曹操替袁绍除了一大害，不是个大失误是什么？

实际上，历史是可以假设的，不管你怎样假设，都不会影响历史的丝毫进展，可是，能让我们了解另一种可能的结果，何乐而不为？

青梅煮酒，是曹刘之间的一种另类角斗场，由于曹操的一时失误，随后才接到了令他又惊又气的紧急军报：徐州刺史车胄被刘备袭杀，刘备自领徐州牧，宣布独立，拥汉反曹！

第二十九章

斗皇帝：曹操同时对付三个

118

月儿弯弯照九州，几家欢乐几家愁。

世上的事历来如此。有暴富的必然有速贫的，有得意的必然有丧气的，有贪的才有贿的，有信的才有骗的，有船行顺水的就少不了逆水行舟的，有幸运的就会见到倒霉的。

在曹操的事业蒸蒸日上的日子里，袁术幸福的生活快过到头了。初登大宝，他找到了开国之君的感觉，乍称皇帝，也尝到了亡国之主的凄凉。淮南大旱，庄稼颗粒无收，人民相食，饿殍遍地，士兵们每天靠打水草、撸树叶果腹，袁术则大封数百嫔妃，锦衣玉食，兼罗纨，厌粱肉。很快，“仲氏帝国”的一国收入不够他一家花销了。

别说管一个国的事了，就是他一家的事他也没能耐玩转，就他那一帮老婆也照样忽悠得他睁眼犯晕，闭眼发昏。

袁术最喜欢靓妞，司隶冯方的女儿，生得天姿国色，时随父亲避乱扬州，被袁术见到了，大悦之下，强纳为妾，新女嫩人，当然爱不释怀。其他几个老婆理所当然地吃醋拈酸，于是便爱心无限地忽悠冯氏小妞：“将军贵人有偏好，最喜欢有志节的女人，你只要成天涕泣忧愁，必然会敬重你。”

那冯氏女毕竟人小智短，信以为真，以后每见到袁术便垂泪流涕，袁术以为小孩家心里想不开，也跟着烦忧。诸夫人一看时机成熟，就联手勒死了这冯家小妞，又伪造了上吊自杀的现场，袁术就真以为是想不开自尽了，埋了也就算完了。

建安四年的夏天，老袁的日子实在过不下去了，一狠心烧了自己的宫殿，去投奔自己的部下陈简、雷薄。结果被部属拦住路不让经过，拒绝接纳。士兵们都给饿散了，袁术忧愤无奈之下，才决定把刚当上不久的皇帝让给袁绍，再是小娘养的，也毕竟一个爹不是？

结果在去青州的路上，知道徐州所有道路被他最看不起的刘备给封锁了，只好回走寿春，行至江亭，又渴又饿，向随身的厨师张嘴要碗蜜水喝，人家损道："只有血水，哪来的蜜水？"煮了一碗谷壳送上来，那玩意儿，袁术这样的四世三公的后人实在咽不下去啊！

又气又悲又饿又病，仰天长啸："我袁术怎么落到了这种地步？"连续大口呕血而死。妻子嫔妃们都被庐江太守刘勋给收容过去了，连袁术的女儿也一并带了过去。直到后来孙策攻破庐江，才算被孙策给照顾了起来，再后来女儿被送到孙权的宫中，此是后话暂且不提。

而他往常看不起的哥哥袁绍却是最风光的时候，围攻易京的公孙瓒已接近尾声，外城已破，就剩下被公孙瓒称为高京的那座大楼，当然这也是公孙瓒最难受的日子。

公孙瓒无奈之下，只得求救于黑山军的张燕，张燕还真的集结了十万大军来救往日的克星兼盟军，谁知通讯不密，联络的暗号被袁绍给得知了去，公孙瓒见到烟火暗号，以为是张燕的援军到了，便开了铁门，配合接应，袁绍的突击队趁机一拥而入。

公孙瓒紧急登楼最高层，却不是为了浮云遮眼望，而是为了免遭一刀之辱，横下心来，先宰了妻子，后杀了妹妹，然后点燃了柴堆自焚，谁知还是迟了一步，被挖洞而入的袁军一刀割下了头颅。

公孙瓒的人头被袁绍传送到了许都。明是向朝廷告捷报功，实乃向曹操示威恐吓：看见了吗？这就是与我袁绍作对的下场！

曹操当然清楚袁绍的头外之意，怎奈此时的袁绍为朝廷拜封的大将军，赐弓矢节钺，虎贲百人，并兼领冀、青、幽、并四州，与他翻脸还为时尚早，只好委曲求全。还是先解决南边的张绣吧，现在又多了个反叛的徐州刘备。

那刘备刚占徐州，力量有限，剿灭不用出动什么大军，派司空长史刘岱、中郎将王忠率精兵五万，前去讨伐即可。

补述一下刘备此次出兵劫袁术，以及倒反徐州的经过：刘备率部徐州处处顺利，只是大军过境下邳，那徐州刺史车胄竟然不出城拜会，这分明不把身居高位的刘左将军放在眼里，甚至有点敌意，刘备也就送去军令，命其准备供应大军粮草，并没有在意他的礼节不周。

等到探明袁术已返寿春，刘备便令朱灵亲回许都，请示曹操徐州之机动部队下一步的行动方略。

朱灵隐隐地觉得不妥，但军人以服从命令为天职，不听从左将军的军令，他来个将在外君命有所不受，借机宰了自己怎么办？只得交出指挥权，仅带几名亲兵回许都复命。

现在刘备已经全部掌握了部队，与曹操翻脸的时候到了，首先开刀的对象当然应该是那无礼的徐州刺史车胄，大军回程又过下邳，刘左将军竟然屈身回拜徐州刺史，所带仅关羽及一小队亲兵，这下车胄不能不接待了。

车胄心想：再怎么着也是朝里的大官，别做得太过分了，舍顿酒钱也就打发走了，管你上天言好事坏事呢，客走主安乐不是？

迎进城内，酒席未开，总还免不了按官场规矩来一番见礼，毕竟这左将军比自己大着好几级，刚恭身下去，忽听关羽的亲兵齐喝："跪下！"

心知不妙，刘备以上司的口气开始了训斥："本将军代天子讨逆，前日下制着你供应军粮，为何推诿至今未送？"

车胄一听松了口气，原来是这点小事，我以为他们想发动兵变呢，便尽力解释："徐州库存军粮，曹司空专有特令，无他的亲笔手令，概不准动一粒出仓，实不关末将的事，还是请左将军海涵。"

车胄的手下一听，这是两位高级领导在争论业务问题，那没咱们小兵什么事了，再说也进不去宴会厅了呀，那关羽的亲兵早已将内外戒严，别替刺史大人惹事了。

刘备却勃然大怒："军令如山，还敢狡辩，给我拿下了！"

车胄一面犹豫认不认这左将军的无理军令，一面回头看谁敢拿本刺史？却觉得脖后一凉，啊？怎么自己的头掉下来了？关羽封锁了外面，刘备已经动了手，刘备准备的就是要死的不要活的。

刘备向下坯的军民宣布了皇帝的诏命：奉天子命，前来就任徐州牧，徐州原刺史车胄，不服诏命，已奉皇命斩讫，众人各自安心本职工作，待命升迁。

打着皇帝的招牌办事就是效率高，东海郡昌霸首先表示服从组织安排，其他各郡县也就大多拥护老牌州牧刘备了。

刘备则命关羽代理太守，留守下邳，保护妻儿家小，已经丢了两次，万不能再丢第三回了。

刘备自己还是率部驻军小沛，以抵挡来自许都方向肯定会来的进攻，听说是刘岱、王忠率部来讨，刘备松了一口气，那两个人刘备还没放在眼里。怕的是曹操亲来，曹操呢？

曹操本人一时顾不上对外，他已经发觉了身边的大敌：说强不值一击，说弱谁也不敢小看他，哪一个？汉献帝刘协是也！

好长一段时期内，曹操实质上在同时应对三个皇帝，两个现任：汉献帝刘协、仲氏皇帝袁术，另一个是将来的蜀汉皇帝刘备。

119

权力这东西诱惑力是极大的，它能把淑女变成娼妓，能把懦夫变成猛士，能把圣人变成皮条客，能把英雄变成糊涂蛋。

现在的献帝已经不是小皇帝了，年已二十，已经不能满足于一天三顿吃饱不饿了，作为皇帝，还能有啥追求？金钱多了就没了用处，美女顺便泡了也就提不起了兴趣，到不了手的才是最稀罕的——实际权力，现在皇帝追求的唯一目标。

应该说建安四年之前的汉献帝生活得还是比较自由的，可以随便接见大臣，也可以按自己的意思发道诏书，比如：建安三年四月，就自行诏令裴茂率中郎将段煨，讨伐曾欺负过他的李傕（时郭汜已被部将所杀），结果大获成功，李傕丧命，被灭三族。

出了一口恶气的刘协更体验到了权力的可贵，于是，这次他决定搞一次自我政变，干掉曹操，重振皇权。

这等大事，依靠谁呢？皇帝选定的是自己的大舅哥，车骑将军董承，关键时刻还是要用亲戚。

这董承是什么人呢？说白了本来就是董卓的余孽，跟随董卓的女婿牛辅当过几年兵，机缘巧合，自己的妹妹成了汉献帝的董贵人，董承也就成了国舅爷，东归时倒也确实尽心尽力地维护过皇帝妹夫，所以被封为列侯，并于建安四年三月被擢升为车骑将军，这在当时的许都已是最高军衔。

可惜再高的军衔也就是一块空牌子，曹操的部队是不会听这位车骑将军指挥的。再说这董承也谈不上是什么忠勇之臣，支持曹操进京，也不过是想借曹操的力量，拾掇韩暹罢了，既不是为皇帝，也不是为曹操，更没有收拾曹操的本事。

不过，奉到皇帝的衣带诏，董承还是挺当回事的，虽然一同随董卓起家的人们现在就剩了他一个了，可以说势单力薄，但也是经不住权力的诱惑：毕竟取代曹操在朝廷中的位置太令人向往了！于是便秘密地开始了串联活动，发展的地下党当然都是对曹操现政府的不满分子。

其中有偏将军王服、越骑校尉种辑等人。这些人虽然都是军职，其实都跟董承一样，是空头将军，武人手下没兵，其实连秀才也不如，啥行动还没开始，便被曹操的“校事”侦察出了猫腻，事情报到了曹操那里，该曹操下决断了。

这后来的太祖确实英明果断，当即便命令抓人，论说这时还没抓住董承他们什么真实的反政府凭据，不过那年头，都是先定罪名，后找犯罪证据的，抓起来往监狱里一关，这边专案组一成立，想要啥证据还能找不出来？

别说这些人还都有这么档子事，就算你再清白无辜，也一样给你造出一些犯罪证据来。

那位说了，这不是军衔最高的将军吗？没用的，别说将军，元帅也没用，定个啥罪你都是遗臭万年，政治斗争要的是结果，是既不论理，也不讲法的。

人一被捕，啥证据都全了，献帝的衣带诏给搜出来了，亲笔手令！这下证据确凿了吧？据说还有什么武装起义的纪要，上边还有政变集团的个人亲笔签名，你看这帮政变分子傻的？竟然保存这么确凿的犯罪证据，这下一个集团谁也跑不了了！

至于政变分子供出来的刘备？那本来就是个阶级异己分子，哪会放过他？

董承、王服、种辑等政变集团首要分子被镇压，本着除恶务尽的原则，又灭了他们的三族，现在只剩下了董承的女儿董贵人，躲在皇帝的身边就没事了？这回咱老曹亲自出马！

曹操带剑来到宫中，见了献帝以后却不便指责皇帝是幕后黑手，毕竟皇帝现在还有别人无法代替的作用，那也得警告一下你的领导责任吧：“董承谋反，陛下知道吗？”

皇帝一听就明白了，政变流产了！只好装憨卖傻：“董卓已经死了呀？”

“不是董卓，是董承！”曹操心说：演什么戏呀？咱们都哑巴吃饺子，各人心里有数就行了。

献帝无言以对，曹操命令将董承的妹妹董贵妃立即逮捕。皇帝有点舍不得：“董妃已有五个月身孕了，请曹将军放过她们娘俩这回吧。”

曹操一听，那更得杀了：“想留此逆种，为母报仇吗？”当即命令把董贵人推出去砍了头。

曹操的安内大见成效，现在该攘外了，可还是没有袁绍反应迅速。袁绍听说曹操杀了董承、董贵妃，又把献帝让甲兵保护了起来，便抓住这个机会命那会写妙文章的枪手陈琳，写了一篇声讨檄文指责曹操，大意为：

软禁天子，残害栋梁，违法乱纪，残暴荒唐，亲爹买官，爷爷剞党，下戮人民，上虐廷堂，擅断万机，扰乱朝纲，心如蛇蝎，形似豺狼，不杀不足以平民愤，不除不足以慰忠良。

总之是把曹操骂了个狗血淋头，臭熏三代。

曹操却是肚量大得很，还是不理睬袁绍的公开宣战，还是怕袁绍？现在已经不是了，早在建安四年八月，曹操便主动向袁绍开了战，自已提军进驻黎阳与袁绍相持，又命吕布的降将臧霸等人攻入了青州，连破齐、北海、东安等城，在袁绍的侧翼埋了根硬钉子，就是现在，部将于禁仍正屯军河上与袁军对峙。

那么，还是在担心南边的张绣？也不是，两月前，张绣已经主动第二次向曹操投降了。

120

就当时中国的乱战局势来说，已经凸显出两大超强军事集团争霸天下的苗头，当时的曹操、袁绍，恰如后世冷战时期的美苏两国，一些二流小国都不免要决定自已投降哪个阵营，跟风使舵更需要先看准。

同样，袁绍与曹操也要不遗余力地拉拢第三世界的各个小国，那张绣所处的穰城，由于地处荆州的前沿，曹操的后方（对北部的袁绍而言），更是双方争夺的要点。

袁绍派来招降张绣的人先到了穰城，并亲笔写信给贾诩，请这位大明白人帮助说服张绣，联合灭曹。军政大事，贾诩岂敢耽搁？立即去找张绣。

袁绍当时手握四州，不但地广兵强，而且声望极高，论其才智，在当时群雄中，亦当首屈一指；而曹操的所谓后方仅是破烂不堪的兖州，东面还有公开叛乱的徐州刘备牵扯着，本身所处的豫州实际只控制北半部，且南北有劲敌虎视。两人的强弱是分明的。

张绣怎么掂量，觉得也应该向袁绍倾斜，正在设宴招待袁绍之亲善大使时，贾诩到了，未曾入席陪客，先问客来何意？那还用问吗？当然是来搞袁张亲善建立“大中原共荣圈”的。

贾诩当场质问：“袁绍对亲兄弟都不能包容，怎能包容天下豪杰？”双方还没谈判，关系先破裂了。

张绣惊惧圆场：酒桌上不谈业务，醉汉说话不算数。

客离后埋怨贾诩：得罪了超级老大，我们靠什么奔小康？

贾诩说：有曹操呀。

张绣晕了：袁强，曹弱。傻大木都能看出来，我们又跟曹操结过大怨，莫不是没喝酒您老也被熏醉了吧？

贾诩的话极为深奥：“正因曹操势弱，我们才应该扶弱拆强。袁绍强盛，对我们这点兵，怎会看在眼里？曹操微弱，才会重视我们呀，何况曹操现在尊奉着天子，号令天下，名正言顺，政治上是曹强！至于过去恩怨，欲称霸天下的，怎会纠缠私人怨恨？肯定会借此向世人展示胸襟。将军没有必要担心，不用犹豫。”

张绣早就心里发过誓：贾诩的话，一当万，你说咋办咱咋办，你说黑了咱闭眼，你说无耻咱就不要脸，你说讲人道，咱就放贪官。

于是，张绣率军归降曹操。果然，曹操握住张绣的手，激动万分！

欢宴贡酒九酿春，尽忘子侄丧命冤。

来个亲上作亲吧：让自己的儿子曹均，娶了张绣的女儿，当场任命张绣为扬武将军；贾诩的大功更得酬，任命为许都警备司令（执金吾），又封都亭侯。

亲上作亲倒是真：张绣也不是傻子，怎忍心当真棒打鸳鸯急曹操、误婶婶？献上小婶婶与曹操为妾吧，只是这以后咋叫呢？曹操这后补的叔叔是自己的平辈亲家，自己的女儿以后要管以前的奶奶叫小婆母，要是这两对新人都生了孩子呢？自己该怎么称呼那帮小崽子呢？他们之间相互该如何称呼呢？不能想下去了，脑袋大了！

南方已定，曹操还不动兵刃地安抚了西方。

关中（陕西省中部）将领们开始对袁、曹都保持中立，欲看看风势再说。凉州牧韦端，派从事杨阜来许都探听情况，杨阜带回了自己的印象：“袁绍宽松少决断，计多却不知用哪条合适。无断则必将无威，少决则必然被动，眼前虽强，却难免后败；曹操有英雄之才，心胸广阔，遇机会从不放过，法令统一，执行彻底，既敢用仇，亦会用亲，被用之人皆都能职守，定可成大事！”

此语传开，西方的军阀们最起码在短期是不会来骚扰了。在与袁绍对决前，最需要解决的是徐州刘备的问题。

军报早就放在案头，刘岱、王忠大败于刘备之手，以现在刘备的眼光与谋略，在将来袁、曹大战时，对许都将是极大的威胁。

对刘备，曹操现在的评价是：“夫刘备，人杰也，今不击，必为后患。袁绍虽有大志，而见事迟，必不动也。”

对曹操的论断，智囊郭嘉也表示认同，但袁绍就真的那么听话吗？袁绍的智囊团更为庞大，其中也不乏如二荀、郭、程之才，如：田丰、沮授……

早在吕布霸徐州之时，曹操就极为忧心，其时袁绍恃强骄横，经常来书辱骂曹操，曹操因徐州掣肘，无力与之抗衡甚为烦恼，当时还是荀彧解除的他的心结。

这荀彧在史书中说话，惯用长篇大论，弄得今人替他当翻译工好生为难：原文照搬，成了抄书混版税；全文翻译，又太过冗长；越过不甘，删节可惜，只得尽量不失原意，改文风简化成半白话文。

荀彧替曹操分析了双方的优劣各点：

自古成败，皆是人力，强弱转换，无不人为，高祖克项羽，即是前鉴。当今天下，唯袁绍可算曹公对手，然袁绍有四不如曹公：袁绍外宽内忌，曹公唯才皆用，度不如公一；袁绍迟疑少决，曹公善于立断，谋不如公二；袁绍治军涣散，曹公赏罚严明，武不如公三；袁绍虚荣好名且吝啬，曹公自身谨俭多赏功，德不如公四。今公秉一心辅助天子，八方多助，持四胜代天征伐，谁敢不从？袁绍虽强，必无所为！

曹操听了当然大为高兴，荀彧接着提醒：“如不先制服吕布，收复徐州，还是没有可能兵向河北对付袁绍的。”

那次曹操听从了荀彧的建议，置袁绍的威胁而不顾，兵出徐州，终于消灭了吕布，将徐州收入囊中。现在到手的徐州转眼又成了敌人，尤其是那刘备最可恨，竟然在曹某对他最好的时候参与密谋，什么叫以怨报德？大耳朵就是榜样，就等着看你铁心与我曹某作对的下场吧！

袁绍就没想过与曹操动真格的吗？当然不是，还是由于自身的原因：曹操迅速控制皇帝之时，他犹豫了一下被曹操抢了先手；才想硬抢过来曹操又及时服了软，让给了自己大将军职务；俗话说伸手不打笑脸人，总不能做得太过分了吧？等到曹操与张绣开了仗，那背后的公孙瓒又到了收拾的最后关头，不靖后方，怎能前攻？

曹操与吕布打成一团，那倒是个好时机。可是打下了四个大州，总得先分配胜利果实吧？青州给了大儿子袁谭，幽州派去了二儿子袁熙，外甥高干去代理并州，自己坐镇邺城，亲掌冀州。

对袁绍的这次“分家”，谋士们几乎都有不同看法，军师沮授就这样说：“大祸从此就开始了呀！”

为什么呢？沮授这样解释：一只兔子一万个人去追，只要有一个人先逮住了，其余的人也就不追了，只要是兔子还在，大家就永远不会停止追赶的脚步。

现在袁绍一下把四只兔子全分给了自己的儿子，大家伙还会继续卖力地去追赶兔子吗？没目标了，还追什么去？那袁绍却不这么认为，他觉得这是观察与选拔接班人的好办法，让他们各自治理一个州，谁有本事不就很清楚了吗？

这时候的袁绍绝不会想到：要是他们把本事都用在抢对方的兔子上面怎么办？

现在曹操要对徐州的刘备动手了，袁绍分配完四州后还留出来机动部队十余万，分别由万夫不当之勇的两位大将颜良、文丑率领，这些兵是用来干吗的？就是在等出兵打击曹操的时机，曹操却当真把这个机会留给了袁绍，自己率部从与袁绍对峙的官渡沿河东下，杀向了徐州。

大好时机留给了袁绍，谋士田丰极力建议，趁曹操大军远出徐州之时，袭击许都，抢过皇帝来！

但事情就那么凑巧：袁绍的小儿子突然病了，袁绍现在哪还有心思干工作？是啊，儿子如有了什么不测，打下地方来留给谁去？

怎么说都没用，袁大将军还是把全部注意力都用在关心革命接班人上面，坚决不允许妄动刀兵。

气得田丰出门便顿着拐棍说：“千年难遇的机会呀，而以一个小儿之病的理由错过了，实在可惜啊！”

121

其实，曹操这次出兵打击刘备确实有点赌气：把后方不出事的希望完全寄托在了袁绍给予配合默契上，那袁少爷得病也不是曹操能预先知道的，实际上是运气在帮曹操的忙，当然也有袁绍的人力配合因素，万一袁绍一狠心呢？

这么不顾一切，桌面上的理由是消除将来的隐患，真正的原因是让刘备捎过来的一句话给激的。

刘岱、王忠二人在徐州打了败仗，回来向曹操转告过刘备向他们说的一句话：“像你们俩这样的货色，就是来上一百个，能把我怎么样？倘若那曹贼自己来了，还可以另有个说法。”

刘备也不是刻意看不起这两个人，是在战场上故意这么损的，是战术的需要，目的就是威服刘岱、王忠，不曾想把曹操给激怒了，这下惹来了大麻烦！

可见，任何时候对任何人说过头话都不是什么好事。

需要说明一下：曹操派去打仗的将军刘岱与原来的兖州刺史刘岱，不是像《三国演义》所说乃是同一个人，只是巧合同名，更巧的是两人均字“公山”，而且是同学。所不同的是：兖州刺史刘岱，是青州东莱郡牟平县（在山东蓬莱东南）人；曹操的部下刘岱，是豫州沛国（安徽宿县西北）人。

那王忠倒是有点来历，有相当高的知名度，只不过出名的原因不大光彩：爱吃人肉！

王忠是“右扶风”（陕西武功一带）人氏，在李傕、郭汜闹长安的年代，因遍地饥荒，老百姓饿得交换儿女吃，这使王忠也好上了这一美味，自归顺曹操后，当然要讲究点精神文明建设，也就不能拿人肉干当点心了（后来，曹丕曾开他的玩笑，将从坟地里找到的骷髅，挂在王忠的马脖子上，引得众人大乐）。

就这么两个人，一开始进兵徐州时也十分轻敌，也就是因为心里看不起刘备这个人，才招致小沛之战的惨败，还有那令人不得不忍受的战场羞辱。

夺得徐州的刘备对付刘岱、王忠没用费多少力气，实际上刘岱、王忠的大军还没有见到小沛城就被打得没有了抵抗力。

刘岱、王忠提大军来剿灭叛贼刘备，初次为将独当一面，当然兴奋异常，决心打出个样来让主公瞧瞧。再说，刘备算什么？一个贩席的，不就是凭运气代理了几天州牧吗？后来又凭借八竿子打不着的皇帝本家，混上了左将军的高位。就这还不满足，还要扯旗造反？主公这次真是看错人了，养了这么条白眼狼，咱们要替主公出这口恶气！

先定进兵方略，两位将军，总得有一人打前锋，一人做后卫吧？保证粮草供应路线通畅更加重要。可是两人都想直接参与对刘备的打击，没人愿意缩在后方，那怎么办？这关头无法相较品级的高低，副将积极求战也是应该鼓励的。怎么解决呢？抓阄吧，那时候还没造出纸来，一般是用铜钱抛反正面来定运气的。

刘岱、王忠的抛铜钱却没成功，巧了，在平地上抛的，铜钱下落的时候恰巧靠在了一根干棒上，王忠要重来，刘岱忽然醒悟：这是上天在让我们同时进兵呀！于是二人兵分两路，相隔三十里，同时包抄向小沛。

没看到一个老百姓，好不容易抓了个失明人问问吧，一句话说得王忠差点挥刀砍了那个瞎子，哪有这样说话的？

“刘州牧早就派人通知了，这次带兵的王忠，是个专爱吃小孩的畜类，大家要赶快跑啊！”

尤其是连吃水井都给填死了，只得让士兵们现掘井造饭，这下，本该傍晚聚会于小沛城下的作战方案就不能实现了，只好半道扎寨宿营，二人倒是有飞骑随时相互通报信息，也没当多大事，不就是让刘备再多活一天吗？

大军宿营，谨防劫寨，一夜却是平安无事。

黎明时分，刘岱忽然接到王忠的飞骑求援箭书：营寨被围，正在激战，请刘将军速率大军来援，从外面包围敌军，大破刘备，就在今日也！

哪还能犹豫？留步兵守卫营寨辎重，所有骑兵立即出动，杀向王忠军的驻地。

军行半道，迎面撞来一支铁骑，才要准备厮杀，突然发现领军的正是王忠将军，这是怎么回事？二人见面，都拿出了同样的告急信件，只是抬头与署名换了换，两个人都是聪明人，同时明白发生了什么了。

别再分兵了，一起驰援一处营寨吧。到了刘岱的大营，哪里还有什么大营？只有几具自己士兵的尸体，还有余烟袅袅的残炽，连辎重带士兵都被打劫了。不多时，有王忠大营的几个残兵赶了过来，王忠的营寨也是同样的命运，据说是打着刘岱将军旗号骗开的寨门。

二位将军面面相觑，不敢出声，别说继续作战了，今天中午吃什么？往回赶也不成啊，难道让全体士兵饿上三天？回去主公也得砍脑袋呀，王忠竟然立刻觉得饿了，恨不得马上拉过个人来啃上几口！

两人正在进退不得之时，士兵来报：刘备的大军已在二里外结阵，阵前有两溜大车，不知上载何种秘密武器，唤二位将军上前答话。

死也要死个光明磊落，大丈夫还能让人吓退不成？二位勇将没多商量，便一起策马奔向刘备的军阵。果然是刘备在向二人招手，好像并无恶意，两人相互壮着胆走向刘备，且看这大耳朵说些什么。

于是，刘备就说了前文二人所转告曹操的话："像你们俩这样的货色，就是来上一百个，能把我怎么样？倘若那曹贼自己来了，那还可以另有个说法。"

不过后面还有两人没敢转告的话，所以正史未载，演义没描："本州牧奉天子令讨曹贼，你二人好歹也都是国家将士，且看在天子的份儿上，给你二人施予好生之德，送你们二十车军粮，应够你两天之用，莫要饿坏了将士们。愿降本州牧欢迎，不降刘某礼送你们出境，快些回去举炊去吧，饱餐之后务请上路。"

再窝气也不敢拒绝人家送的粮食呀？哪里是人家的粮食？那口袋上面还分明写着"曹"字呢，这是刚从咱们大营抢过去的！

所幸曹操也自知二人非刘备敌手，本人在遣将时也不无责任，就没有重罚二人，而是如刘备之约，亲带大军来了，且看你刘备到底另有什么说法？

刘备绝没想到曹操能亲自出马，后方有袁绍虎视，他能不要许都？所以根本没有任何思想准备，反而是在例行巡逻边境时遇到了曹操的大军，这仗没法打了。

122

"政治攻心"这手绝招刘备做得很不到位，他心里极清楚：自己带的就是曹操的兵，跟别的将领作战，部队有战力，如果曹操亲自来了，手下的部队能不能给自己卖力就很难说了，真出死力跟曹军拼命的，也就自己那两千老部队。

论人数，现在刘备的兵力并不少，若加上东海郡昌霸等人所来援的徐州地方部队，也有几万人马了，论将领，自己手下的关羽、张飞，都是世所公认的万人敌，可要与曹操抗衡，刘备知道远远不够，让自己的将士去攻打他们的老领导，确实有些难度。

再就是徐州的郯城之战给他的影响太深刻了，几次都是死里逃生，若不是张飞死力相救、关羽骚扰粮道，自己早就“为国尽忠”了，刘备现在的军事力量主要依靠此二人。

说起关羽与张飞来，真是刘备的一对绝配的左右臂膀：关羽是河东解良人，因杀人命案逃亡涿郡；张飞是涿郡士族，乃本地富家子；由于家庭的原因，关羽读书肯定不会多，张飞却是上过学堂的。

没怎么读过书的关羽在人们的印象里，一般喜欢捧着一本《春秋》古书看，至于关二爷能不能看得懂是没人追究的，也无法验证；而张飞却是书法极好，堪称大家，并且擅长画美人图，给人们的印象却恰好相反，胸无点墨，性情粗暴，这些就要感谢罗贯中先生的《三国演义》了。

至于长相，关羽应该是个红脸大汉，长须及胸；张飞应该是个比关羽个头略低的白面书生，《太平御览记》里面有一句关于张飞相貌的描写：人中张飞，马中玉追。

体格二人接近，都应该练过健美之类的玩意儿，要不上了战场体力也撑不住啊。两个人都爱留胡子，冷兵器时代，胡须能增大人脸的面积，主要是为了在战场上吓唬敌人，拼刀子的时候大概都喜欢对方是个奶油小生，自己当然是越凶恶越好了。所以，就是真有长得俊秀的帅哥上了战场，也会弄副假胡子戴上，上战场喜欢戴面具的俊男是史有所载的。

最多有小学文化的关羽最讨厌的就是读书人、士大夫；大概是物以类聚人以群分的缘故吧，张飞对读书人历来极为尊重；关羽傲上恤下，对身边的士卒甚宽容；张飞或许是在老家打骂奴仆惯了，喝醉了爱拿身边侍候的小兵出气。

但有一条，上了战场两个人都是不要命的主儿，战力极强。

由于部队构成的原因，就是有这两员大将在身边，刘备现在也不敢与曹操交手，所以，当他发现曹操亲率大军来到面前时，第一反应肯定是转头就逃了，逃是对的，稍迟便走不脱了。

曹操也同时发现了刘备，正是仇人相见，分外眼红。立即指挥大军扑向刘备。刘备一转身，部队哪还有抵抗的勇气？兵败如山倒，顷刻崩溃了。

刘备仅带着几十名马快的亲兵逃离了战场，再投向哪里呢？下邳虽有自己的妻儿与关羽，可他更清楚，那是往曹操罗网里钻，曹操的部队已经扑向了下邳。

张飞已经在乱军中失去了联系，去哪儿不知道，只能祝他一路走好了。

谁说天无绝人之路？敢问路在何方？路在脚下！却不知通往哪里！实在是到

了“山重水复疑无路”的境地。

忽然想起：自己在曹操推举的豫州牧任上时，曾保举过袁绍的儿子袁谭为“茂才”，这“茂才”身份却是“孝廉”所不能比拟的，实是非同小可，每州仅限一人，还必须由州牧或刺史亲自保举。保举的人也就是这“茂才”的恩师了。

以袁绍及袁谭的身份，未必稀罕这个“茂才”名分，但总比没有一点情谊强吧？虽然袁绍是刘备的仇人（杀了同学兼老领导公孙瓒），但现在又能去哪里呢？得罪的是曹操啊！除了袁绍，天下虽大，谁又能保护得了他？

至于是不是“柳暗花明又一村”？那就只能走到哪算哪了，下邳的关羽与妻儿？顾不得了，有心无力，只有各自保重吧。

曹军把下邳城围了个水泄不通，关羽仅数千兵丁，战无能力战，守更莫想守，刘备信息全无，两位夫人却还在城中，连拼命的资格都不存在了，怎么办？曹操遣使进城，许诺关羽可以有条件地投降，关羽不得不考虑了。

最后终于放下了武器，至于投降的具体条件，史未详载，但从后来关羽能顺利离开，并且能携带着刘备的家眷上路，应该是其中的条件之一，也可以看出，对关羽，曹操是信守承诺的。

对待投降的关羽，曹操又何止于信守承诺？一回到许都，便立即引见给皇帝，没有寸功，竟拜为偏将军，在曹操的部将中，能获得如此高位的也就夏侯惇一人而已，可人家那是跟着曹操从刀山血海中拼杀出来的呀。

后方已靖，现在该轮到袁绍了，但同强大的袁绍作战，诸将还是有怯意，以为不可能战胜比自己强大数倍的敌人，尤其是后方兖洲，紧邻青州、冀州，一旦袁绍从那里下手，怎么抵挡？

曹操向将士们分析：“吾知绍之为人，志大而智小，色厉而胆薄，忌克而少威，兵多而分画不明，将骄而政令不一，土地虽广，粮食虽丰，适足以为吾奉也。”（《三国志·武帝纪》）

对于兖州方向的防务，曹操其实早就做了准备。早在一月刚消灭吕布后，曹操便作了一个令人们瞠目结舌的决定：把青、徐二州的事情交给了一个泰山一带的强盗头子臧霸。

臧霸自匪从良后做的是陶谦部下，后来依附了吕布，素以骁勇闻名于泰山南北，尤其精于战场指挥，曹操一见之下，大为欣赏，当即任命为琅琊相，并委托他代管青徐二州的一切军务。

这臧霸果然不负曹操所望，现已率领数万精兵杀入了青州，虽然以臧霸的兵力，要想捣乱冀州，成为袁绍的大患，其兵力是远远不够的，但却能牵制袁绍不从这一路进兵，所以曹操不怕袁绍从兖州方向惹事。

唯一稍担心的还是荆州的刘表，现在只有指望江东的孙策能对他有所牵制了。

但是，人算不如天算，一个对于曹操说不清是好坏的消息传来：建安五年四月四日夜里，孙策被刺客暗杀受伤后去世，时年二十六岁。

曹操寄托于孙策身上的牵制刘表的希望破灭了，虽然也消除了孙策袭击许都的可能性，但对曹操眼前来说，还是弊大于利。

刘表现在可以无后顾之忧地盯住曹袁大战了，他在等待杀向许都的机会？还是在等待其他什么？

123

刘表是曹操目前另一大强敌，但政治资历要强于目前任何一个割据的军阀，包括袁绍与曹操。

刘表，字景升，山阳高平人，是真正的大汉皇室血统，为汉鲁恭王之后人。身长八尺有余（一百八十四厘米还多），身材伟岸，相貌如同他的名字一般，可称真正的一表，并且极具长者风度。

早期的政治品行与文韬武略更是没得说，在灵帝年间便被评议为“八顾”之一，宦官摧残党人之时，作为代表人物的刘表有幸逃亡走脱，直到朝廷因平黄巾解除党禁，刘表才得以重回政府任职，任北军中侯。

初平元年关东联盟讨董卓时，因荆州刺史王叡被孙坚袭杀，当时的朝廷任命刘表为继任荆州刺史。其实是一张空头支票，袁术兵屯荆州北地鲁阳，刘表根本就不可能进入荆州，当时的袁术已经把荆州看成了自己的囊中之物，怎会允许他人染指？

袁术当时为什么没有捷足先登？其时的荆州已经“风飘以悍，气锐以钢，有道后服，无道先强”。（汉扬雄语）荆州本有八郡：其中江南有长沙、武陵、零陵、桂阳四郡，其余四郡南阳、江陵、南郡、章陵。均在江北。州治在江南的武陵郡汉寿。

在刺史王叡的蹩脚治理下，此时的荆州“江南宗贼”盛行。宗贼，即一些按宗族关系组织起来的地方性民间武装，数量庞大，派别林立，相互攻杀抢掠不断。袁术虽有奢望，但却望而却步，仅是霸占了北端的南阳郡，对其他各郡，恰如一只馋猫面对一只肥刺猬，既舍不得放过，又不敢下口。

这时的刘表胆略非凡，单骑绕道潜入宜城，之后又表现出了自己独特的政治魄力，得到了南郡蒯氏、襄阳蔡氏等荆州大族的支持，几年下来，“江南悉平”，“开上遂光，南接五岭，北据汉川，地方数千里，带甲十余万”。

出于对付正盘踞在南阳的袁术的需要，刘表将州治移置到了江北南部的襄阳，以加强荆州北部的防守。由于刘表的礼贤下士，善待儒生，使各地士子名流逐渐聚附于此，这时的襄阳地区实际上已成为全国的学术文化中心。

刘表虽拼搏成为一方霸主，却崇尚中庸之道，热心于文治之功。建安三年（公元 198 年），刘表成功地控制了荆州八郡，使“荆州万里肃清，大小咸悦而服之。关西、兖、豫学士归者盖有千数”。（《后汉书·刘表传》）与同时的中原和其他地方的混乱对比，荆州地区可算政治稳定，名士荟萃，社会和谐。

但在混乱的年代，文治却远远不如武功，不琢磨欺负别人，必然被别人琢磨欺负，所以刘表一直面临的是东有强敌蚕食，北有巨鳄欲噬的局面。

刘表的一厢情愿是保持自己荆州的一方乐土，但在东汉的乱世，却无任何可能。儒家的学说是专为得到天下以后的人服务的，如果想用它在强权之下苟安延命，却是一副最有效的慢性毒药！

北方的两大“超霸”马上要开始对决了，这对处于弱势的刘表其实是一次机遇，不管他偏向哪一方，对另一方来说，都意味着灭顶之灾；但也意味着：等两大“超霸”剩下一个的时候，也就轮到了自己上场决斗的时候了。有没有独善其身的第三条路呢？

南阳的从事中郎韩嵩与别驾刘先替刘表这样分析：“今八方豪杰并起之时，两雄相持冀豫之际，安天下之重枢，在于将军决断：欲有所为，应趁良机起兵；然若善保，则宜择一雄相从。如拥甲十万，坐观成败，欲得中立，必将两怨；曹操善用兵，贤俊多归之，其势非袁绍能敌；若坐等其移兵荆州，恐将军不能善守。万全之策，莫若举荆州以助曹操，操必重待将军，如此长享福祚，垂之后嗣，此为将军上计。”

说穿了这个建议是给刘表摆出了非甲即乙两条路，要么出兵参与混战，否则只有投降曹操。这是从逻辑上先把刘表套住，骨头里是一种投降派的妙论：出兵助拳或浑水摸鱼肯定是不可取，那就只有投降一条路了，荆州是肯定丢定了，刘表本人是否能得到期望的厚待要决定于曹操的心情；出这个妙主意的人安全是没问题了，富贵也指日可待了。

其实所有投降或投诚的人们也是强调的这种逻辑，一般还要加上条理由：为使人民避开无妄战火，为了天下生灵免遭涂炭，为了国家不至于彻底灭亡……比古人会遮羞得多了。

刘表没听他们这一套，反而派韩嵩去许都探听曹操的态度。韩嵩先提条件：将军如果是去投降，那我愿意为使，否则我不敢去。

刘表让他解释，韩嵩说："出使朝廷，朝廷一般会封给职务，能够把它推掉当然无话，如果推辞不掉而接受了封赏，那么我韩嵩从此就是皇上的人，不是将军你的人了。"

韩嵩的这个退路留得高明，出使回来，韩嵩已经被任命为零陵太守，由于韩嵩先前有话，刘表也无可奈何。但韩嵩这个被曹操封的官总得做点事，所以就四处宣传曹操的英明伟大，这下刘表不能容忍了，抓起来要杀他，其实这种人换了谁也都会想宰他的。

关键时刻还是刘表的老婆蔡氏起了作用，说韩嵩可是个人才，哪能说杀就杀？刘表虽然不得不听"领导"的，但也是没饶过韩嵩，有生之年一直让韩嵩在监狱里做他的零陵太守。直到去世后荆州真被不孝子送给了曹操后，韩嵩才得以出狱。

最后刘表还是坚持自己"卞庄刺虎"的策略，想坐山观虎斗，以取"鹬蚌相争，渔翁得利"之效。对袁绍的求援，一概答应，就是不行动，收效是：使荆州安稳了九年，没有被拖入战争。

那么，刘表的这种策略高明吗？两千年来，别管正说的也好，戏说的也罢，论的，品的，还没有一位史家说他做得对，不过笔者认为刘表最起码在建安五年（公元200年）没做错什么，坐山观虎斗没有什么不好，所不足的是：你不能一坐就是八九年呀！

要换了孙家爷们当这个荆州牧试试？估计也会坐山观他们斗上一年，接着就该曹操倒霉了。最起码鹿死谁手尚未可知也！

但从坚持独立自主，决不降曹这点上来说，刘表还是没做错什么的。在政治立场上，刘表是坚定的，在政治决策方面刘表还是明白的。

曹操大传

【下】

子金山 著

国际文化出版公司
·北京·

目录

Contents

第三十章

战官渡之一：白马津制造千年武圣

124

为了对付庞然大物袁绍，这场战争曹操实际上已经做了两年的准备工作，早在建安三年（公元 198 年）征张绣，伐吕布的军事行动，其实就是为了尽除后顾之忧。张绣的主动归降，许都南部的威胁大减；还多了一个额外的收获：消灭了张杨及他的后继人眭固，攻取了河内郡，许都西北方向从此安全。

而建安五年元月清除董承等人的行动，则消除了来自内部的隐患；冒险出兵徐州打击刘备的成功，又使曹操对东部放下心来。现在可以以全部精力对付袁绍了。

当然，这也是在解除后顾之忧，曹操念念不忘的还是荆州。那里不仅是江汉平原的鱼米之乡，还可以东收吴越，西伏巴渝。那时候，曹操才算得上实现了自己的政治目标：将天下收入自己囊中——天下姓曹而不是姓刘。

最可贵的是，曹操通过一连串的实战，磨炼出了一支战力非凡的精兵，与初掌兖州时的三十万青州军相较，有了质的不同。更可喜的是，一大批将领已经具备了独当一面的能力，不遇紧要，曹操基本上可以真正地运筹帷幄了。

那么现在是否就具备与袁绍一决生死的优势了呢？分析一下客观事实，我们就会发现，还是不行。不管从实力还是支持战争的后续能力上，曹军还是处于明显的弱势，尤其是在双方大局的军事态势上，更是处在不利地位。

袁绍现在可以从三面包围曹操所控制的地盘：

东部由袁谭控制着黄河南岸的青州，袁军掌握着随时袭击曹操后方根据地兖州的主动权；

中部是袁绍的十余万机动部队，千里黄河防线，简直防不胜防，曹操即使把全部十多万兵力布置在那里，也是兵力单薄，处于随时挨打的境地；

西线的河内郡处境更是险恶，首先面对的是并州一州之力的威胁，而且地处黄河北岸，救援难以及时，就是想撤回河南，也绝非易事；

东南方向有降后复叛的汝南黄巾军刘辟、龚郝等部随时骚扰；正南的广陵等地，已经与孙策的江东军刀兵相见；

西南更是疏忽不得，那是袁绍的盟友刘表的荆州部队，虽然通过收降张绣，曹军控制了荆州的南阳郡，但那刘表会就此罢休吗?

当年陶谦也是以十余万步骑守徐州而兵力捉襟见肘，现在曹操实际占有徐、兖、豫三州之地，这点部队哪里能顾得过来?

具体情况，具体分析，只能解决一头是一头：命琅琊相臧霸率精兵入青州、攻齐、北海等地以牵制袁谭军，如此兖州可安；为防万一，又派东平相知兖州事程昱率兵七百人防守鄄城，以保障右翼安全；七百人能起啥作用？曹操的兵力再紧张，也曾欲增兵鄄城，但被程昱拒绝了。

程昱："兵少有兵少的好处：那袁绍若是重兵来攻，得不偿失，轻骑来犯，未必有把握破城，但若是大举增兵鄄城，袁绍必感自己左翼受到威胁，一定会重兵来攻，如此鄄城必不能保，七百弱旅对西北方向的袁绍产生不了威胁，反而会更加安全。"——程昱的胆略非凡！那袁绍如果不这么听话怎么办?

对汝南黄巾军刘辟、龚郝等部，曹操命蔡阳率部驻守叶县，以防止许都南部受到骚扰；又命裨将军李通率部与汝南太守蒲宠驻守汝南，以防江东孙策有什么意外举动。

防御荆州刘表，曹操派出的是扬武中郎将曹洪率部驻守宛县，只准监视，不准擅挑战火；而对处境危险的河内郡，曹操反而命令河内太守魏种主动攻击并州，实际上这是以攻为守之计，轻拍着别人的时候，别人也顾不上来打你了。

为策万全，又令时任厉锋校尉领广阳太守的勇将曹仁驻防阳翟，以掩护左侧背；命建武将军夏侯惇率部防守敖仓，派一部防守孟津，以掩护左侧安全，必要时策应河内的魏种。

三下五去二，曹操的机动兵力还能剩多少？不足四万，骑兵仅两千六百余骑，所以关键的还是应付正面的袁绍主力，主动攻击没那个实力，坚守黄河防线也绝无可能，只能采取战略防御姿态，而且是让出天险黄河屏障，守点不守面，实是被迫如此布置。

由许都向东北方向，曹操布置了四道防线：前哨据点为白马津，由东郡太守刘延驻守，首先阻击一旦渡河南下的袁军；二线由平虏校尉于禁率领步骑两千驻守延津，兼顾延津河防；派裨将军徐晃、张辽率步兵万人在阳武布置了第三道防线。

曹操本人则带领刘备的降将关羽和乐进、许褚诸将及郭嘉、荀攸等谋士驻扎官渡，组织指挥全局战斗，这也是通往许都的最后一个防守据点。

许都则交给了侍中兼尚书令荀彧，总理后方诸事，并指挥司隶校尉兼督关中盐运使司钟繇督运关中粮草，由督军校尉颍川太守夏侯渊督运到前军。

应该说，这是一个撅起屁股挨打的阵势，但除此之外又有什么良策？这是谋士郭嘉、荀攸共同制定的作战方案，唯一的有利之处是：能以逸待劳地根据敌情使用机动部队。

架势摆好了，就等着人家伸手来打了，令人担心的是：人家是先敲头呢，还是先朝屁股上来一脚？或许朝心窝里的——许都来一记重拳呢！事实上是三处先后都来了。

125

其实，袁绍决定出兵也不是那么容易，内部人事方面的政治斗争相当激烈，这直接影响了袁绍的决策。

袁绍有三个儿子：长子袁谭（字显思）、次子袁熙（字显雍）、幼子袁尚（字显甫）。

袁谭的品行有口皆碑，而且屡立战功，那青州其实就是袁谭打下来的；幼子袁尚长得最帅，又加上袁绍的后妻刘氏极为偏爱袁尚，枕头风当然常吹给袁绍，袁绍也惊叹小儿子的英姿美颜，便打算让袁尚作为自己的继承人。

但自古承嗣应先立长子，怎么办？袁绍便把自己老爹对自己用过的歪招用在了自己儿子身上（袁绍被过继给自己的伯父）：把袁谭过继给了自己的哥哥为后，这下长子反而成了从子，没有了继承人的资格，又任命袁谭为青州刺史，使之远离了冀州，下一步该明确袁尚为继承人了。

虽然没有来得及明确袁尚的地位，但从他不顾沮授的劝谏分配四州来看，那意思是很明白的，冀州牧的位置就是留给小儿子的。这下文武官员们也就不可避免地暗分成了两派，开始各为其主地相互拆起台来。

几个主要的谋士都已确定了自己将来效忠的对象，逢纪、审配选中的是袁尚；而辛评、郭图则拥护袁谭；这四位相互攻击是不留任何余地的，但未表态支持任何一方的田丰、沮授却遭受两方面的同时攻击，在打击这二位的时候，还有一位重要人物掺和了进来，那就是袁绍本人！

当初在曹操远征刘备时，竭力建议袁绍袭击许都的田丰现在改变态度了，该打的时候没打，现在曹操已经班师，驻军官渡，而袁绍这时反而决定进攻许都。

田丰坚决反对此时出兵："曹操既破刘备，许都不再空虚，安能避虚而击实？况曹操用兵，出神入化，计谋变化无穷，毫无轨迹可循；军虽少难以轻视，应按兵等待时机。将军现据山川而守险要，役四州之人力，地固若金汤，人四方云集，宜外结英雄，内奖农桑，后选拔精锐，觅敌之软肋，勤出而迭击，乱黄河之南。敌顾右，我攻左；敌救左，我击右，则敌必疲于奔命，人不能安。我无劳苦，敌已窘困，不出三载，即可坐胜。现弃必胜之谋略，却付成败于一战。万一不期，后悔莫及也！"

袁绍心说："前时劝出兵的是你，现在阻出兵的还是你，怎么反过来正过去都是你的理？咱俩谁是主帅呀？"决定不理睬田丰的劝阻，照常兴师。

那田丰却不顾袁绍的盛怒，竭力劝谏，袁绍实在受不了这位了，便以为敌宣传、扰乱军心的罪名，下令逮捕了田丰，脚镣手铐，囚入狱中。

同时将那才子陈琳所撰之讨曹檄文，传遍天下各州郡，先从舆论上把曹操搞臭再说。

建安五年（公元 200 年）二月，袁绍提十万大军、万余精骑进驻黎阳。大军未动之时，沮授已预感到此行不妙，便召集全族，散光了自己所有的财产，本族众人不解，沮授慨然长叹："此行功成，威无不加；战事若败，一切难保，痛哉！"

兄弟沮宗不以为然："曹操兵力脆弱，不堪一击，你的恐惧从何而来？"

沮授惨然而答：“以曹操之智谋伟略，又借天子之旗旌号令，岂得易胜？我虽克公孙瓒，军实已疲惫。况主上骄傲，部将顽劣，此战必瓦解我大军。昔日扬雄有言：‘六国愚哉！为秦王而弱周主。’正应我今日情景。”

此时袁军已与曹军隔河相望。袁绍命大将颜良，率部渡河，围攻东郡太守刘延所据守的白马，沮授谏曰：“颜良性孤僻，虽然骁勇，但非帅才，不应用其独当一面。”

袁绍心里暗暗冷笑：我之大将，又岂能是你辈所能尽知？随即不理沮授所劝，仍派颜良率军渡过黄河，威风凛凛地杀向了白马。

126

曹军中弥漫着一种“恐袁症”。

这可不是好兆头。曹操现在最需要的是做两件事：一是要让大家认识到袁绍是只纸老虎的英明论断；二是要来个初战立威。

前件事曹操早几个月就在做了，去年八月曹操初抵黎阳拒袁军时，将领们就提出过能否战胜袁绍的疑问，曹操详细地介绍了袁绍的为人与本领：“吾知绍之为人，志大而智小，色厉而胆薄，忌克而少威，兵多而分划不明，将骄而政令不一，土地虽广，粮食虽丰，适足以为吾奉也。”（《三国志·魏书·武帝纪》）

用白话来说，大意是：我最了解袁绍这哥们儿，这个人心比天高，智力却低下；表面威风无以复加，内心却胆小如鼠；多疑善妒，缺乏威信。军队虽多，部署混乱。手下将领骄傲蛮横，视政令军令为无物，各将自行其是。土地虽广袤，粮食虽丰厚，不过是为我们储备的军粮，现在就差接收这道手续了。

武人们大多都实在，太祖只要说一声：胜利就在前面！将领们马上便顿觉热血沸腾，恨不得立马驰骋疆场！

文人就心细得多了，孔融就不无忧虑地对荀彧说：“袁绍兵强，四州地广；有田丰、许攸才智之士为之谋；审配、逢纪尽忠之臣劳其事；颜良、文丑，勇冠三军，统其兵众，欲克怎易？”

荀彧回答：“绍兵虽多而法不整。田丰刚而犯上，许攸贪而不治。审配专而无谋，逢纪果而自用，此二人留知后事，若攸家犯其法，必不能纵也，不纵，攸必

为变。颜良、文丑，一夫之勇耳，可一战而擒也。”（《魏书·荀彧传》）

这里荀彧回答地有理有据，不过中间那句“若攸家犯其法，必不能纵也，不纵，攸必为变。”也未免太过于神奇了，笔者认为这肯定是作史者陈寿自己给加上的，把一个人吹乎得过于神也就假了，御用文人们连说谎都那么低劣的水平，这是把读史的后人都当成了和他们一样的傻瓜之缘故。

将士们的心理问题表面上算是解决了，要从根上除掉“恐袁症”的顽疾，却是需要做到后一件事：首战必胜！

这可并非易事，前方军报：袁绍的大将颜良，已率部渡过黄河，正在围攻白马津，东郡太守刘延正苦守待援。

曹军将领心中暗怯，据说是因为袁军中有万夫不当之勇的颜良和文丑。

其实对付袁绍的主要勇将，曹操内心早就做好了打算。身边的几个非嫡系将领刘备的原大将关羽、吕布的原勇将张辽，在战场上的勇猛名声丝毫不亚于颜良、文丑。

让他们勇将对勇将，竞争的结果肯定错不了，尤其是关羽，据说他的故主刘备已投奔了袁绍，此战关羽若能建功立业，那刘备在袁营的日子过得还能舒服吗？关羽的手上只要沾上了刘备战友的鲜血，那他也就只能死心塌地地跟着我曹操干下去了，派他打头阵，一刀劈两家。

曹操决定派关羽为主将，张辽为副将北上援救刘延，对付那万人敌颜良。现在只有一种担心了，二人所部仅五千步兵，去攻击一万多步骑的颜良，实在难有胜算，但关羽早就期待着一个立功报答曹操的机会，也从心里没看得起那个什么大将颜良，领军便要出击白马。

荀攸说话了：“我兵力太少，恐难以取胜，必须将敌之攻势分散才可。主公可先停军于延津渡口，做出北渡黄河之佯势。袁绍得此消息，必然以为我欲抄其后路，定会分兵向西阻截。此时主公再以轻骑急袭白马，乘其不备，颜良当掌握之中。”

曹操接受了荀攸之计。

袁绍得到曹操欲在延津渡口北上之敌情，果然派军向西邀击。而曹操却率关羽、张辽等将士转军直扑白马，轻骑昼夜不停，直欲袭击颜良一个猝不及防。

但还是功亏一篑，围攻白马的并非只有颜良所部，郭图为军师的淳于琼部也到了白马，及至曹操到了距白马十余里，围白马的颜良已经得到消息，大惊之余，却未恐慌，淳于琼部继续围城，颜良亲提所部主力迎战来了。

127

驰援白马的曹操仅两千轻骑，由于昼夜行军，与颜良前来迎战的部队迎面相遇时，部队已人困马乏；与此相反，颜良步骑混合的万人大军却是以逸待劳，在通往白马的必经要道布好了阵势。

曹操突然袭击的愿望破灭了，现在唯有凭实力决战，可是，对曹操来说，这几乎是一场遭遇战，两千对一万，哪来对决的实力？放弃增援白马？就算曹操突然有这个应急想法，现在也不可能了，自己的部队马力已乏，那颜良的骑兵却处于养精蓄锐的状态，能放自己逃命么？

曹操对于逆境状态的战局有着不同常人的悟性，他清楚地知道，此刻不能有任何示弱的表示，稍有犹豫，自己部队的士气便不复存在了，而颜良便连阵势都不用结了，直接开始对自己的清剿就是，所有的曹军连逃命的可能性都不会有的。

必须保持进攻姿态，颜良不会清楚曹军的实际情况，所以才提前摆好了厮杀阵势，这对于曹军来说，既是不幸，又是不幸中的万幸。不幸的是：结好了战阵的敌军更难以撼动，曹军毫无胜机；万幸的是：颜良没有采取伏击的战法，那种局面不敢设想，也不堪设想！

对于即将到来的不妙战局，曹操既清楚又无奈：这是将部队赶向颜良的虎口之中！可是在这战局突变之时，谁又能有什么应对良策？

只得本能地颁下军令：擂起战鼓，做好出击的准备！同时又暗令：不准轻举妄动，抓紧休息马力。这种局面能维持多大一会儿？曹操自己也不知道，只能稳一刻是一刻了。

左方有一地势稍高的土坡，曹操率关羽等人驰了上去，总要观察一下颜良军所布的是什么阵势吧？但愿能觅得一丝战机，或者说能得以远遁的机会。

一瞭之下，曹操的心变得“拔凉拔凉”！那颜良看来绝非浪得虚名，也不仅止于是名万夫不当之勇士，还肯定是名精于战场指挥的将才，观其布阵便知其有着丰富的战场经验，是一名从刀口里滚打出来的行家里手。

颜良的河北军衣甲鲜明，威武雄壮，结阵疏密有度；步骑弓弩诸兵种搭配合理；两翼的强弩利箭皆已开弓待发；前排的长枪军密如枪林，犹如一道用红缨组成的靓丽的风景线，只是那红缨之上闪光的枪刺却是骑兵突击的克星；每名长枪兵的身旁都有一名刀牌手，那是为了防备远距离的箭弩而准备的，如此配置，就是步兵扑到了跟前也不会占什么便宜。

关键是战阵的内层：数千铁骑隐隐可见，盔甲与刀斧相映生辉，那是蓄势待动的死神，突击受挫的敌人根本无法躲过他们犹如雷霆的万钧重击！骑兵方阵的中央麾盖摇动处，眼见得是颜良指挥中枢，如此作战，也未免有点奢侈豪华了些，却可以感到敌军主帅的气傲神闲，指挥若定，志在必胜。

曹操看了良久，沉默不语，那神情却又明显地露出了对河北军的赞叹，关羽不禁冷笑了一句："关某前去看看便回！"

曹操点头应允，正待问关羽需带多少部队同往，谁知关羽竟纵马下了土坡，单刀独骑直冲颜良大阵中央的麾盖而去！曹操大惊！急命张辽率部接应，但组织部队哪能比得了一人之行动迅速？还没等到张辽率部出动，关羽已被淹没于颜良的战阵之中。

颜良的前锋突见敌军中驰来一骑，都不明所以，大概只有两种可能：一是对方阵营中出现了窝里反，内乱致使敌将临阵倒戈；二是敌军派来军使，来接洽约战或投降事宜。不管哪种情况，都不能贸然对其伤害的。

纳闷之时，敌将已冲到阵前，冲击的速度反而加快起来，袁军几乎是本能地让开了一骑通道，目瞪口呆地看着来将直奔颜良的中军而去，人人带着迷惑不解的神情暗念着一句话：这家伙疯了？

这情形颜良也看到了，心中大疑之余便不由自主地策马前迎了几步，亲兵卫士于军阵之中却不敢乱动，呆看着自己的主将与来骑单独会了面，不过也没什么，颜将军力敌万人那是全军出了名的，或许是颜将军因事关机密，故意甩开我等，而与早约好的来骑单独会晤呢？颜良军纪极严，无将令谁敢妄动？别主动找死了。

如风驰电掣一般，关羽的单骑如同一只小船冲开了波浪，得到颜良骑阵之时，近卫铁骑竟然无人阻挡，大家其实都愣住了！

128

颜良肃杀威严的军阵中。

一瞬间敌将已来到眼前，颜良一句问话只吐出了半句："来将何人？且通姓……"那来将竟把一杆大刀向自己的胸口点来。

颜良反应极快：这不是什么军使，更不是来投诚的，是来单挑决斗的！哪遇到过此类不可思议的荒唐事呀？就是单挑厮杀，也要在两军阵前呀，这不是明来送死么？再说了，单挑俺颜良怕过甚人？来不及想了，敌将的刀尖已将到胸前，先招架住再问那下半句吧。

也莫怨颜良大意，关羽的长刀平伸，那是枪、矛、戟之类的套路，是长刀斧类兵器的大忌，重长兵器前伸，一旦被对方的兵器锁住，便等于被解除了武装，既不能上举下砍，又无法横扫平推，实是与自杀无异。

现在许多史家确凿地认定：关羽的兵器并不是什么"青龙偃月刀"，而是使用的长矛，那史书中的"羽望见良麾盖，策马刺良于万众之中，斩其首还，绍诸将莫能当者，遂解白马围"，大家在这里都只注意到了那个"刺"字，不是矛、枪，如何能刺？

其实这是由于众史家学者不懂得中华武术的缘故，碰巧笔者对此道素有研究，须知：大刀运用，素有八法：劈、撩、崩、挂、粘、抹、点、刺，刺恰是大刀高手练到功夫稍深时的用法之一，再高深些能把"锁""滚"二字运用自如的话，应是绝顶之大师级别了，关羽应该就是在这个级别之列的。

颜良也属用刀的行家，但对这种一般对阵用不着的高深武功却懒得细研，乍一遇上，一时难以反应过来是可以理解的，但当自己以刀盖住关羽虚点的刀身时，却突然大悟：兵器着不上力？来敌是名绝顶高手！

一般来讲，对刀的双方，只要占了上式的一方，那就等于占据了绝对上风，对方只有两种招法应对：回刀的同时前送刀攒击敌，以消减敌人兵器上的力度；借势下劈，躲开敌人的兵器。不过前送刀攒是一种自保的无奈应变套路，而且一般仅用于步战，马战时双方接触时间极短，是没有机会频繁反复变招的；而那下劈一般是没有目标的，取得实效极难。

颜良的大刀刚与敌刀接触，明看着双方的兵器碰上了，却突然有一种斩空的感觉，太大意了！正欲变招之际，对方的大刀竟如同柔软的长枪一样缠了上来，关羽此时是用了一个“滚”字诀，颜良急将大刀横抹，却感觉兵器怠滞，不好！敌人用了“锁”字深功！

颜良大怖，情急之下，大力硬扯回自己的大刀，却不想对方的大刀突然间疾如长矛，借自己的回力直刺过来，一声巨响，颜良胸口中招，颜良只觉得两眼一暗，一头倒撞下了战马！

关羽貌似一击，其实三变：点、滚、锁一气呵成，最后化为一个“刺”字，外人看来轻易成功，其实之中蕴含了关羽毕生功力，绝非关羽侥幸为之！仅这单骑闯阵的胆略，世上又能见几人？艺高人胆大不错，关键在于胆大方能艺高。

且看关羽之孤胆：视近在咫尺的枪林刀阵竟若无物，出击的刀尖并未回撤，而是顺势下劈，虽使不上多大力度，但也不是颜良的脖颈所能硬挡得住的，一颗大好头颅竟被齐整整地斩落！关羽刀尖微挑，那颜良的人头已飞入关羽的左手之中，眨眼间被挂在了战马项边。

待关羽抖起神威，纵马挥刀扫向群敌时，颜良的部下方才如梦初醒，恰同看见了天神临凡，恶魔降世，哪还有人敢上前过招？齐声大号，扭头乱窜，整个军阵乱成了一锅沸汤，片刻间，两翼的弓弩兵也被冲了个七零八落。

混乱之时，张辽的接应轻骑已杀到阵中，实际上现在哪里还有什么阵势了？失去指挥的士兵已经溃散了，两翼的弓弩兵先是未得主帅将令，没敢擅射，及至后来听到主帅已阵亡，已经被自己的部队给冲乱了队列，谁还能有战心？

张辽率部剿杀溃军，关羽却不屑杀戮普通士兵，就在曹操惊喜赞叹之际，一阵鸾铃响处，关羽马到坡前，人未下鞍，一颗血淋淋的人头已抛在曹操马前，关羽傲然说道：“这是那颜良的首级！”

曹操不禁惊呼：“将军真神人也！”

阵斩颜良，轻摧袁军，曹操于绝境中反而获得大胜，不但是解了白马之围，重要的是铸起了将士们战胜袁军的自信！关羽功之大可以说是无以复加，曹操当即表奏朝廷，封关羽为汉寿亭侯，至于金银赏赐之巨，则更不待说。

可是袁绍的大军主力就在对岸不远，而且后方的延津渡口对岸也赶到了无数的袁绍部队，一旦渡河，曹操的后路将被切断，如此这白马津岂不成了钓曹操这条大鱼的最佳诱饵？

曹操没有犹豫，当即决断放弃白马，携带白马津的全部辎重、牛马军械，一起退往延津。而那袁绍已经得到了痛殇颜良的噩耗，又怎会善罢甘休？

一场血战避无可避，黄河渡口，袁绍大军已经开始渡河。

129

在袁绍的谋士中有三个人值得细说，头一名便是田丰，此人看事深谋远虑，但因性情耿直，不知变通，这次南征便被袁绍关在了邺城的狱中，以至曹操闻听此信，不禁长吁一口气：“田丰没来前敌，吾无忧也！”

第二个人是现在袁绍的部下，曾是曹操旧友的许攸，这个人自小聪慧，处理军务机智多变，只是有一种当官常犯的小毛病，那就是天性贪财，他的这种行为很糟同事们的鄙视。

第三个就是沮授，与田丰和许攸不同，田、许二人不过是袁绍身边不挂长的参谋，不是有句玩笑话：参谋不挂长，放屁也不响。沮授却是有实际军权的，从前极得袁绍的信任，被授予监统内外三军的监军之职，实际上就相当于一个国家的参谋总长的角色。

早在建安四年袁绍初定灭曹大计之时，沮授便提出了自己的方案：

“我军因历年征讨公孙瓒，致使百姓疲敝，库欠存粮，赋税尤重，此国家大患！应先遣使将公孙瓒首级献捷天子，然后专务农桑，休息人民。曹操若阻隔我与天子联系，我便可名正言顺地进屯黎阳，渐侵河南之地，同时多做舟船，缮修器械，分遣精骑，包抄曹操之东西边境，令彼不得安宁，我却以逸待劳，天下可坐定。”

郭图、审配意见相反：“兵法云：十围五攻，匹敌也当能战。今以明公之神武，连河朔之强众，以伐曹操，灭曹只在翻手之间，今天迟疑，后更难图也。”

沮授反驳：“义者无敌，骄者先灭。现曹操于许都奉迎天子，我若举师南向，于义则违。胜败其实不在强弱，曹操法令严明，士卒精练，非公孙瓒之辈可比，今放弃必胜之方略，而兴无名之师，我为袁公担心也！”

郭图等人明处一句“天与不取，反受其咎！”说中了袁绍的心思；暗地却向袁绍打了小报告：沮授现在权倾内外，威震三军，日后看来难以克制啊！袁绍不免心惊，便把沮授的军权一分为三，设置三都督，沮授、郭图和淳于琼各监一军，才算心安了。

现在前方颜良兵败身亡的消息传来，袁绍立即决定全军渡河，追击曹操，为颜良复仇！沮授临上船时长叹：“主上欲急胜抒志，部下怎不贪功？悠悠黄河，渡过你容易回来难呀！我又能有甚作为！”

沮授实在不愿意随军渡河，便称身体不适，向袁绍请病假，那袁绍岂是容易糊弄的？当然不许病假，反而心恨沮授临阵欲逃，干脆把沮授所部，一并夺回拨给了郭图，现在等于把沮授的参谋长的那个“长”字给削去了。

此时曹军正在驱赶着白马的百姓、牛马以及辎重粮草沿黄河南岸退向延津，是无力阻渡袁绍的大军的，曹操只得亲自率精骑六百，断后掩护，且战且走，一开始还好些，袁军渡过河的部队数量还不多，不敢当真与曹军接战，慢慢就不行了，袁绍军越来人越多，已有一部分骑兵迫近过来。

曹操干脆放弃了断后阻截，直接率六百余骑占领了延津南阪南麓，并构筑起了一道简易阻击阵地，是欲在此阻截袁军吗？

看来不是如此，进入阵地之后，曹操便吩咐将士，抓紧卸下马鞍，尽量休息马力，只留一名哨兵站在高处监视袁军，并负责不断报告已渡过黄河之袁军的人数。

至于还在路上的辎重牛马，曹操命令全部放弃，押送的士卒集中过来准备作战。这时瞭望的士兵报告：有五六百骑正在靠近！

曹操没有理睬，一会又有士兵报：“敌骑渐多，步兵已经不可胜数了。”曹操发令：“不用再数了！”——再数下去估计自己的士兵就要心慌了。

率先渡河的袁绍军是由左将军刘备、大将文丑率领的步骑混合部队，刘备对袁绍的这次军事行动是持绝对支持态度的。自己的妻儿们生死不明，可以肯定他必陷曹营；关、张不知去向，但最大的可能也是折于曹军，那罪魁祸首便是穷凶极恶的曹操。

自己依附袁绍也是拜曹操所赐，反过来也可以说依附袁绍的目的也就是为了对抗曹操，袁绍的大军向许都逼近一步，也就等于刘备与祸福难测的妻儿兄弟距离缩短一步。现在真的与曹操打仗了，刘备虽为客卿，也是打心眼里乐意亲临前敌的。

文丑则是在袁军中与颜良齐名的勇将，平素与颜良英雄相惜，私交不错，这次听闻颜良命丧战场，尸骨无存，不禁有兔死狐悲之感，心中早已暗暗发誓，一定要用实际行动为哥们儿雪耻，不报此仇，誓不为人！

这次作为前锋渡河攻击曹操，是他主动要求的，本来亲统步骑各半的一万大军痛击鼠窜的曹操是件挺爽的事，谁知主公偏又派了那丧家之犬刘备与自己共同领军，真是霉气！不屑与这曹操的手下败将为伍，到时候战功算谁的？在后面指挥步兵等着打扫战场吧，且看俺独率铁骑在前敌建功！

文丑指挥作战是个谨慎的人，不集结到一定兵力是不会贸然向逃敌发起突击的，所以在大军陆续渡河时他一直采取的是纠缠战术，决不让曹军脱离了与自己部队的接触，就是这样的佯战，曹军看来也支持不住了，现在已缴获了大量的辎重，一场大功看来是已经到手了。

渡过河来的部队已经集结到了四千余骑了，现在是时候了，对敌人临时构筑的阻击阵地发起决定性突击的时候到了，颜良兄：今日俺要以曹操的人头祭你的在天之英灵！

130

文丑的骑兵即将发起冲锋了。

曹操手下将领们都是战场上滚打出来的行家，怎会看不出目前险恶的局势？那文丑的部队一旦冲到自己的阵地，是无论如何也抵挡不住的，没有人愿意与此简易的阵地共存亡，便竭力劝谏曹操放弃这根本不可能守住的阵地，退至延津自己的营寨。

曹操听着将士们的建议，不置可否，却以目光询问众谋士的意见。荀攸说话了："这是专门为敌人设置的诱饵呀！怎么能放弃这么好的歼敌良机？"

曹操还了荀攸一个赞赏的眼色，对于将领们的疑惑，曹操用最恰当的方式做了解释：面带微笑，气定神闲，斜靠马鞍，闭目养神。

主帅的自信其实就是部下的依靠，恐慌与自信实际上都是具有极强传染性的，那传染源就是主帅自己，有时候一场战争的胜负竟决定于主帅脸色喜忧转换的一瞬间。

瞭望的士兵又大声疾呼起来："敌军五六千骑正在向我逼近！"

将领们不能再如曹操一般悠闲养神了，纷纷奔向自己的战马，却听曹操用沉稳的声音传下了一道不可思议的军令："不用理睬他，继续休息。"

自古有句：军令如山倒！将士们只能无奈地坐下。但没有人能当真地休什么息，装神弄鬼也要看时候的！敌人的铁骑即将踏上自己的脑袋，曹操在闹什么玄虚？

瞭望的士兵看来早就忘了曹操说过的：不用再报告敌情了之将令，叫喊的声音都有些走调了：“敌军的骑兵又多了许多！已经开始冲过来了！后面的步兵多得数也数不清！”

曹操吩咐：“将阵地后面驮辎重的牛马全部赶出去。”士兵们照办了，这是给敌军送军资去了，没有人乐意的，曹操更不会这么大方。瞭望的士兵又喊了起来：“敌军在抢我们的牛马军资！”

曹操终于传下了准备作战的命令，但不是让将士们依托现有的阵地进行坚决固守，而是让将士们全部上马，准备出击。现在所有的人都明白了主帅的作战意图，可是还是不免心中忐忑，毕竟自己全部的突击兵力不满六百轻骑，如果冲入了十倍于己的敌骑之中，那是不可能有人得以生还的。

可是看着曹操自己也跨上了战马，策马于突击部队的最前列，将士们全觉得有一团火在胸中燃烧起来！自己的性命就比主公的命值钱么？去厮杀吧！在痛快的拼杀中倒下应该是最富有诗意的归去，有时候奔向死亡也并不是那么悲哀。

文丑在发令进行孤注一掷的突击时心情是相当矛盾的，现在所部全部兵力已经渡过了黄河，自己让刘备率步兵在后面跟进，主要是不愿意让那个大耳朵抢分了自己的功劳，看来这个措施是对头的。自己的骑兵由于行动迅捷，抢先一步捞到了好处，大量的敌军辎重已经被骑兵部队缴获。

为避免让后上来的刘备步兵给抢了去，当然要分出一部分人手去看守这些到手的战果，总不能老子在前面打下来，再送给后面的刘备去当战利品去吧？

正在准备发令让余下的两三千骑向敌军阵地发起最后突击时，突然从敌军阵地中涌出了更多的牛马，看那些畜生们行走的笨样子，身上肯定都驮着大量的财宝，最不济也是宝贵的军粮，怎么办？自己的部队继续冲锋？把这些驮辎重的牛马让给没出任何力气的刘备？

估计曹军是放弃阵地与辎重远逃了，论说骑兵的任务就是追上去，掩杀敌军，获取更大的战果；可是必然也会付出一定的代价，任何逃敌留下断后的肯定都是精兵，除非是突然溃败，否则不会有只顾逃命的敌人，但现在的曹军显然并没有溃败，别说那绝对会遇到的断后精兵，就是留有埋伏也是说不定的事。

而向后看去，那刘备竟然不急不躁，在指挥排列着一个防守的阵势，一步步地向这边逼近过来；自己如果放弃这无数的牛马，径直向前进击，标准的是为刘备火中取栗，让那个大耳朵坐享其成，最后以大量缴获、零伤亡的战果向主公报功，这算什么事呢？

不行！一点东西也不能留给那个缩在后面的大耳朵，到手的东西不捡那是标准的傻瓜，先捡东西后追敌，那才是鱼与熊掌都兼得的美事，打击敌人以后有的是机会，眼前的利益日后不可能再碰上，做事情总要分个轻重缓急，俺文将军明白得很，吩咐士兵，先收东西后追敌军，敌人是舍财保命，咱们是舍命不舍财。

士兵们全都兴奋了，有谁愿意拼命不愿意发财？一瞬间，冲锋的队列散了，全都奔向了牛马，以及那上面驮着的好东西。

文丑看着自己英勇的战士执行军令那么迅速，不禁得意地笑了，回望刘备，还那么慢吞吞地结阵缓行，如临大敌，真有点可怜他，就这么个笨鸟，也不知以前怎么带兵打仗的？等你赶来杀敌？黄花菜都凉了！

正感叹间，突然敌军阵地上冲出了一时数不清的铁骑，犹如一支支利箭向自己射来，敌军没有像惯例那样擂鼓呐喊，直如同一阵无声的风就刮到了自己马前，此时自己的部队却还在各自疯抢着东西，没人理睬发生了什么。

文丑稍愣神的工夫，四周已经全成了敌军的长矛大刀，随着敌军阵地上明显滞后的战鼓响起，文丑已经在惊恐中顾前顾不了后了。亲兵们也乱了，因为横冲直撞过来的不仅是曹军手中的刀枪，还有那雨点般的骑弩，谁能是金刚不坏之身？

只顷刻之间，文丑丧命于乱战之中，部队群龙无首，瞬间崩溃，幸喜都是四条腿的骑兵，逃命也极方便迅速，后方不远处就是刘备的步兵战阵，半数骑兵逃过了杀戮，被刘备的步兵给保护了起来。

刘备一看大势已去，只得命令弓弩掩护，全军缓缓而退，紧守黄河渡口阵地，曹军倒也不敢相逼，只是重新抢回了自己的牛马及辎重车辆，也缓缓退去。

不幸的是袁军不但未得到任何战利品，反而倒折进去近两千骑兵，其中千余士兵被曹军生俘，袁军自己的辎重牛马反而被曹军掳走千余头。

两阵战损两员大将，袁军人人皆惶，这时袁绍反而镇静下来了。

袁绍心里极清楚曹操想达到的目的：盼望自己知难而退，息兵罢战。你也太小瞧我袁绍了吧？我会利用你这一点的，你不是最怕我的主力渡河吗？那你就等着吧！

曹操啊！你这是在自掘坟墓。爱将的殒命，我的心情无疑是悲痛的，但我只会化悲痛为力量，变愤怒成理智，咱们就继续玩下去！

袁绍经熟虑已经谋定了新的破曹方略：正面大军步步为营，另出两路奇兵，一路袭取曹操的大后方许都；一路越嵩山截断许都与官渡之间的曹军粮道，这叫正中有奇，正奇相辅。曹操！且看你如何应付？

第三十一章

战官渡之二：两条战线两头忙

131

蔡阳的全军上了高坡，居高临下，将刘备的战阵观察得一清二楚：倒还像模像样，但蔡阳也知道那是个绣花枕头，只是外表好看，里面不过一包草而已，是经不得居高临下的骑兵速度冲击的。

国人对语言及字眼的运用早已到了出神入化的地步，同样一件事，换上个不同的字眼，那感觉立时便不同了。

写史的人用字很高明，一个字就能使一场军事行动味道全变了，比如，《三国志·魏书》中记载的曹操放弃阳武，退守最后一道防线官渡，这时的袁绍大军已经把前三道曹军防线：白马、延津、阳武全部占领了，《武帝纪》是这样用字的："公还军官渡。绍进保阳武。"

撤退的曹操是"还"军，进攻的袁绍反而是"保"阳武。绝吧？乍一看真难清楚是谁在进攻谁了。

连折两员大将，袁绍伤痛之余也接受了教训，那就是决不再分散兵力，亲提十余万大军全部渡过了黄河，部队稳步推进，步步为营，使得善于机动作战的曹军再无战机可觅。曹操只得率军步步退守，现在退到了许都的门户官渡，已经退无可退了。

而袁绍依仗兵多粮足，实际上是连摧曹军三道防线，虽然从战术角度是失利两阵，但战略部署上无疑获得了成功：曹军取得大胜的两地，现在已成为袁军的后方，大批的军粮以及各种战争物资现在可以畅通无阻地运往前线了，而且以冀、并、青、幽四州之地的粮赋，供应前线十余万人马的军需，那当然是绰绰有余的。

曹军则恰恰相反，不足四万人的步兵，能用于机动的骑兵仅两千六百余骑，而且必须死守一处关隘官渡，兵力无从展开，军粮的运输线路唯有许都至官渡一条，虽然距离近了许多，但关键是许都的存粮并不多。

更要命的是运输也不易了，已经发现有袁绍的骑兵部队不知从哪里渗透了进来，正在骚扰劫袭运粮部队，曹军却无力护路，因为官渡马上就要面临袁绍志在必得的强攻了。

袭扰曹军粮道的骑兵是袁绍派出去的。袁绍的越骑司马韩荀率一千精骑从敖仓以西偷渡了黄河，越过了嵩山，目标就是切断许都与官渡之间的粮道。现在已经开始行动了。

曹操屯田已经五年，怎么粮食反而缺乏了？这里另有原因，曹军的主要屯田地区是豫州的汝南，偏偏原汝南投降的黄巾军刘僻、龚都等部趁曹操与袁绍在北境相拒时重新叛乱，屯户们多数附从，军粮基地现在已经成了敌军的根据地。

这还不算，以前不过是一帮散兵游勇，对后方还形不成什么威胁，现在不同了，据确凿情报，那可恨的刘备竟然带着袁绍的正规军，出现在了刘僻的军中，从进兵势头看，竟然是瞄向了许都！这还了得？

这是袁绍为曹操准备的第二支奇兵，刘备素有仁义之名，在下层农民甚至黄巾余寇中有相当的号召力，让刘备去联络刘僻、龚都等人，的确是人尽其用。只不过刘备自己的部队实在是太少了，原来被曹操打散了的溃兵虽然聚集了一些人，但真能作为主力上战场的仅有赵云从老家带来的几百人。

有多大能耐就去做多大事吧，本来就是发动群众在曹操的后方闹革命的。正是：事情成功了当然是决策者的功劳，袁绍得意；失败了肯定是做具体工作的办事不力，于袁绍也无损。

这袁绍的一正两奇三支部队的确厉害！曹军主力于官渡前线应付袁绍的十万大军尚自吃力，又怎有余力对付韩荀精骑对粮道的骚扰、刘备部队对许都的侵袭？这三招恰如三只饿狼同时扑向一只护羊犬，刘备拖尾，韩荀袭腰，袁绍则是张开了血盆大口猛咬向头部，眼看曹操的厄运就要来临了。

不仅如此，又一个令曹操心烦意乱的消息传到了官渡：刚在白马立了大功的偏将军、汉寿亭侯关羽，趁回许都晋表谢封的机会，留下了曹操所赐予的所有封赏，叛逃向了袁军！并且给曹操留下告别书信，还带走了刘备的家眷妻小。

众将军无不义愤填膺，建议曹操趁关羽与刘备妻小尚未渡过黄河，立即对其进行截杀，以儆效尤。曹操长叹："彼各为其主，勿追也。"

史书记载有时候的确不大公平：关羽叛曹重归刘备，历代文人墨客都对其大书特书，赞其忠义，以致关羽死后被封神封帝，名彪千秋；而此时的曹操何尝不是在仗义放行？但大家对此都略过不提，有些戏剧、评词作家甚至还曲义歪解，说曹操心怀叵测，先欲毒酒送行，后又想骗关公下马擒之，只是由于畏惧关羽勇猛，才无奈作罢。

关羽在曹营开了小差，正在千里走单骑苦寻刘备，而刘备现在汝南却是干得风生水起，颇有起色：固然是在替袁绍当狗咬狼，那袁绍偏又不肯喂食，自己重新召集的旧部数不满千，虽有赵云重归，力量也是单薄得可怜；刘僻、龚都等部均是些散兵游勇，根本无战力可言，但打了几场小仗，许都南方的战局却是豁然开朗，曹军各城闻听刘备军到，无不踊跃献城，看来就是在曹操的阵营中，刘备的口碑也超过了曹操。

曹操现在是前门有虎，后门进狼，局面愈加恶化！

战争是一种成人的高级游戏，与人们虚拟的游戏不同，虚拟游戏的开局一般都是绝对公平的，战争这种游戏则正好相反，从来都不会公平，一旦大家感觉实力相当，这场架一般就打不起来了，现在地球上的大国们追求的所谓军事平衡就是这个意思。

这种游戏具有极强的不确定性，越是所谓专家越预测不准它的结局，至于利弊得失，就是在事后，人们往往也评估不准确，当然，随着时间的推移，人们的看法会越来越接近准确。现在我们评估东汉时代的战争，应该说人人都是专家级别的高手。

一场战役的胜负往往决定于一个极意外的因素，现在我们看到的必然结局其实在当时有许多偶然因素，曹操与袁绍的官渡之战便是如此。

应该说，到现在为止，袁绍对战役的指挥还是正确的，布阵堂堂正正，大损两阵并未失势，进攻的势头丝毫未减，战役的主动权还牢牢地控制在自己手中，不但正面战场令曹操再也无隙可乘，派往曹军背后的两支奇兵也逐步显示出了威力。

越骑司马韩荀率领的一千精骑已经将许都至官渡的粮道变成了恐怖的旅途，运粮的士兵只要上了路，劳累便成了次要的事情，最大的问题是：随时会被飞来的骑弩夺走生命。夜晚的宿营再也不能解除疲劳了，要随时准备对付不知啥时候突然临头的袭击。

没办法，本来就兵力紧张的曹军只有把宝贵的野战部队派往运粮的路途，掩护辎重也不轻松，随时都处于被动挨打的地位，敌人就像一阵风，不知何时会突然刮过来，又忽地消失得无影无踪，军粮在路途中的损失越来越大，前线的粮食供应逐感紧张。

更令曹操忧心的是汝南的刘备，那里是许都的南大门，现在刘备已经把门户打破了，素有仁义之名的刘备到了汝南简直如鱼得水，兵虽不多，号召力却大，现在已经攻占了许都东南仅六十余里的濦强，致使周围各县接连叛乱对其响应，许都已经感到了实实在在的威胁。

尤其是原来刘僻、龚都的那帮散兵游勇，现在经刘备的整顿训练，已经逐渐像一支部队样了，一旦形成战力，许都就彻底完了！最要命的是曹操竟然对此致命威胁无可奈何：官渡前线的军事态势对曹军愈见不利，正面战场的部队已经自顾不暇，实在无法抽出兵力去大后方应付危局。

132

曹操将防守阳翟的厉锋校尉领广阳太守曹仁召到了官渡前线，向曹仁谈明了自己的忧虑与无奈，当然是想打挖肉补疮的主意，但阳翟是自己的左后屏障，能抽出兵力来吗?

曹仁对整个战争的局势极为清楚：曹操的注意力只能集中于官渡，官渡若败，全盘皆输！但对刘备在后方的威胁，也决不能等闲视之，如不能及时解除，兴许与袁绍还在僵持，后方的老窝就给人掏了！还有粮道的安全，如果不能清除骚扰，那就连僵持的资格也没有了。

曹仁回答得很干脆："解决南方刘备的威胁比现在官渡的战局还要急迫，一旦刘备大军兵临京师，连救都不可能。刘备兵强马壮之后，背叛附从刘备的各城就会变得稳固了。现在刘备新指挥袁绍的部队，还不会那么得心应手，马上对其打击刻不容缓，击破刘备应该是有把握的。"

曹操等的就是曹仁的表态，深从其言，马上决定由曹仁出动阳翟所部，对尚未成大气候的刘备军实施突袭打击。

但阳翟关乎许都、官渡、河内三地安全，也极为重要，曹仁的主力还是要守在阳翟不能动用的，只能出动两千轻骑，不但要对付刘备、刘僻所部的万余大军，还要负责清剿韩荀的流动骑兵，曹仁肩上的担子格外沉重！

而现在已经占领灈强的刘备因为曾在许都的朝廷中任过职，时间虽短，人缘却好，曹仁的部队还未出动，刘备便已得到消息：曹仁的骑兵马上就要对许都东北的韩荀开始围剿了，现在进军许都，正是时机！

袁绍在派刘备来汝南时交代给刘备的任务不是袭击许都，袁绍不认为刘备有这个能力，将自己的大部队交给刘备指挥也难以放心，只是让刘备带着他自己的部去援助刘僻，能对曹军起到牵制骚扰的作用就算完成任务了。

而刘备的能量显然超过了袁绍的估计，自到达刘僻部之后，不仅极大地鼓舞了刘僻、龚都所部的士气，而且率这帮以前只会种田、抢掠的农民军竟兵不血刃地收服了数城，令刘僻、龚都等不得不服气了。

现在刘将军要带他们进军京师了，大家都极为兴奋，与刘备所想的不一样，大家关注的是许都的金银财宝肯定比汝南要多；刘备的目的是袭破许都，接出天子，自己便成了拯救汉室的第一功臣，那曹操自然也就大势去也。

但刘备也知道进军许都绝不是一件轻而易举的事情，自己能恶战的部队有限，刘僻、龚都的部队真上了战场能起多大作用谁也说不准，这是一帮毫无军纪可言的乌合之众，真破了许都，谁能约束他们都是个大问题。

首先要教给他们什么是纪律，改掉抢掠百姓的恶习，要让他们知道违犯军纪是要掉脑袋的；再就是要让他们学会几套基本阵法，不然遇到敌军的步兵还好说，拼不过还能逃命，要是逢上敌军的骑兵，那就只有待宰的份儿了。

只是不知道韩荀的精骑面对曹仁能支持多久，曹军能否给自己充足的时间来整训刘僻的部队？只能尽力而为了，吩咐赵云率自己的千余老兵对许都方向实施警戒，刘备自己亲自训练刘僻部简单的作战阵法，估计三五天便能勉强向许都开拔了。

刘备盘算得挺美，其实曹仁连三五个时辰也不会给他了。那曹仁对奇袭作战相当内行，对外宣称要进剿韩荀，实际上根本没理睬运输路上的事情，两千轻骑昼夜不停，绕过许都，直扑灙强！不，没有直接扑向灙强，而是绕过灙强，先堵住了刘备南逃荆州的去路，回师扑向了刘备！

阴差阳错，曹仁此举竟无意中绕过了赵云的警戒部队，致使刘备毫无防备地遭到来自背后的袭击。当时刘僻的步兵还在刘备的指挥下演练着克制骑兵的阵法，突然间就从演习进入了实战！

哪知现学的曲唱不得，刚学的战阵毫无用处，士兵们一发现曹军的骑兵，全都慌了神，转身就跑，就没有一个人想到：自己这两条腿，如何能跑得过四条腿？

曹仁曾随曹操经历过荥阳惨败，自己当时带的兵也是初经战阵的农民军，遇到徐荣西凉铁骑突击时的恐怖，曹仁直到现在还记忆犹新。现在曹仁就是在原样克隆当年西凉铁骑的战法：一阵战鼓，猛扑上去，见人就砍，先摧毁敌人抵抗的意志再说。

效果极佳！没遇到像样的抵抗，曹仁的骑兵如同几只猛虎进了羊群，战士们简直就是在享受杀戮的快感了。而曹仁本人却不理睬刘僻的乱兵，马不停蹄地直扑向刘备，逮不住刘备，这胜利也就大打了折扣。

战场经验丰富的刘备岂是这么容易逮到的？刘备早已把逃命战术锻炼得炉火纯青，一见曹军从正南出现，便醒悟到事情不妙，几乎是本能地策马就溜。

等到曹仁驱开乱兵扑到刘备的指挥位置时，刘备连同他那几名亲兵早就不见了踪影，曹仁只有把气撒在刘僻部身上，趁胜势提军摧毁了刘僻的大营，那刘僻的万余大军竟然如鸟兽散，瞬间不复存在。

刘备直接逃到了赵云的部队中，自己这千余老兵没遭到损失，应该是刘备的极大幸运。现在投向何处呢？袁绍的心胸狭窄、事无决断，刘备已经亲自领教了，跟着他继续把这个客卿做下去？看来前途不大光明。但现在投奔荆州刘表却不是时候，刘备极清楚那曹仁就在去荆州的必经之路上等着自己，再说，对袁绍总要有个交代，不告而别不是刘备的行事作风。

之前投降自己的那几个县现在肯定指望不得，善于观风变向的人一般都能坚持这种老传统，再变回去那是可以预料到的必然现象，别自己送上门去找不舒服了，说不定一下成就了人家，让人家在曹操那儿立上一个抓住刘备的大功。

无奈之下，刘备还是选择了重新回到袁绍的大军中去。当机立断，偃旗息鼓，部队连夜西行，迂回向孟津渡口，一路之上，刘备不禁暗怨：袁绍如果稍微加强一下自己的兵力，何至落得如此功败垂成？

获胜的曹仁行动更为迅速，表面上部队正在忙于收复叛乱的各县，实际上那不过是他一半的部队，曹仁自己精选了一千轻骑，连夜插向了许都与官渡之间的鸡洛山区，那里是袁绍的部将韩荀活动频繁的地区，曹仁要乘其不备，实施长途奔袭，打他个猝不及防！

运气这次又站到了曹军一边。

韩荀现在已经不能像刚来到鸡洛山中那样，对曹军的运粮部队肆意劫掠了。曹操的护粮部队现在一般都在几千人以上，韩荀只能集中他的一千精骑，实行突然袭击，冲上去放把火就走的作战方式，就这样还要事先选好既利于突击又利于撤退的地形，这种两面兼顾的地形不是太多，以至于运粮的曹军对将会在哪里遭劫都基本有数了。

长途奔袭到鸡洛山的曹仁也发现了这种位置。他立即命令全部骑兵隐蔽在利于骑兵逃跑的方向，抓紧休息马力，以火光为号，待命出击，作战命令极为简单：不准放走袁军的一人一骑！

不幸的韩荀恰巧也看准了这个地方，确凿情报：今天将有千辆曹军的辎重车队经过鸡洛山，韩荀还是准备冲上去，烧掉就溜号。

车队来了，韩荀的骑兵全部出动，轻易地突破了曹军护粮部队的防线，火也点起来了，略有损伤的部队也顺利地撤下来了，谁知正好一头扎进了曹仁刚刚布好的埋伏圈！

长途奔袭的曹仁部队以逸待劳，韩荀在惊慌之中被好像从天而降的曹仁砍走了脑袋，部队群龙无首，外围又被赶上来的曹军护粮部队包了个严严实实，一战竟至全军覆没，未能逃走一骑！

自此，官渡的曹军后方威胁已全部解除，曹仁立下了不世之功！但此时的曹操却连表奏奖赏都无心思了：曹操这边的形势恰与后方相反，战局逐渐恶化，官渡的外围战已经失败，现在已经谈不上什么相持了，已处于被围攻的状态。

133

史书上记载的东西最容易使人糊涂了，即使不同的史书能相互印证的也不例外。

例如，在《三国志》与《后汉书》中都有一段记载，曹、袁两军在建安五年四月进行完白马、延津之战后，被剥夺了军权的袁绍谋士沮授这样向袁绍建议：“北兵虽众，而劲果不及南军；南军谷少，而资储不如此。南幸于急战，北利在缓师。宜徐持久，旷以日月。”绍不从。

这意思就是说：我军虽然人多，但不如曹军精锐，曹军虽精悍，但粮草储备不如我军，所以敌军利在速决，我军宜在持久，给他把战事拖下去，硬熬就会把曹军熬垮。大家注意后面的三个字：绍不从。

这就是说，袁绍不听从沮授的高明建议，一意孤行地进行了速战。

是这样吗？让我们看一下战役进程：袁绍四月便占领了曹军的第三道防线阳武，这里其实就是曹军的最后一道防线——官渡的外围阵地，相距百里之遥，但直到八月，袁绍的十万大军才逐步逼近了官渡，平均一天前进不到一华里，还要怎样再缓？

很明显，袁绍是听从了沮授的建议，并没有急于与曹军决战，而是步步为营，日日缓逼，稳操战役的主动权，直到压迫得曹军终于受不住了，以至于不得不在极不利的态势下出来作战。

这时的袁绍其实是极为沉得住气的，很明白怎样才能万无一失地战胜曹军，要说不足之处，那就是在两支派往曹操后方之奇兵的兵力配备上有点失策。假如狠狠心交给刘备一万精兵，那将会如何？要知道，刘备以自己千余弱旅便已攻占了许都的南大门，离曹操的老巢许都还有不足六十里，步兵也一日可达，那样的话，曹操还能在官渡坚持下去吗？

趁其回军救京师，出动大军掩杀其后，大胜当在情理之中，这样一来，中国的历史也将改变轨迹了。

再就是对派出骚扰曹军粮道的韩荀军也应该给予策应，胜曹军的关键在于切断曹军的后勤供应，千余的韩荀轻骑是官渡曹操大军咽喉上的利刃，不应该就这么让他给轻易地折断。

袁绍手边除十万步兵外，还掌握着万余铁骑，即使全部派往曹军粮道也不会影响与曹军的相持，按照“好钢用在刀刃上”的理论，把韩荀这把杀鸡刀加强成牛刀也不为过！总胜过让韩荀部队孤单无援、全军覆没得好。

即便如此，袁绍用兵的方略也逐渐显露出了巨大的优势，曹操的主力在与袁军的对峙中陷入了困境。《三国志》载：“太祖与绍相持日久，百姓疲乏，多叛应绍，军食乏。”这应该是袁绍听从沮授建议的明证。

曹操实在忍不住了，这袁绍欺人太甚，十余万大军，东西连营数十里，隐隐已对官渡形成半包围态势。曹操也只得分兵与其对抗，但这样一来兵力更显单薄了。

将士们心中也渐感恐慌，从前线的将军到后方许都的文武官员，不少聪明人士已开始暗暗地准备后路，竞相秘密地与将来可能的主人通信联系。还是国人那句老话：识时务者为俊杰！俊杰——谁不愿意争当？

必须打一仗了！要给后方的官员们一个安慰，要给前线的将士们一个振奋，要给袁绍的部队一个打击，趁还没有开始那决定生死的攻守战，把部队拉出去，在机动作战中灭掉袁军的威风！

曹操还是老战斗作风，身先士卒！亲率手边不足万人的部队开出了官渡的防守工事，只可惜这是以步兵为主力组成的部队，只能结阵前进，在灵活机动方面当然有所不足了。

袁绍见曹操率军前来野战，不禁大喜，能将你的有生力量消灭在营寨外，当然对将来的攻坚大为有利。立即命令前部稍微后移，给曹军腾出厮杀战场，强弓劲弩封锁住曹军两侧的去路，又听从郭图的建议，从数里外的两翼军营中，各出动一军，迂回向曹军的背后，切断曹操的归路，力求全歼出动的曹军。

曹操见袁绍的部队未经厮杀便主动后撤，感觉正是突击的良机，才欲下令结束布阵，立即冲锋，忽见两侧箭弩如飞蝗般飞来，当即醒悟：这是袁绍在给自己让出厮杀战场，这场仗是硬碰硬，没有什么大便宜可占。那就拼一场吧，只要摸清了袁绍的指挥位置，还是要冒险突击一下的。

改令刀牌兵前移，防住敌人的弓弩，宝贵的骑兵居中待命突击，长枪军做好应付敌骑突击的准备，全军原地结阵，等待敌军出动应战，曹操本人则极力分辨袁军的传令骑来往于何处，只要弄清你袁绍的中枢之所在，那就对不起了！

只见对面袁军队列不断变幻，已经开始缓缓逼近，却不见敌军的主力骑兵出现，敌人在等待什么？

曹操不禁狐疑，丰富的战场经验使他本能地命令瞭望哨注意两侧远方，尤其是远处的侧后，瞭望哨惊报："左右后方均有尘土扬起！"

曹操立刻明白：袁绍欲包自己的饺子！一时来不及细想，立即传令全军速退，今天这仗不跟你打了！

等到全军开始向后移动，已经迟了，对面袁绍的骑兵突然发起了冲锋，两侧的大批步兵也同时包抄过来，已经接到撤退命令的曹军阵形开始乱了。

向后方的官渡方向望去，眼见得袁军迂回的部队已经合拢，曹操大惊！所幸的是位于中军自己的骑兵尚未移动，曹操立即传令：张辽、徐晃率骑兵断后，许褚、乐进带自己的虎士卫队全力开道，杀回官渡。

两侧的步兵已经交上了手，现在的曹军处于三面被攻的不利态势，处于有利地位的袁军得势不饶人，杀声连天，箭弩如雨，曹军的伤亡眼见大增。

所幸且战且退的曹军并未溃乱，舍命开路的许褚、乐进极其骁勇，许褚手下的"虎士"们又个个是豁得上性命的主儿，终于在抄后路的袁军中间撕开了一道裂缝，总算无比狼狈地退回了官渡大营。

曹操计点士卒，一战损失了三成有余，从此再也不敢出营。现在双方的战局开始了一个新的阶段，不再是相持了，是庞大的袁军开始了围攻战，而曹军自然处于没有退路的苦守状态中了。

没有退路还不是最可怕的，最可怕的事情是看不到希望！

134

"故用兵之法，十则围之，五则攻之，倍则分之，敌则能战之，少则能逃之，不若则能避之。故小敌之坚，大敌之擒也。"（《孙子兵法·谋攻》）

不少古代军事发烧友对官渡之战中袁绍的用兵表示了不屑，三倍于曹操的兵力，为什么不把缩成一团的曹军给包围起来？那样的话光是饿也能把曹军饿垮呀。

这就是上面《孙子兵法》上所说，根据双方兵力应该采取何种战术的问题了。按《孙子兵法》所说，没有十倍于敌军的兵力，是不可能八面包围敌军的，这账好算得很：包围敌军，属平均分配兵力，而被围的军队却有随时集中一点的主动权，一旦敌军突围或突出作战，全局上不十倍于敌，在局部上就极难组织起强于敌军的兵力。

按史载，“绍既并四州之地，众数十万……于是简精兵十万，骑万匹，欲出攻许”。几场外围战下来，袁绍兵损不过万，也就是说，现在袁军还应有精兵十万出头；而曹军呢？总数史未详载，但从曹操孤注一掷地抽调二线兵力集中于官渡前线来看，总数应该三万出头，所以袁绍不可能进行包围全歼的战法，处于守势的曹军阵势密集，也无法进行分割逐步围歼，现在采取的半包围态势的进攻战术应该是正确的。

从官渡发生战事以来，曹操在关羽出走后便抽调了几乎所有能抽调的部将来到了官渡，守宛城的曹洪、守阳翟的曹仁、扬武将军张绣，还有撤出阳武的徐晃，现在也已经集中起了所有能集中的兵力固守官渡。

只是因为这官渡实在丢不起，官渡地处鸿沟上游，在东汉末年是许都北面的门户，为汴水的起点。当时的鸿沟运河西连巩洛，东下淮泗，而官渡实为邺城进军许都的陆上交通要道加水路枢纽。官渡若失，许都便将直接面对袁军的攻击。

官渡无城，曹操是据要道结营寨固守，袁绍则针锋相对，沿官渡外围依托沙堆扎下十余处营寨，立足于慢打硬耗；逼得曹操只得分营十余处相拒，这样一来，曹军能用来机动作战的兵力已经不足万人。

但是要想轻易地攻破一个营寨却不是那么容易的，即使攻方人再多，能实际接触作战的肯定还是少于防守的人，因为守军可以密集排列，进攻方却绝对不能，贴近营寨后，守军的檑木、巨石便使士兵的盾牌失去了护身的作用。

这里有一个关键处：就是守军处于居高临下的位置，高大的寨墙既是进攻者难以逾越的障碍，又能掩护守军不受攻击，所以，进攻方即便是付出数倍于守方的伤亡，能否接近至寨墙也是难说的事。

对官渡曹操营寨的进攻，袁绍接受了谋士们的意见，从一开始就把它演化成了争夺高度的战斗，袁军没有直接进攻营寨，而是在离寨墙一定距离的地方聚起了无数的土山，等到快要堆到与曹军营寨等高的时候又用树木在上面搭起了高高的木架，由步兵掩护着弓弩兵上到木架的阁楼之上，这下攻守双方的地利交换了。

居高临下的袁军弓弩兵得意了，曹军寨墙内被一览无余，守军的檑石等防守重器不能及远，用不上，所有的防守士兵都成了袁军弓弩的靶子。士兵们人人自危，几乎所有的人蹲在工事内还要头顶着盾牌，这日子怎么过得下去？

随着高架之上袁军得意的嘲笑声，传来的还有时刻不绝于耳的“战前消息”：讨伐曹操的战前檄文、诱惑士兵们放下武器的优惠条件、青兖二州的家乡小调、巨额悬赏曹操首级的战地公告，连爷爷割下身、亲爹买太尉、曹操本人小时偷媳妇、大了玩寡妇的韵事都编成了段子，长篇连载了出来。

精神原子弹的威力更是非同小可，曹军的士气日益低下，而将军与谋士们却是无可奈何。有人建议不计伤亡也要出击拆了那些武攻文骂的高架平台，被曹操阻止了，那正中袁绍的下怀，他就等着曹军出来送死呢。

冷兵器时代的对空作战的确有难度，以弓弩兵对射了一天曹操便发觉不妥，箭矢这东西造难耗易，对有阁楼严密防护的敌人很难造成有效的杀伤力，却要把大量的宝贵利器白送予敌军。也许这就是袁绍的最根本目的之一，箭矢耗用完了，那曹营也就到了被攻破的时候。

怎样摧毁那些高架上的阁楼呢？人到急处自生智，曹操也当了一回发明家，琢磨出了一种能抛掷石块的车子，具体是什么原理史未详载，也没有实物给后人留下来，大体判断与近代西方的掷石机原理可能不大相同，应该是在特定的地理环境下使用的一种能拖拽或推着前进的车子。

这种车子应该有一根或两根长杆，在顺置的杆子顶端设一个能放石块的装置，利用车子的惯性，在高速使车子前进时强制车子突停，使长杆高速变向竖起，借其力把石块抛甩向前方，估计准头肯定不会那么尽如人意，但如果多了呢？漫天乱飞的石块那威势肯定是相当惊人的。

咱是凭空想象，没做过实验，人家曹操却是没经过实验也完成了这项用于实战的发明。效果极好，袁军土山上的高橹射楼全被摧毁，恐惧的袁军给曹操的发明起了个威风的名字：霹雳车！

实施空中打击的袁军受挫后并没有气馁，立即由空中转向了地下，与曹操玩开了地道战。

135

在地下挖洞作为运兵路线，既不是袁绍首创也非最后一人，去年曹操偷渡安众突破刘表截击，摆脱张绣穷追时就是用的这一手，后世的人们更是把这种战术发挥到了极致。

袁绍的地下作业有相当的隐蔽性，原因是之前在曹军的寨外聚起了连绵的土山，开挖地道的最大的难点就是挖出的土堆放在哪里。对于袁绍来说不存在这一点，加高土山就是了。

一旦所有施工的地道都挖进了寨墙，而且曹军又没发觉的话，那就算是大功告成了，夜半三更，大家突然破开出口，那还不如同天兵突降？不对，从地下钻出来的，比喻不大准确，应该是如同鬼魅般出现在曹军面前！

这里有个前提，那就是绝不能被曹操发觉，如果发觉了那就另当别论了。有寨前的土山作为掩护，曹操能发觉吗？还就是从土山上出了漏子，致使袁军暴露了作战意图。

一日，曹操在巡寨时突然觉得寨外的废土山哪儿有点不大对劲，左右告诉曹操：这是袁军在加高土山，何时再发石打击请曹操指示。

曹操细察那被加高的土山之泥土颜色，心中已经有数：黄河流域的地层，由于是被决口的黄水带来的泥沙，数年一层地淤积而成，地下的泥土几乎是尺余一个颜色，细心的人很容易就能断定这些泥土来自于多深的地下，恰巧曹操就是那个比细心人还心细的人。

马上传令下去，在自己寨墙的内侧开挖一条深两人、宽一人的长壕，将士们有些不解：怎么护寨壕还要开挖在自己的寨墙里面？这是什么防守工事？

凡是当官的人都喜欢故弄玄虚，以显示自己的大智大慧，简单的事情也要让它复杂化，像那锦囊妙计到时再拆之类的把戏，都是人为地增加神秘感。

曹操当然也不会例外，不会提前向将士们解释什么，当然也不会有人傻到去怀疑领袖英明的地步，长壕工程当即开始动工。

曹营的内外敌我双方现在都在积极地施工，地下地上同时干得热火朝天。曹操又给士兵们加了一样活路：准备充足的水源，看来是要往完工的长壕里灌水作为障碍了。

还是不会有人提出异议的，虽然怎么看也觉得这是在障碍自己；已猜出曹操真实目的的谋士们更不会多嘴，只会在事后显得恍然大悟的样子，这是一个优秀部下的基本素质。

露天作业毕竟速度快得多，曹操的寨内长壕先竣工了。曹操现在对将士们不再保密，命令他们全天候监视长壕的外壁，发现有人掏洞进来也不要声张，只要来客爬不出长壕，就坚决耐心地等下去，出现另一种情况便要开始往长壕里灌足水：来客想从洞里往回开溜的时候。

一切如袁绍所料，数不清的地道已经在土山的掩护下顺利地挖进了曹营；一切也如曹操所料，曹营内现在也能感觉到地下的动静了。袁绍总攻突袭的时刻到了；曹操引水入壕的时刻也要到了。

袁军在地下施工的士兵突然一镬捅了个空，万幸时间是在晚上，看来没有惊动曹军。伸头出去听了听，没有动静，看了看，是在一个壕沟的底部。袁军陆续钻出了地道，大家都很自觉地轻手轻脚不发一语，几乎所有的地道都挖到了长壕内的出口，长壕里的突击队员们越来越多，曹军还没有任何动静，形势看来大好，不是小好！

只是有一点麻烦，进来的袁军怎么也没预料到有这么一道讨厌的深壕，没有携带任何登高器具，两人搭人梯看来也难攀上去，被困在壕中的袁军有点沉不住气了，出了洞的士兵想退回去，可是后面的还在继续往前挤，怎么可能像逛大街一般都走右边，进退自如？

随着袁军弄出的动静越来越大，长壕上面的曹军再也无法装着听不见了，突然一阵锣响，营寨内火把一齐燃起，将长壕里外照得亮如白昼，挤在深壕内的袁军士兵几乎给吓晕了过去，没有任何反抗与还击的能力，这大概就是猪羊等家畜在待宰前的感觉！

连请求投降的资格也没有了，上面劈头盖脸地浇下了冷水。长壕里倒是存不下能淹死人的水，但是还在地洞里的士兵就真正有口难言了，随着冷水与泥浆的涌入，进也不得，退也不能，只有被活活闷死一条路了。人临死前的挣扎是有超常气力的，但是没有用，狭窄的地洞里施展不开任何力气，现在人人脑海里只剩下了一种感觉：恐怖与绝望混合的感觉！

随着水量的加大，几乎所有的地洞都塌方了，当然也有士兵们在里面挣扎的原因，这下更惨了，源源不断的大水开始积存，后退之路彻底断绝了，没有退出地洞的士兵的尸体成了地洞的填充物！长壕内的士兵更是经历了死亡前的恐怖，连淹死的都不是，是被活活埋葬的，因为后来曹军储备的水不足了，便把刚挖出的泥土重新填回了深壕！

天亮时分，一切如常，长壕不见了，连一具尸体也没有，几乎没有夜里发生了战斗的痕迹。曹操心中一动：还是坑杀活路做得干净！

袁绍的地道战彻底失败了，接受的经验教训是异常深刻的，袁绍再次改变了战术：放弃强攻，把“困”字坚持到底。

这下如同巨石压在了曹操的软肋上，军粮渐乏的曹军开始坚持不住了！不仅如此，后方又传来紧急军报：从曹仁手里逃脱的刘备，现在又回到了汝南，与龚都的黄巾余部合兵在了一起，声势重振，许都危急！

136

曹操与袁绍的主力全黏在了官渡，但二位主帅的目光却并没有只盯在这里，曹操盯的是双方的粮道，既担心自己的，又准备破坏敌人的；袁绍关注的是曹操的大后方，既盼着刘表能助自己一把，抄了曹操的后路，又渴望着许都南方曹操的将领中有几个窝里反的，重赏之下，岂无勇夫？

袁绍盯上的是现在占据着汝南郡两个县的阳安都尉李通，李通在曹操征讨张绣的战争中曾立大功，但战后论功行赏时仅被委任一个管理两个县的都尉，而且辖地处于对抗刘表的前沿，相对许都来说，是地处僻壤。

袁绍分析李通肯定不会那么满意曹操的吝啬，于是便遣使拜李通为征南将军，也就是说可以统领荆、豫二州，成为国家的四镇将军之一，如此高官，谁能不动心？

首先李通的部属、亲戚们心动眼热了，甚至鼻涕一把泪两行地劝说李通弃曹附袁：“现孤危独守，大援无望，灾祸随时天降，不如且从袁绍。”

李通大怒，按剑训斥：“曹公明哲，必定天下。绍虽强盛，而任使无方，终为之虏耳。吾以死不贰！”《三国志 · 李通传》

李通不但把袁绍所送征南将军印绶送到官渡前线的曹操手中，而且干脆把袁绍的使者砍掉了脑袋，也送到了官渡前线，只不过是送到了袁绍大营。

这下袁绍对李通算是断了念想，正好刘备带本部残兵回到了官渡前线，对于刘备的功败垂成，袁绍自己心中也明白该怨谁，怎样继续发挥刘备的余热呢？

刘备建议：自己带本部官兵，出使荆州刘表处，凭五百年前是一家的面子，说动刘表进军许都，许都若危，曹操又怎会坚持在官渡？一旦撤军，袁军从背后掩杀，当可必胜。

袁绍这次没糊涂，清楚刘备这皇帝本家的面子有多大，刘表一直是干打雷不下雨，刘备去了也未必就是行雨的龙王爷，还是少说空话办点实事吧。现在汝南还有龚都的数千黄巾余部在活动，能把他们组织起来对许都骚扰一番，比等待刘表出兵现实得多。

其实刘备的根本目的也不过就是想让袁绍给自己补充一下粮食军备，对于在袁绍的英明指挥下战胜曹操？刘备看不到希望，自荐出使荆州不过是借机逃离沉船，虽然在所有人的眼里，袁军的形势一片大好，但刘备太了解曹操了，自问在军事指挥上要强于袁绍，但也不是曹操的对手，时间拖下去，究竟对谁有利？刘备看好曹操。

补充粮食军备的目的达到了，再让袁绍给自己增加兵员是不可能的。袁绍还是坚信自己在官渡必然能战胜曹操，一切还是要以官渡前线为重，刘备只得率自己的原班人马顺着原路绕回汝南。

刘备确实像一颗火种，点在哪里哪里就是通红一片，与龚都挂上钩之后，刘备接受了上次先闹动静后练兵的教训，先是帮助龚都整顿部队纪律，同时演练基本阵法，尤其是步兵克制骑兵的基本战具、器材，更是尽力添置。时不过月，龚都的部队面貌竟焕然一新，至于实战水平？还没有机会试过，不大好看外表断战力。

机会来了，刘备在许都南部大练兵的信息传到了曹操耳中，曹操虽然被官渡的战局纠缠得焦头烂额，还是掂量出了此消息的分量，刘备做强，许都必不保，到那时官渡的苦战也就失去了任何意义！

但目前曹操自己已是朝不保夕的状态，焉有余力对付刘备？

飞骑传令现驻叶城的守将蔡阳，出动其本部军马，打击刘备、龚都部。蔡阳接令大喜！为什么？这蔡阳是曹营中少数几个不服关羽的将领之一，自关羽无功居高位，蔡阳心中便极不忿，及至后来关羽在白马前线于万军之中取颜良之首，蔡阳更是不屑，认为那只不过是众人追星心理作怪，演义加神话罢了。关羽的故主刘备是颜良的战友，谁知关羽怎么骗得颜良对自己不备暗下毒手？不然万军阵中，怎么接近敌军主帅？

他认定关羽是个先背叛刘备，苟且偷生；后暗杀故主同僚，卖主求荣；直至辜负曹公信任，逃离曹营，反复无常的小人！这等龌龊之徒，一旦俺蔡阳遇上，没说的，一刀两断便是！

现在曹操令自己去讨伐关羽正欲投奔的主人刘备，怎不让蔡阳兴奋异常？先宰了关羽的主人，俺蔡阳威扬天下、青史留名当在今日也！

蔡阳连步兵也不屑出动，点起本部轻骑两千，杀向了刘备的乌合之众！前些时曹仁将军不也是以两千轻骑杀得刘备、刘僻万余军马丢盔卸甲吗？现在据确报，刘备、龚都不过五六千人，骑兵不过数百，蔡将军一到，那还不如同摧枯拉朽！

137

轻骑行进神速，前方探骑来报：三里之遥有刘备结成的步兵方阵。蔡阳暗叹刘备自不量力，竟敢以野战结阵对抗轻骑，这不是自寻死路么？熟悉骑兵战法的蔡阳当即命令控制行进速度，恢复马力，准备冲锋，誓一举摧垮敌阵，力争生擒刘备于阵中。

等到能遥看刘备战阵之地，蔡阳不禁大乐：那刘备原来根本不懂得如何防御骑兵，在地形选择上竟然布阵于一个高坡的下方半里之远，正好适应骑兵速度的发挥，连居高临下的基本战场知识都不懂，怎么能活到现在？也算是奇事一桩。

蔡阳的全军上了高坡，居高临下，将刘备的战阵观察得一清二楚：倒还像模像样，但蔡阳也知道那是个绣花枕头，只是外表好看，里面不过一包草而已，是经不得居高临下的骑兵速度冲击的。

只是为将之道，用兵理当谨慎，先试攻侦察敌军战力，做到知己知彼，方算万全。还是来次火力侦察吧。

吩咐六百骑突击敌阵，主要的目的在于探踏一下进攻路线是否安全，那一溜下坡的杂树林不能让蔡阳放心，莫要被敌军设置些绊马索之类的玩意儿。

高坡上的蔡阳对整个战况看得十分清楚，随着自己的手势，战鼓响起，六百轻骑扑下了高坡，一路顺利，树丛中没有什么障碍；下面的方阵中也响起了战鼓，敌人的步兵方阵缓缓后移，不好！蔡阳分明看见了闪出来的木马、绊栏，蔡阳知道，这下坡冲起来的速度成了自己部队的克星，谁能在高速运动中拦住冲起来的群马？

眼睁睁看着自己的轻骑人仰马翻，一片混乱，敌阵中忽然鼓点一变，铺天盖地的箭矢飞向了自己混乱的骑兵，敌阵中两翼忽然突出两支长枪军，包抄向了继续前冲的轻骑，不能看着自己的前锋全部被围歼吧？蔡阳现在才知道刘备并非等闲之辈，沉不住气了，尤其是那两翼领军的将领骁勇无比，简直是在肆意杀戮自己的士兵，左右告诉蔡阳，那就是刘备的部下赵云与黄巾军的首领龚都。

蔡阳率全军冲了下去！获胜只有一条路：直捣敌军方阵，救出自己残存的战士。

谁知下冲到高坡一半时，突然迎面冲上来了敌人的骑兵，蔡阳大骇！迎面微笑着的领军敌将不是别人，正是自己挖空心思欲捕捉的刘备！蔡阳知道完了，敌人是在等着自己送上门去挨宰的！

肯定会有朋友不解：居高临下，正好持地利厮杀，那蔡阳不会武艺么？《三国演义》中黄忠居高临下冲斩夏侯渊，不就是这种形势吗？这是大家上了罗贯中老先生的大当，也可能是罗老先生没亲自骑过战马的缘故：实际上骑马从高处冲下的过程中，骑手是没有任何攻击与防守能力的！全身必须后仰，速度快或坡度大时骑手几乎是躺在战马上，怎能厮杀？

上行的骑手就不同了，身体前伏，马速虽慢却不影响施展招数，所以，骑兵冲锋厮杀，最有利的地形是平原地带，一旦被人在下冲的时候施以兵刃，其实与躺在马上等着挨一刀没有什么区别，再高的武艺也是无法施展的。

冲下高坡的群马是无法停蹄的，更不可能滚下战马，那样肯定会被后面的铁蹄踏成肉泥。只有一种缥缈的机会，那就是撞向敌骑，同归于尽，但在杂树丛生的地带，这种机会几乎等于零，敌人尽可以提前避在诸多的树障后面，只用兵器招呼就行了。

不仅如此，那树上竟还隐藏着无数的弓弩手，对躺在马上的敌人，连瞄准都不需要，乱箭射去就是了。数人落马，全军即乱，刘备轻松地将送到跟前的蔡阳砍下了脑袋，蔡阳两千轻骑全军覆没，无一骑漏网。

久违了胜利滋味的刘备部队士气大振，龚都的部队当然也趾高气扬起来，把刘备简直看成了神仙下凡，尤其是还捉住了近千名俘虏，刘备一番战地教育，俘虏便摇身一变成了刘备的部队。

有蔡阳的部队带路，那叶县还不容易攻克？谁还防备自己出征的将士？刘备这时露出了一个高明战术家的绝活：并没有占领唾手可得的叶县，反而率全军退守汝南，且下严令禁止任何招惹曹军的攻城战。

为什么？刘备深知树大招风的道理，守城的官吏只要城不失，没有愿意主动多事向上级汇报不利消息的，这样就能给自己留下尽可能多一点的扩练部队的时间，以利于将来对更大作战目标动手。那个目标就是突袭并占领许都。

刘备知道自己离进军许都的实力还早呢，数千士兵，能控制汝南全境也是不可能的，现在总算有个落脚之地，眼下最紧迫的是招兵买马，扩充队伍，筹措军粮，安抚汝南一隅的百姓，然后徐图进取。进军许都还要取决于袁曹官渡的战况。

刘备的喜事接二连三，阵斩蔡阳的消息传播得极快，给刘备带来了一个意外的惊喜：辗转千里寻找刘备的关羽终于得到了刘备的确切驻地，带着刘备全家赶到了汝南，刘备夫妻们得以团聚，对关羽之情更是难以用语言表达！夫妻重聚、知己重逢，更催英雄泪沾巾！

张飞也带着数百老兵从芒砀山中赶到了汝南，喜上加喜的是还带回了一个如花似玉、尚带稚气的小娘子，几令众人慕煞！刘、关、张、赵重聚汝南，四方零散旧部也陆续云集，刘备的人马又过万了。

现在能打许都的主意吗？应该是时候了，官渡前线的曹操现在又到了屋漏偏遇连阴雨的时候。

第三十二章

战官渡之三：东汉版猫和老鼠

138

九月天高，万木凋零，叶黄草枯，秋风萧索。

长空雁啼南归去，危寨人忧北望回。

曹操夜不能寐，微服巡营，迎面扑来的北地之风已略带寒意，位处前敌的军营虽然仍免不了一股肃杀之气，但已感到了凄凉无处不在。

唯有高杆吊斗上轮值瞭望的士兵手中变幻的烛光，以及巡逻将士手中的火把，使人意识到尚在人间，却不能让人觉得安全就在近旁，曹操心里明白：地狱就在咫尺！

对空、对地，两战皆胜，但丝毫未能改变曹军处于困境的劣势，相反，却把袁绍训练成了一只更加狡猾的老猫，从此再也不向它欲染指的鼠洞探爪，而是极为耐心地等在曹军的营寨之外，一旦曹军出洞，那双足以置曹军于死地的利爪就会凌空拍下，恍惚间，曹操真有如一只被狸猫堵在洞里的老鼠的感觉。

曹操部下也不乏铁血将军，数次向曹操求战出击。曹操摇摇头：他知道好斗的将军耐不住屈辱的寂寞，想用战场的鲜血洗去胸中的郁闷，哪怕是用自己的热血也在所不辞！

但是此时不能啊，不能！那正是袁绍盼的，杀敌一千，自损八百，就是袁军倍损于自己，曹军也赔不起，更何况胜利的机会就像这旌旗上之秋霜，一阵微风，即成幻影。

情景与心情，既如梦，亦如诗。只可惜，梦是噩境，诗是悲歌！

远方敌营中不时响起悠长哨箭，曹操知道，那是袁绍在向自己招呼：投降吧！给你生命。抑或是在提醒自己：退军吧！给你自由！

是啊，曹操眼下的处境如同囚徒，被袁绍的十万大军关押在官渡这所大牢房中。

还不如囚徒，囚徒还有放风的享受、越狱的想象，而曹军的放风便是走向被戮的刑场，曹军的越狱即是认输退军。

曹操只有一条路：杀死所有的看守！有那种可能吗？曹操不敢想，也不能想，全国人民都有权利意淫强国，唯有曹操不能。

以前的曹操只信两个字，那就是：坚持！现实最冷酷：这里不如袁绍的囚牢！囚牢里有人供应牢饭；官渡的曹营却是连牢饭也快供应不上了，怎么坚持？

秋天将过，严冬还会远吗？霜降立冬来小雪，大雪冬至三九天，人不凉天凉，天未凉心凉，难道我当初的决定是错的？

大丈夫也有为难处，真英雄时常亦心灰。

曹操欲撤军南归固守许都，这些想法写进一封书信里，以绝密的渠道寄给了留守京师的荀彧。

事遇为难思智士，人逢绝境问良师。

现在曹操接到了荀彧来自许都的回书，致使曹操辗转反侧，耳旁仿佛一直在回响着荀彧那几乎是声泪俱下的劝谏：

“彧以为：袁绍集全力聚官渡，实欲与主公决生死。主公以弱旅而抗强军，若不能制敌，必为敌所乘，官渡虽微地，实天下之机枢。然察袁绍：布衣之雄，草莽之徒，虽能聚其众，不能用人长。以公之神武睿智，而辅以顺天决断，何愁不克敌制胜？

“今我军粮虽少，仍强于楚、汉在荥阳、成皋之际。当时刘、项谁敢先退？先退者必大势骤去！今公以袁绍兵力十分之一，画地而守，扼其咽喉而使其不得进咫尺，时已半载，我军之效力明鉴。危情见于双方，势竭不分敌我，恒心坚持，必将有变，歼袁军正是大好良机，万不可错过！”

荀彧所谏，曹操何尝不明？求计问策，实乃心理盼助！

回到军帐，以荀彧之回书求计于贾诩，贾诩坦率直言："公明智胜袁绍，勇武胜袁绍，用人胜袁绍，决机胜袁绍，有此四胜而半年不胜，乃公用兵过于周全，此时当应用奇兵之时，必须当机立断，遇有战机，即便冒险，也当出击，则胜利不远也！"

一番话，曹操犹如醍醐灌顶。是的，敌强我弱，怎会有万全之计？不冒险怎能速胜？坐守与待毙无异！

问计于贾诩之时，荀攸也在，对贾诩之言，荀攸也深以为然，随即建议：连夜派出三员虎将，曹仁、徐晃、史涣，各领精锐步骑，相互配合作战，突袭袁军粮道，立即出击！

为什么这么急促？白日探子来报：袁绍运谷车数千乘，来到故市，押运将领韩猛。荀攸却是知道韩猛其人，性勇而急躁，由徐晃、史涣副将截击，再加曹仁掩护，应该一击可破。

如同老司机坐在乘客座，其实那感觉还不如自己开。曹操遣将出征，心中更为忐忑，人在寨中，心随军去，真正的度日如年！及至天色渐晚，出击部队信息皆无，暗悔临出送行时怎不交代：随机而动，却敌为次，全师而归为重！

营寨已举灯，忽听寨后得胜鼓响，曹操心中狂喜，面上尽力不动声色，双脚却不由自主移出军帐，之前曹操迎过哪个？实是内心极为企盼一点：将士们能劫来救命的军粮！

曹操也知道，这愿望变成现实极为缥缈：那袁绍的十万大军环围十余里，焉会坐视曹军载重而归？部队暗去偷回，能不遭大损即是万幸，若能焚毁敌资，即是中彩，满载而归？只能是愿望而已。

果然，徐晃回报：出击部队三面突袭，战事顺利，斩韩猛而焚敌车，我军伤亡微不足道。曹操口中嘉奖慰问，心里隐隐失落，可惜那付之一炬的粮食啊！看来人心无足时。

虽损敌成功，但己未受益，此出击行动除稍振将士士气外对曹军厄势并无大助。曹操对战争前景还是不敢看好，虽然在所有人面前都显得信心十足，但心里的苦楚永远只有自己知道。

尤其是中午曹操曾对自己的运粮部队夸下了海口：

"却十五日为汝破绍，不复劳汝矣。"（《三国志·武帝纪》）

十五天内大破袁绍！大话说出去了，如何兑现？曹操没想过，为什么？因为曹操心里更明白：自己的部队无论如何也坚持不了十五天了，不能胜袁军，必然全军溃散，是用不着兑现的。

而这次焚毁袁军粮车，对袁绍的影响能有多大？屁股上挨了一记重巴掌，既没伤筋，也没动骨，仅是疼了一下而已。

倒起了相反的作用：袁绍对运粮部队加强了防范，加派了重兵护卫，最要曹军命的是：运输行动成为最高机密，曹军已经绝对打探不出辎重部队行动的具体时间了！

至于行军路线？除了袁绍统帅部几个少数铁杆，任何人也别想知道！

139

别看袁绍对曹的作战败多胜少，但袁绍心里现在反而更安定了。他明白，曹操现在是真正被自己困住了，前面的八个月，恰如一个人在娘肚子里的时间，是痛苦的孕期，现在“胜利”这个婴儿即将早产了！袁绍好似已经听到了婴儿第一声响亮的啼哭。

对于曹营内部的情况，袁绍几乎是一清二楚，因为他已经收存了大量曹营人员通过各种渠道送来的密信。曹操的军粮将尽，而且许都的存粮也逐渐供应不上官渡所需了，只要自己再按目前的方略坚持下去，就能生擒快要饿毙的曹操，一想到那时的情景，袁绍不由心里一阵激动。

自己已经阵亡了几员心爱的大将，但只能理解为必须要交的学费，谁是天生的圣人？不与曹操打几仗，又怎知曹军战斗力的强悍？摸着石头过河么，走点弯路是允许的。

自从渡过黄河，自己基本上就是依从着沮授建议的用兵方略，不求速胜，耐心地与曹操熬下去，沮授这个家伙真是个令人讨厌的鬼才！等战争结束了，一定要好好重用他，但现在不行，现在这家伙太喜欢多嘴了，好像这个世界上就他一个人聪明，比如：大军路过延津时的建议，就明明不对么，如当时听了你的，哪来的眼下的好局面？

沮授在袁绍大军欲渡黄河时建议：部队主力于延津待机，遣军一部试攻官渡，如战事顺利，则大军跟进；如不利，则大军可以掩护部队撤回，主力坚持背靠自己的根据地冀州，与曹军长期耗下去，曹军必溃！如举师动出，一旦战事不如人愿，大军将退无所归，局面将一发不可收拾！

这哪里是作战？是在光天化日之下公开要无赖么！人过于保守了就是愚蠢了，谨慎也应该根据敌我双方实力的对比，数倍于敌军，后勤供应又优于敌军，不全军出动缠斗，难道要施行添油战术吗？让敌人零刀碎切我有生力量？

刚才又来出馊主意，要我派出蒋奇部队为即将到来的粮队做掩护，说防备曹军再次劫粮。多此一举！现在的护粮部队已经达到数万人，并且由大将淳于琼率将军淳于仲简、督将眭元进、骑督韩莒子、吕威璜、赵叡等一同押运，可以说是万无一失！那曹操总共能有多少人马？全军会不会出动劫粮？官渡老窝不要了？

再说了，他如何能知道我军何时粮到何处？现在凭空出动警戒部队，岂不是去给曹操下通知：我军有很贵重的东西马上就要到了，快来抢吧！真是迂腐，焉不闻：机密胜似百万雄兵！

正感叹自己英明伟大之际，谋士许攸求见，袁绍心里正有事要传许攸，正好他就送上门来了，可见，有时候人大概真有预感，你正想打他几板子，睁眼一看：他那儿早把屁股撅好了！

许攸自开战以来还一谋未参，心中着实忐忑，自己是袁绍统帅部里参与机密大事的少数几人中之一，对曹操的现状，他与袁绍一样清楚。眼看大胜在即，别落个国家一统了，自己还寸功未立，到时候哪会得到丰厚赏赐？

进得军帐，许攸没注意袁绍的脸色，只是把思虑已久的一条妙计郑重地谈了出来：

“曹操兵力穷尽，悉师官渡拒我，许都留守兵力必定空弱。若遣轻骑，分军星夜掩袭，许都破拔，曹操定然束手。即使其军未溃，亦可令其首尾不能相顾，疲于奔命，破之必也。”

妙计出口，许久不见袁绍夸赞：先生大才！许攸偷眼观察，袁绍的脸色阴晴不定，竟然起身背对自己来回踱步，像是在举棋不定，又像是欲下什么重大决心。

许攸没有估计错，这时的袁绍的确是在沉思，但沉思的内容却是许攸做梦也梦不到的！袁绍在犹豫：是立即逮捕许攸呢，还是等战后再说？

接到留守邺城的审配来信好几天了，这许攸的侄儿涉嫌贪贿，已被在押；据初步调查，贪贿的背后还有许攸的影子。怎么处理？袁绍一直犹豫不决：

贪腐固然可恨，可是天下哪里去找干净的当官的？都抓了？这个政权还不就立即垮台了？人家毕竟还有个亲属做挡箭牌么，这是官员们躲避惩罚的老套路，作为最高领导人的袁绍心里能不清楚这种小儿伎俩？

恶疾用不得猛药，虎狼之药会死人的！袁绍现在这个政权就是个得了血癌的病人，贪腐的癌细胞已经在政权的骨髓中扎了根，整个政权的血液已经被感染毒化，与其移植骨髓、换掉全部充满病毒的血液，那还不如在病态中寿终正寝呢！

再说许攸也是执政者圈内的人，贪点不贪点毕竟是小节，何况还有个侄子在前边顶着，哪个当官的亲属不趁树有荫乘点凉？睁只眼闭只眼吧！免得拔出萝卜带出泥。

至于许攸献的所谓妙计，袁绍压根没考虑，眼前马上就要摘到胜利的果实了，又何必分兵找那麻烦？兵派少了等于去给敌人送战果，派多了又肯定会影响官渡之战局，万无一失的做法就是继续坚持，直至胜利！

不过许攸能来献计就已经说明了他的态度，采纳不采纳两说，对这种积极性还是应该给予鼓励安慰的。袁绍主意已定，正待开口抚慰几句，突然又一转念：哪能现在夸他？不给他个处分总得警告他一下吧？为了以后好管理也要敲打敲打这家伙！

转过身来，鼻腔里冷冷地哼了一声，从公文袋里抽出了邺城来函，扔在许攸的面前，自己去看吧！嘴上却说："许都肯定是要打下来的，不过要等我在此地活捉了曹贼之后！"

许攸略一浏览，面色红涨，无言以答，唯唯告退。袁绍又怎知就是他刚才这转念之间，已经将自己及全军推向了无底深渊！

用许攸之计不失为一条险计；不用则不失为万全之策；本来也可以鼓励几句；再退一步，为了眼前的战事，也应该不动声色。

教给大家一句真言：宁可得罪君子，万莫得罪小人！

这许攸却偏是一个真小人，他是这样寻思的：自己的侄儿被捕；自己是否受牵连尚不定；所献妙策不被重视；那自己该怎么办？当然不能让袁绍得到胜利！要尽全力让他一败涂地，要让袁绍死了都会后悔得头撞棺材板！

这就是袁、曹官渡之战最后决战前夜发生的偶然事件，就是这个小小的偶然，改变了袁军大胜的必然！其实历史上好多重大事件都是始发于一个小偶然，就像一句名言：一只蝴蝶一次不经意地扇动翅膀，兴许在大洋的对岸诱发一场飓风！

历史轨迹的拐弯处，通常都有一个偶然的坐标。

140

许攸溜出了袁绍大营，作为袁绍统帅部的高参，中下级步卒是没有权力过问他的行踪的，谁知道领导要去执行什么秘密任务？所以许攸很顺利地到达了曹营。

曹操对眼前的战局一筹莫展，在军帐中已经脱衣上榻，几夜没有真正合眼，就此苦熬下去，第一个在精神上、体力上坚持不住的非曹操莫属了。

军士来报：寨外暗哨捕获一名袁军奸细，此人怪怪的，非要我们立即来向曹将军通报，说是将军的旧友许攸到了。

曹操惊喜之下，困意全无，竟然连鞋袜也顾不上穿了，光着脚便冲出了营帐，直觉告诉他：救星到了！

对于曹操这种罕见的迎客方式，曹操的亲侍左右简直傻了眼，有的人竟然极为紧张起来，最为紧张的当属“虎士”队长许褚，不速之客与曹操什么关系？

当然唯有曹操自己知道，可许褚却马虎不得，前几天便有一个熟客差点要了曹操的命去！

那是另一个曹操的亲信卫士，姓徐，名字极怪：他等。这位他等侍卫极清楚目前的形势：眼看曹军就要完蛋了，不如提早一步干掉曹操，献给袁绍后，还不得封侯拜将？但他更清楚许褚的本事，有许褚常侍曹操左右，是绝对没有成功机会的。

终于瞅准了许褚休班的日子，这徐他等豁上了，想求富贵怎能不冒点风险？便怀揣利刃去体贴地侍候曹操。许褚那天虽然轮值休息，回到自己宿舍竟然眼皮乱跳，心慌不安，估计古时候人常有什么心灵感应之类的现象吧，便立即回去值班侍候曹操。

他等侍卫怎么也没想到许褚回来加班，进入曹操大帐内突然见到许褚，大为惊愕。心中有鬼脸色未能如常，许褚觉察到不对劲，便按照宁可错杀一千不可放过一个的原则，当即击杀他等。

人死后搜出利刃，周围人无不佩服许褚的先知先觉，只不知假如搜不出凶器，许褚该怎样为自己的行动解释？论法应该杀人抵命吧？看来与许褚这种无限忠于领袖的人做同事，也是一件很危险的事。

从此曹操更加亲信许褚，出入同行，不离左右，估计将来中央警卫团长的角色就是许褚了！

今天例外，曹操赤着脚拉着来客进了军帐，竟然不让许褚跟进去！只是吩咐许褚弄点简单的酒菜来，说是要与老友作彻夜尽兴畅谈，并说了：任何人不得靠近打扰，包括许褚在内的近侍，谁听到一句谈话，立即处死！

许褚掂量出了来客的分量，送上酒菜便带领卫士远远地退开，严密封锁了大帐四周，让他们哥俩喝个痛快、聊个尽兴吧，打定了主意：就是袁军夜袭曹营，许褚也不会允许任何人打搅曹操的。

许攸对曹操这种超乎寻常的热情似乎早有预料，摆出一副处之泰然的神情，笑眯眯地欣赏着曹操的作秀表演。只听曹操哈哈大笑："你终于来了！我的大事成也！"

许攸却顾不上续旧情、道客气，刚坐下便冷冷地甩给了曹操一句："袁绍军盛势大，准备怎么对付？贵军还有多少存粮？"

曹操满不在乎："不算多，一年仅够。"

许攸面色突然严肃："别开玩笑，重新说！"

曹操态度也跟着严肃起来："说实话，半年！"

许攸眼盯住曹操，脸上似笑非笑："怎么？你不想击败袁绍了？跟我也不说实话？"

曹操神情凝重，像是下了重大的决心，眼扫帐外，压低声音："刚才的确是在开玩笑，其实仅剩一个月的粮食了！我现在正焦虑啊！"

许攸叹了口气，知道无论如何也得不到曹操的实话的，便干脆打开天窗说亮话了："你现在孤军困守官渡，外无援兵，军粮已尽！现在是你的危机关头！"

这下轮到曹操不动声色了，曹操是个明白人：许攸骤然来投，进门无寒暄，先点明战局恶劣，话锋直指军粮，这正是曹军的命脉，既然许攸主动捅破了，就没有曹操答话的必要了，静等许攸说下去就是了。

果然，许攸更清楚时间的紧迫，自己绕不起圈子："今天有袁绍的辎重车一万辆，夜屯驻在故市、乌巢，护粮部队主将淳于琼，虽率五名副将，步骑万人；但其人向来粗心，治军松懈，现在又远离前线，守卫不可能严备；马上以精兵轻骑突袭，出其不意而至，给他一把火烧个精光！不出三天，袁绍必然全军崩溃！"

如此准确的情报送上门来，曹操心中狂喜，大恩不言谢，随即请许攸另帐休息，呼许褚火速通知军中主要将领、谋士，立即来大帐议事。

141

不一刻众人聚齐，听曹操略讲军情，竟然集体反对出兵！

大家的理由很简单：一个十几年没谋过面的旧友，又是袁军中的高级参谋，突然在曹操最需要的时候，携带如此重大机密来投诚，怎不令人生疑？一旦是袁绍用计，全军将速败！最明显的疑点是：袁绍能不知道军粮是全军的命根子？护粮焉能不派精兵？就算许攸真心来降，一切都如其所述，又怎能对付淳于琼等六将的万人大军？

对于能集结出动多少部队，大家心里都有数，绝对超不过敌押运军的数字，这种冒险仗，当然还是不打最好；这时荀攸说话了：机不可失，时不再来，现在正是冒险一战的时候！

可惜支持荀攸意见的仅有贾诩一人，这两人其实并不是在冒险支持曹操的意见，而是理解曹操目前的处境：不冒此险，无异于待毙不久的他日，与其束手，何妨行险求得一逞？

曹操断然支持了少数派的意见，所有将领仅留曹洪一人与谋士们坚守大营，其余将领，包括自告奋勇愿意带路的许攸，随曹操本人率军立即出动，全部打上袁军的旗号，力争天亮前赶到乌巢。能出动的机动部队能有多少呢？步骑各半，总数五千兵而已！

《孙子兵法》言：倍则攻之。意思是说，我军倍于敌军，才可以攻打。但现在曹操竟然以五千步骑去偷袭人家的一万强兵，是敌军倍于我军，如此侥幸用兵，胜机何在？

况且乌巢距官渡四十余里，曹军偷动，需从寨后绕出二十余里，骑兵力量单薄，不能孤军疾行，而步兵徒步六十里后，必将疲乏不堪，即便行军快速，到达预定战场也肯定天已大亮，袁军之淳于琼部却正好以逸待劳，以万军战五千，胜负概率不堪细思！

尤其是徒步长途行军的士兵竟然还要负重赶路，负何重？干柴呀！去烧敌军粮车，敌军临时歇兵宿营之地，又哪来的引火柴草？所以每名突击队员必须随身自背干柴一捆，以作火种，可谓未战先苦，劳极再战。

五千兵行军浩荡，夜静音更远播，保密几无可能，一旦袁绍警觉，举师围歼，那所有参加夜袭之人员就等于踏上了不归路，这是真正的孤注一掷，是先将自己置于死地，能否后生？生机缥缈！

曹操身为全军主帅，涉险前敌；将领、谋士们并无一人劝阻，不是将军们觉得临死也要扯上曹操垫背，而是此刻的将士们太理解主帅了！振奋全军士气，舍此无他途！若要曹操在家坐等胜率极小的战果，那其实更加累心，对于曹操来说，实不如亲临前敌厮杀舒服痛快。

一般来说，一支部队的最高指挥官上了最前沿，绝对不是什么好事，那只能昭示：局势已恶化到了极点！主帅在以命博胜机！

那现在也应该感受到了曹操的处境，曹军其时恰如将千钧系于一发，绝地能否逢生？谁也说不准！

风息人少语，夜半月无情。
茫茫前路暗，闪闪短刀明。
将军心沉重，战士血欲凝。
魂随征人去，梦里喊杀声！

绕过袁绍大营已五里之遥，曹操耳听将士们磕磕绊绊的行军脚步，心如火燎！这样摸黑前行，天亮也难至中途！天光大亮之后，那沿途的袁军又岂是瞎子！就算不来阻截，只要回报袁绍，自己连同这五千将士也就算送入虎口了！

既然已经冒险，索性让他险上再险！已经孤注一掷了，还有何顾虑？立即传令，全军点燃火把，不要顾虑声响嘈杂，一切我都不管，我只要天亮到乌巢就行。

霎时，数里大队成了一条蜿蜒的火龙，行军速度何止加快了一倍？目标：乌巢！

沿途袁军设防相当严密，关卡暗哨，层层道道，不管谁来询问，都是一个答复：是大将蒋奇所部，连夜奉命助防乌巢。还啰唆什么？不想要脑袋了？执行紧急军务之时，遇阻杀无赦！

俗话说：灯下暗！曹军人人火把高举，照亮的是上方袁军的旗号，而火把下的士兵却是黑压压一片，又有军师许攸随军，至于袁军当天的口令？——许攸这高级参谋当然没有不知道的机密，沿途袁军没有人敢盘查什么令箭、路引。

再说了，骄横的蒋奇士兵能让哥儿们盘验么？只怕是还没靠近，一个大嘴巴就先挨上了！算了吧，多一事不如少一事，你走你的阳关道，俺睡俺的回笼觉也！

皇天不负意坚人！天已大亮了，乌巢也到了，到了立即突击袁军辎重营寨的关键时刻！跋涉一宿，没有人觉得困苦，是心情紧张忘了吗？应该说也有此成分，但主要原因却不是紧张，而是突然间所有的人都惊呆了！

一阵战鼓骤然响起！原以为那防备松懈的淳于琼军竟然好似有备！随着战鼓如雷贯耳，淳于琼率大军杀出了营寨！

第三十三章

战官渡之四：孤注一掷的最后豪赌

142

世界上的事情，大多不是以人们的意志为转移的。

曹操虽行险举火行军，并身先士卒，不惜体力透支，顽强催军疾行，但毕竟是连绕带摸六十余里，即便是白天行军，也非半日可达。所以，强行赶到乌巢，天还是亮了好一阵，趁黑夜突破敌军营寨的愿望终于还是没能实现。

而清晨时分淳于琼便接到了伏路军士的急报：一支虽打着我军旗号，但肯定不是我军的部队正向我营接近。

淳于琼并未慌乱，他并不怕遇到曹军，否则还要他这个大将带着这万人大军在此作甚？一面紧急通报不远宿营故市的督将眭元进、骑督韩莒子，一面飞骑禀报官渡大营的袁绍，并警报全军，固守寨墙。

北来迎接粮车的部队主力在淳于琼手中，故市的眭元进、韩莒子不过各领千人，能护住故市不失，即算万幸。谁知道曹操出动了几支人马，淳于琼只要能守住乌巢屯粮车的营寨，便是完成了任务，淳于琼决心以寨墙为依托，死守待援。

等看到了曹军的影子，淳于琼的心理起了变化：就这么点人马，也敢长途奔袭乌巢大军，我淳于琼的部队都是田里吓唬鸟雀的稻草人不成？他决定集结部队，出寨迎敌。能全歼来敌，岂不是曹操送上门来的功名富贵？

淳于琼所率护粮部队也都是袁军精锐，其战力在整个袁绍部队中也是首屈一指的，淳于琼本人不但素以武力著称，而且热衷于战场厮杀，是属于闻见血腥味就异常兴奋的那类人，此时率部杀出了营寨，实是欲在战场上痛快地爽一把，有此良机，何不潇洒走一回？

曹军的将领们于震惊之后都把目光转向了曹操，那眼睛里无不飘飞着一个看得见的问号：是啊，我军疲惫，敌军看来有备，又是以逸待劳，这偷袭的仗还打不打了？

事情容不得曹操犹豫，连思索的都没有时间了，眼看着那杀出的淳于琼军

正在排列阵势，若战阵列好，曹军连一丝胜机也将不复存在了！曹操几乎是本能地催马前行，准备将自己作箭头，射向敌军主将淳于琼。

战马欲驰之时，忽然感觉不妥，如此死拼硬冲，岂不正中敌军下怀？以饥乏之师强击敌逸饱之军，哪来的胜算？可是又拖延不得，再有片刻，敌军战阵将成，那时欲待接近，也成妄想了！

人分两种：一种是遇急便思维皆空；一种是遇急头脑反明。曹操两者均有，所以逢此急难，心头登时一片空明，谓之急中生智也！

急出来的智一般是不计后果的，曹操也不会例外，急促传令：全军化整为零，诸将各领军五百，分散包围敌寨，绕到上风头的部队随时举火烧寨，而曹操自己则带许褚部百余“虎士”直击正面的淳于琼大军！马上行动。

什么叫以卵击石？什么是飞蛾扑火？曹操现在同时演绎两个成语，不，还在同时解释另外两个：自寻死路与孤注一掷！

是曹操突然忆起了许褚百名“虎士”破阳武，还是想起了关羽独骑单刀斩颜良？一时也来不及替曹操猜想，曹操便以行动压制了将领们的疑虑与犹豫，曹操等百余骑已经冲上去了！其他将领却不能随在他身后，只有严格地执行曹操下达的简单而又不容置疑的命令，十余支小分队分散围向了淳于琼的粮车营寨。

淳于琼正在挥旗指挥士兵列阵，突见不远的曹军如同天女散花一般，围向了自己的大营，淳于琼大惊失色，这曹军想干吗？难道没看见本将军在此列阵？来不及判断，容不得细思，大将的可贵之处就在于随机应变，吩咐两翼的弓弩、轻骑紧急驰援营寨两侧，诸兵种相互配合的战阵是列不成了，步兵只有层层叠叠谨守营寨大门。

对面卷过来一团旋风！战士皆默语，轻骑蹄生烟，数仅百余，无声却有势；

快疾如箭，恰似离弓弦，赫然发觉：那处于箭头位置的不是别人，正是淳于琼在白马见过的曹操！

淳于琼心头一阵惊悸，一阵狂喜，一阵激动，一阵迷茫，今天是俺的大吉之日，还是大限来临？是暂退回寨内固守，还是迎接这送到手边的富贵？将军的血性占了上风，淳于琼竟然大喊起来："兄弟们让开！这曹操是本将军的！"

这次士兵们执行军令格外坚决，行动也异常迅速。为什么呢？士兵们可没有淳于将军贪功的愿望，一听曹操来了，如同听到恶魔出了那只小瓶子，魂都近乎吓飞！最前面的几个士兵竟然脱手将自己手中的长枪向来骑掷了过去，转身就逃！这是否跟希腊古时奥运会标枪运动学会的招数？

淳于琼可不是什么软柿子，手中大刀一摆催马迎了上去，不能活擒，一刀劈了曹操，不也是绝大功劳一件？只是敌人的马速已经达到了最高速，硬碰硬是绝对不行的，只要顶过了曹操这一冲之势，一切便都好办了，活捉曹操都是有可能的。

淳于琼几乎热血沸腾，与曹操能正面交手，怎不使人豪情万丈？大刀不由得在半空挽了两个漂亮的刀花！两骑马上就要迎面相交了！

143

怨不得曹操带头拼命，官渡之战若败，全部曹军即陷入不覆之深渊，即便曹操本人能侥幸逃脱，那时天下虽大，也难有曹操匿身之地，其实是生不如死！与其窜回苟延残喘，何不如血染沙场，轰轰烈烈一生，痛痛快快归去？

曹操既生拼命之心，眼中又哪还会有敌人多寡强弱之分？一时双目若喷火，气血涌两腮，须发皆竖，面目狰狞，恶狠狠地纵马扑向淳于琼！袁军士兵早就传说曹操是红眼绿发，形似恶魔，今日一见，除颜色有别，恐怖更甚！一个个无不身酥手软，欲逃两脚偏不听自己使唤，惊呼已直嗓，战场上竟然响起一片鬼嚎之声！

偏那淳于琼是个胆大包天、泼皮亡命之徒，沙场之上一贯逢强愈恶，头脑冷静，见曹操这般模样，心中反而大乐。暗暗左拨战马，准备让过曹操的直冲之势，给曹操脑后来上一刀，即大功入囊，万事大吉。

如果把曹操所率许褚等百余“虎士”比作一支利箭，那曹操无疑就是箭镞，而箭尖便是曹操手中所持之骑槊，此时的曹操根本就没有理睬淳于琼让马之举动，心中只有一个念头：将淳于琼一击毙命！

眼看二人瞬间即见生死，淳于琼的战马已经按主人双腿的力度恰如其分地左偏，让开了三步之距，淳于琼将大刀横举已经齐胸，只待平抹斩了曹操！眼睛好似一花，曹操的右前竟凭空多出一骑来！

只见一将膀宽腰圆，形如恶煞，胯下战马好似已惊，直向淳于琼撞将过来，其手中的大砍刀却对准淳于琼迎头劈来！淳于琼不得不先招架一招再说了。

这位就是许褚。他看出了情况的不妙，心中如遭雷击，可曹操马速比自己还快，怎能赶上救援？情急之下，手中的大刀后攒狠狠地刺向自己的战马，战马屁股如中箭矢，登时皮翻血喷，霎时惊狂，人急拼命，马急狂奔，竟然越过了曹操，使许褚与淳于琼交上了第一手。

双方大刀刃对刃交碰在了半空！恰如“咔嚓嚓”在半空中打了一个霹雳，巨响声中火花四溅，估计两人的兵器经此一下，也俱都废了！

兵器废不废是以后的事，二人同时都明白自己的两件东西已经立时废了：淳于琼明白的是自己的双臂，巨力震下，竟好似脱了臼，原姿势上举一时不能下落；那许褚却明白自己的战马废了，竟不服从自己的控制，直向前奔去！而淳于琼却因此没有丧命当场，许褚来不及给淳于琼第二下，已经冲入了淳于琼的乱军之中。

最让淳于琼值得庆幸的是，曹操也无法将骑槊刺向自己，许褚一阻之间，曹操的战马也冲过了一个马身，连转身变招也不可能了，曹操几乎是本能地将骑槊后杆捅向了淳于琼的后腰，淳于琼惊悸之下避无可避，后背之上重重地挨了一下，一头撞下马来！

等曹操盘回战马，淳于琼的亲兵卫士已经团团护住了受伤的淳于琼，其中不乏几个对淳于琼极为忠实的，也有几个在淳于琼的熏陶之下敢于在战场上拼命的，一帮人边战边退，逃回了乌巢营寨。袁军主帅一退，且生死不知，寨外主力自然地也就乱成了一窝蜂，人人只有一个目标：那就是自己大寨的营门！

可是相对于近万人马的溃军来说，那营寨大门建得却是极窄了，越往前挤越是进不去；与此同时，淳于琼大营的后方腾起了大火，那是曹操的部队已经绕到了上风放起了大火，把木桩寨墙点着了！

寨外的袁军乱挤成一团，虽然只是各自为战，胡乱招架，基本上失去了有组织的抵抗能力，但曹军却由于溃兵过于拥挤，实在是杀不胜杀！连袁军自己人都无能耐进入营寨，曹军又如何能跟着凑热闹?

况且淳于琼大营留守的部队已经发觉了寨外战局的不妙，有组织的箭矢檑石已经开始大量杀伤欲接近寨墙的曹军，曹操现在真是有点胜而无奈了。

雪上加霜只是一句用来形容祸不单行的成语，其实有谁在下雪时见到过落霜?但此时的曹操却只能用这句雪上加霜来形容了：淳于琼部步兵主力虽已溃乱，其主帅淳于琼已经退回营寨，失去了对自己部队的指挥能力，但又一个淳于将军却及时地站了出来，这就是副将淳于仲简，乱战的同时已经开始了对溃军的逐渐集结收拢，战局的天平又不知会往哪头偏落了。

又是一层酷霜落了下来：那驻军故市的眭元进、韩莒子这次恰没有旁观自守，同率两千人马增援乌巢而来。

霜上又盖上了一层雪：曹军探马飞骑舍命穿过乱军，向曹操报告了一个如雷击顶的消息：袁绍从官渡派来了轻骑援军，现离此已不足十里！

144

激战时刻，决胜关头！

此时战场司令官最忌惮的就是听到不利的战事信息，因为这会动摇他的指挥信心与战场随机决断，但又不能不知道，不全面掌握战局变化，无异于自毁三军。

关键是不能让基层士兵知道真实情况，正在厮杀的士兵如果知道了拼死也将失去胜利，谁还会拼命厮杀?

这就叫士气可鼓不可泄。战士的勇气就如同一只吹胀到极点的气球，坏消息就是一颗大头针，刺一下！会怎么样?嘭！这仗就不用打了。

曹操做事总是令所有的人意外！他突然决定向全体战士通报这一不利消息。临时集结起了十余名正在厮杀的“虎士”，吩咐他们飞骑冲出战乱区域，向分散攻寨的曹军传达：敌人援兵还有十里，曹将军决定，先摧毁敌寨，后歼灭援兵！

这是曹操在非常时期行非常之事！

消息传出之后，士兵们首先感到的是主帅对胜利的信心；其次意识到的是主帅对每个战士的信任；最后领悟到的是：现在不拼命，马上就会丢命！

整个战局已经大乱！淳于琼的乌巢大营已经四面杀声，曹军几乎是在同时围攻寨墙；被士兵扶回大营的淳于琼，伤势并无大碍，虽不能马上上阵厮杀，却并不影响在寨内指挥据寨墙防守；营寨左侧的寨墙虽然已被曹军点燃，但天不作美，几乎无风助势，一时竟成了有效的烈火屏障；而寨外的淳于仲简以及骑督威璜、赵叡已经逐渐集结在了一起，现正在大寨正门外与曹军竭力血战。

而曹军经彻夜疲劳行军，来到乌巢即进入了激战状态，再强悍的体力也是有限度的，虽面对的是乱成一团的溃兵散勇，无奈该杀的人实在太多，已经渐感力不从心；“虎痴”许褚已经弃马步战，手下的“虎士”们也早已抛弃了攻坚无用的战马，集结成三个战团，曹操据前强冲淳于仲简率二骑督舍命死守的营门，后两团“虎士”掩护住曹操的两侧及背后，整体渐渐地向袁营逼近。

分散攻寨的曹军主力已经不自觉地重聚，随着战场势态变化，逐渐向袁军营寨西部的营门靠拢，这里成了主战场，也成了乌巢之战局的焦点。

事实上曹军突击队的“虎士”们已经杀红了眼，本该坐镇指挥全军的曹操现在反而成了突击的尖兵，虽有许褚以及后来赶来的曹仁左右护卫，也难免险象环生，步步莲花——人血迸出来的！

守在寨门的淳于仲简已经满身溅满了鲜血，但自开战他还没与一名曹军士兵交过手，需要他对付的其实是自己的士兵，败退回来的袁军如同海潮，一浪高过一浪地卷向寨门，被他带着两骑督及卫士们用钢刀长矛逼退回去，实际上也是杀不胜杀！

恶战了半日的曹操其实还未能与袁营真正的防守者交上手，仅是竭力想从人堆肉团中挤出一道缝隙而已，离营门已经不远了，区区五十余步！但这五十步却好像今生也休想挤过去，那是由蚁团般的活人组成的障碍啊！滚来荡去，汹涌澎湃，每一次潮涌“虎士”中都不可避免地倒下几人。

踏着遍地的尸体，又近了十几步，现在不足三十步了！但是与先前的从杀戮中挤进不同了，袁军的抵抗开始顽强起来，现在是在拼杀中一步一步地向前挪动了。

袁军钢刀似雪，纷纷扬扬；长枪如林，乱捅乱杵，寨墙上还飞过来阵阵如雨的箭矢。当然，乱箭是没有目标的，倒在寨墙中守卫者弓弩下的不仅有曹军，也有袁军。

现在前进每一步曹军都有伤亡，厮杀半日的“虎士”已经忘记了疲劳，忘记了饥饿，忘记了危险，忘记了死亡，就一个念头：曹操冲到哪里，就必须跟到哪里！快到寨门了，不足十步了！

眼看就要与坚守寨门的袁军交上手了！突然，曹军的背后喊起了一片杀声！故市眭元进、韩莒子两千生力军加入了混战，曹军现在腹背受敌！

正在忘死血战前扑的曹操是听不到后面的喊杀声的，他已经处于一种忘我的境界，长槊挥时，只见得前敌血溅；呐喊声中，只听得尸倒鬼嚎！

后面的将领们不得不转身应对身后之敌了，现在的曹军似乎处在被包围的战场态势。

又是一片杀声震天！外围的袁军背后出现了曹军，那是分散去烧寨墙的张辽、徐晃所带千人，火起而不能抢寨，现主动率部回援营门的主战场，又成了混战，只不过战场大了。

这些，曹操还是听不到，他现在已经与死守寨门的淳于仲简的亲兵交上了手，耳朵里除了乱响的兵器相交之声，再也没有其他声音，连两侧捅向他的长枪被曹仁、许褚挡开、砸落也无知觉，再干掉前面的数人，就是敌将淳于仲简了！

战局到了令人窒息的一刻！

敌我双方心里都明白，谁拼到最后，谁就能生，谁后退一步，那就只能死亡！呐喊声已经消失了，谁都顾不上空喊了，都在节省着最后一丝力气，谁坚持到对方倒下，谁就是最后的胜利者。

战场上除了不断的生命临死的惨呼，就剩下铁器相交、铁肉相交、铁骨相交的声音了！

现在双方最需要的就是生力军，哪怕是几百人，哪怕是数十人，都能改变战势天平的起落！

生力军到了！

是袁绍派来的援军到了！河北大将蒋奇率轻骑五千终于赶到了乌巢！马未停蹄，喊杀连天，直捣战场的核心：杀向已经与淳于仲简交上了手的曹操。

145

一支军队的统帅是否及格，考场在战场上，但真正做文章是在各自的军帐里，所谓“运筹帷幄，决胜千里”，就是说高明的统帅是用不着亲自上战场的。

等轮到全军主帅上场拼命的时候，那最起码是在证明：这个统帅之前的决策出现了重大失误！主帅上场去拼命，一旦有失，大势则去，并且无可挽回，这是一条不归路！不能作为战例及典范教导后辈。

尤其是现在，曹操身处九死一生之境地，干着一个普通士兵的活，最多算个突击队长的角色；而袁绍却是真正运筹在安全的帷幄之中，如果有摄像机能截取当时二人的镜头，再用蒙太奇的手法放映出来，大家就会得出结论了。

至于下一步战局如何变幻，估计最后结局大伙没有不清楚的，但这中间有着诸多的偶然与巧合，与运气有点关系，与主帅们随机应变的能力有关系，与当事人的变形心理有关系，更与双方主帅对生命价值的理解大大相关！还有一关键处：那就是二人先天固有又经后天环境养成的个人性格。

袁绍接到了乌巢的告急，紧急召开了军事会议。这点与曹操在得知袁军之军粮情报后的表现一样，无可指责。

而且袁绍也没有傻到让前方的将士们拼着命等待后方会议决定，而是立即派出了大将蒋奇率五千轻骑驰援乌巢，现在召集开会是决定下一步的军事行动，袁绍准备一劳永逸了！

参加军事会议的全是高层参谋及高级将领，沮授现在处于停职检查被监管状态，是连列席会议也没有资格的，袁绍简单介绍了军情，中郎将张郃坐不住了。

张郃字儁乂，河间鄚人，因在袁绍讨伐公孙瓒的战争中累立大功而威名远扬，时任袁绍军中郎将，对战局有着敏锐的嗅觉，一听曹军已去乌巢袭击辎重，立时感到大事不妙！便紧急提议：

“曹操兵精善战，淳于琼将军绝非其对手；淳于将军一旦被破，我军则大势必去，应该紧急出动主力相救！”

袁绍若从其言，则曹操等五千人必将全军覆没，其本人估计也难以幸免。

但关键时刻曹操总是那么有运气，又有人挺身出来帮忙了，握有袁绍全军三分之二兵权的谋士郭图心里大为反感：我们智囊还没开言，你一个武将抢什么风头？有你说话的份儿吗？

郭图摆出一副十分不屑的样子当场反驳张郃：“张将军之计非妙策也。不如直接攻取曹操官渡大营，曹操见势必还军，乌巢之危不救自解！”——不错，这是在本在册的，三十六计中的围魏救赵之计。

张郃有点急眼：“曹操营垒坚固，我军强攻数月未能攻克，能指望今天一战轻易建功？攻之必不拔，若淳于琼等被擒，我军无粮，兵必溃散，我们大家都不免去做曹操的战俘！”

袁绍其实胸有成竹，五千轻骑早已遣出，对乌巢他压根不再操无谓之心，他现在心中所想，实际上是如何趁机一举摧毁曹操全军，毕全功于今日一战，机不可失，时不再来，灭曹正逢其时！

大将军于战局突变之时，表现的镇静悠闲，战事全局，扑朔迷离，正是现场教导儿子的好时机。袁绍没理睬文武争辩，而是对长子袁谭指导说：“现在趁曹操攻击乌巢之机会，我军攻拔其后方大营，曹操老家就要保不住了！”

随即下令：由大将张郃、高览率本部精兵，立即出动攻取曹操官渡大营！袁绍本人统重兵为其后盾，前助二将军攻寨，后阻曹操回军相救，破曹就在今天！

张郃无奈，只得与高览率部出战，但心中挂念的还是乌巢。他深知：只要乌巢失利，即便攻破曹营，也将于全局无补，大军崩溃，不出数日；曹营也无粮，没有缴获，饥饿便能散军；但对攻克曹营，张郃又哪里来的信心？那勇将曹洪又岂是好欺负的？

袁、曹两军的官渡大营攻防战拉开了序幕，乌巢淳于琼粮车营寨的攻防战却到了令所有人瞠目结舌的一刻：在袁绍五千轻骑的突击下，疲惫不堪的曹军根本没有阻击的能力，前锋瞬间即扑到了曹操的背后，相距不足三十步了！

舍命前扑的曹操却连回头看一眼的时间也没有了，许褚、曹仁等诸将已经各自为战，整个战场失去了指挥，没倒下的几十名“虎士”已经顾不上主公曹操了。事实上现在哪来的什么主公？曹操本人也成了“虎士”中的一员，性命已经交给了步伐的灵活与手头的迅捷。

而死守寨门的淳于仲简以及骑督威璜、赵叡也好不到哪儿去，现在已经直接与近似疯狂的曹操及其所率的“虎士”们开始肉搏，也是连抬头看一眼都不可能，马上就要出现的大好局面对他们来说毫无意义，手头迟钝一点，性命便将丢去！

如风卷残云，水银泻地，饿虎扑食，苍鹰掠兔，袁军轻骑扑到了曹操背后！

一名“虎士”在劈开对手的铁甲时刀刃卷了，急退了两步让身旁的同伴顶替了自己的进攻位置，弯腰捡拾地下死亡者的兵器时，发现了相距不到十步的袁军轻骑！

不禁情急大呼："贼骑近了！主公快分兵拒挡啊！"

曹操大怒："等到了我背后再喊不迟！"

脚下手上却是没闲着，接连击毙两名扑在淳于仲简身前的卫士，骑槊直刺坚持不退的淳于仲简。

"虎士"们这次可不能全听曹操的，他们的第一任务就是保护曹操的安全，还是分出了几人转身阻击扑到背后的袁军骑兵。

一接战几乎全是同归于尽的拼命招数，而且大都是对敌人的坐骑下死手，袁军最前列的几骑战马扑倒，后面的骑兵被迫勒住战马，与曹操的"虎士"进行骑步肉搏。

没有了冲击的速度，骑在马上的士兵除了居高临下的优势外还不如步兵灵活，那战马的践踏简直就是骑兵的一多半战力，骑兵最常用的武器还是骑弩，进入射程便可对敌给予杀伤，冲上去之后一击便扬，决定性的因素便是速度，再加上人们对马踏心理上的恐惧。

但现在的乌巢战场已成混战，轻骑的速度已无，实际与敌直接交手的只能是顶前及外围的战士，窝成一团的骑兵只是在冲击敌阵时最有效力，于驻马肉搏却是毫无作用。

尽管如此，由于双方数量太过悬殊，已经早把生死置之度外的"虎士"们还是难以抵挡袁军，被逼得步步后退，而且已经退无可退了，身后就是曹操。

曹操手中的骑槊不是步兵武器，步战本来并不趁手，但却占了距离上的便宜，淳于仲简若想对曹操给予杀伤，唯有贴近肉搏，但此时的淳于仲简却没有那份儿胆量，他也极清楚，前扑过去，即使击杀了曹操，自己也不免被曹操两侧的恶煞给剁成肉泥，所以只有招架一途，别无良策。

骑槊击到胸前，论理该下砸滚进，可此时的淳于仲简手中大刀刚砸落了一柄刺来的长枪，兵器处于下位，只有将刺来的骑槊向上方架开。谁知曹操此一击乃是发自丹田之力的全力一击，淳于仲简架住曹操骑槊的同时自己并未避开危险，那骑槊只是方向偏斜，却依旧挟势抹向淳于仲简的头部！

淳于仲简大惊之下，身体本能地后仰避开，只是动作稍滞了一点，仰起的面部还是没能避开最高之点：鼻子被削去了！

一霎时淳于仲简脸上鲜血狂涌，成了一个无比狰狞的平板血头，口中大号，不似人声，本来就全身已成赤色，现在又加形若恶鬼的血面，身旁的卫士竟然被吓晕了两名，扑地而倒！

那痛极的淳于仲简神志已然不清，手中大刀狂舞乱劈，哪里分得了敌我，辨得了方向？乱扑之下，竟然杀进了自己的营寨，曹操率“虎士”及部分曹军竟然随着这威势无以复加的“前锋”杀进了淳于琼大营！

进寨的一瞬间，曹操看着状如恶魔的淳于仲简，心中又是微微一动：这办法冲击敌军不错！

事情就是这么简单，淳于琼营寨内的抵抗轰然崩溃！带伤顽抗的淳于琼被扑进来的曹军骁将乐进一刀毙命，曹军把所能接触到的所有的粮车全点着了！大火燃起，火助兵威，体力已经消耗到了至尽状态的曹军竟然如同突服兴奋剂，精神复振！

寨内的曹军用最后的气力屠杀着已经放弃抵抗的袁军，寨外的袁军轻骑面对寨内腾起的大火，却没有胆量舍弃战马杀进寨去，主将蒋奇运气更是不佳，竟被一支不知从哪飞来的流矢射下了战马，没进得了寨的曹军趁势封锁住了寨门，蒋奇在亲信的保护下总算没有丢命！

此时的曹军就像油快耗尽的卡车，马达虽还轰响，实际上已经不能载重，不知何时就会突然停止运转，可惜增援的袁军轻骑没有耐心等到那一刻，随着虚张声势的曹操率军杀出寨外，失去了统一指挥的袁军轻骑竟然一哄而散，部分士兵裹着受伤的主将逃向了官渡，曹操幸运地逃过了一大劫。

曹操懂得此时的军队需要发扬连续作战的精神：派出五百名尚未丢弃战马的骑兵立即前去扫荡故市，那里已经没有了袁军的护粮部队，战士们就在马上喘口气吧，把粮车点着肯定没有问题。

淳于琼的万余部队大部溃散，一部分伤亡于恶战，做了战俘的仅千余人，其中就包括被削掉了鼻子的淳于仲简，抓住淳于仲简时天色已晚，士兵们把淳于仲简带到了曹操面前。

曹操觉得这位被自己削掉了鼻子的将军也怪可怜的，从另一种意义上来说还是立了大功，便有了饶过这位残疾人的意思，和气地问淳于仲简：“怎么成了这个样子了呀？”

淳于仲简此时神志已清，却并不气馁：“胜负乃自天定，还用得着问我吗？”

曹操不准备杀掉这位不屈的将军。

这时候弃暗投明的许攸替昨天的战友说话了："明天早晨一照镜子，却是不容易忘掉谁是仇人啊！"

叛徒历来都狠于宿敌！

曹操杀掉了失去鼻子的淳于仲简。但大战只不过才算刚拉开了一个对曹军有利的序幕，那袁绍的近十万大军还在官渡等着曹操呢，一旦回过神来，展开对曹操疲军的围捕，曹军还是难逃厄运！又到了决定曹军命运的时候。

这时曹操的命令更加出奇：立即取敌粮造饭，全军除抽出轮换看守俘虏的人员外，紧急——就两个字，却谁也没想到——睡觉！

这便是袁绍训斥许攸这个蝴蝶扇翅似的小事件引起的连锁反应，一场飓风燃起了大火，烧掉了袁绍全军的口粮，还有那数千个活生生的生灵！

问题是这场飓风还在加速旋转，能量越聚越大，直向袁绍的主力卷去！

第三十四章

战官渡之五：不怎么悦耳的尾声

147

不管怎么说，侥幸得手的曹军终于拿下了乌巢，一场押上了全军及自己脑袋的豪赌终于初步分出胜负，曹操这一把赌赢了！论说总该喘口气了。

但是，力量耗尽了的将士们都能休息，连看守俘虏的士兵、“虎士”们也能轮换睡一觉，唯有曹操不能，他要准确判断此时袁绍的心理，计划马上必到的更大规模的恶战，寻找瞬间出现的哪怕一丝的胜机。

自己的部队伤亡不算太大，如此恶仗兵损不过两成，但是，人人体力已耗尽，充分休息是不可能的，但如不歇兵，便无战力可言，所以让将士们饱食稍休是第一紧要，其他一切都要往后排。

朦胧中仿佛一阵冷风从心头飘过，曹操打了个寒战，总觉得有一个缥缈的思想自己没有抓住，但曹操却清楚地意识到那就是唯一的胜机！再苦思，希望这缕思绪再游荡回脑海中。

无疑，要继续保持目前的进攻姿态，方能觅得胜机。但要以手头这点兵力去进攻袁绍的近十万大军，与往虎口里投食没有什么两样；万全之策是设法回到官渡大营继续坚守，现在双方都无粮，看谁能撑到对方垮台的最后一刻！

士气易鼓不易泄，自己的将士由于此战，士气正盛；而袁军闻听军粮被焚，军心必然涣散，正是决战的大好时机。但袁绍若及时对自己尚未归营的部队采取行动，则双方主动权顷刻间易手！再说，那袁绍在此困兽犹斗之际，又怎容曹操率部顺利回到官渡大营？

子时将过，部队再不行动，天亮后更难有所作为，到时就是欲潜回官渡也将不能，曹操吩咐全军集合，待命出发，忽然想起一事：那袁军之千余战俘该如何处置？带回官渡大营，势必耽搁行军时间，到得天亮，必成袁军围攻目标；全部就地杀却？

曹操心里猛地通亮，知道了自己脑海中刚才闪过的念头是什么了，那缥缈的思绪其实就是血脸狂呼的淳于仲简！现在与千余名俘虏联系了起来，曹操知道了自己该做什么。

全军现在已经不用再徒步行军了，大量袁军的拉拽粮车之牛马成了曹军的战利品，连俘虏兵也都骑上了原来拖拽粮车的笨牛瘦马，只不过被曹军以索相连，逃跑是不可能的。

押解着战俘的曹军向官渡出发了，曹操暗暗唤过曹仁，下了一条使曹仁目瞪口呆的军令：等近得袁军营，释放所有战俘及其所骑牛马！使曹仁心惊肉跳的是后面跟着的一句：割掉所有俘虏的鼻子，所骑牲口割掉唇舌！

饶是杀人无数的曹仁，也不敢想象施刑时的惨景，杀人可以不眨眼，割千余活人的鼻子，外加群畜的唇舌，亏他曹操想得出来！可是曹仁就是连想的资格也是没有的，几十年的军旅生涯，都是曹操挥手我前进，已经养成了领袖的话一句顶一万句的好习惯。

军行半途，一个令曹操欣喜若狂的消息飞马报到了曹军：那攻打官渡大营半日的袁军大将张郃、高览已率部战场起义，直接投诚我军，现正等曹操回营面授机宜，给予立功的机会！

原来张郃与高览率本部军马，异常不情愿地对曹军大营开始了攻坚战，而那守将曹洪却是历经过东阿之阻守陈宫、叶县固守张绣的防守战役的，对依寨死守甚有实战经验，张郃、高览两军折腾到傍晚，战况还是没有丝毫进展，两人只有望寨兴叹，收兵不敢，进退两难。

正在此时，那增援乌巢失利的部分轻骑溃逃到官渡，袁绍见状大怒，欲要先斩蒋奇，尽屠逃兵，以戒后效，还是军师郭图见状不忍，又惋惜这些生力骑兵，建议发配到官渡曹营的攻坚战场，以便戴罪立功，给其出路。

这又是一条绝馊的主意，还是唯恐张郃、高览独自破了曹营，立了大功。今已派援军，就是立功也有俺的份儿。

袁绍放着主力大军为什么不出动，还要等着曹操得胜回营的大军呢？粮虽损了，只要能逮住你曹操，破了你的老营，也算付出了代价，站稳了脚跟。至于几天后部队吃什么？那只有勒紧腰带干了。不是不考虑，而是考虑了也是白考虑，一切考虑都要等击败曹操后再考虑。

乌巢的败兵到了官渡前线，张郃知道乌巢已失，心中明白大势已去，再继续攻击曹营，不只是毫无意义了，而是抢先赴死，连坐以待毙都不如！

心中正在琢磨自己及部队的出路何在？袁绍大营溜出了张郃的一名亲信，来向张郃通风：那郭图因乌巢已失，曹营未破，唯恐受袁绍埋怨，竟然谎称接到安插在张郃军中的卧底密报：张将军闻之乌巢有失，面露喜色，出言不逊，怨气直指袁绍，张将军若回军，须谨防谗言。

张郃明白自己该怎么做了，当即与高览商议，与其随袁绍这艘必沉之船殒命，不若依圣人之言：君不正臣投外国，主不明另觅明君。高览当然表示愿随，二人立即遣使曹营，联系归降事宜。

仗正打得热闹，敌军主将突然来降，不能不令守军主将曹洪生疑，正犹豫如何答复张郃，荀攸进言："张郃乃献计不得主用，怒极而来，将军不用怀疑了。"曹洪这才放张郃、高览所部进了曹营，并且立即飞骑禀报曹操。

此时天方未明，官渡大寨接曹操飞骑将令：命曹洪所部集结所有兵力，天亮时见袁绍军乱，即全军出动，杀奔袁营，策应共破袁军！当然，对张郃的弃暗投明也是免不了表示欢迎，感激佩服将军明智之类语言也是少不了的。

众人也有疑虑：那袁军就那么听从曹操指挥，会自行大乱么？张郃表示，愿率本部兵马，提前出动，原本是一家人，现重回军营，专搞政治攻势，何愁那袁军不乱？

148

战争这东西，伟人们把它当作胜利的有效工具；狂人们把它视作转着地球玩的游戏；平民百姓把它称作猛于天灾的人祸；军事家们则把它作为与对手下一盘永远下不完的棋。

说穿了，战争只不过是扩大了的狗咬架，是人这种动物杀戮同类的科学奇迹！

自古春秋无义战？那异族打上家门来怎么办？人家把刺刀顶在了母亲的胸口，做儿女的难道在一旁卑躬屈膝？

对侵略者的反抗不能称之为战争，那是儿女们在为母亲尽孝道，是为了消灭战争这种可恶的东西！军人不是为战争而生，而是为和平而设，什么时候地球上没有了军人这个职业，我们才会在一旦遇上外星人时敢于如实介绍自己。

军人也分三六九等，同样是作战，统帅是待在帷幄里，士兵的生命只是他眼中加减乘除的数码，手一挥，今年准备付出十万兵员的代价，再消灭他一百个旅！不就是十个师吗？权当练兵演习！

士兵们的价值就不同了，你别看身上挂着子弹夹，那里面盛的是子弹？不，那其实就是他们自己！

统帅对自己指挥的战士会有什么样的情感？只不过是一种会说话的工具，一种自行武器！至于士兵的思想？会给你及时更新，标准统一，统一认识么！

曹操在东汉末的官渡，也为我们示范了惊心动魄的优待方式。

千余袁军俘虏一到官渡，便被告知：曹司空对你们法外开恩，优待免死，给你们留了两条路，自己选择：一是留下头来，一是留下鼻子，快选吧，等到强行动手，说不定多割了一样去！

任何人都不会选错，头留下鼻子还能自己带走？其实也不过是戏弄即将被割掉鼻子的人，那边已经强行动手了！

先割人的鼻子，逼上坐骑又割坐骑的唇舌，牛马狂奔，骑手惨呼，血迸满面，惨绝人寰！

千余人几乎同时被惨遭割鼻之刑，千余头牲畜也几乎同时被割去唇舌，千个血头，千张血脸，千名血人，外加千头血流满面的牲口，千人同声惨呼，裂人魂魄，千头牛马齐声痛哭更是惊天动地！

已经疯狂的畜生成了野兽，驮着千余血人扑向了袁军，后面跟着就这件事来说不如野兽的曹操部队，官渡之战最后的决战就这么开始了！

开战前的半个时辰，张郃、高览就带着他们现在已变成曹军的部队潜入了袁营，地熟人熟，当然无阻，一开始是四处宣传我军粮草已经全数被烧，大家将成饿殍，曹军无敌，我军已败，不走不降，莫非在这儿等死么？

等到曹操创造的血人先锋队冲到了袁营，张郃、高览部立时翻脸，刀枪并举，对自己半日前的战友大开了杀戒！在真正的袁军眼里，乱杀人者与自己穿着一样的军装，怎能分辨敌我？那暗号当然只有张郃、高览部自己知道。

刚才还是流言四起，现在突见无数恶鬼般的血人突进了营寨，那疯狂了的畜生四处撞抵践踏，面目狰狞，人滚下坐骑，细看却是自己的战友无鼻痛号，谁能不感到恐怖？

看到如同无数猛兽、无数恶鬼扑进了袁军，袁绍刚集结起来的部队轰然而散，那巨大的恐怖后面跟进的是曹操军容严整的步骑三军，这次曹军没有作凌厉的冲锋，而是摆了个威严的战阵缓缓逼近过来；与此同时，袁军的后方也响起了战鼓，那是曹洪所率领的官渡大营的曹军到了，也是与前面的曹军一样，结阵缓缓逼来。

十万大军瞬间崩溃！袁绍怎么也难以明白战局为什么会突变成这个样子，眼含热泪，心如刀绞，被儿子袁谭、谋士郭图等人强扶上战马，随身只有未散渡黄河，直到黎阳，方才如梦初醒！的八百余骑，冲出了曹军的前后围堵，一路仓皇，奔阳武、穿延津、走白马，袁军主帅弃军而逃，庞大的部队谁还愿意抵抗？近八万士兵放下了武器，等待胜利者收编安抚。

此战曹军发了大财，袁绍逃得匆忙，事先没作任何计划，曹军缴获辎重财物巨亿，兵甲车帐成山，图书珍宝无数，就连袁绍中军最机密之文书档案也全数丢给了曹军。

袁军档案文书中，查得许都及曹操军中与袁绍秘密联系的大量书信，左右建议曹操交由校事，按图索骥，追根求源，一网打尽，曹操这次学了一回光武风范，责令谁也不准翻看，当场一焚了之。

众人不解，曹操此时显得极为通情达理、宽宏大量，向大家解释说："当时袁绍之强大，我自己犹不能保全，何况一般官吏军士呢？"

曹军威名远扬，曹操仁播四方，袁绍的冀州诸多郡城表示坚决拥护中央，愿意主动归降曹操。

那曹操就如此大仁大义？在曹操处理袁军八万俘虏的问题上，马上就会昭示出来，第一个需要面对的战俘，便是没能随袁绍一同逃掉的沮授。

沮授由于其位已不在中枢，没能逃过黄河，被曹军抓住时口中大呼："沮授不是投降的，是被军所捕！"

其实曹操与沮授原是旧友，对沮授之才仰慕已久，劝沮授归顺可谓苦口婆心："分别之后，音信断绝，没想君今日被擒，天幸我们二人殊途同归啊！"

沮授没认为做了战俘是自己的责任："是袁冀州失策，盲目北进，沮授才智受困，力有不逮，才被你擒也！"

曹操表示了理解："袁本初本来无谋，不用君计，才至军败；方今丧乱过纪，国家未定，我愿意与君共同治理天下。"

沮授却根本没有投降的打算："我叔父、母亲、弟弟之性命现都掌握在袁氏手里，若公还念旧情，尚存人性，请赐我速死，沮授以死为福。"

曹操见难夺其志，不由感叹："我若早得君助，平天下不足虑也！"却还是不舍得杀掉沮授，并且给予优厚待遇，养在军中，只盼时间与真情能对沮授有所感化。

至于后来沮授软硬不吃，一再欲逃归袁绍，曹操无奈之下，只得对其施与死刑，以全其志，那已是后话了。

149

对于如何处理袁绍的近八万战俘，的确是个大难题。

曹军没有能力自我消化，自己的部队还供应不上所需军粮，若再接受改编如此庞大的部队，拿什么来喂他们？军饥必然生乱，到时候如何去镇压数量倍于自己原部的乱军？

就地遣散？人总要吃饭，那还不是无数百姓遭殃？

人穷极了，何妨抢劫作为职业，人饿极了，必然有奶就是亲娘。百姓遭毒于前，袁绍受益于后，怎能帮助袁绍重收旧部，助其势力复原？遣散之策不妥。

可拖着更不是办法，人长一张嘴，喘气是副业，舌为说话，牙为嚼食，上下两唇，除偶尔接吻，就是为了吞粮食，一日三餐，缺一心慌，一旦断顿，大乱在即！哪有不耗粮食的活人？

对呀！死人不会耗粮食！

那就都将他们变成死人吧！

可是，事情总是想象容易实践难，别说集体杀八万个活人，你就是宰八万头生猪试试？那会是啥动静？那会是啥场面？八万头猪宰毕还能分了吃肉，八万个人杀完后尸体还不堆成肉山？再说了，光屠夫得集结多少呀？

八万俘虏现在成了曹操最大的心结，正苦闷两难之间，束手无策之时，出帐散郁，行至前时为防袁军地道战所挖长壕，曹操口中不由念叨：这下面尚埋不知多少笨人冤鬼啊！

脑海灵光一现，心中霎时又亮：想起了前几日消灭袁绍地道来兵，一时供水不足，土埋袁军活人的那一刻。当时心中一动，没想到竟成今天开锁的钥匙。

主意一定，余下的事情就迎刃而解，具体工作不用主帅亲自跑腿动手，连策划部署也是不用一把手操心的。

先勘察地形，后确定地点，再准备土方，最后加工成合适的大葬坑。

大自然神功无比，适合的地点太多了，官渡所处乃黄河淤积之黄土平原，累年洪水泛滥，冲刷出无数的深壕鸿沟，有的竟还成了天然运河，造福黎民。用来造孽，当然也是物尽其用。

选一已成交通便道之鸿沟，在合适的位置预先堵住一头，在数里外的地方预备好迅速堵住另一头的乱石土方，两侧当然要提前修整一番，留数丈陡立的土壁，只要人无法攀登，一切便万事大吉。

对俘虏们不用像盖世太保们那般提前玩各种花活：搞些体检啦、洗澡啦之类的欺骗——其实是送人们进毒气室、焚尸炉。曹军的战俘管理人员只是命令战俘们转移营地就可以了，把战俘驱赶到那必须路过的鸿沟葬坑，以下就是预先埋伏好的埋坑大军的体力活了。

由于计划周密，保密措施严格，政治动员得力，将士们执行命令坚决，大埋活人计划顺利实施了！

战俘们得到命令，全体移营，去靠近许都的位置就食。

这下俘虏们终于盼到希望了，近两天了，水米皆无，士兵们已经开始酝酿拼命了，现在突接喜讯，所以格外听话，迅速自觉地列队等待出发的命令。

将近八万兵，十人纵队还要排上八千列，数里长的大队开进了活葬鸿沟，等最前列的发觉了事情不对头，压后阵的已经全部进壕了！紧急添堵后路，片刻一切搞定，下面的事情就极简单了。

不忍诉说被活埋战俘的惨状，稍加想象便感到心痛欲炸，只觉得作为人这种东西中的一员挺羞愧的，以后坚决不写这类事情。有朋友建议我写战国时代白起坑杀赵卒四十万的故事，或西楚霸王活埋二十万秦兵！我当时就告饶："您老让咱多活几年吧！"

只忍住心跳解释一样：大家千万不要以为就是曹军围在鸿沟上边填土活埋八万人啊，那是无法陆续填土的，战俘们都是活人，随着你填进去的黄土增高，还不就爬出来了？

而是监视住下面的同类爬不上来就行了，就一个任务：等待。等待什么？八万活人慢慢饿死呀！断水断粮，壕底的生命能撑几天？

不忍写下去了！这情景不是什么惨不忍睹！是残不忍思！

英雄曹操完成此永彪青史之壮举之后，开始全军休整，积极备战，再去讨伐哪个？还是袁绍！袁绍即便经此大败，剩余的兵力还是比曹操大得多，所控地盘更是曹操之数倍，综合战力还是远非曹操现在所及。

150

袁绍败北河北，但在黄河两岸还有一个据点没有放弃，这就是敖仓。

敖仓位于官渡稍偏北的西部，基本处于官渡与孟津之间的正中位置，黄河流经敖仓北侧，是黄河南岸由西向东北所经之地。古时孟津、敖仓、延津、白马被称为黄河的四大渡口。

从这里进击许都距离稍远于官渡，但由于有嵩山阻隔，却不适合辎重行军，所以袁绍在曹操集结兵力于官渡、弃守敖仓时，仅是出兵占据了这个重要的战略要地，韩嵩的一千轻骑就是从这里渡过黄河，对曹军粮道采取的行动，除此外袁绍并未在此有大的动作。

但现在不同了，袁绍官渡兵败，官渡之东的各郡城已经被曹军趁势扫荡一空，敖仓成了袁军现存于黄河南岸的唯一军事据点，这里西出可以切断河内与许都的联系，东向可以威胁官渡侧背，尤其还有重要的一点：敖仓，顾名思义，乃古之囤粮要地，从这里可以控制嵩山以北、黄河以南广阔的产粮区，实是建在曹操家门内的一个桥头堡。

但曹操在官渡大破袁绍之后，前期忙于向东收复所丢各城，及至年末，黄河封冻，军粮不足，已经无力兵向敖仓了。

建安六年（公元 201 年）四月，就食于兖州东平的曹军残春熬过，倾力收集了一点军粮，该对敖仓下手了。敖仓不克，曹军永远不能北渡黄河，对袁采取攻势作战。

袁绍早就来到了敖仓备战。经过四个多月的整顿恢复，袁绍已经初步重振兵势，毕竟是集四州之力重建一支机动部队，只要能接受官渡之败的教训，再与曹操一争高下并非妄想。

接受教训并不那么容易，往往因事而变，因人而异。谋士沮授已被袁绍丢弃而致殒命，那么另一个对战事判断对头的谋士田丰命运如何呢？已经被袁绍杀掉了！

那袁绍平素外貌宽厚，忧喜不形于色，但其实性格孤傲，自视甚高。官渡大败，逃到黎阳，见到守将蒋义之时，甚是仓皇，执其手惨然说道："我袁绍的头颅从现在起就算交给你了啊！"把蒋义吓得魂飞魄散，赶快让出中军大帐，从此没有袁绍召唤再也不敢入内。

溃散部属闻知袁绍尚在，后稍复集黎阳，袁绍安危刚刚无虑，便又对回到邺城羞见田丰发起愁来，尤其是出去巡营时听到有的士兵哭泣着对话："如果有田丰在此，我们怎么也不会落到这种地步啊！"这些话简直成了田丰的催命符！

其时护军逢纪正好在身边，袁绍便对逢纪说了心里话："冀州军民闻我军败，估计大多会感念我平常的恩德，给予理解，唯有田丰曾在战前谏止过我，现在战况被他说中，该田丰看我的笑话了！我实在羞于见他呀！"

恰那逢纪素来妒忌田丰之才智，与田丰一向不和，现在终于等到了落井下石的机会，那还不趁机除去政敌？

这种缺德事大家只要稍细心，就会发现我们今人的身边也是常见的，不足为奇！

逢纪这次凭空造了一块足以置田丰于死地的大石头："听说田丰闻听将军大败，拊手大笑，像遇到什么喜庆似的对人说：'怎么样？我田丰言之必中吧！'"

实际上邺城监狱中的田丰对自己的命运早就有数，当狱卒向他恭喜袁军如他所谏，兵败官渡，先生必得重用时，田丰叹道："主公貌宽而内忌，不会感念我的忠心；我曾多次对你们说过：'我军若胜，主公欣喜，必能赦我；我军战败，主公必怨，内忌将发，必先除我！'今我军既败，我没希望活着了。"

果然不出田丰所料，袁绍听得逢纪之言，正好借题发挥，大怒："吾不用田丰言，果为其所笑也！"人还没回到邺城，立斩田丰的命令先下到了狱中，田丰从容就死。怎不令时人及后人感叹欷歔！

趁冬末春初无战事，袁绍忍住惩罚降曹各县的欲望，从四州各郡调集兵员，到了建安六年三月，袁绍再率部增援敖仓时，所部已接近十万。

任何一个战役，都有一个明确的战役目标。但曹操对将要开始的敖仓之战，却是难以决断自己欲达到的目的：

若仅是为了恢复失地，绥靖后方，那倒不用多费心思，袁绍重集的部队其战力，是无法与去年官渡之战时的精兵相较的。就算死打硬拼，也肯定能拔除河南的这颗钉子。

问题在于，假如袁绍不与你硬拼呢？采取守势，于敖仓城头与你先拼占地利的消耗，再于适当的时候全师退过黄河，让曹军付出巨大代价，最后得一座空城，这样一来，对将来的出击河北作战肯定是不利的。

能否把袁绍的有生力量消灭在黄河以南？这是个诱人的想法，毕全功于一役！中国北方将速定也！

可是官渡之战的孤注一掷，实在让曹操后怕，多少个一旦，多少个万一，都让曹操感到如履薄冰般，可都是置之死地而后生的无奈之举呀！现在用兵行险，还犯得上吗？

其实如果下决心冒险一站的话，作战方案并不难以制定：兵分三路，左军暗度孟津，截断其粮道及归路；右军度白马奇袭黎阳，奔袭邺城，正面部队缓逼敖仓，趁其退兵时掩杀追度河北，如此一战可定冀州！

就担心一点，那袁绍挟官渡之怨恨，不要后方，径直出动全军攻击我正面部队，我以三分之一的兵力是无法与之抗衡的，一旦有失，则许都震动，那许都之南刘备的汝南贼军必趁火打劫，如果真的形成这种局面？那官渡之前功，将于敖仓尽弃也！

有没有一个万全之策！两面皆顾，既歼袁军，又无风险，吾当重赏之！

临战的曹操偏偏就忘了他自己以往的战例：凡求万全时，无有不败，横心行险时，基本完胜！

曹操犹豫再三，采取了一个避今损、留后患、贪目前微益、失速胜良机的用兵方略。

曹操官渡之战胜利结束，笔者却心头沉重，侃史空闲，斗胆仿元代大师张养浩填《山坡羊》一曲，以舒忧郁情怀：

青史血煮，黄卷血涂，昔日战场今坟土，细听书，闻鬼哭。
金戈铁马兴亡路，行间字里滴泪处，笑，酒一壶，泣，酒一壶。

——子金山《山坡羊》

第三十五章

官渡战后分析：纸上乱谈兵

151

从来就有讲棋犹谈兵、战事如棋局的说法。

弈道高手运子如用兵，三军主帅布阵似博弈，棋兵两道，其实相通。就是现代，各国的总参部在设计一场战争前，也是先做一番兵棋推演的。

就曹操、袁绍两军即将开始的敖仓之战来说，也像两位入局者在枰前竭神厮杀。从两军主帅都亲自出马来说，有点类似国际象棋，那双方的王也是具有极大杀伤力的，一样深入敌巢，冲锋陷阵，有时亲自捉王，一举成功。

棋虽游戏，却也能折射出发明者之民族性格，那棋子的身份便是一个等级森严的小专制社会，中国象棋就集其大成。与国际象棋不同，中国的最高长官是在老窝里不出家门的，将帅只精于在九宫深处内斗，偶尔与对方主帅交一次手，也是吓唬一下不准照面，该着前敌送命的都是部属，小兵小卒更不值得可惜，规矩就是这么定的么。

可惜本人对于国际象棋还属“菜鸟”级别，还没有将其术语运用自如之功力，只能类比于中国象棋。这行当还算知其精髓，在区县这等小范围也没少夺了冠军，也算一方高手。现在就听笔者以棋谈兵法，就战论棋局。

至于为什么不用祖宗传下来的围棋讲兵论势？那玩意儿过于民主，于实际战事没有可比性，上古人发明的东西么，没有照顾当官的身份与面子，估计发明人如生在秦朝，也会被嬴政活埋了！

那黄河就是棋盘上的那道楚河汉界，许都、邺城，双方九宫，而那敖仓则恰如黑方袁绍布在红方曹操界内的一只盘河马。

与在己方河沿的巡河车不同，盘河马倒与巡河车位置相同，是盘踞在对方前沿的强马，威力极大，一般被威胁的一方如果不能对其驱逐或消灭，那被动局面极难反先，双方的攻防大都围着这只盘河马展开。

中国象棋中马有威风八面之称，能控制八个点位向对方攻击，敖仓这只盘河马便是如此：前出控制嵩山，威胁许都；右调扫荡孟津，孤立河内；左动挟持官渡，囊括豫北；后退渡过黄河，足以自保。曹操灭此马势在必行！

像棋局中的盘河马一样，一般祭出此招的棋手都是后面集以重兵保护盘河马的，袁绍也是为保此城而拼上了几乎所有的机动力量；而现被子金山指定为红方的曹操却是有着几种选择：

棋局中红方为除掉对方的盘河马一般是不惜子力的，能设置马绊将其歼灭在境内当然最好；驱逐回对方河界也会夺回先手；实在无奈就是用马或炮甚至贴上一个小兵将其拼掉也不算吃亏。曹操会选择哪种呢？

前文讲过：战术服从战略，战略服从政治，政治高于一切！曹操的政治主战场在许都，在没有彻底消除许都南部近邻刘备汝南军的威胁时，他是不会全力对袁绍的盘河马平等兑子的，所以，上面的最后一条策略曹操连考虑都没考虑。

若是象棋大师遇到这种局面，肯定会以此马作诱饵，摆出欲兑不舍的态势，诱此马离位深入，困而不歼，敌必全力来援，等对方阵势变虚之时，必出破绽，到那时集结全部机动子力，急袭对手九宫，敌布局一乱，即胜势在我。

但曹操对聚歼此马信心不大，上述之更高深棋道更是不会进入其思维，为保万全，不伤子力，将敖仓战役的目的定为了棋局中的中策，即驱逐出境。

应该承认，曹操之棋路行得还是比较漂亮的，先是架炮遥击盘河马——亲率步兵主力带石炮（霹雳车）、云梯等物渐逼敖仓。

后左出车巡河遥控敌界，摆出了一副绊马后退使其难归的架势——由曹仁率其阳翟步骑于孟津渡扬威黄河，摆出渡河迂回断其与邺城的粮道与归路的架势；

右车也顶到河口，遥指九宫——张辽、徐晃率轻骑自白马准备渡河袭占黎阳，进而威胁邺城。

可惜双车并未过河去二鬼拍门直击对方九宫，而是双车巡河，全是虚招式，就是为了吓退对手的盘河马——曹仁依令故意滞行，只是大张旗鼓地准备渡河器械；张辽、徐晃到了白马渡口后大喊兵向鄄城，可就是干打雷不下雨，说穿了还是吓唬。

那袁绍经官渡之战，已是惊弓之鸟，哪能经得住这左右两车的惊吓？算了，盘河马不盘了，回老窝守家去吧。曹操之步兵开到敖仓，袁绍大军已主动回渡河北，敖仓仅留下了部分掩护主力撤退的老弱残兵，曹操顺利收复敖仓。

曹操扬威河上，吓退袁绍的战役目的轻松得以实现，但只是在这盘棋中抢得了一个微弱的先手，就全盘局势来说，还是黑优局面，且喜车马炮主力兵种还算齐全，只是对手多卒占优，这也是没办法的事，因为这盘棋的开局就不是公平的，是对手多卒的让子棋。

曹操并未甘心就此罢手息兵，而是趁势驱兵渡河，欲追袁绍主力，以获大利。这也是棋理，在对局中少兵的一方唯有加强进攻，否则只有等待输棋投子。但棋理还有一说：少兵方无资格平兑子力。所以只有出奇兵方能巧胜，平淡攻守，兵少必输。

果然，曹操渡河作战，乃袁绍意料中之正招，袁绍大军结阵，缓退死战，曹军急胜不能，硬拼等于平等兑子，必输之棋路当然不能下，耗不几日，军粮已将尽，只有委屈退兵，落了个损兵劳力贴军资，无功而返。而袁绍却趁势分兵威胁已经投降曹操的冀州各县，轻松地将背叛的各郡城一一收复，河北全境又重归袁绍掌握之中，飘摇的冀州重新稳固。

这在棋局上叫作被对手逼退，退子则失步，先手已丢，局面已成互争先手，看来这盘棋将是漫长的一局！

这时的曹操怎么也不会料到：到棋终局散，还要拖八年之久！

152

细读东汉末的一段历史，发觉这是一段令人深思的时间：标准的一国多制！假如军阀们容易知足一点，兴许是段好时光。设想一下：大家都在各自的地盘用心经营，相互较劲怎样善待老百姓，让实践来检验谁的施政方略是最能富民强国的真理，那不就是历史在进步了吗？

东汉暴政，祸国殃民，贪污腐化，卖官鬻爵，饮黎民之血，饱一己之私，凭什么非要认定它能代表中华？

还是那句话给害的：天无二日，民无二主！

想多派联合执政、竞争上岗？做梦吧！吃到嘴里的谁愿意吐出来？不但如此，还要打着维护皇权的招牌，擅动刀兵，相互吞并。

为了天下黎民？那是逗你玩的，忽悠着你为我拼命，扩张我自己的地盘与权力，那就是我赐给你的最高利益！

不想招惹别人的也有，那是他暂时还没有那个力量，是条件还不成熟，比如荆州的刘表、益州的刘焉、现在江东的孙权，都属此类，最有代表性的就是暂栖身于汝南的刘备。

刘备于叶县斩了蔡阳之后，关、张、赵重聚汝南，的确有了重整旗鼓的新气象，他也并不是没起过趁曹、袁顶牛于官渡袭占许都的念头。

但刘备也清楚，光有美好的愿望还是远远不够的，还要具备能达到此愿望的军事、经济实力，这两条硬腿刘备才算刚长出来两只嫩脚丫，仅能暂时站立在地上而已，还是个标准的矮子，是没资格与巨人较量的。

龚都的一帮菜鸟兵，很难把它说成是什么军事力量，把乌合之众编练成一支强兵绝非一朝一夕之功，所以刘备只能在汝南积极扩军，伺机而动，唯愿曹操与袁绍能多打上几年，给自己留点休养生息的时间。

谁想庞大的袁军一日崩溃，刘备明白自己在汝南待到头了，那曹操是不会放过自己的，未雨绸缪，提前预备后路是明智之举，便派麋竺、孙乾紧急出使荆州，探听刘表的口风，能收容自己这个本家否？

曹操也没出刘备所料，虽然渡河出击失利，但黄河以南的大局还是大体安定了，估计袁绍短时期难以有胆量与余力骚扰边境，便毫不犹豫地亲自提军扑向了汝南，不靖后方，将来怎能安心兵向河北？

俗话说："经过鹰的兔子最难拿！"想捉住刘备，比空手去捉兔子更难！刘备与曹操恩怨半生，厮打数载，可谓知己知彼。曹操轻摧敖仓，出击河北不利，兵退河南的消息一传来，刘备就感到轮到自己了。此时已是建安六年九月了。

不用再打探什么军情了，曹操一贯兵行险招，善于远距离突袭，等得到曹军的确实消息，说不定自己已入其网中，最保险的用兵之道：走为上策！什么叫料敌于先机？刘备示范给你们看吧。

龚都的农民均乃黄巾军余部，抢掠已成顽疾，士兵也大多是当地人，没有几个愿弃故土的，是不能带往荆州的。刘备片刻也没有犹豫思量，便集结了自己旧部三千余人，连夜开拔，逃往荆州而去。

刘备军一离汝南，龚都部便人人皆知曹操快要到了，那曹军的残暴大家闻名已久，谁还愿意待做被屠的羔羊？部队一哄而散，军装一脱，都成了安心务农的良民百姓了。

走得及时，散得恰当，稍迟便会成为网中之鱼！

曹操亲率轻骑，几乎是日夜不停，长途奔袭刘备。原指望奇袭必能奏效，哪知强中自有强中腿，还是慢了一步。军到汝南，刘备刚离，欲待追击，曹操自料难比刘备腿长脚快；围捕龚都余部吧，满眼都是普通老百姓，围城方能有理屠城，现在是到处不设防，实是杀人都找不到借口了。

曹操有些窝气。尤其是那刘备投靠的是荆州，那是曹操骨头里都惦念的一块肥肉啊！

当即准备借此理由趁势兵伐荆州，回头再对付袁绍。正欲拍板决定大军南向之际，忽想起部队休整东平之时荀彧的一席话：当时曹操鉴于袁绍主力已尽数被歼，欲趁袁绍暂无力反扑之间隙，兵出汝南擒刘备，继向荆州收刘表！

荀彧坚决反对："今袁绍新败，其众离心，正宜乘其坐困，出兵定之；而我军若背向豫南，远师荆州，袁绍必借机收其余部，残烬复燃，乘虚以强兵出公之后，则公万事皆休矣！"

现在比三月间的情况也好不到哪儿去，对荆州动手还是会出现荀彧所言之忧患。曹操思量再三，终于勉强使自己爬出喉眼的馋虫重新休眠，肉再肥也要等到过年吃吧——那年代不像今天，有钱人只吃瘦肉、野味加粗粮，中国历史上大都是肥肉卖得比瘦肉贵。

曹操回军河上，驻马冀豫边境，干什么？窥觑河北，等待出兵河北之时机呀！

人的一生说穿了就是等待的一生，一生都在等待机遇的到来，就是患上了绝症的老人也并非只是等待回归自然，也在等待心中的天使——医生一旦妙手回春。

但是，机遇永远只会垂青做好了准备的人们。

老天对曹操格外垂青，机遇不久就送到他的面前。

所以说，好人得好报只是一句好人的催眠曲，人杀多了，神仙鬼怪都会怕他！不是有句俗话嘛：好人不长寿，祸害祸千年！虽然现实如此，笔者还是喜欢一句话：好人一生平安！

现实就是这样残酷：好人刘备又开始哼起了他的流浪者之歌，那荆州的刘表会容他寄予篱下吗?

命运虽残酷，有时也慈悲，刘表表现得不亚于袁绍：闻知玄德来投，欣喜加兴奋，亲自出城郊迎，并待以上宾之礼，对军提供粮饷，且调拨一部给予充实，并划拨新野给其作为地盘，以便养军拒曹，刘备虽然有沦为刘表守门犬之嫌，但总算有了一个安定的家，这一安定就是七年。

这七年中，曹操过的还是腥风血雨的日子，人头无时不悬在刀尖上；而刘备却是享受在安乐窝中，在妻子们身上辛勤耕耘，生产出一个大胖小子。

苍天给他送了个未来的皇帝，竟又照顾这位皇帝有智不愿发挥、有才轻易不露的性格，大方地给他配备了一位才智盖世、德操超群、流芳千古的丞相。

这便是令后世敬之如神灵的山东琅琊人诸葛亮，字孔明，时住南阳的卧龙先生！

现在是：刘备安逸，孙权守成，曹操风流，只苦了天下苍生！

有道是：

龙争虎斗风云汇，
鹿啼羊哭血雨飞。
南征北战英雄路，
鬼怨神愁孺子悲。
世道从不帮弱善，
苍天少见惩强贼。
休说亘古黄河事，
梦里澄清有几回！

153

官渡大战结束，战争尘埃落定，笔者趁这战事间隙来段纸上谈兵。

因为曹操发迹全靠战争，不写战争，简直无从下笔。写了几十万字的战争了，总要给战争下个清楚的定义吧？

可能有朋友会认为多此一举：战争？哪个不明白？战，即是战争的战；争，即是战争的争。稍有点文化的谁还能不知战争为何物？俺对门的二大爷，斗大的字不识一箩筐，侃起三国、水浒、封神，照样头头是道，论起兵法战策，绝不输于古今军事名家。

我承认你说的有理。但今天在这里要说的既不是战略战术，也不是战场打斗，当然更不会侃什么：战就是战、争就是争、战争就是战争之类的废话，而是欲如庖丁解牛般剔剥战争这两个字眼，请各位稳住心神，温热大碗老酒，将笔者给你献上的酒肴细嚼慢咽，慢慢品来！

繁体“戰”字，为单人持戈，泛指争斗，以武力比高下。持戈干吗？杀死其他生物或者自己的同类呗！

繁体“爭”字，部首为“爪”，动爪抓尹，即为争。简体字是国人进化了的产物，那字的意思当然也要随之进步，空爪换成了刀，所以才有了今天的一刀临头作部首的“争”字，的确形象多了，刀把子砍出政权么，空手的爪是没有资格与之相争的。

“争”字意为力求获得，互不相让。动爪动刀，也隐含了争斗的意思，与“战”字意思有点重复了。

恰就是这两个意思相仿的汉字一重复成了亲家，那含义便大大地丰富多彩了！战争两字就成了以爪持戈，照头动刀，并且要反复争斗——战争一词横空出世！

战争自组词以来，便具有了它独有的特性。它已经不能用人们相互打斗来解释了，夫妻打架、兄弟动手之类，人们虽然有时也将之形容为“战争”，但毕竟是加了引号的形容，仅是戏谑调侃而已，当不得真。

战争具有身份要求：只有人这种高等生物才配这高级行为，狗咬架、狮捕鹿、猫逮耗子都没有被恭维为战争的，甚至老百姓之间的家族械斗、流氓团伙之间的拼杀、公安抓罪犯时的枪战等，都没有资格称作战争。战争在人的心里已经成了贵族，不是谁都能玩这高尔夫“人球”游戏的。

战争具有数量要求：百人以下很少有被称为战争，一般把那个争字给换成斗字，人类厉害！一字之差，规模大为不同。

战争具有时间要求：时间短了就叫冲突，冲突发展了就能长大成为战争。这是古时候的标准。

现在人的能耐大多了，几分钟的战争也出现了，一阵飞机突袭，对方即成火海废墟，人一点也不少死，所以也能称为战争，科学一发展，连词的定义都跟着进步。

回到东汉时候：曹操与诸军阀们编织了战争的大网，为的就是一网打尽天下这条政治大鱼，把这条大鱼摆上餐桌就成了一道可口的经济美味，大家可以入席就座大快朵颐了！

至于小民百姓？他们的使命是用自己的血肉继续把鱼喂肥，哪道美味嗅不到他们的血腥？等着吧！下一网马上就要罩下了，这是他们的宿命，而且是网网不断，代代相传，永不停止，因为那持网人也是香火不断的！

今天的战火，其实就是古时传下的火种，由我们继续作孽地传给我们的儿孙，但愿将来我们有一代醒悟了的后人能掐灭它！尽管希望渺茫，我们还是愿意把它作为心灵的寄托，只有希望能使我们快乐地活下去。而不会是战争这头恶魔！

美好的愿望阻挡不住战争的脚步，曹操即将开始他的北战南征；孙权也不安分于江东了，开始了先打内战，后侵荆州的战争行动；新野的刘备也不是一直准备这么继续养尊处优；端人的碗，服人管，刘表一声令下，刘备也就被推上了战场。

一支曲儿收尾这纸上乱谈兵：

老酒一杯，悲歌一曲，曲载万古云飞。谈兵心碎，弹剑演钟馗！青史秃笔竹简，锵锵字、满纸惊雷。

吴蜀魏，神藏鬼隐，三堆碎石碑。千年，烽烟冷，秦砖汉瓦，尚有余灰。刻三七功罪，物是人非！

只叹英雄伟业，却点缀，黎民血泪。思太祖，摘钩弯月，五洋钓鳖回。

——子金山寄调《满庭芳》

第三十六章

首战河北：初生牛犊不怕虎

154

曹军前寻审配部而无影无踪，后卫部队又遭袁尚已休整了多日的精锐掩杀，才欲组织兵力围歼袁尚追兵，却又遭审配之轻骑从两侧的袭扰，大军又征战数月未得休整，实属疲师，竟然无法抵挡来自三面的袁尚部同时强袭……

曹操在汝南袭杀刘玄德未能如愿，只得率部怏怏而回，在提军河上欲对袁绍再觅战机之前，绕了一个弯，回了趟老家谯县。

俗话说：富贵不还乡如锦衣夜行，又何况已经真正成为中国第一人的曹操?

汉高祖功成名就之后，威风还乡沛县，一曲《大风歌》流传千古："大风起兮云飞扬，威加海内兮归故乡，安得猛士兮守四方!"

曹操此次回乡，却并非是为了向家乡父老显摆"皇帝的新衣"，而是为了高祖《大风歌》之末句：安得猛士兮守四方！

家乡的子弟兵自随他陈留起事，历经恶战，伤亡惨重。在曹操几次近乎全军覆没之关头，一批批生力军开出谯县，助他东山再起，历经磨难，未见背叛，实是曹军之脊梁，曹操之后踞。

如今趁正月春初不利征战，回乡慰问乡亲，抚恤孤弱，当然对军心士气大为有利，将来恶战再起之时，将士们肯定会更加一不怕苦、二不怕死，送命也甘心。

曹操荣归故里之时，袁绍愧愤冀州之日。建安七年（公元202年）五月庚戌，袁绍突发怪疾，大口呕血不止，暴病身亡。

袁绍暴亡，曹操运至。一直等待的机会从天而降，出兵河北的时机终于成熟了！马上兴师？且住！古人云：趁丧伐国，不义也。曹操终于忍住贪婪没有立即兵向河北，是曹操突然又追求起那个“义”字来了？

非也，曹操是在等待：趁袁家热丧举兵，必然会造成袁家小兄弟的同仇敌忾；袁氏所统四州官吏、军民，也必将怜弱仇强；举国骂曹操，也就算有了口实与理由。若能等到袁谭、袁尚、袁熙兄弟为争遗产而内讧，那就一拖两得了。

俗话说得好：“兄弟一条心，黄土变成金。”这袁氏小兄弟们是坚决继承老一辈袁家兄弟光荣的内斗传统呢，还是团结一致，枪口对外？

家族与集团的兴亡其实就掌握在他们自己手里。就现在说，袁氏的军事与经济实力还是远大于曹操的东汉政权，只要别学父辈兄弟相残，效尤后世工于内斗，外敌如何能侵？

将要到来的实战将会证明这一点。

上小学时就读过这样一篇课文：一位老父亲在临咽气前把自己的几个儿子叫到床边，取出了一把竹筷让儿子们逐一折断，儿子们轻而易举地完成了任务；随后又把同样数量的竹筷集成一捆让儿子们去折，这下儿子们谁也没有这个能耐了。

老人用直观方法告诉给儿子们一个朴素的真理：团结就是力量。

可惜那袁绍没有这位父亲聪明，没让三个儿子去折竹筷，袁绍的三个儿子也就各自成了单根的竹筷，曹操现在准备逐一去折断他们了。

实际情况是：别说袁谭、袁熙、袁尚这三根竹筷合为一股能使曹操无可奈何，就是袁谭、袁尚这两根筷子能成为一双不分开，曹操在出兵河北之前也要掂量再三，那也不是曹操轻易能胜的。

兄弟二人的矛盾起因是争夺父亲的遗产，说白了就是争夺接班人的位置，这可是个大问题，关系到最高领导权的事情例无小事，一个是主子，一个是奴才，谁愿意做奴才？

幽州的袁熙暂没参加抢班夺权行动，毕竟自己的力量据冀州遥远，不具备抢班的实力；但兄弟三人他居中，正好可以坐山观虎斗，等哥弟斗个两败俱伤之时再出手不迟。

该出手时就出手！袁尚年龄虽小不含糊，在逢纪、审配的支持下，率先造了个袁大将军的临终遗嘱，宣布奉袁绍遗命，由袁尚继承袁绍的一切职务，从现在起就是四州之主兼冀州牧。

逢纪、审配平素依仗袁绍信任一贯骄横奢侈，袁谭早就对其不满，而袁谭手下的谋士辛评、郭图更是与逢纪、审配水火不相容。袁绍一伸腿，袁谭手下的武将、谋士便以长幼之理推举袁谭依法接位，谁知动作还是慢了，被袁尚抢先了一步。

而袁谭的根据地却是在贫瘠的青州，自与公孙瓒在此苦战二年以来，人民大都逃散，竟出现了几百里无人烟的惨景，与富庶而人口稠密的冀州是无法相比的，手下部队的战力自然也无法与袁尚的冀州军抗衡。但被一个小弟弟骑在头上总难让人甘心，所以袁谭便积极准备进行抢班夺权的秋收暴动，青冀二军的战势一触即发！

关键时刻，曹操劝架来了：建安七年九月，曹操没有耐心再等下去了，提大军渡过黄河，欲克冀州河防之城：黎阳。

像我们日常所见一样，你别看有的家庭闹家窝闹得挺凶，一旦外人插手，那正拼着刀子的亲弟兄俩，便会立马把手中的刀子指向你，一拃没有四指近，与外人打架他们又成了一家人。

袁氏兄弟对曹操的进兵河北也是如此，内战的导火索立时被掐灭了，虽不同心但却协力地对付起了曹操。

155

哥哥袁谭暂时放弃了对大将军称号的追求，低了一级，自称车骑将军，带兵出击黎阳迎战曹操。

兄长率部出征御外患，做弟弟的自然要添兵助饷供军备。可是这里有个难为人之处：哥哥的军势强了，弟弟的位置还保险吗？

所以，袁尚理所当然地把最弱的部队、数量尽量压缩地增派给袁谭指挥，就这还不放心，又派出了亲信谋士逢纪随部监军；至于袁谭要求的更新军备？财力所限，慢慢会好起来的，要理解上级的难处么……

袁谭的部队救火般开到了黎阳，与已渡过黄河的曹军在黎阳城下顶上了牛，只是双方的力量不是一个等量级，曹军虽背水作战却用不着破釜沉舟。

尤其是袁谭军破旧的装备兵器，更是与曹军的无法相比，曹军是从官渡之战海量缴获中精选出来的军备，而袁谭主力却还是使用着与公孙瓒惨斗时所用的家什，弓弩不如曹军的射程远，铁甲不如曹军的材质硬，连刀枪的钢火、战马的强健也不是一个级别，打这种仗对袁谭是一个巨大考验!

但是，袁谭自小就在战场上摸爬滚打，历经恶仗险境，对于怎样利用自己仅有的一点优越地势，与强大的曹军缠斗非常内行，竟使曹操面对弱旅一时无法速胜，曹操兵伐河北的第一仗打得异常不顺。

双方九月开始交兵，曹操倾尽全力苦战近百日，一直到了年底，别说攻占黎阳城了，就连正儿八经的攻城还没得到过机会。对小辈袁谭，曹操不得不另眼相看了。

袁谭采取的战术极为实用：摆出一副弱者的姿态，从不与曹军在城下列阵交锋，袁尚派给他的“菜鸟”兵一律上城头，自己却率宝贵的精锐骑兵不定潜伏于哪个城门，只要曹操的攻城步兵一靠近，便不时突然杀出城来，猎杀一阵即回城内，曹操的骑兵不敢过分逼近黎阳城，怕遭到城上弓弩大量杀伤，强横的曹军竟然对此简单的守城术无可奈何。

但总的战场态势无疑是曹军占着上风，黎阳的袁谭军毕竟是处于被围状态，现在又没有余力去切断曹军的辎重供应，这样拖下去不是个办法：看不到曹军退兵的迹象，袁军胜利的希望也就基本不存在，对于没有胜利希望的战争，部队的士气极难保持。还是要向袁尚告急，请求给予加强兵力，以图万安。

袁谭也是个聪明的狠人，请求增援的手段别出心裁：早就对那监军逢纪看不顺眼了，干脆把他作为人质，明跟袁尚讲了：不发援军，逢纪无头!

袁尚能是受无赖勒索的人么？况且又有审配在身边出谋划策，宁丢逢纪命，休想助强兵！逢纪被袁谭立即撕票砍头——也算为田丰间接报了血仇。

又苦熬了一个多月，曹操还是不见退军的征候，邺城的袁尚终于沉不住气了：若把袁谭给熬败，邺城首当其冲是曹操的下一个目标，为了自己，也不得不出兵增援黎阳了，于是袁尚便留审配率重兵留守邺城，自己亲率步骑三万，开往黎阳前线，准备兄弟一心，共破曹操！——早干吗去了？可惜了逢纪白丢一颗奇巧玲珑的妒忌脑袋。

曹操面对坚城难克，退回河南不甘，敌人又重兵来援，看来一场恶战在所难免了。

袁尚的大军在曹操围城大军背后扎了大营，双方现在兵力相当了，态势曹军略有不利，毕竟内有坚城外有牵制，属首尾需要照应的两线作战态势。但曹军的战力却大大强于对方，所以也足以相持，问题在于，相持可不是曹操的目的。

双方大战打不成，小战却不断，曹军欲攻城，不但城内的袁谭出城突击攻城部队，背后的袁尚也趁机出寨骚扰曹军背后；曹军欲先拔袁尚营寨，那黎阳城中的袁谭却又不时出城打击曹军后背。曹操只得兵分两向，被动应付，欲要同时围攻两个方向的敌军？兵力却远远不足。

而袁家兄弟也没有主动进攻或配合聚歼曹军的实力，这场现在说不清谁围谁的战事就只有继续相持下去了，表面上看敌我双方势均力敌，实际上各自的苦楚各自都知道。

袁氏兄弟虽相互救援，但却尽量确保自己的实力不受损，虚招多，真玩命少，曹操呢？是身处敌占区的背水作战，后勤供应成了大问题，军粮俱从远方调运，士卒劳苦不说，还要分出野战部队给予沿途护路，战事的实质问题是曹操拖不起。

这不死不活的战局袁谭、袁尚也清楚得很：现在到了曹操决断的时候了，是继续苦苦相持？还是黯然退军？实际上，曹操眼下正在连日召集谋士，将领们开会，决定大军的去留。

时已早春，黄河即将解冻，到那时粮秣供给更加不易，春雨一将，沿途道路必然泥泞不堪，最为要命的是黄河的开凌期，河水必然暴涨，冰块顺流而下，横冲直撞，浮桥不能存，舟船不得渡，到时就真的欲退不能了！

众人的意见基本倾向于与及早退兵为止，时间与形势在那儿明摆着，能全师而归应该是理想的结局了。

可是曹操却不甘心啊！劳师远征，损兵费粮，就这么灰溜溜地退回许都，竟是受挫于两个小辈之手！这个脸可算丢到家了。尤其是，冀州士气一盛，必然渡河侵扰，自己想安定也是不可能的，这河北将来更是急切不能收服了。

又来了更为可气的消息：今天伏路士兵捉到几名袁军散卒，据供称：二袁将军近来各自集会动员，说曹军即将败走，大破曹军就在近日，此战必能雪官渡之耻，报父帅血仇，要以曹贼之首级来祭奠被坑杀的八万冤魂！

曹操听闻大怒，小辈安敢骗我？竟然妄想捉我曹某？且看你二人腿有多长！随即下令：全军立即准备撤营收兵，退回河南，各部可派出小分队加紧袭扰二袁城寨，掩护大军南撤黄河。

小分队袭扰敌军，由于兵力弱势，必然难有胜机，两天的骚扰活动反而损失了不少士卒，有些分队竟然全队覆没，被袁军一网打尽，全部给活捉了过去。

袁谭、袁尚都已经觉察到了这两天曹军不正常之动向，经仔细审问捉到的零星战俘，知道了曹操今晚欲趁夜弃寨突然退军，怎能容你这么轻松一走了之？当下二人飞骑约好举火暗号，于亥时同时进兵，除留守黎阳的少数步兵外，全军出动，趁曹军仓皇败退兵无战心之时，追尾掩杀，必可大胜！

而曹操也确实下了今晚退军的密令，并且已出动轻骑，沿河戒严，整修好了退往河边的一切车马道路，原部队后卫业已遵命提前行动撤过了黄河，各部也按计划收拾好了军备辎重，后方的已经装车启运，前敌部队只等天黑透之后，便可以立即行动远扬高飞了。

正是：

天算不如人算，欲走未必如愿。将士虽有归意，主帅各拨算盘！

曹操能顺利走脱否？二袁兄弟能如愿报仇雪耻否？

156

袁谭、袁尚这两根差点自我相斗的单根竹筷现在合成了一双，竟能逼得曹操狼狈退军，袁绍在九泉之下按说应该瞑目了。

可儿子们并没有满足，还要继续替老爸找场子，气死父亲的大仇那么容易消解么？还没到亥时，发现黎阳东、北、西三个方向的围城曹军都已撤围，亥时刚过，二人便依照提前约好的时间率部从不同方向杀向了南部黄河方向的曹营。

一切不出所料，曹营已是空寨，袁谭亲自下马检查军灶，发现余火刚熄，看来那曹操并没有走远，最起码还撤不过黄河，现在掩杀正是时机！二月初的黄河虽还在封凌，但冰层已开始酥脆，是经不起千军万马的同时践踏的，要是能击其半渡，把曹军一股脑赶上冰层，那就有好戏看了！

兵贵神速，时间就等于胜利，两兄弟用不着商量、犹豫什么，不约而同地吩咐步兵随后跟进，两人几乎带着抢功的意味同时率轻骑扑向了黄河岸边！

不足十里，瞬间即到，二人又是同时大悔来迟：哪里还有曹军的影子？连冰面也给彻底破坏了，估计再等封凌是不可能了，人马非靠舟船是不能渡河的。奸诈曹贼！便宜了你！

兄弟俩正惋惜不止，忽听得后方的步兵喊杀声陡然四起！不好！曹军有诈！

二人同时明白上当了，马上率部回救步兵，却不是那么容易了：来路已被不知多少曹军封锁，黑暗处看不清曹军设置了几道步兵防线，无数的箭弩飞石乱射过来，骑兵无法突进，跟进的步兵处境不妙！

自己的处境也好不到哪儿去，点起火把无疑成了敌军箭弩的目标，现在如同盲人瞎马，一面背水，三面临敌，步兵主力如溃散，曹操当然更不会放过被隔阻在黄河岸边的骑兵，兴许等不到天亮，自己的部队便会被逼进黄河，现在二人彻底明白曹操破坏黄河冰层的目的了。

兄弟同心，其利断金。只有合力冲过去，形成摸黑乱战，方有一线生机。如等到天亮，曹军摧毁了步兵，再以车阵弓弩围逼被困的轻骑，那时就真不免要跳进黄河洗冷水澡了。

俗话说不到黄河心不死，现在是到了黄河也绝不能死心！

与其坐以待毙，莫若孤注一掷！

两兄弟各有所长：袁谭长于战场指挥，于困境中作战极为冷静，心理极具韧性；袁尚不只是脸蛋长得俊美，身材也甚健壮有力，战场厮杀彪悍异常。此时虽遇突变，二人却并未慌乱，立即各自集结部队，合兵一处相互掩护侧翼，开始了不计伤亡地向来路冲锋。

曹操其实压根就没有过撤军的打算，是袁氏兄弟的狂妄提醒了他，既然任何人都认为曹某要急于撤军了，那今天的战机就八成会出现，假如袁氏兄弟突然持重不追了怎么办？那再僵持下去也就真没有意义了，只有退过黄河再等战机。

现在一切如愿，敌军的步骑已被隔开，正是迅速将袁军步兵击溃的大好时机！只要能驱散袁军作为主力的步卒，那被困在河边的袁氏兄弟自然也就成了网中之鱼。只是没有料到袁军的抵抗会如此激烈，与官渡之战时的八万精兵简直不像同一支部队，这小的比老的还精于练兵？

实际上是八万战俘被集体坑杀的惨烈教育了袁军士兵，降也是死，又何妨现在拼命求生？还有就是曹操四面突击袁军步兵的战法也不无失策，原意是欲尽量造成袁军恐慌，以追求最大战果，现在看来适得其反，黑暗中遭到四面攻击的袁军凭感觉认为自己被包围了，为了求生只有密集结阵自保，等待二袁的回救，并不敢突围求生。

可见，把人逼到绝望的境地也未必是什么高明策略。

但无论如何曹军都占着心理、战势、单兵素质上的巨大优势，袁军步兵的伤亡开始逐渐增大；二袁骑兵更惨，黑暗中有多少人仰马翻已无法计数，但袁军轻骑对曹操步兵的阻击防线的惨烈冲杀片刻也没有停顿，只能用四个字来真实表达：前仆后继！

苍天不负舍命人，袁氏两兄弟终于驱赶着士兵杀开了一条血路，与步兵主力会合了。相互得到心理安慰的袁军步骑开始了真正的反击，可惜只是朝着黎阳的方向，是属于全力突围的行动，而且并没有遭受太大的阻碍。

曹操见战势已经如此发展，也只好把预计中的歼灭战变成了击溃战，采取赶其回城、随后掩杀的战术，不管怎样，一场大胜是拿到手了。

袁军见突围成功，反而失去了拼命的血勇，绝处逢生，士气却丢，一路仓皇，逃回黎阳。袁尚军营寨已失，只得也一起退入黎阳城内，二人记点士卒，战损近半，不由心中暗暗埋怨对方短智无识，连累自己遭此大败，冤哉！

形势一下恶化起来：那曹操肯定顺势围城，现在成了兄弟二人都被困在了黎阳；再就是部队士气陡然低落，士兵们怨言不断，欲再整军出城作战肯定不可能了。

现在袁家兄弟的选择有三个：

一、就地死守，把曹军熬败；

二、向邺城的审配紧急求援，重新里应外合破曹兵；

三、全力突围弃黎阳，回邺城整军再战。

现在摆在曹操眼前的决策也有三个：

一、强攻黎阳，一举擒获二袁；

二、见好就收，凯旋班师；

三、分兵一部袭邺城，黎阳这里将围困进行到底！

157

曹操对强攻黎阳大为犹豫：征战多年，克城无数，但凡遇敌人死守坚城，曹军败者居多。即便惨烈攻克，军力也必遭大损，惨胜之后，往往许久不能恢复元气。

第一个决策先放在一边。

见好就收，曹操难以甘心：虽然已经大胜一场，此时班师脸面上是说得过去了，但是算总账曹军并无收益，耗财损兵，难道就是为了这么个结果吗？

此第二决策非到万不得已时不能为之。

第三条路很是诱人，但实行起来风险极大：对于袁尚留审配率重兵固守于邺城，曹操是清楚的，素闻那审配智谋超群，分轻兵去袭胜算不大，主力出动，黎阳战局优劣必易手，一旦有失，主力后路即被切断，局面将难以收拾！此计——干脆简单说吧：这三个决策一个也难以决断。

而曹操历来以善打恶仗、巧仗、险仗著称，还能让败军孤城给难住？自然另有妙招出手。

逃回黎阳城内的袁氏二兄弟，面对眼前的战局也犯了难：

第一个选择就是凭借坚城固守死撑，曹军总有熬不住的那一天，可是黎阳城内粮草也并不富裕，又不能如曹军那般得以陆续补充，一旦粮尽之日，即城破之时，此计不妥。

第二选择，调邺城重兵前来解围？如此邺城必危，曹操又如此奸诈，安知不会乘虚袭击邺城？邺城若失，固守黎阳意义何在？不能作此选择。

第三个选择就是放弃黎阳，全军退往邺城，但是，城外的曹操会眼睁睁地看着袁军走人么？这是放弃坚城而选择野战，弄不好就是全军覆没的结局，基本与自杀没什么区别！行不得。

与曹操一样，也是三个选择之中一个也不容两兄弟选择，但也与曹操相似：袁家兄弟也不是泥捏纸糊的，当然也迅速决定了另外的巧计。

曹操是想起了早年匡亭大败袁术时的围城打援：以虚兵围城，实际以主力一部于黎阳城南要道构筑坚固之阻击阵地，那审配必发重兵来救袁氏兄弟，而曹军的绝对主力却是以逸待劳于邺城与黎阳中途，一举击溃邺城袁军之后，即全力先拿下邺城，如此黎阳的袁谭、袁尚自然成了无根秋草，枯败有日也！

计定则速行！曹操连一天也不敢耽搁，于袁氏兄弟败回黎阳的次日便全军出动，主力直插黎阳城北，看来河北大局将定！

谁知大军到达阻击位置之后，还未构筑阵地，却捕到一名病倒在路边的袁军士兵，据供称：袁家兄弟已于昨夜三更率部弃城而走邺城，现在后卫步兵至少也在三十里以外了！

曹操听报正将信将疑之际，黎阳虚兵围城的将领送来急报：袁军已遁，现已占领空城黎阳。曹操大怒且悔：自己为什么不连夜出兵？

原来这就是袁氏兄弟之妙计：三十六计中的上计！走为上。而且是片刻都没有耽搁，立即收拾，大量辎重丢弃也没有心疼，三更即趁夜色远遁了。

那曹操又岂肯善罢甘休？立即决定追击掩杀，趁势直取邺城！

曹军追得快，袁军却逃得极慢，袁谭所部节节抵抗阻击，及至即将推进到邺城，已是初夏时节的四月了。

曹军战线拉长，粮草供应愈加不易，曹操当机立断：攻拔阴安，分兵收取将熟的小麦，以补充不足的军粮。

至于这小麦是谁种的？收获该属于哪家农户？百姓们这一年将如何活过去？这不是曹操该操的心——我只要大军围了邺城，一切都要服从这个大局！

目的顺利得以实现，大军继续向前推进，但来自袁军的抵抗也越来越激烈，往往激战一天推进不过数里，曹操不禁焦躁，连日催军强进，有时竟亲自率部临前敌，参加突击行动。

这一切都被邺城的审配看在眼里，当即向已经歇兵多日的袁尚献上了一个破曹之计。袁尚素信审配之言，立即采取了行动，为保密起见，作战方案竟连在前敌指挥作战的袁谭都没有告知。

曹操今天正在前敌压阵督军作战，忽听后方军报：审配率不知多少骑兵已经绕过曹操大军，径直袭向后方的黎阳！曹操大惊之下不及细思，立即传令：回师追歼审配部，邺城前线暂取守势。

大军刚刚出动不足五里，却见背后自己留在邺城前线的部队已经大部溃退，乱兵直冲曹军主力后卫，无数袁军铺天盖地向曹军主力卷来！曹军主力现在正处于向黎阳方向急行军的状态中，袁军势成背后掩杀，曹军一时无法立足回身接战，只得顺势败退，大军竟然混乱了！

袁尚突提全部主力开往前线，出乎袁谭的意料，自己的部队已经苦战多日，几次求援于袁尚未得结果，今天竟然倾力来援，莫非这位小弟忽然天良回归？

谁知袁尚部到了前敌并未补充袁谭的简易防守阵地，而是直扑对面曹军而去！袁谭开始惊惧异常，及至见到曹军竟然是个虚架子，经不得袁尚前锋一冲之势，袁谭恍然明白：自己被这位小弟要了，必然有自己不知道的军情发生了。

恼怒之下，吩咐自己的部队让开前沿阵地，集结休息待命，且看袁尚军独自表演。

谁知这正是袁尚要的效果：自己以生力军进袭退军中的曹兵，是用不着袁谭军跟着抢功分利的，那曹军被审配对黎阳的虚晃一枪给忽悠了，已成退军之势，自己单独掩杀曹军后卫，正好威慑兄长：别妄想争位了！就你那点战力，够资格吗？

曹军前寻审配部而无影无踪，后卫部队又遭袁尚已休整了多日的精锐掩杀，才欲组织兵力围歼袁尚追兵，却又遭审配之轻骑从两侧的袭扰，大军又征战数月未得休整，实属疲师，竟然无法抵挡来自三面的袁尚部同时强袭，节节败退回黎阳，沿途丢弃甲仗辎重无数，到得黎阳才算背水稳住阵脚军心。

曹操欲待回师报仇，郭嘉分析大势，劝阻了曹操："袁绍一直心爱这两个儿子，生前并未明确指定由哪个继位。现在有郭图、审配这样的谋臣各自为其参谋，必然相互交斗，翻脸是迟早的事。急于攻击他们反而促使他们相互扶持，缓攻之则二人必起相争之心。不如现在趁机南向荆州，做出征伐刘表的架势，以待其变；等此兄弟变成仇敌而后击之，可一举定也。"

曹操从其劝谏，干脆率大军退回了河南。建安八年五月，大军主力回到了许都。现在该轮到荆州刘表了。

刘表不得不启用刘备对付来自曹操的威胁了，因为江东的孙权已经向他动手了。

第三十七章

南线战事：曹操成就刘备威名

158

刘备顿时如日中天，名声大噪，不仅荆州军民感激刘备威退曹操、智歼强敌，连东吴、益州、凉州等偏远地区也逐渐知道了中原有个刘备，是曹操唯一的克星！

曹操兵退河北，转兵南向荆州之际，大军已开到西平；刚承父兄基业的孙权也趁势集结机动兵力，出兵西征荆州，刘表的地盘同时两面受敌，形势立见危机！

兵来将挡，水来土掩，刘表并未慌乱，东方的少年孙权，刘表有一个得力大将黄祖在应付。对北部的曹操，他毕竟有个养了三年的刘备，现在到了你用兵一时的时候了，传令新野的刘备部队前出叶县，抗击曹军！

刘备自到新野之后，管理这种小地方当然得心应手。南方曹军正与河北的袁家兄弟血拼，边境一时无战事，刘备便分散部队，与当地百姓杂居种田，这样一来，老百姓的赋税大大地减轻了许多。

一时百姓称颂，士子咸服，当地名流上门交结，周围豪士踊跃来投。刘备名声鹊扬，开始令刘表不安了。所以，刘备的部队在没有得到加强的情况下被派往了前线，胜负主要依靠刘备的运气了。

新野当地百姓猪羊劳军、鼓浆相送，如同送自己的子弟兵出征，谁说河南惯出“刁民”？

其实，用一句俗语来形容刘备这次被迫出征比较合适：强龙不压地头蛇。

刘备在刘表这里的身份很独特：一直是居于客人地位，虽然实际上是在替刘表治理新野，并兼顾北部边防，但却没有被刘表委任以任何职务。

表面上这是合理的：那刘备是皇帝亲封的左将军——军衔已在刘表之上，又曾任豫州牧——与刘表平级，刘表哪里有资格任命左将军刘备什么职务？但同时也告诉了刘备：你永远也成为不了“自己人”。

这是刘表的清醒之处：那刘备永远也不可能甘心居于自己之下，是个只可利用，不可重用的人才。

唯一的有用之处就是助自己对付强横的曹操，并且必须控制使用，其力量应严格限制在对自己不能产生威胁的标准，否则便不是在养犬守户了，而是引狼入室。

所以，对于遣刘备部北上抗曹，荆州部队不予出动配合，连接应都没做打算，就是容易理解了。

但刘备对执行刘表的军令却是不能有丝毫犹豫的，还要强迫自己相信：这是刘表对自己部队战力的绝对信任，是对刘备军事指挥能力的推崇备至。并且还要把这一观点灌输给左右及士兵——也够刘备为难的。

至于对曹作战胜败之预期？刘备没想，也不敢想、不能想，只能期盼恰巧曹操生个急病什么的，或者突然发生了一场十级以上地震。这种事想多了对人没好处——会得精神分裂症。

有两条必须明白：需要打一仗，不然无法对刘表交代，也无颜面再见荆州诸友及新野父老；随时准备开溜，不然自己马革裹尸不要紧，手下的将士犯得着吗？

大军经南阳，越博望，直抵叶县。

进军之路上，刘备悉心观察地形，详察道路状况，这是在肯定要退军逃命时摆脱追兵的唯一法门，不预胜，先虑败，真正的为将之道！

路经博望时刘备别出心裁，留下了张飞率两千老部队驻防博望荒坡，众人虽不解，却也没有人追问主帅欲施何妙计。其实刘备的想法极为简单：博望地形复杂，道路狭窄，大军不易展开，自己的部队回逃时若能有这么一支生力军接应，绊住疲乏的追兵绝无问题——在逃跑方面刘备可称大师级别。

运气这东西，有时真能让你觉得不可思议，瞬即便能让人目瞪口呆！军到叶县，早派出的侦察人员飞骑来报：那即将来到叶县的曹操大军闻听左将军到来，转头就溜，现已全军退回许都去了，看来是被刘将军给打怕了，将军虎威真可抵百万雄兵！

刘备可不是被人一捧就忘了姓啥的庸才，立时悟到曹操的后方出了问题，实是天佑汉刘——不，我刘！心头一阵轻松，头脑一片清明，马上详细询问对面叶县驻守兵力如何？主副将是谁？有无出城迎敌的征兆？

探子陆续回来了，叶县敌情已明：有夏侯惇、李典为主副将，率军两万，驻守城内，看样子要据城死守。

刘备现在兵仅万余，欲要攻取叶县，无疑做梦，但如这样退军，对荆州人士那只有跟着探子们的口风说谎了，这不是刘备愿意干出的事情。当即催军抵城下寨，眼见得攻城不是攻城，围城更无征候，倒像是远来与敌人相持来了，稀奇！

这下没有人弄得清刘备葫芦里卖的什么药了，叶县的夏侯惇也犯开了思量：没见过远师劳军这么打仗的呀？要么提军攻城，要么拔腿走人，还有故意来此耗费粮草的？莫非还有什么厉害的后招不成？

副将李典上阵虽勇，但用兵素来稳重，建议夏侯惇：我军以坚城对峙旷野立寨之敌军，已经立于不败之地，时日耗久，刘备军必疲退，那时将军倾力出动尾击，破刘备必也！

夏侯惇深以为然，按下速胜之心态，与刘备开始了静坐战。

曹操当然不是被什么刘备给吓回去了，若是真早知道是刘备带兵前来，还兴许改变现在的用兵方向了呢。

本来出兵南向荆州便不是真的欲开出另一条战线，是给袁氏二兄弟让出时间与空间，期盼他们兄弟二人能集中精力争家当、夺遗产，曹军也好从中渔利，浑水摸鱼。

果然袁家弟兄不负曹操所期待，曹军于五月退军还没回到许都，两人便拼开了血仗。现在是兄弟对决战败了的袁谭向数月前的敌人曹操求救来了，的确是突然意识到谁是真正的好人了，可算弃暗投明，弃弟投曹，大义灭亲，大智若愚，忠君爱国，不贪江山，宁赠友邦，不予家奴，宁送曹操，不予兄弟。

谋士荀攸积极建议：此乃千载难逢之良机，趁其内讧，立即出兵援助袁谭，能灭掉一个，则袁氏必能全灭！

大军出动半途而转向北投，众将内心的确不愿，曹操耐心向大家解释：那刘表不趁我官渡危机之时倾巢来犯，我已知其乃自守之贼，迟讨于我无妨；而那袁氏兄弟，作战骁勇，军力庞大，财力富足，一旦兄弟联手，极其难以收服，久必为我大害，今天幸二人操戈，兄弟阋墙，不趁机摧之其一，犹拒天赐！

如此曹操大军才得以中途退军，转兵北渡黄河，直向邺城扑去！

159

幸运的刘备却根本没有攻取叶县坚城的打算，每日只是派出少许兵力，分散行动，向四乡百姓展开了思想教育工作，无非宣传曹操如何残暴、如何欺君罔上，刘使君如何仁义、如何奉衣带密诏合法讨贼，竟把新野小县形容得如同天堂，大伙还不快去享受主人翁的幸福生活？在这水深火热中生活，还有何希望？

话说多了，也就有人信了，不少聪明的乡民自愿抛弃了家园，奔向了南方乐土——实际上，富饶安定的荆州也确实比处于两军前线的叶县易讨生活。

这下夏侯惇沉不住气了，屡次要提前出击，灭了那信口雌黄的大耳朵！

这时的刘备也感到确实该走了，于是便在一日夜里，传令全军退往博望，现有的营寨，立即举火烧掉。

城外冲天的大火惊动了夏侯惇，怎能容这讨厌的刘备如此轻松远遁？虽然敌营突起大火原因不明，但趁其时出击掩杀是确凿无疑的大好时机，立即传令全部主力出动，随俺活捉大耳朵去也！

到得城外刘备的营寨近旁，发现刘备军已经弃寨远去，那大火只是烧的一座空寨。夏侯惇当然命令全军追杀，李典感觉势头不对，提醒主将夏侯惇："刘备无故放火，自烧营寨退军，只怕有诈，最好不要追击，随他去吧。"

夏侯惇身为主将，焉能放过如此战机？没有听从李典的劝谏，还是挥师追向了博望，眼见得刘备大军就在前面，冲上去！剁了他！

谁知，断后的赵云却竭力阻击，曹军一时不能迫近掩杀，夏侯惇不禁焦躁！

夏侯惇在之前征讨吕布时曾受箭伤，被剜去一只眼球，两眼仅剩一只，发狠之时更显无比狰狞！亲自持刀上阵，带头冲锋，赵云部终于支持不住了，只能且战且退；曹军当然是步步进逼，坚决不容刘备逃脱！

李典心惊肉跳，从所率后队赶了上来，竭力劝阻杀红了一只眼的夏侯惇：“赵云有诱敌之嫌，将军万莫深入，放他们走了吧！”

仗打到这份儿上，夏侯惇哪里还能听进去退字？连回话都懒得张嘴，只顾埋头追杀，再耽搁刘备可要真溜掉了！

博望坡，两个土坡之间有一道不知多远的长谷，赵云残部退入了谷内。李典招呼不及，夏侯惇已经率部杀入了谷中，李典只得回马指挥后军。另一部将夏侯兰率部跟进，刚进谷口，便发觉赵云已不见踪影，身后却突然杀声四起，回头看时，却见刘备、关羽各带一支人马，堵住了后路谷口！

与此同时，两边的土坡之上，出现了无数的刘备步兵，连他们呐喊的是些什么都顾不上细听了，无数的檑木、巨石滚下了土坡，曹军顿时惨呼一片，血肉狼藉，大军乱了！

前方的赵云突然回军杀来，旁边还多了一人，正是那在此等候多日的张飞，二人的身后是不知多少数量的铁骑，只见钢刀上下翻飞，长枪到处乱捅，曹军崩溃了！

夏侯惇、夏侯兰二人只有拼命往回杀，但回去却也不那么容易，那关羽在曹军中的名声是令士兵们谈之色变的！

所幸人到危机时，胆量比天大，夏侯惇带头舍命死冲，再加上未来得及进谷的李典拼命接应，一部分骑兵将士才算随着冲出了包围圈，大部骑兵及全部步兵不免命殒荒野了。夏侯兰没能跟了回来，被勇将赵云于马上生擒，后来做了刘备的解放将军。

众人建议：立即趁势掩杀，一举拿下叶县！刘备叹了口气：“自古人心最难足啊！我攻叶县，其势必得，但曹军又岂肯干休？我军必不能守，如此，又何必付出将士宝贵生命，夺一必弃之城呢？吾心不忍，班师吧！”

刘备顿时如日中天，名声大噪，不仅荆州军民感激刘备威退曹操、智歼强敌，连东吴、益州、凉州等偏远地区也逐渐知道了中原有个刘备，是曹操唯一的克星！

荆州的名士们更是把刘备当成了一棵足以遮荫的大树，纷纷前来乘凉。这时来了一位对刘备一生的事业产生了极其重要影响的人物：颍州（今河南许昌）人，姓徐名庶字元直。

这里提及徐庶，主要是因为徐庶向刘备推荐了一位影响了他一生的人物：复姓诸葛，名亮，字孔明。

160

侃曹操不能不说到诸葛亮。

概括一下诸葛亮：一个避战乱于荆州的山东人，一个与官府有亲戚关系的农民，一个爱读书却不爱生啃书本的书生，一个爱交朋友却又自傲无比的年轻人，一个身居斗室却关注国家大事的“愤青”。

但无疑，诸葛亮是一个天才！一个“草根”中成长起来的天才，一个不管揪天才论辫子的人承认不承认都会无规律出世的天才，生于小吏之家，自幼丧父，长于平民，混迹于民间。

严格说来，曹操与诸葛亮并不属于一个时代的人：曹操一生的政治、军事活动都是在东汉末年；而诸葛亮主要之政治、军事活动都是在三国分治年间。二人交错衔接不过十二年，当然，这里指的是政治及军事交往衔接。

诸葛亮是建安二年随叔父诸葛玄来到荆州南阳的。当时诸葛玄为袁术所署豫章太守，袁术称帝后，诸葛玄去官来投奔旧友刘表，到南阳不久去世。年仅十六的诸葛亮便留在了隆中卧龙岗这块宝地务农为生，此地未经战事，民风祥和，诸葛亮躬耕陇亩，读书交友，倒也自得其乐。

建安五年，其兄诸葛瑾经孙权姊婿引见在江东参加了工作，这下诸葛家又重新出了一个做官的。可惜对于居住在荆州南阳的诸葛亮来说，却不是什么好事，因为江东孙家正是荆州牧刘表的死敌！

刘表素以宽仁著称，没发明什么“敌国家属”之类的玩意来进行残酷斗争，没有对作为敌方眷属的诸葛亮及其幼弟诸葛均采取什么株连措施，但诸葛亮对在荆州做官也没有啥兴趣，双方都无意，自然也就凑不到一口锅里动勺子。朋友们也经常问到诸葛亮将来的去向，诸葛亮时常抱膝指点：某某人可以官至太守，某某人可以成为一个合格的刺史，但却从没评价过自己将来可以当上多大的官。

几位了解诸葛亮的密友却知道：诸葛亮是自诩为古之良相管仲、名将乐毅的。不了解诸葛亮的人当然会认定诸葛家出了个狂妄之徒，但例如徐庶、孟建、马良等好友甚至认为诸葛亮这实在委屈了自己。

在他们的心目中，诸葛亮比起这两位古人来有过之而无不及！

即便如黄承彦、庞德公、司马徽这类前辈高人，也对诸葛亮这后生小辈的这种自诩从无异议。庞德公的儿子庞山民娶了诸葛亮的姐姐为妻，那黄承彦更是把自己的独生爱女嫁给了诸葛亮。

黄家在荆州非同小可，黄承彦本人为荆襄地区有口皆碑之名士豪绅，又与州牧刘表同为东汉名门官宦蔡家的女婿，州牧的“连襟”，执荆州军权的蔡瑁将军之亲姨夫，所以官民两道黄家都是威震荆襄。

诸葛亮年已二十七岁，已经到了决定自己人生之路走向的时候，“躬耕于南阳，苟全性命于乱世，不求闻达于诸侯”（《出师表》句），是因为诸葛亮还没有等到机缘，老死乡间非诸葛亮所愿，不然也就不会把自己比作管仲、乐毅了。

对于曹操，诸葛亮有两个发自心底的情感：发自心底的痛恨这个曾杀戮自己家乡徐州几郡达“鸡犬不留”的恶人；发自心底赞叹这位自幼认定的仇人之政治远见及军事才能！

投靠自己厌恶的曹操以取富贵？诸葛亮从未有过一丝念头；穷自己生平之力与之对抗？要先创造必要的条件，不然只能是待在隆中空想。

诸葛亮一直在关注当今中国的各方势力的组合变化，分析各个地方豪强大佬的强弱优劣，从中要寻觅到一个足以对抗曹操的人来，诸葛亮心目中的英雄在何方呢？

几年观察掂量，诸葛亮不禁沮丧：当今中国还没有一人能单独与曹操抗衡！

一家不能抗曹，那就唯有联合多股力量，但诸葛亮可不想学那战国张仪，游说各方结盟抗曹。再说时过境迁，客观条件已与战国时期大不相同，别说大家联合，就是能两家结盟的，诸葛亮至今还没有发现。

最近处的刘表：早已无当年锐气，性格已变得多疑懦弱，知善而不能依赖，明恶而不能严惩，大敌将至，却仍想侥幸自守，且又与东邻孙权势同水火，刀兵不断，荆州即将不保已成定局！

稍远的孙权：虽少年老成，武略逐显，但由于自己的兄长在其手下任职，诸葛亮对此人并不陌生，孙权本人无北讨曹操之意，只欲兼并弱邻，坐守江东，且又与荆州军方有父兄血仇，无可缓解，欲说其参与抵抗孙权自己的近亲曹操，那要先等荆州换主、江东危机时才有可能。

益州刘璋：昏懦闻于海内，守天府之国，反治理得百姓民不聊生，北对区区张鲁一郡之地，吓得惶惶不可终日，自身难保，休想作援。

至于凉州马腾、汉中张鲁，地处僻壤，实力有限，更是指望不得。

对于建安六年退到荆州新野的刘备，诸葛亮一直将其纳入自己的视线长期观察：其军事力量不值一提，地盘属于寄居荆州一小县，诸葛亮看不到刘备将来能发展辉煌的前景。

但诸葛亮也同时注意到了刘备过人之处：

有极佳的名声，仁义二字不只是挂在嘴边，凡其治理过的地方莫不有口皆碑，人民拥戴；

有极好的人缘，即使是曾为仇敌的人也不舍将其拒为朋友，如：曹操、袁绍；

有坚韧的意志，其半生基本处于屡败屡战状态，从不灰心，最起码从表面看是把匡扶汉室作为己任；

心中有老百姓！天下在其次。这是最令诸葛亮心仪的地方，如此方为大丈夫！

昨天去岳丈家，听乡邻说那刘备简从来访，我当然知道你左将军的意思，这定是那徐庶之功。不过，站在人生的岔路口，谨慎些又何妨？有机缘终能相聚，初会待他日。

但从今天起，倒要以你刘备的角度来思量一些问题了。

161

刘备的二次隆中之行又扑了个空，昨晚稍微贪杯，晚起床了一个时辰，就是这一个时辰，使刘备错过了与诸葛亮相遇的机会。刘备带关羽、张飞二人赶到隆中时，诸葛亮刚离家访友。

听着诸葛亮妻子黄氏略显抱歉的解释，关羽、张飞面色都有些不悦：刘备毕竟是大汉的左将军呀！这无名村夫到底是何方神圣？这等傲慢无理之辈，莫不是盛名之下其实难副，吓得避而不见了吧？

但刘备却深悔自己因酒误事，回到新野之后，索性戒酒两旬，这是与诸葛亮家人预约再去的日子。在此之前，刘备决定效周文王寻访姜子牙的故事，沐浴戒斋，刘备相信心诚则灵。这下新野轰动，官民皆知，暗笑者有、赞叹者有、羡慕者有、不屑者有，不忿者当然也少不了，这里面就包括关、张二人。

人们是这种心理：得不到的永远是最好的。

智者是这种心理：属于自己的才是最好的。

刘备既是普通人也是智者，他用行动来使最好的属于自己。

刘备三赴隆中，演绎了一段千古佳话，看来真正的高人是刘备而非孔明！——对了，补充一句：诸葛亮在二十岁及冠之年，自我取字孔明：孔者，洞也，明者，察也，即洞察之意；又"孔"乃"很"之意，如：孔武有力等；"明"又与"亮"同义，孔明，即很亮。

这"很亮"的孔明岂能对刘备的再三来访不予"洞察"？事实上，刘备第三顾未至，诸葛亮便内心已经决定：人生交千友易，得一知己难，自己将来的命运看来就要与这落魄的左将军绑在一起了。

这场旷古会面就发生在隆中的一家普通农家小院里，它将刷新当时，改变历史，影响后世，就是对于今天的我们，也不无启迪：人生的三岔口无时无刻不在与我们走近或错过，你的选择是什么？

刘备与诸葛亮终于初会！二人的第一眼互视便已决定了谈话的调子：不是相互试探、考察，那已经是多余的了。观察一个人往往第一感觉极为准确，那是心灵的互撞，信任就是从那一刻建立起了基石，这其实等于从此将自己的生命托付给了对方，但这种伟大的现象却有一个极为普通并且被经常滥用的字眼：友情。

用一个极为泛滥的名词便足以形容现在的两个人：英——雄。

二十七岁的诸葛亮堪称一个"英"字，八尺身材容伟形逸，神采奕奕而又不失沉稳，那份自信能感染身边的一切！

四十七岁的刘备稳占一个"雄"字，七尺五寸的身高虽然略矮于孔明，但却好像能令立于高处的人们不得不仰视他。多年的戎马生涯铸就了刘备一股震慑四周的神威，却又被一层雍容的谦和包裹着，使你能感觉到，却无法用眼睛看到，这大概就是被我们现代人称为"气质"的东西。

没有任何客套，连奉茶的起码礼节也免掉了，诸葛亮将自己的书童也屏之书房门外；关、张也好像被孔明的气质慑服，自觉地退出了书房，诸葛亮静静地等着刘备谈自己的想法，刘备忽然有了一种面对自己久违了的老友一般的感觉，二十岁年龄的鸿沟在这一瞬间被抹平了！这是一个只允许真诚存在的时刻！

刘备掏出了心窝里的话："国家即将崩溃，权奸控制天子，我不愿袖手旁观，坐视天下危亡，苦争数十载，但受智力所限，力有不逮，奸雄其势更加猖獗。虽然如此，但我还是不想放弃，先生能否看在天下苍生之情，教我可行之良策？"

孔明的回答便是名传千古的《隆中对》，笔者虽然狂妄，却也不敢增剔一字而轻慢先贤，只好原文照录，连翻译也免了吧，一旦错解一字，反而贻害大家。

自董卓以来，豪杰并起，跨州连郡者不可胜数。

曹操比于袁绍，则名微而众寡，然操遂能克绍，以弱为强者，非惟天时，抑亦人谋也。

今操已拥百万之众，挟天子而令诸侯，此诚不可与争锋。

孙权据有江东，已历三世，国险而民附，贤能为之用，此可以为援而不可图也。

荆州北据汉、沔，利尽南海，东连吴会，西通巴、蜀，此用武之国，而其主不能守，此殆天所以资将军，将军岂有意乎？

益州险塞，沃野千里，天府之土，高祖因之以成帝业。刘璋暗弱，张鲁在北，民殷国富而不知存恤，智能之士思得明君。

将军既帝室之胄，信义著于四海，总揽英雄，思贤如渴，若跨有荆、益，保其岩阻，西和诸戎，南抚夷越，外结好孙权，内修政理；天下有变，则命一上将将荆州之军以向宛、洛，将军身率益州之众出于秦川，百姓孰敢不箪食壶浆以迎将军者乎？

诚如是，则霸业可成，汉室可兴矣。

诸葛亮此论被后人冠以"隆中对"，谓之"未出隆中，已知三分！"。

诸葛亮之隆中对：

一、首先提出了天下三分的概念；

二、明确提出了刘备可以代表刘汉；

三、明确指出了战略发展方向；

四、有理有据地分析了目前各方势力的优缺点；

五、指明了将来结盟的对象，连将来的内政外交政策都一并明确；

六、明确了最终的敌人——曹操。

经诸葛亮一席话，说刘备现在如同拨开云雾见青天也不为过！这种明确的政治方向；通览天下的战略眼光；实事求是的行动建议、机动灵活的政策与策略，刘备以前何曾想到过?

刘备当即明确认可孔明所言，并真诚地邀请诸葛亮出山助己打天下，诸葛亮此番高论，当然是经过无数个日夜深思熟虑方提炼而成的，现在既然向刘备和盘托出，那已是决心随刘的明确表示。

二人三拍才和，非是机缘巧合，乃是二人都在相互寻觅又在相互等待的结果，这个偶然中的必然，将使曹操吃尽苦头!

第三十八章

再战河北：猫给老鼠当裁判

162

咱们还是回过头来关注曹操再次兵发河北，前文交代过：曹操这次是给袁氏兄弟调节家务矛盾来了。

早就听说过一句俚语：清官难断家务事。这也就是提醒我们：别人的家务事你少插手，各家都有本难念的经，家庭矛盾是件双面夹克，分清表里极难。

曹操当然也没有那么傻帽，去见义勇为地调解袁家的内部矛盾，其真实目的，就是傻帽也能看得出来：就像老猫给老鼠调节家务纠纷那种姿态！小老鼠之一的袁谭偏偏假装傻帽中的大傻帽……

曹操大军主力开到了黎阳，就像那只蓄势待扑的老猫，盯住了不远的一只肥老鼠！那只肥老鼠就是冀州的州治邺城。不过冀州的主人袁尚现在不在那儿，袁尚正在干着斩草除根的重要工作，在重兵围攻已经退到了平原的哥哥袁谭那儿。

早在四月袁尚击败曹操时，弟兄俩就彻底反目，不共戴天了：

袁谭见袁尚轻轻松松地就将曹操打了个丢盔弃甲，心中大为不忿：这算什么？我从去年九月苦战半年多，把曹操给熬乏了，最后你来拾风落枣，捂熟的柿子总不能你一个人吃吧？

于是便给兄弟来了个开诚布公："我的部队铠甲装备不精良，所以之前才为曹操所困。现在曹操鼠窜，人人志在速逃，乘其还没逃过黄河，应该给我的士兵更换战械甲仗，我出兵掩杀，至少可令曹军大溃，不能错过这个战机。”

袁尚哪里会上这个当？既不给袁谭增兵，又不提供装备，宁放曹操顺利走人，也不能加强袁谭的战力。

袁谭大怒，郭图、辛评趁机说服袁谭：“以前使先公让将军过继给伯父为兄后，皆是审配的鬼点子，现在坐失良机放走曹操的也是此人。”

袁谭深以为然。当然不能咽下这窝囊气，亲爸就是连气带窝囊而送命的，哪能再子继父业，重蹈覆辙？遂引兵攻向袁尚，袁尚自然早有准备，不会规矩老实地让哥哥教训，便出兵反攻，弟兄俩战于邺城外，杀了个天昏地暗、日月无光。

最后袁谭的疲乏之军敌不住袁尚的虎狼之师，袁谭大败。万幸青州别驾王脩率兵来救，袁谭才得以引兵退往南皮，当然要积极整军备战，坚决要教训这个不知道大小尊卑的幼弟。

王脩给袁谭泼了瓢冷水：“兄弟之间犹如人的左右手。假如人用左手将自己的右手砍断，反而得意地宣布‘我手必胜！’，这不是很可笑吗？如果兄弟相残而不亲，天下又有谁值得亲之？这是有人希望你们交斗，谗言于你们兄弟之间，以求自己的一朝之利，愿塞耳勿听。我看莫若斩佞臣数人，与兄弟相亲和睦，以此而御四方，可无敌于天下！”

袁谭哪能听得进去这种劝架谬论？当然不从。实际上就是想接受王脩的良言相劝也不可能了，因为袁尚已经亲率大军追到了南皮。袁谭气恼之下与之大战，还是大败，无奈只得据城死守。

袁尚重兵包围，攻打甚急，誓灭兄朝食！

知弟莫若兄，袁谭瞅了空子，突围而去，一气奔到了自己的根据地平原。袁尚竟不依不饶，尾追而来，又把平原围困了起来，看来非要斩草除根不可！

荆州的刘表来了封长信，极力劝解二人罢兵，可惜他老人家太过迂腐，尽讲些古之圣贤的大道理，须知：对牛只能用鞭子说话，弹琴是肯定没用的，只懂得焚琴煮鹤“味道好极了”的袁家兄弟，怎会听这位行将就木的老人之言？

袁谭一不做二不休，干脆投靠杀父仇人曹操吧，至于是否真心拥曹那就另说了，反正是派了颍川的辛毗去找曹操紧急求援。

曹操表现得极为仗义，大有路见不平拔刀相助的好汉之风，而且施用了古人之“围魏救赵”巧计，没有理睬在平原死拼的亲哥俩，径直摆出了扑向袁尚老巢邺城的架势，这是攻袁尚之必救，袁尚不敢不理，结果平原的袁谭顺利解围。

曹操见袁谭危机已去，却收兵回到河南，为什么不乘势而取邺城？还是觉得时机不到，那袁谭仅是口头归降，从杀父仇人变为忠心的部属总需要一个必要的过程，如不费心力做点感情投入啥时都除不掉心理隔阂。在曹操全力对付邺城时，袁谭假如一旦翻脸再认兄弟，那就会使曹军腹背受敌，同时对付两兄弟的风险曹操再也不敢冒了。

曹操临退军有了个大收获：袁尚派来前敌迎战曹操的将领吕旷、高翔突然看清了形势，决然弃暗投明，率部队主动战场起义，归附曹氏中央，曹操的这次出兵只是摆了个架势，便取得巨大收获！

曹操明白这当然是有袁谭做榜样的缘故，所以越发重视对袁谭的安抚，讨伐袁尚反而成了次要的事情。

再有就是军粮供应的问题，越往北打，离河南根据地越远，大军的后勤供应越发不易，单是士卒的车马劳苦就是大难事，欲彻底收服冀州，看来首先要解决这个头疼的问题。

大军还在回程途中，新投诚的吕旷、高翔上缴给曹操两方将军印，说是袁谭刚派人送给二人的，为表对曹司空的一片赤诚，二人决定把此无用之物上缴归公。是啊，现在只有曹操能代表朝廷封官，其他人做此举动，与谋反无异。

曹操来了个心里有数就行，嘱咐二位深明大义的将军不要对外声张，绝对保密。暗告密也需明嘉奖，曹操将二人封为列侯，却对袁谭更加亲近，干脆与袁谭结成了儿女亲家，下重聘为自己的儿子讨了袁谭的女儿做媳妇，看来铁了心要与袁谭同生死共患难了。

袁谭一得意，袁尚便生气，一气之下重发大军扑向了袁谭，这回决心任你曹操摆啥架势也不理睬了，目的就一个：不破亲哥终不还！

163

袁谭一屁股坐进曹操怀里就是为了对付兄弟袁尚，曲线救国，到时候咱也可以来个“河北版反徐州”，小兄弟又打过来了也不要紧，还是可以照方抓药，紧急通知曹操：又到了亲家出兵的时候了呀。

袁尚带来大军的同时还带来了军师审配的一封劝降信，信中的审配深明古之大节、目前形势，充满情感地给袁谭指出了团结一致、共同御外的民族大义、家族利害、个人得失。看得袁谭怅然登城而泣，情绪稳定以后，便自然前思后想，深谋远虑了。

深虑之下，竟然恨不得马上就飞去邺城。

干吗去？宰了这个混蛋去！

说得这么好听，那为什么不按照长幼为序接班掌权？我在前方为你们守门看户像条老狗，袁尚凭什么就该当主人在邺城玩乐？最后连块骨头都不给，与其饿死、气死、羞死，还不如一拼两败呢！

曹操很听话，接信后立即出动大军直捣邺城，这次不是光摆架势了，是动了真格的，因为曹操已经做好了一切准备工作，包括军备、粮食的运输问题。

去年十月回军黎阳后曹操便没闲着，干什么工作了？修渠挖河，大搞冬季水利工程建设。不过可不是为了老百姓的农田，而是为了彻底解决部队的后勤运输问题。

一个月的勘察设计，一个月的准备人力工具，一个月的紧张施工，到了建安九年二月，工程已经竣工：从淇水到白沟的南水北调人工大运河已经通航，这下曹军可以乘舟顺着注了水的白沟北上漳河。那邺城就在漳河岸边，肥老鼠终于要按在老猫爪下了。

得到紧急军报的袁尚又该踏上归程了吧？不！这回袁尚索性豁上了：不管你曹操怎么“围魏”，我就是不能让你“救赵”，围住了平原！给我往死里打，邺城？嘿嘿……

袁尚实际上心中有数，邺城是曹军的墓地！

出兵伐哥时审配就为他安排好了一切：步兵主力大半都留在了邺城，四门都给曹军设好了陷阱。那曹操不是一向身先士卒吗？但愿你风采依旧，这次要让你魂归故土，身留冀州！

这次曹军出兵遇到的净是好事，水陆并进，一路顺风，大军直抵距邺城五十里的洹水。

袁尚临行委派苏由、审配合守邺城，谁知那苏由机灵得很，一见曹军势大，马上暗中联络曹操，愿为内应，共破邺城。

但苏由做事不密，被审配得到了风声，二人竟各带本部兵马在邺城城内厮杀了起来，结果通敌的苏由毕竟不得人心，被审配杀了个全军覆没。

苏由率几名亲信拼命杀出一条血路，逃到了正渡洹水的曹操军中做了投降将军。战场起义虽功败垂成，但邺城的军情无疑再也没有了秘密。

尤其令曹操兴奋的是邺城中还有另一条内线：那审配的部将冯礼早就与曹操暗通了消息，愿为曹军内应，争取立功受奖，献城封侯。

所以，在围攻邺城当日，曹操便组织了一支三百人的敢死队，只等冯礼趁夜间值班时打开城门，一举突破邺城！

没想那审配却是个有真材实料的将才，对冯礼的举动也早有觉察，佯装不知，暗做准备，就等那曹操身先士卒进城了！这里可不是当年吕布的濮阳，没有人会捉了曹操再予以宽大释放的，只要你进城，那你就死定了！

夜半三更，云低月暗。

敢死队员如同一阵无声的微风，飘近了邺城城门。城楼几下灯摇动，城门吱呀洞开，士兵们悄无声息地扑进了邺城，破城只在旦夕！

敢死队进去了！曹操抑制住心头的兴奋，挥手后面的大队跟进，看来要毕全功于一役了。

突然间，城头火把四起，鼓锣齐鸣，一阵呐喊，乱箭射下，与此同时，城楼上无数巨石接连砸下，瞬间城门木栏已被乱石封死，没进城的部队死伤狼藉，溃退下来。

曹操耳听得城内杀声连天，惨呼声声，心内阵阵揪疼。他知道：全体敢死队员完了！

其实现在的曹操应该庆幸才对：素来偏爱一马当先的曹操今天在后催阵，实属死里逃生。只是可惜了那三百名敢死的勇士，集体走入了坟墓，人若有灵，冤气怎散？

莫非这些士兵参加过徐州的屠城、官渡的坑杀战俘？就算有报应，也该先施与罪魁曹操吧？看来因果之论，究属虚妄！

曹操大悲之下，继而大怒，挥兵攻城，誓报此仇！

慢——失去理智永远不会得到理智的结局！

还是要惜兵力，斗智为上。

曹操传令：围而不攻，部队十中抽一，开挖围城堑壕，或者说是地道，是什么让城内的审配猜详去吧；挖出的土将城堆成土山，也学一回当年袁绍在官渡时的空中作战，莫非你审配也会造“霹雳车”不成？

壕渐深宽，土山渐高，城内的审配差点笑倒：地道吗？我早给你预备好了断沟；土山？现学的曲儿唱不得，且等你堆得与城齐时，看俺怎样破你的笨招！

土山开始聚起，审配在城头冷笑。

土山逐渐增高，审配在城头大乐。

土山堆得快与城齐了，审配开始关注了。

现在曹操在城外堆的土山已经基本与邺城等高，曹操的下一步就该搭木架、建阁楼，再往后就该邺城的袁军享受当初官渡曹军的“幸福生活”了。据曹操所了解：邺城还没有对空武器“霹雳车”，看你还怎么得意地悠闲守城？

搭木架的木材开始艰难地运上土山，审配镇静如常；费了九牛二虎之力的曹军终于把架材运上了土山顶，那儿成了一个大平台，平台上是热火朝天的建设工地，审配无动于衷。

看来曹军是准备昼夜施工了，傍晚，黑白班的士兵开始交接，土山上的人一下多了一倍，警戒的部队也到了换岗的时间了，情形看似有些混乱……

忽然，邺城城头传来了一阵梆子急响！无数的箭弩从城头飞向了土山上的人群，曹军猝不及防，伤亡惨重，平台上几乎看不见一个活人。那箭雨并未停止，所有的人都退下了土山，像一阵大风从坡上刮过，鲜血与尸体布满了黄土高坡。

箭雨中，曹军眼睁睁地看着邺城城头搭过来无数木梯，大量的袁军踏着木梯冲过了城头，瞬间占领了曹军的土山！这下土山背后的曹军也待不住了，居高临下的袁军射下的不仅有箭弩，还有刚刚费力抬上去的巨木石块，现在开始省力地还给曹军，不远处的曹操目瞪口呆！

曹操苦思了一夜，欲求破城良策；土山上的袁军劳苦了一夜，在紧张地继续曹军未完成的工程，不过不是筑木架，而是立简易寨墙，天明以后，寨墙与工事已经基本竣工，曹军已经不可能仰攻夺回土山了。

曹操很明白：自己费力出资赔人命，替邺城构筑了一批前哨掩体，这下邺城更稳固了。

邺城城头的审配开心地笑了。

164

曹操争夺邺城城头制空权的战役以破产资敌而告终。

但曹操却似非学官渡时的袁绍不可，地道战还是照样准备不误，士兵们轮流作业，进展虽慢，但还是坚决地从地下向城内挖去，把邺城的守城主帅审配猜思得不住摇头：就这点本事？也配叫曹操！

审配也就坚决地等待曹军从洞里钻出来，你既然学习袁大将军的攻城手段，那咱就不妨学习你曹操的守城妙招，整整一个官渡攻防战的翻版，只是克隆的对象调了个，审配就是当年官渡时的曹操，曹操就是当年官渡时的袁绍，一切全反了。

是这样吗？这样下去这仗还打个啥意思？曹操怎会走袁绍的老路？

实际上，曹操现在已经不在邺城前线了，邺城的前敌总指挥现在是曹洪，围城的、挖洞的都是曹洪所部，这是只知道待在城里听都城侃爷们胡说八道的审配无论如何都估计不到的。

善于接受教训的曹操不会与审配在邺城死耗下去，吩咐曹洪继续深挖洞，自己却率主力广积粮去了。

原来曹操经过冷静思考，决心忍下急于复仇的心中怒火，大军主力转扑向了冀州广平郡的边境小城毛城。

那里是袁军通往上党的粮道关口，地势险要，但一旦控制在曹军手中便等于卡住了邺城的喉咙，没有了后续的粮食供给，看你还凭什么困守下去？

驻守毛城的是武安长尹楷，虽率兵不多但所占地势险要，论说怎么也不会失守这种一夫当关万夫莫开的险地，但他做梦也没料到曹操会丢下邺城不顾，亲率大军长途奔袭这偏远的边塞小城，惊慌之下，兵无斗志，被曹操轻松袭破毛城。

自此，冀州与并州的交通被曹军彻底切断。

邺城的西北方向现在成了曹军的地盘，曹操又马不卸鞍地直袭邺城正北方的邯郸。袁尚的邯郸守将沮鹄乃沮授之子，为人处世大有父风，但没继承下来父亲的智慧才能，再加兵力悬殊，敌军突至，慌忙中登城防守，却挡不住曹军同时从四面登城，结果邯郸失守，沮鹄竟殇命于溃军。

毛城、邯郸易手，毛城近旁的涉县、邯郸东北方向近在咫尺的易阳也处于绝境了，涉县长梁岐、易阳令韩范见势头不妙，赶紧改旗易帜，主动归顺了曹操，曹操最喜欢这样的“明智”之士，当然不吝重赏，二人都被荣赐爵位关内侯。看来放下武器是最捷径的封侯之路。

曹操大军像一支大型旅游团一般，绕邺城三面扫荡了半个冀州，按部就班地回到了邺城前线。审配还稳在城头观山景呢，对于城下挖洞的曹洪部刻意怠工，竟然认为是曹军的士气逐日低落，看来审配毕竟智谋有限，常耗下去，怎会是曹操的对手？

果然，重新把邺城围成铁桶的曹操觉得不大保险，干脆还是采用围攻吕布于下邳的老办法，掘壕灌水，我豁上不进城了，你也别想再出来！、

邺城虽有漳河水源，但城大却非昔日下邳可比，光堑壕便需开挖四十余里，那城内的审配能乖乖地等着你把他困死在城内么？一旦出击骚扰，士兵们是施工还是作战？专派部队掩护，少了抵不住袁军的攻击，多了又怎么抽调挖壕的兵力？

曹操胸有成竹：还是抽调十分之一的人力，慢慢地挖就是了，不急，那个审配不会捣乱的。

诸将领半信半疑，各自分段开始了掘沟工程，曹操又吩咐：壕宽两丈，不用深挖，掘走地表数尺硬土即可。

那还能引得进漳河水来？不光将领们这样嘀咕，城头的审配也不禁心中暗笑：这种劳军力无用处的堑壕挖它何用？浅的简直无知：人随便跳下爬出，怎挡我大军出入？

唯有一点危险：所占据的曹军土山下面被掏空了兴许出事故，干脆撤回士兵，索性再看一次笑话，让你尽量顺利地挖下去，你挖上半月，填平它兴许不够我一夜工夫。

施工的曹军也挺配合，尽毁土山，平了费力开挖的地道。在审配看来，这曹操纯粹是生了孩子就掐死，就图折腾完了。

堑壕渐深，城内的审配准备干涉一下了：明天就突然出兵平了它，让你再挖上半月，反正挖坑比填坑费劲得多。

谁知第二天一早士兵来报：那城外的堑壕里竟然灌满了大水，宽逾两丈，士兵们冒死靠近探了一下深浅，深也两丈有余，现在没有舟船谁也出不去了！

审配突然觉得自己跳到了那城外的堑壕里，浑身顿时变得冰凉：被那曹操给耍了！肯定是昨夜曹军全部出动，一夜拼命，挖深了堑壕，自己早出动一天多好！

不愧是袁军第一智囊，还真让审配估计得百分之一百正确，曹操还就是这么干的，磨了半月多，就是为了这一夜。这一夜竣工了四十里长、宽深各两丈的围城堑壕，现在围城大功告成！

现在就担心一件事了：就是在平原进行围城战的袁尚是否能于城破之前回救邺城？如果这种事情出现了，那将又是一场功亏一篑的战事。

165

建安九年五月，过于自信的审配开始为他的失误付出巨大代价！

首当其冲的当然是邺城无辜的百姓，紧接着是可怜的守城士兵，态势如同孤岛的邺城彻底断绝了粮食供应之后，人们首先作战的对象是自己填不满的肚子，灌满了漳河水的围城堑壕割断了人们一切逃生的希望，把自己的同类作为食物的惨景即将在邺城重现了。

围攻邺城的曹操大军现在省略那个攻字，成了围而不攻的警戒部队，唯一的任务就是巡逻在堑壕的岸边，防止有人偷渡求生。可惜那时候还没有神通广大的黑道“蛇头”出世，欲偷渡出境难于上青天，这下百姓们惨了！

自信的审配开始失去自信，他第一次——也是唯一的一次发出了向袁尚求援的告急信，一名天生水性绝佳的亲信成功地顺水潜游到了漳河，奔向了也在平原进行着围城战的袁尚。

僵持在平原城下的袁尚来不及将斩草除根进行到底了，毕竟老巢邺城比亲哥的性命更加重要，慌忙中集结了一万多精锐，亲自率领紧急回援邺城。

平原城内的袁谭松了口气之余，不免暗恨曹操无情：如此解围，究竟是为了救我，还是为了你自己的私利？——蠢材！还用问吗？

邺城中的审配感觉度日如年、时光如止：邺城被围成死地已经接近百日，城中的军民已经被活活饿死了一半！但却并未动摇审配的坚守意志，他相信：袁尚会给邺城解围的，即使不能，自己也决不降曹！大不了慷慨赴死就是了，哪个人的旅途终点站不是死亡?

终于盼到了！一天傍晚，望眼欲穿的审配在邺城东门城楼发现了远处的烟火，那里是距邺城仅十七里的阳平亭，按自己求援信的约定：今晚就是里应外合突破曹军的时刻!

审配动员了全部尚能作战的士兵，集结在了北门——曹军必在东门严防，北门外数里就是漳河天险，曹军理应防守最弱，这里就是与袁尚预约的会合处。早就准备在东门城头的火堆也点燃了，远方瞬间火熄，那是袁尚已经接到了信号。

邺城外的曹操其实早几天就接到了袁尚来援的急报，众将及谋士都建议及早撤围退军，事情明摆着：那袁尚倾力来援，士兵归家心切，必定人人死战，理应避其锋芒。

曹操经过熟思，向大家说道："袁尚军若堂堂正正顺大路进兵击我侧背，我即全师退回黎阳；若顺西山小道隔滏水来兵，即说明其心必虚，尚留自己逃路，怎会死战？吾必破之！"

果然如曹操所料：袁尚犹豫再三，终于没敢将自己全军置于与曹操拼命的死地，还是从西山小道经邯郸进军到了邺城东北方向十七里的阳平亭，先临滏水结寨扎营，才向邺城的审配点火发出了信号：今晚突破曹军北门防线!

火发出了信号：今晚突破曹军北门防线!

诸将见邺城东门火起，俱都建议集中主力于城东，曹操冷笑："此小儿伎俩，安能瞒我？从未闻欲战先示其形者！三门撤半，集于北门险要处，谨防城中人突出，诸将随我伏于城北我寨两侧，今夜破袁尚必也！"

诸将接令临行之时，曹操踌躇满志宣布："冀州已经到了我的手里了，诸位知道吗？"

诸将只好老实回答："不知道。"——明白也要装傻呀!

曹操断言："诸君很快就会看到的。"

以后实际发生的战斗实在没什么精彩之处：审配率城中饿兵如约出北门接应，哪知强渡堑壕时遭到了数量庞大的曹军阻渡，再三死冲不见战果，只得退军回城，落了个损兵折将，未能如愿。

欲趁夜色劫寨的袁尚更惨：突入曹军北门营寨后突然发觉是座空寨，紧急退军不及，还是遭到了曹军的伏击。部队建制一乱，只得各自为战，且战且逃，幸得袁尚作战彪悍，将士们都是玩命求生，才得突出重围，检视部队，已损失三成。

好不容易才收拢残部依曲漳扎下了大营，曹操又趁胜跟踪而至，指挥大军围了袁尚营寨，现在将士们已被曹军打得心裂胆寒，哪里还有战意？袁尚无奈之下只得派出了原豫州刺史阴夔及陈琳向曹操乞求投降，这总该行了吧？

谁知得势的曹操却意外地拒绝接受袁尚的投降，为什么？难道曹操非要赶尽杀绝不成？

正是如此，原因有三：

一是曹操对去年败于袁尚之事耿耿于怀，认为是生平莫大耻辱，收这位胜过自己一次的后辈为部属？想起来就让人不舒服，不取其脑袋难洗败羞。

二是邺城的审配已成瓮中之鳖，眼前的袁尚已成落水之狗，何妨痛打解气，强似眷养费神，还是一刀杀了利索，一劳永逸的手段还是宜将剩勇追穷寇，宰尽敌人称霸王！

三是还有一个袁谭呀，收降了他不共戴天的兄弟，对这大义灭亲的哥哥怎样交代？难道还要给他们兄弟俩当一辈子和事佬不成，或者是替他们做终身制自由搏击赛台上的裁判？关键是：万一他们以后来个血浓于水怎么办？

袁尚见求降无望，只得设法突围保命了。

说起来这袁尚也不是没两把神沙就敢倒反西歧的莽汉，对突围计划就设计得极为巧妙：曹操现在还未及合围，那当然是越早越好，立即就行动；突围之后的逃窜方向论理应该是向北或向东，实在不行向西奔并州也是一个选择。但袁尚这时却异常聪明起来了，向南！绕过邺城，奔向曹操的老家许都方向！

这招大大出乎曹操的意料，的确无法防范，等到发觉袁尚奔向自己的后方时已经迟了一步，被袁尚出走滥口在祁山扎下了营寨，这里在邺城的正南方向，距邺城五十里，恰能起到骚扰曹操围城部队的作用。

气恼的曹操干脆亲自点了五千轻骑，直袭祁山！这下袁尚不跑了，竟出动全部剩余兵力迎头击向曹操，论局部兵力袁尚并不占弱势，还是有拼一下的资格的。

袁尚派往前敌的是自己的忠勇将领马延、张顗，谁知忠勇二字要看用在什么时候，现在袁尚的处境实在是应该用可怜二字来形容，困兽犹斗也应该以身作则吧？此时迎击曹操无异于走向死亡，你不一马当先还想让兄弟们给你打头阵？算了吧，咱把忠勇献给曹操去！

马延、张顗率部战场起义，归降了曹操。这下袁尚再也没有拼一下的资本了，他倒是非常机警，断然抛下了闻讯崩溃的全军，还是逆向折返向北，又越邺城，逃往了北方的中山国，这下可称为真正的远遁了。

可惜曹操还是没有估计出袁尚逃走的方向，怎么也不会料到袁尚竟有北来自投罗网求活路的胆量，等发觉后欲再追捕却是实在来不及了。

166

袁尚逃亡，曹操鞭长莫及，别急，还有个袁尚的死对头亲哥袁谭呢，现在轮到袁谭下手的时候了。那袁谭对弟弟的原则也与弟弟对哥哥一样：斩草除根！自古无毒不丈夫么。

袁谭自袁尚撤平原之围后并没有闲着，更不会按照曹操的命令安稳本分地回去经营他的青州，而是抓紧扩军征战，开始了趁火打劫冀州东部、北部的行动。

毕竟是故主袁绍的长子，而且打的又不是曹军的招牌，以冀州之主的身份收服冀州郡县确实顺利，一月不到，袁谭取甘陵、下安平、收渤海、伏河间，连得数郡，声势重振。

等到袁尚兵败邺城逃亡中山的消息一传来，袁谭立即明白：落井下石的机会到了。现在是三十天河东，三十天河西，可算是另一类度日如年？

中山国虽然地处冀州北部边境，但所临幽州是袁尚的友好邻邦袁熙的地盘，所以平常兵备不多，再加上本来就属冀州最小的一个郡国，又加新败，怎能抵挡饿狼般哥哥的侵犯？

而那袁谭偏懂得兵贵神速的大道理，如饿狼扑瘸兔一般直击中山。等袁尚得到确实军情，索命的亲情同胞已离此不远，仓皇之际，还顾得了什么部属辎重，只带得数名亲随逃过州界，一直到了幽州的固安，才算有了点稳固安定的感觉。

小公子逃亡，大公子来接班，倒也顺理成章，中山全境立即换了主子，袁尚仅存的这点军备兵卒被袁谭劫掠收编一空，现在就差弟弟的人头了。

但轻犯幽州，与现在还保持中立状态的袁熙公开撕破脸，袁谭还是觉得没到时候，还需要先消化刚吞下的几郡，君子报仇，岂在一时？况且，那曹操会坐视自己擅动刀兵而不理睬么？

曹操现在还当真只能坐视袁谭事实上的复叛，岐山全歼袁尚所部还称不上彻底获胜，不远处还有审配这根硬骨头死守着邺城不降，不拔掉邺城这根硬钉子，曹军主力哪里也去不得，现在到了邺城最后的时刻。

由于袁尚逃得急促，其军所有辎重都留给了曹军，要命的是连袁尚的大将军、冀州牧印授、皇帝所赐之节钺，甚至连自己的随身衣物都成了曹操的战利品。曹操充分地利用了这些宝物：拿到邺城四门，以实物来证实袁尚已被彻底歼灭，别妄想救兵了，欲想活命，两个字：投降！

这曹操也怪，求降的袁尚他坚决拒绝，坚决不降曹的审配他却坚决劝降，而审配却坚决不给曹操这个面子。

城中闻知袁尚已灭，人心惶惶，没人想给袁家陪葬，此时能降，岂不是最好的出路？审配却做了紧急政治动员："幽州的袁熙公子马上就到，我们还怕没有主公吗？现在曹军已经疲乏力竭，只要坚守死战，我军必胜！"

还真差点让审配给说准：曹操确实有点得意忘形而疏于防范了，有次在出行巡视围壕时，离城过于近了。审配发觉之后，在其前方紧急埋伏了弓弩兵，等曹操临近之后，审配亲自指挥，一阵乱弩射下，差点要了曹操的命去，幸亏那弓弩兵中没有高手，曹操又机警得没给城上第二次机会，不然，真说不定笑到最后的是谁了。

情形到了这个样子：无论审配再忽悠得天花乱坠也用处不大了，将来的幸福生活不顶现在的肚子饿，等到那说不准的救兵来到，俺说不定已经成了哪位的口中美味了。抬轿子的还管坐轿的是谁？保命要紧。

所以人人思降保命，连审配的亲侄子审荣也不例外，坚决不替老袁家卖命了。一天夜里，身为东门校尉的审荣打开城门，放进了曹兵，邺城终于陷落了，还是那句老话：坚固的堡垒大都是从内部被攻破的。

在审荣开城纳敌时，审配正巡逻在城东南角楼上，望见曹兵已进城，明白大势已去，当然最恨的是叛徒，只是不知道这叛变的罪魁是谁？忽然想起那辛毗亲哥的全家还在邺城狱中，现在最紧急的就是赶快宰了叛徒的全家，立即派人飞骑驰抵邺城狱中，在随曹军入城的辛毗赶到监狱之前，杀掉了辛毗兄一家老小。

审配巷战力尽被俘后见到了辛毗，辛毗心中恨极，抡马鞭劈头盖脸，边打边骂："奴才！你今天死定了！"——骂什么也不该出口这个"奴"字呀？估计当时没细想当了奴才的是谁。

审配连正眼瞧他一下都懒得："走狗之辈，正是由于你们这种不配称人的东西，才破了我冀州，我恨不能连你一块宰了！杀我？是你当走狗的能说了算的吗？"

有了上次白城楼对付陈宫失败的教训，曹操知道如何打击不怕死之人的心理。一见审配先问的就是："知道是谁献了你的城门吗？"

审配当然最想知道的就是这个，所以他老实地回答："不知道！"

曹操得意得有点近似残酷："就是你的亲侄审荣啊！"

审配几乎给气晕过去："这小子混账到这种地步！"

曹操见击中了敌人的要害，心里那个痛快："前日我行围城下，先生的箭弩怎么这么多呀？"

得意必然有失，曹操本不该对审配起这种嘲讽之心，一句随口戏言竟遭到了审配立即反讽："我恨其少呀！"

曹操顿觉无趣，但还是不想杀掉将生死置之度外的忠烈之士，便主动替对手辩解了起来："卿忠于袁氏父子，亦自不得不尔也。"（《后汉书·袁绍列传》）

一听曹操话语有放过审配之意味，堂下的辛毗号啕大哭，曹操真有些为难了，又见审配毫无屈服的可能，只好狠心下令将审配斩首。

到了刑场，有个因投降而活命的冀州人张子谦，素不服气审配，欲来沾些口头上的便宜，得意喝令审配向南跪下，并笑着说与审配："卿竟到了这种地步，何如我等？"

审配厉声痛骂："你是个投降的俘虏，审配是个报国的忠臣，就是死又如何？哪能像你这般苟且偷生！"——张子谦反倒被骂得面如血染。

临行刑，喝令刽子手转自己北向，语气骄傲："我君在北！"

自古燕赵多悲歌之士！然也！

第三十九章

收四州：兵败却未如山倒

167

曹操攻克邺城之后，标志着冀州已经易手，虽然东、北诸郡国尚未明确表示归附，但大势已定，靖平全境看来只是时间问题了。

当然，袁谭的存在是个大阻碍。虽然近几年袁谭一直在冀州拼前程，实际上被朝廷承认的地盘是在贫瘠的青州，袁谭不除，半个冀州、一个青州都将不得安宁。

但急切还顾不上袁谭，曹操还有三件大事要做，其实这三件大事都是为了一个目的，那就是：安定民心。

袁绍经营冀州多年，宣传上绝对是一个主旋律，当然不会去客观地向人民介绍这位朝廷的曹大司空，好事不提、坏事扩大点是免不了的手段，这是中国古代统治者愚民的看家本领。

曹操三件事都做得挺漂亮：首先是稳住现任的冀州中层领导干部，方法也挺秀、挺绝、挺出人意料又在情理之中！

曹操亲自上门慰问老对头袁绍的妻子刘氏，并赏还了属于袁家私人的财产珍宝，对袁尚的妻儿也未加刁难，反而由国家发给布锦粮米，按退休高干待遇给奉养起来了。

历代史家对曹操的这一举动都持称赞观点，笔者却不由摇头，为曹操惋惜：这正证明了曹操的是非不分、法纪不顾，一切从需要出发，根本无善恶扬贬可言。

因为那袁绍的遗孀刘氏是个早该进十八层地狱的毒妇：此妇人性情残酷嫉妒，袁绍刚死，僵尸未殡，所宠爱妾五人，便被这妒妇皆尽杀死。

这还不算完，这毒到家了的娘们琢磨着这五人模样长得太好了，在阴间里见了袁绍还不免受那死鬼的宠爱，要根绝这个隐患！便使用了黥面纹墨的一招，尽毁其容貌形态，方准入土。就这样还觉得余恨未消，又令儿子袁尚尽杀五妾全家方休。

身背这么多条无辜人命的东西，竟被曹操根据政治需要给赡养终年，这世界上还有天理王法吗？

凡是根据自己政治需要决定是非，执行灭人欲、欺天理政策的人或政权，不论古今，没有一个好玩意儿，无论英雄、奸雄概不例外！

曹操还有一手绝的：亲临袁绍墓前祭拜，痛哭流涕，比老爸曹嵩暴亡时更加伤心百倍。后人都知刘备是哭来的江山，其实阿瞒才是哭道大师，更知哭中三昧，曾下邳哭陈宫、淯水哭典韦、今天哭袁绍，真中有假，假中含真，水平一次高过一次，曹操之哭功才称得上登峰造极！

曹操对自己的伤心有一番无法查证的解释，说是触景思情想起了与袁绍交心的往事。据史载：袁绍与曹操共同起兵讨董卓时二人有一番交心，那袁绍问曹操："若起事失败，靠什么再立根据？"

曹操谦虚，先请教袁绍，袁绍回答："我南据黄河，北阻燕代，兼戎狄之勇力，南向以争天下，你看可以成事吗？"

曹操回答得极高明："我聚集天下的智力，以道德驾驭他们，可以无所不能。"——实际上等于没回答。

笔者细查史书，分析判断：这是曹操的一面之词，诸史家被阿瞒给忽悠了！

袁、曹起兵之初，分别全神贯注于渤海、陈留，两地相距甚远，根本不可能相聚闲聊；到了洛阳外围后，分属不同战线，正好一个在西北，一个在东南，中间隔着董卓盘踞的洛阳，直到曹操兵败于徐荣铁骑，二人从未碰过面，之后虽结成同盟，却不是上述对话的情景了，所以此事必虚妄。况且袁绍哪有后来诸葛孔明的本事，能预料数年后混乱中国的政治军事形势？袁绍真有如此能耐，那还有曹操好过的日子吗？

实际上曹操欲除袁绍，可以追溯到二人还是白丁布衣时。据皇甫谧逸士传中载：袁绍与袁术的母亲亡故，兄弟俩扶棺回汝南葬母，举办了规模空前的葬礼，宾客多达三万人。当时曹操作为袁绍的小伙伴也去了，葬礼中间便悄悄地对汝南好友王儁说："天下即将大乱，为乱祸魁首的必将是这一对宝贝。要想拯救天下，为百姓请命，如不先诛杀这两个祸害，大乱从现在就会开始。"

所以袁绍丧命，曹操既不会伤感，也不会惋惜，有的恐怕只是兴奋。

这是曹操为了怕众人暗笑自己作秀，信口开河地忽悠大伙罢了，反正没有人敢当面质疑。至于后世的史家们，那就更易骗了，从来最难打发的都是当世人。

曹操的第二件大事却是实实在在的行动：九月，曹操颁令："河北罹袁氏之难，其令无出今年租赋！"——免掉了农业税！老百姓真正得到了实惠，谁能不说政府英明？

第三项决策更是如甘霖降旱田：颁布重豪强兼并之法。这下老百姓真要高呼万岁万岁万万岁了。

曹操公布了惩治先富扶植贫民的政策："一个国家，一个家庭，历来不患寡而患不均，不患贫而患不安。袁绍对冀州的统治，使豪强肆虐，亲戚兼并；下民贫弱，代出租赋，倾其全部家财，不足应付豪强的勒索；审配之宗族，至乃藏匿国家罪人，这样怎么能罪犯伏法？袁绍想得到百姓拥护而甲兵强盛，这样做能得到吗？以后我命令：官府收田租每亩为四升，每户出绢二匹、绵二斤而已，其他不得擅自增收。郡国的太守、国相要明察秋毫检察自己的辖区，不能让豪强有所隐藏，而弱民仍被迫兼交赋税。"

诸位注意首句："有国有家者，不患寡而患不均，不患贫而患不安！"——至今尚存现实意义！

大政已定，现在轮到收拾那反复无常的袁谭了。至于亲家？不要紧，连离婚手续都不用办理，曹操没找什么无聊的借口，先把自己的儿媳妇——袁谭的女儿送回了娘家。别问为什么，如果非要明说，那就是马上就要宰你父亲了，还是亲家的话，那多伤亲戚面子？

对袁谭却是需要书面讲清与之绝婚的理由，曹操修书痛责袁谭负约，送还其女后，立即进军袁谭眼下所据的平原。袁谭一瞧曹操玩真格的，胆怯了，提前放弃了平原，率部逃往南皮。

建安九年十二月，曹操大军收服平原国，东邻青州的袁谭残部都变得高瞻远瞩起来，纷纷易帜拥曹，青州全境不战乃定。

并州的高干也发觉大好形势现在属于谁了，遣使表示归降曹操。曹操当然表示欢迎，正式任命这袁绍的亲外甥为并州刺史，并州遂定。

冀州、青州、并州三州都姓了曹，现在只剩下幽州了，至于南皮的袁谭？曹操已经不把他放在心上，无根之草，还能成什么气候？

就因为这一大意，差点给曹操惹出了大麻烦，老道的曹操怎么就忘了困兽犹斗这句格言了？

168

建安十年的春姑娘准时地赶来值班了，但正月里的曹操却没有欣赏春姑娘风韵的雅趣，他不顾冬老人的余威尚在，提大军进入清河郡，顺清河北上直击袁谭。

实际上现在不是适合攻方进兵的季节，大军辎重赖以水运，而其时天气尚寒，河未开化，行不得舟船。那所谓春姑娘实际上是先冷酷再明媚然后才能热烈，曹操等不及春姑娘的态度转换，强行上道了。

曹操相信：人定胜天！

曹操颁令：沿河百姓全部予以强征，驱赶入河以锥破冰，违令者一律斩首！

这种以人力做破冰船的措施比后世人拉犁耙学大寨残酷得多。小民谁不畏寒？于是逃亡者比比皆是，竟有一个眼晕的老农深夜敲开了曹操的住处以求藏匿——史载如此，笔者也不免疑惑：这曹操的警卫部队都是白吃干饭的？

曹操显示了怜悯老弱的另一面，对老农坦言：“听任你逃走则违犯法令，又不忍心杀了你，回去藏好点吧，别让官吏抓住你了。”

老农感动得哭拜而去。据史载，最后也没跑掉，结果可想而知。

大军逼近南皮，袁谭不准备再逃，现在天时、地利、人和都在自己一方，此时不战，那只有逃亡一生！

曹军居旷野忍天寒，袁军处暖房无冻忧，据天时；曹军须拼命仰攻，袁军凭坚城固守，持地利；曹军远师疲军，袁军以逸待劳，掌人和。——其实人和乃指人心背向，非指体力，这点袁谭想左了。

不管怎样，袁谭动员了全部兵力，迎头扑向了远来立足未稳的曹军，此时如不竭尽全力拼一胜，那以后的仗也就不用打下去了。

这的确出乎曹操的意料，那袁谭既没凭坚城死守，又没抢时机远扬，而是采取了最正确的应对：拼老命求生存！

曹军有些措手不及，竟抵不住袁谭生力军的疯狂突击，主要是长途劳累的缘故，其次是心理上没有做好打恶仗的准备，所以大军前锋竟成了后卫，被逼得步步后退，眼看前锋就要溃败！

前锋若溃，必然会冲动全军，进而形成大军溃退，如此敌军士气必涨，自己部队战意必消。这冀州新伏，人心未定，整个大局将不知会变成什么样子了。

这时候下什么“后退一步者斩”的军令是没啥用处的，将士们在心怯求生的关头是没有时间细品军令的，让士兵们立即明白的命令只有一种方式：主帅的行动！

曹操策马挥槊冲上了前敌，近卫中军当然更不能怠慢，已经成为部队突击中坚的近卫骑兵顶上去了，这支实战形成的精锐铁骑以后被冠名为“虎豹骑”；但也只是暂时止住了步步后退的态势，那袁谭军还是死战不退，双方已成僵持的混战之局，谁后退一步便会全军溃散，甚至覆没！

看来古语所说“穷寇勿追”也是有几分道理的。面对做困兽犹斗的袁谭，曹操本不该冒如此风险，袁氏业已成无根秋草，欲除掉有的是更为稳妥的策略，看来曹操在兵盛时也懒得再费神出什么奇谋，这个习惯还会导致他吃更大的苦头。

一场昏天黑地的厮杀没完没了，一上午过去了，双方的体力、意志都已达到了极限，这方面对曹军明显不利，毕竟士兵的体力储备都已消耗在了进军途中。战势到了这种地步决非曹操所愿，但也只能无奈地坚持，乱战关头啥妙计都是废话，双方此时较量的只是战士的勇气，当然还有更重要的：主帅的意志！

曹操想起了官渡之战乌巢劫营的危急时刻：那时候将士们最需要的是什么？对，是一种声音，主帅的声音！声音的内容反而无关紧要，乌巢时通报了危机实情反而激起了将士们的斗志，大家在那一刻从死中求来了生！

曹操看见了中军的战鼓，本能地扔掉马槊，在战马上抢过了士兵手中的鼓槌，战鼓频率大变，已经不是在起指挥的作用，激战中的士兵听到后面齐呼：“是曹将军在擂鼓！”人人都明白自己该做什么了，两个字：拼命！

战鼓声中，一道曹操的口头军令传遍了整个战场：此战不留俘虏！不准敌人投降，一概杀光！

这是主帅的自信，是擅杀嗜血的曹军士兵的“兴奋剂”，曹军达到了兴奋的顶点！

袁谭军的士兵终于胆怯了，不知道第一个回身逃跑的是哪一个，瞬间传染了全军，如同一只被吹胀突破的气球，“嘣”的一声，粉碎得无影无踪！袁军崩溃了。

曹操又赌赢了。

袁谭舍生忘死杀回南皮，谁知已经迟了一步，南皮城已被曹军勇将乐进突破南门，大势已去！

袁谭几乎疯狂了，头盔已丢，披发驱驰而逃，部下紧随狂奔，袁谭竟认为是曹军追兵，惊惧之下，心理崩溃，坠马之时大呼：“咄，儿过我，我能富贵汝。”言未绝口，头已断地。——据史载，是曹家的后起之秀曹纯的部下虎豹骑完成的这最后一击。

曹操擒斩郭图等人，戮其妻子，总算出了口对降而复叛者的恶气。自此冀州全境平定，该轮到幽州了。

曹操大军兵临幽州边界，幽州全境山雨欲来，就在这局势飘摇之际，一个消息石破天惊，震晕了患难中的袁尚、袁熙兄弟，震退了边境的曹操大军！

169

幽州突然内乱。

原来，就在曹操大军陈兵幽州南部边境之紧要关头，幽州的将领们终于摸出了哪个娘的奶水足，以袁熙大将焦触、张南为首，并率幽州诸郡太守、各县令长，宣布拥立焦触为幽州刺史，背袁向曹，从今服从曹氏中央。

焦触等人在行文声明之后，又觉得总不能光喊革命口号吧？心动不如口动，口动不如行动，于是陈兵数万，杀白马盟誓，以表对曹操的无限忠心，誓词简明扼要，四个字：“违命者斩！”

还就是有不怕死的：别驾韩珩在依次宣誓时作了另类发言：“我受袁公父子厚恩相待，现在眼看着他们家破人亡，我智力不足以相救，勇气不能够随死，已经是个无义之徒了，若再北面而事效劳于曹氏，这种事情不是我能有脸做出来的。”

大家都认为韩珩死定了，没想那焦触虽还未成曹操部属，却得曹操三昧真髓，知道如何将这意外不利因素转化为有利因素，不怒反赞："做大事应当顾大义，事情的成败不在于一人，可以遂他的意愿，以鼓励大家忠君报主。"——也就是告诉大家：以后我们就这样忠于曹操就行。

这一手挠在了曹操的心痒处，曹操能不大乐？立即宣布：承认人民代表的推荐，并封焦触为列侯。焦触则以实际行动报答曹操的信任，举兵杀向老主人袁熙及落难的袁尚，那袁家一对难兄难弟，此时众叛亲离，怎能抵挡？没奈何只得逃亡于父亲袁绍的老友三郡乌丸之蹋顿单于。

那三郡乌丸本为塞外匈奴分支，曾趁天下大乱之时，攻破过幽州，掠走汉民达十余万户。袁绍掌北境四州之后，采取了大汉王昭君故事：让步和亲，立其酋豪为单于，又搜罗部属、百姓家漂亮女儿认作已女，然后送给匈奴们糟蹋，美名曰：妻焉。

辽西单于蹋顿尤强，当然更为袁绍所厚待，所以袁尚兄弟前往投奔，果然得到蹋顿回报，仿袁绍待自己而厚待袁氏兄弟。这袁家兄弟感激之余，当然也要表现一下自己不是来混饭吃的，便数次引路入塞为害，帮乌丸匈奴来抢掠汉家的财产美女，现在的袁氏兄弟已经沦落为标准的汉奸加强盗了。

暂时不用进入幽州作战的曹军并没有闲着，对于袁尚、袁熙兄弟的逃亡，曹操认为是斩草未除根，但如果立即提军进入遥远的辽西，却还不是时候，还需要绥靖后方，刚吞下的四州可不是那么容易消化的。

在曹操大军的威慑下，割据于河间、渤海之间的黑山军主动向曹氏政府军投降了。建安十年四月，黑山军首领张燕以献出十余万彪悍部队的资本被曹操封为列侯，造反——招安——封侯！确是一条光宗耀祖的捷径，成功了你是英雄，不成功也是英雄，只要你敢造反。

现在冀州全境基本上算是稳定了，除了沿海的一些被百姓称为"海贼"的零星武装，都表示了对曹操的无条件服从，主要问题还是在没有动用武力征服的幽、并二州，首先是幽州出了乱子。

东汉时的幽州控制面积辽阔，不管是谁任幽州牧或刺史都没有真正地掌控过幽州全境。袁熙当政时也就是对幽州的西半部分说话起点作用，而幽州的东半部掌控在辽东太守公孙康手中。

出乱子的地方是范阳郡及北部边郡渔阳郡，渔阳郡当时是受鲜于辅管辖，郡治犷平（今北京密云），三郡乌丸在袁氏兄弟的协助下已经打到了犷平，鲜于辅向曹操告急！而范阳郡袁熙的部将故安赵犊、霍奴等则起兵予以响应，也就是在黑山张燕被封列侯的同时，同样是被新封列侯的幽州刺史焦触、涿郡太守张南被赵犊、霍奴等砍掉了脑袋。

幽州一眨眼又变回去了。

看来还是像对付袁谭那样利索得多，只有快刀断头才能一劳永逸，曹操这次下狠心动真格的了。

为保大军辎重，曹操接受了兵伐邺城时的成功经验，先征集民夫开通河渠水路，费时三月，自呼扔掘渠入泒水，又从沟河口凿渠入潞河，前者命名为平虏渠；后者命名为泉州渠。现在可以兵出幽州了。

葫芦才想动手去按，那边的瓢又浮起来了。就在曹操大军出动的同时，并州急报：破邺时归降的并州刺史高干重新反叛自立，举州附之，新收的四州转眼一半改了姓，曹操却无力同时应付两地蹿起的火苗。

但出于对降而复叛的痛恨，曹操还是分出了部分兵力，遣乐进、李典率领，出击壶口关平叛；曹操本人则率主力开向故安，要先平息幽州的叛乱。

赵犊、霍奴的叛军从未领教过曹军的厉害，数万守军既不远扬，又不依城死守，而是怀有袁谭的想法：以逸待劳，一举击溃曹操的远来疲师！

这恰中曹操之下怀，一经接战，曹军主力前锋便稍作力竭后退，却步步死守，赵犊、霍奴一见得势，当然是步步紧逼，死攻不退。这次没用着曹操亲自上阵或擂鼓，反倒是赵犊、霍奴带头死冲，正感觉快要得手时，听到后方固安传来急报：固安遭到张辽所率轻骑之突袭，城防已被突破，现正在激战中，请二位将军火速回救！

赵犊等大惊失色，赶紧鸣金收兵，回救固安，谁知大军竟被曹军死死纠缠，想撤都撤不下来了，退军令已下，士兵们哪里还有什么斗志？战势顷刻急转，部队瞬间溃败。

谁知连溃退都没有资格，固安方向杀来了张辽的轻骑。那张辽部袭固安实乃虚晃一枪，真实的目的却是围兜赵犊的主力；连溃散也不可能了：左右两侧均被曹军的弓弩兵、长枪兵封堵住去路，原来曹操打的就是一网打尽的算盘。

赵犊、霍奴等均被斩杀于混战中，固安不攻自破。

曹操克固安只不过是为了借道而已，战争行动的最终目标却是渡潞河而救犷平。乌丸震于曹操军威，不敢接战，与袁氏兄弟率部奔走出塞，远遁大漠深处幽州昌黎郡的柳城（今辽宁省朝阳市附近）。

曹操这边的军事形势一派大好，率部于并州讨叛的乐进、李典可就没那么幸运了，那高干集重兵于上党郡，执上党太守而自领，闻乐进、李典兵到，不予野战，而主动退守上党险要壶关口，乐进、李典策军攻险，伤亡惨重，而高干在给予曹军绝大消耗之后，竟弃守壶关口，再退壶关城。

乐进、李典占据壶关口之后才发觉这场仗永远打胜不了：壶关口至壶关城相距十里余，却是山间狭道，人仅能并行，既无山泉，又无水井，马不得饮，人难解渴，而那壶关城却扼据当道，凭山而筑，攻城兵力根本无从展开，是真正的一夫当关，万夫莫开！

大军别说攻城了，就连屯军扎寨之处也别想找到，僵持也绝不可能，只得退到山下，扎营引军就食，并把军情详报于曹操。

接乐进、李典所报战争态势，曹操大怒之下亲提大军西向：谅一小小壶关城怎能阻我收服并州？建安十一年春正月，曹操大军开到了壶关城下。

地险不分官大小，那壶关城却不会给曹操丝毫面子，不管谁来了，山还是那座山，梁还是那道梁，曹操怎么也不会料到：这高干比那袁氏兄弟还要难缠得多！

170

凡打仗，作战双方没有不想取胜的指挥员，而对战场地形的熟悉是指挥员保证胜利的前提。曹操深深懂得这一点，先带着谋士、将领们上了壶关口，进抵壶关城，至于这仗怎么打，要等对实际地形心中有数后再说。

在没有卫星测绘地图的年代，这几乎是唯一的办法。曹操官大不迷糊，势大不冒险，地形看完，忧虑尤重：这壶关城打不得！

打不得也要打，这不是难为人吗？

曹操于军营也做起了长期“功课”，如何打是关键！

一日，曹操于野外看见士兵们在捉田鼠改善生活，那田鼠本来深藏洞中，安全得很，可是经不住士兵们在鼠洞远处的地面上敲击和恐吓，蹿出逃命时反而丢了性命，成了人们的盘中美味。

曹操心中一亮，终于确定了攻占壶关城的方略：大军分兵取势，不打而打，把高干从“鼠洞”中恐吓出来！久思必有灵感。

曹军主力干脆在壶关口下练兵坐等，分出偏师四路，三路分别进驻壶关城西南的屯留、正北的襄洹、东北的潞城，一路干脆北绕并州平乐向州治太原佯动。

一开始高干还能沉得住气，认为只要壶关城不失，则上党郡便保，上党郡曹军收拾不下，是不敢深入并州腹地的。但搁不住时光飞去，一晃就是百日，那曹操看来有点豁上了的意思，是欲先尽吞并州全境，然后再困死壶关城，高干要另想出路了。

高干想了个两全其美的主意：留部将夏昭、邓升守壶关城，自己率一部远赴北方的匈奴单于求救。

兵贵神速，立即行动，千辛万苦到了匈奴。

谁知那匈奴单于跟中原人一样势利眼，曹操的威名早已传遍漠北大草原，哪有为了一个弱势高干而得罪强人曹操的道理？不但不予相救，反倒出兵欲擒高干向曹操献功，高干长途劳苦之疲旅，哪敢应战狼群般的匈奴铁骑？惊慌之际，部队溃散，高干只得带数骑亡命南逃。

现在唯一的希望就是袁绍的原盟友荆州刘表了。高干如今也不是存在让刘表出兵相救的希望，仅欲前去投奔保命而已。哪知保命也难，行至上洛，被都尉王琰乘机捕而斩之，终于做了别人向曹操献功的大礼、封侯的资本。曹操果然不负王琰之望，将其封为列侯。

插段意味深长的趣事，据史载：王琰封侯，众人皆前往恭贺，却见王琰之妻在家闭门大哭，呼之不应，竟好像王琰倒了大霉一般。大家不解悲从何来，后来有同僚妻与之相处甚密，终于明白王妻痛哭的原委：

“王琰封侯，于我何幸之有？凡侯爷哪个不尽量多娶美妾？我为自己的将来所悲也！”

好一位明白的夫人！

高干命丢，壶关竟然坚守如旧，拒不投降，这大出曹操之意外！这些人脑袋里莫非进水了不成？这高干的政治洗脑术莫非如此厉害？

大将曹仁看不下去了，委婉地提醒曹操：给守城者洗脑的不是别人，正是曹冀州您自己！当然，曹仁的话不能说得那么直白。

据史载：河北平定之后，曹军接着包围了壶关。曹操下令：“城破之日，不管军民，一律坑杀。”——这曹操又欲过活埋人的瘾了！

连月攻城不下，曹仁进言于曹操：“围城必须开有活门，即所谓留其活命之路。现在等于告诉他们怎么都是死，必将人自为守，死战求生。况且壶关城坚固而粮多，强攻则士卒伤亡巨大，围困之则旷乎日久。现在屯兵于坚城之下，围攻自知必死之敌，不是个善策。”——只此数言，曹仁功德无量！

曹操依从了曹仁的意见，结果壶关城终于开城投降。曹仁立了大功，前后功并算，曹仁被封都亭侯。——曹仁的侯爵得来的可谓光明磊落！

壶关城放下了武器，并州全境顺利属曹。

建安十一年八月，曹操转兵东向，征伐海贼管承，在下一个大的军事行动之前，定要稳定到手的地盘——东汉时的攘外必先安内。

军到淳于，曹操移心专于当地政务，区区一管承，还用不着曹操亲自出手。乐进、李典奉命率军征伐，果不其然，管承的乌合之众经不得乐进、李典正规军的打击，数战不利，退入海岛，看来打不过就到海岛避难是国人的老传统了，倒像是往事衍千年。

补充一点：自邺城攻克时，曹操已经与朝廷交换了所兼领的实职，自戴了袁绍留下的官帽：冀州牧。这是个政治油水极大的差事，从此曹操开始有了名至实归的自己的独立王国。

至于那个干巴的兖州牧？最起码是表面上还给了朝廷，实际上让谁干还是曹操说了算，只不过是避免一身兼职过多的嫌疑，古人比今人还是要点脸的。——大家查查民国时期的蒋委员长兼任多少虚实职务，就理解笔者为什么这么说了。

天下十四州，现已到手其八（其中有一原东汉京师的卫戍地：司隶校尉），曹操有句：老骥伏枥，志在千里；烈士暮年，壮心不已。现在骥还未老，当然不能伏枥；人未暮年，岂能止于壮心？

又到了曹操决定下一步军事行动的关头了。

将近侃完袁氏兄弟，不无伤感：

好得哪家强？斗得哪家气？真个是一槽不栓俩叫驴？
抢得什么权？争得什么利？到头来俱为他人作嫁衣。
官家子多读圣贤书，
圣贤书读到狗肚里？

蚌鹬相争，渔翁得利。

兄弟阋墙，他人欢喜。

莫非是，冥冥之中有天意？

却常见，凤子龙孙智商低。

袁家兄弟应瞑目，

血脉相承永不息。

江山辈有愚人出，

万载轮回一批批。

内斗不乏接力棒，

发扬光大传下去。

一代新人胜旧人，

圣人说：无状元师父，有状元徒弟。

第四十章

征乌桓：曹操搞错了先后次序

171

建安十二年二月，曹操率军从淳于回到邺城，现在曹操已经在有意识地经营邺城，中国的政治中心开始北移，发往全国的政令、军务开始来自邺城，许都只是块招牌了。

不过朝廷还是有点利用价值的，因为全国各地的军阀——包括挑明与曹操作对的那几人，也还都是奉的大汉年号，对天子刘协还是要称臣的，不管是谁，还是把获得朝廷——实际上谁都明白是曹操——的褒奖为荣，自己任命了官职，还是要上报给曹操的中央政府给予确认一下，不然，总觉得名不正，言不顺。

曹操还有一手绝的：为了最大限度地对现任皇帝加以利用，数年征战间隙也没闲着，借口军功，为自己讨得了令人咋舌的封赏，仅封邑就达三万户！

曹操贪图财物或享受？非也！

曹操是把自己当成了政府的赏赐中转站，转手便把这些封赏公开透明地奖赏给众将，这下封赏的主人变了，是我曹操私人奖赏你的，该明白应对谁感恩戴德了吧？

曹操发布丁酉令："我起义兵诛暴乱，于今十九年，所征必克，岂是我个人的功劳？其实是诸位贤士大夫之力。天下虽未全部平定，我会与贤士大夫共同平定的；而诸位劳而无赏，我内心怎能过得去？现在就是按功劳给予封赏的时候……”

这与驱猎犬逮野兔的道理是一样的，小时候经常跟着大人去“赶青”（惊吓庄稼里隐藏的野兔），见一旦有了收获之后，大人们第一件事就是先把野兔的五脏给剖了，喂给立了头功的猎犬，据说这样走狗们会追得更积极。

曹操早两千年就懂得这个朴素的原理，一气大封功臣二十余人，皆为列侯，其余各以次论功行赏受封，牺牲的将士们更忘不得，抚恤孤弱，竟至无漏遗。

天下从没有免费的午餐，大投入希望的是得到更大的回报，这比作股票风险系数小得多：那是人们在穷折腾别人打给的欠条；曹操这点政治经济投入，其实是还将士们的陈债，附带还让你感觉自己成了欠债人，一举两得，马上就该你们用鲜血偿还了。

曹操主持召开了文武大员联合军事会议，议题就一个：下一步的兵锋指向何处？

再具体点：东方已靖，西方无战事，是南征刘表击刘备，还是北赴大漠征乌丸，那残存的袁尚、袁熙始终是曹操的一块心病。

众人的意见例外地一致：“袁尚，一个逃亡的罪犯而已，夷狄贪财而无亲少义，怎能为袁尚所用？今天深入北漠远征，刘备必将鼓动刘表袭击许都。万一有变，事情后悔也来不及了。”

唯有奇人郭嘉与众不同，独持己见反对大家的意见。这郭嘉为什么被笔者冠之以奇人呢？只因发现：在曹操的军旅生涯中，郭嘉出谋的时候并不太多，且很多时候都是与曹操意见相左，但基本言出必中，可以说极善战术范畴的冒险奇谋。

虽然后世史人对其作为略有夸大演义，但记载也算中肯，在军事上比较的话，应该与刘备相差不是太远。——这样说“郭粉”们大概愤怒了，但史载如此，实际上刘备数次独立以弱兵克强敌，能保住命在就高出帮闲们太多了，郭嘉是没有这个胆略与机会的。

就是这次力排众议的独见，依笔者独见：恰好坏了曹操的大事！理由后讲，大家耐心看下去就是。

郭嘉看人极准，基本上是从人性与心理方面为曹操作了详尽分析：“曹公虽然威震天下，胡儿却恃其地处荒远，持远必然疏忽防备。我军啐然而至，袭击疏防之兵，当可必胜！……刘表不过一个座谈客罢了，自知才能不足以抵御刘备，重用刘备则恐不能制约，轻任之则刘备必不为其所用，曹公虽虚国远征，必无后忧。”

曹操深以为然，支持了这绝对少数派的意见，传令大军做好远征准备。长途行军，辎重必然笨重，军至幽州南部边境易城，郭嘉又上言曹操：“兵贵神速。现在千里奔袭敌人，辎重过多，难以保持行军速度，一旦被敌人知道，必然做好防备；不如留下辎重，轻兵兼道以出击，方能出敌不意。”

曹操又一次听了郭嘉的建议，孤注一掷甩掉了大部辎重军备，轻装疾行。建安十二年五月，曹军抵达了幽州无终城，再往北走就算是出国境了，现在应该举兵正东，然后沿海北上，可直达柳城东部。

可是老天偏又找起了麻烦，连绵阴雨，沿海道路全部被洪水冲断。这下辎重不足的曹操大军被困在幽州境内两月有余，前进不得，后退不能，曹操望路看天，却是无可奈何！

——郭嘉的最后减负建议明显错了：若带足辎重，又何愁这两月的消耗？轻骑疾进的目的现在明显没有实现，带着辎重行军也不会误一点时间的。

已经远离豫州的曹军主力被困在国境线进退两难，那豫州许都之南的荆州刘表就会那么听话吗？不出郭嘉所料：刘备看出了有利战机，再三向刘表建议：立即出兵，袭击许都，如此曹军主力鞭长莫及，等到回军，则曹操大势已去，此乃千载难逢之良机也！

那刘表却不能像曹操般决定如此大计，开会讨论议决方略，为什么呢？犹豫的理由是不能说出口的。

表面看：刘表现在也有个与曹操相似的北征东守的问题：东面的孙权又打过来了，黄祖迎战不利，被虏人民甚多，谁知道那孙权哪天会再来？实际上：北征许都，无疑要以刘备军为主力，可是，一旦兵败还好说，胜了呢？那左将军还朝，又兼着豫州牧，他刘豫州是名副其实了，可是对荆州何益呢？这刘备一旦羽翼丰满，能比曹操好多少？那是谁也不敢确定的事情。

一动不如一静，先拖着吧，兴许那曹操丧命漠北呢。

刘表关键还有一个不能与外人道的家庭及个人隐私：近来愈加感觉身体不妙，腰酸背疼，头晕眼花，对娇妻美妾没了兴趣，懒于政事军务，看来是岁月不饶人啊！该考虑接班人的问题了。

小公子刘琮，相貌极仿佛自己，又得继妻蔡氏宠爱，是接传自己衣钵的最佳人选；但大公子刘琦，为人宽厚，素有战功政绩，尤其是与那刘备来往甚密，弃长立幼，那刘琦会服气吗？他背后有刘备的武力支持，一旦生乱怎么办？

尤其是近来，据报刘琦与那号称卧龙的琅琊人诸葛亮频繁交往。虽然知道这诸葛亮是自己的不远亲戚，但本事大的亲戚就未必是亲戚了，自己不敢用这位颇为自负的亲戚就在于此，那岂不是替大儿子扎了翅膀？

的确是内外交困，身心疲惫，不能再想这诸葛亮的事情了，睁不开眼了，要立即睡觉！

172

曹操兵困无终城，大军日耗甚巨，前无进兵之路，后退又不甘心。虽然进退两难，这曹操却有一样好处：拿得起放得下，向来不埋怨献策之人。

此时的郭嘉自然心中不是滋味，内心深处其实比曹操还要难受几分！

郭嘉如果知道因为他的建议而造成曹操错失另一重大机缘的话，估计连一天也难活下去：曹操置荆州强敌而不顾，虚国而远赴漠北，扫荡袁氏残渣余孽，表面看那刘表没出郭嘉所料，坐失战机而未动。

但冥冥之中还让刘备得到了一个重大机遇：将那旷世绝才诸葛亮请到了自己麾下！此事非同小可，将直接导致曹操一统天下的雄心功败垂成！

虽然凡人不是神仙，不可能预料到这种事情的发生，更不会预测到这种事对曹操政权的将来意味着什么，但我们可以设想一下：假如曹操提前一年兵出荆州，那么，刘备绝不会再有什么三顾茅庐的闲心雅趣，诸葛亮与刘备的相识便将失之交臂，日后三国之历史必将改写！

至于漠北的袁氏兄弟？丧家之犬，能成什么大事？一偏师巡逻于幽州辽西郡边境，即能防范，何必急于赶尽杀绝？实际上建安十二年时，中国政局、军事的天平已经偏向了荆州，曹操弃重点而以举国之力去挠癣疥之毛皮小疾，在老笔看来：是战略方向大错！

此事估计郭嘉也不无后悔，曹操也逐渐明白，因为事实将会证明郭嘉与曹操的这次重大决策的失误。

对三郡乌丸的战事能一路坎坷地继续下去，应该说是由于相当多的偶然才得以没有一败涂地，首先能找到勉强进兵的路线就是第一个偶然。

曹操遇到了一个侠士，真正的侠士：田畴。

田畴字子泰，右北平无终人，自幼好读书，善击剑。

田畴二十二岁时，刘虞欲通使长安的献帝，而道路阻绝，寇虏纵横，无人敢舍命前往，唯田畴谢绝了刘虞提供的车马，自选其家客与年少之勇壮慕从者二十骑前往长安。

完成使命后被皇帝诏拜为骑都尉，而田畴却不屑什么高官厚禄，依旧甘回老家，经营田园。后来勉强接受了幽州牧刘虞聘请，暂为从事。

公孙瓒杀刘虞时曾将田畴一并逮捕，田畴义正词严地痛斥公孙瓒，但公孙瓒终因田畴名声太佳，没敢动手杀掉田畴。被释放后，田畴干脆带全族避世于徐无山中，依仗深险平敞地而居，躬耕以养父母。

这块世外桃源引得四周百姓如蚁归附，数年间已至五千余家。

田畴则制定了自己的管理规则，设置了私家军队，俨然成了一个幽州州中之独立王国。那田畴又自己制定了婚姻嫁娶之礼，兴举学校讲授之业，几年经营，山中道不拾遗。就连乌丸、鲜卑也服其威信，不断遣使纳贡，以图交好，田畴则来者不拒，悉抚收纳，但却严令其不得与中国为寇。

袁绍也曾数次遣使招抚，授田畴将军印，田畴皆拒不接纳。袁绍死后，其子袁尚又曾来请，田畴始终不与其合流。

就在曹操于无终城一筹莫展之时，田畴主动找上门来，表示愿为曹军向导，建议曹操放弃从沿海大道进兵昌黎柳城，应该转兵偏西，取道许无山，北上偷出卢龙塞，直插单于王庭，然后东向柳城。

这是田畴常愤恨乌丸多次入侵其郡，烧杀劫掠，田畴早有讨伐之意，而力弱未能实施，所以才假手曹操，除掉恶患。

曹操在此走投无路之际，忽得田畴相助，那还有何犹豫不从？立即对外宣称退军还邺，并且立了块大木牌告示于水侧路旁：“方今暑夏，道路不通，且俟秋冬，乃复进军。”（《三国志·田畴传》）

三郡乌丸的探骑见了，便当真以为大军去了，漠北柳城的人们当然可以安心玩乐了。

曹操由田畴率其众为向导，上徐无山，出卢龙塞，历平冈，登白狼堆，一路艰辛，几多磨难，说是九死一生也不为过！容后文细述。

而那建议刘表出兵许都的刘备却正到了他这一生中命运折转的关头。

这便是新接纳的谋士徐庶徐元直向刘备举荐了一人：山东琅琊人诸葛亮，字孔明，现住南阳郡卧龙岗，人称卧龙先生。此人有经天纬地之才，夺神鬼造化之智，在徐庶看来：得其人天下必得！——看来这徐庶绝对是诸葛亮之超级“粉丝”！

看着徐庶提起诸葛亮便神采飞扬，话里言外无不五体投地，刘备心动了。那就着人把他叫来面试一下，是否录用当然要看面试结果而定，不就是个二十多岁的小青年吗，少年天才也要经过实践历练不是？

徐庶摇摇头：“此人经常自比管仲、乐毅，可见自恃甚高，只可上门求见，不可委屈招致。将军如想用孔明，最好枉驾亲自相顾。”

管仲、乐毅？刘备有些神往了。

徐庶见刘备沉默，以为刘备疑虑，便郑重说道：“要说与管仲、乐毅相比，依我看有些委屈诸葛先生了！”

刘备简直有点头晕了，此等人才，去拜访有何不可？这刘备自己最清楚眼下自己寄人篱下的身份，哪里还能端得起什么左将军的架子？再说本来刘备就是一个对下极为谦和的人，性格又最能受得了委屈，见了二流人才也从来舍不得放手，现在恨不得立即飞到卧龙岗了。

就在刘备准备亲往卧龙岗拜会卧龙先生的同时，刚出许无山的曹操遇到了天大的麻烦！

打油诗云：

这个世界真奇妙，
有人辛苦有人劳。
有人天生享富贵，
有人用血喂狼羔。
命运何曾是天定？
巧夺天工有当朝，

若非太祖北行远，

哪来官乐民号啕？

173

让我们乘古代写史人巨椽之笔，飞到北征之曹操军中，开始神游漠北之旅！

曹操大军顺利穿越许无山，那是田畴的地盘，行军顺利当在情理之中。兵出卢龙塞之后，已入鲜卑境内，田畴虽知行军之大致方向，但却无处寻觅那蜿蜒于群山中的羊肠小道。

其实根本就没有什么可以称作小道的山路，四面群峰叠嶂，雾霭茫茫，哪里容得下曹操大军的车马通行？

正史载："（曹操）引军出卢龙塞，塞外道绝不通，乃堑山堙谷五百余里，经白檀，历平冈，涉鲜卑庭，东指柳城。"

本人十几年前确实到过那一带，曹操的这条进军线路在今天大致就是从北京北上内蒙古赤峰市的铁路线，经建昌北上凌源，至建平（鲜卑王庭），然后奔稍东北的朝阳市。一路的确是群山连绵，东汉时还要穿行二百余公里的沙漠地界。

那曹操是如何行军的呢？将战士改行做了民工，开山修起公路来了，而且这一修就是五百里！

笔者到过实地，现在回想起来，如在那里开五百里山路，那曹操干脆这一辈改行做筑路工程师算了，穷他这一生，也休想完成这五百里山路的开路工程！要知道，在那个年代，既没有施工机械，也没有开山炸药。堑山堙谷？别说五百里，就是五十里曹操也非在路上办理退休手续不可。

可见古代史人也善于吹牛，估计这五百里修过路是免不了的，但无非强开一两个实在过不去的山口罢了，工程大了，曹军的时间也是赔不起的。

但此时的行军艰难是确凿无疑的，曹操只有前进，没有退路，不然这个脸可就算丢大了，那郭嘉现在心里难受，到被迫退军时会更受不了。

出了山区，又进大漠，大军无水即不能生存，据《曹阿瞒传》载："时寒且旱，二百里无复水，军又乏食，杀马数千匹以为粮，凿地入三十余丈乃得水……"。若按《资治通鉴》记载，这曹操打井取水的事应该发生在曹军回师时，这更不合常理：大军凯旋，沿途已无敌人，又是顺沿海大道堂堂正正行军，怎会出现二百里无水的情形？

按汉尺，三十丈相当于现代公制单位近七十米，真难想象这么个大坑曹军是用什么工具挖成的？曹操真该改行，干打井专业队去，也保证会青史留名的。

问题是这千里行军，五百里开山，二百里打井，竟还没有耽搁行军速度！还有，如果三十丈深打不出水来怎么办？那岂不是要全军活活渴死？这样一来，说郭嘉一人全歼了曹军也不算过分吧？

据武帝纪载：曹操在无终逢水灾被困至七月，之后田畴献计，大军潜行东转北上，越许无山、出卢龙塞、经白檀、平冈，涉鲜卑王庭，东转登上白狼山，时才八月！

就是"豆腐渣工程"也不会有这种大跃进式的速度，明显是史载有虚妄，欲显其能，何患无辞？

来不及辨别史笔如马良神笔，写什么都真，因为曹操在白狼山顶陡然发现了前来迎战的蹋顿单于！那蹋顿单于身后是数万匈奴铁骑！

打个猝不及防的想法又泡汤了。

原来，那三郡乌丸之蹋顿单于虽玩乐于柳城，却并未松懈兵备，探骑远布。曹操大军未至柳城二百里时，胡虏乃已知晓了。

以胡儿劲骑，迎击曹军远来疲师，蹋顿认为当然胜不在话下，所以便纠集所有骑兵主力，与袁尚、袁熙二兄弟的余部合兵一处，铁骑已数万，得意洋洋地来清剿犯境的曹操了。

现在，曹军成了猝不及防。大部队行军，战士的铁甲都集中放在了部队后面的辎重大车上，除了将领以外，曹军披甲者甚少，众人无不大惧：这种仗怎么去打呀？

问题是打不打的主动权不在曹军，而在于以逸待劳的乌丸铁骑。不管是单兵作战能力，还是部队机动能力，行军中途的曹军都处于下风，就是想跑都不可能，哪能比得了以马背为家的乌丸轻骑之速度？

还有一点：匈奴人作战，惯于"打水漂"战术，即迅速突击上去，一击则远扬，你才想喘口气，一愣神敌人又到眼前了。这种战法，向来使汉军将士们头疼不已，现在又是敌众我寡、敌逸我劳，看来今天凶多吉少了！

关键时刻还是看领导，现在大家都无语地望着曹操，没有人看郭嘉，怕他误会，怕他害臊，怕他想不开。

曹操却镇静如常，策马登高远望，忽而朗声大笑：“胡儿旗帜零乱，阵容不整，易破耳！”

众将士对曹操的话从没有怀疑过半句，闻言勇气大增，皆踊跃上前请战，曹操仅唤过张辽，命为前锋，全军铁甲集中于彼，目标只有一个：那就是敌酋蹋顿！众将随后，掩护其侧背，不遇敌酋蹋顿，不得恋战厮杀，开始行动！

在曹军扑下山去的同时，那蹋顿也指挥自己的铁骑开始冲锋了。三郡乌丸没有运气：如果早行动一步，能与曹军交汇于半坡，那曹军就彻底完蛋了，只有待宰，别无他途！（理由见笔者著述刘备斩蔡阳一战）

乌丸骑兵如同一汪漫水；曹军骑兵如一道激流，双方交汇于白狼山下的平原之地，没有激起一点浪花，因为双方几乎交错而过，各冲各的。乌丸前锋得到的军令是冲上山去，活捉曹操；张辽及身后的众将得到的军令是直擒蹋顿。

双方目的实际一样，互不干涉，各干各的去了！

174

蹋顿的骑兵注定完不成任务了，因为刚刚与他们交错而过的曹军中就有曹操本人，在这种战势的关键时候，曹操向来是身体力行的。

其次就是曹军的步兵在白狼山上防守，得绝对地利。骑兵爬山，还不如步兵，一阵乱石，瘸马一片，匈奴人打仗也就那么回事儿！

蹋顿的后续部队从没见过汉军这种打法，一时愣住了，这股人马是来干吗的？哪有不交手一个劲地往人家军阵中央冲的道理？

本来蹋顿摆阵势就是照葫芦画瓢学着汉人的样子，哪里有什么随机应变之阵法变动之术？大家乍遇新事，都变成了看戏的，唯一死命抵抗接战的也就是蹋顿的亲兵。

后来大家明白过来了：是来搞“斩首行动”的呀？那怎么能行？可惜明白时

已经晚了，曹操与后跟诸将已经掩护了张辽突击队的背后与两侧。

张辽部要饿狼掏心了！

这本该特精彩的一仗，让蹋顿给表现得窝囊极了，一愣神的工夫，身边的亲兵、诸王爷死伤遗尽，蹋顿才想掉转马首逃命，却也就不过是慢了一眨眼的工夫，马首已转过去了，人头也落下来了！数万大军，顷刻崩溃！

还是那袁氏兄弟了解曹操，早就预感事情不妙，自己的残兵几千骑一直保持着与蹋顿主力的一段距离，一见蹋顿授首，心知大势已去，率部急速远扬，直奔辽东，投奔辽东太守公孙康而去。

曹军乘势扫荡蹋顿溃兵，直扑辽东单于速仆丸及辽西、北平诸豪杰。那些“豪杰”们可没有蹋顿那么死心眼，谁做无用的抵抗？全部撇下族人，追赶袁氏兄弟去了，也去投奔了公孙康。

曹操一战定辽西，俘虏胡虏汉军竟达二十余万口，看来民族与军人如果没了斗志，数量多反成累赘。统治者软了骨头，人民必成奴才？

谋士们现在都不缺奇谋了，纷纷建议趁胜下辽东，除恶务尽，宜将剩勇追穷寇么！曹操摇头微笑颁令：班师回邺城！

众人不解，曹操自信断言：“我会使公孙康送来袁尚、袁熙的人头，不用劳师动兵。”

就在诸将及谋士们的疑虑中，建安十二年九月，曹操大军开始自柳城还邺城。谁知，那袁尚、袁熙弟兄俩的人头走得比曹操之凯旋大军还快，已经被公孙康的使者带着等候在邺城了，出乎意料的是竟还配送了一个：辽东单于速仆丸的脑袋。

榜样的力量无限：十一月大军回至易水之时，代郡乌丸行单于普富卢、上郡乌丸行单于那楼便来致贺，并示归顺。

众人这时才算真的服气了！

诸将当然要弄明白：“曹公还而公孙康斩送袁尚、袁熙之首，这是为什么呢？”

这是曹操最乐意干的活路，没有比解释这已经证实了的预言能再让人得意的事情了。请大家也记住了这等“拍马大法”，无论对谁，百试百灵！

曹操现在的心情比撕着狗肉灌烧酒还痛快：“公孙康素来畏惧袁尚等人，我军若大军压境，他们双方必然合作全力对付我军，但形势若缓则必然相互谋图，这是必然规律！”

这次曹操的八卦算得绝不亚于周文王，那公孙康、袁尚、袁熙还就是这么配合着曹操：临近辽东，这弟兄俩就盘算开了公孙康的地盘，袁尚素以勇武自居，便提议趁机宰了公孙康，这样辽东也就自然成了俩兄弟的；谁知强龙不压地头蛇，公孙康也在打着同样的主意，不同的是公孙康动手早了那么一点！

袁氏俩兄弟想的是趁机，而公孙康却是拣日不如撞日，干脆一见面就动手吧，这样岂不能省下一场接风宴钱？于是先置精勇于厩中，然后请袁尚、袁熙入内就餐。

袁熙开始还迟疑不进，袁尚烦了：干啥活能比赴宴爽？强迫袁熙随自己入内解馋，谁知进门就给绳套住了，被公孙康的伏兵捆在了冻地上，这下心凉透身更凉透也！

袁尚与公孙康论开了俘虏政策："没死之前，就还是条生命，是生命就该尊重，现在寒不可忍，你总得给弄张席垫一下屁股吧？要不俺去日内瓦告你去！"

公孙康觉得这弟兄俩有点分不清屁股跟脑袋哪个重要，便耐心地向二位解释："哥们儿的头颅就要远行万里了，屁股凉点不妨暂时忍耐一下，还糟蹋一张席干吗？一草一木都是人民的财产，浪费就是犯罪呀！"

就这样，袁氏兄弟的脑袋参加了公款旅游，身子留在了辽东。

曹操大军离柳城当月，一代奇才郭嘉病逝于归师途中，年仅三十八岁。他是否有愧最后一计的先误？人们不得而知，因为仗毕竟打胜了，"不应有恨，此事古难全"。

郭嘉辞世，曹操极为哀痛，对荀攸等谋士言道："诸位与我都是同辈的第一代领导人，唯有郭奉孝年龄最小，接班人肯定就是他了！现在中年夭折，真是命苦啊！"

不过，很明显曹操有送空头情之嫌：人都死了，说这些何用？郭嘉到死职位不过军祭酒，也就是说，曹操从未让其单独掌过军权，只不过是个不挂长的高级参谋而已。与荀攸等谋士说这些，不过为激励生者。

曹操懂得褒奖死者乃是为了优厚生者，回邺后上表皇帝并公告天下，并用实际行动表达了对郭嘉之最后一谋的否定：回到邺城之后，曹操集合了出兵前反对郭嘉建议的人，大家莫知其故，人人皆惧。曹操反而皆厚赏之，并且解释："这次北征，险中求胜纯属侥幸，虽然得逞，实乃天助，不能当作成功战例。诸位所建议的才是真正的万安大计，应该嘉奖诸君，以后有话千万照说不误。"（大家是否

品到了曹操宽宏背后的心思？——子金山按）

还是上文说过的老话题：曹操可能到死也不会醒悟到，郭嘉给他出的这最后一谋，虽然侥幸成功实施，却给刘备留出了改变命运的时间与机会。从此在曹操的有生之年，已经不可能得以消灭刘备了！

正是在这期间，刘备的三顾茅庐行动成功实施并圆满结束。

第四十一章

下荆襄：曹操决策失误长坂坡

175

十分天下，曹操已据七分，建安十三年七月，踌躇满志的曹操开始了他一生中最大的军事行动：兵发荆州，搜捕刘备，准备连荆州带江东一锅而烩！

曹操在大军于建安十三年一月回到邺城后，做了两件大事，这两件大事看似互不关联，但明眼人一看就明白：这是为讨伐荆州做最后的准备工作。

先说第一件事：曹操大征工伕，在邺城修了一个人工大湖，取名为“玄武池”。据说是曹操准备在里面操练舟师，建立自己的水军，那刘表的荆州部队以水军为主力，没有自己的水军，怎么对付刘表的两栖部队？

聪明人心中有数：这是明伐荆州，暗指江东。若仅对付荆州刘表，操练水军却是多余了，刘表总不会带着全部士兵、官员都搬到舟船上去办公吧？这是醉翁之意不在酒……

不对，那时候的人再聪明也不会吟出宋朝人的诗句来，这是笔者估摸出来的，而且后面还有：“醉翁之意不在酒，在乎山水之间也。”

邺城无山明，曹操造水秀。

妄自猜测：这是曹操公然假公济私，以训练水军为由，用国家的铜钱为他自己营造水秀家园，现在曹操已经开始营建自己的安乐窝了！怎么这种事情千年而无人觉察？凡是大人物都爱给自己修个游泳池之类的玩意，并不出奇。

试想：挖个池子练水军？蒙谁呀？从那里练出来的部队能用于水上作战？大概连普通“狗刨”都未必能学会吧！大江里乘风扯帆、借浪操舟的本事能在镜子般的湖面上练出来？

联系到两年后曹操借此湖光水色修建铜雀台——那可是专供美女们歌舞消遣的地方，就容易明白此时曹操的用意深远了。

西湖歌舞几时休？
行官美女侍王侯。
可怜芳泽候圣驾，
未沾雨露已白头！

曹操所行第二件大事就是对朝廷的政治体制进行改革。

建安十三年六月，曹操废除三公官职，置丞相、御史大夫。这丞相一职汉代废弃已久，现在终于又在曹操手中恢复了，当然是曹操为自己定做的官帽。这样曹操便可以更加名正言顺地将国家军政大权集中在自己手中了，的确是征南之前安定内部的重要措施。

眼下的东汉政权有点类似于后世君主立宪的意思：皇帝不过是个国家的象征，一切要由首相领衔负责的内阁说了算。当然，这丞相的职务不是投票选举出来的，但由皇帝加以名义上认可的程序是一样的。

话又说回来了：就是全民直选肯定也不会轮到别人当选，以曹操当时的文治武功，这个丞相人选不论怎么产生都会非曹操莫属，估计包括现在的人们都会承认这一点。

除此两件大事，当然还有史书没明载的准备，最重要的莫过于集结了多少军队。

对于曹操在南征荆州时的具体兵员数字，几乎是个千古谜团，史家历来争论不休，唯一见于文字的是《江表传》记载，曹操在威吓孙权投降时送去的书信：“近者奉辞伐罪，旌麾南指，刘琮束手。今治水军八十万众，方与将军会猎于吴。”

不过，开战之前先吹牛、仗打完后夸大战果是国人一贯的德行，曹操自吹的数字不足为凭。再说，现在已经不是仗人多围攻徐州时的曹操了，曹操数次因部队庞大，后勤供应不及而功败垂成，早已接受教训改为了精兵政策，不会养那么多兵的。

曹操所吹嘘的所谓八十万众大概是囊括了他自己所有的军事力量，尤其是那个“治”字，那在古汉语中是训练的意思，全国训练八十万人也不算太离谱——当然也包括荆州的全部水陆军。

用于出动打击荆州的部队，按照曹操的作战习惯，理应不会出动那么多用不上的部队来无谓地增加后勤供应负担；但为了围捕刘备、威慑荆州，总兵力高于对手还是需要的，按照孙子兵法“五则攻之，倍则分之……”的作战原则，打击“带甲十万”的荆州刘表，再加上一个难缠的刘备，出动二十万大军也不为过。笔者认为：曹操为保必胜，集结出动部队二十万人以上，应该是合乎情理的。

建安十三年七月，曹操的南征大军出动了，这次曹操没有采取什么奇袭之类的行动，而是按部就班地稳步推进，用于快速突击的轻骑就像一支拉满弓的箭，不瞄准目标，是不会轻易射出的！

176

曹操将至，荆州风声鹤唳，刘表采取的应急措施极为简单实用：两腿一伸，一走了之！

建安十三年八月，刘表背疽发作病故，其子刘琮在荆州豪强蒯越、军方蔡瑁及张允的支持下宣布接班于襄阳。长子刘琦其时正继任黄祖为江夏太守，在父亲病危时便被拒绝探望，当刘琮宣布接班并以侯印下授刘琦时，刘琦大怒，投印于地，决心以奔丧为名，武力发难。——又一个袁家兄弟的荆州版。

刘琦时任江夏太守，掌握要地，钱粮丰足，水军万余。

万把水师怎么与手握十万重兵的弟弟刘琮作战？那当然是刘琦自恃自己的长子身份，料想荆州的军心、民心应该属己，战事一开，胜负实属未知也。

岂知已经没有那个机会了，曹操大军已经占据新野！刘琦只得暂忍怒火，将部队撤过江南，先布置防守曹军为重。

刘备与诸葛亮已经提前将新野军民撤至背靠襄阳的樊城。新野地域狭窄，城墙低破，不具备防守曹操大军围攻的条件。再说，刘备又何曾死守过一地？

现在的战势是：刘备处于抗曹的前线樊城；刘琮掌握荆州水陆军的主力驻军襄阳；刘琦率水军万人处于最东部的夏口，这里临近荆州大敌江东孙权，其实是个两面受敌的位置，但自刘琦任江夏太守后也就自然成了江夏郡治，——原郡治西陵自黄祖沙羡战败已弃用。这里因地处汉水与长江的交接点，战略位置极为重要，一旦有失，不但荆州失去东方屏障，连江东孙权也将受到直接威胁！

曹操赶到了前线新野，当得知对头刘备就在樊城之后，新仇旧恨不由一起涌上心头，立即决定：主力齐头并进，围了樊城，将樊城化为刘备最后的墓地！

那刘备已经无处可逃了！曹操刚刚接到令人振奋的绝好消息：新任的荆州牧刘琮，摄于曹操大军的兵威，在左右文武大员的极力劝说下，送来了屈服表章。

荆州已经举州投降！

年轻的州牧刘琮开始也是准备坚决抗曹的，接到曹操即将犯境的军报，召开的本来是一次紧急军事会议。可惜与会的文武大员早就私下商议好了投降保平安的基调，就连在监狱里在押的囚犯韩嵩也得以列席会议，所以在刘琮准备发表一番激昂的政治动员令之前，众人便纷纷表态：守则安，战必亡。大丈夫理应识时务者为俊杰！

刘琮奋起争辩："今天我与诸君据守保全荆楚之地，守先君之基业，坐以观天下之变，有什么不可以？"

这话如单独说给蔡瑁、张允等军头听兴许有效，养兵千日，不就是准备今天的用在一时吗？武人们嘴里是羞于说出"投降"这两个字眼的，心里再怯战也不好意思在会议桌上明摆出来。——由此推理：那在战前会议上坦然建议投降的将军，未必不是勇士。

一般都是这种情况：军人心里想做的事情，要先通过政客的口表达出来。

毫无执政经验的刘琮面对的是一帮什么人？

蒯越——荆州巨富豪强，例有"一城襄阳半蒯家"之说，心里当然想的是如何莫让战火烧到襄阳，保住亿万家产是第一要务！

韩嵩——前文已经介绍过此人，乃曹操明令的朝廷侍中、零陵太守，不过一直被刘表关在监牢里，现在终于有了重见天日就任实职的希望与机会，能不尽全力争取么？

但说服刘琮投降的主力军却是东曹掾傅巽，那傅巽口才极佳，正理歪理都能辩得像模像样，谅一孤家寡人刘琮如何是其对手？

傅巽侃侃而言："逆顺有大体，强弱有定势。（这是分析具体情况，先将荆州置于弱者地位，与近代抗战初期之亲日派论调极为相似）以人臣而拒人主，逆道也；（公然先定名分，承认曹操代表汉刘，刘琮对于这政治第一的宏论的确难以反驳）以新造之楚而御中国，必危也；（先定抵抗的结局）以刘备而敌曹公，不当也。（再指措施的不力）三者皆短，欲以抗王师之锋，必亡之道也。（结论出来了：不投降必定丢命！）将军自料何与刘备？（这招最厉害！诱刘琮入套。）"

刘琮只能实事求是："不若也。"

傅巽等的就是这一句："诚以刘备不足御曹公，则虽全楚不能以自存也。诚以刘备足御曹公，则备不为将军下也。愿将军勿疑。"

话已经说得很到家了：依靠刘备抵抗曹操，刘备败了荆州就不用说了；刘备胜了你刘琮也必然完了！总之一句话：投降万岁！

在其他一些投降名士的帮腔下，例如：邓力、王粲等，会议终于做出了令曹操大喜的决议：从现在起，荆州姓曹了！

刘表病故的消息，刘琮竟然对与刘表以兄弟相称的刘备严密封锁！这当然是由于惧怕刘备以武力支持刘琦接位，但不让被刘琮称为叔父的刘备奔丧吊唁于理却大为不通。刘琮既然事情已做出，索性撕开脸面不惜为敌了！投降曹操的决定当然要对刘备严密封锁。

这就把刘备给害苦了，等到刘备在樊城发觉事情不妙时，曹军已经临近樊城。一旦被围，刘备便铁定死翘翘了，仓促之间与诸葛亮紧急商议：弃樊城而奔江夏。江陵乃南郡郡治，钱粮军备甚丰，交通便利，是襄阳至长江口岸的枢纽要地；首先占据这军备粮秣储备充足的江陵城，那时才有持城固守的资格。

刘军紧急撤退，惊动了樊城、新野两县的官吏、百姓，那樊城还有随刘备一起避曹军来到樊城的新野百姓，大家不能信任以残暴屠城著称的曹操，求命唯有一途：左将军走到哪儿，我们跟到哪儿！

诸葛亮在决定追随刘备时便有与刘备共赴危难的心理准备，但也是难以预料局势如此急转而下。初为刘备无职幕宾，那布置撤退的行动还轮不到诸葛亮随便插言干涉，只能向刘备紧急提议：让关羽率所有水军顺汉水先行，提前拿下江陵，以避免曹操或刘琮抢了先招。

刘备依言，别遣关羽率水军万余乘船数百艘先行，自己则率余部数千，由陆路直趋襄阳。

新野、樊城两县民众几乎尽数随军避难，十余万人众上了樊城通往襄阳的大道，百姓们也是人人家家只顾逃命，又没有什么行军纪律可言，道路堵塞当然是必然的事情，刘备军又无法与百姓争道，只能无可奈何地夹在逃难的人群中蠕动，日行十余里而已。

其实刘备自己的举措也不是什么情急转移，整整一个后世中央红军长征初期别瑞金的情形：盆盆罐罐都舍不得扔下，经历过穷日子的人最怕丢家当，人马虽只数千，辎重大车也是数千辆，这种近乎一名士兵一辆车的状况又怎能应付必然会遇到的紧急作战？刚接触军旅事务的诸葛亮犯难了！

而已到新野的曹操却不会给刘备留下任何搬家的时间：他做得更绝！亲率大军越樊城直插襄阳，目的极为明确，先与投降了的刘琮部会合，回头搜捕那樊城或者正在旅游中的刘备。

那刘备已经是网中的鱼儿了！

177

樊城、襄阳近在咫尺，刘备全军撤退之初，道路尚未严重堵塞，当天刘备已率军到了襄阳城下。此时如果按照诸葛亮当初所建议，急速全军南下，刘备占领江陵城应该是十分容易的。

其实占领江陵抗拒曹军在诸葛亮的建议中已经是退一步的无奈之举，诸葛亮首先的建议是：趁刘琮降曹，荆州军民大部分不甘就伏之时，袭占襄阳，如此名正言顺，荆州可垂手而得。那时不妨请回大公子刘琦，荆州人心必然转向，如此集荆州全州之力，与曹操相抗衡，虽然仍不免处于弱势，但总胜过这样仓皇奔命，毫无还手之力。

刘备不干：刘表新丧，自己此时袭击刘琮，一是于心不忍，二是不免给世人以趁丧打劫之嫌。至于以刘琮降曹为借口，借口毕竟是借口，天下人看到的事实是：曹操还未及动手，刘备先给荆州照心窝里来了一刀！此举怎么也难与“仁义”二字沾边，如此行为刘备不为也！

那就按既定方针，抢时间南下江陵呀，刘备还要等等，等什么？等他这位刘叔父再与这刘琮贤侄做最后一次思想工作！看能否使刘琮贤侄浪子回头、迷途知返、悬崖勒马，最后一刻回到革命路线上来！只要有百分之一的希望，就应该尽百分之百的努力！这才叫惩前毖后、治病救人。一旦成功呢？

孔明无语，众人无话。

刘备率众欲进襄阳对刘琮开展“三讲”教育活动，谁知那刘琮竟然讳疾忌医，紧闭城门，拒不接受思想改造，真是辜负了刘叔父一片赤诚向城门。刘备苦口婆心，立马襄阳城头之下，深情呼唤：“请刘琮贤侄答话……”

刘备苦心弹琴唤贤侄，那刘琮牛劲上来不见面，致使刘备梦碎襄阳城——还算刘琮讲点旧情，不然给这位叔父一阵乱箭怎么办？

不过刘备的工作也不是一点成效也没有，据史载：“……乃驻马呼琮，琮惧不能起。琮左右及荆州人多归先主。”

可惜眼下众望所归、众人来投却不是什么利好的“大盘飙升”，相反却成了刘备的催命灵符：新野、樊城两县的百姓不算，现在又加上了襄阳的大量官吏民众，襄阳通往江陵的道路近乎彻底报废了，而且谁都知道曹军就在身后不远，哪有肯让路的傻子？

左右不忍看刘备成为曹操的俘虏，俱都相劝：“宜速行保江陵，今虽拥大众，被甲者少，若曹公兵至，何以拒之？”(《三国志·先主传》)

这未来的先主刘备答道：“夫济大事必以人为本，今人归吾，吾何忍弃去！”

是啊，众人把你刘备当成了唯一的依靠与救星，你刘备如果只顾自己逃命远扬，那还成什么样子？

诸葛亮不禁叹气，又不由欣慰：自己没有跟错人！能把自己的命运与老百姓绑在一起的人不是坏人！

跟上这样的领导你就只能认命吧，只能把自己的小命交给未来的运气。运气这东西很怪：历来不断照顾亡命赌徒；又历来伤害久赌的赌棍而绝对无情，这次刘备运气如何？

曹操也赶到了襄阳，闻听刘备已过境，一时顾不上安抚新收的奴才，终于放出了手中一直搭在弓弦的那支利箭：那曹家的新锐奇才勇将曹纯，以及所率的那支五千虎豹精骑！目标只有一个：江陵！

曹纯接令大为兴奋，终于等到了出手的一天！当即率这五千曹军中精锐中的精锐由襄阳出动南下，给士兵的军令是：宁可跑死战马，也要先拿下江陵！

部队备足熟食、干粮、清水，昼夜不停，仅第一天就赶了三百余里路，这对于数千部队行军是不可想象的速度。战马虽是畜生，也要劳逸结合的，最高速的驰骋冲锋，不过能维持十余里远近，长途行军，就连颠步小跑也是不能长久的。

令曹纯没有预料到的事情出现了：前面出现了无边无沿的人群，中间夹杂着数不清的辎重大车，一时难以辨清其中有多少是军人，还有多少是平民百姓，曹纯只能下一道明确而模糊的军令：冲上去！抢了那些辎重大车，凡是抵抗的，格杀勿论。

这个地方位处当阳县，据百姓说地名长坂坡。刘备一发现北面的曹军骑兵立刻方寸大乱，诸葛亮才欲集结士兵，哪知随同逃亡的百姓首先大乱了，紧接着被立刻冲乱的是刘备的数千步骑，整个长坂坡现在如同一锅沸腾的烂粥，面对遮天盖地的人群，不光是刘备傻了眼，就连准备下口的曹纯也眼晕了！

百姓部队相互践踏，老弱妇孺哭天抢地。刘备的部队已经官难找兵，曹纯的部队也难分辨出军民，涌动的人流滚来滚去，单独的生命一下变得渺小无比，群体的惊慌历来具有迅速的感染力，曹军精锐的虎豹骑面对这种局面也彻底傻眼了：该杀谁？怎么杀？现在是杀不胜杀呀！

刘备环顾四周，自己的妻儿又不见了踪影，身边只有不足百骑，这还包括众多的文职谋士及警卫亲兵，幸好这中间还有张飞所率的本部骑兵二十余人。刘备只能令张飞于一条只有一座孤桥的小河负责断后掩护，自己则越河而东向，南方不远的江陵肯定是去不成了，等到挤过乱民冲过小河时，刘备才痛心地发现：身边剩下了诸葛亮及几个谋士和数十骑亲兵，至于妻子甘夫人、两个女儿以及两岁幼儿刘禅，看来是凶多吉少了！

刘备不愿意就此东行，他还期盼着一个缥缈的希望：那就是自己的卫队长赵云也在后面的乱人群中，焉知这位忠勇双绝的赵子龙将军会不会给自己带来奇迹？

回望小河那边的人海，尘土遮天，哭号遍野，既看不见妻儿，也看不见曹兵，更看不见那唯一的希望赵云。

只看见：张飞单马独矛，像一座雕塑般屹立在那拱形的小桥最高处，一抹夕阳洒来，将张飞连人带马笼罩在红霞之中，那背影好长好长……高高的张飞背影四周被镶上了一轮五彩的光环，刘备揉了揉眼：怎么像一尊天神肃立在高处？

对面的曹纯也揉了揉眼：硝烟弥漫处，东方是何人？怎么像一尊天神肃立在云端？

178

对面的硝烟里，赵云正在匹马单枪血战。在他的身后，就是主公刘备的妻子甘夫人，甘夫人怀里抱着的就是主公唯一的骨血刘禅，乳名阿斗。

幸而现在的曹军也是在无组织地胡乱杀戮抢劫，而且是以抢劫辎重为主，有个别骑兵无意中闯了过来，赵云均是扑上去就是一枪，到现在为止，还没有碰上一个能对付得了赵云枪杆一颤的曹兵。

曹纯于乱军中集结起了百余骑，直向正东追来，但目标却不是人困马乏的赵云及他所保护的独车。他包括所有附近的曹军的注意力都被一个目标吸引住了：就是那像一尊天神般肃立在高处的张飞！

赵云趁机请甘夫人下了车，接过幼主阿斗，裹在胸前铁甲之内，将不知所措的甘夫人扶上了原本拉车的辕马。夫人前行，赵云断后，直向小桥上的张飞冲去。

曹纯的精骑快要接近小桥了，所幸混乱的百姓见曹军向东集结，无不四散躲避，以至赵云竟能护着甘夫人不受阻碍地先一步冲过了张飞立马的小桥，其实在这之前还冲过去一位刘备军中的重要人物：徐庶。

曹纯及部下面对迎面立于高处的张飞很是疑惑：此人非常威武，看样子有恃无恐，面对逐渐逼近的曹军竟然视若无物，若不是胯下那正在显然因愤怒而刨蹄摆尾的战马，曹军几乎怀疑那是否是个真实的活人？

越是不动声色的人才越可怕！大家没注意到现今公路上经常见到的塑料交警模型吗？所有的司机们老远看见，莫不降速行驶，规规矩矩地开过去，这是一种人们心理的本能反应。谨慎地接近张飞的曹纯现在就是这种心理。

这个家伙为什么不逃跑？那还用问吗？肯定是用不着逃跑。

为什么用不着？傻帽！那肯定是小河对岸有我们不知道的名堂。

小河对岸是一片矮树林，隐隐可以看见有骑兵在活动，他在诱导我们接近？

左右却有认识此人者，惊恐相传的声音也钻到了曹纯耳中："此人即万人敌张飞！"——原来曹军中素传关、张之勇，谋士程昱等不断嘱咐将军们：关羽、张飞皆万人之敌，一旦与之战场相遇，千万小心！

对关羽的认识大都是闻名于其单刀独骑于万军阵中取颜良之首若探囊取物，此事仅从曹操口中便不断地被羡慕地提起；对张飞大家却是只听风传，未领略过其人厮杀风采，但越是如此才越加神秘可惧，谁知道他那杆丈八长矛会有怎么样的玩法？

哥们儿，你想去试试吗？

别客气，还是您老先来吧，俺只配跟在您老后面助阵，哪有立这奇功的福分？

曹纯可不是被吓大的，虽然疑惑，却也在指挥手下勇士们逐渐逼近，就算是光荣地阵亡在你那根长矛之下，总要比被你唬退好听点吧！兴许我们还没扑到跟前，这张飞转马就溜呢？

注意力过于集中了，竟然忘记了轻骑之最拿手的本事：冲上去！送他一阵骑弩乱箭，一触即撤！

最多还有三十步！那张飞纹丝不动！

二十步了！张飞脸上还是无甚表情，只是眼睛好像越睁越圆，面对夕阳，竟好似反射出一股瘆人的冷光！

不足十步了！张飞胯下的战马突然急不可耐了，激灵灵地嘶叫了一声，前蹄扬起，一个站立露出了两只碗口大的铁蹄，两道寒光闪了几闪，众人几乎窒息！

铁蹄落时，伴随着砸向木质桥面擂鼓般的巨响，大家耳中好像听到了“咔嚓嚓”一声霹雳：“身是张益德也，可来共决死！”（《三国志·张飞传》）

众勇士一阵目眩神摇，胆大者在掉转马头时回眼一瞥：那张飞瞋目欲裂，横矛凭空扫过，大家无不感到身后卷过了一阵狂风！为什么是身后？众人不待军令，皆掉转了马头，不走更待何时？冲上去决死？那是去送死啊！

曹纯被大家裹挟着不由地退回了一箭之地，欲待再上前厮杀？却是没人再有这个胆量跟随了，满目敌人有的是，又何必招惹这种凶神恶煞？

曹操的军令是占领江陵，夺取辎重军备，而现在敌人的无数军资车辆就在眼前，能夺敌资又占江陵，便已是立了双份大功了，莫要无事生非了，还是抢东西、取江陵要紧。

还有一个最为关键的原因，这曹纯心中最有数：自己的部队已经不分昼夜地疾赶了三百余里，战士们体力疲乏是明摆着的事，不能再经恶仗了。

就算人能坚持，可战马已经透支马力，此时与对方的骑兵对冲厮杀，岂不是自讨苦吃？精于轻骑突击战法的曹纯不会这么蛮干，宁愿放走少数残敌，也决不能送走已经到手的大胜。

张飞摆矛回身下桥追赶刘备，这边曹军却没人胆敢过河尾追，谁能预料那对岸小树林的后面藏着什么？干什么都能立功，难道非冒险不可吗？

张飞与刘备相聚，那追上了刘备的徐庶却要与刘备相别了：原来徐庶追上刘备就是为了向刘备告辞，混乱之中徐庶的老母已被曹军俘去，而徐庶却是个大孝之人，怎能为了一己之前程而伤害母亲？告别刘备之时，大家欲留无话，徐庶手指心口而言：

“本来欲与将军共图霸业，全凭这方寸之地。现在老母有难，徐庶方寸已乱，不能留下帮助使君了，请从此告别吧。”——刘备含泪别徐庶，徐庶从此归曹营。

刘备失去了一位智者良助，心中固然无限凄凉，但值得庆幸的是自己忠勇的部下赵云终于不负他心中期待：救回了他带着独生子的妻子甘夫人。古人对血脉后代极为重视，要不拼却一生置些家业何用？就是延传到今天，此习也未改变多少。

君不见：无数已身家千万的贪官，穷其一生智力，还要不断增加他们那肯定今世挥霍不完的财富，为什么？后代呀，要为无数的血缘后辈着想啊！

对于赵云的信任，刘备绝对可以用“无限”这个词来形容。当一开始有人报告刘备说：子龙将军见我军势孤，已经率部北逃投降曹军去了！刘备竟把自己的护身手戟向对方投去，断言：“子龙不弃我走也！”

对于赵云其人，笔者与刘备甚至诸葛亮的看法有所不同，尤其是刘备，对赵云一直不能尽其所能而使用，诸葛亮虽然稍加重用，但也不过令其独率一支偏师而已，其实，赵云的战场绝勇尚在其次，其目光、能力并不止于独挡一方的将才，而是一名世所罕见的帅才，是那种战略层次上的帅才！具体事实容专文细说，现在顾不得，刘备等一干人正处于生死存亡的关头！

那也要挤出空来说一句闲话，大家可以设想一下：曹操军令是不是失误在先了？眼里只盯着江陵那儿的大批辎重军备，担心被刘备先一步抢到手，必然急切南下——这有点只顾发财不顾仇人的味道，如果曹操当初严令曹纯：目标——刘备！死的活的都行！那将会如何？

书归正传，刘备等数十骑终于与曹军脱离了接触，在孔明的建议下，弃江陵而东向斜趋汉津。正行之间，却被一人迎头截住，此人却是刘备万没想到的，连诸葛亮都甚感意外：原来竟是江东孙权的主军谋士鲁肃！

这鲁肃却是专奔刘备而来，且不谈刘备与关羽水军相会于汉水，暂寄下沔水迎到了前来接应的江夏太守刘琦，先给大家解释这鲁肃为何从江东来到了当阳长坂坡。

第四十二章

抗曹操：孙刘结盟曲折路

179

对于曹操在建安十二年之前摧毁袁氏势力、一统中国北方的战势，偏居江东的孙权是一直关注着的。十三年春天一到，他就抢先一步对荆州开始了蚕食进逼。

他的想法也极为简单：荆州即将沦于曹操之手是显而易见的事情，自己所控制的江东地区地域狭小，若被强大的曹军陈兵于家门口，那自己连回旋的余地都没有了，除了俯首称臣别无他途。这是年轻心盛的孙权极为不愿意看到的局面。

只有先下手为强，最起码要控制住荆州长江以南的四郡地盘，到时才有可能与曹操相持于长江天险，即便不能进击中原，也足以凭险自守。

西进的最大障碍还是雄踞于上游的江夏黄祖，只有除掉了这个曾导致父兄殒命的大仇人，才有可能染指荆南，再图江北。问题的关键还是必须消灭黄祖庞大的水军。

这次孙权复征黄祖打得还是相当艰苦：黄祖在沔口江面上横了两艘艨艟斗舰，挟守沔口，以棕榈搓成的长绳，下系巨石，横拦江心，阻截敌船进入。（棕榈大绁系石为矴）艨艟上有千人之多，以箭弩交叉而射，飞矢如雨，江东水军不得近前，就是到了跟前也没有用，那黄祖的两艘艨艟已经横拦在狭窄的江面上，江东水军的船只还是无法上行。

这时江东勇将董袭与凌统俱为前部先锋，各率敢死队百人，人披两层铠甲，乘大舸船，突入两艘艨艟之间。董袭以刀砍断两根棕绳，蒙冲才由横江成为顺流，江东大兵遂即跟进，平北都尉吕蒙贴舟近战，亲手击斩了黄祖的前部都督陈就，江东军乘胜追赶，围了黄祖所在的沙羡城。

黄祖仓促之下弃城逃亡，但终于没能逃过孙权的追杀，被骑士冯则追上砍掉了脑袋。这孙权至此才算报了父兄血仇。不仅如此，这回孙权索性学了回曹操孝顺老爹的手段：对沙羡也来了个“遂屠其城”（《三国志·吴主传》）。屠其城也没算完，并且“虏其男女数万口”而回。

这次孙权息兵回军也不是什么觉悟提高、良心发现，或是父仇已报，别无想法了，而是后方又出了问题：新都郡山贼又起，数城已陷，还是要先安定老窝要紧。等孙权平定新都始新、新定、犁阳、休阳等六县以后，已经传来了刘表辞世的消息。

要说现在正是进军荆州的好时机，但此时曹操已经开始南征荆州，并且已经占领了宛城、新野，孙权不得不考虑一旦荆州败亡，自己将面临什么了。

还是鲁肃考虑得高远一些，他建议：“请求主公派我去荆州吊唁刘表，慰问其二子，并慰劳荆州现在的主军之人，并说刘备抚慰荆州众人，同心一意，共拒曹操，刘备一定乐意从命。如果如愿，天下大势也就确定了，现在不行动，被曹操抢了先，将来就麻烦了。”

鲁肃建议的核心是：大敌当前，不妨与世仇荆州言归于好，再联合刘备共抗曹操；假如现在的荆州开始闹不团结，那便根据形势不妨趁火打劫一把！由我去观察一下风向。

就这样，鲁肃经孙权同意来荆州以吊孝为名打探军情政事来了。此事就这么荒唐绝伦又自然合理，一个恨不得生食其肉的仇人翘了辫子，却派员上门吊唁慰问。到了灵前怎么致悼词？你不该死那么早啊，剥夺了我们将来活剐你的权力呀！——当然这是心里的哭诉，口里估计还是要表示跟着悲痛的：“人死不能复生，还请节哀顺变……”

谁知人还没到襄阳，便已得知了刘琮带领荆州举州投降曹操的消息。襄阳是不用他再去“吊孝”了，但如此汇报孙权，鲁肃又极不甘心，可以预料：孙权得知荆州与曹操合为一家了，并且已经换了曹操做家长，江东面临的将是投降与否的表态了。

在这种情况下，似乎投降是唯一的出路，但是鲁肃打心里不愿跟随孙权做一个降臣，他终于打听到刘备军退往江陵的准确信息，便直接迎头赶到了当阳。虽然极为顺利地与刘备见了面，却没料到看到了刘备这么个可怜兮兮的模样。

诸葛亮知道鲁肃来干什么，表面不动声色，心里大喜过望，这是刘军能得以幸存的唯一机会，说是突然来了救星也不为过。

但诸葛亮更明白：欲速则不达，向孙权求救这样的话只能说给刘备听，对于这位江东的不速来客还只能不卑不亢，不让他看到刘备的力量，说什么都没有用处的。

诸葛亮向鲁肃开诚布公地说明了刘备的现状，并且指着部分跟随逃亡的百姓说："我主不愿弃数十万舍家随行的百姓而速行，才得以被曹军轻骑追上，并且无法作战，宁死不丢人心，真英雄也！"

鲁肃立时被目前的事实感动，在没见到刘备的任何实力之前，自己先认定了刘备是个可以合作的对象。为求得诸葛亮对自己的信任，鲁肃赶紧介绍了自己与诸葛亮之兄诸葛瑾的关系："我是子瑜的好友！"

刘备在自己前途渺茫之际突然接到江东孙权的信息，精神立马大振，虽只数十骑，但言语之间却豪气俨然，未见丝毫颓废灰心之色！让那鲁肃心中佩服得几乎五体投地：这刘玄德名不虚传！——却一时未醒悟是自己给刘备送来了信心。

及至众人赶到汉水，关羽所率水军已接孔明的飞骑传令，早已在汉津渡口迎接，大伙上了战船之后，未行多远，在沔水之交合处，又迎到了刘琦所率的万余水师，鲁肃更加坚定了此行不虚的想法。

在赶往夏口的路上，鲁肃向诸葛亮建议：全军应继续东移至樊口，那里城处长江南岸，贴近江东，既利于对曹军的防守，又能及时得到江东军的实际支援；并发出了请诸葛亮回访江东的邀请。

诸葛亮却未急于向刘备请示前往江东，而是表示要先帮刘备安顿好随行的百姓。这下鲁肃更加感叹这刘备的厉害：竟能将大仁大义这么快便传染给部属！看来世间传言刘备乃曹操克星并非夸大其词，岂不闻：仁者无敌！

进驻了三江汇合之处的夏口城，大家总算暂时安下心来，谁知诸葛亮却私下去见刘备，神色凝重地说道："事情紧急了，请派我去求救于江东孙将军。"

事情明摆着：曹操已得荆州水军，虽暂时需要整编安抚，但绝对不会给刘备多少在夏口安逸的日子，江东援军不至，夏口必然难保，难道到那时真的如前日对鲁肃所说：去投奔昔日好友苍梧太守吴巨不成？那只是对鲁肃表示并没有到走投无路之地步的随口之言，真去了苍梧（现在广东沿海一带），在那地僻人稀之地，还能有什么作为？

刘备当然更明白这点，所以在鲁肃次日正式提起请诸葛先生回访江东面会孙权之时，立即爽快地答应派孔明为自己的全权代表，马上就可以与鲁肃同行东去柴桑出使江东。

一叶扁舟，顺流东去，那上面承载的是孙、刘两家的希望！

180

曹操兵不血刃，入主荆州，虽未捕得对头刘备，但却尽获其辎重，并且顺利占领长江口岸枢纽重地江陵，收编荆州仅水师便七万余众，实是南征之开门红透顶的空前大胜！

后有得陇望蜀之说，现在的曹操是得荆望吴，对于那在夏口苟延残喘的刘备，曹操现在已经不再放在心上，所以并未集结主力水师顺汉水下东南，克夏口围刘备，进而逐渐威逼江东孙权。

如果封锁江东水军于三江口之东，历史肯定将会被改写成另一种局面，中国再出个几百年的大魏朝也是说不定的事，又哪来后之《三国演义》？估计对曹操的历史评价也将是另一种定位。

可惜过去的历史如同江水不回头，从来不会有什么如果之说，曹操在送去对孙权的威吓逼降信之后，便全力部署对江东的军事行动。当然，对刘备也没有真的网开一面，只不过是以偏师对偏师，主力还是准备对江东水军主力实施一鼓聚歼的战略部署。

曹操的偏师由护军都督赵俨、奋威将军程昱统率，受其指挥的将领有：于禁、张辽、张郃、朱灵、乐进、路招、冯楷以及原荆州军文聘所部。水陆步骑超过十万，任务是沿汉水由襄阳向东南，直击夏口的刘备、刘琦军。

说起来此偏师不偏，这是曹操设计的钳型攻势中的北路大军，主力由历经百战磨炼的曹军构成，如全力东下，决非关羽及刘琦的两万水军所能阻挡，但是曹操还交给北路军一项重要任务：掩护南路水军主力的左侧背，虽然这样也并无不妥，可是对于这支部队的定性却已大变，成了防守为主，进攻为次，看来重头戏还是在曹操亲率的南路军那边。

南路军以原荆州水军作为主力，再加上曹操带来的北方部队，总数已达二十余万，兵分三路，江南、江北，再加上长江中的战船及三军辎重，沿长江浩荡东下，声势震天！

长江在江陵以东向南绕了一个大弯，曹军由江陵东下，顺水须先向东南，然后经洞庭北长江水道折向东北，预计与北路军会师夏口，那时的江东将无天险可依，而曹军却可以借长江水道运输大军辎重，江南江北齐头并进，拿下江东将如同摧枯拉朽，曹操统一中国的不世之功则将永垂青史也！

至于益州，更不是什么麻烦，早在兴平元年(公元194年)，刘焉病故于任上，已经换成了他的儿子刘璋，现在还没打到他头上，便已经抱头求饶了：自下荆州之后，刘璋即主动表示归附曹操，并且出夫出军、助粮助饷，不求分一杯羹，但求保一时安。汉中张只想着在他那汉中一隅盆地当他那五斗米教主即万幸，估计不过是一纸通牒便降的主。

现在唯有一点麻烦：北方士卒对江南水土不服，幸好不是酷夏，如果赶在那时节，光是空气中的水分就会让所有北方汉子穿不住短裤，更不用说烫人的铁甲了。还好，眼下秋末冬初，天气渐凉，正适应北方士卒作战。

再说了，还有那荆州本地官兵将近十万，仅此兵力，就远超江东水陆全军，有强大的曹军作为后盾，或者说督战队也未尚不可，孙权能有什么防守良策？

不过，如果那孙权一旦联合刘备倒是个麻烦，那刘备据说刚得一谋士诸葛亮，号称卧龙，想必有些真本事，再加上刘备手下之三员虎将，关羽、张飞、赵云，都不是善主，风闻那刘备前些时又新收一义子刘封，战场厮杀也有些门道，看来必须抢先一步切断他们与江东之间的联系！

还是老办法：出动轻骑，奔袭那夏口东方的樊口，此举成功，江东与夏口将被割断联系，至于到时先收拾哪家？只有到时再说了。

181

诸葛亮与鲁肃单帆孤舟，隐没于大江洪波，顺流而下柴桑口。

而现在柴桑的孙权正处于左右为难之时。

荆州降曹的确实信息已经传到了江东，那曹操对待荆州顺民降官的优厚政策当然也被足尺加五灌进了江东众人的耳膜，致使大家一颗颗青春的心开始了跳跃式地搏动，升官的机会到了！

几天来往孙权耳朵里灌的全是这种信息："曹公乃豺狼虎豹似的人物，现在以大汉丞相的名义行事，挟天子之名征讨四方，行动以朝廷诏命为辞，今日与之为敌，政治上名不正言不顺啊！

况且以将军的实力之所以可以抗拒曹操者，不过依赖长江天险。而今天曹操已得荆州，尽占其长江南北之地。所接受的是刘表训练有素的水军，皆艨艟斗舰，数以千计，曹操全部用以沿江而下对付我江东，两岸兼有步骑，水陆俱下。如此所谓长江之险，已经与我共有之矣。

而曹操势众，我方力寡，这是明摆着的事实，又不可以闭上双眼装着看不见。凭心而论：为将军大计、江东前途着想，不如放弃战争，选择和平，举江东迎之，则将军幸甚！江东幸甚！百姓幸甚！国家幸甚！

这便是以江东三世重臣张昭为代表的主和派的肺腑之言。

面对现实的孙权这时拿不定主意了：下决心抗曹，的确风险不小；如果束手称臣又有点不大甘心；但假如名义上归顺，那曹操如果能给江东充分的自治权的话，这和平之路也不是不可以考虑；可是看到那荆州刘琮得到的待遇，又不免使孙权心寒！

战争与和平！何去何从？看来要等到鲁肃归来了。

诸葛亮随同鲁肃到达柴桑之后，并没有被安排立即去见孙权，但从鲁肃口内，诸葛亮也清楚知道江东大部分文武官员的明确态度。诸葛亮现在需要做的就是：坚定孙权抗曹的信心；给孙权充足的说服下属的理由；把刘备实质上的求援化为双方互惠联合；决定双方部队联合行动的具体时间、任务——这点最为重要，刘备等不起。

鲁肃在去见孙权汇报自己的荆州之行时，正赶上孙权再次集会大员讨论战降问题。这几天孙权以及他的决策班子一直干的就是这项不可能有结果的工作，这里的唯一上级就是孙权，下属民主讨论的意见总不能使孙权满意，那就唯有继续讨论下去。

虽然早有聪明的下属看出了孙权骨头里的倾向，暂时采取了观风的态度，但投降派的声音还是一直占着主旋律的地位，以至于刚回来参加会议的鲁肃竟没有发言的机会——或者说时机会更准确些。

瞅准了一次孙权更衣（去厕所）的机会，鲁肃跟到了“洗手间”，孙权就是留给鲁肃这个单独表达意思的时机，所以很急切地询问鲁肃：对大家几乎一致的“主和”有何看法？史载原句是：“卿欲何言？”

鲁肃顾不上扯皮了：“我看大家的意见是专门误导将军，没有人是想着与将军共图大事。我鲁肃可以欢迎曹操，将军就不可以了。我降了曹操，估计曹操最次不过把我鲁肃开回原籍务农，就算那样，鲁肃身份也不会低于下曹从事，还会驾辆牛车、带些随从去郊游士林悠哉游哉，要是给个官的话，估计也不会离开江东。将军投降了曹操以后，还能指望有家吗？鲁肃希望将军自己决断，千万别听众人胡说。”

其实孙权自己也未必不明白大家心里想的是什么，只是不愿意伤心地承认或者是点明这个事实罢了，现在鲁肃已经扯去了大家脸上蒙的那块遮羞布，使得孙权不由叹息：“这些人所坚持的意见，甚是让我失望；如今卿提议的才是救亡大计，正与我的心思相同，这是苍天把你赐给了我啊！”

心理上孙权需要更加坚强的支柱，鲁肃给孙权带回来了：诸葛瑾的二弟、刘备的谋士、号称卧龙的诸葛亮就在驿馆等候接见。

对于诸葛亮其人，孙权当然早闻其名声，其兄诸葛瑾是自己信赖的谋士之一，才学上孙权对诸葛瑾也是颇为欣赏的。既然是亲兄弟，估计与诸葛瑾当在伯仲之间是合理的，但现在的诸葛亮却不是以一个亲信下属之胞弟身份出现的，他马上就要接见的是刘备的代表。

这个年龄仅长自己一岁的诸葛亮到底有什么通天彻地之能？孙权向来不信邪，而且孙权也清楚地明白诸葛亮的柴桑之行的目的所在：不就是动员我抵抗曹兵么？你这个说客却是多余了，是和是战我孙权又岂能是被他人所左右的？

待会要与你点明：孤与你的主子刘备处境是不一样的，刘备对于曹操是降而复叛，是没有任何再降可能的死对头；而我孙权不同，现在是进退自如，战和在我，更别说孙家与曹家还是双重亲家！

谈判双方初次接触，孙权合理地采取了先听你诸葛亮对我江东的建议，再后发制人的谈判策略。

诸葛亮等的就是这一刻，毫不客气地对江东目前的局势开始了貌似客观的分析，下面是史载原文再加上笔者于括弧内的点评：海内大乱，将军起兵据有江东，刘豫州亦收众汉南，与曹操并争天下。（注意：现在是孙、刘、曹三家平等逐鹿天下！）

今操芟夷大难，略已平矣，遂破荆州，威震四海。（曹操的力量太强大，我们单独一家谁也不是曹操的对手！）

英雄无所用武，故豫州遁逃至此。（不避讳刘备新败，只是略过少提）

将军量力而处之：若能以吴、越之众与中国抗衡，不如早与之绝；若不能当，何不案兵束甲，北面而事之！（这是在高明的混淆逻辑，把选择浓缩成仅有两个，前者又明摆着行不通，实际上就给孙权留了一条后路！）

今将军外托服从之名，而内怀犹豫之计，事急而不断，祸至无日矣！（只是公然指责孙权的行事糊涂了，说了这么多，毫不牵扯自己的目的，孔明乃谈判大师！）

孙权何曾见过这种谈判对手？不禁反讽："苟如君言，刘豫州何不遂事之乎？"（是啊，你说得这么头头是道，那你的主子刘备为什么不先投降啊？）

其实，孔明的长篇大论本来就是给孙权布的一个陷阱，就等着孙权往里面跳呢，等孙权自己从这陷阱里爬上来时，孙权在心理上已经找到了一个强大的支点，诸葛亮的第一个任务已经完成了。

诸葛亮淡淡一笑："田横，齐之壮士耳，犹守义不辱，况刘豫州王室之胄，英才盖世，众士仰慕，若水之归海，若事之不济，此乃天也，安能复为之下乎！"——表面上孔明是在褒扬自己的主公刘备，实际上孔明这是在送给孙权一个道德的支点，是做了两顶帽子：英雄与奴才！孙将军，你选一顶吧。

孙权当然是个极为明白的人，马上悟到了诸葛亮真正欲表达的意思，当即表态："吾不能举全吴之地，十万之众，受制于人。吾计决矣！非刘豫州莫可以当曹操者，然豫州新败之后，安能抗此难乎？"

孔明谈判基本成功，火已经烧上去了，现在需要的不过是再添些干柴而已，让孙权维持住沸腾点。

孔明下面的话与其说是坚定孙权的信心，还不如说是在送给孙权一件对付内部投降派的武器：豫州军虽败于长坂，今战士还者及关羽水军精甲万人，刘琦合江夏战士亦不下万人。（告知孙权刘备还有两万精锐，是值得联合的对象）

曹操之众，远来疲敝，闻追豫州，轻骑一日一夜行三百余里，此所谓"强弩

之末，势不能穿鲁缟”者也。（曹军不可惧，刘备已经先立大功：磨钝了曹军的锐气）

故兵法忌之，曰“必蹶上将军”。（胜曹兵有理论基础：你的祖宗、兵法祖宗孙子说的。）

且北方之人，不习水战；（开始了具体分析）又荆州之民附操者，逼兵势耳，非心服也。（想得荆州，要先相信荆州的人民，这点亲眼见过长坂坡百姓的鲁肃可以证实）

今将军诚能命猛将统兵数万，与豫州协规同力，破操军必矣。（必胜的结局都已经定了，还犹豫什么呢？）

操军破，必北还，如此则荆、吴之势强，鼎足之形成矣。（连战后分赃都没忘了：你孙权得到的是安全，而荆州还是姓刘！）

成败之机，在于今日。——话说到这份上了，别说是孙权，就是换成是曹操，恐怕也该听孔明指挥了！

所以，孙权合理的“大悦，即遣周瑜、程普、鲁肃等水军三万，随亮诣先主，并力拒曹公”。（《三国志·诸葛亮传》）

至此，谈判大师诸葛亮出使江东初步成功，给危机中的刘备带回来三万水军！重要的是，率领这三万精锐水师的统帅，是一个也可以称为天才的人：风流江东、名传千古的周郎、周公瑾周瑜！

182

周瑜时年三十四岁，身材高大，相貌堂堂，却因其精通音律而被世人传为风流潇洒，更因其后世戏剧舞台上的武生角色的定位，而在人们心里留下了一个英俊奶油小生的形象，其实那应该是孙策的形象，是后世的人们把他们的形象合二为一了。

这时的周瑜正受孙权的派遣前往鄱阳，是鲁肃劝说孙权紧急召回周瑜，任命其为水军左督，程普为右督，鲁肃为赞军校尉，助周瑜赞画方略。

但大军出动之前还是有一些必要的功课要做的，其中最重要的莫过于统一思想认识，消除怯敌畏战心理，第一步要做的当然是要肃清投降派的不利于军心士气的自由主义思想及言论。

这次是由周瑜主持的民主大会，就连孙权也是在列席旁听，当然，也做好了最后总结发言的准备。

主张投降的人们没有什么新观点，无非把多次重复过的战必亡滥调再次重复一遍而已，最多现在又加上“时不待我”的字样，强调主动和平改编与兵临城下的放下武器得到的战后待遇是大不相同的，被迫识时务那叫不识时务，是不配称为“俊杰”的。

周瑜厉声痛斥：不然。操虽托名汉相，其实汉贼也。（这是针对主和的人们提出的曹操能代汉实施征伐之理论而明确的驳斥，看来古时候也是讲究政治第一的）

将军以神武雄才，兼仗父兄之烈，割据江东，地方数千里，兵精足用，英雄乐业，尚当横行天下，为汉家除残去秽。况操自送死，而可迎之耶？（长自己志气，灭敌人威风，顺便也给投降派政治上定了性：再鼓吹投降可就是反革命言论了啊！）

请为将军筹之：今使北土已安，操无内忧，能旷日持久，来争疆场，又能与我校胜负于船楫乎？（就算是曹操既无内忧，又无外患，也没有资格与我们在舟船水战上较量！）更何况：

1. 今北土既未平安，加马超、韩遂尚在关西，为操后患。

2. 且舍鞍马，仗舟楫，与吴越争衡，本非中国所长。

3. 又今盛寒，马无藁草。

4. 驱中国士众远涉江湖之间，不习水土，必生疾病。

此数四者，用兵之患也，而操皆冒行之。将军擒操，宜在今日。

瑜请得精兵三万人，进驻夏口，保为将军破之。——怀疑打不赢的人没什么可说的了吧？

孙权紧接着做总结，拍板定盘：“曹操这老贼欲废汉自立已久，只是忌惮二袁、吕布、刘表与我孙权。现在数雄已灭，唯有我孙权尚存，我与老贼，势不两立！周瑜将军的意见大家听到了吧？与我的意见绝对一致，这是苍天把他赐给了我啊！”——孙权谦虚谨慎！见有支持自己的就感谢老天。

孙权的总结报告可不是光凭嘴说，而是愤怒拔刀砍断了一只桌角，并以此立誓：“诸将吏敢复有言当迎操者，与此案同！”（《资治通鉴》载）

——这可不是玩的！现在是“杀桌吓人”，但谁要再不识相，妄言降字，那孙将军可就要“杀鸡吓猴”了。没人愿意当那只鸡，立时群猴肃静，体制内当然再无不和谐声调，江东就此上下统一了主旋律。

重压之下，后方最起码表面上是万众一心了，由孙权坐镇柴桑，统一调动各方军马战舟，并保证前方军需；周瑜指挥前敌，率水军三万西上樊口，与刘备军会合，进而直上西南，迎击曹操的庞大军队。

但事情并不是像周瑜在会议上说得那样轻巧，周瑜首先面对的第一个问题就是：那刘备的残兵还能作战吗？

虽然有刘备的谋士诸葛亮同船赴樊口，但在周瑜眼里，诸葛亮只不过是自己的同僚诸葛瑾的胞弟而已。周瑜这前军主帅可没给刘备谈判签约，用不着诸葛亮代表刘备来赞襄军务，诸葛亮描述的刘军再厉害也没有用，周瑜要亲眼看了才算数！不，看了也不算，要亲眼看过刘备打一仗周瑜才能安心。

周瑜还有一个必须面对的问题：那曹操东来的不仅只有水军，沿江而来的还有十几万步骑，并且江南、江北几乎平均分配兵力，辎重由江面上的舟船给予保证，而江东军陆战的实力周瑜更是心里有数，不管怎样，也要避免与曹军在陆地厮杀决战，能依赖刘备军否？

这一切都要等到与刘备见面以后再作决定，至于刘备对自己部队的兵力使用，诸葛亮已经详细介绍：江夏太守刘琦已与关羽共同指挥水军一万五千，担负固守夏口防务及迎击顺汉水而来的曹操北路大军的任务，估计仅能滞怠曹军的行动，如果江东水军不予增援配合，夏口必失无疑。

张飞与赵云已各率千骑，进抵长江北岸的鲁山，作用有二：据险阻截长江北岸曹军向夏口的推进；伺机袭扰江北的曹军，对曹操的北路大军也不无牵制作用。

刘备本人已率刘封等诸将进驻了樊口，步骑六千，随时配合江东水军的行动。

六千人马？用以对付曹军长江南岸的数万大军能起什么作用？不要紧，到时候我就让你刘备率部为前锋，且看你这所谓曹操的克星怎生破敌？

天气晴朗，日高风息，两岸如画，江面如诗。

先锋黄盖派走舸来报：刘备乘战舟来迎都督。周瑜不禁得意：昨日那刘备便已派员前来慰问部队，使者言语之间竟还有希望周瑜回拜的意味。周瑜当即拒绝：“不才司令全军，既不敢擅离。又不可委托他人，不过，倘若尊驾能够委屈虎威光临本帅舟的话，倒可以满足尊驾的愿望。”

现在刘备终于自屈前来，总要给他点面子，周瑜传令各舰鼓角齐鸣，以接待贵宾大礼接刘备登上帅舰，马上就要决定破曹大计，最要紧的莫过于同心同力！

正要下令之际，忽又一转念：合作来日方长，莫要让这大耳朵误会，离了他就不能打仗了，还是先压一下这左将军的气焰为好。算了，就在船首迎接他吧。

而这时的曹操已经率大军越过了洞庭北路江面，东北方向，前面不远就是赤壁！因此而名留千古的赤壁大战即将拉开序幕。

第四十三章

战赤壁：曹操稀里糊涂败了首仗

183

曹操奇袭樊口的命令没有得到真正执行，是曹操自己取消的这个军令，原因很简单：虎豹骑没骑了。

北方的战马到了南方，别说虎豹了，简直连条黔驴都不如，尤其是长江南岸的部队，就是专给这些娇惯的家伙喂那从遥远的北方运来的饲料也不起作用，一匹匹战马先后爬不起来了。

据随军的医官说，牲口不服南方的水土，是饮这长江里的江水饮的——简直是屁话，还能从许都运过清水来饮马？

再后来连随军带来的饲料也没有了，荆州地区的干草，这些战马连理都不理，那就只喂精料吧，反正按原马匹数量配给的精饲料也用不了——战马三成已经送命了一成——谁知这家伙天生就是吃草倒料的玩意，全喂精料倒下的更快！

荆州部队很快成了曹军的主力，人家的战马偏没这么娇贵，生龙活虎的照样“咴咴”的，问题是上面的人没有马精神，荆州军人还是忘不了自己的“解放战士”身份，这样子上了战场？悬！

很快，别说虎豹骑了，就是虎豹战士也开始接二连三地开始病倒，看样子人也开始走起了战马的老路，也开始水土不服起来了，这下荆州部队趾高气扬起来了，大概他们也知道了：下面的战事要指望他们了。

不光如此，就是普通行军也与江北大不一样：江南河网密布，水岔众多，江北的旱鸭子哪见过这般水乡风貌？十几万人行军，那专为游玩赏景用的江南小桥怎能敷用？在曹操这位北方人的作战计划里，估计考虑不到这些客观因素的严重性。

不要紧，曹军的病号可以随时上船，稳步推进还是没问题的，毕竟还有当地的荆州士兵，至于原计划的奇袭樊口？不急着去也就是了，这样慢慢来也不错，这叫：扳倒树摸老鸹！既没风险又手到擒来。

就在曹操一帆风顺、水顺、人畜稍不顺之时，樊口的刘备正是处于山雨欲来风满楼之日。

夏口即将成为前线，关羽仅凭一万水军西上抗击赵俨、程昱的北路曹兵，尤其是另外还有大将文聘的荆州军，那可是在人家自己的地盘上打仗，地理透熟，欲占什么便宜极难。

幸亏前出鲁山的张飞、赵云部不断出击骚扰，那赵俨、程昱不时要分兵照顾长江北岸的曹军，赵俨自己的右翼也不时受到威胁，所以没有全力进军夏口，驻守夏口的刘琦才得以保证各军的后勤必需。

但西南沿长江而来的曹军主力却是在一天天逼近，刘备手上现在掌握的实际上一半是刘琦的荆州部队，战力如何刘备心中无数，而且总数量仅有六千余，一旦在陆上临敌，那曹操的水军焉会坐视不理？只要在刘军的背后一登陆，那这仗就不用打了，刘军想跑掉都难。

惶恐中的刘备现在是盼星星，盼月亮，只盼着东方出太阳！每日翘首东望，关注那太阳升起的地方，希望的是那里出现心中的白帆，那不光是救命的江东水军，还有自己的心理靠山：诸葛亮！

孔明乍到时，关、张极为不服，怎么拜一个后生小子当起了老师？莫非他比我们这些在战场厮杀数十年的人都会打仗不成？刘备向二位解释："孤之有孔明，犹鱼之有水也。愿诸君勿复言。"羽、飞乃止。（《三国志·诸葛亮传》）

终于，探舟来报：江东水军已经离此不远，舟船一望无际，旌旗蔽日翩跹，大军不知多少，声势动地惊天！

刘备心花怒放，急急下船，一是迎接盟友，二是关心孔明，最主要的是关心江东军的主帅乃何人，与之联手，能与曹操抗衡否？

这是两军主帅的第一次会面，以刘备的身份，论理应当像江东的孙权一样，坐镇暂时的后方，调度全军，与江东军的联络有诸葛亮即可，双方商讨战事由关、张之辈出面才算与江东对等。

可是，非常时期，刘备又哪里顾得上这些繁文俗礼？再说刘备也深知：以自己目前两万余兵力与相对强大的江东军平坐结盟，实力稍嫌不足，弄不好便会丧失了自己的独立性，但是，如果加上了一个左将军的身份呢？那便会大大不同了，最起码还没人可以有资格随意指挥汉左将军刘备。

慢！自古有句：好事多磨；俗话说：心急吃不得热豆腐。在未亲见周瑜之前还是先派员慰问江东军才是，刘备这样做了。

论理周瑜应当回拜刘备才是，谁知道刘备热脸贴了个凉屁股：周瑜打心眼里瞧不起这位被曹军追得东奔西窜的左将军，借口军务繁忙，不能擅离职守，你刘备若能屈尊来见么——咱不妨就挤时间满足一下你的愿望！

周瑜素称风流倜傥，大度襟怀，其实风流不过是因为精通音律，又娶了靓女小乔而已；倜傥却是出于同僚政敌程普之口，程普乃随孙坚起家的元老将领，初居小自己一辈的周瑜之下首，内心难免不服，曾数次羞辱周瑜，而周瑜始终不与程普较真，使得程普后来自觉诚服周瑜，并且感叹："与周公瑾交，若饮醇醪，不觉自醉。"

由此看来，有史书说此公性情孤傲未必是真，但全面分析周瑜的待人接物，却又不同，似乎这大度襟怀用在周瑜身上有些过了，在周瑜的内心深处，普天之下能让他心服口服的唯有一人：孙策！——后来又主动加上了一人，姓名暂时保密，先透露一点：不是诸葛亮。

现在孙策已故去，周瑜便想当然地认为天下第一人非自己莫属了，至于对鲁肃的褒扬，那只是居高临下的夸赞；对曹操他也的确没太放在眼里，只因你还没遇到真英雄，才使曹操竖子成名！什么诸葛亮、刘备，能与我周郎比吗？

甚至就连孙权他也是只当小孩子对待的，公开场合自然毕恭毕敬，为部属同僚做了个优秀典范，但是在只有家人在旁时，估计语气便难得恭敬了。这是从他自己儿子的表现中看出来的：儿子周胤后来甚藐视孙权，持父亲老本，酗淫自恣，屡教不改。孙权无奈将其治罪，若不是尚念与周瑜之旧情，早就砍掉了这小子的脑袋。

现在的刘备的确没有摆左将军架子的资格，立即屈身登舟拜访，双方客套之后当然接触来访的实质问题：你带来了多少兵力?

周瑜如实相告："三万人！"刘备不由脱口而出："恨少。"周瑜傲然相对："此自足用，豫州但观瑜破之。"（《资治通鉴》）

话说到这份上，便是所谓"话不投机半句多"了，刘备欲见那印象颇佳的鲁肃也被拒绝，理由还是那句："受命不得妄委署。若欲见子敬，可别过之。"——这周瑜如此之气量，怎称旷世之才？倒有些小人得志的味道了。

周瑜态度虽然傲慢，但具体军情还是要平等商议的，毕竟他指挥不了刘备的陆军，而曹操布置在江南的部队，是周瑜的心中大忌，这点上还是不得不依靠平原作战经验丰富的刘备。

那刘备何等心胸？当然不会把周瑜的语言、态度放在心上，内心其实早已认定这表面光鲜的周郎决非自己对手，日后一旦两家生事，尽可以玩其指掌之上，一顶高帽、几口米汤便能使之就范。

于是刘备便表示自己愿为前部，首先于江南出击西上，迎击曹操的江南部队，只是要请江东军掩护自己的侧背，若能再增援些生力军，那当然更好。

具体到了作战，周瑜之心胸的确能称得上襟怀大度，大事上周瑜毕竟不糊涂，当即表示不但可以配合掩护，并且可以抽出五千精锐步兵，直接支援刘备行动。

刘备告辞下船，诸葛亮当然也随同回去协助布置军务，这次诸葛亮圆满甚至可以说是精彩地完成了出使江东的任务。

这是孙、刘两家联军对曹的第一战。

时间：次日。

地点：赤壁。

战役目的：击溃曹操的江南陆军部队。

184

战局大势：曹操指挥着水陆三军顺江东下（严格说是东北）；刘备率领着孙刘联军溯江西上；周瑜于水路掩护江南之陆军侧背。双方马上就要迎头相撞于赤壁了！

曹操最近很郁闷：大军东下，陆军不顺利，水军也不那么平静。别看顺风顺水，可是部队并不能扯帆顺水疾行，水军单独前出去干吗？当作“海军陆战队”攻打夏口城去吗？

长江中的舟船主要是用来承载大军辎重，那么水军的主要任务就是保护这些辎重，一旦有失，全军必败无疑，反过来，对敌人江东水军来讲，也是如此。

所以，水军虽然不能代替陆军去攻城拔寨，但实际上关乎着全军的命脉，与其说对江东最后的决战免不了在水上，还不如说双方的生命线是在水上更准确些。

从荆州军手里成功接收了千余艨艟斗舰，当然也包括那上面操舟驶船的士兵，可是对这些降卒却难以无限制的信任，曹操一开始采取了部队混编的做法。

一经试验性训练，发觉不行：北方的士兵在战船上几乎是个累赘，大江风浪一起，便只能坐在船板上，而且一只手还要抓紧身边的固定物，否则连坐也坐不住。

一天过后，麻烦更大了，曹军竟成了荆州水军言谈的笑料：大部分士兵都出现了程度不同的晕船现象，战船上被呕吐得到处狼藉，这样子还怎么作战？这些陆地上的勇士到了水上，几乎全变成了需要护理照顾的病号，曹操无奈只好将这些陆上猛虎撤了下来，战舟上又成了清一色的荆州水军。

江南部队的曹军病号被撤到了战船上当了乘客，可是这些乘客很快就享受不了这种优厚待遇了，还是这讨厌的风浪使这些病号增添了晕船之苦，曹操只好将他们送到后方营寨休息将养。

虽然这样一来进军的速度减慢了许多，但大军毕竟还是在顽强地向前推进着，只不过前锋换成了荆州降军，原来强悍的曹军反而沦为了被保护的对象，只能跟在荆州部队后面行军了。

沿长江南岸西上的孙刘联军提前到达了赤壁，负责前敌指挥的刘备下令停止前进，据探马来报，曹军前锋已经离此不远，再往前走两军就要迎头相撞了。

诸葛亮在一个江湾之处上了周瑜的帅舟，江南的头一次陆战，刘备军的右翼依赖于周瑜水军的保护，对于双方首次配合作战，诸葛亮实在放心不下，只得亲自出面负责双方的联络工作。

统帅水军与曹军初战的周瑜对这时的诸葛亮还没有兴趣关注，双方年龄相差了七岁，实战经验上，几乎可称身经百战的周瑜更有资格看不起这几乎还没见过真刀实枪作战的诸葛亮，更不用说大江之上的水战了。

周瑜在赤壁稍前的一个大江急转向北的地方抛锚驻舟，周瑜的水上作战经验老到：江水有此急弯，那顺流而下的曹军战船便会将自己的船侧暴露给江东水军，江东战船横向侧击，曹军便几乎无法防守。另外，这个位置已足以封锁此时的长江南岸，必要时战船上的士兵还可以对南岸的刘军实行登陆支援。

刘备停军于赤壁不前主要是为了休息士兵的体力与骑兵马力。曹军已临近，刘备把千余骑兵布置在了部队左翼，此地左高右低，地形狭窄，大军无法展开，这样曹军数量上的优势便无从发挥了。

对于行军中的曹军，刘备实施的是最简单而有效的战术：弓弩坚守住正面，骑兵迅速突破敌之右侧，正面步兵趁势掩杀，曹军受地形所限，无法迂回，自己的右翼有江东水军掩护，所以全军尽可以集中左翼，将曹军之前锋赶向长江。

为什么不采用伏击的战术？这便是受江南的地形所限了，江河网密集之地，大军不易隐蔽设伏，小部队设伏，弄不好就会被敌方反咬吃掉。刘备有限的兵力只能集中使用，无力也不敢分散使用。

此战刘备的目的不在于歼敌多少，而是欲趁曹军行军疲乏，一举打掉曹军的士气，止住曹军推进的势头，联军便算成功，然后再临江立寨据守，其余的就要看周瑜的水军表现了。

曹操本人现在江南的军中，他自己也有点受不了战船的颠簸，探骑一来禀报前方赤壁有敌军结阵据守，而且打的是江东军的旗号，曹操便决定还是使用荆州军打头阵，他们与江东军缠斗多年，可算知己知彼，等磨掉江东军锐气之后，再由曹军出动突破，初次与江东军交手，曹操也不得不谨慎一些。

赤壁的江面上，前锋也是荆州水军，那率领荆州水军的蔡瑁、张允两位水军都督都是水战的行家，从一发觉江东水军驻锚于赤壁附近江水转弯之处，便急令大军落帆回撤：此等江流水势，不利于战舟结阵，一旦被江东水军横流侧击，最前方的战船连回救都不可能，水面作战决不能在这种江面上开打。

这下周瑜欲以水军首战胜敌的想法便自然落了空，见曹操的水军回守，周瑜当然也不会傻到舍此地利前出挑战，便吩咐就此结水寨相持，首战也只有看那刘备的了。

遗憾之余，周瑜却也不愿意就这样观战，便传令集中三千步兵，做好下船作战的准备，一旦赤壁刘备战事顺利，即刻登陆参战；如联军不利，则负责掩护联军撤上战船。

诸葛亮见周瑜布置得如此井井有条，也不由暗暗点头：看来这周瑜绝对非浪得虚名之辈，曹操这次碰上了对头！

185

被赋予大军前锋重任的荆州部队现在有些趾高气扬。俗语说得好：“好钢用在刀刃上！”眼下曹军的刀刃是荆州部队，还能不是好钢么？

虽然以往对江东军作战败多胜少，但荆州人历来不秫江东军，由于江东军的鼻祖孙坚是被荆州轻松干掉的，所以荆州在对江东作战时反而有一股莫名的荣耀感，至于己方的黄祖刚丧命于江东人，大家一般总是尽量不去想它的。

没有谁愿意承认自己曾做过大量灭绝人性的事情；谁的回忆录里也难得出现作者坑、窃、拐、骗的现象；就连马路边、公园里摆龙门阵的那些老者，一般也是对年轻时“过五关、斩六将”的事情津津乐道，少有提自己“败走麦城”的时刻。

荆州军——不，现在应该称曹军——威风凛凛地扑向了赤壁的江东军，直到临近至一箭之地，大家突然恐慌了，无不暗骂主帅曹操忽悠部下：前方的结阵哪里是什么江东军？大旗上分明看见的是一个“刘”字——是左将军刘备！

那刘备是什么人？在荆州几乎家喻户晓啊，曾反徐州、杀车胄、斩蔡阳，威退曹操，智歼夏侯惇，活捉夏侯兰，长坂坡赵子龙单骑救幼主，张翼德一声暴喝震晕五千虎豹骑，更不用提关羽百万军中独骑单刀刺颜良，连曹操的命都是人家救得的！你曹操不敢惹，让俺们来当冤大头来了？哥们儿也不是天生傻哥，腿长在自己身上！

前方负责突击的轻骑一犹豫，后面跟进的大部队便一下挤成了堆，战场信息传播最为迅速，人嘴如同互联网，口口相传胜似扩音器，曹军的荆州前锋几乎同时听到了一个消息：前面是左将军刘备的十万大军布成的口袋，正等着我们去钻呢！

后面的曹军主力涌了上来，可是道路狭窄，前面的空间被前锋密密麻麻地挤满了，连看见敌人都不可能，这仗还没开始打，怎么自己的部队先乱了？准备先以弓弩部队阻击一下曹军势头的刘备也纳闷了：对面的曹兵是在玩啥新战术？怎么只听见战鼓响，不见人过来呀？好像在等待什么——也不大像，对面旌旗混乱，队不成列，这哪里是曹操指挥作战的风格？

不管怎样，先出动左翼骑兵试探虚实，本来是留作关键时刻突击用的。后发制人的方略用不上了，现在只能自己先下手。

刘备令旗挥动，千余骑兵出击了，随着刘备的手势，孙刘联军的步兵大阵也开始缓慢前移，弓弩兵开始引弓搭箭，刀牌兵开始用单刀有节奏地敲击自己的盾牌，没有人呐喊，还没到时候。

看见对面刘备的骑兵扑来，曹军本来已经混乱的前锋立时爆炸了，没有人起抵抗的念头，可是狭窄的地势使逃跑也变得极难，身后是曹军的大队主力，刘备的骑兵是从右前袭来，大家只能本能地向左边的江边跑去，那里有自己的水军，是条活路。

前锋瞬间溃散，使曹军步兵一下面临轻骑的袭击，地势不容结阵，当刘备军骑弩袭来时，曹军开始慌乱了。

不过将士们毕竟历经无数战阵，以弓弩阻击、刀牌防护、长枪前出，这些对付骑兵的基本战术动作还是娴熟的，刘备的骑兵对曹军右翼的威胁并不大。

正面刘军的步兵战阵步步逼近是最大的压力，数万混乱的荆州部队几乎成了敌人的前锋，开始涌动曹军自己的主力，使得曹军开始无奈地步步后退。

其实大部分荆州士兵还是都退向了江边，这使得战船上的周瑜大为震撼：这刘备军的战力如此强悍：对名震天下的曹军竟然如同摧枯拉朽一般，以前倒是小瞧这位大耳朵了！

尤其是看见刘备将自己配备给他的五千精兵布置于战阵后方，周瑜不由感叹：这刘备的仁义的确名不虚传，战场指挥也令人刮目，简直有点艺术化了，不明白他那长坂坡之战是怎么战败的？

看见江边涌来了曹军大量的溃兵，周瑜及时的下令：出动所有轻舸，搭载准备好的步兵登陆南岸，围歼曹军！

长江中的巨浪卷上了江岸，溃败的荆州前锋突然发现不是自己的战友，而是索命的江东军！大惊之下，回头向自己的主力部队卷去，登陆后的江东军尾追掩杀，竟如同驱赶着一群野马扑向了曹军主力！

正在被刘备逼得节节后退的曹军这下遭遇了大劫！有组织地退守一下被自己的部队给冲破了防线，后方曹操的军令开始传不到前方，就是传到也得不到有效的执行了，曹军全面的溃败开始！

刘备做梦也没预料到战势会如此发展，今天遇到的曹军竟如同纸糊的一般，厮杀多年的刘备对战势变化甚为敏感，当然不会放过如此歼敌良机，立即传令：鼓角齐鸣，全军出击，击杀曹贼者赏万户侯！——不知刘备自己食邑几户？

长江的水流向东去，南岸的人流向西卷；

江中浪打浪，岸上人杀人；

江流似在呜咽，人流像是疯狂；

大江东去，浪淘不尽人类之千载羞辱，夕阳西下，晚霞映红了生命之万般凄凉；

杀人的威风，被杀的可怜；他日角色再互换，其实大家都可怜！所以说：青史从来血涂红！

数万大军一旦溃败，恰如一江止不住的水流，偶尔出现几座抵抗的礁石，也立即被淹没得无影无踪，曹军自相践踏，死伤无数，后面的刘备、周瑜联手追杀，如狮虎赶群羊——曹军也尝了一回做猎物的滋味。

江北的曹军势力再强，也只能望江兴叹，但大江中庞大的曹操水军却不能冷眼旁观，凡是能靠岸的小舟紧急出动，接应曹操及溃兵上船。孙刘联军毕竟数量有限，曹军主力终于撤到了江中舰船之上，几经周折，江南的曹军全部撤到了江北乌林，从此双方开始了赤壁之战的一个新的阶段：隔江相持阶段。

但此时的周瑜心情反而更加沉重了，因为他又发现了一个潜在的可怕对手！一个他不得不佩服的将来之敌人——刘备。

第四十四章

首战长江：各方暂时都满意

186

孙刘联军首战大胜，江南再无曹军，此战果大出刘备尤其是周瑜之预料！江东军一时士气大振，士卒们无不相传周郎运筹战舟，指挥若定，瞧见了吗？连那左将军刘备也成了周都督的先锋官。

江南已无战事，刘备陆军凯旋回到夏口。现在刘军的主要任务是阻截北路汉水的曹军，并且要加强江北鲁山张飞、赵云的兵力，前出蜀山，威胁曹军侧背。视双方水军战况，配合联军的主力周瑜水军的行动。

经历了首战曹军，诸葛亮对眼前的战局已经不再全力关注，那是周瑜的事了，他相信周瑜的战术指挥能力。诸葛亮的目光已经越过了长江，开始注意荆州江南的四郡，那里现在名义是曹操的地盘，但是如果荆州的大公子——本主刘琦到了呢？

一直无家可归的刘备实在太需要一个稳定的根据地了，现在以公子刘琦的名义收复失地名正言顺，需要等待的只是那个出兵的时机：一切要等周郎的水军战况明朗。

退军回到江北乌林大营的曹操清点了一下江南首战失利的战损：伤亡万余，因水土不服失去战力的却近半，令曹操不由忧心忡忡，倒不是兵力需要补充，就是现在的人马扫平江东也绰绰有余，问题在于那对岸周瑜的水军！

大军东进，辎重靠长江，有周瑜的水军在，曹操大军便无法东进，一旦辎重被断，人马越多，麻烦越大，数十万大军若断了口粮，那会是什么局面？

所以当务之急是要先解决周郎的水军，可是从目前实际情况看，现有的荆州水军数量虽庞大，战力却不容乐观，看来江面上的真刀实箭也免不了投靠曹军。

事情已经明朗化了：当务之急，训练！要开展大练兵运动，把这群陆上猛虎训练成水上蛟龙！到那时，江东则大势必去，管他什么姓刘的、姓周的、姓孙的，一切都会在姓曹的掌握之中。

顺心的事还是有一些的：益州牧刘璋闻曹操克荆州，向曹操表示归顺，现在所派的助战士兵由益州将领张肃率领已到荆州，人数虽不多，却是表明了态度，千里送鹅毛，礼轻人意重么！后又遣别驾张松专程来向曹操致敬。

曹操将益州军三百人安排在夷陵驻扎，并拜张肃为广汉太守，以防备周瑜水军沿江西上，威胁曹操大军背后；但在对待刘璋使者张松的问题上，曹操却无意中犯了一个大错。

那益州张松为人短小放荡，形象虽然不堪，“然识达精果”（《三国志·刘璋传》），也就是说这张松见识高远，行事果断；主簿杨修建议曹操在朝廷委任个较高的职务给张松，将来对囊括益州必定大大有利。

而现在的曹操已经把荆州吞入了口中，又已击溃了刘备，江东眼看指日可下，对于将来横扫益州当然不在话下，没有必要多费什么心思，再加上这张松尊容生得如此猥琐，将来列班朝臣，岂不有损政府形象？便没有理睬杨修的建议，接待张松时也相当冷落。

自古有句：“宁可得罪君子，万莫得罪小人！”这张松偏是个小人中的尖子，坏人事的大师。见曹操如此轻慢自己，心中大怨：“你曹操不会是以貌取人吗？我要让你后悔到死不瞑目，这辈子就别想收降那刘璋了！”

回益州全力办成一事：力劝刘璋与曹操绝交，联结你的大敌刘备，从此西蜀将成为你曹操一生的噩梦！

得罪了益州张松，曹操给自己今后制造了一个大隐患，乌林前线的曹操现在当然是体会不到这点的，他的心思目前全放在了水军的训练上，怎样让北方的士兵适应长江中颠簸的风浪，眼下成了曹操心中的大难题。

现在有些不懂得古代战争的大师们分析出好多曹操应该采取的正确策略，有些结论简直令人啼笑皆非，例如：

“曹操不应该急于与江东作对，应该全力剿杀刘备所部，等消灭了刘备，那江东还能给谁联合去？”——这是标准的替曹操一厢情愿：刘备的主力已经退到了樊口，已经处于江东军的势力范围，实际上刘备已经被江东水军给保护起来了，不击溃江东水军，连接触刘备军是不可能的。

就是刘备与刘琦暂守的夏口，曹军欲接近也是不容易的，夏口虽位于长江北岸，地处长江、汉水交汇处，但欲攻夏口，只有两条水路：

一、沿长江而下，就是曹操现在采取的进军路线，大家看即将实际发生的战事就明白了，不用多说。

二、战争焦点北移，全力从汉水南下？那汉水比不得长江，水面狭窄，大型战船无法进入，曹军的水军主力是原荆州部队，尤其是面对的不光是关羽的万余水师，还有一个重要的人物：荆州的大公子刘琦！让荆州水军去全力与他们的故主作战，估计不大容易做到。

“制江权”不在手中，陆军便几乎寸步难行，还是那个老问题：大军的后勤供应怎么保证？

再说，江东也不会眼睁睁地看着刘备被灭，孙权能不明白曹操的下一个目标是谁？在邺城挖那个玄武池练水师干吗？仅仅是对付荆州刘表？

再退一步说，就算曹军打到了夏口，也不过是实现了赶羊战术，从不固守一地的刘备还是要退往江东，那江东祸水曹操是避不开的，孙权也不能避开。

暂时不战，拖到来年开春呢？这样士兵也能习惯了当地水土，练出了水上精兵，有的大师是这样认为的。

其实还是不行，天气！江汉一带的气候在初冬季节最为适应北方军作战，一旦战事拖到了江南梅雨季节，光淫雨潮湿就能让曹军丧失大半战力，到时候陆战没有战机，水战只能会对曹军更加不利！

那么曹操就没有胜算了吗？有！胜机绝对大于孙、刘两军！

187

对于赤壁之战的另一种可能的结果，有一位晚唐诗人早已用一首千古绝句给予了明确总结，这位诗人便是号称“小李杜”的杜牧。

进士及第的杜牧曾登贤良方正能直言极谏科、官至中书舍人，与诗圣杜甫不同，杜牧不但善属文、工诗、其书法深得六朝人风韵，还有一项特长：以济世之才自诩，有抱负，好言兵事，见解非凡。

对这场六百年前的战争，通晓兵事的诗人是这样定论的：

折戟沉沙铁未销，自将磨洗认前期。
东风不与周郎便，铜雀春深锁二乔。

看见了吗？公元八世纪的杜牧早已断言：如果不是那一场突如其来的东风，二世纪的赤壁之战，最后的胜利者将是曹操！

至于会不会把孙策的遗孀大乔及周瑜的夫人小乔给弄到以后建的铜雀台去？估计大有可能：以曹操偏爱收编敌方将帅俊俏妻妾的嗜好，以美貌著称东汉的大乔、小乔怎会幸免？

是一场东风改变了所有当事人的命运！

坚持这一观点的还包括三国史专家罗贯中大师（相信罗大师比我们今天的任何人都更了解三国，称其专家决不为过），在他的小说《三国演义》中，清楚地表达了这一看法，只不过给这场东风发明了一个制造者：诸葛亮，这场风是诸葛亮借来的。

罗贯中先生在自己的大作中清楚地表达了这样一层意思：如果没有诸葛亮“借”来的东风，周瑜就不会拖到后来被活生生地气死了，赤壁之战没结束便早就自行吐血而亡。

笔者虽然同意两位先贤的观点，但还是有一点自己的看法：这场“天灾（对于曹军一方来说）决定了这场战争的胜负？这只是重要因素，更是表面现象，起决定作用的还应该是“人祸”！战争中起决定因素的是人！这个论断永不过时。

那么曹操对战役的指挥到底是在哪儿出了问题呢？

让我们随着战事发展探讨下去，最后会明白的。不过截至现在，曹操还未犯大错，甚至在今后一段相当长时段内，曹操做出的决定都是基本正确的。

这将会牵扯到一个极具争议的话题：曹操为解决北方兵晕船的问题，发明了一个水面战术革新：把大型战船用铁链锁在了一起，上铺木板，战马都能在上驰骋，长江中的风浪从此不能剧烈地涌动战船，曹操把分散的战船组成了若干个能抵抗风浪的水上作战平台！

罗老先生的小说中说是“凤雏”庞统实施“无间道”，给曹操献的这一损招；正史记载是曹操自己发明了这一蹩脚措施，我们当然要相信正史所载；从日后的实践结果看，此措施导致的后果极其严重，大大加大了曹操水军的损失。

一千八百年来，学习曹操这种发明的倒也有几个，最著名的当属元、明之交的农民起义军领袖汉王陈友谅。这位曹操的隔代弟子在鄱阳湖中与朱元璋的红巾军作战时，也将自己的战船锁在了一起，也是被朱元璋一把火给烧惨了，最后中流矢身亡。

大家注意到了没有？关键时刻还是“天灾”！是一场突然变向的狂风帮了朱元璋的大忙！不禁设想：东风不与朱八便，能否会有大明朝？

估计还是会有的，不过是时间早晚而已，决定性的因素还应该是人！

一千八百年来，对于曹操的这种发明革新，除了陈友谅外，予以认可的极少，尤其历史学家、品史大师、草根新秀等，在这个问题上例外地统一了声调：这是曹操作茧自缚，取败之道。

笔者公正地唱个反调：曹操的这个发明创造是伟大的！兴许后人的航空母舰的发明也是参考了曹操的这一发明思路，建议：诺贝尔发明奖应该补颁给这位东汉发明家。

试想：如果没有老天的帮忙呢？那么，周瑜如何对付曹操的航母作战平台？那玩意儿也是可以继续改进的，如果曹操在上面装上了他自己在官渡之战中发明的“霹雳车”呢？

不用说别的，趁风向有利时，全部出动，生猛地硬撞江东水军的舰船、水寨就是，周瑜估计没有在水面上对付骑兵的作战经验吧？

事实也是如此：自从曹操把这项发明付诸于水军试验以来，曹军士气大为高涨：真正的“不管风吹浪打，胜似闲庭信步。天堑变通途！”绝对是“神女应无恙，当惊世界殊”。

士兵踊跃，曹操兴奋，临江把酒，豪情如浪，指点江山，激扬文字，出口成章，感慨即诗！

遥望江南，喷口而出：“……周公吐哺，天下归心！”

188

江东周郎目前心事重重。

赤壁首战虽然轻易大胜曹军，但周瑜心里极为明白：那主要是暂时盟友刘备的作用。

送往后方柴桑战报当然这样写："赖主公运筹帷幄，三军用命一心，职部督军于水上，将士浴血于江边，刘备甘为前部，程普坐镇中军，赤壁首战江南，曹贼裂胆丧魂，临阵犹狂飙落叶，败敌若摧枯拉朽，战鼓擂起敌崩溃，号角飞扬我凯旋，首战毙敌数万，计点缴获如山，现曹贼鼠窜江北，江南已无匪寇，且待我大军续写辉煌，碎曹贼苟延残喘！"

虽然战报到日，整个江东民心顿安，士气大振，但实际上曹操只是略燎皮毛，主力未损，战势大局并未改变，江东处境仍然险恶，前景未见乐观！

尤其是经此战之后，那曹操出动必将更加谨慎，如此必将导致战机难觅，相持日久，战事堪忧：战争的持续力江东是没有资格与曹军相较的。

区区江东，六郡之地，要知道，仅曹操新收的荆州即拥有八郡沃土，更何况那辽阔的中原九州？战争的动员能力双方不是一个重量级的选手，周瑜现在是要以一人之力，挽狂澜于即倒！

高压下的后方平静是暂时的，这一点周瑜更加清醒，对面的曹军再失利几次也不会伤筋动骨，自己却不同，只允许不断胜利，就是连小败一场也是不允许的，不是兵力损不起，而是舆论！

小败传到后方，不免也成噩耗！到时江东舆论转向，众口不免又皆言降，谁能把握这位年轻的主公心理能坚持到几时？不用别的，就是后勤军资稍有延误，前线则大势必去！

还有那已回江北的刘备军，毕竟不是自己的部属，指挥调动难以得心应手，决战时刻，能及时配合否？

对待刘备集团，周瑜的心情是矛盾的：彼势弱于我无用，忧于眼下；彼势强于我少益，患留将来！如何利用，关乎江东日后安危，轻重缓急，赖于周郎今天斟酌。

对于刘备本人，周瑜现在有了一种莫名的恐惧：此人枭雄！终非池中之物，日后必为江东大患！

对于接触了几次的诸葛亮，周瑜逐渐感到了其人深不可测：言谈之间，滴水不漏，偶尔数语，往往点破关键；其口才自不必说，周瑜只是在事后回味其人言谈时才有所领悟：此人目光极远，有时竟感到他是在为数年后布局！

这些还都是远虑，最急迫的近忧是对面乌林的曹军！

双方最近在水上不断有小的战事发生，主要是些前哨探舸的遭遇争斗，大致互有胜负，己方略占便宜，这几天近乎形成默契：双方的游艇基本以长江中线为界，不轻易越过，表面看战事平稳。

周瑜心里有数：这种平稳是暂时的，也是曹操所希望的，曹操在积蓄力量，一旦江北山雨来日，整个江东又岂止会风满楼？那风将会是腥风！那雨绝对会是血雨！

周瑜曾简装随探舸轻舟近窥过曹军水寨，侦察兵们都是些老水手，当然会极为异常娴熟地利用风向水势，轻舟先沿南岸逆流西上，越过乌林之后突向对岸逼近，顺水掠过曹军水寨前，等曹军战船出动时，江东轻舟已经顺流东去，笨重的艨艟斗舰是无法追上的。

亲自抵达近观察之后，周瑜忧思更甚：这曹操用兵看来名非虚传！

岸上旱寨，错落有致，高低参差，配合得当，堪称攻防适宜。水寨设计得更是井井有条，别出心裁：水中寨栏几乎如同排兵布阵，战船通道隐蔽难辨，拦江木柱铁锁隐隐可见，关键是水旱寨已经连为一体，相互掩护，接近毫无可能。

旱营水寨，沿江数十里，纵深更不知多远，隐可见，旱寨之间有马道，水寨之间有舟索，灯闪烁，旗飘摇，鼓角相闻，枪刺林立，江雾初散之时，几乎举目狰狞！

尤其是，周瑜竟发现了无数庞然大物，近乎移动的水上小城，下有暗道，轻舟出入，上有铁骑，来往驰骋，各类水上战具，不知暗伏多少，士兵们竟然在上面排列阵势，这是水战交兵，还是陆上冲锋？

与这种东西怎生作战？轻舟无法接近，艨艟于其无损，斗舰与之相较，简直成了玩具一般！若被无数这东西包围上来，岂不是坐舟待毙？一撞之下，哪里还能有什么浮着的舟船？

拔寨退兵？那是慢性自杀，曹军如就此步步紧逼，江东水师又能退到哪里去？继续相持？等此物围寨之时，岂不是全军覆没之日？莫非注定江东多难，曹贼逞狂？

既不能远遁，又不能坐毙，路唯有一条：先与其试战，不伸手摸摸，毕竟无法知道人家的胳膊多粗，胜败无关紧要，要找找这家伙也有软肋否？

传令水军先锋黄盖来见，着令其带本部战船二十艘，明天抵近对岸水寨挑战，任务：试探对方水上巨物之实际战力。只不知曹操是否轻易出动这东西？

打得更狠一些！不怕他不露真本事，本都督率主力船队负责接应，听得帅船鸣金，火速回撤，尽量减少自己的损失，此战若败，责不在老将军，有周郎向吴侯承担。

先锋黄盖是周瑜叔爷一辈的老将，是随同孙坚创始江东军的元老级别人物，哪里会将什么水上怪物放在眼里？求战早已心切，接令正合心意，暗暗发誓：什么若败？不胜愧姓黄也！

这是江东水军与曹操水军的长江第一战！

周瑜欲败；黄盖欲胜！曹操呢？正好实战练兵，试验新武器！

189

首次长江水战之前，先交代一下双方的主力舰船：艨艟斗舰。

艨艟斗舰是一种古代专用于水面作战的中型快艇，其动力以桨为主，全舰暴露部分有开了射击及划桨孔的生牛皮遮蒙，专门用于进攻作战的艨艟斗舰首一般还用铁皮艨艟斗舰，以便以撞击的方式击沉敌船；船速较快，相对讲受风向影响较小。

大概就是古代的水面坦克吧。

斗舰便等于水面作战的步兵战车，船型较艨艟大，据《通典》载：“斗舰，船上设女墙，可高三尺，墙下开掣棹孔。船内五尺，又建棚，与女墙齐。棚上又建女墙，重列战敌。上无覆背，前后左右树牙旗、幡帜、金鼓，此战船也。”

艨艟斗舰即二者的结合舰种，将斗舰按艨艟斗舰装备防护，等于给水面上的步兵战车增添了装甲，水面战力顿时倍增。

走舸是古时的小型运兵船，也类似于后汉时代的露桡。虽无防护，但船速极快，在赤壁之战中一般用来艨艟斗舰之间的交通联系、前敌侦察、补充给养及无码头时登陆之用。

楼船是有多层建筑的大型船舶，即古书上所说的“船上施楼也”。船大吃水则深，所以战场必然受限制，一般用来作指挥、后勤补给舰只使用，像今天的航空母舰一样，这种大家伙是要由其他舰只来保护的，自身的作战能力有限。

黄盖所率领的前锋舰队就是由二十艘艨艟斗舰组成的，船上专用于作战的士兵不下两千人，应该说是一支不小的力量，但是，像这样的舰船，曹操水军中数以千计，一旦大量出动围了上来，黄盖的主要任务还免不了是逃跑。

现在的黄盖脑海里可没有逃跑这个字眼！黄盖治军，宽严得当，“姿貌严毅，善于养众。每所征讨，士卒皆争为先”（《后汉书·黄盖传》），有这种条件，又身为全军前锋，初战当然应该力求必胜，否则对全军士气必将大为不利。

但是，首战胜负的关键却不在于黄盖，而是在于他的对手：曹军的水军都督蔡瑁、张允，再准确一点，那就是在于曹操，在于曹军肯为黄盖的挑战出动多少兵力，出动什么舰只。

曹操接到水寨禀报：有江东水军前来挑战，请示是否出击迎敌。曹操亲自上了战船，他要亲自观察一下令他头疼的江东水军，观察一下原荆州水军的战力，尤其是想亲眼目睹一下自己的发明作战威力如何。

蔡瑁水上作战多年，知道黄盖挑战的目的，所以提醒曹操：这是周瑜试探我战力而来，最好不予理睬，等黄盖无奈回军时予以顺水追杀即可，不用出动我军主力：连环战舟。

曹操呵呵大笑：“孤与周郎相同，亦欲试探彼水军战力也！我水军之战力，不惟周郎欲明，孤也欲知，今试观卿江面建功！”

蔡瑁明白了：这是丞相在实战考察荆州水军，考察他蔡瑁、张允对丞相的忠诚度，考察丞相创造的水面战术改革成果，是一场非胜不可的实战练兵。

再多请示就是在表示自己是笨蛋了，蔡瑁即刻遵令，调动战船出寨迎敌，至于出动多少？如何排阵？那就是蔡瑁自己的事了。

蔡瑁也想在新主人面前露一手，所以一开始就打定了全歼黄盖军的主意：传令西侧右寨出动未锁的艨艟斗舰二十艘，只准结阵应战，不准顺水出击！曹操不由点头：蔡瑁，将才！

果然，蔡瑁第二道军令颁下：连环战舟于下游数里水寨左门东侧水道待命出动，以十舟连环的战舟，分两列出动十排，左列负责阻截江东援军，右列溯水而上，围歼黄盖之江东前锋舰船！

接着是第三道军令：上游水寨右侧水道伏连环战舟五排，待我军堵住黄盖归路之时，紧急出击，替下艨艟，参与围歼黄盖水军！

蔡瑁这次是杀鸡用上了牛刀，其实就是以与黄盖相当的兵力诱敌恋战，用曹操发明的连环战船围歼黄盖，战功当然是丞相的，那主公还不大乐？

黄盖虽然急于立功败敌，却是个江面水战的老油条，在率领战舰越过长江中流之前，先逆水西上二里有余，然后扯帆顺流东下，贴近了曹操水寨，这时的黄盖水军其实已经占据了上风、上水，只要曹军出寨，黄盖军已得天时地利。

耳听得曹营鼓角齐鸣，水寨中驶出曹军水师，数量并不庞大，与自己估计实力相当，但阵势摆得奇怪：竟然密集结团，分明是战事还未起，先准备好了固守挨打。那些不明的水上巨物呢？

黄盖冷笑：欲掩藏水战实力？那俺此行不是白来了？

随即传令：船队两排横列，顺流直击敌船，前排战舟必须插入敌阵，搅乱敌船之战阵，后排战舟准备搭钩踏板，接敌近战，力争生俘几艘敌船！——把你打疼，不愁你的大家伙不出来！

时已旭日东升，大江薄雾尽散，西北风微微鼓帆，最利战舟行驶；江面微澜闪烁，阳光照耀之下，金光闪闪，犹如遍江金鳞抖动，白帆片片，竟如群鸥丹鹤掠水；创作出一副水墨山水，画中含诗！

此景象，哪有半分血腥厮杀的前兆？

双方的战鼓俱都响起，双方的箭弩俱都上弦，双方的战士俱都握紧了刀把，双方的主帅俱都心藏着鬼胎，曹操与周瑜，隔江遥望，都好似看见了对方：来吧！大江东去，浪淘尽，千古风流人物！

190

黄盖作战历来的作风便是身临前敌，带头冲锋。

实际上这种习惯并不是一个合格的战场指挥员，不利于综观全局，随机应变；唯一的好处便是可以激励将士，提高部队士气。而今天的水战，却是非黄盖带头不可。

黄盖不是担心战船冲不上去，而是顾虑冲上去不能及时脱身，前面的战舟需要冲入敌人战阵核心，在被围状态下，能果断冲出才是最难的，这需要前敌指挥员的绝对冷静，尤其不能贪功恋战，所以黄盖决定由自己亲自顶上去。

在生牛皮掩体的防护下，黄盖所率的战船几乎船速未减便接近了敌阵，等进入到敌人弓弩射程以内，黄盖突然发觉敌人的箭矢并不猛烈，好像有点等待黄盖战船接近拼杀的意味。

黄盖突然警觉：不对劲！荆州水军从不是这种作战风格，难道刚改挂了曹军旗号就能改变基本战法不成？在以往，荆州战船是竭力阻止江东战船接近的，怎么突然胆子大了起来？

落帆减速已经不及，黄盖紧急传令：右满舵转向，与敌游斗，不再冲入敌阵。——其实也根本冲不进去：曹军各舰之间就没有留出能容一艨艟斗舰冲入的距离。

这是要与黄盖战船纠缠相斗，黄盖率船队掠过曹军船阵，双方互射了一阵弓弩，却是都无损伤。

再率舰绕回重新冲杀？黄盖正在犹豫之时，忽然隐隐听到周瑜帅舰楼船的鸣金之声：怎么，现在便罢战撤军？肯定是来路出现了情况，周瑜的指挥楼船高大，发现了什么，黄盖当机立断，就势回师，贴南岸火速向主力舰队靠拢。

船至中流，黄盖极目东望，不由大惊：原来那曹操水军的巨无霸，已经在东部水寨出动，而且数量众多，首个大家伙已经越过长江中线，自己的舰队即便高速，也会与对方撞个正着！

也就是说，自己的舰队已经被这东西与江东主力隔离了。

回头望去，只见那原来驶出曹军的水道，竟又接二连三地驶出了那水上怪物，自己的后路也已经被断了。

黄盖决定，与这东西交一交手，看清它是如何造的，俗话说：不入虎穴，焉得虎子？

根据距离与个头估计，这东西——黄盖突然醒悟：与这家伙无法交手，自己的艨艟斗舰与这家伙相比，还不如一只小舢板，一旦接近，撞击之下，必然船毁人亡！可是，怎样脱身呢？

黄盖几乎是凭本能命令各船保持贴近南岸航向，满帆高速，随时准备转向北驶，不能真的与这家伙硬撞吧？

双方又接近了些，黄盖已经看出了这东西的构成：是由十几艘自己这样的艨艟斗舰拼接而成，这仗打不得，单船靠近，与送死无疑！

黄盖紧张地估算着双方的航速与航向，突然紧急挂起信号旗，全体左转，航向直冲北岸！

现在是双方比速度的时刻，黄盖的意图已经摊明，全速北绕，从敌方舰队后面绕过去，以求生路；那连环战船上的张允却也极为明白，怎能容你就这样轻松逃脱？

二十排连环船分头向上下游开始转向，开始围向黄盖的舰队。

黄盖的二十艘艨艟斗舰上的桨手们现在是拼上了全力，且喜顺风顺水，船速快得已经令人瞠目结舌，就在水寨中的蔡瑁发觉了黄盖军的动向，又派出的连环船驶出水寨的同时，黄盖的舰队也几乎沿着曹军水寨的寨边，蹿出了曹军的包围圈。

不是全部，最后两艘战船没能躲过向下游转向的曹军的围捕，被轻松地撞了个船身散架，士兵们落入大江，而黄盖却眼睁睁地看着不能回救，这首战看来是败定了。

幸亏江东水军自小与长江厮磨长大，个个水性极佳，落水后却知脱光衣物，顺流直下，被陆续救上船来不少，只是江水寒冷，被冻毙于江中的也不少。

曹军的作战平台转向却不那么灵活，所以并未集结前来追赶，黄盖才得以率余下的十八艘斗舰向周瑜交令，一路回思，直冒冷汗：此次能逃脱全军覆没实属侥幸！

周瑜细听黄盖讲述战况，口中安慰黄盖：能探知曹贼连环战船一事，老将军已立首功！脸上却不禁愁眉紧锁：这战事如何再打下去？

而黄盖却语露兴奋，低声断言："都督莫忧，那曹操违天意而行，败亡不远也！"

凯旋而归的张允却兴奋不起来，本该大胜，却让那狡猾的黄盖只给丢下了一条小尾巴，这连环战船作战威力虽大，驾驶操作也太不易了呀！

这一点蔡瑁也有些为难，十舟十舵，稍微转向便必须同一动作，即使派一令官统一指挥，各舟还是难以把握各自的力度大小，转弯时从内到外，各舵角度逐大，怎能恰如其分地同时动作？

事情汇报到了连环战舟的发明人曹操那儿，曹操大乐，一口酒差点喷出：“十舵不能一统，一舵如何？”

一语提醒梦中人：是啊，各舰已成一体，要那么多舵手干吗？安一巨舵足矣。

只是连环战船之舵手尚需训练，各排之间的配合更需操练，欲用其最后决战，估计还需月余。

曹操大方：就给你一月时间，到日必破周郎水军！

可是，那周郎给荆州水军们这一月时间否？

191

《三国志·吴书·周瑜传》载：瑜部将黄盖曰：“今寇众我寡，难与持久。然观操军船舰，首尾相接，可烧而走也。”

建议的确不错，这是来自第一线的建议，当然具有可行性。可是一接触到具体实施，却又不那么容易了。

如果将此战法施用于江面战场，那应该是没有问题的，可是如此一来也就等于提醒了曹操谨防火攻，最多不过大胜一场而已，一把火烧不掉曹军所有的连环战船，今后却是再也不可能有胜机了。

所以前提是必须把这把火烧到曹操的水寨中去，方能一举解决掉曹操的庞大水军。可是，接近曹操的水寨怎会容易做到？那曹军寨前水下必然暗桩密布，能容艨艟斗舰进出的水道极为隐蔽，就算是能侦出水道确切位置，曹军只要出动一艘斗舰阻挡，火攻即就此湮灭！

这一点还是由黄盖想出了唯一的可行之道：诈降！

只有如此，曹军才会容火船接近，才会给来船标明航道，才会不在进出水道里设置障碍物。

但此计实施对诈降者将来的风险极大：这是戴上“叛徒”“特务”“变节分子”的铁帽子，多少立了大功的地下工作者们因此而家破人亡、含冤待死、死不瞑目？这叫政治污点！你就是能证明自己是被周瑜委派也没有用的，到时候政治对手们会恰如其分的“难得糊涂”，总之这是一根奴才的小辫子，主人、对手、战友随时想揪就会揪几下玩玩。

幸好东汉时的黄盖没这些花花肠子，黄盖毫不犹豫地自荐了这个变节诈降的角色。至于能否成功地使曹操上当，这球就又抛到曹操手里了，就看以奸诈著称的曹操怎么玩了，但愿曹操也实在一回。

《吴书》原载，周瑜采纳了黄盖的建议，开始准备对曹操水军的火攻行动："乃取艨艟斗舰数十艘，实以薪草，膏油灌其中。裹以帷幕，上建牙旗，先书报曹公，欺以欲降。又预备走舸，各系大船后，因引次俱前。"（《吴书 · 周瑜传》）

还有一个关键处：风向！

没有大风——而且必须是东风——的帮忙还是不行的，无东风助势，你就是把人家的水寨木栏全点着了，也不过就是毁了曹军的一堵墙而已，就是风小了都不行，水寨火灾，旱寨无恙，那曹军的主力仍在，江东仍然后患无穷。

这点却非人力所能为之，找诸葛亮借场东风毕竟是演义里的戏说，实际点只有一个办法，那就是：等！

后来不是有句成语吗：万事俱备，只欠东风。

这就是直截了当地说明了周瑜等待东风的心情。假如"天不灭曹"，等不来东风呢？估计那就只能"东风不与周郎便，铜雀春深锁二乔"了。

演义说周瑜心胸狭窄，其实现在的周瑜心比海阔，火攻的决心一定，周郎就准备一口吃成个胖子！全歼曹军！水陆一锅烩，毕全功于一役！一战定江山！

不过解决曹操陆军还是免不了要指望刘备，用人不疑，古之明训！大胆通知他：希全军尽量秘密接近曹军，决战在即！

时间：东南风起之日；

具体时刻：曹军水寨大火为号；

如天不作美，风力不大，贵军必须把曹军的旱寨点着！

刘备接到周瑜密信紧急与诸葛亮商议：下一步军事部署怎样做才更合理？

孔明表态简洁明朗：现在唯有两家同心协力才有胜机，对我们来说，这是唯一的生机！

没说得，那就紧急集结兵力吧：留关羽率两千水军于汉水虚张声势；刘琦掌两千军驻防夏口……

不！诸葛亮建议：刘琦将军留军五千，于夏口待命出动。

刘备当然知道诸葛亮的用意，立即接受提议：其余所有将领、兵力全部集中于蜀山前线，尽可能秘密地接近曹营，无令不得擅动干戈。

由于近来紧急扩军，收集长坂坡失散的旧部，算来尚能集结近两万人马，刘备亲自率领接近前敌，这次也准备孤注一掷了！

而诸葛亮还有更重要的一步：与刘琦等待于夏口，准备好发表刘琦为荆州牧的表章，乌林战事一起，表章则紧急发至荆州江南四郡，刘琦军同时出动江南，刘备之安家大业，在此一举！

刘备在这一点上与周瑜相同，那就是也“万事俱备，只欠东风”，两人都盼东风，东风如意来否？

实际上就是“东风如意到君家”也没有用！战事真正的关键还在于曹操本人！

自古以来，漂亮的计划若想实施得漂亮，要依赖于对手的配合。曹操能密切地配合孙、刘两家吗？

如果配合了，那还能称其为曹操？

其实话还可以这样说：“如果不配合，那还能称其为曹操？”

长江首场水战，曹操亲眼目睹了连环战船的作战威力，内心甚是满足，至于毁敌船两艘的区区战果？曹操根本就没放在心上，现在手上已经掌握了水战攻无不克之法宝，这才是最重要的！

现在又接到江东水军先锋黄盖投诚密信：难以忍受后辈小儿驱使，愿认清形势，弃暗投明，请丞相给予立功机会，晚几天江东大批军粮运到赤壁军前，黄盖负责押运，粮船上插牙旗，当尽数运抵曹军水寨，让周郎率部去灌西北风吧！

曹操信不信呢？毫无保留地相信！

原因很简单：对于江东官吏、将军多数愿降的情况，曹操通过细作了解的极为清楚，江东孙权、周瑜处于树倒猢狲散之时，谁不想巴望个最好的结局？

以黄盖江东元老的身份，对沦为一个后生小辈的前驱，又怎会甘心受辱？俗话说得好：“夫妻本是同命鸟，大难来时各自飞！”连夫妻都会各顾各的，更何况肯定会对周瑜不满的黄盖？

尤其，正是这黄盖，亲身体验了曹军之连环战船的威力，胆丧之际，又能有什么更好的出路？诈降？区区一个水军前锋，能对曹军造成多大损害！他难道能不怕江东平定后死无葬身之地？

与谋士们商议此事？那哪儿行？岂不闻，历来两军作战，敌中有我，我中有敌，人心隔肚皮，虎心隔毛衣，一旦有一丝风声泄漏，岂不枉自己害了黄老将军的性命？

等到黄盖率敌粮船归降当日，自然会向全军公布，那时将会给周瑜一个极大的打击！给我军将士一个极大的振奋！

曹操就这么易被忽悠？主要是目前的军事形势太好了，人太顺的时候一般不愿意过多的动用多余的脑筋，懒惰是人类的通病。

还有一个最关键的原因，那就是曹操内心深处的自傲：我曹操是干吗的？只有我骗人，还有人敢骗我？哪一个欲诈降骗我的人能不先想想：曹操是易上当的人吗？

实际上，聪明一世的人最容易糊涂一时！

192

现在有三个人正在翘首东望，夏口：诸葛亮关注着天气风向可能的突变；赤壁：周瑜心内如汤煮，就等着“东风吹，战鼓擂。现在世界上究竟谁怕谁？”的那一刻；乌林：曹操几乎“东临碣石，以观沧海”，等着东方送上门来的军粮。唯有一人关注的是西南方向，那就是刘备。

刘备率张飞、赵云、刘封诸将沿长江北岸向西南方向的乌林潜行，现在离曹操水陆大营已经不远，不能再靠近了，一旦被曹操警觉，自己便等于送上门去挨打；但又不能离得太远，看不见周瑜所说的水寨火光信号，自己的部队便无法参战。

窃喜曹操最近全神贯注于水军训练，刘备军才得以暗伏于曹营东侧不远，一边准备决战时所用箭弩火具，一边等待着那救命的东风，不过对于江北的刘备军来说，这东风是把双刃剑，自古水火无情，战事一起，风火不认曹刘，旋风乱转，兴许跟着被一锅烩了！

黄盖准备送给曹操的二十艘“粮船”已准备停当，俱都满载浸泡了桐油的柴草，上遮幔布，乍一看蛮像那么回事，只是这些“重载”艨艟斗舰的吃水过浅，容易露马脚，不过容易解决，多加些压舱石不就是了？

周瑜连火起后水上厮杀的主力也早已安排好了：除丹阳都尉黄盖任全军前锋外，周瑜亲率当口令甘宁、横野中郎将吕蒙、中郎将韩当、宜春长周泰、征虏将军孙贲、竞威校尉陆逊、武猛校尉潘璋等组成水战主力；由右都督程普、赞军校尉鲁肃坐镇楼船帅舰调度全局；给事朱桓防守于柴桑方向，以备援各方。

只有东风无法准备！

连日的西北风使江汉的气温下降很快，曹操在如此天时、地利、人和的形势下，只觉得心清气爽，兴奋非常：黄盖只要能顺利来归，那隔江相持的周郎便没有资格继续相持下去了，没有军粮的部队怎么打仗？

曹操已经做好了准备：黄盖的粮船一到，立即出动连环战船，顺流直下封锁住周瑜水军下游的江面。如此一来，估计这水战就不用打了，周瑜除了举全军投降外别无他途，谅周郎还能潇洒的以江水充饥？

现在与战各方都是一种态势：万事俱备，只欠东风！

如驻舸大江中流，江南是旌旗相望，江北是鼓角相闻；小兵们已被鼓动得热血沸腾，将军们也被忽悠的摩拳擦掌；唯有诸葛亮冷眼观望于夏口，刘备心中忐忑于江北，周瑜心焦如焚于赤壁，曹操得意洋洋于乌林。对了，还有一个孙权，在柴桑度日如年，急切地盼望着前线传来的哪怕是一丝丝信息。

都说大战前夜最寂静，其实未必，那寂静只是我们后代人的感觉，当事人大概都以为自己是花样年华，生活在火红的年代、战斗在激情燃烧的岁月，英雄无悔于战火中的青春。

驻舸中流，我们肯定会吟出“滚滚长江东逝水，浪花淘尽英雄！”之名句，说不定也会发出“是非成败转头空，青山依旧在，几度夕阳红！”之感慨，可是，你是否会意识到：这是我们人类最傻的举动！实在有愧于大自然赋予我们的神圣之生命。

你是否会看出：那火光其实是我们心中的撒旦，那江水无奈地洗涤着我们无救的心灵，浪花中溅出的是腥味，泡沫里泛滚的是血红！江山如画，一时风流的并不一定都是豪杰！

历史如同江水东流，战争其实就是今天长江沿岸那些数不清的排污口，它已经污染了我们的过去，正在污染着我们的今天，难道说我们还要看着它继续污染我们的将来？

笔者侃战事，其实不过是给大家添一道伴酒的佳肴，希望大家在品尝的同时，莫要忘记这佳肴是由什么加工成的，避免伤了大家的胃口食欲。不再多说，只希望大家忆古莫思今，大快朵颐，一醉方休便是！干杯！

江汉初冬的天气，乍寒尚有转暖时，那时，就是东南风来临的时刻。

晴空万里，大地好像欲暂时转暖，大家都盼望的事情终于就要出现了：东风就要刮起来了！

第四十五章

火烧乌林：生死关头的曹操

193

建安十三年十一月十三日（公元 208 年 12 月 7 日），东南风骤起！

此时间为台湾研究机构不知根据什么考证出来的准确时间，据说是根据气象记载推断出来的，不过《三国志 · 武帝纪》中含糊地记载为十二月，赤壁之战发生在 208 年似乎已成定论，假如真的战事爆发于农历十二月，那按公历就应该成了 209 年正月的事情了，这似乎不大可能。

主要是按后汉书朔闰表记载，建安十三年是有个闰十二月的，而武帝纪中却简略了这一个月的时间，如果是十二月，那么是哪个十二月呢？这种事几乎无法查对，我们姑且按公元 208 年 12 月 7 日吧。

清晨，浓浓的江雾被渐劲的大风裹向长江北岸，水面的大雾还未散时，黄盖的“粮船”开始启运了。

周瑜所率的主力船队没有紧随黄盖“粮船”之后，而是沿长江南岸落帆操桨隐蔽行驶，一直到了乌林的对岸上游数里，才抛锚集结，等着对面那即将出现的火光，受江岸遮挡，岸边的江雾还没有消散，周瑜的船队全部隐藏在了一片白茫茫之中。

对岸曹军的水、旱寨几乎不在一个世界，水寨大雾早已散去，战船水道甚为清晰；旱寨却还处于一派茫茫之中。浓雾中，刘备的部队开始沿江岸逐渐向乌林接近。

曹操一大早就接到黄盖所派走舸送来的紧急禀报：粮船已到，正开过江北，请给明示进寨水道。

终于等到了！曹操大喜，急令挂起信号灯旗，并吩咐文武大员一起去水寨帅舟迎接深明大义的黄将军。

大家这才知道曹丞相暗中还操办着这么一件大事，像被传染一般兴奋起来，一个个涌上楼船高台，遥望东方，不是盼望那一轮喷薄而出的朝日，而是欲先目睹江东水军的风采，分享曹丞相那胜利的喜悦！

嚯！不愧是专给巨无霸连环战船预留的水道，足足够二十艘艨艟斗舰并头驶入，这里不光是连环战船的码头之一，还是曹操全军的粮草集散船坞，要不能让黄盖的粮船驶到这里来，卸货方便么。

大江中流，黄盖已经遥见曹军水寨，岸上茫茫，水中熙熙，隐隐约约，人头蹿动；忽然间东南风急劲欲狂！黄盖传令各舟举帆，将航向对准曹军水寨信号所标明的水道，用最高速疾进。

曹军水寨中，不光是楼船上文武大员兴奋地迎接黄盖，大好消息传播得极快，就连连环战船上的将士也不禁挤上甲板观看江东降军，陆上的官吏士兵不能“近水楼台先得月”，只得争上高坡，“欲穷千里目，更上一层楼”，热闹大人孩子都爱看。

浓雾将散朦胧之中，刘备挥手止住了众军前进的脚步，风势不大对劲，已经呜呜作响，离得越近，一旦稍有变向，城门失火，殃及池鱼，曹营失火，殃及哪个？

周瑜耳听越来越大的风声，心潮不由澎湃如沸，强忍激动，传令各舟备帆待鼓，大军逐渐接近长江中流，白帆扬起之时，对面曹操必将大惊失色，不过，那时对于曹操来说，一切都已晚矣！

离曹军水寨还有二里左右，黄盖吩咐所有将士进入所拽走舸，各船一起举火！

在一瞬间，二十艘艨艟斗舰烈焰陡起，趁风势刹那怒卷全舰，二十条张牙舞爪的火龙乘风破浪，直向曹军水寨扑去！

来船突然变成数十个巨大的火团，曹营水旱寨中顿时一片寂静，除了东南风呼呼作响，旌旗猎猎，岸上水中，鸦雀无声，众人目瞪口呆，一时全傻了！

帅船上的官员将军们比小兵们也好不了多少，刚才还在指指点点的人们像被突施了定身法，大家大脑里这会也是一片空白！

火船如箭，仗风扬威，二里水路，瞬间即到。

一股热浪迎面扑来，如同导火索燃烧到了尽头，“砰”的一声，整个曹营如同爆炸一般沸腾起来！人们只知空喊，双足却不知迈向何处，手足无措大概就是目前曹军将士们真实的写照，其实换了谁都一样，乍逢剧变，有哪个能气定神闲？

已到长江中流的周瑜水师，突然各舟同时扬帆，大江之中，恰似盛开了白莲朵朵，遮天盖地，无边无沿，乘风齐向北岸蔓延而来；满江战鼓咚咚，号角阵阵，呐喊连天，吼声欲断流；江水如煮，浪花亦疯狂！

刘备眼见江中火势，耳听狂风大作，心中突然警觉！紧急传令：速逼近曹军旱寨，箭弩点火，速射速退，不得杀入曹营，全军后退二里，待命突击。

楼船之上，曹操首先清醒，定神看时：帅船舰首已冒青烟，举头望去，沿江已是火光一片，风乘火势，已经登陆岸上营落，火借风威，恣意席卷水寨舟船！

连环战船着了！各舟被铁链锁成一块，避无可避，自己的粮草船着了，被诸多的连环战船挡住去路，直接又成了一只只的火船，被浪涌风卷，扑上了江岸，旱寨也已满目火光！

士兵们乱了，走投无路之际，向江中跳去！可是沿江的水面已是火海一片，被大火烤焦的船板、桅杆、已经散落于江中，大江中，一半是江水，一半是火焰！

将军们慌了，仓皇无措之际，挤上了帅船，可是帅船也好不哪儿去，船头已经着火，烈火正在蔓延，只是因为那上面有曹操，那是将军们心里的依靠，是大家心目中的神仙！——可惜不是灭火队员。

曹操看着四周肆虐的火舌，远望江心快速逼近的江东水军，近看已经成了大火帮凶的自己全军辎重粮草，心中清楚：完了，此战败局已定，现在面临的已经是如何脱身的问题了。

细听岸上，东面呐喊连天，杀声已起，曹操知道那是何人，是刘备！这不是趁火打劫，是早有预谋！自己……别，现在不是后悔的时候，是决定自己生死存亡的时刻！

还有一些幸运的艨艟没有着火，曹操紧急带大家下到几只船中，可是江中周瑜大军已经封锁了逃出火海的出路，登岸更是死路一条：岸上也是火海，不是火的岸边，人马如何能快得过御风乱蹿的火头？

环顾四周，主要的谋士与将领都在自己身旁，大家都是接令前来迎接黄盖而来，没想到驾临的是火神祝融！难道此地就是曹军全体的墓地不成？

饶是曹操逢变一贯镇静如常，遇险向来果毅决断，此时却也束手无策，不过，人们从脸上还是看不出曹操此刻想的是什么。

194

数十里曹军旱营水寨，已成狼烟烽火，周瑜率水军主力舰队扑到了这火海边沿，却是不能继续向前突进了，风火不长眼睛，江东的战船也是会照烧不误的。

只能于大火后面跟进掩杀，不能与火神爷抢功！周瑜的舰队实际上做得是封锁火场与等待清理火场的工作。曹军旱寨东侧已经传来刘备军的杀声，西侧却万不能登陆，那是下风处，登陆如同投身火葬场！

曹军主力大部分在舟船之上，只要全歼了水军，与收拾了曹操全军没有多大区别。陆上的事就交给刘备吧，至于哪家能捉到曹操，那就凭各人的运气了，就看曹操现在身在何处。

曹操在何处？与众文臣武将在一艘艨艟斗舰，艨艟斗舰躲藏在帅舟附近的一小块无火的江水中，与其说是躲藏，还不如说被困更准确些：前后左右俱是烟火肆虐，不时有燃烧的片帆飘落在甲板上，虽然将士扑救及时，未酿火祸临身，但却是扑了东舷西舷复燃，真正的顾东不顾西，顾首难顾尾。

曹操心里更清楚：火势减弱之时，就是自己毙命之时，那周瑜正在火场外等着呢！留给自己及全军的时间不多，必须当机立断了，哪怕葬身于江上，也强似束手就擒、坐以待毙！

曹操用平常指挥一场普通战斗时一样的声调唤过水军左右都督蔡瑁、张允，命令他们在自己的艨艟斗舰之上挂起帅旗，代孤集结指挥全军：所有未燃火舰船，分为东西两路突围，主力一起满帆向上游突破，一部随同曹操落帆顺水向下游突破，分散也不要紧，目标就一个：会合于江陵。

遇到江东军阻截怎么办？允许弃舟登岸，但有一条：必须自焚座舟，不能以战船资敌！

这就等于命令：焚毁所有战船！因为不遇到阻截是根本不可能的，遇阻则烧船，从此也就不会再有什么荆州水军了。

这不是曹操一时的权宜之计，是曹操在最短的时间里做出的长远大计：荆州局面已经无法收拾，那就只能退求最好的结果，不能让庞大的荆州水军落到周瑜手里，老虎添上了翅膀之后，就不只是在窝边吃人了！

曹操考虑的不单是目前数十万将士的处境，还包括西方的江陵、遥远的襄阳，甚至后方的许都、邺城！

一艘曹军的艨艟斗舰冲出了火海，满帆直向上游逃窜，周瑜冷笑一声，令旗挥动，数艘快艇斜刺截杀过去，想逃？哪有这么容易！江东军船快，几乎是迎头截住，突然那斗舰上燃起烟火，船上的人纷纷跳江，游向北岸，那逃窜的曹军战船片刻成了一个水面火团。

又是两艘船冲出燃烧着的水寨，江东水军又是给予迎头围堵，那冲出的曹军战舰又是自焚，乘客还是弃舟逃生；数十艘蒙冲冲了出来，既不分队列，又不分阵势，分明是各自挂帆逃生。

看到困兽没有犹斗，而是仓皇鼠窜，周瑜不禁摇头：这曹操的所谓雄师就如此战力？别做梦了！别说一艘蒙冲战船，就是一条小舢板也休想逃出天罗地网，曹操，你就束手就擒吧！

周瑜亲率主力战舰围了上去，只见来船一艘艘接连燃起了大火，还是先前的老套路：打不过，就自焚，看来这曹操要起了无赖！

一群走舸冲了出来，看见周瑜水军正在围捕猎杀，却没有再自燃跳江，走舸轻便，吃水极浅，能选合适的地点抢滩登陆。周瑜的大船战舰没招了。

不要紧，周都督早就给你们预备着呢：随着周瑜的令旗挥动，游弋于江心的小型走舸快艇如利箭般射向了乱窜的曹军小舰，大家都能登陆，你就是上了岸也逃不过追捕！

瘦死的骆驼比马大，毕竟是号称八十万的曹操水军，如同崩溃一般，水寨中蜂拥出一时数不清的舟船，型号不一，大小个别，不过保证没有那令江东水军胆寒的水上巨无霸——连环战船，那大家伙现在都成了柴火，正给周瑜的大火助威呢！

周瑜帅舰上的战鼓响了，江东水军的全部战船一起围堵上来，这情景几乎如同一群鱼鹰遇上了鱼群，都想混个肚圆。对于逃命的曹操水师来说，其处境连被围捕的鱼群都不如：鱼群还能潜入深水呢，失去了抵抗力的曹军能往哪儿逃？

随着周瑜舰上几声长长的号角，大批的江东水军轻型舰只开始在西方离火场上游稍远的地方抢滩登陆了。周瑜不想把岸上的战果让刘备军独占，水上经过大火，无甚缴获收入，岸上的东西不会烧光，不能我周瑜放火，你刘备发财，那是不公平的。

岸上的刘备还真没有发财的想法，现在就是连曹军的营寨都没有靠近，炽人的热浪让刘备不禁连呼侥幸！若不是东退二里，说不定自己的部队也已被烤焦。现在是时候了，大火的火头已向西北蔓延而去，曹营现在已是一片狼藉的劫后火场，动手的时候到了！

就在周瑜水军全力围堵于西南上游之时，刘备全军扑向曹军旱寨之际，曹营水寨东侧潜出了数十艘大小不一的舰船，有的还冒着缭缭青烟，显然刚救灭余火，这支无声舰队落帆顺流直下东北，一路无阻，直向刘备部队的后方插去。

195

这是一种另类的“明修栈道，暗度陈仓”。曹操带领部队的高级将领、重要谋士、亲信卫士及数千残兵潜出了江东水军的包围圈，虽然逃窜的方向是敌人的后方，但也只有如此才会有脱身的希望。

按照曹操的判断：周瑜水军全力围堵于上游水面；刘备陆军此时应该对自己岸上的部队开始了有预谋的趁火打劫；自己只要能顺流驶出十里之外，那周瑜及刘备就肯定对自己无可奈何了。

至于蔡瑁与张允率领的向上游突围之船队，损失是躲不过的，但全军覆没也是不可能的，鱼过千层网，网网都有鱼，即便是劫后余生的曹军也是庞大的，会让那周瑜截不胜截，杀不胜杀，孙刘联军追杀沿江突围的余部之时，正是自己率部逃出生天的大好时机！

谁说败军之将不可言勇？能冷静地面对败局才是真正的大智大勇！周郎娃娃！刘备大耳朵！让曹某再给你们上一课：此战真正的精彩处不是那一把由于曹某一时疏忽惹来的大火，是曹某危难之刻的声东击西！不，准确点应该是西窜东奔。

曹丞相果然算无遗策！周瑜全神贯注于那满江乱窜的白帆，刘备忙活于接受曹军遗留的大量辎重。曹操率领众人顺利地在刘备部队背后东北方向十余里靠岸登陆，更可喜的是岸上树林密布，大雾尚未消退，十余步即只能闻声不能见人，绝对有利于落落大方地逃命走人。这才是真正的天不灭曹！一切 OK！

中国东汉王朝之命运现在寄托在这数千残兵败将身上，这是部队的精华、曹操的火种，曹操要将它变成播种机！这不是逃跑北窜，是战略转移，是新的征讨开始了伟大的脚步！前进！前进！前进进！

可是具体到行军路线却是关乎部队生死存亡，路有两条：直接北上汉水，寻找护军都督赵俨、奋威将军程昱所率领的北路大军；转身西上，会合江陵的曹仁。两地距离差不多，风险各不同：

北上一路平坦，易于曹操拼着绝大风险保存下来的骑兵行军，但是遭遇刘备、诸葛亮预伏阻击部队的可能性也较大，主要是那游弋于汉水的关羽水军，一旦上岸围捕，则曹军便等于自投罗网。

西进出敌意料，只要绕过乌林战场，估计便无敌情，但据荆州本地士卒介绍：此去一路水网纵横，沼泽密布，树木杂生，小道崎岖，风险在天不在人，尤其是怕一旦遭遇刘备于乌林的部队，那便如同刚出狼穴，又入虎口。

军处敌后，不容细想，一旦孙刘两家觉察，曹操这点部队，几乎毫无抵抗能力，现在的安全在于保密，时间就是生命！曹操果断决定：全军寻路北上，直奔汉水。

太阳躲入云层，浓雾之中，曹军步兵前导，骑兵随后，开始了磕磕绊绊的艰难之旅。心急吃不得热豆腐，越欲快速脱离险地越是快不起来：马不敢嘶，人不敢喊，路不敢问，将不敢催，如何能像长坂坡一日疾追刘备三百里那般迅速？

真是此一时，彼一时，造化弄人，令人心里越琢磨越不是滋味！

残雾时有时无，道路曲折婉转，树林片疏片密，河沟走向不定。曹操全军不一时全不知东西南北，只好由曹操指使方向，大军盲目随行。那曹操就对当地地理熟悉？非也，曹操是跟着感觉走，自信随意指出的大方向定然无比正确！

可惜自然规律从来不以人的意志为转移，还是实践是检验真理的唯一标准：

曹军折腾了一下午，红太阳露了脸，竟然是军向南行！这不是与目标背道而驰吗？曹操于马上细心看时，不由大惊：全军竟然又转回了乌林附近！

曹操就是曹操，大惊却并未失色，虽然出了三分错误，毕竟还有七分成绩，犯了错误不认账是做大官的一贯作风！曹操索性将错就错，显出一副英明无比之神态：这是预料之中的弯路，本来就是诱导你们心向西方，我们这种思路就是做得极对！管他黑狗白狗，逮住兔子就是好狗！

曹操此刻才是真的认准了方向：正西便是华容道，是通往江陵的最便捷小道，顺江而行到江陵是走南绕弓背，这华容道就是弓弦！于是大手一挥：全体西进，逢山开路，遇水搭桥，直奔华容！

可是那华容小道岂是易行的？一路崎岖狭窄不说，主要是沼泽处处暗伏，战马踏上即陷，徒步行人也不能避免，部队怨苦连天，拥挤混乱，人马停滞，直如同：雪拥蓝关马不前！

曹操见状大怒！紧急组织先锋队——其实是送命队割草伐树，填草铺路，架木渡水，只是泥泞道上，铺路的步兵如何能快得过急于逃命的“轻骑”？怀中的茅草刚铺进泥潭，自己的躯体又被填入，马踏脊梁而过，人踩脑袋当桥，士卒死伤狼藉，惨不忍睹！

据《资治通鉴》载：“操引军从华容道步走，遇泥泞，道不通，天又大风，悉使羸兵负草填之，骑乃得过。羸兵为人马所蹈藉，陷泥中，死者甚众。”

不管怎样，曹军中主要将领及高级谋僚总算是都渡过了艰险，事情总是有其两面性：有其弊必有其利。难行的道路虽然给曹军添了要小兵命的麻烦，可是也定会阻挡那一旦到来的追兵。

曹操终于脱困！前面就是江陵！

大小官员心中凄凉，全军将士面色楚苦，虽然侥幸保命，但回思这意外的惨败，哪个心中能是滋味？现在个个极想号啕大哭一场，一抒胸中郁闷酸痛！

曹操首先带头，为大伙做出了表率：骑在战马之上，仰天朗朗长笑！

众将当然要问主公笑之为甚？据《三国志注·山阳公》载记：曹操爽朗回答：“刘备，吾俦也。但得计少晚；向使早放火，吾徒无类矣。”

这就是曹操！

196

周瑜、刘备水陆两军胜利会师于乌林。

曹操十余万大军半数以上不是丧命于火海，便是溺毙于寒江，其余大部溃散，一部侥幸乘舟逃出重围，顺长江而下逃往江陵。

周瑜的目光盯住了江陵：江陵乃南郡郡治，为连接荆州江南各州之水陆枢纽，拿下江陵，北攻可以威胁荆州州治襄阳，南掠可以平定荆州江南四州，将来进则西收巴蜀入己囊，退则东据夏口守江东，这是个非拿下不可的地方。

刘备异常配合周瑜的军事部署，把部队分为江北、江南两路，拱卫着长江中的周瑜水师，沿江而上，直逼江陵！当然，现在大军粮草是由江东的水军保证的，至于乌林之战中的缴获，那当然早就运回夏口了，那里还有刘琦的五千部队，关羽的汉水水师也是需要加强的。

像夏口、樊口这种对于江东来说犹如前哨阵地的江岸城市，诸葛亮心里最明白了：刘备终归是保不住的。此地处于两强之间，弱势的占据此地，等于两头受挤挨打，最好的处境也就是帮助孙权把守门户，刘备必须另觅安身发展之地。

乌林大捷的准确战报一传来，诸葛亮便依照当初与刘备商定的方案，与公子刘琦提军向江南出动了，此时出师有名：刘备军的后援部队，一切为了江陵前线！

但对荆州江南诸郡的传檄可不是这么说的，那是新任荆州刺史刘琦在向自己的江南下属发布指示：快弃暗投明！左将军刘备是我们的唯一领导！

周瑜、刘备、诸葛亮，各盯各的目标，各有各的眼光，目的不同，措施当然不一样，付出的代价天差地远，最后的各自收获更令后人不由得叹息！

孙、刘联军在周瑜的统一指挥下进展神速，一路尾追曹军残兵败将到了南郡，孙、刘联军在江陵对岸扎下了大营。估计对面的曹仁在兵威之下，风声鹤唳，必然胆丧，挟乌林大胜之余威，一鼓而下江陵应该是水到渠成的事情。

现在周瑜最担心的是刘备处于江北的部队。是担心他们的安危？非也！是担心他们近水楼台先得月，趁曹仁退兵抢占了江陵去，那样一来，岂不成了为刘备火中取栗？

对于刘备，周瑜现在看重多了，这是个永不会屈尊于人下的枭雄之辈，不束缚住他的手脚，将来必受其害！现在周瑜内心多了一个不得不佩服之人，这人长着一对比别人大的耳朵！

左将军啊，江北部队身处强敌之侧，危地也！最好集结于江南地区，与我江东大军共同进退，方为万安。

刘备感激公瑾照应，当即照遵不误，并且主动屏障周瑜后方，兵指江南四郡，要知道，那也是曹操的地盘呀。

周瑜现在顾不上刘备军在江南的动向，对面的曹仁不但没有退军的迹象，反而摆出了一副势与周瑜决战于江陵城下的架势。周瑜却不敢贸然渡江攻城：虽然周瑜知道曹操本人已经从江陵北返许都，但是背水屯兵于坚城之下，还是令周瑜大为踌躇。

对于刘备的兵锋南指，周瑜还没当多大事对待。一个江陵城就让周大都督如此头疼，那江南数十城，你刘备还不得打上个猴年马月？只要不与江东争功于江陵，夺利于南郡，暂时的联盟便可以维持下去。

部将甘宁建议：溯江而上，径直先取江陵上游西北方向的夷陵，从而威胁江陵侧后，曹仁如分兵相救，则江陵兵势必减弱，公瑾率主力必能易下江陵。

周瑜虽然采纳了甘宁的建议，但却只让甘宁率其本部数百士兵前去夺取夷陵，主要是怕还没分了曹仁的兵势，先分散了自己部队的兵力，如此便事与愿违了。

那甘宁却不怯战，慨然率部前往，驻守夷陵的乃是益州将领袭肃。他对曹操本来早就不满，甘宁数百军一到城下，便举军投降甘宁。这样一来，甘宁所部兵力已经超过千人了。

周瑜这时却不知怎么想的，担心的是什么？反而上表给孙权，要求将袭肃的三百益州兵调出夷陵，拨给横野中郎将吕蒙。

吕蒙其人目光高远，智勇双全，见周瑜之令味道不对，赶紧直接越级上报孙权："肃有胆用，且慕化远来，于义宜益，不宜夺也。"权善其言，还肃兵。《三国志·吕蒙传》

周瑜欲弱夷陵甘宁兵势，江陵曹仁却更视甘宁为身后大患，尽遣所能机动的六千步骑围攻甘宁于夷陵。此时甘宁部仅满千人，受攻累日，据城死守，曹军架设木质高楼，箭矢如雨，尽射城中守城士卒，城中部队惶恐皆惧，唯甘宁谈笑自若，方让军心未乱。

但如此艰难困守，岂能持久？无奈遣使求救于周瑜。

周瑜却召集诸将商议，开会讨论救不救甘宁？诸将谁不能心领神会领导意图之所在？纷纷发言认为兵少不足分，看来甘宁注定要被困死在夷陵了！

只有吕蒙看出了势头不对，当众对周瑜、程普说："留凌公绩于江陵，蒙与君行，解围释急，势亦不久。蒙保公绩能十日守也。"（《资治通鉴》载）

——救自己的部队反而要吕蒙作保，这周公瑾实在是开了一军统帅之先河！

周瑜再不从其言估计就难以向孙权交代了，于是留凌统暂守江南大营，与程普、吕蒙等率主力救援夷陵的甘宁，大军开始沿江西上。

夷陵城下，即将再显周郎风采，
长江北岸，且待续写赤壁辉煌！

197

欲准确地阐述东汉末年或者说是三国前时期的历史不大容易，甚至比写之后的各朝代更难。原因很简单：各家都按自己的需要或者说是理解记载同一个重大事件，说法各异，各陈己见，甚至连具体时间也是相互矛盾的，我们该采信谁的？

前文说过，仅在赤壁之战这么重大的历史事件上，《武帝纪》便与其他史料在时间上记载的相差几乎两个月，在另一件大事上，也是各有说法。

这就是江东孙权第一次围攻合肥之战。

按《武帝纪》的说法，孙权是在赤壁之战之前，为了营救刘备，才出兵合肥；《吴书》则注明是在赤壁大战胜利之后，孙权趁胜杀向合肥，欲取得更大的战果。

孙盛在《武帝纪》本条后评判："按吴志，刘备先破公军，然后权攻合肥，而此记云权先攻合肥，后有赤壁之事。二者不同，吴志为是。"

笔者认为孙盛评判得是有道理的，理由很简单：以江东六郡之微弱兵力，怎会在赤壁主战场胜负未定之时，先于江淮方向挑起战火？而且即使孙权攻下合肥，也救不得夏口的刘备，曹操荆州的大军是无法分兵向东方的江淮战场的。

事实也是曹操并没有拿孙权围攻合肥当回事，只不过从汝南抽调了千余部队，由一个名不见经传的将军张喜率领，去增援合肥。

而合肥前线的孙权却把这次亲征合肥当成了大事，这毕竟是他亲自出马对付曹军的第一战，胜负关乎自己的威信！尤其是派遣长史张昭率部攻击九江当涂的失败，更使孙权发誓非拿下合肥不可！不然怎么好意思回师江东？

但是合肥却不是发几句狠话就能攻克的了的，孙权有点急眼了，准备亲自上阵，率领轻装备骑兵向城墙突击。

长史张昭对这种全军主帅去兼职突击队长的举动很不以为然，劝阻孙权："兵者凶器，战事凶险。将军仗一股锐气，轻易上阵面对强敌，致使大小三军为你一人担心！即令可以斩将拔旗，威震沙场，不过一勇将耳！这哪里是主帅应做的事情？请将军克制自己孟贲、夏育（古代勇士）的匹夫之勇，以霸主、王道的谋略为重！"

孙权的突击队长没当成，围城部队却抓住了两名欲潜入合肥城中送信的曹军信使，孙权一见信中内容，不由大惊失色：原来是曹军援军主帅张喜的军报，告诉合肥守军：某已率步骑兵混合大军四万余人抵达雩娄，望城中守军给予配合，力争全歼江东贼寇，活捉孙权！

这还了得？孙权当然不能让敌军的阴谋得逞，紧急下令：焚烧全部围城营寨与攻城器具，全军火速撤退！

好一个三十六计走为上！

只可惜这送上门来的情报根本就是在忽悠这个实在人孙权：曹军哪来的四万大军？这是扬州别驾蒋济耍的一个小花招，是为解合肥之围与孙权开的一个小小的玩笑：蒋济分别派出了三个信差，携带"援军挺进"消息通知城中守将，估计有一个信差得以入城就不错了，而另两个信差当然免不了成为孙权的俘虏，于是才出现了这两家都皆大欢喜的截获信差事件。

一纸退去江东大军，简直令孙权一生蒙羞！

人家周郎在赤壁放火烧的是曹军，孙权在合肥也学着放了"春天里的一把火"，烧的却是自己的军营，看来"凡是当官的没有不是白痴"这句话有其道理！

也有例外的时候，那比孙权的官做得还大的曹操就很难说是个白痴，虽然于乌林被烧得那叫一个"爽"！但惨败之余却并未糊涂，回到江陵并没有赌气复仇，而是留曹仁、徐晃驻守江陵，自己坦然回了老家许都。

不是曹操怕了孙、刘联军，曹操怕的是后方出乱子！

前线大败，后方必然震惊，此时最需要的就是稳定政局，哪届领导不是强调稳定压倒一切？什么才是稳定人心最灵的药方？主要领导人在媒体多亮相呀，事实胜于雄辩，谁说领袖死了，这不还在首都躺着吗？

看来曹操深得“君子报仇十年不晚”之精髓！也极为明白事情的关键在何处：欲报赤壁之仇，关键在于水军！

建安十四年春三月，曹操率大军回了老家谯县。干什么去了？打造轻舟，重建水军。曹操的目标还是江东！

事实上，自赤壁之战之后，曹军与江东一直处于战争状态，江陵前线，两军于对峙中从来战火未息，尤其是夷陵城下，那战事打得格外热闹！

唯有兵掠荆州江南诸郡的刘备格外开心：出兵不用交战，攻城不如攻心！一路兵不血刃，如同推倒了“多米骨牌”一般，江南四郡：武陵太守金旋、长沙太守韩玄、桂阳太守赵范、零陵太守刘度依次表示归降刘备，刘备终于有家了！

主要功劳是谁的不用多费猜详，看刘备的论功行赏就明白了：幕僚诸葛亮第一次有了官职，被刘备任命为“军师中郎将”，并负责总督长沙、桂阳、零陵三郡，以调集军粮赋税，供应刘备全军。

救援夷陵甘宁的周瑜一时还顾不上刘备的突然发达，他要面对的是曹军中最为优秀的将领曹仁，稍有不慎，赤壁一战挣下的半世英名便会付之东流，对曹仁之首战：必胜！

将要开始的江陵之战应该算作赤壁之战的尾声，毕竟是一个没有中断的战事，但由于从此曹军的前敌主帅已经换人了，所以我们还是宣布：至此赤壁之战结束。

198

赤壁大战结束，让我们给它盘点盘点，做个阶段性总结。

首先统一一下战役名称：赤壁之战。

实际上这个名称是不确切的，好像应该称为荆州战役更贴近些，赤壁之战不过是以刘备为指挥员的一场遭遇战而已，后来关键的战斗发生在乌林，那场大火与赤壁也没有什么关系，至于后来的江陵、夷陵之战，应该算作这场战役的尾声部分，不过这个尾声也的确长了点，那就把它另算。由于一千八百年来赤壁之战这个名称已经深入人心，我们就还是把它称为赤壁之战吧。

对于战役的起止时间：结束时间当事各方无异议，都是截止于当年十二月。开始时间参战三方认识略有不同：魏书认为该从七月份开始征讨刘表算起；蜀书认为应从十月份刘备到了夏口，决定联合江东时算起；而吴书则支持了蜀书的意见，也认为应当从自己这败曹主力决定参战时开始。

请看各方总结：

一、曹操方：七月公征刘表，八月刘表病亡。九月公到新野，刘琮畏服归降。刘备逃窜夏口，我军胜利渡江。荆州人民新生，归降将士受奖。益州刘璋受役，江东孙权张狂。为备围攻合肥，救兵一到仓皇。赤壁战备不利，士卒逢疫死伤。烧舟乃引军还，刘备遂据荆襄。

二、孙权方：刘备军败欲渡江，正与鲁肃遇当阳。遂图共计抗曹兵，诸葛奉命到柴桑。诸公闻曹皆畏惧，中流砥柱有周郎。曹军虽众多疾病，难敌江东好儿郎。与备并力战赤壁，曹军败走逃仓皇。先锋黄盖献妙计，不怕铁锁连船舱，先锋巧施诈降计，数十火船冲过江。曹军烧溺死者众，兵退南郡魂魄丧，备与瑜等复共追，曹仁留守操远扬，公瑾程普战南郡，权攻合肥掠徐扬。

三、刘备方：先主遣孔明，自结于孙权，孙权遣周瑜，水军助数万，并力战曹公，赤壁焚其船。刘孙水陆进，追到江陵边，北军多病死，曹公引军还。又征南四郡，一路凯歌旋。零陵收刘度，长沙降韩玄。武陵纳金旋，桂阳伏赵范。

以上各方的总结被告当然是经过加工过的，但味变药未变，各方之大意就是这些，不同点这里不再重复了，归纳一下共同点：曹军败了，也病了，也被火烧了；江东出兵了，是破曹的主力军，最后被黏在了江陵；刘备主动求援于孙权，一直在配合江东军作战，战果最为丰厚。

最后大家看第四份总结报告，笔者报告给各位读者上帝：

赤壁之战意义非凡，不仅是一个不可多得之以少胜多战例，关键是改变了历史进程，没有此战，中国的历史会是另一个模样。

对曹操来说，赤壁之战封了他戎马一生的顶峰，以后虽仍然战事频繁，胜多败少，但从此战后曹操从未再自称过拥有八十万大军；而且对孙刘两家的战事基本处于被动守势作战，曹操在有生之年统一中国的梦想基本破灭。

再具体点，曹操此战失利的原因极为简单：大意！

设想一下：只要不让黄盖给忽悠了，提前阻止他的所谓粮船接近水寨，那孙、刘联军有什么办法战胜连环战船？怎么赢得水战胜利？风向突然变化了还不注意防范，大意容易失火，何况有意放火？

至于别的因素，大多都是在扯淡，早打、晚打、先打谁、后打谁，其实都与胜负无关，要么不打了，大家从今和平共处，一心建设新中国，要么就痛快地开战，打利索点老百姓也能少摊点军费，不战不和就是在烧银子。

需要指明一点：如果按曹操方的战役起止时间算账，曹操还是大有收获的，不是弄到手了半个荆州吗？

孙权获得了长期的安定，掠走了半个江夏郡，又蚕食了荆州江南各郡的一些地盘，应该是收获颇丰，但摘桃子的工夫毕竟比刘备差远了，又凭空造了个潜在的强敌出来，算有得有失，收获大于损失吧。

刘备开始是准备拼上了，结果没用自己拼命，从近乎一无所有，到一举囊括半个民丰土肥的大州，简直是没用出工钱，雇了周瑜替自己卖命，刘备的确是做生意的高手！

关键是这等于打了点折扣地实现了诸葛亮“隆中对”战略策划的第一步，前景豁然开朗！而且刘备现在还没有满足，还正在给实现第二步创造条件：占领南郡，将自己的势力向益州逼近。

赤壁之战，不像《三国演义》那般描写的属于诸葛亮，也不像苏大居士《赤壁赋》中渲染的好像属于周瑜。

赤壁之战属于刘备。

至于风流潇洒的周郎？那就要看他在即将开始的江陵之战——具体一点是解围夷陵之战中的表现了。

第四十六章

战后之战：运筹帷幄与征战帷幄

199

周瑜现在盯上的是曹仁的骑兵。

再说明白点是眼红曹仁派到夷陵的那些大个军马。

对于不产战马的江东地区来说，军马是极为重要的战争物资，但是在东汉末年大家相互撕打的年代，军马几乎可以算得上大规模杀伤性武器，我拥有是合法的，你们这些无赖国家想想也是不行的。

由于曹操已经控制了中国北方，现在江东军马匹的来源已经彻底断绝，想增加骑兵部队？那就唯有一条路：去战场缴获吧。

当周瑜的援军还在长江的舟船上时，周瑜便派出了多名侦察人员，就一个任务：摸清围城曹军军马的饲养地。骑兵不适应攻城，肯定会圈养在曹军后方的某个地方，只要出重兵把这个地方给收拾掉，那就不是只解夷陵之围的小事，而是怎样一口吞掉这些生力军的问题了。

一切来得顺利而又令人丧气：准确的情报及时地被送到了周瑜船上，曹军战马皆随攻城大军，这偷马的活路看来要吹灯拔蜡。

还是吕蒙献计：派三百士兵，专门在曹军归路布上乱柴，让曹军人虽能过，战马却行走不得，我大军挟势围攻，以驱赶为目的，曹军战马还能飞回江陵？

周瑜依计谋，立即靠岸登陆，率主力扑向了曹仁的攻城大军，而吕蒙则带了三百人专营劫马的工作。

夷陵战事异常顺利，曹仁的部队注意力全都在夷陵的城墙上，突然间背后围上来周瑜的主力，顿时乱了阵脚！主要是没有预料到周瑜竟敢置江陵前线与曹仁的对峙于不顾，全力来援甘宁；尤其是双方数量实在差距太大，周瑜又并未采取围死的战术，而是集中兵力突击到城下，转身驱赶掩杀，曹军有逃路，便失去了死战之心，形成溃败。

以下的战事极为简单，其实就是曹军竭力杀回老窝江陵，周瑜、程普等人全力掩杀，再加上夷陵城中甘宁部的及时出击配合，曹仁的攻城部队几乎被歼半数。

周郎率部直追，急于逃命的曹军到了险道，果然进入了吕蒙早已布控的干柴乱阵，战马无法踏柴而过，周瑜大军又紧追不舍，曹军士兵只得舍弃了坐骑，步行逃回到江陵城，吕蒙的劫马之计大获成功！

此战周瑜大破曹仁部队于夷陵，极为振奋了江东军的士气：谁说南人不善陆战？最令周瑜高兴的是缴获了战马三百匹，全都装船运回了江陵前线，简直如同又娶媳妇又过年，好事全都赶在节上了。

江南大营的凌统也奉命顺势渡江，双方从此开始了漫长的江陵攻防战。

人说乐极易生悲，周瑜大概就是如此：攻城战事激烈，周瑜在兴奋之余竟忘记了曹仁的厉害，亲自跨马上了攻城的战场，被曹仁在城头看得真切，集结了弓弩手瞄向周瑜，一声令下，箭如流星，周瑜落马，将士急救回营，却是矢中右胁，疮伤甚重，攻城战事只好暂停。

那曹仁如何会错过这等击溃江东军的机会？随即率兵出城求战，主要是听说周瑜已经卧床难起，不趁此时破江陵之围，难道还要等你伤势痊愈后再来攻城？

这周郎偏有一股狠劲，一咬牙忍住伤痛，先巡逻军营，后率兵列阵应战，曹仁一见周瑜无恙，顿时气绥，遂退军回城，还是持久战的作战方针吧，咱们就在这江陵城头耗上几个月，看谁能笑到最后？

这两人此时都没料到，这江陵之战最后所拖时日又岂止几个月？

曹仁就这么怕周瑜？不是这样的。曹仁乃曹操军中出众拔类的智勇兼备、

仁毅果敢之将，在敌情突变、情况不明时，曹仁是不会孤注一掷的。曹仁的目的是把周瑜的数万大军给耗走，不是一举击败江东军。

为什么呢？双方的力量相差太远了！现在的曹仁有多少守城部队呢？说来简

直难以置信：夷陵之战曹仁几乎丢光了所有的机动部队，现在除了四城据守的部队外，曹仁竟然凑不出一支能出城作战的机动力量！

而城外的周瑜军则是赤壁之战的全部兵力，三万余人！

不光这些，刘备在如同武装游行般收拾了江南四州之后，也来江陵帮忙了，人马不多，由关羽、张飞各率千人而已，但其意图极为明显，以求在南郡分得一块地盘。

这从刘备任命关、张二人的职务上便可以看出来：关羽，襄阳太守（空头官）、荡寇将军，常驻江北江夏虎视南郡；张飞，宜都太守、征虏将军，其实划给张飞的活动地盘也是在南郡。

刘备本人也来了，这时兵是不能多带的，就周瑜自己的部队也足够攻城用的，你刘备若带大军来江陵，是准备跟谁作战？再说刘备初定四郡，数十城亟须安抚，安抚靠什么？靠武装当后盾呀！现在诸葛亮与刘琦及刚被升任为牙门将军的赵云（云别传为偏将军、领桂阳太守）做的都是此项工作。

其实对于刘备并吞荆州的江南四郡，孙权现在还是没予与官方承认，而且刘备占据四郡之后，除后来叛变的桂阳太守赵范外，基本是维持了原来荆州——也可以说是曹操——原地方官员的职务，并未实行一朝天子一朝臣的当然方略。

所以，现在四郡的官，是各派各的，占上一个县不妨也放过个太守去，实际上现在孙、刘之间的暗斗已经开始了，不过要让孙权玩明的，现在倒还不至于，那荆州的合法继承人刘琦还在那儿干着荆州刺史呢，大理上也得讲得过去不是？

这刘备的确够仁义的，你在后方积极拆我的墙角，我在前方积极帮你打仗！

刘备向周瑜建议：让张飞带他的所部千人参加都督的攻城战就行了，我去顺夏水北上，抄了曹仁的后路，这江陵这么难打不就是曹仁仗着城内粮食充足吗？切断了他与襄阳之间的联系，看他还能撑多久？请都督给我两千兵就行（用你的部队，这样放心了吧？）。

《吴录》：备谓瑜云：“仁守江陵城，城中粮多，足为疾害。使张益德将千人随卿，卿分二千人追我，相为从夏水人截仁后，仁闻吾入必走。”瑜以二千人益之。

周瑜照办了，刘备当然需要地方支持部队的工作，所以便冠冕堂皇地任命了自己的部属向朗督秭归、夷道、巫山、夷陵四县军民事。——仗还没打，南郡四县先姓了刘！

玩这类的花活周瑜与刘备根本不是一个档次。

那么战场上 PK（对阵）曹仁呢？也难说是一个档次。

这从双方的一场小战事便可管中窥豹：周瑜数万人马将江陵围了个铁桶一般，又沿城挖了一道困城的深沟，每日遣数千前锋于沟外边谩骂挑战，城中的曹仁如老是关城避战，时间久了士气必然低落。一日曹仁于城头观察良久，毅然组织了一支三百人的突击队，由部将牛金率领出城迎战。

时长史陈矫俱在城上与曹仁一同守城，只见牛金区区三百人一出壕沟，即被江东军围了个乱蜂抢蜜一般，不多时只看见旌旗摇动，杀声震天，就是不见牛金军的身影，眼见他们即将全军覆没！

长史陈矫大惊失色，曹仁意气奋怒，呼一声："取马来！"便要出城救援部属，陈矫急忙劝阻曹仁："贼众兵盛，势不可当。即便丢弃数百人又能怎样？何苦将军以身赴其凶险！"

这种话曹仁懒得理睬，遂披甲上马，率其麾下精壮士卒数十骑出了江陵城。到了沟边，离乱军战场尚有百余步之遥，城上陈矫等以为曹仁肯定会停军沟边，为牛金助威张势也就不错了。

哪知曹仁径直渡沟直前，冲入江东军中，只一个冲锋便将牛金等人救出重围。回头看时，尚有余众在乱军中未能尽出，好一个曹仁！勒马转身第二次突入江东军阵，整个江东军莫挡其锋，被曹仁视若无人般救出全部牛金部属，回城点其伤亡，仅损数人，从此江东军轻易不敢再来骂战。

陈矫等人开始见曹仁没入乱军阵中，都不由惊惧、暗叹：征南将军休矣！及见曹仁全军而还，方才叹出了声音："将军真天人也！"

从此三军皆服其勇，就连大后方的曹操也不由赞叹，曹仁仅因此战便被转封安平亭侯。

江陵前线的周瑜进退两难，一筹莫展，谯县的曹操却集中所新训练的水军顺涡水开向了江淮方向，这下就看孙权怎样用兵了！

200

建安十四年七月，曹操不顾荆州江陵前线的粘胶战，指挥着自己在家乡训练的水军开向了扬州合肥，是不是为解江陵之围而开辟第二战线？不好说，反正江东军总得来应付一下吧？

孙权甚为紧张，当然要集结手边的部队于江淮前线，但等待许久却不见曹军从合肥出击南下，这曹操在干什么？

这曹操的心思谁也不好猜透，竟然是来慰问军烈属来了！

曹操在合肥发表了自己的辛未令：“曹某自起兵之始，大军则征伐未断，或遇病疫瘴气，士卒魂断他乡，以至兵丁家室怨旷，百姓流离失所；而孤以仁治世，怎肯乐于如此？实是情非得已，被迫兴师。此令：出征将士亡于战事，家无田产难以自存者，县官不得断绝米粮，长吏勤予抚恤，以称吾意。”

第二件事长江对岸的孙权更摸不透其用意，及至大悟时，数年已过，孙权方才尝到苦头：曹操率大军到扬州种地来了。

曹操发动扬州郡县长吏，招民开荒屯田，在孙权的家门口种起了庄稼，这是要与孙权长期耗下去？

实际上这只是表面现象，曹操大军屯于合肥是为了内部的隐患，庐江郡将发生的叛乱。

赤壁战败，周围的形势一下变得微妙起来，说恶化倒还没有到那种程度，但已经不容装睡着了：刘备、孙权现在勾肩搭背好似正在度蜜月——这是摆明了的死敌；益州刘璋跟风转舵，已经公开与刘备眉来眼去；西凉马超、韩遂阳奉阴违，小动作不断，公开反叛只是时间问题；就连那汉中尿壶大的一块地方也开始蠢蠢欲动，张鲁正在积极扩军备战，准备对付哪路人马？不一定是他口里喊的：兵向益州。

这还只是外部明患，内部的暗疾才最容易致命！赤壁刚败，庐江营帅雷绪便公开叛乱，曹操派夏侯渊督诸将平叛，然却虽胜无益，庐江雷绪竟带着数万精壮兵丁投奔了那可恶的刘备，致使刘备如虎添翼！

已经损失了的暂时不去想它，有损失苗头的却不能不注意：庐江人陈兰、梅成最近各自集结兵力于灊山、天柱等六县，据准确情报二人欲叛曹独立，莫非要再出雷绪第二、第三、第四……

担心的事终于成了现实：陈兰、梅成公开宣布叛曹，曹操带来的大军派上了用场，杀鸡用上了牛刀，兵分两路，分别讨伐，决不能就这样轻易地丢弃了庐江郡。

实际上现在的庐江郡也只有一半掌握在曹操手里，基本上是以庐江中部东西走向的山为界，山南被孙权控制着，灊山以北才真正在曹军手里，由于后勤供应受到灊山的阻隔，曹操大军无力越山作战，兵少却又难以在江北山南的狭小地域站住脚，所以双方也就形成了默契：分治庐江。

陈兰、梅成的叛变打破了庐江的平衡，曹操当然不能任其丢弃，派出了于禁、臧霸等征讨梅成；张辽督帅张郃、牛盖对付陈兰，战斗首先由于禁、臧霸打响了。

于禁治军严整，作战稳重，采取了稳步推进的堡垒战术，大军近乎四面威逼，那梅成的庐江军就是想学雷绪也不可能做到了。

但人家梅成却压根没想学雷绪率部投刘备或孙权，而是学的袁谭、高干等人的暂降手法，一经祭出，极为灵验，于禁大喜望外，不战而屈人之兵，尽显将军将才也！

于禁解围撤军，回合肥去向曹操报功，大军还在中途，那梅成复叛的消息却先传到了于禁的耳朵，于禁欲待回师，却是迟了，梅成伪降的目的就是争取脱身的机会，已经率部投奔了陈兰，于禁欲兵向陈兰，陈兰也不会等着挨打呀，二人合军后即退入了灊山，再说，那已经是属于张辽的活路了，不好去上门争功吧？

其实，这功却不是易立的：山中有天柱山为主峰，山势险要，高峻二十余里，刚进山还有狭道婉转而上，步兵还能勉强攀爬，接近峰顶时，却连山路也不存在了，就连陈兰、梅成也是以绳索系身如同进行攀岩运动般才登上去的，这种军功怎么确立？

张辽欲提军进山，诸将实在没有获胜的信心，纷纷劝谏张辽："兵少道险，难用深入。"张辽看法却与诸将不同："此所谓一与一，勇者得前耳。"（《资治通鉴》载）

张辽遂驱兵入山，安下营寨，看来是要采用长期围困的战法。

谁知张辽当夜便亲自率部登山，径直冒死攀缘天柱山，要以常理看，这简直是拿自己与士兵的性命当儿戏，敌军只要不是一堆死人，那死人就一定会是张辽自己！

对于陈兰、梅成来说，躲在天柱山峰顶是绝对安全的，但事情往往就是一到极点必转向，安全感过头了反而成了大害，天险竟成了自己最有效的麻醉剂。

陈兰、梅成连个起码的岗哨都懒得设，全军舒服地在山顶睡起了大头觉，现在成了这种情况：睡着了的人跟死人其实没啥区别，那死的就不会是张辽及他的登山队员了。

死的是陈兰、梅成！这种地方还能来要命的？睡梦中发觉要命的真上来了，当然也就不知所措，连抵抗意识都没来得及反应到脑袋里，脑袋就被摘走了，其众尽数被俘，张辽一时成了曹军中的“战神”！

曹操亲自为荡寇将军张辽做战役总结报告：“登天山，履峻险，以取兰、成，荡寇功也。”自然，重赏是免不了的，张辽之封邑倍增，并荣获假节待遇。

是不是曹操的首次兵出合肥专为平叛而来？最起码表面看是如此，庐江战事方定，十二月，曹操率大军原路回到了谯县。

201

建安十五年的春天，丞相掾和洽向曹操发表了一番高明言论：社会上的人材，才德各殊，谁能兼备？俭朴清廉的人自己居家过日子可能是把好手，治理国家未必过失就少了！

据载，曹操大善其说，致使一贯喜欢别出心裁的曹操发布了惊世骇俗的求才令，笔者也当回不合格的翻译工：

“自古中兴之主谁不思贤才？但贤才如果不上《百家讲坛》，咱能在大街上碰到他？人家不到政府来上班是我们没上门聘请才造成的。现在天下狗撕猫咬，正是举贤若渴的时候，什么是大贤？孟公绰能做晋国赵、魏两大家族的调研员，但不一定干得了滕、薛两个小封国的大夫！这种贤人不过是闲人。

“那咱要啥样的呢？我老曹就纳了闷了：为什么非要廉洁才算贤人？姜小白如果非廉不用，怎么能成霸业？那姓管的就不是什么廉人！现在这年月到哪里去找满腹锦绣偏爱在渭水钓鱼的老头？人家陈平丞相小时偷嫂子、受贿赂又怎么了？魏无知不是照样向高祖推荐他么？

“大家知道谁有才尽管让他进入二梯队，缺德不要紧，咱老曹唯才是举，录用不误！”

这曹操犯了哪根神经？从古至今，历朝历代，莫不把德操放在第一位，德智体全面发展，那个“德”字还排行老大呢，铁狱大牢里还缺有本事的人？哪个贪官没两下子？不然他有那个贪腐的资本吗？此令给曹操的儿孙们作了大孽！

曹操不知道又在琢磨啥呢，谁要是真相信了他不过问你的廉洁德操？那就说明你确是个无才的痴呆，绝不能用之！

曹操的话，有时得反向理解，那明令上面越说形势大好，那恰恰说明局面不可收拾了；最近老夸战事形势好，那你就等着吧，准有几起人又进军地下了！

曹操据八州之地，中原贤士辈出，人才济济，还用得着不顾品行招募国家公务员？真要如此的话，那人家孔融岂不死得太冤枉了？戏谑之言，也被灭三族，真贪腐成性，还不得提前千年弄出个灭十族出来？

背后肯定有原因！

笔者向来不听人家怎么说，而是冷静地看你怎么做，大概这就是官员们所认为的“刁民”吧，那咱也就先当一回曹丞相治下的“刁民”：

按朝廷施政之惯例，缺啥的时候绝对大力宣传啥多的成灾了，有些年头到处饿死人，皇帝却是发愁粮食多得吃不了怎么办？一天吃五顿？多喂猪吧！以后来个全民吃肉。

估计曹丞相不缺什么多智少德之才，就手下如荀彧、荀攸、程昱、贾诩、杨修等之辈，多了去了，也未尽其用而闲时居多，新秀如果缺德，保证让你一边凉快去！

看到曹丞相于当年冬天动工的大型基建工程，好像明白了几分：这是给自己今后缺德预先找个退路？那铜雀台是干吗的？淫乱安乐窝呀，是东汉末的“红楼”！在里面享受腐败再高喊廉洁奉公总有些搞笑，还不如预先说了：享乐不妨碍有才，大家没见咱早发的《求贤令》吗？

又想到秦时名将王翦故事：王翦率大军出征，一路上不断向秦王致书，求财索赏，左右密友不解，王翦解释：“做大王的将军，有功也不一定能被封侯，……所以我多求赏赐田产，名为子孙计，实为安秦王之心，这样他就不会怀疑我造反了。”

曹丞相发《求贤令》、造铜雀台也是在学习王翦？那可怜的献帝不是蛮横多疑的秦王呀，曹操这是在忽悠谁？莫非真的是革命意志消退了？

笔者判断：两者或许都有几分，年龄已逾五十半，辛苦半生，再不趁功能未丧享乐几天，等有心无力时一切却又迟了！

至于秦将王翦的心理，估计也有，不过绝不是为了忽悠皇帝刘协，应该是为了消除朝野臣民的普遍认识：曹丞相要当皇帝了？

不管后世的专家大师们怎么赞赏曹操的这一手，笔者还是认定这是曹操一生中为数不多的败笔之一！有些事可暗做不可明喊，曹操没学会后世儿孙们坚决兼备选干部的高明策略。

例如，那“德”字怎么在高考时用分数表达出来？“唯分是举”即“唯才是举”！可是俺们就是不明说，哪像你曹操这般傻帽？

曹操为招揽人才不顾脸面的时候，正是荆州南部的刘备军马人才源源不绝的时候，雷绪的主动归顺，给刘备一下撑起了部队的数量肚皮，荆州的原官吏军民当然不愿接受世仇江东，在刘备与孙权之间，几乎完全肯定地选择投靠刘备，刘备军力急速膨胀数万人，势力大增。

江陵城中的曹仁也快坚持不下去了，后方已经被关羽的水军借汉水地利给断绝一年了，犹如幽灵一般的关羽水军给曹军襄阳等方面对江陵的支援造成了极大的麻烦，虽然《三国志》乐进、文聘、李通等好几个人的传记中都说过救援江陵战败关羽的话，但事实上一年来谁也没有真正地杀到江陵城下，眼睁睁地看着曹仁孤军在江陵困守了年余！

《李通传》对此的记载很值得一读：“刘备与周瑜围曹仁于江陵，别遣关羽绝北道。通率众击之，下马拔鹿角入围，且战且前，以迎仁军，勇冠诸将。通道得病薨，时年四十二。”

看见了吗？就一个与关羽真拼命的人还病死在路上了，其余乐进、文聘这些大将们对关羽的水军是颇有顾忌的，设想一下就明白了：关羽单骑宰颜良那是大家都知道的事，谁自忖能比颜良勇猛多少？再说了，部队硬冲过去，后勤辎重怎么办？前文就说过，在江汉河汉密布地区，不掌握“制水权”，陆上的仗没法打。

消灭关羽的水军？荆州水军大都在赤壁给一焚了之，剩下的全在关羽手里，拿什么去跟水军作战？再说关羽也犯不着与谁拼命，保持住这种骚扰态势就是对江陵战事最大的支持，只要曹军的外围部队没办法解围，那江陵城粮食再多也会有消耗完结的一天，拿下江陵只是时间问题。

“相守年余，所杀伤甚众”之后，曹仁虽败犹荣地撤离了江陵，江陵城终于属于了周瑜的江东军，失去了光泽的江陵之战也就属于了周郎。

周郎得到了什么呢？大打折扣的南郡太守官帽，因为由于刘备在江陵之战中的参股，抛盘后总得按投资多少分红吧？刘备分得了南郡的江北地区，周瑜实际上只是大半个南郡再劈一半的太守。（一部分还在曹军手里）

就这样也还能忍受，可是不能忍受的事情出现了：那孙权给周瑜派来了一位顶头上司，周瑜做梦也不会想到：竟是那大耳朵刘备！

202

人家刘玄德才是真正的又娶媳妇又过年！

今非昔比，鸟枪换炮，再也不是三五个人、七八条枪时的刚拉队伍之光景，现在是四大郡的主人，几万人马的司令了！

而柴桑的孙权的前景却不被看好：与曹操已经有了难解的血仇，身边突然多了这么个枭雄，实力已近乎与自己相当，孙权越琢磨越不是个滋味。

孙权要采取行动了，而且是紧急有效的行动，出动的是家庭中的主力：自己的靓妹！

嫁给刘备这老男人，不信如花似玉的小妹拾掇不了你这大耳朵！不就光是耳朵大吗？没什么可怕的。

这种委身下嫁当然是要刘备出点财礼的，具体刘备出了多少血本？史书未载，咱也不敢胡编乱造，不过现在私下揣度，那孙权、刘备还都是管不着的，待笔者瞎猜：

大家一直对刘备借荆州之公案争执不休，各翻查史书里的那只言片语，以证实是借了，或是没借？或者是借了半个南郡等，可是怎么就没人想想：人家孙权的妙龄妹子，嫁给一个刚发迹的老男人，合理吗？那刘备总得出点什么吧？哪怕是一句承诺！

为什么孙权后来索要荆州那么理直气壮？那荆州又不是他孙家的，最起码原主人还姓刘，孙权总不能把姓刘的东西再借给姓刘的吧？但是刘备还真承认借过，就是推三阻四地不想还；联系到两人都不好意思摆明当初是怎么借的，这里面大有蹊跷！

可以肯定的是刘备许诺过孙权什么。许诺过什么？当然是荆州的所有权，要不孙权凭什么索要？这是啥时候许诺的？估计十有八九就是双方定亲时，这样才好解释为什么会出现这老牛啃了嫩草的不合理现象。

假设被笔者给猜准了，那么一切都得到了合理的解释：这种涉嫌（所有）权色交易的幕后活动，当事人谁好意思公布于天下？写史的要么是替孙、刘两家避讳遮羞一二，要么就是孙、刘两家保密工作做得好，把一切局外人都给忽悠了！才留下这千古疑案、借贷官司。

孙权与刘备惯于在幕后做交易是有史书为据的，在这次不光彩的权色交易之前，二人还做成了一笔权权交易：庐江雷绪率部曲数万口投奔刘备后，荆州刺史刘琦病死，刘备部属当然推刘备为荆州牧，孙权给予公开承认，并容刘备于要地油口筑公安城作为州治；作为回报，刘备也大方地上表推荐孙权行车骑将军，领徐州牧。

需要说明的是一点：孙权毕竟比刘备实在忠厚得多，刘备得到的是个有地盘的实职；而刘备送给孙权的纯粹是哄着小孩不哭的虚玩意——连人家曹操统治的徐州牧都送给孙权了，你去上任吧！

史载：权稍畏之，进妹固好。先主至京见权，绸缪恩纪。

这是蜀书《先主传》的一面说辞，孙权能到了怕刘备怕得进献妹妹固结两好的程度？还是应该是有便宜可占才不惜亲妹，这便宜应该就是将来的荆州，车骑将军的妹妹也应该值这个价钱。

双方成了当紧亲戚，那就不免要走动一下了，刘备冒险屈身去见孙权，却不是为了走亲戚，而是去履行借地手续，并且要求孙权对自己的荆州牧不光是口头承认，应该着实地让自己以荆州牧的身份都督整个荆州——当然不能包括曹军控制的部分。

周瑜闻知此事，紧急上疏孙权："刘备枭雄，并有关羽、张飞这样的熊虎之将，必然不肯久屈为人下。职部建议把刘备留在东吴，多为他建筑宫室，多给他配备美女、玩物之类，投其所好，娱乐其耳目，将他与关、张二人各置一方！那时假如周瑜与其部下攻战，则大事必定。现在反而猥割土地增强他，这三个人如果都在疆埸，恐怕犹如蛟龙得云雨，终非池中物。"

周郎现在已经清楚了刘备的厉害之处，再也没了初见刘备于长江帅船舟中的傲气，怎么预想也不会预想到，这个不起眼的大耳朵会成为自己的顶头上司？哪怕只是名义上的！

但现在的孙权已经不能听周瑜的了，曹操还在北方磨刀霍霍向江南，赤壁之羞无时不欲雪洗，还是应该以大局为重。据史载：孙权以曹操在北方虎视眈眈，正应当广揽英雄，又恐怕刘备留在江东难以卒制，所以没听周瑜的。

高层的幕后交易下属千万别掺合，白费心力。

孙权也不是真拿刘备当妹夫了，这里组成的一家人是政治利益给拉的皮条，孙权还真像那么回事似的向刘备“泄密”：咱哥俩儿一块去把益州刘璋给收拾了吧，你不去我去，拿下来咱送给妹夫你，权当俺妹子的嫁妆么！

对于这类的试探，刘备可称达到了宗师级别，孙权这是在俺左手心里耍大刀了，左手心？关羽呀，是关、张左右手也！

当即郑重表态：刘璋再怎么不好也是刘备的同宗本家，你如真非打他不可，那我刘备只好削发为僧青灯黄卷种菊花去者！

对于周瑜？刘备临行也没忘了替他说句好话，据《江表传》载：刘备告别孙权的时候，孙权乘飞云大船与张昭、秦松、鲁肃等十余人共同追送刘备，大宴饯行叙别。张昭、秦松、鲁肃等躲了出去，孙权独留刘备说了会儿私房话，刘备感叹周瑜：“公瑾文武筹略，万中选一的人间英雄，但看其器量广大，恐怕不能久为人臣啊。”

周瑜、刘备相互“吹捧”，二人的目的其实都是一回事：孙权你要小心了！

那么周瑜是真的“不久为人臣”吗？对了，还有一个人有这种怀疑，那就是曹操：这周瑜就会这么忠于孙权？

那就试试他？曹操密遣九江蒋干往说周瑜。这蒋干以才辨独步于江、淮之间，乃周瑜昔年好友，周瑜出迎好友之后，先堵住了蒋干的说客之口：“子翼用心良苦啊，远涉江湖，为曹操来做说客了？”

接着陪同蒋干遍观军营，行视仓库、军资、器仗不算，还于饮宴之时让侍者展出服饰珍玩之物。最后对蒋干摊明：“大丈夫处世，能遇到知己之主，外托君臣之义，内结骨肉之恩，言听计从，祸福与共，假使苏秦、张仪一块来了，能动摇他的意志吗？”

蒋干只好苦笑，终无所言。回去后告诉曹操：“周瑜雅量高致，不是言辞所能离间的！”

这句话过了！周瑜对孙权无二是真，雅量高致却未必，马上又一个馊主意献到了孙权面前：要亲自带兵攻打益州、收服汉中。

这时的周郎简直就像梦中人！

203

赤壁之战留下的后遗症格外麻烦！

益州已经表示公开为敌；刘备得江南据南郡；孙权不断捣乱于江淮；雷绪、陈兰、梅成等先后公开叛乱——虽然都被成功镇压，但现在太原商曜又叛乱于大陵，国家几乎如同遭遇森林火灾，扑灭了东边，西边又燃，眼看就要烽烟四起！

这还都是皮疥之疾，没发现的隐患才是真正的大患！凉州、雍州的马超、韩遂反迹渐露！

饭总要一口一口地吃，隐患能隐一天不妨就让它多隐一天，目前要文武两手抓，先说武的：太原平叛。

挂帅平叛的是夏侯渊。夏侯渊在以前的战事中大都负责些督促军粮供应之类的后勤事务，只是在赤壁战后讨伐庐江叛者雷绪时才首次独任一路统帅，虽然战果令人惋惜，但毕竟是胜利了。

这次都督徐晃等诸将围攻太原，夏侯渊决心露上两手，结果两手露得都挺漂亮：亲自上阵，依仗自己正当壮年，不畏战场血腥，驱兵直下二十余屯，阵斩叛军主帅商曜；第二手最让曹操欣赏：尽屠其城！看来夏侯渊大有魏武雄风！

从此曹操便有了这种印象：这夏侯渊也是个大将之才，看来以前有些委屈他，今后要如同使用曹仁、夏侯惇般使用他了。

等到后来经实践证明这夏侯渊略有不足时，已经送掉了这夏侯将军的性命，那时曹操方悟：夏侯渊在战场上指挥不如大耳刘备；捣鬼不如小人法正；勇猛不如老头黄忠。

看来要真正了解一个人太难了，非要在他盖棺之后方才能给予定论有时候盖了棺都未必能定论，例如太祖曹操。

时年五十六岁的曹操偏有一样好处：极懂得劳逸结合，苦中不忘求乐，忙里专会偷闲。就在这国家多事之秋，政务繁忙之时，战事频繁之年，曹操的铜雀台动工了。

这是个地道的个人安乐窝，曹操开始向汉灵帝看齐了？不能光看表面现象，曹操公开表示自己从今以后只对美女感兴趣！其实大有深意。

曹操于建安十五年末发布了著名的十二月己亥令。

这曹操要给自己做未盖棺的定论了？

曹操在文中几乎不厌其详地回顾了自己的前半生，简直有点向天下人诉冤抱屈的意味，这不大像阿瞒的性格呀！

抱屈之后，不免摆功，在历数败在自己手下的诸位豪强之后，曹操给自己总结："设使国家无有孤，不知当几人称帝，几人称王。"——曹操快点到己亥令的主题了：我不想当皇帝！

"身为宰相，人臣之贵已极，意望已过矣。"

让天下人给评评理：那么多想当皇帝的，我曹操都把他们给灭了，现在老曹又公开声明：当上宰相就心满意足了，决不篡位当皇帝！封邑实惠吧？咱又主动辞去了两万户，大权不愿旁落那是既为国家不乱又为个人保命——咱老曹还不算是千古忠臣？

年轻时那个叫许劭许子将的人说过的评语曹操一直念念不忘："子治世之能臣，乱世之奸雄。"现在咱把乱世给拼杀成治世了，最起码该是位能臣了吧？

可惜这个世界有一个铁的定律：凡是自己成天把忠字挂在嘴上的人，老百姓大多是给予反面定论的！

看来曹操想自己摘掉这顶"奸雄"帽子难于上青天！

为什么曹操突然在乎起身后名声来了？

不是为的身后，是现实形势起了变化，曹操开始认识到了政治第一的绝对真理，要在自己活着的时候先立一座"贞节牌坊"，当婊子也是下一辈的事，老曹还是保持冰清玉洁童男子的。

建了那么大一个工程，费了那么多口舌，曹操就是为了向天下表态：我曹操对做皇帝没兴趣！那顶篡位的帽子扣不到老曹头上来！

再现实点，就是为了安定内部，因为外部马上就要出大事了！

外部有两件大事，一件马上就要爆发，一件已经传到了邺城；对于曹操来说，即将爆发的事当然是件绝大的坏事：西凉马超暴动在即；但已经发生的这件事却无疑是件绝大的好事：江东周瑜突然病故！

周瑜实在难以忍受屈身于刘备之下，名义上也不行！周郎丢不起那个脸。所以亲自面见孙权，要求带兵西进，兵出益州，收川后趁势囊括汉中，然后结交西凉马超，由西而东下长安；江东这边席卷江淮，威逼许都、邺城，东西对进，一举收天下！

对这种近似说梦话的行动方略，孙权竟然表示同意支持！不得不令人怀疑：孙权莫不是想等着看公瑾的笑话？须知道，此建议根本不具有任何可行性，兵伐益州基本等于是自杀行为！

细节不说，就两条：

其一，曹操手握八州之地，就等着你将来东西对进？

其二，能否大军入川，现在是刘备说了算，水陆要道现在都控制在刘备手里呀，刘备筑城油江口是干吗来了？

长途远征，辎重怎么保证？你周瑜大军西进远了，刘备把后路一堵，周瑜全军喝西南风去？实际上，不收拾掉刘备，江东军哪儿也去不成。

当初，在孙权同意刘备总领荆州、并借南郡地一块给刘备驻军养病时，曹操闻此信息，大惊失色，手中毛笔落地而不知，可见刘备哪里是什么善茬？

可绝世聪明的周郎却不理睬这些，回到江陵马上整军出发，大军已到巴丘，周瑜突发疾病身亡，说实话，笔者认为这是周郎牺牲了自己一人救了全军，不然江东军得多少将士陪他送命！

世界上的事情就是这么富于戏剧性：有人躺在灵床上离去，有人在度蜜月造人；有时不幸人的离去，恰成了另一些人走运的机缘；病人多了，药商、郎中必然财源滚滚；这就是组成了我们这个世界的基本因素：矛盾的两方面！

周瑜突然辞世，给孙权带来的是无比悲哀；给曹操带来的是一方暂安；给刘备带来的却是另一个机遇：独霸南郡！西方益州的大门对刘备敞开了！

204

老少配不是今天富人们的专利，远可以追溯到西周丞相姜子牙与他的势利老婆马氏，近有老博士暮年摘黄花，东汉就有刘备年近天命做新郎，刘备可谓走了桃花运！

刘备把他的新夫人安置在了他新筑的江防城公安，那令人遐想无限的蜜月当然也是在这油江口度过的。

新娘的名字史书未载，京戏、评词、演义里便给她起了个极俗的名字：孙尚香。有野史载名叫孙仁，然而据正史记载，孙仁是孙坚庶子孙朗的别名，一家人不可能起重字号，所以刘备新夫人的名字就成了永远不可解开的谜团。

其实，百年前的中国女子一般就都是没有名字的，姓后面加个氏，就是女人的名字，出嫁后前面还要加上丈夫的姓氏，什么孙王氏、刘孙氏的名字就出现了，那刘备的新娘准确地说，就应该叫刘孙氏。

新娘的年龄史也未载，但从哥哥孙权不到三十来看，应该是在二十出头；相貌如何？史书更未提，但其兄长孙策容颜姿美是史有确载的，小妹国色天香应该是毫无疑问；性格？史书说了：才捷刚猛，有诸兄之风！

史书虽是褒义词，但笔者却推断：坏了！对做妻子这个终身职业来说，这可不是什么优秀天分，老刘有苦头吃了！

造物主分配给男、女人的性格是早有预谋的：女人就是要发挥柔如水的天然优势，方能无坚不摧！柔能克刚么。女人如“才捷刚猛”，那只有男爷们柔肠如丝了，这样也能凑合成美满家庭，现在流行的“妻管严”就是这类阴阳颠倒的另类幸福生活。

要是碰到个更加刚猛的愣小子怎么办？那就热闹了，就是“家火万事休”了，太极拳经云：两刚必双重，拳义尚未通！

事实也是如此，新娘子“身边侍婢百余人，皆亲自执刀侍立，刘备每入，心内常觉凛然惊惧”。

绣榻内颠鸾倒凤，红帐外刀枪林立！你说新郎啥滋味？这时候卧榻上的作战厮杀怎会需要这种装备？中华儿女再奇志，也不会在此时不爱红妆爱武装的，“铁姑娘”不适宜搂来度蜜月。

但新娘子的感觉相当良好，这极容易理解：豪门闺秀，父母双亡，兄长忙于军国大事，感情上怎会与幼妹细腻沟通？此嫁虽然是被当作一枚政治筹码，但已经认定嫁鸡随鸡、嫁狗随狗的新娘子不会这么认为。床第之上，情性之间，咋得父亲般男人的呵护亲昵，软硬兼施之中，品味到的当然只有幸福与甜蜜。

估计新娘子会得意地向身边女兵们宣布：嫁人就嫁刘玄德！被爱的味道好极了！激情似火！如日中天！

刘备迷恋一时也是肯定的，年龄在那儿摆着呢，老牛啃嫩草之时的感觉绝对不亚于撕狗肉灌烧酒！但醉酒如仙醒酒鬼，刘备的这种幸福生活当然也是阶段性断续地到来离去，清醒之时的感觉必然乏苦不堪，时间一久，刘备的柔肠必然寸断，性格上两刚相遇，处境上硬软易位是免不了的。

刘备要逃避这种幸福生活了。

男人们要想找理由逃避老婆简直太容易了，连撒谎都不需要，一句工作忙便能应付一万遍的追问，关键你必须真正地忙于工作，说谎的不要，只要事业干出点名堂，到时吵架也会理直气壮。

刘备有多少军国大事？就是他一心迷恋于这种甜蜜形势也不允许，这不，周瑜暴亡，大势突变，刘备的机遇又来临了，这次换了个熟悉的新对手。

接替周瑜职务的是鲁肃，此人谋略超群，眼光绝非那周郎可比，督兵江陵，对刘备来说利弊各半：鲁肃顾大局，容易据理沟通；鲁肃长谋略，接触之间真占便宜极难！

有时你认为他让步了，得意不多久，你突然发现：自己被他利用了，那时让你占的小便宜不过是他抛出的诱饵，是他在付工资让你给他打工呢。

关于答复刘备实际都督荆州的事就是鲁肃一力促成的。

孙权对鲁肃的信任非同一般，早在赤壁之战刚刚结束，鲁肃先回柴桑，孙权竟集结在京的所有文臣武将迎接鲁肃，鲁肃入阁参拜孙权，孙权起立回礼！孙权当场说与鲁肃——其实是说给一干投降派听——“子敬，孤持鞍下马相迎，足以显卿未？”（《吴书·鲁肃传》）

鲁肃竟答：“未也！”

众人闻之，无不愕然。

就座之后，鲁肃方徐徐举鞭而言：“愿至尊威德加乎四海。总括九州，克成帝业，更以安车软轮征肃，始当显耳。”权抚掌欢笑。（《吴书·鲁肃传》——预祝孙权当皇帝！这孙权能不笑吗？

现在最让鲁肃头疼的就是江陵！

此地虽关紧要，但其重要性主要体现在西进益州、北攻襄阳方面，但这两项战略行动却都是务实的鲁肃不愿采取的，江东暂时没有那个力量！就是现在守住江陵，对江东也是个极大的负担。

曹操已有苗头，找江东的麻烦在江淮合肥方向，江东不得不全力与之角逐于东线江淮，西面的江陵却面临襄阳曹仁巨大的压力，就是确保均势，也属不易，庞大的后勤供应需要从江东溯江逆运。

军粮就近由荆州江南四郡供应，当然是最合理的，可是那地盘在刘备手里呀，现在是这种状况：江东军在江陵前线替刘备苦战曹军，刘备在后方积极发展巩固自己的势力，这怎么能行呢?

经鲁肃与孙权细谈战势，孙权同意了由刘备军接防南郡，但是也没忘记注明：暂时！要还的。这大概就是借荆州的来由吧。

刘备现在兵多粮足地递增，关羽率军向襄阳步步蚕食，刘备集结主力虎视西方益州，出兵益州实践孔明《隆中对》第二步的时机成熟了!

就像一伙强盗，正谋划好到一家富户抢劫，谁知道，那家的主人竟上门相请来了!

这是曹操的功劳，事情是由于曹操对西凉开战引起的。

第四十七章

战马超：曹操客串先行官

205

对于西凉铁骑的恐怖，曹操一直记忆犹新，昔日荥阳汴水之役给他的印象太深刻了，那雪亮的马刀在曹操的眼前一直晃动了几十年！

董卓得势时，西凉的原装将领马腾、韩遂等人与董卓尿不到一把壶里，便持兵观望于凉州；李傕、郭汜主持中央工作时二人曾想合兵宰了这两个混蛋，结果竟被赶出了长安地区，两人便退守下陇，割据关西，在凉州做起了土皇帝。

其实韩遂与马腾也不是可以栓在一个槽上的叫驴，对于相互挤占点对方的地盘都相当感兴趣，而且还都有寸土不让的血性，所以之间也就不可避免地要比比谁的刀子更锋利了，双方大战不见，小战不断，都把宰掉几个对方士兵当成了例行军事演习，当地的老百姓却是倒了大运，是“保皇派”还是“造反派”你总得表个态，一旦答错就会挨耳光，这里没有“逍遥派”，不表态两边都揍你！

曹操在河北与袁氏打冤家之时，最担心的就是这两个西部军方代表乘间为乱，这也是大军区司令级别的军头，没奈何，来个对调吧，可惜这西路军不大听领袖的招呼，曹操只得采取历代执政者用滥的老办法：上调中央，升官许愿。

建安七年，曹操代表朝廷拜马腾为征南将军，韩遂为征西将军，并允许二人各自独立开府办公，又征调另一名凉州将领段煨为大鸿胪，这样凉、雍二州也算稳定了几年。这手挺绝：征南将军该征的地方为荆州、江东；征西将军你要先打下汉中、益州来呀，你们应该先干好你们的本职工作，兼职捣乱的活路就少做点吧。

段煨被九卿之一的高位给打动了，就任后病卒于任上。曹操又复征马腾为卫尉，封槐里侯。马腾正与韩遂撕打得腻了，大概觉得还是在中央干有发展前途，于是便应召到任，那马腾就这么大胆？敢只身入虎穴到京城许都做官打工？不要紧，有武装力量做后盾，谅曹总裁也不敢把俺怎么样的。

马腾留的后手就是让儿子马超率领其部属军马，继续割据西凉，这叫和谈是为了战争，战争是为了和平，是战是和就看你曹操的态度了。

马腾的儿子马超却是值得一说：马超字孟起，右扶风茂陵人，自幼随父亲厮混于军营马背，生得唇红齿白，猿臂羚腰，帅呆不算，却又武功酷毙，天生力大无比，更兼身手敏捷，拉得硬弓，骑得烈马，活脱脱一个吕布翻版！

马超曾随钟繇征讨郭援、高干于平阳，其部将庞德于阵前怒斩郭援首级，马超凭军功被封为偏将军，封都亭侯；马超的“粉丝”遍羌胡，在军中又极得将士爱戴，以至就如韩遂这样与马腾不和的对手，偏与马超关系不错，如杨秋、李堪、成宜等西凉将领自然对马超极为信服，一时马超隐隐然成了西凉军人的领袖。

曹操赤壁战败，马超不甘于偏远的凉州，联合韩遂，势力渐侵关中地区，其部队主力已遍布长安至潼关沿途，西凉军马，个大腿长，士兵偏又惯习长矛大枪，关中曹军见之无不退避三舍，没人敢轻易掠马超长矛铁骑的虎须。

这却怪不得军前的将士，是曹操经常嘱咐他们：“关西兵精悍，坚壁勿与战。”这直接造成了曹军中流行起了“恐马症”，都传说马超军的长矛阵无坚不摧！重甲难防，厚城墙也能戳成烂泥！那西凉马匹匹堪比赤兔，临阵想逃都没门，还是及早远避，莫要招惹为上。

可是马超的西凉军并不因为曹军的退避就心满意足了，而是你退一步，我进一步，步步进逼，一直压到了潼关，这里离曹操的老巢许都已经不远了，曹操必须有所动作了。

曹操大军被迫向西，却也不好公开拿马超、韩遂等西凉军作为大敌，毕竟能不翻脸还是不翻脸的好，建安十六年三月，曹操令钟繇率军先出河西，声称讨伐汉中张鲁，继而遣夏侯渊、徐晃等出河东西向，声言与钟繇军会合于陇上，实际是欲以兵威震慑马超，盼其知难而退，维持暂时的和平。

毕竟还有一个马超的老爸马腾在许都，这简直就是绝佳的人质，你马超不能拿亲爹的老命当儿戏吧？如西凉军不主动退避怎么办？那就只有开打了，正好施假虞灭虢之计，打你个冷不防，报咱二十年前的汴水血仇！

马超却是乖巧得很，哪会轻易地被曹操给忽悠住？你南下汉中的口号喊得再响也没有用处，这十几万大军组成的牛刀绝不会是去杀张鲁这只温鸡，这是对着我们的西凉马来的，防患于未然，你不好意思撕破脸？咱先替你戳透窗户纸吧，要打咱就堂堂正正地开战！

那老爹马腾的性命怎么办？这谁都明白：老头子的生命决定于前方战场的态势，你们打得越狠，老头子越安全，这时候马超却没想：一旦败了怎么办？那曹操可不是什么善男信女，会毫不犹豫地撕票的！

马超与韩遂、杨秋、李堪、成宜等宣布反曹救驾了，西凉军驻马潼关，虎视中原，并州、河洛一时人心惶惶；汉中张鲁闻知曹操大军来犯，也集结兵力东越秦岭，为马超助势扬威，谁让你曹操先喊着来打俺张天师呢？

一切并没有超出曹丞相的预计，该反的总是要反的！正值南方前线周瑜病故于巴丘，襄阳正面已无强敌，曹操便调回了勇将曹仁，命其帅军西进，迎向了潼关，就要与西凉军再见高下了！

206

曹仁帅本部军马开向潼关。

临行向曹操请示作战方略，曹操仅回答两个字：避战。

曹仁有点迷惑，但又不好再问，只是心里忐忑：避战就能把西凉军避败么？

曹仁却也早就领教过西凉铁骑的厉害，既然曹操嘱咐避战，那当然也提不起主动招惹马超的热情，不过曹仁随曹操征战多年，内心早已肯定曹操后面一定有动作，自己的任务就是为了掩护那个不知道的动作。

全面解决西部军事问题，这就是曹操的根本目的。

为达到这个目的，那就不能只盯着潼关，就算在潼关前线能把马超击败、击走，甚至击溃，对整个凉、雍二州的安定能有多少助益？西部若想长治久安，前提唯有一个：消灭马超，全歼西凉兵！

这时的曹操有点一相情愿，先不说消灭马超谈何容易，那西凉兵又哪里是能全歼的？当时的西凉军头遍地，千把兵即一个独立旗号，占一块地盘，相当于一个独立小王国，能分而破之，就算不错了。

但曹操历来相信事在人为，西凉人一贯精于战场拼杀，而弱于战略取势，只要把握住战局大势，破彼军不难，全歼也并非妄想。

在曹仁军抵潼关的同时，曹操的第二项战略行动开始秘密进行了：徐晃、朱灵等部昼宿夜行，从北路潜向了潼关西凉军的侧背，行动目的：渡蒲阪津，据河西为营，随时切断西凉军与老巢凉州的联系。

马超此时却是顾明不顾暗，击强不睬弱，集结所有主力，瞄向了隔关相持的曹仁，潼关前线战势明朗：只要马超出动，则曹仁部队全军必危，几乎没有一点抵抗的资格。

此种情形身处前线的曹仁当然体会深刻，而于后方统揽全局的曹操也更是明了：曹仁部急需增援！

建安十六年七月，曹操亲率大军，开往潼关，此行必要一举定关中、收河西，平定中国西方！

大军远征，不会同时抵达，总要有支先头部队吧？曹军的先头部队到了，领军何人？曹操本人是也！

这是曹操作战的老习惯，主帅亲临前敌，将士们作战怎会不尽全力？潼关在望，曹军的第一件事便是抢渡黄河的支流济河，能立营于河北，才有决战的机会，至于胜败？还没到曹操盘算那个的时候。

曹操行兵，历来看重兵贵神速，自己率先头部队抵达南岸之后，片刻没有停留，即开始了抢渡，若等到后续主力抵达，那马超当然也会于对岸阻渡，如此一来，就连在北岸占据一块滩头阵地也将不易，总不能是带着十几万大军到了潼关，是来与马超隔河相持的吧？

首批渡船过去了，回舟已到南岸，说对岸并无西凉军的防守阵地，前锋安全抢滩登陆。曹操判断：这是马超还没有反应过来，此时过河筑营，正是时机！谁说西凉军的马快？两军主帅的脑子哪个反应快，才是真正的快。

看来这马超毕竟久居西凉荒地，对战场指挥绝非久经战阵的曹某对手，来啊，随俺闲庭信步渡河去也！一切顺利，曹操所率先头部队已经陆续登陆对岸，现在该曹操与众“虎士”上船了。

正要登舟之际，对岸突然喊杀声骤起，无数的西凉铁骑就像从地上冒出来的，烟尘腾起，无边无际，长矛雪亮，闪烁入目，已渡过河的部队眼见得成了待宰的羔羊，曹操心里阵阵抽动起来！

还是急放空船过去？能接回多少是多少！还是亲率“虎士”增援？不过马上的增援是否会成为对马超添酒加菜？让西凉军吃得更加痛快淋漓？放空船过河，能在激战中撤下多少残兵？难道就眼睁睁看着这数千战士被杀戮绝尽？曹操一时不能定夺，可犹豫也不是办法，那对岸的西凉兵是不会勒马收刀等待曹丞相思考周全的。

其实就是曹操想犹豫也没有时间了，对岸的部队已经不算什么值得关注的大事，那早就忌惮的马超露面了，却不是出现在河对岸的战场，而是可怕地出现在了曹操的背后！

看来马超脑细胞活动得一点也不比曹操慢多少，提前就渡过济河等着曹操呢！

只见马超一杆雪亮的铁枪前导，背后是一片耀眼的长矛大军，那西凉军马状如狂狮，风驰电掣，片刻已到眼前，随着雨点般的骑弩飞来，猝不及防的“虎士”也一下混乱了，曹操在这一瞬间仿佛又回到了当年汴水前线，曹洪何在？

这一刻却无救命的曹洪在身边，但身边的几位不管从哪方面来说都强于曹洪：张郃、许褚等将领急劝曹操下船，暂避马超锋芒。而曹操却怎肯临阵退却？

曹操强使自己镇定如常，索性端坐于一军械箱上，欲待指挥“虎士”们紧急结阵固守，以待自己的主力能及时赶来创造奇迹，首战对双方士气关系极大，曹操不想就这么轻易放弃。

军令还不及发出，那马超的长矛铁骑却如同一道激流直冲曹操而来，曹军的外围亲卫竟像一堵沙墙，遇此激流冲刷，纷纷溃散，只一眨眼的工夫，马超已经率军扑到了曹操近前，曹操身边的“虎士”已经慌乱地开始了殊死抵抗，怎奈无人是那马超的对手，交手之间，纷纷中枪落马，虽然前仆后继，却只能略缓马超的前扑速度而已。眼见得曹操本人即将成为马超的猎物！

许褚一看势态不对，一把扯过曹操，强拉到背上，跳到河边的一艘船中，张郃率剩余“虎士”竭力阻挡马超的突击，死战不退，曹丞相，你快开船啊！

谁知那曹操的坐舟竟如同被施了魔法一般，任凭桨手使出了吃奶的气力，固执地黏在近岸纹丝不动，莫非有水鬼拖住不成？

许褚虽然心中火燎一般，却也未失去理智，登时醒悟：是舟小人多，轻舟搁浅！可是眼见更多的士兵挤上小舟，重压之下，舟身渐偏，别说借舟逃命了，这情形只要再须片刻，所有乘客都不免被反扣于河中！

许褚情急之下，哪里还顾得上战友兄弟？怒拔长剑，砍向了刚才还在并肩血战的战友，尤其是那些还未能挤上小舟的攀船者，几剑扫过，船舷如同涂了一遍血红的油漆，黏着些指头、断手，惨呼声中，小舟浮起，总算离开河岸了！

岸上张郃身边已经没有了任何步卒骑兵，早已被马超的万余步骑长矛给捅了个七零八落，死伤殆尽，张郃舍命冲向乱军，幸喜小舟中的曹操已被马超发现，一声长呼："曹贼！哪里走？"引得八方响应，众军的注意力全都集中到了河面之上，张郃幸免于难，冲出了重围。

但河中曹操的情形却顿时危急，随着岸上马超的枪尖挥动，瓢泼大雨淋向了曹操的小舟，那雨点便是由箭矢骑弩所组成的！——河面不宽，尽在西凉军弓弩射程之内，箭雨中小舟上已无其他乘客，就连操舟的桨手也成了刺猬一般，相继殒命落水，唯有许褚，因及时抢过了一具马鞍，护住了自己与伏在舟中的曹操，那小舟却是失去了控制与动力，在河中打起旋来。

好一个"虎痴"许褚，一只手举马鞍遮挡住箭矢，一只手操桨拨水，一只小腿弯却夹住了舵杆，那小舟终于又顺流前行了。只是岸上的马超却不依不饶，率军沿岸追射，这许褚的单人驾驶双人舟，又怎能快得过西凉快马？

现在许褚最盼望的就是下游前方能出现一道河汊什么的，这是救命的唯一希望。

207

天不灭曹这句俗语又应验了。

许褚手中的马鞍的防箭效果竟然优于任何坚固盾牌，二人毫发未伤地顺流直下，一道南流的河汊挡住了马超部队的穷追猛射，只能用无效的乱箭送曹操、许褚的轻舟东去，马超功亏一篑，没能初战宰曹操。

曹军主力陆续赶了上来，马超大军已按部就班地退回到了济河北岸，曹军将士寻战不得，寻主帅曹操却也不见，都知道前锋已全军尽没，莫非曹操也一同

"壮烈殉国"？诸将领心中不禁惶恐！

几乎全军出动，沿河寻找曹操，活要见人，死要见尸呀！直到天色已晚残月初上之时，大家才惊喜望外地看到了被许褚搀扶着的曹操，诸将情绪激动，心中似有万语千言，却又不知从何说起，一个个热泪盈眶，悲喜交加，有的泪涕满面，分明听到了他们的心曲：万岁万岁万岁万岁万万岁，万岁万岁曹吉利！昨天夜里我梦到了你，心里的话儿对您提：曹丞相啊曹丞相，全天下人民都爱你！

曹操却像刚在网吧输掉了一场电子游戏，举止潇洒，神色欢愉，爽朗大笑："今日几乎被马超这小贼给算计了！"

夜间军帐之中，召集诸将商讨明日的战事，诸将士言语之间对马超的长矛军阵颇有畏惧，那玩意杆长锋利，绝非曹军配备的大枪马刀所能抵挡，与西凉铁骑作战，大伙总有些说不出口的尴尬心思。

诸将几乎异口同声："关西兵马大势强，又惯习长矛，除非精选前锋，否则无法对付他们！"

曹操回答诸将显得满不在乎，语气确凿地断言："战争的主动权在我们这边，并非在马超手里。贼军虽熟悉长矛，我将使他刺在空地里，怎么？不信？那大家就睁大眼睛等着看好戏吧！"

第二天的好戏开锣了，还是那一件未完成的事业：渡河，在济河对岸找到立足点。

这次马超还是沿用的昨天的老战法，以逸待劳地等着曹军登陆，曹军有限的船只一次载不了多少部队，只要空船刚回头，西凉军便开始了屠宰行动，野战工事也绝不让你构筑，对第二批渡河部队也绝不阻挡你登陆，一般都是在上批曹军被杀戮一尽时，下批才能及时地送到西凉军的长矛面前——这是地道的"添油战术"，让马超慢条斯理地分批宰杀自己的部队！

仗哪能这样打？诸将领的脑筋就是被洗换得再彻底也不禁疑虑了，一个个偷眼向曹操望去，曹操不动声色，依旧把手一挥：继续强渡！——整一个测试西凉军的长矛能串多少曹军士兵的架势！是与马超比试谁的心肠硬些？

曹军的前锋俱是精锐，士兵们几乎没有一个是胆小怕死的窝囊废，可是西凉兵实在是太彪悍了！又兼那马超几乎是吕布重生，铁枪之前，根本没有能与之拼上几个回合的对手，一批批的精锐战士就这样被渡舟送到了马超面前，供其练枪，供西凉军的长矛乱捅！

曹操面色安详，其实心中如沸，虽然明知这种渡河攻击笨拙而可怜，几乎就是用自己士兵的生命来对西凉军实施疲劳战术，但却还不能轻易停止，停止就是承认失败，对士气影响甚大，一旦攻势不再，那就是与马超形成了隔河相持，曹军长途远征，怎能耗得起？

战势太简单了，简单得到了任何兵法谋略都用不上的地步，一道不宽的济河，已近乎曹军士兵的奈何桥黄泉路，可是曹操别无良策，却只能狠下心肠将一批批忠勇的士兵驱向死亡，有斗争就会有牺牲，死人的事是经常发生的，再过去一批！让鲜血来寄托我们的哀思！

现在的战局成了这种样子：对面的西凉军也在轮番作战，歇足了力气便上去过一把杀人瘾，曹军如同待上供的牛羊鸡鱼、猪头三牲，依次被摆上西凉军的餐桌，这是要把马超胀死撑坏？

曹操也好，曹军将领也罢，包括曹军士兵，心里就盼一样：天降奇迹！或者马超心软退军。

这奇迹还就真的出现了！

西凉军的侧背，突然出现了数不清的牛、马、羊群，这是来与曹军争抢上供桌的资格来了？

对以鲜肉为主食的西凉士兵们来说，活泼的牛羊显然比杀戮活人更具有诱惑力，西凉兵向来有劫掠归己的优良传统，面对美味与曹兵，还是晚上的烤全羊的味道更使人向往，于是不待马超传令，齐奔大餐而去！

曹操见状不由激动，紧急向撤防的对岸连送了两批弓弩兵，曹操本人与诸将也随同长枪兵渡过了济河，并且在弓弩的掩护下紧急施工，硬是在马超强驱回西凉士兵时构筑了防守工事，随着运到的木段车仗紧急架设，一座背水的简易营寨建立起来了，曹军有了一方供全军渡河的滩头阵地。

马超见已经不可能再对渡过河的曹军肆意杀戮，又不愿意作伤亡极大的攻坚作战，只好结束阻渡战事，兵退数里扎寨，那就把希望寄托于明天吧！

这些救命的牛、马、羊群可不是从天上掉下来的，是校尉丁斐凑巧从北方来给曹操送军资，于对岸不远发现了战势不对劲，果断地放出了所驱赶的牛、马、羊群，又恰巧碰到西凉军嘴馋贪吃，丁斐得以建此饵贼大功。

马超却并没有什么遗憾的感觉，宰曹操，没有今天还有明天，一口哪能吃掉个肥曹操？明天，彪悍的西凉铁骑与背水一战的曹军，将在野战中见高低！真刀实枪之下，方见得英雄本色；血海硝烟之中，才分辨出牛市熊市！看这勇武谋略组成的印花税，究竟让哪家倒霉放血？谁敢信黄金构筑的海市蜃楼，会在数日内云散影消？

且慢！能否给曹操一个出其不意的“斩首行动”？如能创造个机会，于方寸之间纵马生擒曹操，那能节省多少将士的气力？对，给他设个非钻不可的圈套，让曹操自己把脑袋伸进来！

一封战场谈判邀请函送到了曹操面前：马超要求与曹操单独于两军阵中间线会面，商谈罢兵归顺事项，条件是：各家只准带领一名记录的随从，只要条件谈妥，马超永远忠于中央政府，再不出台独立议案，承认今后全中国只有一个政府矣！只是不知曹丞相有这个胆量与和平的诚意否？

曹操冷笑：马儿也太小瞧我曹某了！

曹操不顾将士、谋臣集体反对，当即回复：一切如约，明日战场中央，双骑弃军会将军！

208

大西北的天气谁也琢磨不透，尤其是初秋季节，中午时分太阳毒辣，能把铁甲烤成热铁鏊，而清晨、黄昏却又令人感觉春暖花开一般，深夜一阵北风袭来，却能让你如临严冬，裹上棉被兴许还打哆嗦。

曹操与马超的单独会面选择的是中午时分，曹操身被重甲，外罩长袍，却是没有顾及到天气炎热。这下曹操如同进入了一只封闭式烤箱，骑在战马之上，还未行至两军阵中间位置，浑身即如水洗，这下简直成了在进行土耳其桑拿浴，白色蒸汽从领口、盔下袅袅而起，远处的士兵不能觉察，但越来越近的马超却是看了个一清二楚，心内不禁失笑：怕死鬼！哪个欲要你性命？

马超不会要个死曹操的，自己的父亲现还在曹操的控制之下，不活捉曹操，便换不得父亲马腾万安，马超的打算是：等与曹操近得马头相交，自己一个前突，伸手活擒曹操于马上，这场战事到此也就算胜利结束了。

现在看到曹操把自己包裹得如同一具俑人出土，心中的嘲笑不禁显露到了脸上，讥讽之词才欲出口，却隐隐感到一股无名杀气逼来，马超不由内心一紧，举目向曹操身后望去，只觉得两道寒光如锥，马超顿时心中一凛：这曹操的随从绝非凡品！

曹操的身后乃是“虎侯”许褚，这许褚此时却身不着片甲，一件普通箭袍半敞着前怀，直露出黑糊糊一片寸长的胸毛，满脸横肉棱角分明，简直好像铁铸铜雕，那一对圆眼却好似另外嵌镶上去的，连眼角都忘了给描上，这就是那杀气的来源，两道寒光的发射点！

双方已经马头相抵，各自勒住坐骑，拱手对话，这马超与曹操虽搏命于沙场，但若从父亲马腾那儿叙起，却是属子侄辈分，便首先礼貌问候：“曹公别来无恙！”

这分明是不承认曹操的汉朝丞相的身份。

曹操又哪里会在乎这些口词小节？额首回礼：“得见小将军不易，数载不见，又长高了许多。”

这分明是大人见到顽皮小孩子的口气。

论说现在应该是由马超提出归顺朝廷的具体条件，由曹操逐条答复或反驳，但现在马超几乎全部的注意力都集中在曹操身后的许褚身上，竟然一时无语，双方是到战场中间晒太阳来了？

这种晒太阳却是实质上给曹操上刑，那曹操遍身如煮，又怎会有闲情逸趣话家常？强忍住被烘烤得阵阵头晕目眩，近乎在催促马超：“小将军有话不妨直言，只要不明违朝廷法令，曹某当尽可能依从小将军。”

哪知马超根本没有任何与曹操谈判的打算，要按原先预计，此刻曹操应该被擒于马上，自己的部队应该发起了掩护突击！可是如今突然发觉一个可怕的对手就在咫尺，马超不禁犹豫了。

所以，马超几乎听不到曹操在说些什么，只是本能地答话，却是答非所问：“听说你有名部下。人称‘虎侯’，此人现在哪里？”

嘴里问着，心里其实早就思忖：这家伙就是传说中的名字中带虎之生猛勇士？如此时突擒曹操，这小子焉会坐视？近身厮打拼搏，一力降十巧，凶险倒还在其次，与这浑家伙撕扯乱打却是一件极丢身份的事情。

任何人也不会估计到：曹操此时已经近乎中暑昏厥，口不能言，唯有以手颚顾盼许褚，意为：此即你所说“虎侯”——不谈就赶快各走各的吧，莫非今天非要丧命于这烈日之下？

马超骤惊之下，动手与否犹豫不定，却没有动其他的歪心思，例如，临时编造几个所谓条件、多扯会儿曹丞相的丰功伟绩，汇报一下关中、关西的风土人情之类等，假如热情地拖上曹操一个时辰，那曹操非得给蒸熟在当场不可！

马超惊惧之际，暗下决心，却不由把心里的话说出了口："三日后我们双方于此地列阵交兵，一决生死！"

曹操闻听此言，如逢大赦，忙不迭一声："告辞！"

回马之时，强作悠闲自信，实是恨不得战马飞回自己军中，心中不由暗自发狠："这种不注意天气的疏忽，再不犯第三次了！"——那次是在乌林水寨，差点被黄盖给火葬，这次是在济水，再拖就要被酷热毙了！

马超目送曹操与许褚背影，心中断定：这"虎侯"必是三日后决战之劲敌！曹操啊！又让你多活了三天！

对所约三日后的决战，曹操、马超都开始了心中的谋划，兵不厌诈这句话没有人不懂得，可是要将其运用到实战之中，却又是另一回事了，有时候战神照顾的不是谋略的高手，却是实实在在地按黑旋风李逵的战法：一对大板斧排头砍将去！反倒成了最高明的战术。指挥作战，从没有固定的形式，也不会有什么必胜的方略。

曹操与马超，善使诈的是谁？实在的是哪个？胜负的关键在何处？现在都不好说，曹操驾驭战场，是公认的大师级别；而马超则可称战场奇才，仿佛天生就是为了打仗而生出来的，二人可谓将遇良才，难分伯仲。

胜负的关键处回到了一句话：兵员素质与兵员数量。西凉兵战力明显高于曹军，数量则少于曹军近半，又是各有所长，互有软肋，难分利弊。

但事情有些不妙，即将开始的战事又开始不公平了：没待三日，曹军的数量优势已经不再，据曹军探马急报：那马超军数量骤增不已，西凉各部兵员源源不断开来，马超军几乎得到了成倍的增援与加强！

这下战局的天平一下倾斜了。

第四十八章

再战马超：赌徒用兵也风采

209

曹操用兵惯于战场使诈，那是天下闻名的，了解曹操的马超对此不得不防，对于陆续到达的西凉诸部援兵，马超不会将他们作为主力使用，尽数派往左右两侧担任警戒及掩护任务，也算人尽其才吧。

针对曹操习惯于迂回纵深，专欺负辎重兵的战法，马超请韩遂部驻防老营，如曹操遣兵潜至，马超部即分军回击，与韩遂部合歼曹军；估计曹军只能采取四面骚扰一面突破的战法，那么马超准备采取分兵相拒、诱敌深入、然后分割围歼的战术准备就应该是合理的，只不知那初战失利的曹操有那份胆量前来突破中军吗？

只要曹操敢来，马超便会愉快地实施与韩遂商议好的方略：将曹军放至韩遂的后营寨前，到时韩遂军以生力军对曹操疲军迎头痛击，马超部封锁其退路，再加上杨秋、李堪、成宜各部同时参与围歼，大胜曹兵当在情理之中。

对于西凉兵骤增的消息，曹操与诸将反应正好相反：逐渐兴奋起来，有点多多益善的味道，诸将领与谋士们虽然不解，但信心却不会受到曹操感染，与士兵们不同，高级将领及谋士是不会被曹操的表面神色给忽悠住的——丞相这是在强迫自己相信必胜？

及至制定作战方案，将军们更是傻眼了！曹操弃用了参谋班子的“八路疑兵分敌势，一彪铁骑隔马、韩，主力出动劫辎重，少量刀牌拖马超”的集体意见，独断专行地决定：不用费那么多心力，集兵一处，不断攻击就是！

决战日到了，马超率本部长矛铁骑列阵迎击曹操，按马超的预计：曹操的主力必然在向后方迂回，两侧的骚扰疑兵不须多加关注，只要将正面的曹军诱向纵深，此战即胜券在握也！

开战了！马超突然觉得不大对劲：这对面的曹操摆了个奇怪的阵势，几乎看不到曹军的骑兵，但阵势却大得出乎意料，正面极宽，竟像欲全面包围西凉军一般；纵深无法一眼洞穿，无边无沿，阵中的战鼓敲击得极具节奏，像是在演奏进行曲一般，曹操这是想在干吗？

不用多费心思了，因为已经开始了接触战，马超立时悟到了曹操的战法：乌龟加刺猬的战术！

前敌几乎全是由弓弩兵组成，马超的长矛军扑上去便落得个自己人仰马翻，长矛毕竟没有弓箭长，曹军的主力步骑便缩在弓弩兵的背后，根本就不出动作战，但整体大阵却是坚定地在阵内战鼓的伴奏下步步进逼，那劲头分明势不可当！

曾有一股马超的亲兵卫队不顾伤亡接近了曹军，但是曹军阵门突然大开，从里面扑出了数千骁骑，依靠弓弩的掩护，局部数量的优势，直如同砍瓜切菜一般吞噬了那小股马超亲兵，驻马之时，又被曹军的大阵淹没，其实淹没曹军骑兵的是那遮天蔽日的旌旗，能观察到的对面曹军其实是一片战旗的海洋，从旗海里飞出的是如雨的箭矢！

曹军没用马超诱敌，像是行军一般直逼而来；马超的西凉军虽然预计的是佯退散开，但现在是被迫后退了；而远处来援的西凉诸部看到这种前所未有的阵势，竟然成了旁观的军事观察团，没有一家出动来阻挡曹操全军的前进。

曹军的大阵太宽了，一并扫荡了西凉诸部的分散部队，诸部如同约好了一般，一起拔寨而走，向大后方退去。这下成了曹操集结全军在驱赶着西凉大军向西北退去。

转眼之间，曹军逼近了韩遂的后军老营，那马超却未能得空将实际战况通知韩遂，韩遂看见曹军旗号便依照事前约好出动了，全军扑向了曹军的弓弩大阵，没料想根本靠不上前沿，被一阵阵强弩飞矢劈头盖脸袭来，部队人仰马翻，一片混乱。

马超部队冒着箭雨前来救助，双方合兵力战，欲保住韩遂的大寨老营，正僵持间，曹军阵中又扑出了那数千彪骑！

这便是曹休（曹纯已于两年前病故）率领的骑兵精锐：虎豹骑！

虎豹骑中无普通士兵，各军中的百夫长之上才有资格编入该军做战士！

曹操的虎豹骑非同小可，不光战士是勇中选勇，战马也是优中选优，当年曾阵斩袁谭于冀州，强催匈奴于乌丸，逐刘备于长坂坡，保曹操于华容道，全是由不怕死的精锐中之精锐组成，是曹操的“掌中雷”，放手便天地失色！

虎豹骑出动，除率军的曹休外，领头的还有一名恶煞：许褚！

那许褚口中接着马超日前的话茬，大喝：“‘虎侯’来也！”如同一只斑斓猛虎扑入了西凉乱军之中，身后的虎豹骑借势逞威，远施骑弩，近飞雪刃，饶是马超、韩遂的西凉长矛铁骑虽然彪悍，也顿时被冲了个：七零八落六魂散，三心二意一味逃，五讲四美抛九霄，十分狼狈！

许褚偏还有一种业余爱好：激战中不忘收集敌人的脑袋，十数颗血淋淋的人头往马项下一挂，连人带马立时形同恶魔，再彪悍的西凉兵几时见过这等凶徒？

没人愿意把自己的脑袋再被挂上去，许褚马到之处，敌骑纷避，虎豹骑踏过之地，血流成溪，西凉军全军溃退，大势已去。

曹操指挥全军，不依不饶，尾追狠打，马超住脚不能，一退再退，势难稳军。这下总算领教了曹操的厉害！

西凉大军已被驱赶到了渭水，马超突接后方急报：徐晃、朱灵已经据河西为营，后路已被曹军切断！这下西凉大军立时成了无根的浮萍，连据渭水与曹兵相持的资格也不存在了。

马超等屯兵渭南，眼看军事胜利已经希望缥缈，无奈遣使送信于曹操，求割河以西之地给曹操，息兵讲和。那曹操得势之时怎肯让人？毁书驱使，决不和谈，渭水如长江，不管你愿意不愿意，解放大军都要渡过去！

可是西凉兵也不是那么易打的，马超率各部残兵，节节抵抗，求和不成并未气馁，及至曹军推进到渭水时，天已九月大凉了。

其年乃是闰八月，曹军出动已经四整月之久，后勤供应已颇感艰难，如再与马超形成隔渭水相持，断难坚持，西路的徐晃、朱灵偏师是无力阻止马超收复河西的，彻底胜利唯有一途：强渡渭水，歼灭马超剩余主力！

可是渭水不比济水，那马超已经吃过了贪牛羊而放曹军渡河的大亏，怎会再容曹操轻易抢渡？再说按目前天气状况，夜晚将士如不就宿于暖帐之内，不用西凉兵，就是寒冷冰冻也能尽歼曹操全军，继续作战是想象容易实践难！

恰那马超并不是一蹶不振之庸才，潼关虽败，但战力仍不可小视，曹操的执意再战马上就要品到其带来的是苦果还是美味？

210

故用兵之法，高陵勿向，背丘勿逆，佯北勿从，锐卒勿攻，饵兵勿食，归师勿遏，围师遗阙，穷寇勿迫，此用兵之法也。(《孙子兵法·军争·七》)

目前的战事，如果按兵法祖师孙子的教导就应该停战了，正适应“归师勿遏，围师遗阙，穷寇勿迫”的孙子语录。

严冬将至，曹操大军可并未准备什么冬季作战装备，此时的战争行动只要遇上老天一个变脸，即便神仙也无法预测战事结局，顷刻间胜负便可能易手。

西凉军于渭南营寨已立，曹操的后世李逵之“抡起板斧，排头砍他娘的”的战法用不上了，怎样攻破马超军渭南大营、占据渭水渡口，成了曹操面临的棘手问题。

就马超求和之坡而下驴？使不得！孙子的话要有选择性地实践，那老头其实没少忽悠了机械动作的傻瓜，归师勿遏、穷寇勿迫倒是舒服了，可是问题在于：那马超是个听孙子话的乖孩子吗？

曹军归师，那马超偏来个顺势遏迫怎么办？如此胜利的曹军反而成了被追的“穷寇”，到手的战果又退给了西凉兵！曹军的西征是来大西北度带薪长假来了？济水畔丧命的“虎士”岂不死得太冤枉了！

孙子兵法，妙在活用，所谓活用，其实就是：有时偏反其道而行之。

曹操便是如此活学活用的：大军抵近西凉兵扎寨，相拒不过数里，开始摆开了与马超相持比耐力的架势！——远征没有这样作战的，曹军没有泡蘑菇的资格，这点骗不过精明的马超。

马超在等待曹操的后续动作，不安地注视着这位不受欢迎的邻居，在这儿越冬过日子？在蒙谁哪！有啥后招就使出来吧！只是请别露出破绽，只要你闪出哪怕一丝缝隙，咱西凉长枪就会毫不客气地直扎进去！

曹操的后续手段终于露出了端倪：不远处又一座营寨立起，又一座开工了，又一处竣工了……不几日竟然接二连三半围着西凉军渭南大营立下了十余处营寨！这曹操究竟有多少兵？

这就是战机！

分兵十余处，必有薄弱之处，甚至处处兵力单薄，这曹操先前的集全军于一坨的战术终于不再坚持了，这就是说：强袭曹军的时机即将来临！

哪里是马超的打击目标？就是最近、最大、最早立起的那座曹营。

马超准确地判断出：那里就是曹操的指挥中枢，中军所在，曹操本人所待的地方！强攻军营虽不是西凉骑兵的强项，但夜袭可是铁骑的拿手好戏，让曹操在睡梦中成为俘虏！这情形想想就让人激动！

乖巧的马超并没有孤注一掷，留下了韩遂的部队固守大营，并且牢牢控制住渭水渡口，一旦有甚不测，大不了退过河去就是，到那时岂不又是一个济水？这次还能有人给你曹操送牛羊吗？

老天也像格外照顾马超，一阵北风骤起，气温突降，这下把难比西凉人耐寒的曹军一下冻回了暖帐，在呼啸的寒风中，哨兵的耳目也不会如往常那样灵敏了，西凉军出击夜袭的战机已经成熟！

天地像被一并关进了一个大冰柜，又黑又冷，西凉兵却是极适应这种天气，悄无声息地飘近了曹操大营，如同陡然旋起了龙卷风，山呼海啸般涌进了曹军营寨！目标：曹操！

不好！曹营内灯火通亮，却不见一兵一卒！

马超心里更亮：上了曹贼的当了！紧急退兵！还来得及吗？

四周已经呐喊四起，遍地火光，曹营军帐、木寨均被点燃，那是曹军自己所为，当然是不愿西凉军凭寨据守，所以不惜放火烧了自己的老窝！

夜色中，只能感觉曹军无数，几乎四面包围了西凉铁骑夜袭队，火箭如同流星般泼向西凉马队，战马立时惊乱，上面的骑手开始对其难以驾驭！

随着追魂的战鼓咚咚、号角连连，曹军于黑暗中撒网般施放出要命的箭弩飞石，西凉军人喊马嘶，铁蹄胡踏，长矛空捅，骑弩乱放，一锅烂粥熬成了！

现在已经谈不上什么战力、彪悍、精锐了，只有回头冲杀才是救命的不二法门，可是，曹军无数，分明是集中了全部主力在归途中，怎会容许失去了战力的马超部轻易撤回？

所幸马超的近卫铁骑都是些历经凶险之亡命死士，混乱之中尚能保持镇定如常，一不突围，二不求战，勒紧战马静等着主帅马超下令，哪怕是就地在烈火中固守，也不会有一人鼠窜的。

西凉主力溃乱，战马惊窜，早在曹操预料之中，费这许多人力物力，建那么多无用的空寨，就是为了诱马超入套，现在鱼儿终于入网了，想再破网逃去？曹某批准了吗？

已随乱军突出曹营的马超没有命令部队什么，现在能接受自己将令的士兵也就是身边这千余人了，把他们投向何处，决定着马超本人今天的生死存亡。

马超遥望远方，远方也是半天火红，那是曹操的十数处营寨一起被点燃了，马超当然明白曹操的语言：本来就是空寨疑兵，小娃娃，你上当了，下马投降吧！或是引颈就戮？

现在不是后悔的时候，是尽快找到曹军的最薄弱点的关键时刻，乱撞几乎等于自杀！

马超最关注的是来路，那里是自己的老营大寨，心里亟盼着韩遂倾力来救，却又担心出现这种局面，如此一来，大营必然不保，渭南大势去矣！

大营方向一片杀声，火光闪烁，马超知道那是韩遂拼命接应自己突围来了！行动？慢！那曹操岂能预料不到此种局面？马超看着自己混乱的部队人仰马翻，却是自动地向来接应的来路乱冲而去，心里阵阵苦涩：这是在自觉地丢弃主将逃命啊！

点起火把的曹军分明已经变阵了，大部都是围向了自己的乱军及来救援的韩遂，马超牙关一咬，发出了中计后的唯一的军令：随我来！

马超一马当先，横刺突向东方，也在移动中的曹军猝不及防，被马超拼命求生的铁骑冲杀开了一道大缺口；曹操发觉战势有变，急调前军回堵，却是来不及了，马超率近卫扬长而去；曹操并未善罢，传令一直待命的虎豹骑疾追了上来。

突出重围的马超却并未亡命远扬，心里还挂着一件事：那来救自己大军的韩遂部怎能脱险？疾驰中传令自己的亲兵百骑，继续东驰，而马超本人却带残存的千骑急转北去，迂回向着韩遂厮杀的战场。

贪功的虎豹骑扑向了人喊马嘶的东去小队，无声北去的马超甩掉了尾巴，韩遂部队还在向南突，但让开的曹军复又合拢，韩遂军分明已处于被包围状态！

原来，留守大营的韩遂发觉战局不妙便出动所有部队杀向了曹营，谁知非但没有接到马超，连自己的部队也一头钻进了曹操预谋的埋伏圈，奋力拼杀中伤亡惨重，却是一往直前，没有任何退兵的意思！不接回马超，支援军又有何用？

这正是曹操所希望的，眼见曹军兵势越来越盛，纵深已成无底，韩遂绝望了！此时就是想脱身也不可能了，后路已被曹军切断，自己也进了曹操的大网。

万念俱灰之际，后方杀声忽然突变，封堵后路的曹军一片混乱，有西凉兵齐声大喊：马超在此！

韩遂听闻之下，趁势回军冲杀，曹军突遭强袭，无力阻挡韩遂残部，只得任由其冲出，不多时已于马超会合，战场相见悲喜交加，却无暇交流战况，其实也不用交流，大败已成定局。

兵合则势稍强，二人并力杀回大营，却见营寨已换了主人，一阵箭雨袭来：原来曹操早就预伏了部队，韩遂刚离开，便趁寨内的空袭占了营寨，这下不是大败一阵的问题，渭南已经站不住脚了。

二人不用商议，驱兵奔向渡口，且喜渡口舟船仍在，曹军正在打扫丰厚的战场，一时并未紧追，西凉残兵万幸得以渡过了渭水，真的如同曹丞相网开一面也！

渭南大胜，曹操却百密一疏：未能抢先渡河。一时倒还没感觉到什么，别急！马上就会让曹操感觉到的：这孙子兵法的“围师遗阙”将要曹军付出的是何等代价！

211

先贤孟轲也应该是一个兵法大师，其《公孙丑下》第一章中告诉后人：天时不如地利，地利不如人和。

如果说句尾“地利不如人和”是在强调政治、军心、民心之重要性的话，那么，前面的“天时不如地利”则绝对是在总结二者于战争中的分量，这里孟子说得有点过于绝对了，任何事情都有例外的时候，比如，赤壁之战，占地利（上游）的曹军就吃了利用天时（东风）的江东军之大亏，当然，“人和”是其决定性因素，曹操被黄盖忽悠晕了，不败才不合孟子教导。

渭南前线的曹操现在可没有晕乎，虽然大胜之下，出了点小纰漏：没有分兵抢渡渭水，哪怕攻占渡口也成啊！毁掉所有舟船，那还不立即置马超、韩遂于死地？

天亮后意识到此疏忽一切已经迟了，马超、韩遂等西凉诸部已经占据了对岸地利，曹操不得不开始了济水强渡翻版，又一次克隆起了惨烈的“添油战术”，那马超是阻渡还是远遁？

大胜后的曹军处境其实并不容乐观：所处渭南地区（今新丰、华县一带）南临商洛群山，北面渭水，地域狭小，大军无法机动回旋，且辎重供应唯有一途，即从黄河潼关支流济水入渭，一旦马超分军东出切断渭水粮道，则曹军处境堪忧！

直接西进渡崴水占领长安？也行不通，曹操大军一旦西进，后路肯定会被西凉军切断，而且马超正面压力只要不在，必然全力扑向已经偷渡蒲阪津的徐晃、朱灵等河西大营，徐晃孤军怎能抵挡马、韩及西凉诸部铁骑？

如此一来，广阔肥沃的河西（今陕甘境内河套平原）必然沦为西凉铁骑之下，战事将没完没了，曹军主力将长期被拖在西北，那中原的孙权、刘备还不高兴得相互拥抱，携手北进，并掠中原！

所以，目前的曹操面前虽路有千条，实际上给他留下的唯有强渡渭水北进一途。可是，局部战力仍在的马超会让曹军轻易地北渡渭水吗？

曹操行兵布阵，对于天寒的不利、地理上的劣势根本不予理睬，次日几乎没有休整大战一夜的部队，便开始了强渡渭水的军事行动，看样子又要走上惨渡济水时的老路了！

不过曹操可并非不善于接受教训的固执之辈，并没有采取上次的分批船渡、依次送死的笨招，而是组织强弩掩护，集中所有舟船链搭浮桥，部队突过渭水便筑城扎寨，先在对岸站住脚再说。

两次大败于曹操之手，骁勇的马超并不服气，手下的西凉军还有数万之多，俱是彪悍亡命之徒，尤其是马超本人精于战场厮杀，对于如何利用天时地利更是娴熟于心，对于陆续从浮桥上冲过渭水的曹兵，马超深知敌人的软肋之所在！

一道狭窄的浮桥，一天能沿过来多少人马？没必要阻你曹操运兵的兴头，宝贵的西凉铁骑不会靠近你河边的箭阵，只要把握一条：不让你的部队在渭水北岸过夜就成，你每天怎么过来的，还是要自己乖乖地回去对岸就寝。

为什么？天气的原因！无城郭、暖帐御寒的士兵是度不过滴水成冰的酷冷之夜的，你如果敢让部队在野外宿营，那西凉军就不用与你费劲交手了，每天早上去运大冰棍就成了，不会有一个活人的，连战马都会被加工成美味的冻肉！

所以，马超几乎一整天都悠闲地瞭望曹军的忙碌，吩咐士兵养足精神，战马喂饱歇足，再准备好牛皮大盾，只等出击的时刻，啥时候？傍晚！曹军辛勤工作了一天了，营寨却不会竣工的，因为河北岸全是沙土，深桩也难立柱，坯墙更是一触即散，你搞大建设，咱搞大破坏，看哪个省力气？

果然，辛苦劳作了接近一天的曹军竟然连一处营寨也未能完工，那土质近似流沙，拌水不成泥，立桩顺手倒，挖道深壕工事都不可能，曹操只能望土兴叹，筑垒不成，晚上大军怎么宿营？

谁知庙未盖起，拆庙的到了！傍晚时分，西凉军营一声长长的号角，歇足了的西凉兵在牛皮大盾的掩护下突然发起了冲锋，战马如风扫过，却并不恋战，只是来回趟踏，将曹军未完工的营寨糟蹋得一片狼藉，扬长而去，曹军伤亡甚微，但却个个气个半死：野蛮人！怎么不知道怜惜哥们儿的力气？

生气也没用，还是要抓紧时间沿着浮桥开回去，回对岸营寨睡觉呀，莫非还要真的给西凉兵准备冻肉不成？

西凉兵却也不来捣乱曹操大军的归程，反而远远哄笑曹军的傻帽行为，有些今日送君归去，期待明日再来的意味！

第二天，没用西凉兵相请，曹军还是来了，一切都在重复昨天的故事，一张旧船票还是踏上回程的客船——虽然搭成了浮桥。

北风越来越刺骨，曹军越来越心凉，可怜曹操他乡几夜头白，却还是难以让部队在希望的彼岸做一刻温柔的旎梦，圣人说：天时不如地利，地利不如人和。可惜哭天天不应，叫地地不灵，天时地利都在照顾西凉兵，那救命的“人和”呢？

曹兵不是机器人，部队不是泥水匠，可是还必须天天重复这无效的劳动，大军一时士气低落，大家宁愿拼命也不愿意做工了。

圣人的话从来灵验，那救命的“人和”还就是真的出现了！

一个叫娄子伯的人不知为何灵光突现，向曹操献计：“现在夜晚天气酷寒，为何不晚上加一夜班，起沙为城，以水灌之，可一夜而成城呀！”

曹操大悟，惊喜交加，当然从之，至于发给娄子伯多少科学创新奖金，史书未载，咱们就不替曹操发放了，不过给夜晚加班的泥水匠士兵们发点夜餐补助估计还是有必要的！

简单说吧，曹军充分发扬了艰苦奋斗的工作作风，一不怕苦二不怕死的英雄主义精神，近战夜战水与沙，一宿战天斗地开发房地产，突击豆腐渣基建工程，天明，城立！马超？大惊！

由是曹操大军尽数得渡渭水。

天时胜过了地利，一切归功于人和，曹操现在该与马超一决生死了吧？不，要求一决生死的反而是马超的西凉军。

马超见求和无望，阻渡不成，曹操大军竟接连沿渭水北岸筑起了数座冰冻大城，渭水渡口易手，曹军粮道通畅，长耗优势已不在西凉军，情急之下，尽出全部精锐，向曹军索战，一切让刀枪说话吧！

曹操却怪了，战势大为有利，却好似又犯了势强谨慎的老作风，坚决不出兵作战，缩在冰城之内，城头高挂免战牌，竟好像要与马超在渭北共同欢度春节了。

212

对于曹操胜利渡过渭水继之示弱避战，曹操后来在与将领们开战后总结会时有一番说辞：“……既然暂时不可能速胜，又何妨示弱呢？我军渡过渭水，已经筑成坚垒，敌人到了营前而我不出战，乃以此骄敌也！”

其实，不管曹操是战是守，那马超现在可骄傲不起来，曹操龟缩不战，马超既无奈又心慌，大敌当前，部队无法安然越冬，北面的徐晃、朱灵等部已趁河西空虚，逐渐占领了渭北广大地域，再拖下去向凉州退军的后路也将被切断，从战略大势上看，西凉军实际上处于逐渐被合围态势！

尤其是曹操还发明了一种类似今天的高速公路防护网一样的东西，用来护路运粮，称为：甬道。所用材料当然不会是今天的钢网铁栏之类，而是以树栅连车，用来阻挡西凉骑兵的突袭，由北而南，直接连通了徐晃与曹操的主力大军。

至于实际能起多大防护作用？史未详载，但看来效果颇佳，因为事后曹操曾专门提起此项发明，实际上这项发明的专利另有其人，据史载：汉高祖二年，与楚战荥阳京、索之间，筑甬道属河以取敖仓粟。应劭曰：“恐敌钞辎重，故筑垣墙如街巷也。”今魏武不筑垣墙，但连车树栅以两面。

不过楚汉之交的应劭筑的是土墙甬道，曹操让改进成了木质护栏，那如果被西凉军放把火给烧了怎么办？一道“连车树栅”就能挡住西凉铁骑的袭击？似乎也不大可能，但反正本分的马超没有去搞破坏，曹军的“高速公路”得以畅通无阻，少了大军粮草不济之忧。

目前马超由于正面的曹操大军威逼胶着，无法回身制止徐晃、朱灵军的逐渐蚕食，近不能破曹，远无法解忧，冬雪一降，人无食，马无料，欲退军也势必不能，必须另谋出路了！

出路何在？战不能战，和不能和，相持等于等死，急攻如同自杀，那就唯有一条路了：缴械投降。

投降其实也没有什么，缴械却是万万不能，两全之计：名义上投降归顺，认输不付赌注，保留武装，以土地换和平，来年再见真章！

以奸诈著称的曹操会这么实在吗？

这就要看马超提出的条件与承诺是什么了，马超与韩遂这次是真豁上了：承诺退出关中，回去安心经营凉州，永为大汉戍边之臣子，不犯雍州一步！为使曹丞相信任无疑，愿送人质于京城！

至于人质的内容？韩遂愿意送上自己的幼子，马超愿献上自己的老爹——这马超其实没这么明说，老爹马腾本来就已经进了曹操大牢，不光一个爹，马氏全族百余口现在都在引颈就戮呢。

渭南时曹操已经拒和一次，现在战势更加乐观，就是双方一般士卒也看出了大势已定：西凉军基本没戏了！

马超、韩遂这岂不是在做梦全师而归？哪有这种一相情愿的美事？

出乎一切人所料，接到马超、韩遂等有条件投降之照会的曹操还就是答应了！

这又是贾诩的功劳，贾诩向曹操进言：“兵不厌诈，许和怕什么？战、和其实在我不在彼，怠慢敌人的防备之心有什么坏处？”

战争总是以胜利为最终目的，往下该如何进行？曹操问计于贾诩，贾诩仅说了四个字：“离之而已。”——要是换成现代白话文就能简单一半，两个字就解决了：离间！

还是曹操回答得最简单，一个字："解。"——白话文要复杂一倍："明白！"

对于如何借机离间韩、马二人，曹操是不用求教任何人的，本人就是挑拨高手、离间大师、玩阴谋的祖师爷！至于上次被黄盖给耍了？那不算，成天啃大排还有不咬回舌头的？

既然"请和"——好听点而已，说白了就是求降——那总要谈谈具体条件，马超与韩遂当然不会傻得共同参加战地谈判，于是马超留守大营，韩遂出面谈判，曹操应约而往，实施离间计的机会到了。

曹操与韩遂的父亲乃同岁孝廉，又与韩遂属同辈旧识，双方交马相语之时，曹操使上了绝世嘴功，旷古舌活：

老朋友战地重会，真令人感慨万千！要不怎么人都说"两座山碰不到一起，两个人总会相逢有日"呢？心情激动，词不达意，老友莫怪——你看我，光顾自己叹息光阴如梭，岁月如流，竟忘记向老朋友问好了……最近日子过得可好？怎么瘦多了？对，叫帅多了！

现在肥胖人都是高血脂患者，那可是富贵病，好东西享受多了也是毒药啊！……

全家可好？转天去我家看看你那些嫂子们？搬家了，新家是用朝廷公款建的，起了个俗名字，叫"铜雀台"，没人敢说什么，要不，现在冀州房价高得让人想跳楼，咱这样的清廉官员怎么住得起？

现在的官民关系和谐多了：官大心不老，人老媳妇小，远看一群孙女，近看坐得官轿，其实都是学生打工，兼职图个阔绰，别看不惯，冀州社会潮流么！

你看，光顾叙旧了，不觉晌午头了，走，跟曹某去弄只王八补补，那玩意！揭开盖，四样菜，正好符合朝廷勤俭节约的规定，现在午餐啃朝廷的都是清官了，有专拨的招待费用，不怕朝廷不报销的……

马超小哥也终于觉悟了？好啊，都是炎黄子孙，拼什么血架呀？还不如一块去灌两盅鹿血去呢，操哥告诉你：那玩意还真管用！怎么？不再继续唠叨了？明天接着啊！不见不散！拜拜！啥要拿啦？……

据史载：曹操谈判不及军事，但说京都旧故，拊手欢笑。

回去后马超当然要问起谈判情形，那曹操都是怎么表态的？韩遂只能实话实说："无所言也。"

213

聪明人如果显得傻里傻气，那肯定是把你当作了傻瓜对待！一般这时候你需要小心了，离吃亏可能不远了！

曹操的不扯正题、胡说八道实乃绝世神功、旷古妙计！然而对于曹操突然变得半傻半絮叨，韩遂莫名其妙，马超疑虑重重：韩遂说的是真的吗？

马超理所当然地要怀疑了，因为这不合常理呀！且看明日怎样？第二天曹操话题更稠了，上聊天文，下聊地理，聊皇帝在金殿上着迷“黄段子”，聊迷路的女才子借宿铜雀台，就是不说正经事，最后索性大大地秀了一回：向西凉兵做了个即兴演讲！

这曹操大名最近在西凉军中可是火爆得很，马超本来就被雍、凉二州的军民视为天神一般，现在又出了个能把马将军打得没脾气的曹操，哪个不欲一睹曹公风采？

大家都是追星族，抄来的文章更热销，最好能让曹操签个名，省得便宜了郭安之流！众军连队列也待不住了，俱往前挤，后面大喊：“按号排队！不准加塞！”

曹操的部将、谋士们却是早就预料到了曹操的安全问题，要是被对方阵营的“粉丝”们给挤扁了曹丞相，那才是因福得祸呢，据史载：诸将曰：“公与虏交语，不宜轻脱，可为木行马以为防遏。”公然之。贼将见公，悉于马上拜，秦、胡观者，前后重沓……（《魏书·武帝纪》）

也就是说，曹操在早就准备的“木行马”防护下，开始了即兴讲演：“汝欲观曹公邪？亦犹人也，非有四目两口，但多智耳！”（《魏书·武帝纪》）——看见了吗？你们不是想看看我曹操吗？咱也是人那么高、腰那么粗。没长四只眼睛两张嘴，但是咱的心眼多——这可没法瞧见……

不是曹操置生死于不顾，耐心去做敌军士兵的统战工作，而是手握强兵心不慌，背后不远，曹操待命检阅般列队了五千铁骑，便是那闻名中外的曹操近卫虎豹骑：盔甲明亮，马烈人雄，刀枪耀眼，牌盾森严，关键是五千骑如同铁铸，战士犹如木雕，连表情都是那么肃穆划一，与之相比，乱哄哄的西凉兵竟如散沙一盘！

这样下去怎么能行？马超对韩遂的汇报谈判进程不能相信了，去推心置腹地谈谈？

一进韩遂军帐，正好看见了曹操给韩遂的来信，韩遂却也主动让马超共同拆读，打开看时，马超终于要当场质问了："怎么信中到处都是涂抹遮掩的污迹？"

是啊，怎么书信中到处都是涂改的墨迹？韩遂也问出了口。

你这是问谁？

是啊，咱该问谁？

我问你呢！我问谁呢？

要不，咱去问问曹操去吧，是一时疏忽，把草稿给寄来了？

忽悠谁呀？马超大怒！拔剑欲火并当场，众军急劝，马超掷剑而去，韩遂心中苦冤，却无从分辨，干脆率部独自开往凉州，不玩了，行吧？

次日，马超亲自率部与曹操谈判——是用长矛说话的谈判，曹军出动答话——大家都是使用同样的语言。

西凉军势减，但是彪悍不减，马超铁枪玩成了个竹蜻蜓，战阵布成了艘"宙斯盾"，胯下烈马，来往驰骋，部下铁骑，左右冲杀，曹军虽人数众多，却被逼迫得步步后退，眼见崩溃在即！

步步后退到了冰城大营，却无暇入内避战，众将士只得拼命求生，回身与马超军死拼，人到绝处力倍增，竟能把西凉军堪堪抵住，不过总体战局七分被打，三分还手，双方已成混战，曹军劣势。

马超见不能速胜，心中焦躁，不顾部队人怠马疲，加倍催军死战，西凉全军近似疯狂，曹军眼看就要支持不住了！

背靠大营的曹操终于等到了放出"掌中雷"的一刻！

随着曹操的令旗挥动，曹军中战鼓大作，号角扬起，伴随着令人心弛神摇的战鼓号角，曹军大营军门打开，五千虎豹骑如同脱缰般扑向了混乱的战场，弩箭待弓，杀气却入目；铁骑未至，雄风已夺神！

疲惫苦战许久的西凉兵怎经得起这般生力冲杀？战局瞬间大变，全体曹兵士气陡振，西凉兵一时胆裂，有组织地攻杀随着部队的混乱烟消云散，自觉首先转马而逃的个别士兵迅速传染了他人，大部队已成崩溃之势！

马超率亲兵千余铁骑舍命顽抗，却是止不住主力大队的溃败，只得含恨冲出乱军，洒泪告别战场，他知道：大败已成定局，能脱身即是侥幸，但自己的父亲、全家、全族危险了！

马超的预感是对的，随着马超带残兵步韩遂后尘远逃凉州，曹操一举扫荡关中，追杀西凉诸部，阵斩李堪、成宜，围杨秋于安定，杨秋被迫束甲投降。对投降的杨秋，曹操格外宽大：迁讨寇将军，位特进，封临泾侯。

但对马超却没有那么大度量了，在留夏侯渊驻防长安的同时，后方许都大开了杀戒：建安十七年五月，卫尉马腾及全家被戮，三族被灭，只走脱了一个易容化妆西奔的马岱，这是马超的叔兄弟，马氏全族之中，就给马超留存了这么一个手足帮手。

西北战役的总结大会上，曹操得意非凡，向诸将解释起敌我胜败之关键，运筹用兵之诀窍——五十七了，岁月不饶人，该重点培养接班人了！

“敌军守潼关乃我所愿，我军入河东贼必守诸津，则黄河未必可渡，我盛兵向潼关实乃诱敌于此，如此西河必空虚，徐晃、朱灵二将才能得以轻取西河，然后引军北渡，马超不能与吾争河西，实因有二将之军威胁其侧背。

尤其是，我军连车树栅，构筑甬道而南，供我辎重，马超割地求和不是因我有堡垒，实是我河西大军之势威逼！吾顺言许之，皆因积储士卒战力，一旦出击，便是迅雷不及掩耳之势，兵之变化，固非一道也。

至于为何贼援军每一增添，我便欣喜，实因关中长远，若西凉各部依险阻守，我军没有一二年时间怎能平定？今主动集结，其兵员虽多，但指挥未必统一，诸部相互之间也未必服气，军多而无适应的主事之才，我军只要尽力，必然一举可灭！能省却我军许多人力物力，我当然要高兴了。”

西北大定，现在到了一雪赤壁之耻的时候了！孙权小儿，脑袋准备好了吗？

打油诗曰：

胜后谈兵格外爽，
成竹在胸手段高。
一波三折凶险过，
死里逃生好几遭。
阿瞒如真知必胜，
何必济水抢舟逃？
可叹孙刘做看客，
南山放马等曹操？

第四十九章

围濡须：曹孙相争，刘备得利

214

建安十七年（公元212年）春正月，曹操留夏侯渊主持雍州军政，自己带部队主力回到邺城，这时候发往全国的政令、军命实际上全部出自邺城，许都也就仅剩下了地名上的一个“都”字，说是曹操设在豫州的一个扩大了的监狱也不为过，而且是专门关押东汉皇帝的监狱，并且戒备森严，绝不亚于关岛、秦城，不信你让皇帝走出许都一步试试？那是绝对不可能的。

在这个大监狱中服刑——还是无期徒刑——的汉献帝也不能白食“牢饭”，还是要做些力所能及的工作，天下哪有闲饭养闲人的道理？有些工作别人就无法代替，例如，封官这样的活路，尤其是封比丞相还要荣耀的职务时，这时除了由皇帝本人出面，别人无法代劳。

论说曹操的职衔再往上升也实在没啥意思了，汉丞相本身就是一人之下，万人之上的好岗位，况且上面的这个“一人”其实不过是个天天过年的囚徒，啥时被牵着放放风也要看曹操的心情，曹操还有必要弄这些三个前缀、四个副词的虚景么？

有必要！而且绝不是为了愚弄大汉公民，是为了见面方便、管理省事、要另起一套管理体制，在汉朝中建一个国中之国，用这个新建的小国来管理大国，是政治体制的旷古改革！

这种事得慢慢来，要让全国的老百姓有个心理适应过程，曹操就谦虚地先让皇帝强迫自己接受了如下待遇：赞拜不名，入朝不趋，剑履上殿，如萧何故事。

看见了吗？与囚犯皇帝再见面时不用做戏了，以前是要装着“惶恐”至极的，要“趋步”上前，还要唱名赞礼三拜九叩，解除了武装还要脱鞋甩袜，踏双拖鞋也是逾礼的。

以后好了，这些都免了，在皇帝眼皮下面亮亮刀子也是合法的了，其实也就是把早就做过的事情合法化，以前曹操进宫杀董贵人时也是把剑在匣里碰擦得山响，那时曹操违法了吗？

权大于法！古即有之，不足为奇。

至于这个国中之国的雏形，那当然是以现在曹操实任州牧的冀州为基础，先把冀州扩大加强！

这不难，这是丞相职权范围以内的正常工作，曹操代表朝廷下令：割河内之荡阴、朝歌、林虑，东郡之卫国、顿丘、东武阳、发干，钜鹿之廮陶、曲周、南和，广平之任城，赵之襄国、邯郸、易阳以益魏郡。——现在冀州本身已经成了一个超级大州了。

这是曹操在董昭等人的建议下实施的改革政体之准备工作，这种高层的政治大计当然要先与曹操的“王佐之才”荀彧商议，曹操秘密咨询荀彧的意见，不料想荀彧坚决反对！

《三国志》《荀彧传》中说荀彧是：“以为太祖本兴义兵以匡朝宁国，秉忠贞之诚，守退让之实；君子爱人以德，不宜如此！”

事实绝非如此，要说荀彧无限忠于名存实亡的东汉政权？这是把眼一闭说天黑了的现象，本来就是秃子头上的虱子——明摆着的东西，大汉皇帝刘协的处境荀彧能不明了？曹操杀宫禁帝，荀彧能不知道？他这个大汉尚书令是吃干饭的？

荀彧是曹操最主要的政治帮手，又是稳坐“智囊团”第一把交椅的大明白人，其地位是真正的一人之下万人之上，上面其实唯有曹操一人，皇帝是排不上号的，献帝截至目前的境遇实际上都与荀彧替曹操竭智尽力有关，荀彧忠于的是曹操，不是东汉！

但史载荀彧还真是反对曹操继续“进步”了，笔者认为原因有三：

一、此建议不是首次出于荀彧之口，这使荀彧处于相对尴尬的地位，反对是一种本能——这也可能是咱以小人之心揣度荀彧的君子之腹；

二、荀彧以东汉清流自居，欲在史书中记载一笔自己的大汉忠臣烈士行为，求身后清名是古人的一种时尚，荀彧未能免俗——这是再往高处估计荀彧。

三、荀彧是真心地为曹操着想，认为此举将会使曹操内外树敌，对曹操的"高祖"大业绝对不利，是只熟透了的木瓜，中看不中吃，损名而不得实利，非智者所为！——这点的可能性最大。

至于荀彧出口反对扯的是什么理由，其实无关紧要，关键是对这唯一一次与曹操意见相左的决策的定性，说穿了不过是一次圈子内部对政策与策略的一次争论，没什么大不了的。

曹操这次没采纳荀彧的意见，绝非贪图公侯爵位，不纳忠言，而是经过熟思，权衡了利弊，最后决定支持董昭等人的意见，但对于荀彧本人绝到不了失去信任的程度，这是鲜血中结成的友谊，哪能如川剧变脸般迅捷？

就是史书中也是妄揣曹操心思："……太祖由是心不能平。"

史书肯定的是曹操并没有口出任何怨言，是后世史家们估计曹操"心不能平"，这才是公然按自己的心思书写历史呢，连人家的大概心思都写上了正史。

史家们大概是由于荀彧的工作岗位突然变化而恣意猜测的：曹操命荀彧代表自己劳军于谯国，十月未回，曹操出兵南征孙权，曹操让荀彧以侍中光禄大夫持节，参丞相军事，荀彧奉命南下军前与曹操会合，当时曹操大军已行至濡须，荀彧于中途寿春突病，也兴许是想不开曹操弃用自己的正确建议，病忧交会，以五十岁寿病逝于寿春，被谥为敬侯。

公正地说，荀彧病逝与曹操没多大责任，如果仅以荀彧寿命稍短便责备曹操绝情，那周瑜、太史慈等人的中年病逝，孙权岂不更该受谴责？曹操自己的几个儿子因病夭折又该怨谁？诸葛亮的早逝，刘禅也成了凶手？

如果说召荀彧上前线就是不善待患难功臣，那么曹操首先虐待的便是自己，濡须口前线，曹操亲临前敌，指挥攻坚，丧命的可能更大于路途中的荀彧。

为什么曹操这么急于与江东再动干戈？因为战机到了，孙权的主要盟友刘备此时已经不在荆州，刘备军的主力部队已经悉数开往了益州，是救益州刘璋于险境？还是去跑到刘璋家里去挖陷阱？现在还不好说，反正是刘璋本人殷切请去的，暂时还是客人，反客为主的长途已经走到了中途。

留守荆州的是诸葛亮、关羽、张飞、赵云等人，军力骤减之时只能采取守势，是帮不上孙权多大忙的，现在的孙权只能孤军抗曹，这就是曹操的战机。

与其说是曹操的机会，还不如说是刘备的机会，实际上，最近刘备的事业大发展，步步机遇，一帆风顺，都是曹操给刘备创造的。例如，曹操对汉中张鲁的虚晃一枪……

215

刘备得以入川起因于曹操。

曹操在威逼马超等西凉诸部时，打的是大军入汉中讨张鲁的招牌，而张鲁闻讯后却不能不防，整军备战时实在不愿与曹操公开对抗，便学习曹操做一套说一套的优良作风，声称是为了进军益州，这下把益州牧刘璋给吓破了胆。

刘璋闻听张鲁又纠兵来犯、曹操开始进兵汉中之消息后大为惶恐！怎么办？两家血仇已不共戴天，谁能见义勇为帮本州牧一把？

曹操出兵可不是来帮自己的，如果说张鲁是只恶狼的话，那早晚兵临益州的曹操绝对是一只猛虎，益州闻狼嗥已人心惶惶，等到那猛虎进家，益州还不得家破人亡成虎窝？

第一个以智慧对刘璋“见义勇为”的是别驾从事张松，为主解忧是臣子的本分，便主动诱导刘璋：“曹操兵强马壮，天下无敌！如再收张鲁，据汉中以取蜀土，谁能抵挡他？”

刘璋老实回答：“我正发愁这事儿呢！哪来的好办法？”

张松笑了：“刘豫州，刘玄德，刘备！这位主公的本家是曹操的对头与克星！与曹操有深仇大恨，善于用兵，若请来使之征讨张鲁，张鲁必破。张鲁军破，则益州必强，曹操就是来了，又能怎么样？”

如此顺耳忠言，刘璋若不依从，那岂不成了昏懦之主了？深以为然也就自在情理之中，于是便按照张松提名，遣张松之密友校尉法正与副使孟达各率两千人远赴荆州迎接刘备。

请人来帮捶打架当然不能空口感激，于是便命法正携带巨资以亿计，以便法正贿赂刘备，不然人家不来怎么办？

巧了，刘备义正词严决绝了大舅哥孙权欲图西川的言辞试探，并且以不惜下野出家相威胁，现在突然来了这么个自己入川的机会，当然是喜出望外，不过绝不能显得急切，要再三表示为难才行，适当地摆点架子也是必要的，一请就到，那多自降身份？

首先被蒙住的是法正，这法正本来就是受张松所托专拆刘璋的墙脚来的，主公虽昏懦却是个宝贝，谁抢先卖了他谁准能发大财，怎么这刘备这么迂腐守旧？不想着趁机吃进这一原始大股？而且是别人送钱投资，稳赚不赔，哪有送上门的大股东不做的？

只好公开了自己的主动卧底想法，并细述自己与张松商议好的掠进益州之策，竭力动员刘备别顾虑什么道德仁义之虚名，吞到肚里的才是自己的，仁义不能当饭吃，为救大汉国家黎民，一个昏庸的刘璋算什么？

法正向刘备推心置腹竭力动员：“以左将军之英才，乘刘璋之懦弱；张松州牧之股肱，响应将军于益州；后借天府之殷富，凭两川之险阻，以成霸业，易如反掌也！”

话说到这份上，刘备只得“然之”了，虽然显得极为勉强，答应法正：“逆取顺守，报之以义。”遂起兵数万，开向了将来可能被曹操威胁的益州，刘璋的目的终于实现了！

皆大欢喜：刘璋如愿，张松如愿，法正如愿，刘备如愿，当然也有不如愿的：那就是早就对益州有想法的中原的曹操、江东的孙权。

刘备西征救刘璋，将领带去的是荆州降将黄忠、魏延等，关、张、赵都留给了诸葛亮留守荆州，为什么不带诸葛亮入川？鱼岂能离水而独活？

因为荆州太重要了，这是刘备极其幸运得到的唯一的根据地，一旦有失，刘备将退无所归！其实还有一个重要的原因：刘备这条幸运的鱼儿现在又多了一盆水：另一新收的智囊随军入川，此人即是前文提到过的庞统。

庞统是荆州襄阳人，少年时人长得木笃朴钝，没有人知道这是个神童级别的天才。直到有一天庞统像当年的曹操去找许劭相面一样，去找了颍川的司马徽来给自己做鉴定，这才一下火爆了起来。

据说是因为庞统口才不错，毅力更是令人咋舌：见司马徽时正遇上这位大师爬在树上采桑叶，庞统便坐在树下陪司马徽侃了整整一天，终于让司马徽感到大惊，（这司马徽更猴！竟能趴在树上一整天？）给了个“南州士之冠冕”的高度评价，那时，庞统名声渐显。

不过官运似乎并没有照应这位被称为“凤雏”的天才，拼搏了几年才混了个功曹的低级职务，勉强算是“吏”，连个小官也算不上。

刘备于周瑜辞世后接防了南郡，自然也就接收了南郡的一切地方官吏，这时的刘备对庞统还是出于间接的认识，因为庞统有个了不起的叔叔：庞德公，这庞德公前文已经略微提到过，牛到何种程度呢？诸葛亮的老师！谁能不服气？

那句“卧龙”“凤雏”得其一必得天下的说法就是出自于庞德公的原创，笔者怀疑这老庞有替自己的侄子小庞当“托”之嫌，因为以后的事实证明了此说法的虚妄。

216

就实际的政绩、军功来比较，庞统与诸葛亮哪能是一个重量级的？就算假设庞统能比诸葛亮长寿也没用，就算庞统智慧上与诸葛亮比肩也没用，关键的一条：对道义的理解与坚守。

再加上一条：对待工作的态度二人天差地别，孔明事无大小必躬亲，庞统却是工作不对胃口便刻意怠工，让当和尚咱就剃头不念经，住的庙小了索性连钟也不撞了。

开始刘备也是越级提拔了庞统的，从一个普通功曹提拔庞统为从事守耒阳县令，也算给了庞统一个施展才华的平台，比当年政府对待刘备自己大方多了，那时的刘备凭不小的军功才被委以个县尉而已。

但庞统却认为自己没有得到重用，百里小县不能施展大才，但那县令工资却又不想不领，便勉强地到职接任，愉快地领取俸禄，坚决地不干工作——也不知以前在周瑜手下当个功曹笔吏是如何屈就的？莫非也是白吃干饭不干活？

估计庞统也不敢掠周瑜虎须，只能兢兢业业地为周瑜卖力，但现在东家换了刘备，这刘备比周瑜宽宏多了，想来偷懒也不会掉脑袋，看样子庞统也是个欺软怕硬的角色。

想必庞统依仗着在荆州、江东有几个相互提携的哥们儿，如：陆绩、顾劭、全琮等人，就连鲁肃也对庞统相当欣赏，与庞统比肩齐名的诸葛亮当然也会捧场的。

发觉庞统不理政事的刘备烦了：怎么？想靠叔父名气吃闲饭？那就把岗位让出来吧，政绩考核不及格当然该下岗，这下，令已提升为军师中郎将的诸葛亮也无话了。

面临待业的庞统突然戏剧性地转了运，那对刘备有相救于危难之际大恩的江东鲁肃来了封信，专门向刘备推荐庞统，说这庞“士元非百里才也，使处治中、别驾之任，始当展其骥足耳”。

鲁肃的面子不能不给，再加上诸葛亮的竭力说情，刘备决定亲自考察一下这位“凤雏”先生，便与庞统进行了一次彻夜谈话，想那庞统是何等人才？对应付这种考察绝对是轻车熟路，能一天感动司马徽，不能一夜打动你刘玄德？

二人私下说了些什么？史未详载，咱也不好胡猜，但反正是刘备大悦，立即礼聘为治中从事，这次入川又破格提拔为仅次于诸葛亮的军师中郎将，刘备现在是真正的“龙凤呈祥”也！

不干活也是升官之路！刘备来了个旷古特例。

目前形势大好，隆中对的第二步到了实施的时机，刘备携凤入川，刘璋闻讯大喜，亲自远迎至涪关，刘璋乐刘备更乐，益州好似双喜临门！

双方相见甚欢，刘璋深恨自己未能早识本家英雄，接风欢宴自不必说，其实欢乐的浪花下面暗流涌动，刘璋的背后不知被多少支暗箭瞄得死死的，只幸亏那离弦的信号枪握在刘备手里，要刘备扣动射向仁义的扳机也是不大容易的。

张松令法正动员刘备：就在接风宴会上干掉刘璋，如此益州当可速定！——前文就已经发过感慨：历来叛徒狠于仇敌！这刘璋发薪眷养如此一帮忠贞部属，想不败亡都难！

庞统所献第一谋：就在初会之所袭击刘璋。

刘备摇头：“此大事也，不可仓促，初入他国，恩信未著，此不可也。”——刘备看来总归顾些脸面，若按庞统之计，奸诈固然能压曹操一头，可是那益州军么？

刘璋虽昏懦，对这本家刘备却实诚无比，先上表推荐刘备行大司马，领司隶校尉；刘备也投桃报李，推荐刘璋行镇西大将军，领益州牧。——这才是不用付出任何成本的好生意！

公正地说，此时的刘备多是虚情假意，但刘璋却是真正的无限深情，先给刘备增兵助饷，请刘备出击汉中讨张鲁，又交给了刘备白水军军权，刘备并军之后已达三万余众，“车甲器械资货甚盛”一时！

刘璋欢欣返还成都：英雄刘备已到，今后总算可以高枕无忧矣！可不是，刘备提军北到葭萌关，为刘璋筑起了一道钢铁长城！

刘备军在未及征讨张鲁之前，首先做的是搞好与豫州百姓的军民鱼水情的工作，部队秋毫无犯，与刘璋当地政府军的骚扰百姓形成了鲜明的对比；对所经郡县，则厚树恩德，以收众心。——看来刘备最懂得“以人为本”，据考证，这四字连在一块本来就是刘备原创。

庞统献计不成，有些忧郁，建功心切，又不能明指刘备迂腐寡断，只有一再建议刘备尽早与刘璋撕破脸皮，不然何时能得益州？那刘璋会主动地让给咱吗？

刘备坚决不干，要翻脸也要等刘璋先变脸，不然就宁可一直等待下去。可是，那刘璋怎么会主动得罪刘备客军？

还是曹操给了刘备机会！

曹操兵出合肥，杀向孙权，孙权当然要通知盟友刘备助战，这就给了刘备一个测验刘璋对自己真实态度的机会，庞统建功立业的时机也终于盼到了。

217

自建安十三年赤壁战后，江淮一带便注定成了一片血火交加的战场，这是由于地势形成的，居住在这一广大地区的百姓从那时便开始了“久经战火的考验”！

政治态度也就不可避免地成了可怜的“墙头草”，今天“还乡团”，明天“磨盘班”，在这种犬牙交错的战势中讨生活其实就是狗嘴里的骨头，时刻要准备着被嚼玩一番。

由于赤壁大胜，孙权的江东地区在这一带的势力其实早就不限于江东了，虽称江东，但长江在这里基本成了标准的东西走向，孙权主力据于江南，在江北也已有了大片统治区，从东到西沿长江如走廊，分别为：徐州的广陵一部、扬州的庐江一部及蕲春郡，主要的战事则在扬州的庐江展开，这还是因为地理上的原因。

曹操的陆军战力强悍，孙权的水师老到犀利，那么孙权必然要选择舟船进退自如之地作为据点，依次向北蚕食；而曹操则必定以清除这些据点为首要目标，双方主要表现在对巢湖地区的争夺上。

巢湖北靠合肥，南经濡须口与长江相接，孙权水军战船能得以进入，而且只要孙权控制了巢湖，曹操的合肥便永无宁日，合肥若易手，则扬州全境必将不保，孙权将进逼中原。

反过来也是一回事，曹操掌握了巢湖地区，不但合肥成了后方，而且能顺水路进入长江，如此不但孙权的江北地区就会全部姓曹，江南也就被摆上了餐桌，成了曹操的刀叉能够得着的美食。

这种明显的态势，是任何人都能看出来的，曹操与孙权也就自然各施手段来抢夺这块风水宝地，但两人采取的方法却大相径庭。

孙权在与刘备的“蜜月”刚开始时，刘备便建议孙权：迁都秣陵，占此虎踞龙盘之地，威逼合肥，必成大业，后来长史张纮也极力建议此建都大计，孙权便于建安十六年徙治秣陵，历时一年，筑了个石头城，改秣陵为建业，这便是今日南京被称为六朝古都的第一朝。

既然建业已称为江东都城，那当然绝对不能让这石头城位居前敌，孙权便在大江对面的巢湖水道濡须口构筑了一个水上堡垒，名濡须坞，坞内囤积大量军械粮草，使其既成为建业的江北屏障，又能作为北进合肥的辎重供应点，战事一旦不利，还能成为退军的绝佳掩护。

这个水路要塞当然也就是曹操的眼中钉了，若能拿下据为己有，江北即从此无忧，进侵江南又有了坚固后盾，所以曹操这次的军事目标就是濡须坞。

但此前曹操的军事准备工作却很难称为攻势作战，反倒摆出了一副避战防守的架势。

曹操于建安十七年便下令边民内迁，这里的“边民”指的就是江淮前线曹境内的边民，曹操的想法很简单：彻底地坚壁清野！搞成个数百里无人区，你孙权还有兴趣来骚扰吗?

这招法显然不大地道，也未必高明，扬州主簿蒋济便明确反对：“哪能照搬官渡白马作战时的套路?那时候我们处于弱势，不举城尽迁，势必留给敌人，但现在已破袁绍，收九州，北拔柳城，南向江、汉，荆州交臂，威震天下，人民已无它附之志。百姓怀土实不乐徙，让百姓惊惧不安，大为不妥。”

据史载：“太祖不从，而江、淮间十余万众，皆惊走吴。”

就是说，此令一经落实，效果明显：江淮间的十余万百姓全去江东投奔孙权了！历代搬迁工作都是最难办的事情，你曹操又没有开发商作为金钱后盾，那拆迁办如何能运转得灵活？就是有政权这暴力机器为强矛箭头也没有用，人心可不是几台推土机就能推成顺民的！结果把民心都推跑了吧？

所幸曹操还是个错了就认账的豪爽汉子！后来蒋济去邺城公干，曹操见面就大笑自嘲："本来欲使百姓避贼，结果反而是我把他们驱赶给贼了！"反对此政策的蒋济被当场拜为丹阳太守。

由此看，曹操的战前准备工作做得远不如孙权，反倒是帮了孙权的大忙。

不过，毕竟双方的陆军不是一个重量级，开始的战事还是曹军一路顺风的：十八年春正月，曹操进军濡须口，孙权派步军都督公孙阳迎击曹军于合肥南，设立了江西大营（严格说应该是江北），曹军则由张辽为前锋，主动进击公孙阳率领的江东军。

曹操的尽迁江滨之民的政策是把双刃剑，在伤自己的同时对江东军的打击也是明显的，公孙阳的江西大营简直像处于孤立的荒野中，想搜集点曹军的情报也不可能，再加上江东军又是以步兵为主，与曹军作战便处于极为不利的地位，基本上没有资格野战，战事也就只能成为应付曹军围攻的防守战。

218

但现在应付围攻却并不容易，固守一处的首要条件便是凭以坚城，江东军没有；其次就是要有牢固的营寨，这点江东军也没有，最重要的是要有充足的粮草，但大营不是城坞，不可能囤积支应数月的粮草，所以战争一开始公孙阳便处于了绝境！

张辽欺负江东军不敢出寨迎战，索性将前锋部队分为两拨，连预备队也不留，围住公孙阳日夜强攻，守寨的江东军竭力固守，但形势却逐渐恶化，等到曹操主力赶到，守军终于失去了抵抗的信心，江西大营被破，公孙阳力竭被擒。

曹操趁胜势扑向了濡须坞，原以为能一鼓而下，谁知一经交战，才知道这半水半陆的城坞是最不易攻打的，水路掌握在孙权的水军手里，江东军无辎重供应之忧，陆上一面攻城难占地利，而江东军却能集中兵力于一方，曹军的城头战向来便是弱项，几次强攻不利，空耗兵力，信心大减之后不得不扎寨围困，可是地势又只能半围，无力困住水路，战事成了对曹军不利的胶着状态。

濡须坞外，曹操集中了号称步骑四十万的大军，面对孙权率七万水军固守的要塞，却望坞兴叹，毫无攻取良策，这其实应该归功于吕蒙。

是吕蒙竭力说服孙权夹濡须水口立坞，当时江东诸将从没经见过于水上立城的奇事，认为构筑如此巨大工程，属自我疲劳之笨招，一个个振振有词："我堂堂雄师，上岸击贼能胜，洗足入船能战，这水坞是干吗用的？"

吕蒙不厌其烦地解释道："部队战力不可能永远保持强悍，作战当然也没有百战百胜的道理，如一旦邂逅强敌，敌持步骑精锐强横于我，我军未必来得及撤到水边，又哪里能悠闲入船？"

孙权不但采纳了吕蒙的建议，全力筑成了濡须坞，而且亲自率精锐水师驻守，舟船器仗充足，部队训练有素，军伍整肃强悍。不然又怎能与几乎举国而至的曹军相持月余？且战局毫不见处于劣势，竟把曹操给熬得无可奈何，厌烦无比。

但这样僵持下去对孙权来说也不是好办法呀？谁知道曹操的军粮能坚持多久？这样下去岂不是两败俱伤？

孙权向诸将谈了自己的忧虑，唯有前部督甘宁挺身而出："主公勿忧，今夜我带本部百骑，夜袭曹营，让曹操也见识一下我江东健儿的厉害，打掉曹军的士气，让他们知难而退！"

孙权犹豫应允，并特赐米酒犒赏出击的壮士，但壮士也都不傻，大吃一顿就去送命的事情都不愿干：这是干吗？觉得小兵的命不值钱呀？不光士兵，连两名行军都督都低头不语，眼见是不愿出战。

甘宁见状，拔剑置膝，先取两银碗米酒自行干毕，然后厉声训斥；"你们在主公眼中的地位能与甘宁相比吗？甘宁尚不在乎这大好头颅，偏你们的脑袋就多值铜钱？"

都督眼见甘宁发怒，知道这场险是躲不过去了，干脆豁上吧！临死也要先做回酒鬼，取酒带领士兵各干一大碗，时已二更，众人摔碗上马，衔枚悄抵曹营，搬开鹿角、木马，一声呐喊，扑入了毫无防备的曹营。

曹军困坞日久，防备不免懈怠，及至甘宁轻骑扑入，警觉时却不知来袭敌军有多少，一时难以形成有组织的抵抗，只是凭着平时训练有素，遇惊不慌，各自坚守营帐，不过战事突起在自己营内，箭弩不敢乱发，被动挨打是免不了的。

甘宁百骑，于曹营之中几乎任意驰骋，遇零散曹兵，即群骑拥上乱踏胡砍，曹军伤亡虽不多，却是举营皆惊，等到曹操得到确实军报，那甘宁百骑早已扬长而去，凯旋回坞了。

孙权的这一决定的确出曹操意料：这碧眼小儿还有这一手？看来欲轻松完胜倒不是那么容易。

次日凌晨，曹操遥望濡须坞上，只见江东军旗飘扬，守城士卒衣甲鲜明，刀枪瓦亮，旭日之中，金光闪烁，不由叹道："生子当如孙仲谋；如刘景升儿子，豚犬耳！"

意灰之时，左右送上孙权给曹操的亲笔来信，心中语言客气，内含讥讽，热情建议说："春水方生，公宜速去。"

话说得极为明白了：江淮一带春雨马上就要连绵了，阁下还不认输撤军，在这儿等死吗？

曹操却不理会孙权的有意调笑激怒，关注的而是孙权信中的春雨二字，这的确是不得不理会的不利天时，挥信之际，又见从封中飘落一张纸条，上写："足下不死，孤不得安。"

曹操索性将信遍传诸将，同时下令班师，回军时犹自感叹："孙权不欺孤。"——想来孙权在甘宁劫营爽胜之后，信心大增，本意乃是激怒曹操于坚城下困守待毙，谁知这曹操连敌人的建议都虚心接受，反而促成了曹操全师而归。

曹操留下张辽、于禁及八千兵镇守合肥，自己率主力军回到邺城。可是先前所实施的迁民之策却使张辽部处于孤军前敌的位置，由于此举，长江以北，合肥以南，已无城能够生存自立，只得主动弃守，仅剩了皖城一处，飘摇在江东军的强势之前。

更令曹操想不到的是，由于出征孙权前的炫耀兵力，唬得孙权致书于益州的刘备求援，竟间接地导致刘备得到了富饶的益州天府！

219

张松、法正，外加上刘备自己的军师中郎将庞统都有点急不可耐了。

道义与实惠之间，刘备犹豫不决。

其实应该是：在长远利益与眼前利益之间，刘备在反复掂量。

再准确一点：刘备不愿承担心理上的负担！夺人之国怎么也难与“仁义”画上等号！

也可能是刘备眼光放得更远：就算顺利打下益州来，名不正，言不顺，将来治理是否麻烦？国内舆论怎么应付？

一千八百年前的刘备之脸皮厚度与后世的人们还是有差距的，侵人之国的借口还不好找？就说刘璋藏有大规模杀伤武器不就心安理得了？笨啊！

为难之际，孙权求援书到，庞统知道，机会到了！立即再提建议：这是试验刘璋真革命假革命的试金石！趁机给他提出要求，助兵助饷，兵先要他一万，粮草军械若干，如数付出么——到时再说，如果不给？嘿嘿！揍他有理了吧？

刘备也想看看这位本家铁哥们儿能铁到什么程度，便依庞统建议致函刘璋：“曹操正在欺负与我唇齿相依的东吴，还派乐进在青泥攻打少兵的关羽，我不去救助，关羽必败，接着就肯定轮到了益州，这忧患大大甚于张鲁，张鲁一个自己都顾不住自己的小贼，不必担心他。”

要求刘璋必须付出的“援助”清单当然附在后面，刘璋虽然大方，也不能有求必应呀，上市场买件“唐装”还兴许见价拦腰砍呢，何况你这是为自己打仗，又不是去打张鲁，对折出血够面子了吧？

刘璋像个购物老手般准备半价送鬼出门，人力资源最宝贵，给你四千兵吧，客走主安乐，走了就好！刘璋却偏忘了中国有句俗语：请神容易送神难！估计现在的刘璋应该有了引狼入室的感觉，那还吝啬这点人、财干吗？

不过假如刘璋这样做：刘备咋说咱咋办会怎么样？

就像小学课本里的一则寓言所描绘：一只老狼与一只肥嫩的羊羔一起在一条小溪饮水解渴，狼先生想拿小羊羔做点心，先说小羊在下游污染了自己上游的溪水，继而指责羊羔在没出生时说过狼先生的坏话，最后确定是羊羔的爸爸散布对现实不满的舆论，还是扑向了可怜的羊羔。

刘璋这只并不值得可怜的羊羔主动将狼先生刘备请进了小溪益州，现在就是将刘备的要求当做最高指示，一切照办不走样也不会有用处的，想吃羊肉还怕找不出理由？

所以，刘璋这只羊羔是当定了。

刘备见求到的东西给打了折，心中大怒，良心的负担顿时减轻了许多，不过就因为人家给的东西少而揍人还是有些强盗逻辑，不以恶小而为之的刘备还是有些羞答答的，做心里想的事情真难啊！

有一个人关键时刻送来了遮羞布，就是“那卖主求义”的张松。

张松闻听刘备欲回师荆州的消息大为惋惜，立即修书给刘备，再次建议刘备决不能错过此千载收川良机，谁知此信草稿被张松的哥哥广汉太守张肃给发现了，惧怕连累性命，向刘璋举报了这个国贼家贼。

张松循天理被摘去了脑袋，由此刘璋突然觉悟：这刘备阴险！于是刘璋行文益州各关口：不能放这不讲仁义的大耳朵轻易回荆州！

这下成了刘璋先翻的脸，刘备顿时轻松，终于可以开打了！

庞统献计三策：上策是选精兵轻骑，昼夜兼道突袭成都，刘璋军力虚弱，又无预备，大军骤至，一举便定；中策为宣称荆州告急，欲还军救危，将部队伪装成远行模样，那白水关守将杨怀、高沛必然高兴送行，就地擒拿，占据关口，尽取其兵，再向成都；下策是退军于白帝城，连接荆州作为后方，慢慢打吧。

刘备采取了庞统所献中策，果然那白水军督杨怀前来殷勤送行，被刘备轻松擒下，砍了脑袋，刘备趁势占据白水关，以黄忠、卓膺为前锋杀向涪城。

涪城守将刘璝、冷苞、张任、邓贤等倾力迎战，奈何部队战力与荆州兵却不是一个档次，连战连败，依城固守也未奏效，涪城终于被破，益州军只得退保绵竹，刘备军士气大振，开始兵出绵竹，刘璋急遣李严督战绵竹诸军，这次就看李严的了！

督军李严到达绵竹之后，果然督军有方，极力督促益州军各部尽快放弃抵抗，迎接刘备入关，刘备兵不血刃地占领了绵竹，兵势愈张，现在就剩下成都了！不，中间还仅隔一道关城：雒城。

刘备初克涪关之时，精神大为亢奋，大会诸将置酒作乐，酒酣之时得意非凡，对庞统大谈心理感受：“今日之会，可谓乐矣。”

庞统心里纳闷：怎么与前几日判若两人耶？看来没有道德的约束真是太幸福了！便趁酒嘲讽开了老板：“伐人之国而以为欢，非仁者之兵也。”

刘备已醉，大怒反驳：“武王伐纣之时前歌后舞，难道就不是仁者了？你在胡说八道，出去自己玩去！”

被老板从宴会上赶出去可是够难堪的！刘备一寻思也大觉后悔，便着人又把庞统请回酒场。庞统回到座位，也不道谢，饮食自若。

刘备还要分个里表短长，追问庞统：“刚才的事情，咱们谁的过失？”

庞统酒后吐实言："君臣二人都有过失。"

刘备大笑，宴乐如初——既免掉了自己的尴尬，又化解了对庞统的羞辱，这刘备还不厉害？

平坦的大道却是最容易栽跟斗的时候，刘备的乘胜进军遇上了大坎：这雒城竟成了荆州军的拦路虎！

刘备苦战雒城之时，正是曹操无奈于濡须坞之日，但曹操却不比刘备的耐性，黯然回师邺城，去再升自己的官职去了，军事斗争得不到的，政治斗争中坚决找补回来！

第五十章

刘备吞西蜀：曹操两线作战惹的祸

220

自赤壁战后，三分天下已据其二的曹操日子过得并不安稳，仅南方就开辟了两条战线：荆州与扬州，荆州方向的刘备军还好说，因全力关注西进益州，襄阳前线基本处于守势；但扬州江淮方向的江东军却对合肥骚扰不断，曹军全力去打，江东军便龟缩于濡须坞内不出，主力转回便又复出蚕食，直令曹操伤透了脑筋！

建安十六年的全力西征，虽然平定了关中，囊括了雍州，但却遗留了个马超隐患，以至马超在关中战败兵退凉州后猖狂未减，于建安十七年八月攻破凉州，斩杀了曹操的刺史韦康。那羌、胡各部素服马超，一齐出兵响应马超割据凉州，马超的凉州军眼看又要逐渐势大，现已蚕食到了兴国。

对付马超的复振余部，曹操一时还顾不上自己出马，由夏侯渊主持对兴国的征讨，曹操自己却要理理政务了。

所谓政务，无非是进一步理清和东汉皇朝这块招牌的关系而已。大汉四百余年，其体制已经深入到人们骨头里，那正统观念绝对深入人心，只要你不姓刘，凭什么当皇帝？这时的曹操也不敢犯举国众怒，估计就是他内心也不敢设想自己身登九五，让天下改姓了曹，这从他《短歌行》尾句中便可以看出来：自比周公！天下还能有比周公更忠诚的忠臣？

不过这时的刘协也的确不值得尊重，自接位以来，对平息全国的混乱，这位皇帝又何曾起过丝毫作用？当然，就刘协的处境，就是有本事恐怕也无力施展，那就只有高坐庙堂当尊泥胎了，曹操的任务就是让这尊泥胎更泥胎化。

还是要解决体制问题，朝廷的官员不论是谁让当的，还是以大汉朝臣自居，这让人不大舒服；曹操身居邺城，还要遥控许都，也的确不大方便，管理系统要另起炉灶！这就是曹操欲建国中之国的根本目的。

先打乱原辖区，从行政区域上降低还没有到手的几州之地位，这样最起码理顺了曹军占领区内人们心中有关地方与中央的关系。建安十八年春正月，曹操宣布：废除目前全国十四州的区域划分，恢复《禹贡》所载天下九州制。曹操手握七州，这就是大家看见的天下大势！

第二步：进一步增大冀州的版图，将河东、河内、魏郡、赵国、中山、常山、钜鹿、安平、甘陵、平原凡十郡改称魏国，曹操在董昭、荀攸等人的劝说下，“勉强”接受了皇帝封赐的魏公称号，加九锡，建宗庙，当然，推辞再三这套程序是免不了的。做戏也要逼真才有趣。

对皇帝的私生活方面，曹操是不惜代价满足其需求的。七月，曹操将自己的三个女儿曹宪、曹节、曹华同时送给了皇帝做“二奶”。曹华还属幼女，的确不适应做“贵人”配宿，不要紧，有小不愁大，先在家里等着，长成熟点再圆房报国。

据史载，曹操一生共有儿子二十五个。早在建安十六年，曹操的儿子曹丕便被提拔为五官中郎将，有权独置官属，并挂副丞相实职，其余的小兄弟当然也在各自的公务员岗位上为国尽忠；女儿查无确数，估计要多于儿子，要不曹操为何这么大方？不管怎么说，后代儿女都被曹操派上了战场，朝廷龙榻上下都是魏公的子弟兵。

行政建置也逐步开始配套，尚书、侍中、六卿开始办公；地域又分为东魏西魏，各设都尉治理；一些随太祖长征四方的老革命都得到了妥善安置：荀攸荣任尚书令，凉茂居仆射大位，毛玠、崔琰、常林、徐奕、何夔皆尚书，王粲、杜袭、卫觊、和洽为侍中。

解释一下“九锡”：九锡与是否准备篡位无关，无非是九种礼器。是古时天子赐给诸侯、大臣的九种器用之物，也就是最高礼遇的表示。锡，在古代通“赐”字，九锡即九赐，再具体点就是皇帝特赐给你以下九种：车马、衣服、礼乐、朱户、纳陛、虎贲、斧钺、弓矢、秬鬯（音“厂”，祭祀时盛谷物用）。

内部整顿已毕，曹操又开始把目光投向了江淮的孙权。

至于西凉的马超，已经不是什么忧患了，这年余夏侯渊在凉州打得不错，运气也不错，去征讨西凉马超、韩遂两大强敌，在进兵讨伐的途中便减少了最强悍的马超，那马超竟然栽在了凉州本地人杨阜手里。

这杨阜值得一提，杨阜，字义山，凉州天水冀城人，族人众多，且俱尚武好斗，唯杨阜曾被举孝廉，又被凉州刺史韦康聘为参军，由是宗族子弟皆服杨阜，马超兵败关中时杨阜手下仅杨姓家兵即达千余人。

当时杨阜正好出使长安，曾建议曹操：留重兵追歼马超，曹操虽认同此议，但实际却带主力东归，以至马超以残兵攻破凉州，各郡俱降，唯杨阜所在冀城坚持依城死守，马超的铁骑却无奈于城下。

马超大怒之下，集中了所有兵力，死困住冀城，而汉中的张鲁又助兵万人，由大将杨昂带领参加攻城，这下凉州刺史韦康终于受不了了。

221

冀城，本来一座并不算坚固的危城，攻克并不太难，尤其是守军中的主要领导已经动摇，应该是冀城瓜熟蒂落的时候。

可是任何事情都有例外的时候，这就是因为冀城内有了个杨阜，实际战事过程战苦了马超。结果虽然冀城内刺史、太守恐惧马超，都有降意，却因杨阜哭谏不降，亲率家兵战于城头，冀城一直死守了八个月未破。

后来刺史、太守见救兵无望，终于开城投降了马超，那马超却是个怪脾气：对死抗的杨阜欣赏有加，却砍了主动归附的刺史、太守的脑袋！

但杨阜却毫不领情，借口丧妻求葬假回到了历城，联合大舅哥姜叙、南安赵衢、安定梁宽等起兵反马，马超这次当然再也不能放过杨阜了。

这双方其实说不清谁算叛军，马超与杨阜、姜叙等大战于卤城，杨阜与本家族兄弟八人首先突击马超军，马超恨极之下，独战杨家兄弟，一只铁枪神出鬼没，竟然连挑七人落马丧命，唯有杨阜犹自死战不退，身中五枪，犹如血人，却还狂呼悍战！就连马超的西凉军也不由心惊。

杨阜重伤被救下战场，马超趁势围攻卤城，但马超的后方冀城却出了乱子，那里毕竟是杨阜的老家，被安定梁宽、南安赵衢趁马超军空虚，里应外合袭破了冀城，留在冀城的马超妻子被杀。

冀城丢失后，凉州各郡变戏法般迅速改旗易帜，马超卤城还没到手，回头一看：自己突然变成穷光蛋了！

西凉军人乡土观念最为浓厚，只要老家改姓，士兵心思立马转向，不能保家了，谁还卫国？部队士气陡然低落，迅速涣散，开小差的远超战场损耗，威震西部边陲的马超铁骑成了江南追歼战中的国军，马超本人不得不重新申领自己的“身份证”了。

新“身份证”上的职业改了行，成了羞对外人道的“流浪者”身份，马超强行收集残部越秦岭逃往汉中，去寻求他往日懒得正眼瞧一眼的张鲁之庇护，开始了虎落平阳、龙陷沙滩的屈辱日子。

西凉的韩遂虽与马超反目，但在军事上毕竟还是唇齿关系，马超这嘴唇撕裂成豁，韩遂这牙齿必然透凉入龈，心寒之下，将部队迁徙金城，背靠友邻羌、胡，暂避夏侯渊的曹军。

主持凉州军事的曹军主将夏侯渊在各方面都得曹操七八分真传，尤其是在战场指挥与行兵冒险方面，比曹操甚至有过之而无不及，早在杨阜、姜叙起兵反马超之时，曾告急求援于夏侯渊，诸将领实在不愿与马超作战，便纷纷建议：这等举兵大事，要请示最高领导曹公，咱别擅权了。

夏侯渊却明白诸将的心理，冷冷回答：“曹公在邺城，如去请示，往返四千里，要等军令回来，姜叙等人的脑袋也不知挂在何处了！这是救急还是谋杀？”

没听大伙的，夏侯渊自主命令张郃督步骑五千为前军疾援杨阜、姜叙，结果虽未赶上实战马超，但其援兵立至的威慑却是马超军溃走汉中的重要因素。

现在西凉的主要军阀就剩下一个在显亲的韩遂，夏侯渊准备给韩遂来个长途奔袭，谁知那韩遂比经了枪的野兔还要仓皇，没等曹军出动便走略阳，夏侯渊只得按常规战法，进逼略阳，及至离略阳韩遂三十余里，羌、胡万余骑兵增援韩遂的消息已经传来，诸将有的建议兵贵神速立即攻之，有的建议应当转攻兴国。

夏侯渊现在的思路有点曹操的影子：“韩遂兵精马快，羌、胡兵野战彪悍；兴国城池坚固，强攻难以立拔。那羌、胡兵也有家室，不如奔袭长离，那里是诸羌胡的老窝。韩遂军中的长离诸羌必归救其家。韩遂若无羌、胡兵助阵，其势则孤，举师救长离则舍坚城被迫与我野战，必将成为我的俘虏！”

夏侯渊乃留督将守辎重，亲自率轻兵奔袭长离，轻骑骤至，羌兵眷属猝不及防，被攻破焚毁居住之屯。

韩遂果然举全师来救长离，诸将见韩遂的救兵众多，便欲结营作堑与之来个坚守战。

夏侯渊不禁摇头："我军千里远征，现在敌人来到了跟前，却忙于作营堑固守，则士卒劳累，军心必然涣散，士气不可复用。贼军虽众，仓促远来疲师，易破也！"

羌、胡人还没学会中原汉人的"落井下石"大法，虽然义气，慷慨相助韩遂万余骑以抵挡曹兵，也确实起了为韩遂壮胆的作用，谁知自己的老窝反而丢给了曹兵，军心不禁慌乱，现在随韩遂来救自己的眷属，一个个当然急于回奔，一时建制大乱，成了一窝乱蜂。

本来那羌、胡兵就无甚严明的战场纪律，战阵上不易指挥调动，现在回家心切，更成了游兵散勇，这样一窝乱蜂岂能是容易融合指挥的？

韩、胡联军到了战场之上，实行的是标准的各自为战兵法，又恰前来远征的夏侯渊正急于立功，战风更加彪悍，部队又训练有素，收展自如，竟被夏侯渊长驱直入，势若风摧败柳，雨暴残红！

夏侯渊索性也学曹操之南皮摧袁谭之战，亲自接槌擂击战鼓，曹军士气更加飙狂，就此一战大破韩遂及羌、胡诸军。

余下的战事简单多了，在夏侯渊的连打击之下，羌、胡散勇一散了之，韩遂败走西平，夏侯渊与曹军诸将士回头攻陷兴国，这回又学了一把魏公风范：鸡犬不留，全城屠之！

西线捷报频传，更增曹操南征欲望，大军即将出动，江淮又将沐浴战火！

222

江淮前线，孙权已经先动手了！

虽然曹操现在无论在实际上还是从形式上，都与皇帝差不了多少了——三月，皇帝已经明诏：魏公曹操其地位在诸王之上，改授金玺、赤绂、远游冠——但江东的孙权并不因此买账，反而是以实际行动表示了自己的不屑！

孙权的首个作战目标是皖城，这是去年曹操把江北边民内迁后唯一没放弃的合肥以南的据点，由庐江太守朱光驻守。这朱光屯皖城执行的却是曹操在建安十五年的屯垦军令，召集流民，大开稻田，一时成了江东欲蚕食江北的拦洪水坝。

吕蒙心思颇远，建议孙权："皖城地区田肥水美，若一旦丰收，朱光的民众必增，兵力必强，应该早除掉这个大患。"

孙权素来就有虚心听取群众意见的良好品质，立即依从，并且亲自带队来攻皖城。江东诸将按照攻城的老规矩，提议先筑土山，同时添置攻城器具。

还是吕蒙及时指出："制作攻城器械及构筑土山，需要多长时间？所拖时日必久。我们准备妥当了，皖城的防备也修整完毕了，他们的外援救兵必然也到了，那时还能有我们什么事？况且我军是乘雨水丰足才得以乘舟而入，若滞留经日，水必退尽，我军只有舍舟登陆退军。还道艰难，我军必危！今观此皖城，还不能及时加固，以我三军初战锐气，四面强攻，拔城不难。然后从水路而归，方是全胜之道。"

孙权又是听从了吕蒙的。

吕蒙便推荐甘宁为攻城总督，而甘宁却不是在后督军，而是手持铁链，率先攀城，直接成了突击队长；再加上吕蒙以精锐步兵继之以后，吕蒙本人亲自擂鼓催战，江东士卒腾踊非常，皖城立见危机。

庐江太守朱光及参军董和虽然集结了男女数万口守城，但无奈大都是些农垦部队，实在谈不上什么战力。被江东军黎明进攻，破城朝食，竟没耽误江东军在皖城内进早餐！

朱光率参军董和及男女数万口做了俘虏，闻讯急来增援的张辽刚赶到夹石，闻听皖城已破，无奈退回了合肥。

孙权感激吕蒙数次决断于关键时刻，拜吕蒙为庐江太守，分军马给吕蒙使其驻军寻阳，并别赐吕蒙寻阳屯田之民六百户，官属三十人。那曹操的大军就是在这种势态下不得不出动南下的。

曹操此次出兵，声势浩大，水陆并进，人马喧嚣，声震数十里，大有不破江东誓不还之态势，眼看江东就要大祸临头！

而此刻的孙权却并不在江淮前线，荆州方向出现了更吸引他的机会。

但留守的将士们也不负孙权所望，面对曹操的大军，严格执行孙权留下的作战方略：据城死守，决不出战！竟至曹操有力无处使，强攻不得地利，人多只能观战，出现了临行时傅干所预言的局面："十万大军，屯于长江之滨，若贼来个龟缩深藏，则我将士铁骑不能逞其能，明公智慧无所施展……"

曹操苦思怎生破坞之时，老天又让曹操折了一个有力臂膀：魏国尚书令荀攸在军中病逝！

先失荀彧，再去荀攸，曹操伤感无比，哀叹："二荀令之论人，久而益信，吾没世不忘。"

心痛之际，后方又秘传惊报：国丈伏完谋反在即，现已掌握皇后亲笔家书，指使其父亲杀魏公政变！

曹操不能再犹豫了，前方军事无起色，后方岂能再蹈当初兖州覆辙？于是仍由张辽、李典、乐进等七千人马留守合肥，自己带全军退回许都。

孙权置江淮前线军情不顾，西行荆州，干吗去了？去处理荆州方面的"家事"了。

刘备已率兵入蜀做客助拳，孙权又妒又气，一时还无话可说，只得密切观望，静待二刘欢度蜜月于益州，就看这二人何日离婚反目，对于这点，孙权内心是肯定的，一山尚且不容二虎，一个益州，岂能久容两个主人？

不久消息传来：那刘备果然不出所料，已经与刘璋反目成仇，现在正刀兵相见于雒城，看来二刘蜜月还没度完便开始了离婚行动！

孙权大怒：我出兵收蜀，你刘备阻止，说是要维护同宗本家，一转眼你却先下了手，那同宗之义、本家之情呢？怎么摊上这么个不要脸的妹夫？妹夫？对，还是亲家呀！亲妹子的处境要考虑了。

这刘备撇家西上，把一个如花似玉的夫人扔在公安守起了活寡，这到还是小事，但如将来孙刘两家翻脸呢？有这么个胞妹在刘备那边毕竟是个顾虑；还有，那刘备现唯有一个独子，正留在妹妹身边，若能在接回妹妹的同时，将那刘备独苗给带过来江东，那刘备可就算被老牛穿了鼻子，还不得顿顿缰绳就拐弯？

思定便付诸行动，孙权派出舟船，迎接妹子回娘家，不要你"左手一只鸡、右手一只鸭"，就要你"背上背着一个胖娃娃"！

孙夫人自刘备入蜀，自然郁闷这寡居生活，每日里只得以率众女兵男卫打猎消遣，但在排解寂寞的同时却不免骚扰百姓，所带江东军的男女侍卫，身份地位在荆州又甚为特殊，上司除了夫人本人别人不好插手管理，所以惯得一帮士卒骄横非常，强买强卖甚至抢劫的行为时有发生，百姓上告到诸葛亮那里，诸葛亮对此也没有灵丹妙药，只能尽力安抚百姓了事。

现在哥哥孙权来接自己回江东暂住，孙夫人自然高兴非常，那时的女人政治嗅觉绝不比今天，怎会思量亲兄背后的心思？便带着那刘备的独子刘禅上了江东来船，正常省亲，所有的外人都不能说些什么。

江东来舟离岸，刘备所派随从中有机灵者感觉不妙，立即飞报侍卫主将赵云，赵云闻报大惊，立即紧急通报下游的张飞，自己率部乘轻舟扬帆直追江东归船。

幸喜张飞接报异常迅速，出动战船迎头拦住了江东船只，赵云轻舟也同时逼住江东的省亲客船，二将不由分说，以武力相胁，硬是把幼主刘禅给从大江之中劫了下来！——由此看来，那孙夫人在刘备阵营地位甚是微妙，反正没有被张、赵这样的部下视作主母。

一段老少配的美满姻缘就此画了个逗号，句号还画不得，只要没离婚，就应该还是夫妻，只能称为暂时分居吧，美满却是再也谈不上了。倒是张飞、赵云劫江夺阿斗的一幕，经罗贯中老先生的妙笔宣传，从此成了千古佳话，流传直到今天。

妹妹已回，那刘备的独苗却没有带来，孙权不无失望，但与刘备翻脸却从此没有了顾忌，可翻脸夺荆州还不是时候，孙权还要等那益州二刘的战况：刘备胜夺益州，那就应该履行让还荆州的承诺；刘备失利，军力必大减，孙权也正好趁火打劫，武力强夺荆州。荆州，无论如何也该姓孙，决不能姓刘！

223

刘备围攻雒城的战事却遇到了天大的麻烦！

本来自与刘璋翻脸以来，战事异常顺利，再加上前锋主将黄忠勇冠三军，冲锋陷阵，所向披靡，刘备才得以兵围雒城，成都在望，但不曾料在雒城却碰上了一个难缠的对手，刘璋的儿子：刘循。

刘璋虽昏弱，其长子刘循却是个不易对付的角色，由绵竹退守雒城后，刘循手下尚有两名大将：刘璝、张任。刘璝善守，被刘循委以坚守雒城的全权督军重任；张任善战，被授予前敌主将，率主力驻防雒城之外的雁桥，以期于野战中挫败荆州客军的锐气，就算能相持于雁桥，那刘备军也必然长耗不起，更何况还有后方成都的支援，雒城之战刘循开始时并不落下风。

谁知雁桥之战大出刘循意外：那张任竟认为益州军已处于“哀兵必胜”的地位，尽出主力与刘备决战于雁桥，刘备军初战败退，张任持勇掩杀，轻兵冒进过于深入，结果被刘备与庞统预伏的魏延军伏击，招致失利。欲回师雒城又被黄忠率精兵截断了归路，以至张任本人被刘备擒杀，益州军大败亏输。

对刘备来说，现在是形势一片大好，庞统也认为雒城攻克在即，乘胜挥师围了雒城之后，才发觉不是那么回事：那刘循接受了张任兵败的教训，决不再出城作战，由刘璝督战于城头，刘循调度于城内，刘备军的数次强攻竟然损兵折将，毫无战果！庞统有点沉不住气了。

尤其是见刘备急调留守荆州的诸葛亮与张飞、赵云、刘封等入蜀助战，庞统心里更不是滋味。但刘备此举实际甚是明智：雒城急切不能得手，战势眼看将不利于荆州军，东面的巴郡若出兵援助雒城，刘备军无疑将处于首尾难以兼顾的境地；尤其是成都的刘璋若举精兵来援，那荆州客军形势将更为不妙，三面临敌，久困于坚城之下，必败无疑！

荆州军出动巴东，将缓解雒城围城部队的压力，最起码来自东面外围的危险不存在了；至于刘璋成都的援兵？那就不是刘备所能指挥的了，只能寄希望于刘璋按兵不动，坐视雒城被围。

那刘璋还真是按照刘备所希望的部署兵力：守卫自己所在的都城是重中之重，精兵虽有，焉能轻易出动？至于儿子苦守的雒城？发挥自己的潜力吧，指望虎父老子接济的无不都是犬子，要相信儿子的能力，烈火炼真金，困境铸英雄！

开始的雒城攻防战刘循还真不负虎父所望：竟然在守城战中取得了一个绝大战果：把刘备的军中主谋、军师中郎将庞统给干掉了！

庞统可不想熬到诸葛亮等人来到再拿下雒城，立功过于心切，指挥作战时站位过于靠前，竟然被一支流矢射中了要害，当场丧命于雒城之下，“凤雏”尚未长为成鸟，便提前进入了“涅槃”期！

刘备闻噩耗大为悲痛，言则流涕。爱屋及乌，爱才及父，在拜庞统老爸为议郎并迁谏议大夫的同时，亲自督军死死围困雒城，誓要为庞统复仇！至于刘璋？暂时顾不了那么多了。

刘璋还真的不用刘备顾虑，竟于成都手握三万精兵，眼睁睁地看着刘备在雒城将围困进行到底，倒像是在体验坐以待毙到底是什么滋味？

儿子刘循还真是不含糊，面对刘备大军的围困强攻，坚持不降，抗战到底，这一守竟然将刘备牵制在雒城城下一年有余！

围城中间，已投入刘备军中的法正曾苦心来书劝降，刘璋不置可否，却又不采取行动支援雒城的儿子，只知成天苦闷愁思、开会不断，最后也没拿出任何决议。

就这样，在“好人刘璋”的耐心等待下，荆州的诸葛亮遵刘备的意见，留关羽镇守荆州，自己起军数万，与张飞、赵云兵分北南两路，沿江西上，一路斩关夺将，收郡伏县，浩浩荡荡杀到了雒城！

但刘备围攻雒城却突然得手，诸葛亮的增援部队未能赶上雒城最后的攻坚战：雒城守军见成都刘璋坐视雒城险境不顾，荆州援军据闻不日就要抵达，军心终于涣散，刘循、刘璝再也无法约束看不到胜利希望的手下，雒城已经坚持到头了！

刘循见大势已去，突出城去，逃往成都，刘璝丧命于自己的叛军之手，就在诸葛亮的荆州援军到达之前，雒城终于易手。

刘备三路大军胜利会师于雒城，兵贵神速，又岂肯耽搁？大军浩荡，围了成都，刘璋的命运已经决定了。

其实现在成都还有一战的资格，不光刘璋手握精兵三万，城内军民由于愤慨刘备的背信弃义，俱都表示愿与刘璋共生死，与成都共存亡，更何况城内粮草储备丰足，支应一年有余，那刘备的大军又岂能在成都城下再耗上一年？

诸葛亮正在谋划攻城方略之时，刘备的运气又来了：那投奔张鲁的马超给刘备送来了密信，要脱离张鲁率部投效，马超的此举成了成都破城的关键。

原来马超早知张鲁不足与之共事，前来汉中投奔实是没有办法的办法，来到汉中之后，又与张鲁的亲信杨松、杨柏产生了无法调和的矛盾：系师张鲁座下的第一二把交椅本来是属于这杨姓松柏二人的，现在突然来了一个智勇名闻全国的马超，据说张鲁还准备把女儿嫁给这马超，那我们的地位岂不无形中矮了一级？

所以两人便数次在背后提醒张鲁：这马超连亲爹都能不顾，勇猛、无信都不亚于吕布当年，实在是信任不得，只能利用，万莫重用啊！

这些信息不知怎的都传到了马超的耳中，又恰刘备派建宁督邮李恢前来密做马超的统战工作，马超终于下定了决心：再改门庭，今后跟着刘备干革命！

遂从武都逃入氐中，向刘备送来了请降密书。刘备却使人制止马超的立即起义，反而秘密派去了部队，使马超的西凉残部立即像个样子了。

然后散出风声，说西凉马超，不愤刘备欺凌益州的行径，已经起兵前来益州见义勇为，要救援刘璋于水火之中。刘璋闻报，当然如同一个快要淹死了人突然抓住了一根救命的稻草，管不管用，就指望他了！

十几天已过，刘璋期盼的马超之西凉铁骑终于到了，现已扎营成都城北，可是一个石破天惊的确切消息也到了：那马超是奉刘备之命，前来助攻成都！这下成都举城慌乱，刘璋的心理一下崩溃了。

刘备则及时地派来了以铁嘴著称的从事中郎将简雍入城，前来动员说服刘璋认清形势，及早归降，也好争取个宽大待遇不是？

刘璋感觉这是真的走投无路了，便拒绝了部下抵抗到底的呼声，开城投降了。临降发表声明："我父子在益州二十余年，无恩德施与百姓，实感惭愧。现在百姓历经战祸三年，田园荒芜，饥寒度日，实在是我刘璋的缘故啊，再不息战火，我何能心安？"

在部下莫不流涕的感动深情之中，刘璋被刘备优待迁于公安，尽归其私人财物，并佩振威将军印绶——刘备的确宽待了在最后关头觉悟了的刘璋。

益州到手了！刘备顿时发了大财！蜀中殷盛丰乐，刘璋留下财宝无数，刘备连开大宴，犒赏三军，以刘璋的金银分赐将士，并宣布自领益州牧，以下诸葛亮为军师将军，对有功将佐、益州原官吏一律论功行赏、加官晋爵。现在是降者受降者俱都皆大欢喜，唯有刘璋，黯然携家东去。

224

盛大的节日期间也有不和谐的音符：孙权像催债鬼一般送来了书信，要求刘备履行当初的诺言，让出荆州，实在不行，先交出荆州南三郡的管理权也行呀。刘备回书：我正准备收服凉州，凉州到手后，一切都好说。

孙权怒恨交加，立即采取了武力接受行动，先派南三郡的江东官吏前去上任，当然被留守荆州的关羽给赶了回来，不过这却也在孙权的预料之中，孙权还有后招：江东大军同时扑向了三郡！

刘备与本家刘璋成了仇家，夺占了这本家的老窝；现在又与亲家孙权结成了仇家，孙刘亲家之间开战了！

刘备一面命镇守江陵的关羽整兵备战，南向收复三郡失地；自己亲率五万步骑沿江东下勒兵公安，虽然身居江东乔客之位，也只得以刀枪会亲戚。

局部态势刘备军并不落下风，江东军由于江淮前线曹军的牵制，并不能尽出主力来争荆州，前线仅鲁肃的万余水军及吕蒙的两万步骑混合部队，尤其是位于江东军后方的零陵郡还在刘备委任的太守郝普手里，真要双方动了真章，谁也不敢说自己是绝对赢家。

至于两家的共同对头曹操？那不利因素双方都存在，估计曹操也不会偏向哪家的。

刘备亲自出马，孙权当然也不甘落后，孙权先命与关羽邻界的鲁肃以万人屯军益阳以拒关羽，自己率部进驻陆口做后援，又飞骑传令零陵城下的吕蒙，急速援助鲁肃，这最当紧的亲戚之间看来是要动真格的了。

益阳前线，鲁肃的江东军与关羽的荆州军顶上了牛，只是因关羽还未等到公安的刘备跟上来，鲁肃也在等待吕蒙的增援，双方也算还没有正式开仗，鲁肃准备与关羽单独会晤一次，看在最后的关头能否争取到和平收服荆州的哪怕一丝希望？

独会关羽？诸将不禁咋舌，自然没有人赞同。鲁肃却胸有成竹，自信无刘备的命令，那关羽绝不会翻脸伤己，自顾修书邀关羽相见，各驻兵马百步之外，每人只准带一名随从于两军中间谈判，关羽立即应允。这就是史称的所谓“单刀赴会”。

此会肯定有会议记录，但与会双方记载的却不大相同，吴书大概只记录对自己有利的情节；后人补著的蜀书根本就没提此事;《资治通鉴》又扯进了《江表传》中的一点佐料，以至于一场嘴官司打了一千八百年，无数史家也没有替他们辩清个里表。

就是到现在也是争吵不断，吴“粉”依据吴书，蜀“粉”宁愿相信《三国演义》，可惜魏书连个中间人也没当，致使这“单刀赴会”成了一件永远无法结案的官司。

笔者没胆量趟这浑水，不准备替他们孙刘两家当这个“家务事”的法官，仅在此做个笔录吧，能断言的只有一条：所谓“单刀赴会”既不是单刀，也不是单人，既不姓关，也不姓鲁，既然都带了一名随从赴会，那就只能称为：鲁、关二人双刀会——战场谈判而已。

公平地说，关羽在这场谈判中难度稍大点。因为毕竟刘备欠着孙权的人情，尤其是鲁肃，对刘备集团有着相救于危困的天大情面，打嘴官司又不是关羽的强项，所以，辩论中处点下风应该是可以理解的。

至于鲁肃的当面索债与关羽如何依理拒还，到底谁说得更合乎情理？那话题就大了，前文已经有专述，实际就在于刘备之前背后承诺了什么，肯定没打欠条，吃亏就在于刘备在孙权索要三郡时给了孙权一个书面答复：打下凉州来后可以给你荆州，这下从侧面等于证实了当初确实许过孙权什么，赖账是不可能了。

从刘备一听自己的夫人已经被孙权收回，立即就好意思带兵保卫荆州来看，还兴许真让咱给蒙准了：那刘备说不定还真是拿将来的荆州换的媳妇，现在色权交易执行过程中出了变故，你孙权把妹妹已经“完”璧归吴了，凭什么再让我继续履行让出荆州管理权的承诺？

还有一条也挺难赖账：那南郡可是众所周知江东周瑜打下来的地盘，那可真是借给你刘备的，没说当嫁妆配送给你，你能还得起吗？丢了南郡，别说南三郡，荆州还能有你刘备什么事？

怎么应付这桩不大好赖的讨债？作难的还是临场谈判的关羽。

咱就以《吴书》的“一面之词”作为蓝本，开始还是结合点《资治通鉴》中关羽的辩解：

鲁肃首先责备关羽不让出三郡，关羽愤然回答：“乌林之战，光是你们自己打的？左将军身先士卒奋力杀敌，难道不应该有一块土地作为酬劳？而足下有什么资格收回这块地？”——这是关羽的“论功行赏”的理论。

鲁肃的策略是揭刘备的老底，附带着也让关羽回忆自己的大恩：“话不能这样说，当年在长坂相遇刘豫州之时，他的人马还挡不住曹军一校人马的攻击，势弱穷极，几乎逃亡荒远；我主孙权怜悯刘豫州身无立锥，没有顾虑江东付出了多少人力物力，慷慨赠土才使刘豫州有了一块立足之地，刚解决了他的危难，他却假情虚意背弃了道德，（阻孙权入川，自己先下手）并吞了益州还贪心不足地想要兼并荆襄，这种事是个人就做不出来呀！何况豫州这样的一方之主？这土地本来就是我鲁肃建议借给你们的，就是可怜你们军败远来，穷途末路的缘故。现在既然已经得了益州，却没有奉还南郡之意，我主退求南三郡，又不从命……”话未说完，有人插话（肯定是关羽所带随从）：“国家的土地，谁有德行（应该是能力吧？）谁占据，哪能永远属于一家？”

鲁肃遭抢白，脸色大变，厉声回驳，关羽趁机握刀站起，呵斥自己的随从：“国家大事，也是你能插言的？”眼色一递，随从退下，谈判不了了之。

谈判破裂，两家看来只有比谁的拳头硬了，谁知刘备突然遣使求和，自家人，哪能用暴力解决问题？

孙权其实也不愿意两家开打，为什么？还是曹操给两家拉的架：曹操大军已经开始西进汉中，这下孙刘两家的态度大变。

以曹操之强势，灭汉中张鲁定然不再话下，可是接着必然轮到的就会是益州，刘备要先行顾家去了；曹操主力西进，江淮必然空虚，若此时乘机拿下合肥，孙权不但都城建业稳固，北掠中原也将梦想成真，不比在这儿血拼这点地盘强？

实际上两家目前内心都不愿意开打，所以才终至坐了下来并达成了协议：以湘江为界，长沙、江夏、桂阳三郡划归东吴，而南郡、武陵、零陵仍属刘备。荆州的官司暂时休庭。

孙权心里有数：这项交易自己实际没占多大便宜，战略要地南郡还控制在关羽手中，自己已经拿到手的零陵反而要退还给刘备，不过孙权实在太向往富饶的江淮大地了，合肥！拿到手足可抵半个荆州，不尽快摆脱刘备在荆州的纠缠，又怎能集中兵力于江淮方向？一旦曹操从汉中回师，那时一切都成泡影，拖时日将后悔莫及！

刘备得以转兵蜀北，警备汉中威胁，也算识时务地作了让步，可是却留下了一个绝大的隐患：与那孙权的裂痕再也不可能弥合了，这迟来的苦果，终究有一天会尝到的！

225

襄阳前线，关羽的荆州部队与曹军形成了麻杆打狼——两头害怕的局面；江淮方向，孙权开始酝酿攻取合肥的战役；而回到许都的曹操却对两条战线都不能增兵助势，曹操已经瞅准了两个新的猎物！

需要集中兵力的猎物在西方汉中，十二月，曹操开始进军孟津，摆开了吞掉汉中的架势，这次不是恐吓了，是真的要给张鲁的“鬼卒”施点妖法！

不过还要等一下，要先把身边的猎物消化掉，此猎物虽没有什么好味道，但到手后的感觉也相当良好，那就是皇宫内的那把皇后椅子，曹操已经除掉了原来的主人，到了送给女儿做婚后陪嫁的时候。

大概凡是地位到了一定高度的官员看问题就超凡脱俗了，对待婚姻、爱情、性事等小节事务都看得极开，现代文明就创造出了“性贿赂”这个法律名词，现实中也不乏对自己的老婆、姐妹、女儿勾搭上领导而暗自得意的活宝，至于“政治联姻”之类的现象更是司空见惯，历代有之。

前文说了：光曹操一人就送进刘协怀里三名妙女，还绝对都是曹操的亲闺女，最小的还是幼女——曹操这事做得不免令后人摇头：魏公府招不到女婿了怎的？就算想加强点保险系数，也不用以三搏一吧？

皇帝当然不怕美女多，哪怕你是来龙榻上监视裸龙的，可是有一个人实在受不了，哪位？当然应该是皇帝的大老婆：伏皇后。

伏皇后进宫已经二十四年了（公元 190 年皇帝西迁长安时入宫），那时的皇帝刘协年方十岁，好不容易熬到皇帝成人了，自己也人老珠黄了，这时偏又被曹操“一顶花轿”送到皇帝身边三名“花季少女”（实际只有两名非幼女的姐姐于二月入宫），这以后还能有皇后这半老徐娘好过的日子吗？何况后面还有一个“待幸闺中”的更小的贵人？

祸根源于曹操，伏皇后决定坚决除掉这直接威胁自己皇后地位的曹操，于是秘密修书给自己的父亲故屯骑校尉伏完，信中假传皇帝“圣意”，说皇帝怨恨曹操枉杀董贵人及国丈董承，委托伏完找机会除掉国贼曹操，据史书载：“辞甚丑恶。”

前文说过，这许都其实不过是曹操软禁皇帝的一所大监狱，那皇宫无疑便是一座扩大了的牢房而已，这等与监外通信的秘密，焉能逃过曹操的众多“狱卒”之法眼？

事情突然又合理，伏皇后的密信走了光，欲除“二奶们”的举动连累父亲掉了头，全家兄弟、族人百余口一起送了命，伏皇后自己也预料到等着自己的是什么了。

曹操既然送女儿们入宫，又哪会容忍中宫之位旁落？早就想找茬替自己女儿们扫清“进步”障碍了，现在的皇后其实是自己撞进网来。

至于《三国演义》中所描述皇帝也参与了密谋，笔者认为那是不可能的，倒也不是因为正史未载，主要是分析这刘协经过一次董承事件，早已丧胆认命，哪里还能再起诛杀曹操的妄想？

退一万步说，就算皇帝有此心，也不会如此无知：岂能将这种性命攸关的机密大事委托给自己的皇后处理？那国丈伏完有多大能耐皇帝能不清楚？不会做这种以卵击石的傻事的。

不过这也从侧面证实了曹操并无废帝自立之心，想干掉皇帝自己做，干吗还非要赔上自己三个女儿？看来曹操只想做"太上皇"，倒不是凭曹操以后露出的话风：希望寄托在儿子身上，自己能做周文王即心满意足。

这账应该替曹操这样算：现代俗话，"一个女婿半个儿"，曹操现在将三个女婿集皇帝于一身，那皇帝还不就等于曹操的一个半儿子了吗？这样看曹操已经成了一个半太上皇了，还用得着篡位当皇帝？

事实上曹操远比太上皇威风厉害，太上皇也不见得随便诛杀自己的儿媳妇皇后，曹操宰起皇后来连出面都懒得，现在不是亲自入宫杀董贵人的时候了，现在的魏公曹操只需要动动嘴皮就一切搞定！

据《曹瞒传》载：曹操派华歆带兵入宫逮捕皇后，伏皇后自己做了什么自己清楚，惊恐之下便藏进了夹壁墙中，被华歆提着头发揪出，皇后披头散发光着脚拉皇帝的手，哭求皇帝相救："我真的不能活了吗？"

皇帝回答得极其无奈："我自己还不知道能活到哪一天呢！"——意思也有另一种味道：认命吧！夫妻本是同林鸟，大难临头各自飞！

当时御史大夫郗虑也在座，皇帝对郗虑哀叹："郗公，天下有这样的理吗？"

史书未载郗虑是如何回答这可怜皇帝的，估计未必有胆量替皇帝辩这个理，不过这理到了曹操那里可能就不这样算账了，你想宰我，我当然先宰你，别说什么皇后，皇帝又怎的？自卫无罪，造反有理！

是否还有一种明账？我送给了你三个媳妇，一共才杀了你两个老婆，你还净赚一个媳妇呢！三个小的换你两个老的，偷笑去吧！小子。

伏皇后被幽闭丧命，就连所生的两个皇子也被砍了头，现在内忧扫除，中宫已虚，皇后的座位给曹操的女儿腾出来了。建安二十年正月，曹操把自己大中小三个贵人女儿中的中女曹节扶为皇后。现在不光天下九州曹操成了实际的老大，连六宫之主也姓了曹，曹操当上了皇帝的正规岳父——"国母"的亲爸。

照顾朝政家事的同时，曹操并没有忘记外患尚在，尤其是刘备掠得益州，令曹操大为震惊，这位曾被自己捧为英雄的织席小儿有了根据地，蜀道险峻难征讨，刘备如同虎入深山再难猎取，更担心不知何时出山伤人！

江淮前线也令人忧心，那孙权依仗长江天险、濡须坞坚垒，一直对扬州骚扰不断，逐步蚕食，幸赖张辽率李典、乐进镇守合肥，屏障中原半壁，只是那合肥前线配置的兵力实在过于单薄，但立即增强却还不是时机：一则军粮难供大军长期消耗，江淮的屯田还未能立时见效；二则曹军的主力早就瞄准了目标：汉中张鲁！

第五十一章

汉中、合肥：东边日出西边雨

226

曹操下狠心出兵汉中也是颇不容易的，一路行军艰难，曹操心里早有预料，是凉州从事及武都主动来降的张鲁部下给打的包票：“张鲁易攻，阳平城下南北山相远，不可守也”。

所以，曹操就此认定：汉中已经是个熟透了的柿子，只需要战胜路途险难，去摘也就是了。

汉中平原在东汉年代是隶属益州管辖的汉宁郡，郡治南郑，南面与益州巴西郡相邻，正西是武都郡，这时名义也控制在张鲁手里，只不过因山峻道险，张鲁的实际管理难以到位而已，南面的巴西郡便是与当时刘璋的益州对抗的前线了。

曹操欲平汉中，进军道路唯有一条，即从现在主力集结的孟津沿黄河西上，出潼关后溯渭水经长安抵达陈仓（今宝鸡南），然后开始出散关向西南进入秦岭山区，路经益州武都郡几乎全境，然后转向东南的汉中郡西部边境平阳关。

这一路行程数千里，尤其是从陈仓西南而上之后，一路崇山峻岭，几乎无道路可言，大部分路经之地直到今天仍然是原始山林，渺无人迹。

大熊猫至今仍然生存的地方！大家可以大致有感觉了吧？

三月自孟津出动，开始还好，雍、凉二州已平，大军辎重可以由黄河、渭水西运，部队处于自己的地盘行军，一路有地方供应军食粮草，就是这样也是足足赶路一月有余，方才抵达陈仓。

南转翻越秦岭可就不那么容易了，不远的散关就是益州地界，对于曹军来说就算是进入敌占区了，盘踞这大片不毛之地的是当地氐族人首领窦茂，部下土族士兵也有一万余众，当时虽然自行称王，却是张鲁的名义部下，从实际上也是张鲁的同情者，对来侵的曹军持坚决敌视态度。

窦茂率部堵塞了本来就难称为道路的险道，然后选了个最险要之处凭险固守，曹操不得不开山辟路建栈道，勉强行军不说，还要强攻窦茂万余氐人死守的“一夫当关，万夫莫开”之关口：河池（今徽县），现在是万夫当关，曹操却被迫非开不可。

曹操的先遣队由大将张郃、朱灵率领，对于窦茂派出骚扰的散兵游勇还不甚费力，主要的敌人还是这该死的山路，所有的粮草辎重又没有了水运舟船，只能肩扛人驼，大山之中，骑兵几乎成了累赘，别再指望战马驼载军资了，实际上是几人在照顾一匹战马，丢掉又绝对不行，走路不是目的，将来打仗还要指望它们呢。

边打小仗边修路边行军，苦撑月余，打到了窦茂据守的河池，部队别说攻坚了，就是上去旅游也实在没有体力了，这时候已经进入了夏季五月。

对于曹操来说，这月得到的唯一的好消息就是西凉的韩遂死了，西平、金城的韩遂部将曲演、蒋石等共同行动，斩送了韩遂首级送到曹操军前，曹操当然免不了要表彰嘉奖一番，实际上据《后汉书》说：是被主动起义的人们给忽悠了：那韩遂年逾七十，是病死后被割下的脑袋，被部将高价卖给了曹操。

这点小事曹操当然会睁一眼闭一眼，只要是韩遂的脑袋，是生前割下的还是死后割下的，其实并无关紧要，要的是现在活人的政治态度，奖赏还是值得的。

曹操率主力赶到了河池关城下，面对窦茂的死守顽抗，曹操没有退路，只有强攻，别无他途！

曹操亲自督战，曹军突击队前仆后继，简直如同拿战友的尸体堆台阶，一口气竟然破关入城，估计是山沟里的窦茂也是个土老帽，没经过这种拼命战法，被一时打晕了。

窦茂晕一时不当紧，河池的全体军民包括他自己也就倒了一生大运！关破后曹操尽屠全城！好久没有这么做了，是曹操欲给自己士兵死者一个安慰？估计还是给活着的部下一个交代的因素大些，抑或二者都有。

这是真正的长征——长途远征！河池被攻克，这长征才算走完了山路三成中的一成，前面还有两成山路在等着祸福不明的曹操，对于前锋部队的士卒来说，命运却是注定的：不是死亡，就是经历非人的困苦！

东进、东进、目标平阳！

曹军在秦岭中整整转悠了两个月，这是血染的征途，两个月中每日都有生命因病、饿离开这个世界，大军辎重又岂能携带数月之久的食粮？将士们只能遇神吃神，遇鬼吃鬼，不过这些都遇不到，唯有遍山的树皮、野草，偶尔也开次荤，山里不缺的是野兽。

初秋七月，曹操带着疲惫到极点、粮草将尽的大军终于来到了平阳关下，曹操举目远望，差点晕倒在地：哪里有什么张鲁降卒们描绘的美好前景？——“张鲁易攻，阳平城下南北山相远，不可守也”——前方群山连绵处，山巅之上，横山高城十余里，城上旌旗招展，风景如画，可惜明显戒备森严，那是张鲁的主力“鬼卒”！

大军无食，战马无料，前进无望，后退无路，上天无梯，入地无门，曹操大军处于绝境！

绝望中大后方又来凶信：那最让曹操担心的孙权已经动手了，现已集结大军十万，扑向了只有七千曹兵据守的合肥！

227

曹操给合肥守军搭配的班子甚是微妙！

主将张辽，虽吕布降将，但经实践检验是名靠得住的将才，战场指挥冷静非凡，曾于长社独镇一营兵变；作战向来敢为人所不敢为之事，身先士卒，果毅勇猛，早已被曹操用作独当一方之大将。

李典、乐进两位副将，李典行事稳重，能通揽全局，用兵向来谨慎；乐进胆大性烈，作战彪悍，且又忠贞无二。

但此三人却向来互不服气，尤其对张辽，李、乐二人几乎是一条战壕里的战友，素来以自己是曹操起家时的老班底自居，不大瞧得起张辽这位军职高于自己的“解放”将军。

曹操留此三位守合肥，也是动了一番心思的：李典善守，张辽、乐进长于战场厮杀，应该说是相得益彰；但张辽的指挥棒对两位副将灵不灵就不好说了，也许这正是曹操需要的效果；尤其，张辽、乐进两位悍将一起上了战场，是好事还是坏事却难说，都喜欢战前厮杀，谁来主持战场大局？

曹操在兵发汉中之前，对孙权的不安分是有预计的，曾专门派人送来亲笔书信给三人分工：如孙权来犯，张辽、李典出城迎敌，乐进负责留守，至于为什么如此分工？三人各有各的理解，都感觉到了主公对自己的信任，唯有张辽多领悟了一点：魏公明确指示：不能依城固守！

孙权这次集大军围攻合肥，势在必得！也充分估计到了曹军一定会持坚城死守，也有付出惨重伤亡强行攻坚的心理准备，对合肥城内守军的兵力，孙权是清楚的：不就七千人吗？知道我带来了多少人吗？十万！

孙权选择的出兵时机极好，正是曹操主力已深入汉中腹地，无法回援的时候；合肥城内的张辽诸将对此更是清楚，谁也指望不得，保住合肥、保住性命只能靠自己。

但对于如何保住合肥，三人看法却不大相同：乐进以胆大性烈著称，这次胆子却大不起来，明摆着，力量过于悬殊呀，应该持城死守，消磨江东军的锐气，等其军疲，出击定可获胜。

李典一开始认为曹操千里外指挥分兵出城未必正确，本来守军就少得可怜，出城一旦失利，合肥必然难保，理应集中兵力于城上，坚守待援，等曹军主力从汉中东返，这仗就等于胜了。

张辽却看到了问题的另一面：城内七千守军人心惶惶，兵无斗志，将无战心，这是当前的要害！一支对胜利没有信心的部队，无论攻守，都必败无疑！

好，事情简单了，第一要务：提高士气。

提高士气唯一有效的办法就是打场胜仗，而胜仗却不是能在城头上获得的，那么就只有一条路了：出城迎敌。这就是曹操千里来书命出击的精髓所在。

出城作战？这是地道的以弱击强，怎能有胜算？李典、乐进担忧得并非不是没有道理。

张辽毕竟是曹操明确的守军主将，只得持“尚方宝剑”——曹操的书信——独断专行了！

"魏公远征在外，若坐等救兵，合肥必然不保。曹公来信即是教我等趁敌立足未稳，迎头痛击，折其盛势，以安军心，然后方可能言守。"

李、乐皆无语，看样子内心还是不以为然。

张辽不由动怒："成败之机，在此一战。诸君若是怯战疑虑，张辽将独自出城决战！"

李典首先被张辽之豪气感染，慨然回应："这是国家大事，不管将军以前将略如何，我李典都不能因私人成见而妨碍今日公务，为了大义，我愿意跟随将军出战。"

主将豪气干云，士兵怯意顿消，招募敢死队员异常顺利，当夜有八百人志愿报名参加，张辽宰牛置酒犒赏勇士，一支类似乌丸击蹋顿单于的突击队组成了。

天刚亮，孙权便指挥围城大军开始了预料到的攻坚战，谁想张辽这次并不按牌理出牌，竟然率八百铁骑扑出城来！这下竟然出乎了江东军预料，顿时一片慌乱。

张辽的八百勇士如同一只斑斓猛虎，张辽、李典就是那两只虎爪前扑，目标就是孙权，孙权的两名护卫大将舍命阻挡，竟被张辽一人连杀数十护卫，立斩两员大将于马下！

张辽耀武扬威，高呼："张辽驾到！"直扑孙权中军，江东诸将无人能阻，孙权曾盘算万千，却不曾预料这种无理的战势出现，一时手足无措，不知如何应付才好。

其实，孙权的战场厮杀能力虽不能与父兄孙坚、孙策比肩，但也绝非弱者文士，三年后曾独自乘马射虎于江东庱亭，猛虎暴起，战马被虎所伤，孙权以双戟步斗，投向猛虎却废，常从张世赶上以戈击虎，竟然捕获了这位兽中之王！没有非凡胆力，又怎敢与猛虎搏杀？

就是那句俗话说得怪："软的怕硬的，硬的怕愣的，愣的怕不要命的！"现在张辽早把生死置之于度外，所以导致孙权今天晕菜！

孙权的亲兵忙乱中将孙权拥上一土堆，以长戟排成密阵，张辽及诸勇士一时无法接近，只得在土堆下奔驰骂战，直呼孙权名字，激孙权下来决战，孙权哪敢应答？

被张辽欺辱良久，孙权才发觉张辽原来就那么几个兵！方才定下心神，指挥左右众军包抄了上来，依仗人多势众，把张辽等八百骑重重围在了阵中。

张辽冷笑一声，放马突击其一点，那江东军的数重包围竟无法抵挡，被张辽等数十亲随径直冲出。

包围圈中的曹兵不禁大呼："将军莫非要丢下我等？"

其实张辽不过是给孙权一点颜色看看，并不是真要突围而去，瞬间又返身杀入重围，与八百勇士重新会合，一起向左右冲杀，江东军竟然如同虚设，被张辽视作无物，进出自如。

江东军被杀破了胆，张辽马到，无不披靡，任其于阵中来往冲杀，却没有一人敢上前交上一个回合！竟如同猛虎入了羊群，被赶得七零八落，战场一片混乱。

一场以寡欺众的厮杀，整整持续了一个上午，江东军士气大落，斗志全无，被张辽要杀就杀，要住就住，鸣金回城之刻，江东军只能目送其大胜而归，不但不敢追击，反而都有种松了口气的感觉：可算远离这位煞神了！

合肥城中，曹军士气大振，合肥城外，吴军人人沮丧，张辽在城内按部就班布置守备，孙权耗在城外不敢攻城，一时曹军有战心，吴军有归意，勉强坚持了十多天，孙权终于决定撤围回军，既然胜无望，不如走了吧。

岂知想走也不易，只因张辽却想留客，留哪个？孙权也！

也是孙权无意中在配合张辽：撤军之时，大军陆续从逍遥津木桥南渡，而孙权本人竟然与几名将领留在了最后，大概是为了向部队显示：我孙权并不惧怕那张辽！

谁知这一切都被合肥城头的张辽看在眼里，见出现此战机，焉会放过？一阵战鼓助威，张辽率步骑齐出，一路扑向孙权，一路却是直扑那逍遥津之渡桥。

扑向孙权本人的张辽所率步兵开始极不顺利，那孙权手下吕蒙、甘宁、蒋欣、陈武、凌统、宋谦、徐盛、潘璋等诸将拼死护卫，这下两边都成了不要命的，终于势均力敌了！这几位也都属江东名将，早干吗去了？看来人都是怪脾气：不到绝境不出死力啊！

事急抱佛脚也是起点作用的，大家齐心协力对付张辽一个，本来不应该有什么问题，可是毕竟张辽留给大家的印象过于恐怖了，又处于将多兵少的尴尬处境，以至于混战乱冲中，大将陈武被张辽摘去了脑袋！这下大伙再不敢单骑与张辽照面了。

江东将士虽拼命死战，无奈已经各自胆寒，竟被张辽部死死围住，脱身不得，宋谦、徐盛的部卒首先溃散各自逃命，幸亏勇将潘璋关键时刻纵马追向逃兵，立斩所部逃兵二人，才算稳住了全军没有继续溃逃，不过态势愈加险恶！

迂回向渡桥的曹军骑兵得手的更为容易，逍遥津渡桥被闪电般扑来的曹军给迅速占领了，三下五去二，桥面拆掉丈余，完成了任务的曹军迅即撤离，加入了围捕孙权的战斗，留在逍遥津渡桥北的吴军士兵没有多少，这下孙权成了瓮中之鳖！

渡桥南面倒是有吴军将领贺齐率领的三千步兵，可现在桥已被毁，大家只能隔渡观战，等待那最不愿意看到的结局。

孙权的危机时刻马上就要临头了！

这时候才算站出来了一名真正的勇将：江东勇将凌统率亲兵不计伤亡舍命突击，终于保护孙权突出重围，却不知桥已被毁，舍下孙权自行南渡，自己复又回马死拼张辽，片刻左右亲兵死伤皆尽，凌统自己也全身被创数处，直到估计孙权已脱险，才带伤弃甲投水泅去，竟保住了一条残命。

可是凌统却没料到了渡桥北的孙权其实是被扔在了绝地：孙权所乘骏马驰上桥面，才发现此路不通，孙权近乎绝望了！

所幸亲近监谷利跟在马后，脑子还保持清醒，上前教孙权放开马缰，双手抱住马鞍，谷利在马屁股上狠狠一鞭，战马惊疼前窜，到得津渡之上，直上半空跃起！

蓝天碧水白马，其景如画，两岸霎时寂静，激流如止！

历史在这一刻被一匹白马驮着拐了急弯！也许这就是冥冥中的必然。孙权竟然安然飞渡至南岸，逃出生天。

合肥大战就此落下帷幕，孙权黯然之时不禁庆幸，当然也免不了后悔检讨一番，并重赏救驾的凌统等诸将。只是那张辽经此一战，江淮大地尽传其威，江东吴地闻名胆寒，看来只要有张辽在，合肥即安如泰山，孙权又岂敢再捋虎须？

命运也就这么公平：曹军弱旅逞威于江淮，主力大军却犹豫不决于汉中，曹操本人没配置手机、电台之类的玩意，无法立刻得知合肥前线的捷报，所以江淮大捷丝毫不能有助于曹操决策。

曹操这种罕见的优柔寡断是由于之前的平阳关之战，曹操已经有些见山心怯了！一想起曾经面对的平阳关险山坚城，不由人心灰意冷，雄心成熊心。

228

汉中阳平关下，曹操遥望那沿山脊筑就的城墙，起伏绵延，犹如横空巨龙，张牙舞爪；城墙之外，十余处屯军木寨参差有序，组成了阳平关的前哨屏障。曹操不由哀叹：“听他人的揣度行事，少有如自己心意的时候啊！”

既然苦撑数月来到这里，总不能一见敌人有防备就扭头而回吧？总得打一下试试呀。

曹操基本不抱什么希望地下令上山攻寨，为什么不直接攻城？早呢！不清尽敌军外围屯军，连平阳关城墙的边也靠不上，攻克平阳关？现在连想象都谈不上。

事实也没出曹操之预料：曹军疲惫的攻山部队实在已是强弩之末，拼尽体力爬到山顶，也就只有挨打的份了，敌军依仗有背后的坚强支持，又持绝对地利，一阵弓弩檑石，曹军死伤成片，血肉狼藉，事情明朗了：进攻等于送死！

可是，回军就能如愿吗？大军粮草已绝，千里回师于荒山野岭，也与自杀没有什么区别！

曹操只能两害相权选其轻了，回程也就是仅与天斗、与地斗，再与自己的肚皮斗；继续耗在这儿，那就要再加上一样：与人斗！去留都难其乐无穷，还是及早回军去秦岭里挖野菜吧，若拖到了秋尽，野菜、树叶也难寻觅，全军定成饿殍！

退军令下，宿营山上的士兵却无法都通知到，曹操派大将军夏侯惇、将军许褚连夜上山传令，并掩护山上兵还，敌军如知道曹军回师，哪能轻易放过这些疲饿残兵？只能趁夜偷溜，期待天师的“鬼卒”莫要觉察，即算万幸。

对于自己的无奈决定，曹操是这样解释的：“汉中这破地方，不过是个妖妄之国，能有什么作为？我们火速回军就食要紧！”——老孙不禁要问魏公了：早知今天，费劲来这儿旅游干吗？还变相给荆州顶牛的刘备、孙权劝了架，如等上一年半载，尤其是等孙刘两家打他个地覆天翻，那时岂不自收“卞庄刺虎”之利？

也就是因为张鲁出一万“鬼卒”相助马超而已，正主马超都跑到益州去了，拿从犯张鲁撒什么气？

这两害相权所得的结果，行军主簿刘晔就不同意，既然回军也近乎死路一条，那何妨豁上进攻？一面飞骑禀报给曹操自己的意见，一面整军所部，随夏侯惇、许褚部一起上了山。

山路生疏，夜雾弥漫，夏侯惇与许褚的部队竟摸迷了路，见灯光处即莽撞靠近，竟然误入了守关的张卫营寨，谁知道张卫的“鬼卒”竟然更怕夜鬼临门，哨兵们一见曹军摸了上来，一片惊呼溃散，营中熟睡的“鬼卒”们更是不知所以，全营大乱，一起逃向关上。

这是真正的胡打乱撞得生路，无意插柳成阴凉，夏侯惇与许褚占据了张卫的营寨还不知道咋回事，犹自纳闷：怎么不接令都跑了呢？

率部跟进的刘晔心里清楚了，向两位传令官解释：“我军现在已经攻占了敌军的要地大营，敌已溃逃，赶快趁势入关吧！”

夏侯惇哪会相信有这样的好事？亲自巡营查看，方才领悟自己中了超级大彩，天上真掉元宝了！

一面飞骑追报已经动身回武都的曹操，一面跟着张卫的溃军上了平阳关，关上的“鬼卒”们更熊，连曹军的人影还没瞧见，在张卫以身作则地迅速夜遁的感召下，一轰而散，曹军既占了险关，又进了饭店：关上粮食、肉干有的是！

这场令人啼笑皆非的“平阳关大战”，史书有多种版本：魏书——《武帝纪》为了显示太祖英明，说成有意退军示弱，继而出奇兵夜袭攻关，一举破关——此论难经推敲：示弱退军是为了诱导对方出击，可是平阳关守军并未出击，也就是并没有上当；至于说导致守军疏忽，也难以成立，好像张卫守军并未疏忽，因为魏书《刘晔传》中记载了与《武帝纪》矛盾的情景，是刘晔劝曹操放弃退军，全力进攻，并且由于刘晔布置了大量的强弩部队作为前锋，方才破关。

裴松之引注《世语》中说是有数千麋鹿夜间惊扰了张卫的部队，引发溃退——这更是个笑话：攻关数十天，还能有几千麋鹿待在战场附近等死？有那么多麋鹿，曹军还愁吃的？所以这条“麋鹿部队”多是出于人们想象而成立。

关键是裴松之还引用了一条重要的注释：是曹操重臣董昭上的表章，这却是不能随便杜撰胡说的，老孙上面的离奇战事就是采信了董昭表章中对平阳关战事的介绍，就是与史不符也不关老孙的事了，是那董昭在表章中故意贬低了太祖的英明——这可能吗？

不论张卫守军溃退起因于什么，但溃退逃亡是确实的，这下南郑的张鲁傻眼了，怎么办？还是按天师领导最初的决断：投降吧。

还是当初主力劝阻张鲁“缓称王”的阎圃提出异议：“现在势穷投降，哪里是时候？被迫放下武器，功劳必轻；不如先远走巴中，联合巴、賨夷帅朴胡、杜濩、任约等，与其相拒，然后请降，功劳必多。”——这阎圃在投降技术上不亚于贾诩，也是名投降大师！

张鲁一贯听从下级的任何意见，当即率部奔南山入巴中避战。左右欲烧掉宝物、粮食仓库，张鲁这次不能听下级的意见了，既然逃亡是暂时的，投降是长远目标，哪能做得罪将来的主人的事情？

训斥左右：“我本来就准备归顺中央政府，只是时机还没到，现在只是暂避锐锋，对中央军并没有恶意。宝货仓库，先行捐献给国家吧。”于是尽责封藏，方才退去。

这是个向曹操示好的信号，曹操率军进入南郑之后当然明白，马上派人前往嘉奖慰问，看来这张鲁投向人民也就是时间问题了。

福又双至曹操，汉中全境降服，江淮那边张辽已经大胜孙权——不过曹操倒不可能立即获此捷报。但曹操从出兵汉中那天始就没有对后方忧虑过，要不，能倾主力西进吗？前面就是刘备新骗得的益州，曹军既已得陇，该望蜀否？

史书记载曹操说了那句名言：“人苦无足，既得陇，复望蜀邪！”

当年反对曹操作此决定的有后来赫赫有名的司马懿，其时正任曹操的丞相主簿；再一个就是行军主簿刘晔；现在反对曹操此贻误战机举动的几乎是所有史家，多名大师。

那么，曹操是真的做错了吗？

229

曹操是何等人物？既然得陇，焉能不望得蜀？但是，想得是一回事，能否得到又是另一回事。

主簿司马懿现在还远没有锻炼出后来的战略眼光，给曹操的建议全凭臆断想象，分析别人不利时却疏忽了别人的优势所在，尤其对自己部队的硬伤，更是视而不见。

劝曹操出兵益州实际上是只看一点，不及其余：“刘备以诈力战胜刘璋，巴蜀人心并未归附，而现在刘备本人远征江陵，此战机不应该放过。我军今克汉中，益州震动，趁胜势进兵益州，大军指出，蜀兵必然瓦解。圣人也不可违背天意，更不应该放弃时机。”

应该说司马懿所述之蜀军这些弱点都是事实，可是他却疏忽了现在益州的主人已经不是懦弱的刘璋，而已经换成了被曹操称为“英雄”“吾所俦也”的刘备，就算刘备本人暂时不在益州，但留守的诸葛亮又岂是容易欺负的庸才？

还有那尚守益州的黄权、法正、张飞、马超、吴懿、黄忠、魏延、李严等，哪一个是张卫所能比的？不用说别的，就是现在把守葭萌关的守将霍峻就够曹军头疼的，霍峻就是一位擅长伏路把关的将领，曾以八百余人击败了张鲁数万“鬼卒”的来犯大军，名传四方，曹操不会没有听说。

再看曹军自己：曹操是三月出兵，四月军到陈仓，五月方占领武都河池，又两月才抵达平阳关，苦战十余天，月底才侥幸破关，辗转数千里，八月才算驱走了南郑的张鲁。注意：现在是八月，张鲁并未投降，合肥前线的战事还危险万分，张辽大胜孙权战事曹操不可能知道，而曹军士兵已经肯定疲弱到了极点，决不是曹操如魏书所说：“军自武都山行千里，升降险阻，军人劳苦；公于是大飨，莫不忘其劳。”

大吃一顿就能恢复战力？那酒肉里你就是兑上大烟膏也绝不会这么神奇！

何况逃亡巴中的张鲁并未实际归降，与益州的战事一起，张鲁的态度可就不好估计了，那张天师在汉中也是三十多年的老教主了，民心未丧，焉知会不会趁火打劫，以图重收他的汉中？

善于冒险的曹操不会冒这形同自杀的大险，所以才近乎痛斥般回答司马懿的建议：“人苦无足，既得陇右，复欲得蜀邪！”

至于刘晔说的：“刘备乃当世人杰，虽有谋略大度但给他的机会太晚了；现在得到西蜀日子还不长，蜀人还没完全服气他。如今我军破汉中，蜀人震恐之下其军心民意定然崩溃。以曹公之神明，趁其举州势倾而泰山压顶，当攻无不克。若拖延缓动，诸葛亮明于治国而为相，关羽、张飞勇冠三军而为将，蜀民既定，据险守要，则不可能再去犯他了。今日不取，必为后忧。”

这刘晔看来也是属于不当家不知柴米贵的那类智士：蜀军的各种优势他也都清楚得很，单凭“以公之神明，因其倾而压之，无不克也。”却是拍马不嫌手疼，吹牛不顾牛的个头大小，尤其是：一旦不克呢？曹军的安危却成了曹操一个人的事了。

据史载：刘晔还用曹操以往的战例来说服——或者是吹捧鼓励曹操，可惜所选的战例都提醒了曹操不能冒险：

“明公以步卒五千，将诛董卓，(此战曹操全军覆没，险些丧命) 北破袁绍，(败中险胜！估计现在曹操也后怕！) 南征刘表，(无可比性，刘备能学刘琮主动投降？) 九州百郡，十并其八，威震天下，势慑海外。(与具体战事无关，纯拍马词。) 今举汉中，蜀人望风，破胆失守，推此而前，蜀可传檄而定。”最后的推理简直是在忽悠曹操，既然“蜀可传檄而定”，那就不用出兵，传个檄好了，且看蜀可定否？

估计曹操心里雪亮：别丢那个人了！这檄终于没传。

据史载：曹操不从。仅隔了七天，有西蜀降者说“蜀中一日数十惊，守将虽斩之而不能安也”。曹操问刘晔：“现在还能出击吗？”刘晔回答：“今已小定，未可击也。”——区区七天敌人就已“小定”，可见刘备、诸葛亮厉害！大概是刘晔经这七天琢磨明白了倒有可能：这益州现在打不得！

再有就是地形问题，唐人有句：蜀道难，难于上青天！从汉中入蜀，其道路绝对险于出散关至平阳之山路数倍，远于数倍，刚吃够了山路苦头的曹操哪能会再蹈覆辙？

更重要的是曹军根本没有这个时间：现在是张鲁已逃，刘备已经回到了益州，孙权也在合肥动了手，根本不是劝战的两位所说的情景：刘备尚在江陵！

曹军的情报也太滞后了？要么就是史书妄载。

驻军汉中休整的曹军现在起的是威慑作用，效果颇佳：九月，张鲁准备联合依赖的朴胡、杜濩、任约，各自提前靠拢政府，举众来附。曹操于是分割了反正不是自己的益州三郡，朴胡为巴东太守，杜濩为巴西太守，任约为巴郡太守，并皆封列侯。

没有征求现在益州的主人刘备的意见，要想稳任实职？那就各自尽力去打刘备呀，一切要等消灭了刘备才能实现。

张鲁现在真是没有任何指望了，连投降也被别人抢了先手，就盼曹操能明白“革命不分早晚，觉悟不论先后”的大道理，能优待政策照常不变——张天师被迫向曹操投降了。

十一月，张鲁率部及全家出降。魏公曹操格外看重这位当代天师，竟拜张鲁为镇南将军，待以客礼，封阆中侯，邑万户。封鲁五子及阎圃等皆为列侯。

张鲁在这之前是啥级别？汉宁太守而已，不过五品地方小吏，现在的镇南将军可了不得，地位仅次于三公！投降反升大官，令人仰慕啊！比辛苦修仙近便多了。

益州暂时不能打，曹军主力不能长期耗在汉中，合肥前线才是眉睫之患，曹操要胜利回师江淮了，但靠近汉中的三巴却不能便宜刘备，曹操留夏侯渊总领汉中军政，临行嘱咐：一旦刘备来犯三巴，则由张郃督诸军出三巴，尽迁其民于汉中，如此弱巴郡之力，增汉中之势，刘备则无能为也。

这次出兵的收获还是巨大的：经曹操部队动员，汉中百姓八万余户随曹操东下，“自愿”移居河洛，二世纪啥最宝贵？人才呀！中国这时候的百姓太稀少了，物以稀为贵么。

那夏侯渊这汉中总管怎么办？从三巴再移民就是了，这就是曹操临行嘱咐张郃去三巴抢人的主要因素。

其实这点刘备新收的西蜀将领黄权也早看到了，就在张鲁逃亡巴中之时，江陵前线的刘备也赶回了益州备战防务，黄权上言刘备：“若失汉中，则三巴不振，此为割蜀之股臂也。”

刘备深然，便以黄权为护军率诸将出击巴中；也就是在曹军主力东归的同时，刘备军也出兵东向，杀向了巴西郡。

这里就看出了刘备的过人之处，初伏西蜀，却对原益州将领无比信任，大胆用之为对外征讨的统兵护军，此举不论出兵胜负如何，都将对稳定益州起到无法估量的作用。

急于东归的曹操对刘备不是不了解，只是由于江淮那边有公事，朝堂之上有私事，公私两事都是大事，只能顾东不顾西了。

再就是对夏侯渊、张郃能力的无比信任，有此两员虎将，应付刘备应该没有问题！

第五十二章

再战濡须坞：老天帮曹操打服了孙权

230

朴胡、杜濩、任约三人的所谓三巴太守做得很狼狈，其实是都挤在益州巴西郡的一角做三个郡的名义太守，而且这个巴西郡还另外有一个太守，这就是被刘备任命的巴西太守张飞。

三人的官尤其是杜濩的官与张飞的官做重了，这不是什么好事，谁都知道这张飞单人独骑一声暴喝惊退虎豹骑的雄威一幕，不过，三人目前面对的倒不是恐怖的张飞，而是比张飞更烦人的自己的直接上司——督军张郃。

自从刘备出兵巴西的消息传来，张郃便依照曹操军令，来到三巴监督迁民去汉中的大事，这对于朴胡、杜濩、任约三人来说，却是地道的拆庙驱佛行为：老百姓都迁走了，咱们去给谁当官？

虽然不高兴，但还不得不从命，已经投降曹军了，人在屋檐下不得不低头！这还不算，还要奉命亲临前敌，去抵抗刘备大军，幸喜确报蜀军前锋不是张飞，而是护军黄权，虽也是蜀中名将，但总好过与那狠人张飞对阵过招。

谁料那黄权也不是什么省油的灯，率蜀军初与新主效命，竟然格外卖力，两军见面，那蜀军竟然一改往日弱旅形象，长矛短刀带强弩，一拥而上，自己的这新编曹军实在没有还手之力——主要是胆力。

都只怪自己的部队没了士气，大家谁不这样想啊：驻地的老百姓都被赶往汉中，这巴西的仗还打个球呀！

黄权率部战三太守，竟如摧枯拉朽一般，没有战斗力的朴胡、杜濩、任约部哄然而散，刘备的蜀军趁势席卷巴西，后方汉中的张郃坐不住了，终于亲临前敌，指挥步骑数万,一路耀武扬威杀到了宕渠。

张郃自从弃袁归曹之后，一直被曹操所看重，被拜偏将军，封都亭侯，并被授以兵权，与张辽同为曹军之锋锐。

十余年来，张郃率部东杀西讨，南征北战，屡建奇功，历次征战，鲜遇对手；此次西征，又是曹军前锋主将，一路逢山开路，遇水搭桥，曾于河池关击斩氐王窦茂。这次督军巴西，目标是尽迁三巴百姓赴汉中，张郃当然不能辜负魏公厚望。

鉴于张郃在曹军中的名气非同小可，刘备给他派来了一个堪称匹敌的对手：张飞。

这两位张将军，都堪称世之名将，不过名将与名将碰了面，总会有一个身败名裂的，一般不会相互商量好了：“哥们儿，都稳住点神，成名不易，损了可惜，咱就僵持着保住大名就算了。”

两位张将军开始还真僵持住了，张飞率精卒万余人开到宕渠前线以后，由于地势关系，两人的力气都有点使不开，蜀地多山，骑兵几乎派不上用场，战阵无法按常规排列，真能实际接触厮杀的将士也就靠前的几十个，张郃的兵多也只能在后面助威。

形势一下变得极为简单：谁占据了高处，谁就能占点上风，随着接触战的来回拉锯，双方的地利也就不断交换，胜负的天平自然也就来回摇摆，一时谁也无法奈何对方，好像都稳住神了。

两员名将就这样顶上了牛，从宕渠顶到了蒙头，又从蒙头顶到了荡石，马拉松的战事一直腻歪了五十多天，但总的形势是张飞毕竟兵少，一直在缓慢地步步退守，但张郃的步步进逼也不易，伤亡明显要大于张飞军许多。

张飞退到了险关瓦口，却一步也不肯再退了，张郃的战场经验也很老到，眼见地势对已甚为不利，也就占据了瓦口对山，轻易不敢攻关，两人也就算像有了默契一般，僵持在了瓦口。

现在两个人都不愿主动攻击对方，放弃地势不是名将的为将之道，但如果就这样僵持下去，两军其实都是利弊各半：后方的军资供应两军距离差不多远；从瓦口算起，整个巴西郡大半已经控制在张郃手里，只不过有张飞军的牵制，张郃迁民的计划却也不能实施；而张飞若不能驱逐张郃出境，自己这个巴西太守就等于既没保住境，也未安了民，实在有亏职守。

这几天张郃觉得不大对劲：瓦口关上的张飞突然下关挑战，却不来攻山，只在张郃占据的山下谩骂求战，张郃开始没有放弃地利去山下硬拼，而是静观这张飞在耍些什么把戏；几天过去，发现张飞本人竟稳坐在瓦口关上饮酒取乐，山下骂战的显然都是些老兵弱卒，这张飞欺人太甚！

经过仔细侦察，显然并无什么埋伏，张郃决定亲自下山出击，老是不断杀，自己的士卒也会厌倦疲惫的。

谁知这张飞竟然拿作战当儿戏，根本没有迎战的意思，骂战的士兵闻声即走，退到关上不再出来了。自己难道要跟这无赖张飞学，也来瓦口关下骂战不成?

张郃退回自己占据的马缘山上，心中那个气呀！可是没等把气消掉，后方一个紧急军报传来，几乎使张郃心里变得拔凉拔凉的：张飞不知何时，已经绕过马缘山，占据了张郃后方的要道山口，地势虽不险要，但却无疑切断了张郃大军的辎重供应之路，张郃全军处境立时尴尬！

最令张郃尴尬的是，自己厮杀半生，竟没有想到眼中看到的一切都是张飞预置的假象：张飞饮酒作乐也好、部卒骂战也好、僵持不退也好，都是为了一个目的——实现暗掐粮道的怠军之计！

张郃羞愧之余，也不无庆幸：幸好军报来得不算太迟，自己全军粮还未尽，还算不上处于险境。

为什么不是险境？还没到那一步，全军打回去就是，若能堵住了张飞的回军之路，弄不好还能反占先机。不能犹豫了，全力回杀，那张飞军是抵挡不住的！

张郃指挥全军步骑，回头猛扑向了张飞占据的山口。

一路山道狭窄，崎岖蜿蜒，张郃全军被迫拖成了一字长蛇的队列，每排不过双人，前后遥遥数里，首尾难见，张郃此时处于队列的中部。

张郃隐隐感到不安，如此阵势，一旦遇袭，岂不是要束手挨打？此念头刚起，就像应验的自己的预测一般，一声号角凄厉，回荡于林梢山坳，直令人毛发悚立，张郃心里雪亮：完了！上了那张飞的大当！

近乎四面呐喊传来，战鼓也不知骤响于何处，伴随着谷间回声，更是不绝于耳，夹杂着山风呼啸，直觉得骇人魂魄！曹军仓皇之间，无数蜀兵已不知从何处钻出，曹军长列瞬间被分割为无数零碎小段，眼见得张郃的军令已只能颁发给身边的十数人了。

张郃判断战场态势极为精准，自己的部队已经失控，下面也就只有待宰的资格了，大将军临战再怎么冷静，也就是能冷静地思索自己怎样有效地脱身，抵抗是没有丝毫希望的，稍微迟疑，自己便是俘虏或残尸一具！

地理不熟，只能靠运气了，张郃果断地丢弃了战马，与身边的十余亲随顺坡滑下山沟，顾不得荆棘杂草扎手刺面，灵敏如猿，攀缘山壁藤葛，坚决脱离战场。

幸赖苍天照顾名将，张郃竟得全身而归南郑，不过全军却是无奈地覆灭了。

张郃未脱险境之时，曾苦涩地回头遥望这令人恐怖又伤心的战场，举目之间，雾霭朦胧，山青松苍……不过张郃好像看到了张飞在得意地嘲笑自己，或许张飞正恶煞般屠杀自己的溃兵……

张飞在干吗？张郃是做梦也不会想到的！

张飞根本就没有关注必胜的战局，正悠闲地手持一把画有绝美仕女图的折扇——那是张飞以自己娘子做模特画在扇面上的，在兴致盎然地浏览险峻山景，口中自语：“这山势溪涧不错，转日偷上半天清闲，在石壁之上题上一幅俺老张的名字……”

《方舆纪要》与明代文史学家曹学佺的《蜀中名胜记》以及清代赵一清所写的《稿本三国志注补》都记载：“八山山下有勒石云：‘汉将张飞率精卒万人，大破贼首张于八，立马勒石。’盖张飞所亲书也”。

瓦口关一战，张飞名声更甚，三巴曹军，闻张飞军到无不披靡，不久巴境已尽属刘备，曹军看来短期不敢越境再犯，张飞凯旋回到成都。

同样凯旋回到邺城的曹操却顾不上这点边境上的小事了，不就是几万人吗？曹操现在面临着一个关乎子孙万代的大事：马上要进爵为王了。

231

曹操于建安二十一年二月方才回到了邺城，现在的曹操已经六十二岁了。

古时人们的平均寿命低得可怜，自古就有“人到七十古来稀”之说，还有这么个丧气的说法：“六十不保年，七十不保月，八十不保天，人过九十，会会该死。”不保，就是说在这个阶段死亡是极为正常的现象，可以用上一个“寿”字了。

曹操对这点从不糊涂：不认为自己能万寿无疆，当然也不会鼓励百姓要对自己山呼“万岁”来欺骗、娱乐自己，他在自己的诗文中明白告诉大家：“神龟虽寿，猷有竟时。腾蛇乘雾，终为土灰。”并且发誓：“老骥伏枥，志在千里；烈士暮年，壮心不已。”

魏公曹操有时也免不了说是一回事，做是另一回事，在实际行动上曹操其实早在五年前的建安十六年就开始安排自己的后事了。

那时曹操让皇帝任命自己的儿子曹丕为五官中郎将，并领副丞相职衔，可单独设置自己的属官，有点确定自己的接班人的意味了。对其余的儿子曹操也开始了重点照顾：分让出自己的封地三县，共一万五千户，封给了三个儿子，曹植为平原侯，曹据为范阳侯，曹豹为饶阳侯，食邑各五千户。

但对接班人的最后敲定，曹操却一直在犹豫不决，因为三子曹植才冠当时，聪明绝伦；十余岁时便能够背诵诗、论、辞、赋十余万言，其文采爱好都与曹操本人相近，曹操对其特宠。

曹操在铜雀台落成的次年曾召集自己的儿子们登台，使众子作赋以现场考试各自的文采，唯有曹植援笔一挥而就，且文辞华美，曹操甚爱其智，甚至曾于建安十九年征讨孙权时委曹植监国重任，但上面又有一个年长于他的哥哥曹丕，所以曹操对把自己的衣钵交给哪位，还在观望中。

为了后代子孙，曹操对自己的魏公爵位又开始不能满足了，他决定晋位自己为魏王。因为魏王属爵位，与司空、丞相什么的行政职务不同，魏王是可以世袭的，后辈就是不巧生出个先天弱智来，那也是可以称王称霸的。

不对，称霸是凭本事，称王没问题。当然，还要有一个前提，那就是朝廷体制不能变，只要保住这条原则，太子党们便能永远幸福万年长乐。

还有一条：事实上的太上皇魏公曹操感觉形式上与皇帝还有差距，那就再要求进步吧，王冠与皇冠虽然错了一个字，但毕竟只差一顶白帽子了，至于其他礼仪上的琐事，都可以与皇帝一样的，除了人身自由——这点现任的皇帝没有。

三月，魏公曹操效天子亲自入农田耕作——也就是后世由皇帝每年在地坛那地方象征性地掘下土而已，表示重视农业，直到今天，咱们每年的“一号文件”也都是专给调整农业政策留着的，一个意思。

五月，曹操“无奈”地被天子进公爵为魏王。魏王曹操再三推辞谦虚拒接，“囚犯”皇帝当然要三诏硬赐给，表演程序一丝不苟，那是软件里早设置好的，没人可以化身“熊猫烧香”之类的病毒予与更改。

天子又特命：魏王的女儿以后也要称公主。至于世子？因为还没被曹操选举出来，暂时不议，事实是：后来继承人确定后，也是称呼的太子，就差一步与皇帝无二了。

这关键的一步曹操敢迈吗？不敢，至少现在不敢：外部还有孙、刘两家大敌未靖，内部自认为是大汉忠臣的也不在少数，尤其是天下万民，还都只认识一个“汉”字，要让他们再认识那个“魏”字，还需要一定时间的扫盲运动；将姓了四百多年的“刘”，改为那个“曹”字，难啊！

其实曹操也可能认为没有必要：只要把自身魏国做大做强，还怕汉国不自行消亡？何必内外树敌呢？最起码目前这杆汉旗还是有用处的，有这杆旗在，孙、刘两家就不敢抢先称皇帝。

尤其是，一旦日后对两名不服管教的逆贼招抚，那这个“汉”字可就派上了大用场，最起码给他们预留了个台阶下。

收天下就靠“两杆子”：枪杆子与笔杆子；胜利依赖于革命的两手：软硬兼施；为了宣传上的需要，这大汉皇统最后一个坚持还是必要的，实在解释不过去了，加上四个字不就是了：魏国特色；要么就称为：末期阶段的大汉王朝。

登上了王位、戴上了王冠的曹操遇到了一个不小的难题：按古制，被封王的臣子受封后要先去皇家的太庙叩谢历代先皇，可是从没有带剑着履进太庙的道理呀？但现在的曹操还就是不愿再给老刘家下跪磕头了，哪怕是已经薨逝多年的皇帝，更别说解除武装、光着脚丫去做戏了，这个程序坚决要破坏了它！

曹操还当真带剑不解履上殿去转了一圈，也就算拜祭过太庙了，对这种无理的举止，魏王有自己的理论：“我早就被现任皇帝诏赐带剑着履见驾了，要是解剑、履去拜先皇，那不是重死的轻活的吗？敬父祖而简慢君主的事情，孤王可不敢去做，那就只有带剑着履上庙堂了。”

官大神鬼畏惧三分，从来不变；真理永远属于强权，自古皆然！

目前天下大势已定：中原已尽属曹操，孙、刘两家偏据中国南方、西南两隅，只要软硬兼施分而治之，降服不过是时间问题。

北方匈奴已经被彻底威服：代郡乌丸行单于普富卢与其侯王来朝献贡；南匈

奴单于呼厨泉来朝后干脆留居邺城不走了，委托其右贤王回国代理单于工作，自己留下长期享受大汉文化及美食、美女。

真是“江山如此多娇，引无数英雄竞折腰”！

实际威风早已远超太上皇的魏王曹操登上了自己人生的顶峰，可是人生的规律恰就是最怕顶峰二字，那里绝不是什么无限风光，而是坠落的起点！

道理极为简单：到了最高处还能去哪儿？两条道：要么开始走下坡路；要么唯有升天！问题是谁又具备张天师那白日飞升的本事？哪位能成仙？成仙无望，那就只有做鬼了。

还有一种唯有真正的伟人才能创造的结局：战胜自我，敢于面对人生之路的起伏，再去攀登另一座顶峰，至于能走到终点还是中途？伟人或圣人们不会在意——朝闻道，夕死可矣！

这点曹操能做到吗？

232

凡当权者，一旦登上了绝顶高位，大多都要晕乎一阵，一览众山小之时，自己不免感觉高大全了，在成为孤家寡人的过程中，所有老帅、功臣，不免要无辜地成为其垫脚石，这是独裁者的宿命，能避开者甚少。

尤其人到老年，不免思路怪僻，异想天开，自己也知道时日无多，又怎会关注黎民穷困潦倒、流离失所？丰功伟业之幻想，要趁还有口气时实现，做事也就不免荒唐激进：四海蜃楼俱现日，九州赤子浩劫时！

肯定也会不时回忆创业时的同伴，不过大多不是翻弄将帅们的功劳簿，而是重提旧怨，以便将其践踏于今日，老家伙们都留不得，是新征途上的绊脚石。

曹操终于称孤道寡了，更关注路线斗争的大问题，王冠下面如不填进去几具战友的尸体，又怎能显示出血染的风采？曹操登上王位后首先是对老班底开刀。

崔琰，字季珪。其人幼习武略，博览群书，神姿高扬，眉目疏朗，须长四尺，甚有威重。时任魏国尚书，后迁中尉，尤因其性格刚直，秉公忘私，在朝堂士民中甚有威望。

论说崔琰与曹操还是特近的亲家，曹操三子曹植便是崔琰的亲侄女婿，但对曹操密函咨询崔琰接班人问题上，崔琰并没有因私亲支持曹植，而是根据政治能力与长幼关系坚定地站到了曹丕一边，被曹操升迁中尉就是因为此事。

崔琰的耿直其实曹操以前也挺佩服的，早在初定冀州时，曹操翻看冀州的户口明册得意地赞叹："不愧大州啊，竟能集丁三十万众！"崔琰当场反驳："现在天下大乱，冀州庶民暴骨原野，没听说过仁义之师不关心百姓，而先注意能得多少甲兵的，这样的话，本州的百姓怎能寄希望于明公？"

当时满座宾客皆惊失色，唯有曹操从容离座谢崔琰。

现在不同了，曹操已经是魏王了，优良作风开始改进了，公仆开始改变角色为主人了，这崔琰竟因为意思含糊的一句话倒了大霉！

巨鹿杨训是崔琰推荐给曹操的，曹操进爵魏王，杨训发表文拍马称颂功德，有人笑话崔琰所举失当。崔琰看了杨训的表章后修书给杨训："省表，事佳耳。时乎，时乎！会当有变时。"

这意思其实很简单：文章看过，还算不错，交稿时机引起的争议，等时过境迁就没什么了。

有人举报给曹操说，这崔琰是在诽谤魏王您呢！曹操怎么解释的崔琰这句话呢："谚语中有句：'生女耳'，'耳'字不是好话；'会当有变时'，意指不逊——这不是预言变天吗？"

罪名：腹诽心谤！——你心里诽谤我曹操！这叫什么事儿呀？还不如后世秦桧发明的"莫须有"呢！最后先罚后杀，莫名其妙地要了崔琰的性命！尤其是杀人的理由更是荒唐：嫌崔琰服刑劳改时"对宾客虬须直视，若有所瞋"。

看来崔琰是因为没长斜眼、没刮胡子丢命的。

想杀你的时候，你就是打报告想上天转转，也绝对是欲南逃北窜，死是早就肯定的。

崔琰还连累了一个大人物倒霉：为曹操初草《建国大纲》的毛阶。

毛阶之功不可谓不高，地位不可谓不显，已经身居尚书仆射高位，也就是相当于中央的组织部长，担当为朝廷选材的重任，可是就是因为崔琰被捕后有些默默不乐，被早就瞄着他的政敌瞅准了空子，趁势举报毛阶，说毛阶见到黥面的罪犯，其妻子被没为官府奴婢，毛阶说"天旱不雨就是因为这种现象"。

这还了得？曹操又是大怒！——现在曹操易怒得多了——毛阶立刻被捕入狱。毛阶不承认说过此话，要求与举报人对质，曹操借口保护当事人予与拒绝，干脆还说是为了保护毛阶，致使毛阶有冤也只能认命了。

其实，就是毛阶真的说过此话又能如何？无非是私下埋怨刑法过严而已，也算不上什么大罪呀！说到底还是曹操本人欲除掉他，估计还免不了有二位欲竞争上岗为接班人曹丕、曹植对其厌恶的作用。

曹操宠爱曹植并不掩饰，曹丕当然着急，曾求教于毛阶，怎样能讨得老爸的欢心呢？毛阶却一本正经地叫他只要尽到做儿子的本分，曹丕当然不悦；而曹植的死党丁仪其实就是这次毛阶案件的举报人，曹植对取得毛阶的支持显然也不抱希望，这下两位接班候选都会视毛阶为“外人”了，亲人的闲言对曹操却能起着巨大的影响。

幸亏曹操信任的侍中桓阶、和洽极力劝解相救，曹操总算绕了毛阶一命，但还是把他开除了公职，回原籍务农吧！

官大杀人就是随便多了，不过杀人也像吸食“摇头丸”，既能使人兴奋，又极易成瘾，最后也保证被此瘾连累，总有一天会醒悟：擅杀无辜其实等于杀自己！

都说人老必糊涂，是曹操开始糊涂了吗？实际情况好像也不是如此，尤其是到了战场上，曹操还是那个曹操，还是那么深思熟虑、卓绝果毅，尤其是：还是那么有运气！

实际上根本原因就一个：制约机制的问题！

当一个人失去了任何制约时是可怕的——一群人就可以称为恐怖了——尤其是当他把自己制定的法律、制度、游戏规则踩在脚下的时候，所有的生命就必然不值得尊重了，这时候砍掉一个人的脑袋，与在实验室里解剖一只小白鼠没有什么区别。

不受监督和制约的绝对权力，是不加任何防护的核裂变强辐射物资，在无辜者深受其害的同时，玩家自己也必然灰飞烟灭！不受制约的权力能染指到的地方，一切都会随它同于归尽！万物皆成空到来的那一刻，我们才会真正体会到佛家妙语：色即是空……

但就战场能力来说，坐在皇帝头上屈居魏王的曹操还是能深谋远虑的，这点不久就会通过实践检验出来，曹操准备对江东孙权先动手了，这次还是举的大汉的旗帜，是征讨不服从大汉中央管理的叛贼孙权，奉皇命以讨不臣，永远名正言顺。

江淮大地，重燃战火，濡须口外，刀兵云集，孙权刚面对曹军七千弱旅而惨败，又怎生从容应付曹操亲率之数十万雄兵？

233

建安二十一年十月，魏王曹操集结大军开始出动，历时近月到魏王的家乡谯国，继续进军走的还是老路线，顺涡水东南而下，建安二十二年正月进入巢湖。

曹操大军这次有备而来，随军大量舟船战舰，目标没变：还是濡须坞。

这次曹操对江东势在必得，几乎动用了曹军中所有名将，镇守合肥的张辽自不必说，就连曹仁、夏侯惇也尽遣往前敌，曹操本人以六十三岁高龄也披甲上阵，亲自擂鼓指挥大军进退，尤其是在数量占优的水军的配合下，大军稳步推进，二月便攻占了江西的郝溪城（位处长江南岸不远），濡须口就在眼前了。

这次孙权亲自坐镇濡须口，也几乎动员了所有江东军主力来到了濡须口前线，但终于抵挡不住魏军的水陆齐进——现在曹军已正式称为魏军了——被魏军从水陆两路围抵濡须坞城下。

水路现在全指望勇将董袭所指挥的五楼船屏障了，孙权清楚：此巨舰如拦阻曹操水军失利，从此曹操水军将畅通进入长江，不但天险丧失，辛苦修建的濡须坞也将孤悬敌后，不但无法屏障建业，还将避免不掉被魏军攻占的结局。

为保万安，孙权又调集了徐盛等陆水军诸将乘艨艟俱赴濡须口，所持唯有风向有利，此时的汛风为东南季风，真如发生大型水战，魏军讨不到便宜，更何况曹操水军主力大都是些艨艟、轻舟走舸，斗舰极少，看来确保江东还是要依赖水军。

攻打濡须坞，对曹操可以说是轻车熟路，虽从未得手过一次，但失败的教训却积累不少，说是驾轻就熟也不算过分，现在曹操就极其明智地控制住战事的节奏，绝不冒进强攻，陆地采取坚垒围困，水路则集结主力突其一点，目的就一个：打通进入长江之水道，那时濡须坞即成孤岛，必然不攻自破。

魏军的不利之处曹操也极为清楚：那就是不以人意志为转移的风向。不过现在的魏王曹操远非赤壁大战时曹丞相，不会再重蹈深陷火海的覆辙了，再来黄盖诈降之类的骗术曹某也不会上当了，风向不利，便结寨拒战，反正老天不会总照顾你孙权，风向变时，即进军之日。

现在的曹操、孙权都把胜利的希望寄托在了老天身上，孙权盼的是东南风越大越好，持续的时间越久越好；曹操则相反，不过有一点曹操可以肯定：风水不会永远不变，大自然对所有人都是公平的，不急，耐心等待下去就是。

老天开始与人开玩笑了，谁也没有料到，这次是给孙权开了个很大的玩笑：竟然没用曹操出动一兵一卒，几乎尽歼了孙权的主力水军！

一个魏、吴两家谁也没有准备作战的夜晚，老天爷突然暴怒，可是向来是非不分的老天这次突然将怒气发作在了弱势的江东水军身上了！半夜，东南风突然加剧，不过不是孙权所期待得越大越好，而是大得过分了，靠天取胜如同赌博，是靠不住的，因为那分寸无法被指望它的人们把握。

狂风骤起，天昏地暗，濡须水路，巨浪滔天！尤其是董袭指挥的五楼巨舰，几乎等同树大招风，暴风肆虐之下，楼船如同江面上飘荡着的一个小玩具，一切锚缆随风而断，楼船眼看就要倾覆！

楼船上的江东水军兵卒纷纷跳入走舸，董袭左右亲信眼看形势危急，一齐乞求董袭赶快下船逃生，董袭不愧是个好船长：誓与战舰共存亡："我受将军委托重任，在此备战拒贼，如何能弃船逃生？再有敢言弃船者，立斩不赦！"

岂知忠义感动不了天意，董袭的五楼船还是暴风倾覆，船散人亡，董袭随船毙命，做到了船毁人亡，同归于尽！就此濡须坞的水路屏障被老天爷一举拆除。

江东的厄运还不仅于此，暴风起时，徐盛等诸将的艨艟恰都靠近西岸，舟船被飓风卷到了岸边，而西岸却正是魏军的营地！诸将恐惧非常，缩在船中未有敢出舱者，大家都明白：这是被老天给送上魏军门里去当俘虏了，听天由命吧。

唯有徐盛独自率本部将兵，干脆上岸突袭魏军，众人竟无一跟随出战的。岂知营寨内魏军也在营帐内避风，徐盛兵到，竟然认为是江东军借风劫寨，一起弃寨退走，反而被徐盛袭占军营，并有所杀伤斩获。

风息之刻，徐盛率部乘船回坞，孙权大为惊叹，大败之余，仅有徐盛一人得来的这场小胜，的确宝贵。

无奈宝贵也对大局无补，曹操水军已经无阻出入长江，濡须坞已经无法孤守，稍再迟疑，如被曹操抢先围困，则有被封堵擒杀危险，孙权只得退回长江中的舟船，江东军在北岸的城池、军屯尽弃，这仗再继续打下去前景不妙了！

孙权感觉到了战局的无望，不过不要紧，打不过便投降咱老孙也会，对汉称臣也没有什么大不了的，但必须是有条件的投降，要保持绝对的自治，保持军队，算一国两制吧。

只是不知道曹操干不干？遣使试探请降，竟然大遂孙权之愿，曹操恰急于赶回邺城，并无一举摧垮江东的战心，孙权请降使者一到，真是正解了曹操进退两难的尴尬，这下给足了曹操面子，历次征讨江淮，这次收获最大，竟然打得孙权求降了！

建安二十二年春，孙权令都尉徐详为使向曹操请降，曹操立即应允，都是当紧亲家，双重亲戚，闹什么家窝子呀？从此修好吧！据史载，两家："报使修好，誓重结婚。"

孙权放心地委托了平虏将军周泰留督濡须，自己开始不再亲临前敌：有点拿曹操大军当战友的味道了。

这周泰原来只是孙权帐下一名亲兵校尉，与同在濡须坞镇守的朱然、徐盛等将领资格不分上下，只因曾在战场救过孙权的性命，就被立马委在了众人之上，大家心里当然不能服气，热嘲冷讽之语不断灌向周泰的耳朵。

孙权在离开江淮前线之前，专门去了趟濡须坞，大会诸将，宴会酣乐。席间，孙权亲自斟酒走到周泰案前，命周泰解衣袒胸，孙权手自指其满胸创痕，问起每处伤疤来历。周泰则叙述昔日战斗经过，一处创伤一杯酒，忆往昔峥嵘岁月稠，创痕未讲其半，周泰已大醉不支，孙权则陪诸将欢宴极夜。

天明离坞，孙权遣使者将自己的御盖授以周泰，徐盛等这下不服也得服了。

对于孙权几乎可以肯定的会背信弃义，曹操心里更是清楚得很，重挑战事，也就是时间问题，所以曹操在主力回师之前照样按对待敌国安排的前线防务：留夏侯惇、曹仁、张辽等屯居巢湖，严密防范，并且要做好再次出击江东的准备。

既然孙权撑不住了，魏军为什么不继续打下去呢？那当然是魏王有了更大的事情要处理了，与此相比，迟早收服江东反而成了小事。啥事？关系到魏国千秋万代的大事！是曹姓政权将来变不变颜色的大事！

曹操要最后决定谁是接班人，魏王要急于决定谁当太子了。

234

都怨曹操这一生戎马倥偬，征战频繁，使得笔者竟没得出空来介绍一下魏王的家事，现在到了决定未来家长的时刻，不说两句不成了，那就尽量简洁一二吧。

汉代女人社会地位极低，能被史载的女性大多属妻以夫贵、母以子贵之类，像蔡文姬这种因才女而入史的实属罕见，那些能成为魏国王后以下妃妾的女子，如没有为魏王生下儿子，是没有资格被记载上一笔的，现能见于史书的曹操后宫之十余位女性，便是曹操二十五个儿子各自的母亲。

现在曹操的正夫人卞氏，乃当年曹操辞官隐居谯县时所纳之妾，虽艺伎出身，但可称温良贤惠，对她宠爱有加的曹操便又加上了敬重，在与原配丁氏情感决裂后便将其扶正。

卞氏为魏王曹操生下了四个儿子，丕、彰、植、熊，第四子曹熊早殇，曹操的继承人肯定要从这嫡出的三子中选一。

次子曹彰，自幼尚武，勇力过人，看来在基因上继承了曹操的武字，如果用作统兵一方的大将，那当属人尽其才，但如果参加接班人竞争，却是资力不足，主要怨他摊上了两位文采出众的同胞弟兄。

曹操真正的长子曹昂，已丧命于征讨张绣的战役中，现在的长子为五官中郎将曹丕，这曹丕却是文武都拿得起来，善骑射，好击剑；尤其文采，其实不亚名盛当时的建安七子，八岁能属文，世称有逸才，稍长便博贯古今经传，精通诸子百家之书。

但老爸偏又给他多制造了一个文才上更胜他一筹的弟弟。

三子曹植，曹子建，其人才智敏捷及文学造诣估计就不用老孙多介绍了，仅举一例，大概大家印象可能就更为深刻：后世南朝刘宋诗人谢灵运，平生自视才高，难得轻易赞许别人，却这样评价曹植与自己及天下文人：“天下文才不过一石，曹植独占八斗，我谢某尚得一斗，剩下一斗，由天下文人共分。”——此即“才高八斗”的来由。

所以曹操对曹植最为期待，曾数次当众表示欲将继承人定为这曹三公子，但由于左右幕僚褒贬不一，始终未能最后拍板。

人无完人，这曹三公子也有点小毛病，按史载就是“任性而行，不自雕励，饮酒不节”，把大业交给这位任性好酒的儿子的确也难让曹操放心。

取舍难定，那就只有多征求左右的意见，这下好了，一下由弟兄俩的暗暗使劲演化成了朝臣两派的明争暗斗，而两兄弟背后又各有高人：曹植的背后有丁仪、丁廙、杨修等人；曹丕的背后有号称四友的司马懿、陈群、吴质、朱铄。

这种近乎宫廷肉搏的较量绝不亚于金戈铁马的厮拼，其曲折多变、残酷无情更胜于明刀实枪的战场，那么两兄弟谁占优势呢？

丁仪，曾差一点被曹操招为东床，这可不是像刘协一样因为有皇帝头衔，其在曹操心目中的地位可见一斑。中间只是由于曹丕的暗中反对，丁仪才未能折桂摘花，那丁仪兄弟当然对曹丕要怀恨在心，竭力助曹植成功自在情理之中。

杨修，原太尉杨彪之子，杨彪被罢，并未妨碍曹操欣赏杨修之才学，平素以机智善文著称，与曹植自然是气息相投，也是曹植极为信任的铁杆智囊之一。

可是曹丕那边呢？司马懿、陈群的才能及谋略是公认的当世一流，不用多说，那朱铄史载不详，也不必提，仅一个吴质就够二丁及杨修喝一壶的，此人心计深沉，老谋深算，而曹植的铁杆智囊却都属于表面光鲜的风骚文人之流，所以这场不见硝烟的战斗从一开始就注定了曹植外围的劣势。

曹植的优势唯有一条：在曹操心目中的地位远高于曹丕。而真正说了算的也就曹操一人，所以开始双方也基本上算是势均力敌，有得一拼！

曹丕对这种形势很是担心，文才上他也自知不是兄弟的对手，所以经常要招吴质进宫商量，为遮人耳目，便用车拉些废书箱，里面装上个活人吴质，进出宫门，不巧被杨修看出了猫腻，曹丕闻知极为害怕，吴质却说不妨，明天还是原样拉废箱子进宫。杨修果然举报，但检查时却连个人影不见，这下曹操不但对杨修有了看法，连曹植也不免被连累遭疑。

曹操出征，曹植以表章送行致贺，读文称述功德，有章有节，文辞华美，不但曹操欣赏，连满朝文武也无不瞩目。曹丕可没有这当场行文拍马的本事，心里大急，吴质上前耳语：“离开时，痛哭流涕就行。”

曹丕也有做演员的天分，当真哭得梨花带雨，肝肠寸断，依依不舍之情感动得曹操及左右歔欷泪下。于是，曹操内心便留下了曹植不如曹丕实诚的印象。

但总归会哭起不了决定性作用，曹操还是不肯把接班人破天荒地写进章程，还要继续考验二位候选人，这差额选举的闹剧还是要一幕幕接着表演下去。

紧要关头曹植却表演砸了：曹植竟然在魏国的都城邺城驾车奔驰于弛道中。弛道，是魏王曹操的专用道路，这下曹植有了以魏王自居的嫌疑！所以曹操闻听举报大怒，结果是管理车驾的人被冤枉并合理地处死了，曹植本人呢？没事，高干子弟少见有犯了罪真伏法的，古今乌鸦一般黑！但曹植的接班事业却不免愈加艰难了。

关键时刻有一个关键人物掺和了进来：贾诩。

贾诩在曹丕的虚心请教下给曹丕上了一场表演基础课：你就做得像个孝顺儿子就行！

儿子演儿子当然合乎角色，曹丕的演技更加到位，简直可称是炉火纯青！曹丕在曹操眼里的形象大为改观：这绝对是一个达标的、德才兼备的孝顺孩子！

最后关头到了！曹操专门屏退左右咨询贾诩对衣钵落谁家的意见，贾诩更是个宗师级别的表演艺术家，凝神思考，就是不说话。曹操有点烦了："听你说话这么难吗？"

贾诩赶紧道歉："正思考件大事，没顾上回话，原谅啊！"

曹操自然要问句："思考什么大事呀？"

贾诩郑重其事："在想袁绍、刘表他们父子的结局呢！"

曹操闻听大笑，马上明白贾诩的意思，当即决定：太子就是长子曹丕了。

曹操现在除了头上的帽子，一切都与皇帝一个规格了，奉皇帝恳求：仪仗设天子旌旗，出入称警跸，王冕上垂十二旒，乘金根车，驾六马，设五时副车。对，与现任皇帝还是有差别的：皇帝不用工作，也没有那劳人心力的自由。

国内形势已经好到了顶点，再好一点那只有取缔汉朝了；只是国际环境出了点小问题：去年魏公曹操不屑得陇望蜀，今年西蜀刘备却要得蜀望陇，开始了越境挑衅。

第五十三章

战汉中：曹操啃到无味鸡骨头

235

曹操苦耗月余，战势无丝毫进展，碰到了“打不还手，骂不还口”就是给你死缠的“无赖”，曹操也没辙。欲待退军，徒落天下笑柄；留部分部队固守汉中？那还不如不来增援呢；舍弃汉中？曹操更不甘，来这儿干嘛了？费尽心力打下汉中来，就是为了送给这大耳朵？

汉中的战事起因于法正。

大家都知道曹操曾明令“唯才是举”，其实真正“唯才是举”的刘备也算一个，只是刘备不像曹操那样犯傻气公开这种选才政策罢了，刘备是只做不说，重用法正就是刘备实践曹操的“唯才是举”干部政策的明证。

法正其人，政治德操就不用多说了，其故主刘璋沦落到延命公安就是拜此公所赐，当然，这对于刘备来说是立了盖世功勋。问题是法正的私人品行也不怎么样，据史载，法正“一餐之德，睚眦之怨，无不报复，擅杀毁伤己者数人”。只是因为他对于刘备入主益州立功太大，诸葛亮才口下留情没有建议刘备惩办他。

其实，就是建议了也没有用，刘备因其功、爱其才，对法正极为信任，拜其为“蜀郡太守、扬武将军，外统都畿，内为谋主”，这时的诸葛亮不过是军师将军，署左将军府事，其地位低于法正。

当然，这也可能是刘备为了尽快安抚益州的必要手段。但此时期的对外作战，刘备的确是依赖的法正主谋，诸葛亮只不过是担当的汉初萧何的角色，主管后勤供应而已。

法正之才，眼光未必如诸葛般放眼天下，但就益州局部战略、具体战场指挥还是有两下子的。对于汉中与巴蜀的关系，法正就这样替刘备分析："曹操一举降张鲁、定汉中，却不趁此势以图巴、蜀，而留夏侯渊、张郃屯守汉中，自己北还，绝不是曹操其智力不足，而是因其有心无力，后方必有急事。

以现在夏侯渊、张郃的才略，不是能守住此要地的将帅，将军举众征讨，则必可克汉中。占据汉中之后，聚民积粮，观察动向，上可以主动出击，匡复汉室，中可以蚕食雍、凉，开拓境土，下可以固守要害，屏障巴蜀。此乃持久之计，将军万不可错过此天赐与我之良机。"

刘备听从了法正的正确建议，集结大军于巴西，开始了收服汉中的战事。

刘备采取的战略是先收汉中的西邻武都郡，武都全境处秦岭山区，地广山多人稀，主要居住着十余万当地氐人。地虽贫庾，但占据武都郡全境之后，汉中与关中的联系将被彻底切断，没有关中的支持，区区一郡汉中之地是无法长期坚持固守的。

汉中之战不是什么普通的小战事，刘备必须倾一州军力、物力于此战，后勤供应更是不易，备战所需时日非短。刘备有些心急，便出动了张飞、马超、吴兰等部先行进军武都，令其屯军武都郡治下辩，由此东进便能占领河池关，从而切断陈仓至汉中的要道。

而刘备本人则率刘封、黄忠、魏延等将领于巴西郡组织后备大军，准备直趋平阳关，进击夏侯渊与张郃的汉中守军。

吴兰、雷铜所部是刘备于入蜀时在雒城收降的原益州部队，这次受新主人刘备的信任独当一面出击武都，当然是感恩怀德，誓求必胜，所以接令便立即出动，一个长途奔袭抢占了下辩，这下把远在邺城的曹操惊动了！

曹操紧急书令时主军陈仓的征西将军曹洪、参洪军事的骑都尉曹休出动征讨，书中明令："曹休虽然是参军，其实是主帅。"——曹操经过数十年的战场观察，对手下将领的能力可以说是了如指掌，曹洪现在也可以称为历经百战的老将了，但对于曹操这种近乎羞辱的命令却心有领悟，对率领虎豹骑部队的曹休之战场实力，曹洪也是挺服气的。

暂不提曹洪依曹操令将军事指挥全部委托于曹休，刘备却觉察到了下辩的危险——孤军前出过远，曹洪军主力一旦南下切断辎重供应之路，即必陷困境！紧急书令张飞进军固山，先摆出一副欲断曹军后路的态势，不知能否将曹洪吓退？

时马超部已经从右翼出动到了沮县，此地能阻挡汉中曹军对下辩的威胁；主要看张飞能否再施当阳长坂坡时的威风，令曹洪军畏险而退。

实际上那曹洪军至中途还就是犹豫了。

张飞进至固山以后，当然明白刘备的意思，立即大张旗鼓对外宣传：即将出动切断南下曹军的归路！这下曹洪及所带众将不禁狐疑不前了，别在这野山路上再重蹈张郃的覆辙，那张飞用兵智勇兼备，神鬼莫测！可是什么事都做得出来！

这时曹休说话了："张飞如真的去断我归路，应当伏兵潜行呀。现在先张声势，说明必然不去。应当趁其大军尚未云集武都，我军抛掉一切顾虑，疾行奔袭下辩，吴兰军破则张飞自然退军。"

本来魏王安排的掌兵正主就是曹休，曹洪当然从之，于是曹军反而催军疾行，昼夜兼程，直袭下辩。

张飞的大张旗鼓没有把曹休唬住，反倒把吴兰给忽悠了：吴兰部闻听张飞大军已经出动去断曹军归路，顿时放下心来，哪有这么大胆的曹兵？胆敢不要后路前来进袭，部队不吃饭了？

防备松懈是自然的事，谁知偏碰到了那不信邪的曹休，所率主力又是天下闻名的虎豹精骑，惯打无后方的突袭作战，吴兰竟在不知所措中发现：曹军骑兵已经扑进了疏防的下辩城！

慌乱中集结部队已经迟了，部将雷铜、任夔等拼死与战，结果被发飙的曹军铁骑胡砍乱踏于马下，脑袋被砍走；吴兰死战得脱，率残部逃进了大山，谁知也实在太不走运了，于阴平竟又被氐人首领强端偷袭，脑袋被砍下送给了曹军邀功，吴兰部竟落得个全军覆没，尸骨无存。

一切如同曹休预料，固山的张飞、沮县的马超等部，闻知吴兰军的凶信果然不敢再孤军前出，一起率部退回了巴西，刘备的初伐汉中就此一败涂地，战事暂时进入了中场休息时段。

可是那刘备半生所经战事无数，败仗也是无数，怎会将这点小小的失利放在心上？索性亲率主力全部出动，直抵汉中平阳关下，下辩的损失坚决要从汉中找回来！

至于左翼背后的曹军威胁？刘备也不是蛮干之徒，还是派出了一支偏师西进，由其部将陈式率领，任务是断绝马鸣阁道，阻截陈仓、武都曹军对汉中夏侯渊部的增援。

面对刘备来争汉中，曹操并不太担心，一是曹操极为信任夏侯渊、张郃的战场把握能力，二是陈仓的驻军实力非凡，料想那刘备也不敢置背后武都的曹洪、曹休大军而不顾死攻汉中，为保万全，曹操又飞骑传令驻军陈仓的偏将军曹真出动策应汉中战事，在曹操心里还有一道保险：夏侯渊的帐下还有一名可依赖的将才：徐晃。

曹操本人眼下实在顾不得西方：荆州襄阳前线的关羽现在成了他心中的大患！这里离许都实在太近，一路无险可守，而替刘备镇守荆州的关羽，这几年实力迅速膨胀，已经不是驻扎在樊城的曹仁所能单独对付得了。

尤其是那关羽不光是军力势强，更可怕的是暗招频出，荆州军的无数间谍已经深入到了许都内外，看不见的敌人才是最可怕的！

236

关羽奉命镇守刘属荆州，一开始由于部队主力被抽调西进益州增援，所留兵力少得可怜，以至于连当初甘宁带一千兵迎击于益阳，关羽竟持重不敢驱逐；当初与鲁肃的战场谈判由于自己实力不济，说话也难得强硬到底；直到孙刘双方订立和约，南方战争危险暂时消除，关羽才算缓过一口气来。

自建安十六年曹操把屯军樊城镇守襄阳的曹仁抽调西拒马超，南郡北境的曹军也安稳了下来，双方基本都采取的战略守势，所以刘属荆州出现了难得的和平局面。

这给关羽的部队重建提供了大好环境，尤其是关羽具有两条别人无法比拟的优势：一是关羽自单骑斩颜良，千里寻刘备以来，名声冠绝华夏，吃粮当兵谁不愿意跟着这样义勇双绝的英雄？二是关羽本身就以体恤士卒著称，傲然不屑理睬的是那些士林大夫，对自己的左右部下关羽却是视同己出。大伙自己品味一下：你自己若免不了穿那身军装，会去跟着谁干？

所以，六七年的工夫，关羽凭借南郡、武陵、零陵三郡的充足财力、人力，逐步扩军十余万，这下不光身旁的孙权感觉到了威胁，就连北方东汉名义的都城许都也有人遥望南天盼解放了。

按曹操看来，这是关羽派大量的细作北上所致，这是在与许都那些死扛着大汉招牌不放的部分文武百官勾搭调情，不过曹操并不过于担忧，因为代替曹操留在许都主持军政的是他绝对信任的人：丞相长史王必。

长史王必德才俱佳，对曹操可称忠心无二，但不幸的他却有位极知己的朋友：京兆尹金祎，恰恰这位知己好友在政治观点上却与王必不同，王必是曹操的铁杆，金祎却是骨头里认为自己是大汉忠臣，对于王必，金祎虚与委蛇，认为王必不过是曹操留在许都看管皇帝的一个狱头而已。

金祎对曹操欺负皇帝的行径很是看不惯，没站出来抗议只是因为时机不到，现在曹操根本难得到许都来了，恋在邺城铜雀台里训练那些夫人、昭仪、婕妤、容华、美人，当然还有大量的贵人、歌舞伎，而南方荆州的关羽势力已隐隐威震许都，机会出现了！

金祎便秘密联络太医令吉本、耿纪、韦晃、吉本的儿子吉邈、吉穆等人，准备由吉邈组织部队突袭长史王必德军营，金祎为内应，一举干掉王必占领许都，劫持了皇帝，再奉天子命配合荆州的关羽共同进军邺城，如此将一举重振大汉皇统！

建安二十三年正月，金祎与汉太医令吉本、少府耿纪、司直韦晃等人决定行动了！

最先是由吉邈率杂人及家童千余人夜间突然在王必的军营大门放起了大火，营内有金祎早就安排的人作为内应，致使王必仓促之下，无法防范，大营被破，王必肩部中箭，又不知进攻者是哪家神圣，人到难处思良友，王必被人搀扶前去投奔好友——金祎！

历经千险万难，长史王必终于挨到了金祎府门，唤门之时，门未开里面有人相问："王长史死了吗？那家伙死了我们的大事就算大功告成了！"——这是金祎的家人不知是王必在敲门，以为是吉邈等人前来报捷呢！

这还有啥说的？王必心中酸苦之下，不顾箭伤剧疼，夺路他奔，总算暂保了一条残命。

乌合之众胜利的希望只有一个：王必丧命，曹军群龙无首，金祎便能以京兆尹的身份出来收拾残局，军权在手，以后一切都好说了。岂知天明之后，发觉王必犹在，吉邈的杂牌军竟一哄而散，武装起义成了闹剧一场。

其实王必也没活了几天，心伤加箭伤，十余日后，王必因伤毙命，但此时起义的人等都已被捕，王必这十余日的残命其实救了许都，也可以说是金袆那莽撞的、不见人先多事问话的家人，葬送了一场本来可能精彩万分的好戏！

金袆、吉本、耿纪、韦晃等罪犯被送到了邺城的曹操面前，曹操痛恨这些叛逆自不必说，还有王必那一条命呢！结局那当然是注定的，全部被斩。但众人却没有一个认错求饶的，一个个慷慨赴死，就义前还大骂曹操乃篡汉奸贼，这下曹操不能不警觉了！

像这类的官员朝中还有多少？怎样才能一举根除万岁不离口、语录不离手、内心深处下毒手的反曹分子呢？

曹操琢磨了一个绝主意：把许都的文武百官全部招到了邺城。

漳河水边，铜雀台旁，魏王令百官分站两列，各自志愿加入两派，救火者左派，不救火者右派。大家谁不以为救火者必然无罪呀，几乎尽数站到了左派一边，是否中国的左右两派血斗起源于此？

太祖曾有句：我就是喜欢你们的右派！传令：右派不救火乃是不助叛乱；左派救火队不是去救火，实乃去趁火打劫相助贼人。

简单处理：全宰了吧！

这下不用抓一批、管一批、杀一批那么麻烦了，太祖统治的中国已经全部剩下右派当权，大汉皇朝离彻底变颜色也就光剩下了那块招牌了！

太祖清理阶级队伍之时，边关的将士正浴血奋战在平阳关上。夏侯渊、张郃、徐晃面对刘备大军的围攻，正竭尽心力苦战于荒远。

那刘备是何等人？厮杀半生，战场经验极为丰富，又兼智囊法正运筹帷幄；诸葛孔明于成都足兵足食的保证前线供应；张飞、赵云、马超、黄忠、魏延哪一个不是勇冠三军？所以，一开始从实力上便已经决定了这场战争的结局。

但事情并不像想到得那样简单，夏侯渊、张郃、徐晃都不是容易对付的，尤其持平阳关的绝对地利，蜀军后勤供应遥远路险，那刘备还就是占不了什么上风。

刘备开始指望偏将陈式等十余营毁绝马鸣阁道，如此汉中的曹军即处于绝境，谁知夏侯渊也早料刘备此“关门打狗”之计，提前派徐晃西出伏击陈式部，可怜陈式尚未走到马鸣，即遭遇徐晃伏击，山间路狭，部队仓促之间战不能战，避无可避，竟如同张郃于瓦口遇到了张飞，士卒多自投山谷，可惜没有张郃的运气，大多摔死，陈式全军覆灭。

此战事虽小，关系甚大，就连远在邺城的曹操看过军报也不由后怕，大喜之下，专令嘉奖徐晃："此阁道，汉中之险要咽喉也。刘备欲断绝外内，以取汉中。将军一举，克夺贼计，善之善者也。"——《三国志·徐晃传》

而平阳关的刘备却就此一筹莫展，被处于前进不能，后退不甘的尴尬境地，相持几年，战况无丝毫起色。无奈之下，只得令成都的诸葛亮增派援兵，举州支援汉中战事。

诸葛亮在成都能估计到汉中战事的艰难，更明白汉中对于益州的意味着什么！支援汉中前线，并不能指望邻近的三巴，那里是新收服之地，兵源财力有限，物资兵员主要靠蜀郡供应，而蜀郡太守法正却正随军北征，诸葛亮急于物色一个蜀郡太守的合适人选。

诸葛亮内心的候选是原益州从事杨洪，便以汉中战事咨询杨洪，杨洪回答："汉中乃益州咽喉，存亡之关键，若无汉中，必无西蜀！此益州家门之祸，举全州之力发兵供粮，除此何疑！"

诸葛亮大喜望外，面试得到的答案超出了自己的预期，便立即上表刘备，命令蜀郡太守，结果杨洪不负孔明期望，如期足额地保证了汉中前线的蜀军所需。

此事还产生了另外的效应：原益州官员士民竭尽所能咸服诸葛亮，能抛弃新老地域观念，尽才用人，器量非凡。

就在刘备能无后顾之忧专致于汉中战事之时，邺城的曹操却无法亲临汉中前线：朝中的叛逆刚除，漠北的代郡、上谷乌丸无臣氏又公开反叛了！

237

曹操年轻时曾装中风奚落过叔父、骗过了老爸。难道是出于当时阿瞒早有预感？曹操倒还真落了个脑中风的病根，不定期地发作，病发时头疼欲裂，唯有当时的名医华佗能予与针灸缓解，不过却不能根除。

曹操认为这是那华佗持医术自重，欲长期要挟自己，便借华佗诈说妻病请假不归拖延召唤，拘押了华佗。后来干脆不顾当时谋主荀彧的劝告刑毙了这一旷世名医。

当时曹操杀人的理由牵强得很：“我不杀这小子，他也不会为我根除此病，没什么可忧烦的，权当世间没生出此鼠辈来就是了！”——就这也该定死罪？

素称目光长远的曹操偏没预备自己将来需要华佗的时候，及至后来曹操自己的爱子仓舒得病临危，曹操才叹气后悔：“我不该杀了华佗，是我把自己的儿子害死了！”

不时头疼的魏王，情绪自然难稳，随便杀个人舒解心中烦躁竟成了家常便饭。为什么后人有句：伴君如伴虎？就是因为这个“君”具有超越法律的无上权力，天下的人能否残喘求命，还要根据这个人的喜怒哀乐而定，身边的人又哪来的安全感？

换了谁都一样，祸源在于这个可恶的专制制度！

换句话说：皇帝制度祸害了中华两千余年啊！不受任何监督和制约！其可怕又哪里是可怜的老虎能比的？圣人云：苛政猛于虎。岂知专政猛于苛政！

那么，太祖晚年当真老糊涂了不成？也不尽如此，清醒时所作的决定还是相当英明的，例如对于国家由汉到魏变颜色的预言，例如对于官员趋于腐败的警告，尤其是对于中国百姓的担忧，日后无不兑现……

曹操于西方、北方战事纷起之时，发布中国百姓的养老制度：百姓女性年满七十以上，无丈夫儿子供养者；儿童年龄十二以下无父母兄长抚养者；天下盲人、手、足残疾者；无妻子父兄产业者，由国家供养终身。百姓贫穷不能自我赡养者，由国家按家庭人口提供给贷款。耄耋九十以上，日常生活不能自理者，由国家出护理一人照顾其起居。——尤其是孤寡残疾人，活在曹操时代挺幸运的！

说明一下：曹操没有收公民的养老金，这是曹操政府无偿提供的福利。

内政清楚糊涂各半，对外战争几乎也是如此——至少从战果上显示是这样。

对平息北方代郡、上谷乌丸无臣氏的反叛，曹操令自己尚武的儿子鄢陵侯曹彰督军出征，自己则集结兵力、粮草准备亲征汉中。那曹彰果不负老爸所望，一场远征战事打得比曹操当年还要漂亮！

实际上代郡乌桓的战事并不是那么简单，表面上只不过是上谷、代郡区区两郡的匈奴反叛，实际上还有一个更加危险的潜在敌人在座等观望中，这就是当时受命管理幽州北部的鲜卑大人轲比能，其时已将自己的数万铁骑开往了代郡边境，是援助自己的匈奴兄弟？倒还没有明说，但反正绝不是来主动参加平叛的。

好一个曹彰！上得战场，大有其父魏武风范，身先前敌，后随铁骑万余，军动若风驰电掣，兵行犹利剑出鞘！

苍茫大漠当军帐，
塞北风霜作甘霖。
怒扯云霞拭日月，
狂推雾霭淹乾坤。
旌旗指处亡胡虏，
弩箭响时泣鬼神。
铁蹄弹奏得胜曲，
将军谱就凯歌吟！

鲜卑大人轲比能亲眼目睹曹彰战场风范：盔甲上嵌数箭，犹自杀气更浓，铁骑横扫乌丸，直如同风扫残云，一战得胜，士气愈胜，直追无臣氏至桑干之北，竟不容无臣氏歇息片刻，铁骑直捣中军，外围又有散骑追剿出逃残敌，仅砍下人头就达数千，俘获生力无数，漠北几乎像被飓风横扫而过，立时一片寂静！

鲜卑轲比能当然明智上表，表示臣服，从此永远忠于大汉曹操。

北方至此平靖，西方的战局却日渐恶化。

武都至平阳，一路险山，处处易守难攻，曹洪、曹休、曹真部费尽心力却难使秦岭山道畅通无阻，汉中夏侯渊部还是处于孤立无援的困守态势。

如此长耗下去，汉中前景堪忧，曹操终于再难稳坐邺城了。

建安二十三年七月，魏王曹操在理顺了内患北忧之后，终于亲自出马对付刘备了；九月大军来到长安，曹操决定，部队这次不再绕行陈仓，直接由长安南下子午谷，寻觅谷中险路，尽快增援汉中。

哪知就在大军即将出动的关头，襄阳前线军报传来：那荆州关羽即将开始北犯，曹仁于樊城已处于险境！

这还难以干扰曹操兵出汉中的决心，要命的是还有急报：曹仁的后方出了大事：南阳宛城守将侯音公开易帜造反，响应关羽，这下不仅许都立处险境，连樊城前线的曹仁也顿时处于两面受敌的危难境地。

这下疾援汉中的曹操犹豫了：宛城有变，将是远大于汉中前线的紧迫之事！一旦有失，樊城曹仁必然立处绝境，许都也将震动！已经把大军集结到了长安的曹操此时不知该先把主力投向何方了。

大军一旦东归平叛乱，拒关羽，那汉中战事必然堪忧；但如果不顾荆襄危局，径直出动汉中，一旦荆豫有失，开拓些边远境土又有何用？

部队西进还是东归？曹操两难之际，还是恢复了赌徒本性：将赌注压在了樊城的曹仁身上！传令曹仁，暂且不要理睬南部的关羽威胁，全力平复宛城叛乱！

曹军主力则在长安引弓待发，视东西两方的战势，再决定把利箭射向何方。

应该说，这也是曹操的最佳方案，因为平阳、荆州两方的局势还都处于扑朔迷离状态中，到底应该孤注一掷于哪边？是谁也说不准的事。

平阳前线，刘备的蜀军虽处于攻势，但战事已胶着近一年，夏侯渊、张郃不但能坚守平阳不弃，其实还留有后备兵力，已用做一旦到来的蜀军退军之时，也就是说，战况还没到最危急的状态。

荆州前线，关羽大军北出，绝不是能轻易出动的，襄阳、樊城已处于敌前七年，一直安如泰山，那关羽身负一代名将之名，若无必胜把握，怎肯草率出兵犯境？

这次曹操又赌赢了！

宛城守将侯音就是关羽策反成功的曹军将领。其时见南方关羽军势大振，而北方许都空虚，曹操率主力已西进长安，割据南阳正逢其时，由此配合关羽北进许都，岂不为刘备立下了盖世功勋？

起事开始挺顺利，因为南阳郡数年来供应襄阳前线军需，已被搜刮得官烦民怨，老百姓再对比往日刘备军驻扎此地之时，一股念旧心理当然油然而生，所以侯音振臂之时，几乎八方响应，南阳不随同起事的官吏、将领被几乎一网打尽，皆尽被捕。唯有时任南阳太守的东里衮见势不妙，仅与功曹应余十余骑得以窜出亡命，宛城被侯音顺利占领。

不仅如此，侯音并未放过东里太守，在席卷南阳的同时派出了专职搜捕骑兵来追逃太守东里衮与功曹应余，两人逃得虽快，但追兵更快，终于没能逃过宛城新占领军的搜捕，东里衮被一根麻绳栓了回来，应余丧命于乱箭。

这时被侯音信任的功曹宗子卿闻知曹仁征讨在即，内心暗自突然明白：这侯音成事的可能性不大，关羽在战线的南边，着急救不得宛城，还是观风转舵吧！

便向侯音进苦口之良药：“足下顺民心，举大事，远近莫不望风响应；然而拘押这些地方将领却大是不妥，对我们能有什么益处呢？还不如予与遣散，更能获得军心民意！”

侯音也是被成功给乐晕头了，竟然采纳了这宗功曹的建议，把已经逮住的南阳诸将以及太守东里衮给一并无条件释放了。谁知就在当天夜里，那忠诚的宗子卿即逾城而逃，这还不算，索性联络的刚被释放的东里衮，集结了各县未叛的兵丁、余民，反而把宛城给围了个水泄不通。

关羽的部队毕竟隔着襄阳、樊城，还是那曹仁的部队来得迅速，刚起义的部队最怕被剿，侯音部军无战心，民无守意，宛城被曹仁轻松攻破，侯音被曹仁部将、原马超的部下勇将庞德砍走了脑袋。

曹仁怨恨宛城军民支持叛军，竟破天荒地也学了一回魏武风范：破城后尽屠全城！

而南郡的关羽连出动救援都没来得及，宛城的反曹火焰便被扑灭了。但家里失火易灭，外来海水难堵，汉中的战事竟然一转直下，如同汹涌的海潮，一个巨浪淹没了汉中的曹军，竟使曹操最为欣赏的一代将才夏侯渊命丧黄泉！

238

僵持于平阳关近一年的刘备突然兵锋转向，令夏侯渊、张郃坐守不住关城了。

在法正的策划下，刘备主力于建安二十四年正月突然自平阳南下抢渡了沔水，占据了平阳关南侧的定军山，并顺山势扎下大营，意图极为明确：险山对险山，咱们就长期地耗吧！

这下总督汉中的夏侯渊受不了了：定军山乃汉中南部屏障，背靠西蜀三巴，蜀军供应有了保障，而何时再来骚扰平阳？那就看刘备的心情如何了，可以说，随时都能下山游猎一番，之前夏侯渊甚至刘备都因此山并不能直接进军汉中腹地，都疏忽了这地方是个屯军长耗的绝佳山头。

那么现在难道刘备真的欲占山长耗吗？不是，刘备其实也长耗不起，且不说曹操肯定的会增援汉中，就是后方一州也会因长期征战的消耗而兵断财枯，初定益州，穷兵黩武可不是什么久安之道。

但刘备经法正提醒突然明白：就是摆个长耗的架势夏侯渊也会受不了，战争消耗是双方的事，曹军以一郡之地，更无法长期困守。

性急的夏侯渊还就是难以沉住气了，手头不是还有准备紧要关头使用的预备部队吗？干脆全军出动，与那大耳朵来个决一生死，最起码也要把蜀军从定军山上驱逐下去，不然汉中何时能得以平静？

刚因瓦口战败被从平狄将军贬为荡寇将军的张郃更是不能说什么，只得听从夏侯渊的将领，分军一半出动到定军山右前广石，与扎营于定军山前的夏侯渊成犄角之势，整个布阵甚为合理，可是那刘备能主动下山来战吗？

按夏侯渊预期：刘备断不会轻易舍此地利决战于山下，所以一切都是按照强攻山头准备的器械战具，哪知当天晚上，刘备竟意外地亲自率万余精兵军下了山，直接就扑向了广石的张郃军营！

这是早就预谋好的。刘备把部队分为十个千人大队，从四面八方同时开始了对张郃大营的围攻，而广石张郃大营的兵力并不弱于刘备，只是因为夜间临战，不明敌情，只能固守寨墙，不敢四面出击夜战。

蜀军是精兵，曹军也是悍卒，两家就摸着黑战了个势均力敌，张郃亲率亲兵冲出营寨求战刘备，一经交手，刘备军不敌战场绝勇的张郃，率部步步退往山前，那里是夏侯渊的主力大营，难道是去找死么？

张郃不敢远追，只盼夏侯渊能及时出动给予刘备迎头一击，就在此时，曹军辎重屯地走马谷突然半天通红，粮草的都围被蜀军给点着了——那才是刘备本人干的活路。

张郃紧急回营，准备集结兵力出援走马谷，到底没有夏侯渊行动迅速，夏侯渊的主力已经由其本人亲率出动增援了。

岂知刘备放火仅是虚招，真实的目的就是瞄准的夏侯渊部援军，早就在半道等着这位夏侯将军，两军相遇——不是相遇，是魏兵中伏——夏侯渊并不慌乱，亲自提刀冲向前方阻截的蜀军！

夏侯渊全军已动，势如猛虎下山，哪里能收的住兵势？惯性已经形成，夏侯渊背后的定军山上突然金鼓大作，呐喊连天，伴随着欢声雷动，一支铁骑趁山势扑下了山来，魏兵根本不及住脚回身抵挡，便从背后被冲了个人仰马翻！

率领这支铁骑的便是刘备的前督黄忠，那黄忠一杆大刀开路，却并不恋战，全军竟如同一支长矛，从背后直插魏军头颅——处于魏军前锋位置的夏侯渊！

夏侯渊还未能和前面阻截的刘备交上手，身边的亲兵却被从后方拥来的自己的部队给冲了个七零八落，随着定军山上蜀军雨点似的战鼓，八方呼应的号角，黄忠的铁骑冲到了夏侯渊的背后！

夏侯渊有些豁上了，圈回战马迎战敌将——本来此时应该催马一走了之才是最正确的选择！

这就是夏侯渊的个人性格所致：早在曹操把汉中委托给他时，就耐心嘱咐："为将之道，应当也有怯弱的时候，切不可一贯恃勇。将军自然应当以勇为本，但更重要的是行兵以智谋巧计，只知道一味施勇，也就是一匹夫之敌。"

但曹操的嘱托没有用，江山易改，本性难移，见厮杀就血涌疯狂是夏侯渊的天生本性，又岂肯伏鞍逃命？

仓皇之中，举刀迎敌，可黄忠此刻却正是人借马力，马借人威，交手只一合，夏侯渊便被黄忠一个平抹摘去了脑袋！

主帅殒命，魏军大乱，刘备趁势指挥蜀军围剿乱成了一窝蜂的魏军，曹操委任的益州刺史赵颙也在乱战中丧命，估计这益州刺史赵颙还从未到过任，虽然如此，益州牧刘备也算除了自己的官场大敌。

闻听噩耗，张郃知道大势已去，遂引本部兵马还军阳平。

曹军乍失主帅，军心大乱，将领们无不张皇失措，不知如何应付这突来的危难！

关键时刻，夏侯渊帐下军司马郭淮站了出来："张郃张将军，乃国家名将，刘备素来忌惮；现在局势危急，非张将军不能稳定大局。"

于是魏军公推张郃为全军主帅，诸将皆愿受张郃节度。张郃也不便推辞，就此接了印授，紧急布置平阳防务，整顿溃兵，大家这才算暂时有了主心骨。

魏军凶信急报到了长安的曹操那儿，曹操不由又惊又痛，详细询问军情，不禁暗怨夏侯渊莽撞，连累三军，内心深处其实也深悔自己用人不当。不过这后悔药还是要等日后品味，眼下至关紧要的莫过于守住平阳，保住魏军残部诸将；至于找刘备复仇讨血债？马上就会让这大耳朵血债血偿的！

曹操急令：由张郃节度汉中各部魏军，并遣使赐张郃假节。自己也再不能待在长安遥控指挥了，从现在起，曹操才算真正地开始布置大军出子午狭谷增援汉中的军务——要说是曹操自己贻误战机，致使夏侯渊殒命也不为过。

平阳关前线，魏军面临的最大威胁是刘备趁势重渡沔水来攻，那时必然会处于寡不敌众的危局，还是郭淮建议："直接阻渡即是示弱于刘备，不妨远离沔水结阵，等蜀军半渡，我军出动痛击，蜀军必然大败！"

谁知敌人的行动向来不会听从自己的指挥调动，那刘备用兵谁也琢磨不透：竟然还是依山固守，绝无主动出击的意思！

这刘备到底想干吗？难道指挥大军来汉中前线要无赖不成？

还就是让众人琢磨透了，那刘备还就是准备在汉中平阳将无赖进行到底！

那么，魏王曹操大军来到，你刘备这无赖还要得下去吗？

刘备等的就是曹操，早就对部下扬言：“曹操就是亲自来到平阳，也必然无能为力，汉川已经姓刘了！”

239

建安二十四年（公元 219 年）的正月，曹操六十五岁了，就在曹仁攻屠宛城、阵斩侯音的同时，总督汉中的夏侯渊也被刘备砍走了脑袋。这下曹操不用在长安犹豫不决了，终于决断：大军兵出斜谷，进军汉中。

三月，曹操亲自率军穿越了子午斜谷险道，其实无非是山路难走些罢了，汉中还控制在魏军手里，并没有什么遇敌伏击之险。这与日后诸葛亮不敢从此路出击长安还是大为不同的。

憋了一肚子火的曹操来到了平阳关，所有魏军都感觉到了：这下够刘备受得了！几乎举国兵力来到了这汉中小地方，收拾大耳朵刘备还不是瓮中捉鳖、手到擒来的事？

可惜现在的刘备并不在瓮中，而是固守在汉中西、南部的各个险山上，那时候没有什么远程大炮之类的兵器，想攻下个山头还就是不容易，人家就是从山顶滚下块石头蛋来，这攻山的就不知要多少断胳膊瘸腿人了。

曹操大军渡过了沔水，刘备无动于衷；曹操大军兵临山下了，刘备还是像没发觉魏军驾到；曹操于山下摆开了阵势索战，刘备干脆蹲在山头上当起了阅兵的首长；出兵攻山？曹操还没有糊涂到拿士兵的血肉垫石块的地步，当然，真欲登山，遭遇的又何止是石块？

实际上刘备是沿定军山依山势西向，构筑了一道坚固的防线。曹操的魏军如果想穿越这道防线，不付出相当的代价是做不到的。问题在于，付出代价穿越过防线又能如何？军多辎重无法过山，战士们吃什么？兵少其实等于拿孩子去喂狼。

早就较量过了：山地作战，大平原出来的魏军PK蜀军，相等兵力占劣势，那些如同山猴子般的小个子蜀兵不是大个魏兵能单个对付得了的。

面对刘备这种不战不和又不走的"无赖"战法，曹操怒火满腔！——可是还得自己消下去，两个字：无奈！

现在成了这种尴尬的局面：大军云集成了劳累自己；兵多反而多了自己的累赘！人需要吃粮，马需要嚼料，粮草哪里来？汉中经曹操移民河洛，已经略见萧索，地方无储备，那就唯有指望遥远的关中组织长途运输，可是斜谷路狭，车马难行，路唯一条：初进汉中的秦岭山路！

且不说那路也就勉强算作路，刘备的多支部队就驻扎在那边的险山头上，焉能热情护送曹操的运输大队顺利过山？想混口吃的，不经恶战是到不了嘴边的。

这样就需要一支庞大的护粮部队了，问题在于：这些部队也需要吃饭呀！所以就形成了这种不大好算清的账：护粮部队少了能多余下军粮到汉中，但危险极大，弄不好就等于给刘备来送军粮；护粮部队多了兴许不够运输大军自己嚼咕的，等于来回拉练折腾着玩！多少部队护粮最合适？这是连魏王曹操也说不好的数字。

阿瞒出道时就预感到的"刘备，人杰也，将生忧寡人"的预言今天兑现了！

曹操苦耗月余，战势无丝毫进展，碰到了"打不还手，骂不还口"就是给你死缠的"无赖"，曹操也没辙。欲待退军，徒落天下笑柄；留部分部队固守汉中？那还不如不来增援呢；舍弃汉中？曹操更不甘，来这儿干吗了？费尽心力打下汉中来，就是为了送给这大耳朵？

初夏凉夜，曹操于军帐辗转反侧，思来想去，还是进退两难！起身温酒消夜，下酒菜乃是只清炖母鸡，曹操伸手撕下一块，不经意间却是鸡肋两条，嚼在口中，味尚鲜美，只是无肉无皮，下酒好肴，顶饥甭想。曹操突有所动：这与眼下强争的汉中何其相似？

顺口游心，不觉默念："鸡肋、鸡肋！"

哪知正好值夜营官前来请示夜间军营口令，跪等多时，不见魏王示下，原来曹操心思信马游缰，根本就没有注意帐下跪了何人，禀报何事，犹自嘟囔："鸡肋！鸡肋！"

营官好不容易才算听到了魏王口谕：鸡肋？当然退下传达魏王新颁口令：鸡肋。

这鸡肋口令传达到了行军主簿杨修耳中，杨修立即吩咐属下收拾行装：咱们魏王要远行了！

左右惊问："主簿能预测魏王未颁军令？"

杨修解释："鸡肋这东西，弃之如果可惜的话，不过惋惜一时，再嚼上面也没啥东西，我王以此物比喻汉中，可知魏王准备丢弃汉中回家了。"

《三国演义》中说曹操借此由杀了这他早就嫉妒的智者杨修。其实并无此事，小说家演义而已，杨修是活蹦乱跳地随军回家，杀杨修是几个月后的事，与"鸡肋"无关。估计曹操也未必能立即知道杨修凭"鸡肋"断定退军之事，至于以后有没有人打小报告？那就不好说了，按国人的德行推断：大有可能！热衷于此道的"君子"们至今遍布您的左右！

曹操虽然内心暗欲退军，但还是不能最后决断，主要是担心一种情况：弃汉中，武都郡也必不保，那刘备北取武都收服氐人之后，肯定会胁氐人进逼关中，这样关中将永无宁日！

曹操将自己的担心透露给了雍州刺史张既，张既献了条釜底抽薪之计："将氐人尽数劝出武都不就是了？动员时就说政府给他们在关中准备好了免费饭食，避贼国家管饭，先到关中者厚赏，有人趋利带头，后面还怕没人效仿吗？"

曹操接受了张既的意见，并委托张既速去武都操办此事，张既利落地完成了任务：徙迁氐人五万余落移居到了关中的扶风、天水。

汉中这块"鸡肋"终于被曹操狠心舍弃了：建安二十四年五月，曹操率所有汉中的魏军撤离到了长安，刘备乐呵呵地接受了这不设防的宝地汉中，对于刘备来说，这可不是什么"鸡肋"，简直是条极肥美的鸡大腿，刘备也因把这根"鸡大腿"吞到了肚里而自我荣升汉中王！

当然，也是在部署的极力劝说下勉强就任的，这是中国官场统一内定的把戏，大家都得遵守这条"潜规则"。

现在刘备与曹操的级别一般高了，大家都是王爷，不同的是咱比你曹操多用了一个"汉"字。你可以理解成一个汉中的王，我可以理解为大汉中国的王！

后世众史家可以各取所需地任意解释历史！还不得多感激陕西省的这块"好江南"？

刘备称王，拜许靖为太傅；法正为尚书令、护军将军；麋竺为安汉将军，这几位地位都高于军师将军、署左将军府事的诸葛亮；并设置了前后左右四将军，依次为：前将军关羽、后将军黄忠、左将军马超、右将军张飞；这四位与翊军将军赵云被后世并称为五虎大将，其实赵云的地位要低得多。

但能得到五虎称号却是赵云的功劳，原因是唯有赵云在这次对魏作战中立了大功，这也是曹操这次增援汉中所能打上的仅有一仗，而赵云则因此战被蜀军诸将、士兵冠以“虎威将军”——是赵云最先得到的“虎”字，虽然不是官方任命的。

黄忠的后将军得来的也不易，就连诸葛亮开始也担心远在荆州的关羽是否会服气与黄忠并列，还是刘备坚持了对黄忠的任命：干掉了曹军名将夏侯渊！此功大无以复加！

谁担当汉中太守重任？论资格与战功，尤其是与刘备的关系，大家认为非右将军张飞莫属，张飞本人也准备好了接受这一标志着大将能力的职务。

刘备行事绝对非凡：出乎一切人的预料，越级提拔牙门将军魏延为督汉中镇远将军，领汉中太守！全军皆惊之时，刘备大会群臣，让魏延自己用谋略向大家作了解释。

刘备当众问魏延：“如今你已经挑上了重担，有什么要说的吗？”

魏延慨然而对：“若曹操举天下之兵来犯，我能为大王拒之境外；若委派一偏将带十万兵来，我能为大王吞掉它。”——从日后的事实看，魏延并没有吹牛皮，刘备也没选错人。

刘备看人可称一绝：三顾茅庐请诸葛自不必说，就是对张飞与魏延的选择上，便可见其一斑。

二人都属勇将，大概张飞还更胜魏延一筹；智谋显然魏延更要居为下风。但魏延只比张飞强一点：张飞一贯不恤士卒，酒后更常鞭挞左右；而魏延则相反，勇猛过人之外，以善养士卒著称，这的确是守土的先决条件。

刘备的厉害之处大家现在体会到了吧？

但人无完人，刘备的知人善用却没有体现在身边最为忠勇的赵云身上，刘备也就是一直把这位苍天送给他的大才当做了一个忠实的勇将使用而已，也就是如同曹操看待典韦、许褚一般，岂知是埋没了一位天下奇才，也令刘备自己遗憾的“创业未半而中道崩殂”！

就拿这次汉中战役来说，曹操放弃汉中固然有他自己的难处，但具体促使曹操忍痛割爱的却是两点：刘备令关羽在荆州动手了，曹仁的樊城处于危急态势；再就是另一点，赵云的一场遭遇战把魏军打破了胆！

当然，这只能体现出赵云的勇力与胆量，战势大略与治国之道赵云其实早就显示了才能，只是未能引起刘备的注意，可能就连诸葛亮也疏忽了赵云的内秀。

240

赵云字子龙，常山真定人。

蜀书中对于赵云的记载极为简略，这也难怪，西蜀以正统大汉自居，虽设史官，但并未单独修蜀史，致使后来陈寿补修蜀书把所有的蜀军将领都给简略，实是奉大魏为正统的陈寿的无奈，难以详细收集这敌国将领的详细资料，能简介其主要功略，也属不易。

但从这简介中，笔者替刘备发现了赵云这位集忠、勇、仁、义、德、才、谦、直、明、略、于一身的绝世帅才！

赵云初随公孙瓒，公孙瓒曾嘲讽赵云为何不去依附袁绍，赵云的回答不卑不亢："天下大乱，是非难明，我仅愿从能解民倒悬的英雄！"——出山之始，赵云即阐明了自己的志向：从军为国，从政为民。

选择了以仁义为处世准则的刘备为主人之后，便在客居袁绍军中时为刘备秘密召集了一支数百人的嫡系部队，命名为"刘左将军部曲"，袁绍至终也没能知道并掌握这支力量，这就是刘备重振家业的铁班底。

赵云一直为刘备主率骑兵，在东汉年代，这几乎就可称"特种部队"，哪家的骑兵都可以视作"大规模杀伤性武器"，并且长期兼任刘备的贴身侍卫主官，事实上是刘备一直把自己的生命交给了赵云。

当阳长坂坡大战，赵云舍命保护了刘备妻子甘夫人，及幼主刘禅免难，因此被迁为牙门将军。据《云别传》载：刘备收服荆南，以赵云为偏将军，领桂阳太守，取代复叛了的原太守赵范。

其实赵云对赵范的复叛有相当准确的预见：赵范有一寡嫂樊氏，乃国色天香之美人，赵范欲将美嫂配给赵云。——解释一句：在东汉年代，人们没有现代人的臭毛病，没有什么"处女情结"之类的怪僻，寡妇改嫁极为正常，连日后刘备的皇后也是寡妇再嫁给刘备的——赵云不干，以同姓犹一家为由辞了这门亲事。

实际上赵云也并非不爱美女之人，而是看出了赵范日后反叛的苗头：舍美人是其德，察赵范是其明，为刘备是其义。

进入益州之前，赵云被刘备任命为留营司马。实际上是刘备知道新夫人孙权之妹骄横，所带吴兵纵横不法不好管理，因为赵云严于治军，才委托其任掌内事——代管老婆？这的确难为赵云了，刘备自己“妻管严”委托部下出面，赵云不得不“失职”几分。

但毕竟赵云对政治大局还是不含糊的，在孙夫人带刘禅回归江东省亲之关键时刻，赵云立即能觉察到对将来政局、军事的不利，遂追舟拦江，联合张飞强夺回了刘禅，显示了赵云目光的远阔。其实也是极具风险的：干涉领导的家事，谁能挺身而出？

入蜀之初，刘备曾准备把成都的房产田地赏赐给立功的诸将，唯有赵云站出来明确反对，并以大汉名将霍去病的“匈奴未灭，何以家为”为据，据理力争，将这些房产、桑田退还给了益州人民。

这已经不是一个普通勇将所能为之的了，按赵云的原话就是：“须天下都定，各反桑梓，归耕本土，乃其宜耳（这样将士作战才会更有动力）。益州人民，初罹兵革，田宅皆可归还，今安居复业，然后可役调，得其欢心。”——这是从政治高度、治国大局给刘备上课！

可惜刘备只是“即从之”，并未领悟到这位部下除了正直敢谏以外，建议的是长远的治国方略，这心思，又哪里是一般将才所能具有的？——偏将军这时干的是御史甚至丞相的活路！

此时的赵云与刘备的关系不可谓不密，所立军功不可谓不大，论才智出类拔萃类，论眼光不亚孔明，比勇力谁不服气？比职务却是仅算个中等偏上级别：翊军将军——一个杂牌将军称号而已。

但赵云却从无委屈的表示，还是任劳任怨，敬业职守，赵云恭谦名副其实。

尤其后来刘备急于为关羽复仇，兵伐东吴之时，赵云不顾“圣怒”，极力直谏应东和北伐的道理，这分明是如同诸葛亮一般，放眼的是天下这个大棋盘，赵云之帅才此事显露至尽！

刘备偏执于私义，自不必说。诸葛亮为何此时还没能觉察赵云此超越“为将之道”的风采？如果此后委以军国大事，又何至于自己“事必躬亲”，最后活活累死于五丈原！

大概是由于赵云年龄的原因，偏大了，但如果从那时便让赵云运筹于帷幄，说不定诸葛不至于半道丧良将，毕竟脑力劳动对老年人损伤较小，反正强于上战场亲自厮杀。

再设想：假如是赵云留在荆州主持大局将会如何？指挥作战估计赵云并不亚于关羽，这有后来的战例为证。但执行政策方面则绝对优于关羽不知多少倍了，政务治理大概也要强于关羽，那时，诸葛亮的“隆中对”岂不是能够得到照本宣科地执行了吗？

追忆了赵云以往，又提前扯到了赵云后来，还没顾上介绍赵云刚战过的一场硬仗，此战发生在曹操困耗汉中的中期。

泡蘑菇战事，最要紧的就是军粮供应，曹操从陈仓调来了谷米数千万囊，路经黄忠、赵云驻军的北山之下，作为驻军主将的黄忠决定出寨劫这一票！于是便带副将张著率全军包括赵云的部属一块离了营围去劫道了。

时赵云留守营围，沔阳长张翼也在营内，赵云见约定的时辰已到，黄忠不见回营，便留张翼守营，自己带数十骑接应黄忠。

黄忠的劫道行动并不顺利，曹操闻知运粮大军遭遇劫匪，便出动大军前往接应，赵云的数十骑恰与曹操的前锋遭遇了个对个。曹操见赵云兵少，即挥军大出，赵云却不能退步，让开了路后面的黄忠部便肯定被包了饺子，只有舍命死战了。

赵云跃马挺枪直击魏军前锋，双方刚交上手，曹操指挥的大队已经赶到，赵云丝毫不惧，数十骑结成了个铁桶小阵，赵云单骑前出如矛尖，直刺曹操中军，曹操就势指挥大军将赵云这数十骑围了个不知多少层。

谁知曹操的群狼不敌赵云这一只虎，被赵云几十骑径直冲入曹操中军，魏军救主心切，也不由向中军集结，阵势竟然大乱！竟被赵云左冲右突，杀得曹操大军步步后退，混乱之中，曹操的后军也被卷进了战场。

对于曹操来说，这也是场遭遇战，混战多时，曹操竟不能对部队实施有效的指挥，眼看着中军大乱，前锋已败，后军也是无奈才主动加入了战团。

岂知赵云并不把魏军放在眼里，数十轻骑竟如入无人之境，面对杀不胜杀的魏军，几乎任意驰骋，枪杆抖时，必有人落马，铁蹄踏处，尽一路惨呼！扑上来的魏军几乎挡道即死，突围的赵云竟如闲庭信步，曹操只能眼睁睁地看着赵云扬长而去。

突出重围的赵云回头远望，发觉张著部被隔在了魏军背后，曹操却是偷牛的走掉逮住了拔桩的，大军蜂拥而上，把张著部给围了个水泄不通！

好一个常山赵子龙！转马挺枪又杀入了魏军重围，竟如同驱赶群羊般将围攻张著部的魏军纷纷赶散，张著军随赵云突围而去，魏军却既不敢阻挡，又不敢贴近追杀！为什么？那赵云救出张著之后，亲自单骑断后，魏军已被杀破了胆，只是远远呐喊，却无人敢逼近厮杀。

曹操军令森严，士兵们不敢近战却也不敢随意退军，只得远远地尾随赵云追到了张翼留守的蜀军营围。

蜀军尽数退入营围之后，张翼欲闭门拒守，而赵云入营后却令营门大开，偃旗息鼓。

本来就是勉强追击的魏军来到营前，见状大疑：如无伏兵怎会如此模样？诸将踌躇不前，相互商议半天，始终没人敢来试探虚实，直磨叽到天色渐暗，才下定决心：回去吧，对魏王也算有所交代了。

哪知就在魏军迟疑许久的时间里，赵云已经组织好了弓弩兵，就等着魏军的收兵之时呢！曹操大军已经启动回师，后面突然战鼓震天，赵云率部复又杀出营来，抵近魏军的都是些弓弩部队，一阵乱箭，曹操后队死伤一片，谁不争着往前逃跑避箭求生？

魏军惊骇之下，自相蹂践，堕入汉水中死者不计其数，曹操来汉中仅有的这场战事就此一败涂地。

次日，刘备亲自来至赵云营围视察昨日战场，不由感叹：“子龙一身都是胆也。”赐宴犒赏三军，专为赵云庆功，作乐通宵达旦，蜀军士气岂不大振？自此蜀军中盛传开了赵云的雅号：虎威将军！

曹操的这次壮士断腕般撤军，当然不仅是由于赵云此战的绝勇睿智，与樊城前线的曹仁部有更大的关系，曹仁军报：江陵的关羽已经举州动员，就要出兵襄阳了！

第五十四章

战荆州：曹操最后的舞台

241

建安二十四年的江东地位甚是微妙，曹、刘两家于汉中打得不可开交，稳据江东的孙权落得坐山观虎斗：你们最好长期打下去，谁赢了，俺都不乐意。

等到后来胜负见了分晓，蜀胜魏败。孙权有些烦了：你们都混上顶王冠了，就孤家该老实地做曹操的降臣？需要有所动作：合肥！那是孤魂牵梦绕的地方，拿不到手，吃饭不香啊！

按照吃柿子要拣软的捏的行事原则，也的确该趁曹军新败，再往井里推他一把，孙权开始集结兵力准备对曹操的江淮开刀！

消息传出，魏军惶恐，但曹操的扬州刺史温恢却并不在意，断言：危险来自襄阳方向的关羽！江淮方向的孙权不会置身边的老虎关羽而不顾，轻易出兵江淮的。还就是让温恢把孙权给琢磨透了，孙权在集兵之时，的确犹豫不决了：该先对付谁呢？

论说刘备势增曹操势弱对孙权是件绝好的事：江东的分量骤然变重！曹、刘势均力敌，孙权必然成了香饽饽，没人会傻得将这支第三方力量推向对方，孙权的外交、军事尽可以游刃自如，两个超级大国并存时，对江东不是什么坏事，这叫活在夹缝中的幸福生活，国际环境相对的安全。

本来孙权在形式上已投降曹操的同时，对刘备留在荆州的这位“万人敌”关羽也是曾示好的：派人求婚于荆州，欲聘关羽的女儿为儿媳——孤的妹子怎么能嫁给你们了？做亲有个来回不算过分吧？

岂知孙权的示好竟遭关羽的羞辱：使者被驱逐，带回来的还是辱骂之词：“虎女安能嫁犬子？”这时的关羽有点过分了，做亲不成颜面在么，孙权的妹妹嫁给了刘备，也没见得贬低孙家多少身价。

何况江东孙家门槛也并不寒酸，且不说孙权独霸江东的老板身份，就是上辈孙坚、兄长孙策，哪一个弱于关羽多少？论家庭出身，关家就更不能与孙家相比了。

孙权的脸面再也架不住了。对恶邻关羽，孙权现在是深恶痛绝！

但如今关羽军威渐盛，孙权被辱却不敢动兵，虽没彻底撕破脸，但两家事实上已视同水火。假如倾主力于江淮击魏，孙权对处于上游的关羽怎么也难以放心。

最后还是决定：还是继续磨刀，至于到时砍在谁的头上？那就看机会是谁留给了，谁将后脑送给孤，谁就该挨刀！

孙权的磨刀声没有被关羽听到，死后被封神的关羽这时还是个凡人，具有凡人的突出优点与缺点。

关羽战场极勇武，世所公认；但官场却生疏，几同弱智。

初镇荆州之时，西凉马超投蜀，关羽闻听又添一世之名将，反而不安，专致信孔明：询问那马超到底“人才可类比哪位”？

诸葛亮明白这是关羽担心自己之前的光芒被遮掩，回书：“马孟起兼资文武，雄烈过人，一世之杰——但不过黥布、彭越之徒，当与益德不相上下，哪能及美髯公之绝伦逸群？”

这顶哄小孩子的高帽竟然使关羽“省书大悦”！本来这种私信应该绝对不能公开，那样做既损了自己，又卖了孔明，但关羽却将信传阅众宾客，这岂不是告诉别人自己肤浅？

关羽体恤士卒，却对部下文武高干骨头里藐视，后来南郡太守糜芳，将军傅士仁，都是因关羽素常轻傲自己而降吴反叛。

对于平蜀立了大功的黄忠，关羽也是不出孔明预料：因其年老，拒绝与其为伍，竟然差点拒接前将军印授，幸亏刘备早有准备，所派颁印使者为能言善辩的前部司马犍费诗，费诗惊讶：“君侯与汉中王乃是一体呀，同休等戚，祸福共之，还能计较官号之高下、爵禄之多少？费某就这样向汉中王复命，君侯不会后悔？”

关羽醒悟，才算认可了黄忠老将作为自己的同僚，——但黄忠若知道此事会做何感想？看来关羽为官，在对待战友、同僚方面是不及格的。

但关羽为将却堪称忠勇雄烈，这不仅表现在战场立敌万人、指挥若定上面，一次刮骨疗毒便足傲古今！

关羽曾被流矢射中左臂，创伤虽愈，但每至阴雨，骨常疼痛，医者说是因为矢镞有毒，毒入于骨，应当破臂刮骨去毒，关羽便立刻伸臂令医者破臂刮骨。当时关羽正请诸将饮酒，臂血流满了盘器，而关羽烤肉下酒，谈笑自若！这等毅力，这等风范，诸将谁能不服？

关羽准备开始对樊城的征伐应该始于建安二十三年的十月，以配合宛城侯音的倒戈反魏，并且能直接牵制曹操于长安的大军出动汉中，间接地支援汉中的战事。

但是当时关羽最大的顾虑就是身后的江东军，现在已经不是与荆州关系还算能过得去的鲁肃了，鲁肃已于建安二十二年病逝于陆口的汉昌太守任上，而接替鲁肃的却是关羽向为忌惮的吕蒙，关羽不安稳妥后方，是不敢兵出樊城的。

应该说当时关羽向樊城的佯动是成功的，曹操大军还就是屯兵于长安未敢轻动，只可惜宛城侯音功败垂成，失利过快，使关羽错过了夹攻曹仁的战机。

曹操主力入汉中作战，关羽这次不是佯动了，能把魏军调出汉中就是胜利，这点关羽做到了，达到了目的的关羽并不善罢，后方已经留足了兵力防备陆口的吕蒙，关羽还是率大军沿汉水向樊城出动了。

至于战事开始的时间，史载不一，大多都是采信刘备晋位汉中王之后关羽才出动的，笔者分析不可能：刘备是二十四年七月方才称王，对关羽的前将军任命等传达到荆州，最快也要到八月了，而这时关羽已经开始趁汉水泛滥，开始了对曹操所遣援军于禁七军的围剿，不围樊城，哪会用得着曹操从遥远的长安派来援军？

所以，樊城战事肯定早于七月，根据曹操增派徐晃部驰援襄樊前线的时间是在五月，那么关羽初围樊城的时间还要提前至曹操尚在汉中时，这样也就明白了关羽起初的战役目的——调出汉中的曹军。也清楚了为什么曹操狠心割肉，甩掉了汉中这根“鸡肋”。

达到了战役目的的关羽继续樊城战事是否正确？

不好说，战事结局无法预见，战争过程变化莫测，不能以此断言决策的正确失误与否。

关羽坚持继续并扩大战事，那是因为具体情况起了变化：洪水于八月帮了关羽的大忙，关羽此刻重新定位了战役目标：拿下樊城，威逼许都！

242

一向用兵以“动若脱兔”著称的曹操，这次回师中原有些反常。

五月引军出汉中之时，曹操只遣回了平寇将军徐晃屯军宛城，以遥助樊城的曹仁；七月还长安之后，部队主力却没有离开长安的意思，仅是派出了以于禁为主帅的七支部队增援岌岌可危的樊城，担任于禁前锋的是马超的原西凉将领：庞德。

庞德是在马超投蜀时因病留在汉中的，张鲁降曹，庞德迫于形势只得随同被编入了魏军。看人极准的曹操没有埋没这位西凉勇将，对其极为恩厚，拜庞德为立义将军，并封关门亭侯。

这下把庞德给感动得打从心底里面换了主人！以后这二百来斤就算卖给曹“伯乐”了！

遥控战事是曹操出于无奈，大军此番西征失利，不同于以往凯旋班师，关中的稳定是大事，若被刘备就势杀出陇西，那还了得？在关中地区固若金汤之前，曹操不敢擅离长安。

曹操以杜袭为留府长史，镇驻关中。但此时的雍、凉二州却不是一个杜袭所能镇得住的，尤其西凉各部营帅，已呈现拥兵自守、等待观望的苗头，拒不接受调动的地方将领已经不在少数！曹操只能留主力于长安，以镇关中地方。运筹于帷幄之中，决胜于千里之外？

东汉年代，于今天不同，给下属们配发部手机便像安装上了遥控器，动动手指、舌尖便能指挥自如，那时的通信唯有一途：派人送信。

中国于东汉时朝廷始设官方驿站，每三十里设一驿站，配有马匹，可迅速传递命令和消息。但自战乱开始，各地主人更迭频繁，驿站已形同虚设，曹操无法利用这驿站接力，只能采取直接派人送达的方式。

这样就有了一个时间差，也就是说，前方汇报的紧急战况，其实是十几天、甚至月前的态势，这让统帅如何应变指挥？

实际上也就唯有两种办法实现指挥意图：一是提前预计战场变化，——这与瞎指挥也没多大分别；二是全权委托，让前线主将自己决定一切，所谓“将在外，君命有所不受”也就合理的出现了。

如果统帅坚持“运筹帷幄”，那曹操只能感叹生不逢时了，郁闷地在长安接看“旧闻”，然后含糊地指令将领们在十几天以后怎么行动？要是那样，西蜀的刘备也免不了这么做：对荆州前线的关羽也只能含糊地知道半月前发生了什么，再指示将来如何如何——这都不是曹、刘二位高人会采取的做法。

事实上他们都是采取的“全权委托”的代理方式，这是唯一的选择，除非你想故意葬送前方的将士。

有两种情况例外：杀人时，尤其杀名人及大官时；封官时，尤其是封王后时。这些活路别人都不能代理。

七月，身在长安的魏王正式册封夫人卞氏为王后。

前线战报还是要看的：局势不妙！

八月，汉水突然泛溢，平地水涨数丈，增援曹仁的于禁部队被淹，全军覆灭，于禁被俘降关，庞德不屈被斩，关羽遂趁势乘巨舟围攻樊城。曹仁与汝南太守满宠不顾诸将乘船夜逃的建议，坚持在城头血战，樊城危机！

曹操紧急书令宛城的徐晃部出动援救樊城。

与此同时，华夏震动，许都人心惶恐，邺城暗流涌动，新建的魏国大厦预感到了拆迁队的将到！

曹操不能不做最坏的打算了，一旦樊城失守之后将会如何？许都将很快处于前敌，谁能阻挡那智勇绝伦的关羽进军京师？

局势愈加恶化：梁县、郏县的陆浑遥受关羽印授封号，群起暴乱，这里就处许都西部肋腋，许都一派风雨飘摇！

曹操召集谋士，讨论徙迁许都以避关羽锋锐，汉中已经让步于刘备，许都何妨再让关羽一步？

司马懿、蒋济以为绝不能行此下策，京师徒迁，必将引起天下震动，那时关羽军势更强，魏国堪忧，下一步又能退避何处？

可是，反对的意见谁都会提，曹操本人也当然清楚所导致的必然后果，不避战谁敌关羽？眼下亟需的是建设性治国方略，不是一味指责政府的政策，这么大个国家，这么危险的局势，谁能拿出好办法来？光骂娘解决不了实质问题。

魏王经历过多少危难？多少困苦？别站着说话不嫌腰疼！

醉过才知酒浓，爱过才知情深，饿过才知人权，战过才知丫猛。做了郎中才会知道病人多抠门，当上了窑主才会体会招工有多难！

司马懿、蒋济出了条估计的懒计：“荆州关羽得志，江东孙权能高兴吗？咱派人劝说孙权抄了关羽的后路！

那孙权不听忽悠？把他自己现在占据着的江南割给他不就成了？再把他那个自封的“行车骑将军”真封给他，“领徐州牧”当然不行，可以许给他将来的荆州牧呀，先解了樊城之危再说就是。”

史载“曹公从之”，问题是孙权这么听劝说么？

这下巧了！孙权正想“遣使上书，以讨关羽自效”呢。

是吕蒙看到夺回南郡、甚至整个荆州的机会到了，极力建议孙权袭击南郡江陵，对于关羽所留重兵？吕蒙装病上缴了兵权，临时委派了一个叫陆逊的书生代理，那陆逊说话极甜，几封信奉承得关羽甚为舒服，关羽也就放心地把留守南郡的主力调上了樊城前线，现在关羽的大后方几乎就是不设防！

孙权早就磨利的刀也早就举了起来，现在终于出手了：砍向了关羽不设防的后脑！

好像曹操的厄运终于熬到了头，曹操开始接到好消息了。

九月，相国钟繇的西曹掾魏讽与长乐鞴尉陈祎谋袭邺城，举事前夕，陈祎突然觉悟，向太子曹丕出首。留守邺城监国的曹丕行事大展魏武雄风，果断镇反，诛杀魏讽，连坐被戮杀者数十人，（《资治通鉴》载为：坐戮数千人）就连相国钟繇也因领导责任被开除公职，回家务农去了。

对太子的表现，魏王基本满意，但是樊城之围并未得到解除，曹操还是决定亲临前线抗战了。十月，曹操大军回师抵达了洛阳，首先又是喜讯！

孙权遣使来到洛阳献上决心书：坚决拥护大魏合法政权，誓死团结在英明的魏王周围，以实际行动讨伐反政府武装关羽集团，请魏王拭目以待，忠不忠，看行动！

具体行动？曹操还真不敢为孙权打包票，救兵如同救火，求人不如求己，曹操还是率全军向樊城出动了。

魏军自雒阳南下到达摩陂，三军开始停止不前。诸将及谋士大疑："王不亟行，今败矣。"

原来是侍中桓阶独自提示魏王："大王认为曹仁等足以料理目前的局势吗？"

曹操回答地毫不犹豫："能。"

"大王是恐怕去救援的徐晃、赵俨二人不尽力？"

曹操也断言"不会。"

"那为何要亲临前线？"

曹操有些明白桓阶的意思了"当然是担心关羽兵多，而徐晃等势力不及。"

桓阶摇头："现在曹仁等处重围之中而守死无二，就是因为大王居远为其张势，人处万死之地，必有死争之心。内怀死争，外有强救，大王挟六军待动，以示还有余力就是了，何必冒险亲临前敌？"

部下如此关心领导安全，那当然应该听从其顺耳忠言，曹操就此决定，持兵观望，静等樊城战势变化。

且不论桓阶的提议对不对，此提议是拿前线将士的生命作赌注是显而易见的。但还就是让桓阶——实质上是曹操给赌赢了：前线徐晃率部队直捣关羽军重围，再加上关羽大后方南郡被吕蒙突袭而破，樊城之围竟然一战而解！

周公有卦辞：否极泰来！

魏王曹操难道因汉中这小"否"而从此大"泰"？

表面好像如此，安心率军回到洛阳的曹操，收到了一份令人看了心里"怦怦"跳的大礼！

243

关羽以重兵围攻樊城不克，继而被徐晃军轻松解围，固然有曹仁以死守江陵一年的作战经验及其将能战善守有关，但究其根本，实是关羽本人之性格孤傲所致。

孙权欲偷袭南郡，实际上是有人通知了关羽的，而且预警的不是别人，就是他的死对头曹操。大概也正是因为是曹操通知的，关羽才没有理睬，结果才酿成大祸！造成荆襄的大好局面从此不复返。

在接到孙权将袭关羽后方的确信后，一开始曹操也是准备将此消息列为最高机密。这时，当初在曹操偷皇帝时立了大功的董昭看法与众不同：

"军事机密无非是说一定时机该保密，有时候还要有意泄密。就眼前来说：关羽如果知道了孙权袭其后，还军自救，则樊城之围速解，我便已获利。两个贼摔起了跤，还能不露出破绽？我们现在保密南郡将要发生的事，孙权该高兴了！这不是上策，

再者，樊城的将士不知有救，计算自己的存粮时一旦恐惧，有了他意怎么办？还是把此事公开得好，而且关羽为人骄横强梁，自恃后方防守稳固，也未必就肯解围速退。"

曹操就是照董昭所说办的，故意由围中的曹仁将孙权的"决心书"抄件用弓箭大量射给了关羽的荆州军——这时的包围圈已经出了漏洞：解围的徐晃军已经挖通了通往城内的地道——荆州军士气大落，家乡危机，谁还能在襄樊前线沉得住气？能沉住气的唯有关羽，他不相信孙权等江东小儿敢来捋他关爷的虎须！

孙权岂止是捋虎须？这背后的一刀砍得又狠又深！

吕蒙受命从寻阳以商船载精兵西进，使白衣摇橹，作商贾人装束，昼夜兼行。一路凡遇关羽所置江边警哨，皆尽收缚，不使走脱一人，关羽由此不能得片纸警讯。

留守南郡、公安的糜芳、傅士仁素来皆嫌关羽傲慢轻己，这次供应前线军资一直是敷衍了事，多有耽搁；而关羽却忍不住自己的怨恨，提前扬言："还师之日，一定收拾他们！"

这糜芳、傅士仁能不害怕？于是在接到吕蒙的劝降信之后，傅士仁首先降吴。接着带队来到南郡城下，一番利害分析，糜芳即开城出降，就此关羽的老家已经不姓关了。

吕蒙还有更厉害的一手：入江陵之后，俘获了关羽及所有将士的家属，一概抚慰优待，并约令军中：不拿群众一针一线。(《资治通鉴》原载："不得干历人家，有所求取。")

时吕蒙麾下有一亲兵，乃吕蒙同乡，于天下雨时取了百姓家一斗笠遮盖官铠；官铠虽公物，吕蒙还是定为其违犯军令，不能以乡亲爱惜公物而废法，结果这老乡被吕蒙垂涕流泪给送了行——砍了脑袋！

这办法虽过狠，却能治顽疾！看来该让吕蒙去干反贪局长，就按吕蒙的标准，

贪贿价值超过一个斗笠的，一概枪毙，甚至砍头！看贪官还能剩下多少？

乱世需要严刑峻法，乱官场大概需要酷法死刑了，挺怀念朱元璋的发明创造：贪官一概活剥！做人体标本，用来当展品，以儆效尤，欢迎加入，留下皮囊。

这下江东侵略者成了荆州人民的解放军，荆州大地一时道不拾遗，夜不闭户。吕蒙从早到晚带着亲兵存恤耆老，问所不足，得病者给药，饥寒者赐衣粮——活活一个大救星来到了我们农庄。

真实的消息传到了关羽的军中，荆州军谁还愿意跟这样的军队作战？再说自己的父母妻儿都在吕蒙手里，你是谁？为了谁？我们拼命为了谁？关羽庞大的军队几乎一哄而散，就给关羽剩下了几名亲信、一个儿子关平及数百兵丁。

这下关老爷神气不起来了，就一条路了：夺路西走吧，回归益州刘备大家庭。

江东军说：此路不通！

那温柔可爱的书生陆逊突然变成了索命的夜叉，提前率军攻占了宜都夷陵，卡住了西退咽喉，关羽无奈，只得占据了一座穷乡僻壤的小城：麦城。

现在与瓮中之鳖也差不了多少了，数百残兵，食无粮，马无草，居无所，寒无衣，守无器，弓无矢，问题是逃兵还在继续，谁不想逃个活命？国人名句：好死不如赖活着！

内无粮草，外无救兵，兵无战意，将无守心！还有一线希望吗？

蜀军离得最近的是处于上庸的刘封、孟达军，可是关羽早就征调过他们来襄樊前线，人家一直以新收之郡，地方未安靖为由，拒不服从关羽这前将军的调动，以关羽对待同事的态度，这是正常现象，平素不烧香，病来何求佛？大难临头更别指望。

孙权送来了劝降信，麦城的关羽可不是百万军中斩颜良的时候，岁月不饶人，环境心志大不同，只得用上了最后一个有失脸面的应急之计：诈降计。

忍辱回书，假意应允考虑，夜里立幡旗为象人于城上，关羽率部潜出了麦城，结果出城士兵皆散，才剩下十余骑随着关羽寻路西窜。

谁知孙权预先派朱然、潘璋等在关羽西逃的路上，于关羽十余骑人困马乏之时，突然一拥而上，关羽及其子关平竟被朱然、潘璋部在章乡活擒。

孙权面对关羽父子的大骂不降，动了杀机，又欲把祸水引向曹操，便于建安十二月斩了关羽父子，砍下了关羽的人头，当作一份大礼远送给了暂居洛阳的曹操，好像是在告诉天下：是曹操指使我这么做的，要报仇去找根上的主凶啊！

这就是曹操刚回到洛阳就收到的江东大礼。关羽是曹操近几年公开的对头，多年心腹大患，论说的确能称得上一份重礼，尤其孙权还附信一封，信中说的比做的更让曹操舒服。

孙权是遣校尉梁寓入贡，信中正式向曹操称臣，称说天命归大魏，劝进曹操称帝，孙权愿永为藩属。

曹操近来头风痛发作频繁，但还不至于不能辨别利害是非，对于孙权的真实意图曹操心里倍儿敞亮，怎样处理关羽的人头？曹操做这样的事可谓得心应手——配个木头身子，厚葬了不就是了？到时孤还要亲自去祭奠一番，总比当年的袁绍亲近些吧？毕竟关羽也曾做过咱的部将，立过大功。

对于孙权的劝谏？曹操把孙权来信向臣下公示，当场表态：“是儿欲踞吾着炉火上邪！”——想品尝我曹某之烤肉滋味？

周围的文臣武将们理解可就各有不同了，这种不费力能有大功于大魏朝的便宜事，怎么让孙权这小子抢了先机？亡羊补牢犹未晚，再不紧跟后悔迟！大家也顺杆爬吧。

侍中陈髃、尚书桓阶（《资治通鉴》记载为侍中陈群）等与谦虚的魏王争辩：“汉朝的气数已尽，不能适应新形势的需要。殿下功德巍巍，人民群众心中的红太阳啊，连孙权在那么遥远的地方都称臣献杧果——这是天人的人民都爱你呀，殿下应当顺潮流，跟形势，宜正大位，还疑虑什么？”

曹操回答得挺暧昧：“若天命在吾，吾为周文王矣。”——这就是在告诉大家：我就占个第一代领导人的名分就满足了，以后的建国大业就看第二代领导人的了。

曹操不敢废汉称帝是无疑的，原因也极为简单：天下还没有一统，这样做对将来的统一大业不利。

那么，曹操现在做对了吗？曹操假如真做了皇帝，对他自己是有利还是有弊？对天下的老百姓呢？是上天派来了救世主，还是阎王殿下派来了索命干部？

244

查看曹操一生的业绩，就会发现：曹操还真就是块当皇帝的料！

虚心好学，军旅匆匆不释卷；机智多变，宦海漫漫有强文。脸厚心黑，谈笑杀人不眨眼；情浓色滥，哭辞旧侣有新人。目远志高，可做猴子可做虎；意坚性韧，不达目的不罢休；文韬武略，前无古人；多谋善断，后无来者。

皇帝，多少人当中才出一个？所以，能当上皇帝的必须具备两点：一是接班，老子是皇帝，儿子也就具备了当皇帝的先决条件，能不能当上还得另说；二是本事，尤其开国皇帝，本事不大于常人那皇帝是没有你的份的。

最重要的本事也有两条：一是脸皮厚，二是心肠狠。

脸皮要厚到撒谎能使自己相信的程度！做了错事别说愧疚了，要理直气壮地把错栽赃给别人，别管他是谁，管他是功臣还是部属，一概让他身败名裂，永世不能翻身！这样你就还是光芒四射的太阳了，造谣上面有黑子的都是奸臣。

心肠要狠到自己一家人死光也不能有一丝酸疼，这样处理起其他人来心理上就过硬了，杀人不需要理由，真如果非要个理由的话，那就是自己的需要！这就是天大的理由。

当然，这不能明说，还是要编造个能蒙住左右一时的理由，这就要看你把这脸皮厚与心肠狠两大优点结合的本事了，高手们大都能做得艺术化，大师级别的就可以结合得了无痕迹，浑然天成。

曹操就是属于这个级别的。

曹操到底杀过了多少无辜？前文中提过的就不再重复了，其实根本无法统计，谁能判断出屠城一座是消灭了多少生命？以下只介绍史载而前文没提起过的。

南阳许攸、娄圭，具体何罪被杀，史载不详，按陈寿说是因为与曹操“恃旧不虔见诛”，也就是因为不尊重领导被宰。

沛国袁忠、桓邵，史载是因为曹操年轻时二人轻视曹操，据说当时任沛国相的袁忠还曾经“欲”治过曹操的罪。曹操就任领兖州牧后就杀了两个人的全族，桓邵曾经自首，跪地求饶，曹操发挥了狠心的特长：“跪就可以免死？”还是宰了桓邵。

杨修，处处欲以小聪明压曹操一头，侍奉曹操左右时常弄些小纸条类的“备忘录”，上面一般都写好了预计曹操会提问的答案，大多数都被杨修揣摩得挺准，后来漏了马脚，曹操也就开始厌恶这聪明人杨修了。

襄樊之战中间，曹操以“前后漏泄言教，交关诸侯，乃收杀之”，史家们都估计是因为杨修是袁术的亲外甥而被杀，实际不可能，要说与袁术的关系，杨修老爸太尉杨彪直接就是袁术的女婿，不是还能得以善终吗？

考虑到曹操是在明确了太子的人选后对杨修开的刀，那就还是曹操为儿子除掉将来难管的臣子的因素大些，毕竟杨修与没当上太子的曹植关系非同一般。

剿贼时冤杀了一个粮官，部队缺粮，粮官建议换个小斛发给士兵粮食，曹操同意了，过后为了平息士兵的怨言，就借走了这粮官的脑袋。

对自己的家人也不例外，有个常被“幸”的姬陪曹操睡觉，让曹操枕着自己的身体睡着了，没按时唤醒自己这唯一的男人，曹操醒后发觉睡过了时辰，就棒杀了这位担心曹操睡眠不足的爱姬。

其实以上及全书中所提到的被杀者，只不过是因为史书中记载了他们的名字，那些无名的倒霉者就不计其数了，杀一城老百姓在太祖眼里与他射猎时“一日射雉获六十三头”（《魏书载》）没什么区别。

对待生命的态度！这就是一个人够不够皇帝料的试金石。只有把生命视作枯燥的数字的伟人，才有做皇帝的资格。

当然，假如一旦有外星人的话，那就另一回事了，宇宙法庭兴许开除所有皇帝们的人籍，别丢地球上这种生物的脸了！——这话怎么这样令人不舒服？劳他们驾干吗？人们自己开除那些古今的皇帝们不行吗？

那么，就没有一个好皇帝？小说、电视里那些全心全意为国为民的皇帝们都是哪来的？

好皇帝只存在于那戏说里面，史书中有，传说中有，统治者的宣传机器里也有，现实中不会有的。刻薄点说，任何一个皇帝如果按杀人抵命原则判决的话，能有几位不会被判为死刑？对，幼年早死的不算。

道理极简单：任何人处于不受制约的环境中，没有一个会变为好东西的，当一个人没有必要尊重他人的时候，怎么会能学会赢得他人的尊重？

但一个人心狠脸厚与他的才学武略没有必然关联，曹操还是一个罕见的奇才，一个文武造诣极高的天才。

不再罗列大家都在前文看过的曹操风采了，看一下曹操的敌人对他的评价就能代表一切了：刘备，与曹操可谓誓不两立，但据孔明说，刘备“每称操为能”。

诸葛亮本人对曹操的评价：“曹操智谋殊绝于人，其用兵也，仿佛孙、吴。”

就这么个连敌人都心里佩服其能力的人，却就是不敢把那顶皇冠戴在自己头上，皇位就那么令人向往又可怕？

不是那尊御座可怕，也不是那顶皇冠有刺，那东西没人不想抢在手里，是有另一种比它还大的力量阻止了其对曹操的诱惑，那就是汉朝四百余年推崇、摘录的儒家道德，儒家灌输了人们要当个合格的奴才，要维护天子正统，要安分守己“君君、臣臣、父父、子子”。

这种顺民意识已经深入到了人们的骨头里，曹操也不会例外，虽然他后期肯定明白了这都是扯淡，但无奈中国的大多数人还是信奉四百多年的“正统”的，曹操也知道它的威力，所以才容忍刘协在许都白啃了他这么多年。

这种意识已经化为了我们民族的基因，被一代代华夏子孙们传承了下来，它像巫术般控制了我们的思想，指导着我们的行动，蹂躏着我们的灵魂！

我们因为它，曾经山呼万岁而心安理得，曾经把我们的同胞视作另一类动物，把他们关入牛棚，羞辱、折磨得兴高采烈，实质上，是历史上历届皇帝用变了味的儒家学说改变了我们的人性！

也许是让我们暴露了人类真实的人性。

臣民们，让我们继续关注洛阳的魏王曹操。

这是他起家的地方，北部尉的任上，曹操曾经仗杀了第一个皇帝般的豪强，这是值得纪念的一页。

今天的魏王要建纪念堂了，名称：北部尉廨，目的是让今天及将来的子孙都能缅怀太祖的业绩及那些红白五色棍。

是曹操预感到了什么？要是这样的话，那干脆别把抢皇帝的活路留给儿子去干多好？兴许现在的曹操一狠心，中国历史上又成了秦皇、魏武、唐宗、宋祖排序呢，毕竟大家都是开国皇帝一类的不是？反正绝不会再有什么英雄、奸雄之争，后世的人们都只认既成事实，成为一代开国之君了，歌颂还来不及呢，怎么会有骂的？哪个文人不怕被安上影射当今皇帝的罪名？

再一点也可以预见到：曹哥的文采标榜了太祖风范，没人不服气。

也幸亏魏王没再进步，不然奈何桥上不知又要多飘过多少冤魂，那里面保证平民百姓居多。

话说早了，魏王没有这个时间了，当不当皇帝对天下的百姓没有多少影响了，只是对魏王本人关系甚大，尤其是在曹操死后的漫长的岁月里。

第五十五章

大结局：曹操盖棺两千年

245

这不，又是一个五月十三，窗外又淅沥起了温馨的小雨，一阵稚嫩的童声飘过，村头的儿歌还是老词："五月十三，不用看天，关老爷磨刀，要杀曹操，曹操变鬼，要喝凉水……"

前文有句：周公有卦辞：否极泰来！

魏王曹操难道因汉中这小"否"而从此大"泰"？

本文断言：至少表面看是如此。

但命运这东西最爱与人们开玩笑，表面上的"泰"，历来伴随着隐藏着的"否"；经典成语就是"物极必反"，恰当的形容就是"举头三尺有神明"，实质上是"天下没有不散的宴席"，只不过何时送客却不是酒鬼们自己说了算的事，是威力无边、变幻莫测的客观规律在主沉浮！

论当前的魏国内外形势，那是一片大好，不是小好，甚至可以看到，将来会越来越好。

国内已经一片和谐，主旋律空前强劲，东汉残渣余孽已被许都那"春天里的一把火"烧得灰飞烟灭，邺城的左、右派站队，大浪淘沙般筛剩下了真金：几个老实的在家补习魏语的乖孩子！现在是大魏团结如一人，试看天下谁能敌？

孙权的倒戈、称臣、斩关羽，已经把江东与西蜀置于不共戴天，可以肯定：孙、刘两家即将两虎相斗，曹操现在处于卞庄的位置，就等着这两虎一死一伤的时刻。也可以说眼下的曹操就是那位老到狡猾的渔翁，正在树荫里得意地看着小溪边蚌鹬相争。

这是建安二十五年的正月，洛阳，曹操出生于斯，成长于斯，出道于斯，发迹于斯！戎马三十余载，杀遍大河上下，奔波于五湖三江，驰骋于西陲北疆，东海之滨，长江之畔，无不留下曹操战马的蹄印。

六十六年，曹操在外转了一个大圈，又回到了他人生的起点！那一串清晰的脚印里，回响着曹操一串冠绝古今的绝唱："度关山"罢"观沧海"；"气出唱"响"对酒歌"！

这就是一路行程：薤露行、蒿里行、塘上行、短歌行、秋胡行、善哉行、苦寒行、却东西门行、步出夏门行，"龟虽寿"时"谣俗词"，"陌上桑"翠"土不同"。一路行来，记就数十万言兵书，一路行来，留下十余长卷雄文。

洛阳，曹操的襁褓；洛阳，曹操的摇篮；洛阳，曹操的学校；洛阳，曹操的舞台！

好似冥冥之中有股莫名的力量，把曹操拉回了故乡的怀抱，莫非这就是曹操人生的鸟巢？不，应该是人生的驿站，生命现象本来就是时空隧道中的一处暂短的驿站！短到如一道流星划过夜空……

在洛阳的曹操不限于感觉了，他清楚地看到了最近的将来，他即将告别这个令他留恋的世界，头风顽疾已经把疼痛蔓延至全身，这时候他是否后悔？随意夺去那个唯一能帮他留在世界上的人——华佗的生命，其实正是他在熄灭自己的希望！

不过，从曹操的《遗令》中，看不到曹操有哪怕一丝懊悔，看来曹操已经认命了，开始准备他不归旅途的行装：

我夜半醒来，自觉不佳，忍到天亮，一碗热粥全变成了虚汗，现在是我服用的当归汤在支撑着我嘱咐你们：

我以往在军中持法没出过大错，至于由于小愤怒而导致的大过失，不应该是你们所效法的地方。

现在天下尚未安定，我的丧礼不得遵照古制；我有头疼病，自当给我著帻，我死后，提醒给我换寿服的人不要忘了。

百官该当临殿守灵者，逢十五释放一下自己的情绪就可以了，葬毕即可除去丧服；率领士兵屯戍边关紧要的将领，皆不得离开职守屯部。

我死后装殓要穿平常的衣服，葬在邺城之西冈上即可，与西门豹祠不要离得太远，不要随葬金玉珍宝。

我的婢妾与歌伎人以往皆勤苦劳累，我去后使她们住在铜雀台，要善待她们。

该对我所爱的女人们说句话了：你们可在我平常所居的台堂上安张六尺大床，铺盖帷帐要一如我平日，早上要摆上果脯、糒糕之类的供品；每月初一、十五，要从早至午向帐中歌舞奏乐；你们要时时登铜雀台，向西眺望我的陵墓田园。

我余下的熏香可分给你们诸夫人，不用你们祭奠。你们居家诸舍中如缺了什么，可学做鞋靴卖了添置。

我历任官职所得绶带，都要保存稳妥；我余下的衣裳，可另外收藏，不能收藏的，你们兄弟就分了吧。

据说人将归去时心神一片空明，突然意识到：自己今后将必须以第三方旁观者的身份面对这个世界了，之后亲人也好，仇敌也罢，都将与自己无关了，那境界也就陡然高了许多，为什么常说有世外高人？正是因为高人们身处世外，所以才变成了人们眼中的高人，假如让高人们挣扎在俗世中混饭吃，估计大多也就沦为矮人了。

而将回归出生处的人们，是铁定从此身居世外了，所以矮子也会突然增高成巨人的。

至于古时候的人们能肯定自己死后会有知觉吗？说不准，俗话说病急乱求医，神灵鬼魂之类的玩意这时绝对成了唯一的期盼，还能不试着相信这唯一的一次？别说科学知识极度贫乏的古代，就是现代，这种现象大概也占人类的多数。这是所有宗教信仰的看家大法，终极大道。

不过既然曹操自知必去，遗嘱中的政治安排却近乎是零，国家工作占的比重也极少，大段不放心的是自己的丧礼葬处，再就是担忧陪伴他多年的女人们，看来魏王临行时境界升华了不少：明白了丰功伟绩都是后人的评词素材；高官显位不过是昙花一现；盖世武功，绝世文采，不过是风花雪月一时于水中榭阁。

魏王对众夫人有情难舍，却知体恤大家辛苦，嘱托不必依时拜祭，并且担心太子不孝小娘，临危不忘教给夫人们一项糊口营生。是啊，凡是活人莫不穿鞋走路，易损难做，不愁长期销路；刘备他娘也是靠此手段养出了一个大汉左将军、益州牧，你们大家都去干同样生意，今后咱从数量上压过这大耳朵！

对待婢妾与歌伎就有些不地道了，让一大群青春寡妇寂寞地围在一张空床周围，还要按时歌舞，娱乐死人，的确心肠太狠了！不过也可能魏王判断自己会死后有灵，特别宠爱这些花季少女也说不定，那样当然还能继续亲近，鬼人同乐。

可是假如这是魏王的心思，那魏王又对夫人们过于冷淡了，难道说当真妻不如妾，妾不如婢，婢不如偷，偷不如捞不到手的伴舞小姐？

也可能是魏王担心婢妾、歌伎下岗待业断收入，免不了饥寒交迫，这是因人设岗照顾大家有饭碗；也可能是魏王深谋远虑做两手准备：不管将来灵魂何在，咱都有备无患！

不管魏王的真实想法是什么，总的说来现在的曹操尊重的是生命，挂念的是一个个活生生的人，这比他屠城杀人抵军粮时可爱多了！

鲁迅先生认为曹操“至少是一个英雄”，有的教授断言曹操是个“可爱的奸雄”，“而且，是一个有几分可爱也有几分奸诈的英雄”。

笔者说句公道话：唯有面临西归时的曹操确实可爱，因为这时的曹操已经绝对不再英雄也不再奸诈。

当然，各人的看法允许有不同，例如，那些处于围城待屠中的人们，估计不会觉得曹操可爱，更不会认为曹操是英雄。

曹操是如何想的已经不重要了，遗令刚颁不久，一代奇才曹操头风恶疾再次发作，这次曹操没有能挨过去，建安二十五年正月庚子（公元220年），曹操病逝于洛阳！对，魏王现在是皇帝级别，应该称：魏王崩于洛阳。

常言说，盖棺定论。那时的人们正在给曹操盖棺，现在的人们却未曾给曹操定论！曹操得罪哪路神仙了？

这定论本人敢做！为曹哥码了近一年的字，不找他索点润笔银子，还能不让给曹操侃两句悼词？

小时候趴在奶奶怀里听拉呱，当时的小子金山就明白了两个词：好人、坏人。

大了后才明白，这个世界上还有不好不坏的人，而且占绝大多数；并且好人有时也办坏事，坏人有时也办好事。

曹操属于最后这类人。

大自然用多少巧合才造出一个生命来？拿生命不当回事的人，都会被同类贴上坏人的标签！

但曹操是个有绝大本事的坏人，本事越大，破坏的能量就越惊人。

曹操是位全身沾满了无辜者鲜血的旷世奇才，文功武略，冠绝古今天下，尤其老年，昏荒无度之时，偏又智慧不减，内斗犀利，外战威风，说这时候的曹操是个神经质的杀人狂也不为过。

这是位嗜好吸食无辜者鲜血的旷世枭雄！

也是个关键时刻的懦夫：没敢大方地抢过那顶皇冠来戴在自己的头上！如果是那样，绝对早就被宣传成一个旷古英雄！

因为史书上肯定会这样记载的：千古英主曹孟德！开创了魏武盛世！

老爸魏王曹操没敢做的事，儿子魏王曹丕好像极为勉强地去做了，当年十月二十九日，曹丕在皇帝刘协的再三劝说下，为难地接过了这顶推辞了三次都没有推掉的皇冠，高兴地戴在了自己头上。

至此，一个四百二十六年之辉煌与屈辱并存的梦幻成为了时代，永远载入了人类的历史，因为一个王朝而诞生了一个伟大民族的大汉王朝寿终正寝！一霎时：天不下雨，天不刮风，天上有太阳！

自古说天无二日，地无二主，现在红太阳照边疆，四海能一举升平否？

魏国的第二代领导的威望毕竟难比一代，对国内外形势也没有起啥震动性的巨大影响，反而给刘备做了个称帝榜样，刘备也在群臣的耐心劝说下总算当上了皇帝；江东孙权勉强忍了几年——毕竟已经向魏称臣——但最后还是称帝于江南。中国历史的天空一下出现了三个太阳！名副其实的三国时代才算开始了。

死后的曹操也跟着占了大便宜，终于圆了皇帝梦，从这时魏王曹操才被追尊为太祖武皇帝。太祖称谓流传到今天，大家都知道太祖就是那个生前虽没皇帝招牌，但比皇帝脸皮还厚、心肠还狠、权力还大、比皇帝还皇帝的太祖武皇帝。

要是曹操活着当了太祖呢？老百姓还会骂他吗？那就不好说了，多少个开国皇帝都类似于曹操，也是不知被百姓们在心里骂了多少遍娘！

有首电视剧插曲歌词挺形象：天地之间有杆秤，那秤砣是老百姓！

百姓心中的曹操就是真实的曹操，鲜活而永远不死！

这不，又是一个五月十三，窗外又淅沥起了温馨的小雨，一阵稚嫩的童声飘过，村头的儿歌还是老词：“五月十三，不用看天，关老爷磨刀，要杀曹操，曹操变鬼，要喝凉水……”

一年一度五月十三，老天爷都会给关老爷的磨刀石添水，百姓们也会像从前一样去跟着助威，这个不知名称的节日将年复一年地过下去，兴许要过上一万年……

散曲一支，结束全书：

撕一把泥儿烂的狗肉，灌上碗烧酒，香辣溢满喉。喊一嗓陈年的古曲儿，甩几把水袖，生旦净末丑。

演了一通三国，话了几句曹刘，趁醉疯一回，借酒狂个够。伙计们，贼着点儿眼神，管着点儿舌头，少操点儿闲心，把酒味儿品透，别叫那古人笑咱傻帽头。

咱唱的是戏里春秋，演的是茅坑里的石头！硬是假硬，臭是假臭，只剩下眼珠子滴溜溜地真风流，把古今的韵事儿炖它个烂透。

不想当专家，不愿做教授，但求个活得明白，多乐少愁。

千斑血泪王侯事，万种风情草木秋。一年一度春常到，四季轮回水照流。

青天黑土一统业，比不上今天手里的热馒头！黄齿白首有啥求？无非是明年能有个好年头。

小民重于天下，人命大过风流，没有了万千生灵，还用这什么地球！

（全书完）